赤城年鉴

CHI CHENG NIAN JIAN

2010

（总第二卷）

赤城县档案史志局　编

中国文史出版社

图书在版编目（CIP）数据

赤城年鉴 .2010/ 赤城县档案史志局编 . ——北京：中国文史出版社，2010.12
ISBN 978-7-5034-2788-6

Ⅰ. ①赤… Ⅱ. ①赤…Ⅲ. ①赤城县— 2010 —年鉴 Ⅳ. Z525.224

中国版本图书馆 CIP 数据核字（2010）第 216060 号

美术编辑：陈海滨　刘　夏
封面设计：金　明

出版发行：中国文史出版社
网　　址：www.wenshipress.com
地　　址：北京市西城区太平桥大街 23 号　　邮　　编：100811
电　　话：010-66173572　66168268　66192736（发行部）
传　　真：010-66192703
印　　装：北京合众伟业印刷有限公司
经　　销：全国新华书店
开　　本：1/16
印　　张：45　　　　　　字　　数：60 万字
印　　数：2500 册　　　　插　　页 :82
版　　次：2010 年 11 月第 1 版
印　　次：2010 年 11 月第 1 次印刷
定　　价：280 元

《赤城年鉴》编纂委员会成员

主　任：申全民　（县委副书记、县政府县长）

副主任：王崇辉　（县委常委、县政府常务副县长）

白凤鸣　（县委常委、县委办公室主任、大海陀国家级自然保护区管理处主任）

张晓燕　（县政府副县长）

委　员：王四海　（县政府办公室主任）

孟建军　（县财政局局长）

王志宏　（县委组织部常务副部长）

魏　恒　（县发展改革局局长）

闫冬青　（县委农工部部长）

田成贵　（县工业和信息化局局长）

刘延顺　（县统计局局长）

张世喜　（县档案史志局局长）

赤 城 年 鉴

主　　　编：张世喜

副 主 编：王殿文

王金富

编　　　辑：（以姓名笔画为序）

王殿文　　赵存梅

摄　　　影：李树涛　刘进春　申贵飞　师建庭

打　　　印：王绍武

工作人员：（以姓名笔画为序）

牛金定　　王绍武

刘　栋　　许晓明

米建萍　　闫萌萌

李永霞　　沈建清

屈晶晶　　赵存梅

赵明霞　　蒋永利

鉴往知来，
再创辉煌

蒋正华
二〇一〇年十月

存史资政
继往开来

贾庆林

中共赤城县委书记　　赵占华

赤城县人民政府县长　　申全民

赤城县人大主任　郭万忠

赤城县政协主席　蒋瑞海

6月30日，河北省原省长胡春华（右一）到赤城调研，市领导许宁、白龙，县领导赵占华、申全民等陪同。

7月30日，全国人大常委会副委员长司马义·铁力瓦尔地（前排左二）到赤城调研，市领导曹英忠、县领导赵占华等陪同。

8月19日，全国人大常委会原副委员长蒋正华（中）到赤城调研，县领导申全民白凤鸣等陪同。

10月4日，全国政协副主席阿不来提·阿不都热西提（右二）到到赤城调研，县领导赵占华、白凤鸣陪同。

8月6日，副省长孙士彬（右一）到赤城调研，市领导侯桂兰、县领导赵占华陪同。

3月15日，省政府秘书长尹亚力（左一）到赤城调研，县领导赵占华、欧阳文捷等陪同。

6月13日，省人大常委会副主任何少存（右一）到赤城调研。

7月18日，中央第三巡回检查组在市领导魏福刚、县领导赵占华等陪同下检查指导工作。

9月30日，国家环保部部长潘岳（右一）到赤城调研，县领导赵占华、申全民陪同。

8月14日，省领导冯文海（中）到赤城调研，县领导赵占华、刘英志等陪同。

9月22日，省政法委副书记王会平（右一）在市政法委书记李建举、县领导赵占华的陪同下视察赤城国庆安保工作。

12月3日，省林业局副局长白顺江视察老幼屯村轻基质育苗基地。

6月8日，市领导周林（左一）视察东万口乡新民居建设。

6月8日，市领导曹英忠、乔登贵、袁秀平等视察行政审批服务中心。

7月22日，省、市人大代表视察城镇面貌“三年大变样”工作。

8月12日，全市创建文明城市工作现场会在赤城召开。图为市领导郑丽荣(右二)在县领导赵占华等的陪同下视察县宣传文化中心。

3月3日，县领导赵占华、申全民带领有关部门到铁岭考察城市建设工作。

4月13日，县领导赵占华、王波、白凤鸣、杨春霞等深入县科学发展观领导小组办公室督导检查，并与办公室工作人员就如何贯彻落实科学发展观进行座谈。

6月10日，县领导赵占华到黑龙山国家级森林公园调研。

9月22日，省巡回检查组指导第三批学习实践科学发展观活动，市政协副主席袁秀平、县领导申全民等陪同。

11月6日，怀来、延庆、赤城三县联谊会在怀来县召开，县领导赵占华等出席会议。

7月23日，全国政协外事委员会一行19人到赤城进行考察，县领导赵占华、申全民等陪同。

11月2日，县领导赵占华、白凤鸣等深入到县集中供热中心视察。

11月12日，县四大班子领导观看“辉煌六十年”图片展。

9月5日，县领导申全民深入到雕鹗中心敬老院慰问。

9月8日，省民政厅厅长古怀璞在市、县民政局领导的陪同下到东万口中心敬老院慰问。

7月23日，县领导申全民、栗春莲等视察马营乡万寿菊种植。

5月25日，县领导申全民、王波视察样田乡蔬菜种植。

6月13日，县领导申全民到黑龙山国家级森林公园调研。

7月10日，副市长宋文玲（右二）到黑龙山国家级森林公园调研。

12月22日，中共赤城县委十届六次全会开幕。

2010年1月11日，赤城县第十四届人民代表大会第四次会议开幕。

2010年1月11日，政协赤城县第八届委员会第四次会议开幕。

3月5日，召开全县深入学习实践科学发展观活动动员大会。

3月10日，赤城 • 北京项目签约、对接洽谈会在北京举行。

8月18日，独石口食用菌种植项目签约仪式。

3月13日，县政府与张家口通泰集团路、矿、电、游产业全面合作签约仪式。

◀ 县领导在招商会上。

2月13日，赤城与北京昌平重点项目推介会在北京市昌平区举办。

3月13日，行政审批中心再造流程启动仪式。

11月5日，第三批学习实践科学发展观助推农业产业结构调整座谈研讨会在田家窑镇召开。

8月12日，召开全县重点项目调度会。

3月28日，市领导郑丽荣在县领导赵占华的陪同下，深入联系点雕鹗镇下虎村宣讲科学发展观。图为市、县领导与党员干部群众座谈。

3月15日，县处级领导干部深入学习实践科学发展观活动学习班开班。

3月12日，省政府秘书长尹亚力在温泉宾馆召开座谈会。

11月6日，县领导干部收听收看省第三批学习科学发展观活动推进会。

11月8日，县领导在北京召开驻京流动党员企业家座谈会。

3月13日，省政府办公厅“干部作风建设年”座谈会在赤城召开。

12月28日，赤城县宝龙炉料有限责任公司成立揭牌仪式。

2月17日，召开赤城县工业企业恳谈会。

6月2日，全县农村党组织书记集中培训班开班。

8月5日，县领导视察东万口乡卧龙海村新民居建设。

6月8日，赤城华田牧业良种牛建设项目奠基开工仪式。

6月8日，县重点项目塘子庙温泉渡假城开工奠基仪式。

6月14日，县道路白四线东卯至冀京界段三级公路改建工程竣工。

6月8日，白河综合治理工程暨22个重点项目开工奠基仪式。

6月8日，赤城宣传文化中心竣工暨白河综合治理工程捐资仪式。

8月9日，召开全县清洁城乡保护健康爱国卫生运动再动员会。

12月14日，全县领导干部科学发展富民强县解放思想大讨论座谈会。

3月16日，省政府办公厅“四帮一”党员群众代表座谈会在东卯镇召开。

12月30日，召开赤城县第三批学习实践科学发展观活动整改落实推进会。

5月19日，张家口市商业银行赤城县支行开业庆典。

5月26日，文明办、工商局举办创办文明诚信示范街启动仪式。

12月13日，新世纪华联超市（赤城店）开业。

6月3日，赤城县亨升信用担保有限公司成立。

10月23日，召开全县国庆安全保卫工作总结表彰大会。

7月29日，白草镇人民政府办公楼落成典礼。

7月7日，申全民、王崇辉、孟来年等县领导指挥县城防空警报试鸣工作。

7月7日，县玉辉小学组织学生进行防空防灾应急疏散演练。

3月25日，召开全县安全生产工作会议。

9月10日，召开全县经济工作调度会。

1月14日，县四大班子领导参加军地迎春茶话会。

9月9日，县领导干部带头向西南旱灾区捐款。

3月18日，县委邀请市反渎职侵权局长刘景平作干部警示教育专题讲座。

6月25日，召开全县尾矿库安全治理工作会议。

8月23日，“清洁城乡、保护健康”创建文明县城活动在全县展开，图为宣传车进行宣传。

全县干部职工投入到创建文明县城活动当中，图为清洗府安西街和汤泉河两岸步行路。

“三年大变样”重点工程——白河一期工程治理现场。（8月22日摄）

“步云桥”建设现场。（8月22日摄）

4月29日，赤城县劳动模范、先进集体表彰大会。

4月29日，县领导与劳动模范合影。

6月29日，纪念建党88周年暨庆“七一”表彰大会。

2010年1月21日，召开首卷《赤城年鉴》发行暨表彰大会。

5月20日，全县城镇居民医疗保险启动工作会议。

12月22日，《赤城县志》（1991——2007）志稿评审会在县财政宾馆会议中心举行，县领导欧阳文捷、屈军、刘英志出席。

11月14日，省地方志办公室主任杨洪进到赤城督导《赤城县志》编纂情况，县领导张晓燕陪同。

9月22日，市档案局档案行政执法检查组到赤城镇永进路社区检查指导档案工作。

9月8日，召开庆祝第25个教师节暨表彰大会。

9月8日，县领导与优秀教师和企业家代表合影留念。

▲ 1月10日，县太极拳协会成立。

县领导与太极拳协会部分成员合影留念。

▼ 协会成员在表演太极拳和太极扇。

7月1日，系列体育比赛在县宣传文化中心举行。

4月28日，庆“五一”体育比赛

9月26日，中国美院黑龙山国家级森林公园创作基地揭牌仪式。

9月24日，县纪委举办迎国庆"红盾杯"党纪政纪法规知识竞赛活动。

5月31日，共青团赤城县委组织小学生到县烈士陵园参观革命历史图片展览。

7月7日，赤城供电公司开展供电优质服务宣传活动。

6月8日，县公安干警组织开展“学边防、守条令”健康夺标杯竞赛活动。

县消防大队加强管理、强化训练，图为进行消防演练。

3月25日，县武装部干部职工深入学习科学发展观理论。

9月25日，赤城供电公司档案管理晋升国家二级标准认定会。

11月26日，云州乡邀请县委党校讲师作十七届四中全会精神宣讲报告会。

8月27日，中日民间绿化赤城县生态造林二期项目签约仪式。

县领导参加义务植树活动。

12月29日，烟草杂志社向白草小学捐赠电脑仪式

12月10日，赤城县林权流转服务中心成立。

5月8日，美尔特达赤城生物工程有限公司在马营乡松树堡村奠基。

8月18日，独石口镇镇朔牌楼暨城建一期工程竣工捐资仪式。

9月22日，保护首都水源地志愿者签名仪式。

5月5日，县计生局干部亲自将农村独生子女补助金发送到农户手中。

县人事劳动和社会保障局召开2009年度工作总结暨表彰大会。

3月15日，县药监局集中销毁收缴的假药。

赤城供电公司加强管理，确保电力畅通。

后城镇深入学习实践科学发展观，“一帮一”学教活动。

1月26日，东卯镇井沟农业园区暨白四线通车、镇办公楼落成、通惠大桥竣工等重点工程剪彩仪式。

5月15日，2009年彩色周末文化活动启动仪式。

9月18日，文化下乡赴后城镇慰问演出。

12月23日，赤城县首届“世纪宝典杯扬正气促和谐”迎新年美术书法摄影展在县宣传文化中心举行。

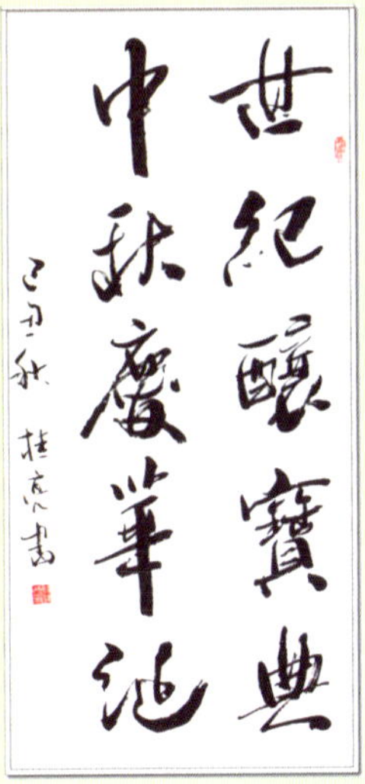

书法　韩桂亮

绘画　沙志强

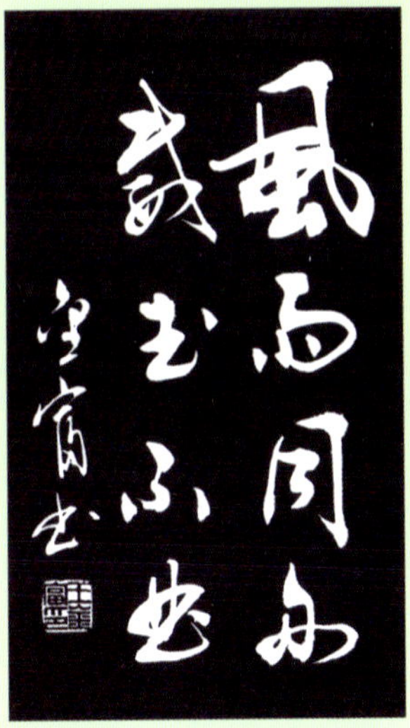

书法　王金富

书法　李文清

不争之德

玄 同

剪纸 警钟长鸣 张有宏　　篆刻 赵亚平　　根雕 笑口常开 赵宝山

书法 戴有祥　　书法 张常林

赤城县行政区划图

沽源县
丰宁县
崇礼
独石口镇
马营乡
云州水库
云州乡
三道川乡
白草镇
东万口乡
赤城县地理位置图
北京市
天津市
石家庄市
渤海
北

县
张家口市
怀来县
北京市
赤城县
龙门所镇
样田乡
雕鹗镇
龙关镇
田家窑镇
大海陀乡
后城镇
东卯镇
炮梁乡
镇宁堡乡
茨营子乡
图例
县城
乡镇
行政村
自然村
县界
公路
常年河
季节河
水库

编 辑 说 明

一、《赤城年鉴》（2010）在赤城县委、县人民政府的领导下，是由《赤城年鉴》编纂委员会主持编纂，赤城县档案史志局承办，《赤城年鉴》编辑部具体编辑出版的一部综合性工具书和史料文献。本卷为第二卷。

二、本年鉴以邓小平理论、“三个代表”重要思想和科学发展观为统领，以党中央、国务院一系列方针、政策为依据，遵循实事求是的原则，全面反映各条战线、各行各业、各个领域的新成就、新经验和出现的新问题。旨在科学地反映客观情况，让广大读者全面了解赤城。

三、《赤城年鉴》（2010）是全面记述2009年赤城县政治、经济和社会发展的基本情况和重大事件。时限为2009年1月1日至12月31日，书中直书月、日的，均指2009年内的日期。“年内”、“本年”指2009年，封面日期为出版日期。

四、本卷年鉴采用分类编辑法，采用文章、条目、表格、三种形式，以条目为主。全书设23个类目，分别为：综述、大事记、特载、专文、政党团体、政权政协、特设机构、政法军事、综合管理、农业、工业、商贸服务、交通通信电力、建设环保、财政税务、科教文卫、金融保险、社会生活、乡镇工作、人物、统计资料、附录。条目为年鉴内容的基本单元，全书共搜集条目1975条，标题统一用黑体字，外加【 】标明。类目和分目分别用不同型号的字体加以区别。

五、本年鉴收录了县、乡、村领导人员名录，分别放置在概述和概况中。职务以2009年任职为限，年内任免的分别注明。收录受各级表彰的先进模范人物，以表彰决定和各单位提供的复印件为依据，逝世人物以生年排序。年鉴所载内容，除编辑部人员直接搜集部分资料外，大部分均由各部门确定专人撰写。各撰稿人员均在文后括号内署名，以示文责自负。统计资料、气象资料、地震资料分别由主管部门提供。

目　录

综　述

大事记

特　载

专　文

政党

团 体

政权 政协

特设机构

政法 军事

综合管理

农 业

工　业

商贸服务

交通 通信 电力

建设 环保

财政 税务

科教文卫

金融　保险

社会生活

乡 镇

人 物

统计资料

附 录

综 述

县情综述

地理自然

赤城县属冀北深山区,潮白河水系。地处张家口市东北部。东挽承德市丰宁县,西接宣化县,南邻北京市延庆县,北靠沽源县。位于北纬 40° 30′ 37″ ~ 41° 23′ 26″,东经 115° 25′ 18″ ~ 116° 27′ 33″。县境南北长 95 公里,东西宽 88.75 公里,周长 420 公里,总面积 5284 平方公里,辖区面积居河北省第四位。境域西北高,东南低,由西北向东南倾斜。境内群山环绕,沟壑纵横,黑河、白河、红河纵贯县域。山地面积大,占 85.72%;耕地较少,占 10.2%,河流、村庄、道路占 4.08%。县政府驻地赤城镇海拔 890 米,全县平均海拔 945 米。全县辖 18 个乡镇(9 乡 9 镇),440 个行政村,1318 个自然村,4 个社区委员会。2009 年,全县总户数 111278 户,比上年增长 4.56%;总人口 293438 人,比上年增长 1.09%,人口自然增长率 11.1‰。县域位于中纬度地区,东亚大陆季风气候,冬季寒冷漫长,夏季凉爽短暂,春秋多风沙,气候变化剧烈,昼夜温差大,南北气候悬殊。2009 年,平均气温 6.4℃,比上年平均气温高 0.1℃,其中 8 月份气温比上年高 0.6℃,年最高气温 35.4℃,最低气温 -23.9℃。降水量 294.6 毫米,比上年减少 203.6 毫米,属干旱年份。平均地温 8.9℃,相对湿度 55℃ %,日照时数 2824.1 小时,最大积雪 9 厘米,最大冻土 119 厘米。无霜期 166 天,比上年长 52 天。

县域经济

2009 年,由于国际金融危机的影响,全县经济运行出现低迷,县委、县政府积极应对,以科学发展观为统领,围绕“保增长、调结构、强基础、惠民生”工作要求,突出项目建设,开放创新,特色创优,全民创业,继续推进“工业立县、农业产业化、城镇建设、生态旅游”四项重点工作,着力建设矿产资源开发规范县,主动增强工作的预见性、针对性和实效性,使全县经济保持了平稳发展态势。全年实现地区生产总值 34.9543 亿元,比上年增长 5.5 %,其中一、二、三产增加值分别完成 9.9987 亿元、15.6218 亿元、9.3339 亿元,比上年分别增长 -0.26%、6.2% 和 11%。全社会固定资产投资完成 27.4896 亿元,比上年增长 51%;全部财政收入完成 4.6208 亿元,比上年减少 20.8%;其中一般预算收入完成 2.0662 亿元,比上年增长 14.2%;农民人均纯收入 2645 元,比上年增长 6%;城镇居民可支配收入 11312 元,比上年增长 12.4%。

项目建设

年内，实施重点建设项目 53 个，总投资 42.8 亿元；年计划投资 21.2 亿元，完成投资 16.55 亿元。其中，国华·赤城风电、华田牧业肉牛养殖、摩天岭滑雪度假村和塘子庙温泉度假村 4 个项目被列为省重点建设项目，完成投资 5.4 亿元；列入市重点项目 6 个，完成投资 3.2 亿元。不断强化项目对经济的拉动作用，分别于 2 月 13 日和 3 月 10 日在北京成功举办了“赤城县重点项目招商推介会”、“河北赤城·北京项目签约、对接洽谈会”，发布重点项目 42 个，签约项目 8 个，签约金额达 8 亿元。6 月 8 日，成功组织了白河综合治理等 22 个重点项目开工奠基活动，市四大班子主要领导出席仪式，对全县项目建设起到了积极的推动作用。

工业经济

进一步加大矿山治理整顿整合力度，打造县、乡、村三级监管体系。在龙关、田家窑等 6 个矿山重点乡镇设立了矿山综合管理办公室，在 16 个乡镇设立了安监站，强化矿业秩序的监管。加快矿产资源整合步伐，加大对非法开采行为的打击力度，严厉打击私自非法出租、出售、[illegible]行为，全县矿业开发秩序进一步规范。认真落实《关于促进企业恢复生产的实施方案》和县级领导包企业制度，深入开展“进企业、送服务、解难题、促发展”活动，两次下调出境税费征收标准，积极与宣钢联系上调收购价格，帮助企业减少因铁精粉市场低迷带来的冲击，全县矿山企业从年初的 11 家恢复到 133 家。投资 4.5 亿元的赤城·宣钢百万吨球团建设项目完成股权重组，项目建成后，将进一步拓展铁矿产业增值空间，成为全县铁矿开发的产业支撑。总投资 4.8 亿元的 10 个铁矿采选扩建项目，8 家建成投产，全县铁精粉年生产能力达到 700 万吨，铁精粉出境量 374 万吨，实现税费收入 3 亿元。非金属开发步伐加快，总投资 1.1 亿元的攀宝科技有限公司 20 万吨矿物质有机肥项目，建成年产矿物质有机肥 5 万吨生产线一条。投资 3500 万元，年生产白云岩产品 50 万吨的兆龙装饰材料公司二期工程，建成生产线一条。积极发展新型能源开发，由国华能源投资公司投资 5.5 亿元的国华·赤城一期冰山梁风力发电项目，已完成风机吊装 15 台，二期炮梁风电项目，正在进行测风等前期工作。项目建成后，全县风力发电总装机容量将达到 60 万千瓦。

农业产业

引进北京利农集团、河北鑫科等 6 家公司，累计投资 1.5 亿元，在样田乡实施了供京万亩蔬菜基地项目，建设膜下滴灌工程 4000 亩，带动周边农户种植食用菌大棚 40 栋，种植蔬菜 1 万亩。以镇宁堡、赤城、样田、东万口、东卯等乡镇为主的设施蔬菜产业带初具规模。总投资 1.2 亿元的华田牧业一期工程已竣工。全县存栏100头以上的肉牛养殖场达到4家，20头以上大户达到100多户，育肥牛存栏达到5.31万头。初步形成以龙门所、东万口、白草、独石口等乡镇为中心的肉牛养殖产业带。引进北京绿富隆农业股份公司投资3000万元，在东卯镇井沟村实施高效农业示范区建设项目，投资2800万元，完成贸易市场、水泥砖厂、温室大棚建设；完成投资2500万元，引进北京双大公司，在东卯、三道川、后城建肉鸡养殖小区8个，新建肉鸡养殖大棚62栋，其中29栋已装鸡，全县肉鸡养殖发展到71.08万只；引进北京二商集团投资1.2亿元的雕鹗生猪养殖基地项目，采取“基地+农户”的形式，推进雕鹗、赤城、镇宁堡等乡镇规模生猪养殖，全县存栏100头以上的生猪规模养殖场达到33个，年出栏达到2万头。同时，大力发展梅花鹿和特种鱼养殖，全县梅花鹿存栏2000只，冷水鱼养殖面积发展到446.6公顷，年产冷水鱼394吨。以马营乡万寿菊种植加工基地、独石口攀宝农业园、立春农贸公司为龙头，发展万寿菊、食用菌、杂交谷子等高效旱作农业。全县万寿菊种植面积达到333.3公顷，食用菌大棚发展到348栋，生产各类菌棒134万棒，推广杂交谷子1800公顷，黄芩种植面积213.3公顷。实施了京津风沙源治理、京冀生态水源涵养林、21世纪首水等生态工程，完成治理面积3333.3公顷。同时，实施了小渊基金生态水源涵养林建设、农业节水灌溉等项目，完成土地整理和中低产田改造1133公顷。完成了汤泉水库除险加固工程，投资1.08亿元的云州水库除险加固工程，已完成总工程量的35%。

城市建设

年内，全县城镇固定资产投资完成27.4896亿元，同比增长51%，创历史最高水平。投资500万元，聘请中国城市建设研究院专家对县城总体规划进行修订，并编制县城各建设地块的控制性详规；投资2000万元实施汤泉河综合治理二期续建工程，完成步云桥、二期蓄水段、水上公园等工程建设；总投资15亿元的白河综合治理工程已奠基剪彩；投资700万元，新建高标准水冲式公厕9座，完成县城23条小街巷的硬化，县城建成道路网密度达8.18公里/平方公里，中心区公共交通线路网密度达1.33公里/平方公里。投资800万元，完成东关农贸市场建设、宏达阳光时代广场、格兰水郡、东关住宅等居民小区继续扩建，完成建筑面积10万平方米；投资4299万元，实施了县城污水处理厂建设项目；投资1900万元，完成了县城生活垃圾填埋场通场道路建设；投资810万元，建设完成单套面积50平米的廉租房94套；投资2000万元，对县城及东山、西山、北山等周边实施绿化，县城绿地率达到14%，人均公园绿地面积达到0.45%；投资500万元，对县城主要街道景观进行综合治理，对外墙轮廓霓虹灯进行设计安装；投资6000万元，完成旧城改造拆迁4.8万平方米。完成了14个村的新民居示范工程建设，农村居住条件进一步改善。

生态旅游

以“沐温泉浴、滑天然雪、赏自然景、品人文史”为特色，全力打造京西北运动康体休闲区。投资2100万元，实施温泉度假村升级改造工程；投资5亿元，引进北京桥山天健投资管理公司实施摩天岭国际滑雪度假村项目，完成两条雪道平整；投资1.8亿元，由锡林郭勒盟龙盛集团实施的塘子庙温泉开发项目，完成了人工湖的挖掘和项目区道路建设，综合办公楼已投入使用；投资2.1亿元，由北京鑫地农业有限责任公司实施的京北水城建设项目，完成项目选址、土地转租手续、环评、地质勘察等工作。中央人民广播电台、《经济日报》等媒体分别对全县旅游资源进行了重点推介，建立并进一步规范了赤城旅游网站，提高了赤城旅游的知名度，全年共接待游客41万人次，实现旅游收入2亿多元。

社会事业

张唐铁路途经赤城方案于7月20日顺利通过国家发改委批复，完成了京尚高速公路建设项目预可研等前期工作；投资2029万元，完成了县城日四线东卯至北京界19.5公里三级公路改建工程；投资3000万元，完成了棋九线地方道路建设项目勘测、征地和招标等前期工作；实施了涉及16个乡镇152.1公里的农村公路“村村通”工程；在18个乡镇实施MMDS系统数字电视工程，实现了有线电视向数字电视的整体平移；开通了手机3G业务，全县行政村移动信号覆盖率达到98%；投资1920万元，完成了县城第一小学和第一幼儿园建设工程；投资365万元，实施了后城、东卯中学校舍改造工程，争取中央校舍维修资金65万元，完成第三中学食堂、餐厅新建工程；落实财政扶贫资金510万元，实施了农业基础设施建设、“互助资金”项目、“双周转”、劳务输出等重点工程；投资615万元，新建农村安全饮水工程44处，新打维修机井41眼，新打浅水井441眼，解决了333.3公顷菜地浇灌及1.1万人口的饮水困难；下拨救灾款226万元，落实财政扶贫资金790万元，为9700户贫困户解决冬季取暖用煤1046吨；争取到“中央专项彩票公益金”项目资金2125万元，重点用于15个贫困村基础设施、公共服务设施建设。进一步完善社会保障体系，城镇新增就业924人，城镇登记失业率控制在4%以内。社会保险覆盖面不断扩大，养老保险扩面净增155人，参保总人数达2498人；启动城镇居民医疗保险，参保居民达17623人；城镇职工医疗保险参保职工达到13428人；生育保险参保人数达到4300人；失业保险月平均参保人数达9515人。城镇低保月人均补差标准达到118元，农村低保月人均差补标准达到52元，全年累计发放城乡低保资金1556万元。新型农村合作医疗参合率达71%。

国庆安保

举全县之力抓国庆安保，从县直各单位和乡镇抽调880名干部进驻440个行政村，强化本辖区矛盾隐患、治安隐患、安全生产隐患、流动人口、重点人员的排查整改力度；推进打黑除恶、侦破命案、追逃、打击涉枪涉爆等严打专项行动，共抓获刑事犯罪嫌疑人94人，破获刑事案件92起，查处治安案件355起，打掉犯罪团伙4个。此外，全年共破获刑事案件192起，抓获各类犯罪嫌疑人231人，其中网上逃犯55人；打掉犯罪团伙14个，其中恶势力团伙4个，社会秩序明显好转。从教师、党员、干部、积极分子中招募国庆安保治安志愿者13360人，加强对出入境人员的管理，在全县设立检查站4个，在环京村设立检查点23个，出动安保力量4325人次，检查各类人员146626人次，劝返无证和可疑人员898名，收缴管制刀具18把，发挥了北京护城河作用，县委、县政府获"市国庆安保工作先进集体"称号。在"国庆"前夕，共关闭非法尾矿库2座，完成了10个头顶库的专项评价和29座四等库的隐患整改。深入落实"县委书记大接访"活动，着力解决人民反映强烈的重点、难点问题，全年共受理群众来信来访313批次2357人，办结率94.56%，有效控制了非法访和越级访的发生。

大事记

2009 年大事记

1 月

5 日 县委、县政府在龙关镇高家沟村举行第八届村委会换届选举观摩会。县委常委、宣传部长赵彦朝、县人大副主任白宽以及组织部、民政局、各乡镇有关负责人参加了观摩。

6 日 第十四届政府第十四次常务会议在政府二楼会议室召开。常务副县长王崇辉，副县长郭文奎、王秀冬、张晓燕、郭瑞卿、李春坡，政府党组成员栗春莲、苏有，政府办公室主任王四海出席会议。会议研究通过了《赤城县人民政府关于代理县长、副县长和党组成员工作分工的草案》，学习了《赤城县人民政府工作规则》（赤政知[2007]40 号文件），常务副县长王崇辉对近期工作进行安排部署。代理县长申全民作总结讲话。

6 日～8 日 为全县第八届村委会换届选举日。

8 日 中共赤城县委十届五次全委扩大会议在政府五楼会议室召开。全体县委委员、候补委员出席会议。各乡镇党委书记、乡镇长，县直各单位及国有林场、国办中学、县医院、中医院、县重点企业的主要负责同志列席会议。县委书记赵占华代表县委常委作题为《保增长、调结构、强基础、惠民生，努力开创赤城又好又快发展新局面》的工作报告。全会认真总结 2008 年工作，科学分析当前形势，研究部署 2009 年工作。讨论通过《中共赤城县委关于加强农村基层组织建设的决定》、《中共赤城县委关于打造矿产资源开发规范县的意见》两个专件。会议通过十届候补委员谢春力同志递补为十届县委委员。

9 日 政府工作报告征求意见会在政府二楼会议室召开。代理县长申全民主持会议，常务副县长王崇辉，副县长郭文奎、王秀冬、张晓燕、郭瑞卿、李春坡，政府党组成员栗春莲、苏有，政府办公室主任王四海出席会议。各乡镇、县直各单位主要负责同志参加会议。会上，充分听取了各部门的意见和建议，对政府工作报告做了进一步修改。

同日 张家口赤城籍同乡联谊会在市金凤大厦召开。县四大班子主要领导出席会议。

12 日 中国人民政治协商会议第八届赤城县委员会三次会议在县政府五楼会议室召开。全体政协委员出席会议。政协主席蒋瑞海向大会作工作报告。县各民主党派、工商联、有关人民团体负责人应邀出席会议。县直有关部门和有关单位负责同志应邀列席会议。县委书记赵占华、代理县长申全民等县领导出席会议。县委副书记王波到会讲话。

13 日 赤城县第十四届人民代表大会第三次会议在县一中科技楼六楼会议室召开。十四届全体代表出席会议。会议由赤城县人大常委会常务主席郭万忠主持。代理县长申全民代表县政府向大会作《政府工作报告》。县法院院长王绍华，县检察院检察长郭文先分别向大会作法院和检察院工作报告。县发展改革局局长魏恒、县财政局局长孟建军分别向大会提交了《赤城县2008年国民经济和社会发展计划执行情况与2009年国民经济和社会发展计划报告（草案）》、《赤城县2008年财政预算执行情况及2009年财政预算（草案）的报告》。

14日 第十四届人民代表大会第三次会议闭幕。申全民同志当选为赤城县人民政府县长。

同日 举行军地迎春茶话会。县四大班子领导、驻军部队首长及县直有关单位负责人出席会议。会上，县长申全民作重要讲话。

15日 召开落实党风廉政建设责任制述职测评会。会上，县委书记赵占华代表县委领导班子及个人作了述职述廉报告；县长申全民代表县政府领导班子作了述职述廉报告。县处级以上领导及各乡镇、县直单位负责人参加会议，并以无记名投票方式对县党政领导班子及其成员和处级干部2008年度党风廉政建设责任制落实情况进行民主测评。

同日 全县安全稳定暨卫生整治工作会议在政府五楼会议室召开。县长申全民，县委常委、常务副县长王崇辉，县委常委、政法委书记郭献林，县委常委、副县长郭文奎及副县长王秀冬、张晓燕、郭瑞卿、李春坡，政府党组成员苏有出席会议。会上，政法委书记郭献林，副县长郭文奎、王秀冬、张晓燕、郭瑞卿、李春坡分别对全县信访稳定工作，城乡卫生综合整治工作，全县森林防火工作，“两节”期间城乡文化活动，全县安全生产工作，全县食品、药品安全及“两节”期间市场供应工作进行了安排部署。县长申全民就“两节”期间政府重点工作做了安排。

16日 县长申全民、县人大副主任白宽带领政府办、总工会、老干部局、残联等相关部门负责人深入到后城镇看望困难群众、优抚对象。

同日 县委常委、副县长郭文奎到桂林、迁安考察河道治理及城市建设工作。

19日 县长申全民、副县长郭瑞卿在政府办、龙关镇负责人的陪同下到龙关镇就矿业开发问题进行调研。

20日 县鑫宇矿业公司先后为东万口中心敬老院、县光荣院捐款，副总裁魏良金代表公司向东万口敬老院、县光荣院分别捐款3万元。县委、县人大、县政府、县政协领导出席捐款仪式。

21日 县委、县政府召开春节期间信访和稳定工作会议。县领导赵占华、韩光辉、王崇辉、白凤鸣、郭文奎出席会议，各乡镇，县直各单位负责人参加会议，县委书记赵占华作重要讲话。

同日 在师部礼堂举行2009年新春文艺晚会。县领导赵占华、申全民、王波、郭万忠、蒋瑞海与驻军广大官兵、各界群众一起观看演出。县长申全民发表了热情洋溢的新春贺词。

[illegible]日 县长申全民、副县长郭[illegible]到自来水公司、汤泉河管理处、森林公安分局、动检站、集中供热中心进行春节慰问。

28日 县领导赵占华、申全民、王崇辉、白凤鸣、郭瑞卿到三贤庙矿产品交易中心慰问春节期间仍坚守在一线的矿管职工，送去了新春祝福和慰问金。

2 月

3 日 县委书记赵占华、县长申全民率代表团一行 16 人参加张家口市十二届人大二次会议，并审议了市政府工作报告。市人大主任曹英忠看望了赤城县与会代表，并与大家亲切交谈。

4 日 副县长郭瑞卿召集国土、安监、环保等部门和六个矿山重点乡镇就打造矿产资源开发规范县召开专题研讨会。县委常委、常务副县长王崇辉，县委常委、副县长郭文奎，政府党组成员苏有出席会议。

5 日 第十四届政府第十五次常务会议在政府贵宾楼三楼会议室召开。县长申全民主持会议。县委常委、常务副县长王崇辉，县委常委、副县长郭文奎，副县长王秀冬、张晓燕、郭瑞卿、李春坡，政府党组成员栗春莲、苏有，政府办公室主任王四海出席会议。人大副主任屈军，政协秘书长薛树松以及政府办、财政局、人事劳动和社会保障局、发改局部门负责人列席会议。会议听取了政府各位副县长、党组成员 2009 年分管工作谋划情况的汇报并对政府各项工作进行了安排部署。县长申全民作重要讲话。

8 日 县长申全民在副县长张晓燕、李春坡及相关部门负责人陪同下赴镇宁堡乡调研。

9 日 举行元宵节焰火晚会，县四大班子领导同广大群众一起欢度元宵节。

11 日 县委常委、副县长郭文奎主持召开农村危房改造工作会。政府办、建设局、国土局、发改局、财政局、交通局以及各乡镇主要负责人参加会议。会上，对全县农村危房改造事宜做了部署。

同日 县长申全民带领县领导杨春霞、赵彦朝、欧阳文捷、张晓燕，以及政府办、农业办、畜牧办、旅游局等部门负责人到黑河片乡镇进行工作调研。

12 日 中共赤城县纪委十届四次全会暨政府廉政工作会在政府五楼会议室召开。县委副书记王波主持会议，县委各位常委，政府各位副县长、党组成员，县纪委委员出席会议。各乡镇、县直各部门、县医院、中医院、国有林场、国办中学负责人参加会议。县纪委书记杨启旭做纪律检查委员会工作报告，县委书记赵占华、县长申全民分别作重要讲话。

同日 县委书记赵占华主持召开白河治理研讨会。县长申全民，县人大主任郭万忠，政协主席蒋瑞海，副县长郭文奎、郭瑞卿出席会议。县财政局、发改局、国土局、水务局等相关部门负责人参加会议。赵占华、申全民分别作重要讲话。

13 日 赤城县在北京市昌平区召开对京项目推介会，县委常委、县政法委书记郭献林主持推介会。县委常委、县委办主任白凤鸣，县委常委欧阳文捷，副县长张晓燕、郭瑞卿、李春坡、政府党组成员栗春莲、苏有出席会议。有关乡镇和部门主要负责同志参加会议。昌平区纪委书记冯维利、副区长洪波出席并讲话。近百位企业界人士出席推介会并观看《发展中的赤城》专题片。与会人员普遍对赤城的投资和人文环境表示出浓厚兴趣，并就一些项目开发的具体事宜与本县相关方面负责人进行了深入交流。县委书记赵占华，县长申全民出席招商推介会并讲话。

15 日　河北省张承地区滑雪资源规划座谈会在温泉度假村怡园宾馆召开。省旅游局计划资源处处长霍东华、市旅游局调研员史宝瑞、县委常委欧阳文捷、副县长张晓燕出席会议。摩天岭滑雪场总经理黄士科、县旅游局负责人及滑雪资源规划编制组成员参加了会议。会议针对摩天岭、黑龙山、大海陀的滑雪资源考察情况进行了座谈，县旅游局对全县的滑雪资源进行了详细介绍，省市县领导分别作重要讲话。

16 日　县领导赵占华、王波、白凤鸣、张晓燕带领县林业、文教、水务、农业等部门负责人深入茨营子乡调研。

同日　县长申全民带领副县长郭瑞卿、县政法委专职副书记王新慧、县政府党组成员苏友、政府办主任王四海及国土、安监、环保、交通等相关部门负责人赴龙关、田家窑、炮梁三个乡镇调研。

同日　常务副县长王崇辉、纪委书记杨启旭带领县委办、统战部、农工部、发改局、商务局、工业促进局及赤城镇、龙关镇等 16 个部门负责人，到涿鹿县考察工业园区建设和项目工作。

17 日　工业企业恳谈会在政府宾馆二楼会议室召开。县委书记赵占华、县长申全民，县人大主任郭万杰，县政协主席蒋瑞海、县委常委、常务副县长王崇辉、县委办主任白凤鸣、县纪委书记杨启旭、副县长郭瑞卿、政府党组成员苏有、政府办主任王四海出席会议。县国土、安监、环保等 13 个部门和龙关、炮梁、田家窑等 6 个矿山重点乡镇及 21 家矿山企业法人代表参加会议。县委书记赵占华、县长申全民作重要讲话。

18 日　项目工作专题调度会在政府二楼会议室召开。县长申全民主持会议，常务副县长王崇辉，政法委书记郭献林，县委办公室主任白凤鸣，副县长郭文奎、王秀冬、张晓燕、郭瑞卿、李春坡，政府办公室主任王四海出席会议。县发改局、国土局、交通局、旅游局主要负责人参加会议。会议听取了县发改局关于项目工作的汇报，对县处级领导包项目进行了责任分工，明确了责任领导、责任单位和拟办单位，并就如何抓好项目工作，县长申全民提出要求。

19 日　县领导赵占华、白凤鸣、张晓燕、李志强会见了北京乾坤伟业集团公司总经理钱均伟，双方就赤城县大海陀旅游度假村开发项目进行了交流探讨。

23 日　作风建设年动员大会在政府五楼会议室召开。县长申全民，县委副书记王波，县委常委、人武部政委韩光辉，县委常委、常务副县长王崇辉，县委常委、政法委书记郭献林，县委常委、纪委书记杨启旭，县委常委、组织部长杨春霞，县委常委、副县长郭文奎及副县长王秀冬、张晓燕出席会议。各乡镇书记、乡镇长，县政府组成部门、垂直管理部门、驻市厂矿企业、县城学校和医院、各林场主要负责人参加会议。县人大、县政协、县法院、县检察院、县委各部委领导列席会议。会上，宣读了《中共赤城县委、赤城县人民政府关于开展“作风建设年”

活动的实施意见》；并下发了《赤城县人民政府关于印发〈2009 年目标任务分解方案〉的通知》。县长申全民作动员讲话。

25 日 县行政审批服务中心领导小组会议在政府二楼会议室召开。县委常委、常务副县长王崇辉主持会议，县委常委、纪委书记杨启旭出席会议，县监察局、财政局、物价局、商务局、政府法制办负责人参加会议。会议就服务中心选址、建设、进厅人员及单位进行了安排部署，并议定 3 月 8 日启动揭牌。

26 日 信访稳定工作专题调度会在政府二楼会议室召开。各乡镇及有关科局负责人参加会议，会议听取了县信访局关于 30 个重点信访案件汇报，并进行了专门调度。县长申全民就抓好全县信访稳定工作进行了专门安排部署。

同日 副县长王秀冬带领独石口镇、攀宝公司负责人赴尚义、张北、康保、沽源四县考察矿物质有机肥推广工作。

27 日 省旅游局局长王进勇、副市长何江海一行到赤城县视察摩天岭滑雪场项目建设。县长申全民、县委副书记王波、县委办主任白凤鸣、副县长张晓燕陪同视察。

3 月

2 日 县委、县政府组织收听收看了省委深入学习实践科学发展观活动第一批总结和第二批动员电视电话会及市第二批深入学习实践科学发展观活动电视实况转播。县长申全民、县委副书记王波等县领导与 18 个乡镇、县直各有关单位负责人集中收听收看了电视电话会。

3-4 日 县委书记赵占华、县长申全民带领县委组织部、政法委，建设、土地、水务、国土、财政、发改、农发行、农信联社，非凡公司、隆盛公司等部门领导和企业家组成城建考察组，赴辽宁铁岭、迁安就城市建设开发进行专题考察。

5 日 全县深入学习实践科学发展观活动动员大会在政府五楼会议室召开。县委书记赵占华，县长申全民，县人大主任郭万忠，县委办公室主任白凤鸣，组织部长杨春霞，宣传部长赵彦朝等县处级领导以及市第二批学习实践科学发展观督导组组长张志福出席会议。各乡镇党委书记、副书记及县直各单位主要负责人参加会议。县长申全民主持会议。组织部长杨春霞宣读了《赤城县开展第二批深入学习实践科学发展观活动的实施方案》，县委书记赵占华就如何搞好全县学习实践活动讲了意见。

6 日 副县长王秀冬带领县畜牧办、东卯镇负责人到北京洽谈华田育肥牛养殖项目和肉鸡养殖项目。

9 日 国家铁道部、铁道部第三设计院专家组一行到赤城县就张唐铁路布线问题进行调研，副县长郭文奎陪同调研。

10 日 赤城·北京项目签约对接洽谈会在北京国际饭店举行。北京企业界代表，北京市农委、发改委、水务局、工商联领导出席洽谈会。市委常委、宣传部长郑丽荣，副市长罗建辉及县领导赵占华、申全民、王波、郭万忠、蒋瑞海、郭献林、白凤鸣、赵彦朝、王秀冬、张晓燕、郭瑞卿、李春城、欧阳文捷、买国强、李志强、栗春莲出席。县有关乡镇和部门主要负责同志参加洽谈会。会上共与外地客商签订8个项目，总投资8亿元。

11日 县长申全民带队到北京金隅集团就项目合作进行洽谈对接。

12日 省长助理、省政府秘书长尹亚力一行到赤城县调研，并在政府贵宾楼会议室召开座谈会。市政府秘书长白龙，县委书记赵占华，县长申全民，常务副县长王崇辉，县委办主任白凤鸣，挂职常委欧阳文捷，政府办主任王四海出席会议。财政局、发改局、文教局、统计局、交通局、扶贫办部门负责人参加会议。县长申全民介绍本县经济社会发展、“四帮一”扶贫工作及“作风建设年”活动的开展情况。尹亚力秘书长作重要讲话。

同日 铁道部在北京召开的张唐铁路项目内部评审会，议定张唐铁路途经我县的南线方案。

13日 举行行政审批服务中心再造流程启动仪式。省长助理、省政府秘书长尹亚力，市委常委、常务副市长侯亮，市政府秘书长白龙，县委书记赵占华、县长申全民，人大主任郭万忠、政协主席蒋瑞海共同为县行政审批服务中心再造流程启动仪式剪彩。

同日 省政府办公厅召集的“干部作风建设年”座谈会在县政府温泉宾馆三楼会议室召开。省长助理、省政府秘书长尹亚力，市政府秘书长白龙，及县委书记赵占华、县长申全民、常务副县长王崇辉、县委办公室主任白凤鸣、纪委书记杨启旭、县委常委欧阳文捷、政府党组成员苏有、政府办公室主任王四海出席座谈会。省长助理、省政府秘书长尹亚力作重要讲话。

同日 县政府与张家口通泰高速公路集团有限公司就路、矿、电、旅游产业全面合作协议签约仪式在政府宾馆举行，常务副县长王崇辉主持签约仪式。

15日 县处级领导科学发展观学习班开班。全体县处级领导将利用一周时间对科学发展观理论进行集中学习。

16日 省政府办公厅“四帮一”扶贫工作座谈会在东卯镇古子坊村召开。省长助理、省政府秘书长尹亚力，市政府秘书长白龙，以及县长申全民、组织部长杨春霞、县委常委欧阳文捷、副县长王秀冬、政府办公室主任王四海出席会议，县委组织部，县政府办、交通局、畜牧办、扶贫办、东卯镇等部门负责人以及村民代表参加座谈会。县长申全民主持座谈会。会上，省政府办公厅及县政府为古子坊村捐赠帮扶资金20万元。

18日 县委邀请市检察院党组成员、反渎职侵权局局长刘景平作警示教育专题讲座。县处级领导、县直各单位主要负责人、各乡镇党委书记、乡镇长共240多人聆听了讲座。县委书记赵占华要求，要深刻领会这次讲座的精神实质，并在实际工作中认真贯彻落实。

同日 县政府在雕鹗镇召开春季森林、草原防火现场工作会。会上，县长申全民作重要讲话。

20日 第十四届政府第十六次常务会在政府二楼会议室召开。县长申全民主持会议，常务副县长王崇辉，县委常委、副县长郭文奎，副县长王秀冬、张晓燕、郭瑞卿、李春坡，政府党组成员苏有，政府办公室主任王四海出席会议。县人大副主任徐占元、政协副主席李珍列席会议。会议传达了省长助理、省政府秘书长尹亚力一行到赤城调研时的指示精神。对乡镇矿山管理办公室人员编制及职责等18项议题进行了讨论研究。

同日 省林业局副局长葛会波到县。督导森林草原防火工作。督导组先后到剪子岭林场、大海陀乡查看了扑火物资储备和防火措施落实情况。

同日 赤城·宣钢合作座谈会在温泉召开，双方就如何进一步实现优势互补、资源共享等问题进行座谈。县领导赵占华、申全民、蒋瑞海、王崇辉、白凤鸣、屈军、郭瑞卿及宣化钢铁集团责任有限公司董事长、党委书记张海，总经理、副董事长池贵友等出席座谈会。

同日 县政府召开塘子庙温泉开发设计规划汇报会。县领导赵占华、申全民、王波、蒋瑞海、王崇辉、白凤鸣、屈军、张晓燕、郭瑞卿出席会议。会上，县领导听取了开发商关于塘子庙温泉开发设计规划情况等方面的介绍。

22日 环境卫生集中整治动员会在政府五楼会议室召开，副县长郭文奎安排部署当前环境卫生集中整治工作。

23-24日 县委书记赵占华带队分别对山东省聊城市的城市建设和山东省肥城市的矿业开发进行了实地考察。

25日 安全生产工作会议在政府五楼会议室召开。县长申全民，县委副书记王波，县委常委、政法委书记郭献林，县委常委、纪委书记杨启旭，人大副主任徐占元，副县长郭瑞卿，政协副主席包志忠，政府党组成员苏有出席会议。各乡镇乡镇长，县政府组成部门、垂直管理部门、重点厂矿企业主要负责人参加会议。会议传达了市安全生产工作会议精神，对本县安全生产下一步工作做出安排部署，并对2008年安全生产先进单位、先进个人予以表彰。县长申全民与重点乡镇和相关部门负责人签定了安全生产责任状，分析了目前铁矿市场运行现状和存在问题，并就安全生产、森林防火、信访稳定、项目考核等方面工作提出意见。

26日 县委书记赵占华、县长申全民、县委常委、县委办主任白凤鸣、副县长郭瑞卿在县环保、安监等部门负责人的陪同下对鑫宇公司宋家窑尾矿库进行安全检查。

27日 市安全督查组一行到赤城县检查安全生产工作，副县长郭瑞卿陪同检查，并对本县的安全生产工作作了汇报。

28日 市委常委、宣传部长郑丽荣深入联系点雕鹗镇下虎村宣讲科学发展观。

同日 家电下乡启动仪式在新世纪电器超市门前举行，县人大主任郭万忠、副县长李春坡、政协副主席李珍出席仪式并剪彩。

31日 县委书记赵占华在县委常委、县委办主任白凤鸣、县委组织部及有关部门负责人的陪同下深入联系点独石口镇宣讲科学发展观并与镇村干部群众座谈。

4 月

1日 第十四届人大常委会召开第

十五次会议。会议审议并通过了全县教育工作情况报告、全县计划生育工作情况报告、2008年县财政预算调整方案草案报告，做出了赤城县人大常委会关于批准赤城县2008年财政预算调整方案的决定。

2日 第一季度项目工作调度会在工业促进局会议室召开，县人大副主任白宽，副县长张晓燕、郭瑞卿，政协副主席王海儒出席会议，各乡镇、县直各部门负责人参加会议。各单位分别汇报一季度项目进展情况，常务副县长王崇辉指出当前项目工作中存在的差距与问题，对下一步工作做出安排部署。

同日 全县“质量和安全年活动”启动仪式在汤泉河广场举行。启动仪式上，发放了特种设备、技术检验检测、法律法规、食品安全等方面的宣传材料，接受广大群众的法律、技术咨询。

3日 县领导赵占华、王崇辉、白凤鸣、郭文奎视察本县公交车运营情况。县城公交车自1月1日运营以来，方便了居民出行。

6日 县政府在茨营子乡召开森林防火现场工作会，对当前防火工作进行再安排再部署。县领导王波、郭献林、白凤鸣、徐占元、王秀冬、宋建军、李志强出席会议。18个乡镇党委书记和乡镇长以及相关单位负责人参加会议。

8日 县领导赵占华、白凤鸣、杨启旭，王秀冬，王新慧带领广电，水务，林业，扶贫办等单位负责人深入赤城镇、云州乡，了解项目工作和换届选举工作情况。

9日 县委书记赵占华主持召开县委常委（扩大）会议，会议就森林草原火灾处理意见、汤泉五星级宾馆筹建情况、城建重点项目三个议题进行了专题研究。

10日 县长申全民、县人大主任白宽带领县政府办、环保局、扶贫办、畜牧局等相关单位负责人赴后城镇就农村新民居建设、扶贫开发、项目建设工作进行调研。

11日 县长申全民带领县政府相关领导就2009年已开工的城建重点工程进行考察论证。申全民一行先后深入到府安西街、鼓楼广场、北山公园、霞城大道以及温泉度假村等地进行实地查看，详细了解各地在拆迁改造建设中存在的困难和问题。在随后召开的座谈会上，大家共同观看了北山公园设计方案和白河综合治理设计方案。会上，县长申全民作了重要讲话。

13日 县委书记赵占华带领县委副书记王波，县委常委、县委办主任白凤鸣，县委常委、纪检委书记杨启旭，县委常委、组织部长杨春霞深入县学习实践科学发展观活动办公室视察工作开展情况。

同日 赤城县首都水源地生态保护协会成立。

14日 市委常委、市政法委书记李建举到县检查指导政法工作。县领导赵占华、郭献林、白凤鸣、王新慧陪同检查。

同日 温泉沟口开发建设研讨会在政府二楼会议室召开。常务副县长王崇辉主持会议，县人大副主任白宽、副县长张晓燕，政协副主席包志忠，大海陀国家级自然保护区副主任宋建军出席会议。县委办、政府办、宣传部、旅游局、林业局、水务局、建设局、文教局、赤城镇等部门负责人及部分离退休老干部代表参加会议。会前，与会人员实地查看了温泉旅游区规划与开发建设情况，会议就温泉沟口开发建设情况进行了专题研讨。

15 日 全县政法工作会议在政府五楼会议室召开，县委书记赵占华、人大主任郭万忠、政协主席蒋瑞海、常务副县长王崇辉、政法委书记郭献林、法院院长王绍华、检察院检察长郭文先、政法委专职副书记王新慧出席会议。各乡镇、县直各部门、政法系统、学校、医院、国有林场、水库及重点企业负责人参加会议。会议通过了《中共赤城县委政法委关于进一步加强政法队伍建设的实施意见》，政法委书记郭献林作政法工作报告，县委书记赵占华作重要讲话。

同日 北京市发改局、水务局、园林绿化局等部门到赤城县考察京冀密云水库上游生态水源涵养林建设项目，副县长王秀冬陪同考察。

17 日 省纪委、省监察厅、市政府联合检查组到赤城县检查行政权力公开透明工作。视察了行政审批中心，常务副县长王崇辉汇报了行政许可事项、非行政许可事项办理及房地产开发项目行政审批和收费工作情况，纪委书记杨启旭及有关部门负责人陪同检查。

20 日 县长申全民、副县长李春坡到北京二商集团大红门第五肉联厂洽谈新建饲养 3 万头规模养猪厂项目。

22 日 县委书记赵占华带领县领导郭献林、白凤鸣、杨启旭、白宽、张晓燕，及县交通、广电、环保等部门负责人深入后城镇就旅游工作进行调研。

23 日 县委书记赵占华主持召开党政领导干部会，传达省委书记张云川视察张家口时所作的重要指示精神，研究讨论白河综合治理方案。

24 日 市长郑雪碧带领相关部门负责人到赤城县考察项目工作，常务副县长王崇辉陪同考察。

26 日 全县重点项目工作调度会在政府二楼会议室召开。县长申全民，常务副县长王崇辉，县委常委、政法委书记郭献林，县委常委、县委办主任白凤鸣，县委常委、纪委书记杨启旭，县委常委、县委副书记欧阳文捷，副县长王秀冬、张晓燕、郭瑞卿、李春坡，法院院长王绍华，政府办主任王四海出席会议。县财政局、发改局、扶贫办等 15 个部门，龙关、云州、马营等 11 个乡镇及华田牧业公司、攀宝沸石开发有限责任公司、国华风电公司等项目业主单位负责人参加会议。会议对当前涉及全县工业、农业产业化和生态旅游方面的 13 个重点项目进行了调度。

27 日 县领导申全民、王波、郭万忠、蒋瑞海、郭献林、杨启旭、杨春霞、白宽、屈军、张晓燕、李春坡、包志忠、宋建军、栗春莲同县直各单位负责人共同收听收看了省、市干部作风警示教育电视电话会。会后，县长申全民作重要讲话。

同日 赤城镇永进路社区居委会被民政部评为“全国基层低保规范化建设典型单位”。

27 — 28 日 省、市安委办组织由多名安全专家参加的检查督导组，对矿山企业尾矿库安全生产专项治理工作进行检查督导。县长申全民、副县长郭瑞卿陪同检查。

28日 县领导申全民、王波、杨启旭与县委学习实践科学发展观活动领导小组成员、各相关部门负责人共同收听收看了河北省第二批深入学习实践科学发展观活动推进会。

29日 省委深入学习实践科学发展观活动指导检查组组长韩乃义到赤城县检查指导学习实践活动的开展情况。县领导申全民、杨春霞、白宽、李珍陪同检查并出席汇报会。

同日 副市长何江海、市旅游局局长朱少洲一行到赤城县调度2009年旅游重点项目进展情况。副县长张晓燕陪同调研，并汇报了本县摩天岭滑雪项目、塘子庙温泉开发项目进展情况。

同日 赤城县召开劳动模范、先进集体表彰大会。表彰职工劳动模范130名，农民劳动模范20名，模范集体10个。县领导申全民、王波、郭万忠、蒋瑞海、杨启旭、杨春霞出席表彰大会。

5 月

3日 县委组织部组织召开大学生村官座谈会。县委常委、组织部长杨春霞参加座谈并讲话。

4日 在龙关镇召开安全生产现场会。县长申全民、副县长郭瑞卿、政府办[illegible]炮梁等六个矿山重点乡镇书记、乡镇长、安监、环保、电力、国土以及矿山企业负责人参加会议。县长申全民做重要讲话。

同日 团县委组织开展"舞动青春，展现如火激情；伸出双手，共造如画家园"为主题的纪念"五四"爱国运动90周年实践活动。

5日 副省长张和、省政府副秘书长曹振国以及省发改委、省国土资源厅、省政府办公厅等部门负责人深入炮梁乡银达矿业有限责任公司检查尾矿库安全生产工作。张和指出：要从讲政治、促发展、保稳定的大局出发，牢固树立"责任重于泰山"观念，落实安全生产主体责任，提高应对突发安全生产事故能力。副市长宋文玲、县领导赵占华、申全民、白凤鸣、郭瑞卿以及市县安监、发改、环保等部门负责人陪同检查。

6日 深入学习实践科学发展观（作风建设年）活动推进会在政府五楼会议室召开。市委指导检查组组长张志福及县四大班子领导出席会议，各活动单位主要负责人、联络员，各乡镇党委书记，学习实践科学发展观活动办公室工作人员参加会议。县财政局、交通局分别做典型发言。县委书记赵占华、县长申全民分别就深入学习实践科学发展观（作风建设年）活动分析检查阶段的任务和目标，结合本县实际及当前各项重点工作讲了意见和建议。

8日 召开京尚高速公路赤城段讨论会，讨论京尚公路赤城段走向及规划等相关问题。县委书记赵占华、县长申全民等县领导以及相关科局、乡镇负责人参加讨论。

同日 马营乡万寿菊种植加工厂开工奠基，县政协主席蒋瑞海参加奠基仪式。该项目分三期，总投资1.5亿元。

11日 省信访局副局长田军在市信

访局负责人的陪同下到赤城县检查信访工作。县领导申全民、王波、郭献林、白凤鸣陪同检查。

12 日 市地震局副局长赵赫民到赤城县检查防震减灾工作开展情况，副县长张晓燕陪同检查，并赴独石口镇参加 5.12 防震减灾纪念日活动。

13 日 县长申全民主持召开项目调度会，研究加快推进后城京北水城旅游度假村和后城建材厂项目问题。

14 日 省旅游局副局长翟玉海一行到赤城县督导重点旅游项目进展情况，副县长张晓燕陪同到东万口、白草等地现场督导视察，并汇报了本县重点旅游项目进展情况。

15 日 县领导申全民赴东万口乡视察，并对被列为省重点项目和省长督办项目的塘子庙温泉开发项目进行协调。

同日 赤城县“彩色周末”文化活动正式启动。

18 日 召开 2009 年全县禁毒工作会，安排部署全县禁毒、铲毒工作。

18 — 19 日 省发改委副主任于明带领新增中央投资项目专题调研组，在副市长杨玉成、市政府副秘书长张治学、市发改委副主任杜平的陪同下到赤城就新增中央投资项目进行专题调研，对今后用好国债资金提出了指导性意见。

19 日 张家口市商业银行赤城县支行举行开业庆典仪式，副市长杨玉成及县四大班子领导出席。

20 日 县政府召开城镇居民基本医疗保险启动工作动员大会。会议就全县城镇居民基本医疗保险启动方案，定点医疗机构监管办法等事项进行了专项部署。

同日 县文明办、文教局、团县委、县妇联联合在一中举行“向国旗敬礼，做一个有道德的人”网上签名寄语活动启动仪式。一中 80 多名学生代表参加签名寄语活动。文教局对全县各中小学开展此项活动做出安排部署。

21 日 县委书记赵占华对张唐铁路在赤城县建站选址进行实地考察。

24 日 全市城镇面貌三年大变样工作督导组到赤城县督导城建重点项目工作，副县长郭文奎陪同视察并汇报本县三年大变样工作进展情况。

25 日 召开农业项目调度会。听取各乡镇农业项目和新民居建设情况汇报。县领导申全民、王波、王秀冬、宋建军出席会议。

26 日 云州水库除险加固工程协调会在云州水库管理处召开，县长申全民、副县长王秀冬及市水务局、县直相关部门参加会议。县长申全民就云州水库除险加固工程建设中存在的问题进行协调解决。

同日 召开县委常委（扩大）会议。会议提交并讨论了《中共赤城县委常委会关于学习实践科学发展活动聚焦提炼问题的报告》，县委书记赵占华主持会议，并作重要讲话。

27 日 省民政厅副厅长张建忠、市政府副市长罗建辉一行到赤城县检查双拥共建工作。常务副县长王崇辉陪同检查组到驻赤部队、赤城镇敬老院、烈士陵园视察。

同日 北京市水务局局长程静一行到赤城县考察黑河源地区水资源治理工作。县政协主席蒋瑞海、政法委书记郭献林、副县长王秀冬、郭瑞卿陪同考察。

同日 22时04分，宝平线观门口段K125＋000处发生断交事故，县交通局立即启动突发事件应急预案，出动车4辆，应急队员25名，经过3小时紧张抢修于28日40分恢复正常通行。

6 月

1日 赤城县召开白河综合治理领导小组及拆迁补偿办法座谈会。县领导赵占华、王波、蒋瑞海、白凤鸣、刘英志出席座谈会。

同日 县防汛工作会议在政府五楼会议室召开。县长申全民，县委副书记王波，县委常委、副县长郭文奎，人大副主任屈军，副县长王秀冬，政协副主席王海儒，县人武部部长孟来年出席会议。县防汛抗旱指挥部领导小组成员单位、各乡镇、县直部门及主要矿山企业负责同志参加会议。县防汛抗旱指挥部总指挥、县长申全民作重要讲话，县防汛抗旱指挥部副总指挥、县委常委、副县长郭文奎对县城防汛工作进行了安排部署，各乡镇、云州水库负责人递交了防汛工作责任状。

2日 农村党组织书记集中培训班在县一中六楼会议室举行开班仪式，县四大班子领导出席仪式，全县18个乡镇440个行政村支部书记参加培训。

同日 县政府领导班子学习实践科学发展观专题民主生活会（第十四届政府第十七次常务会）在政府二楼会议室召开。县长申全民，常务副县长王崇辉，县委常委、副县长郭文奎，副县长王秀冬、张晓燕、李春坡，政府党组成员栗春莲、苏有，政府办主任王四海，县委组织部副部长李迎春，纪检委副书记李建成出席会议。会议听取了在学习实践科学发展观活动中聚焦提炼的五个方面问题的简要说明，通报了县人大、政协和县政府有关部门对县政府领导班子学习实践科学发展观的意见和建议，各位副县长和政府党组成员围绕各自分管工作进行了分析解剖。

同日 举办“科学发展和谐赤城”2009之夏文艺晚会。市委常委、宣传部长郑丽荣，内蒙古自治区文学艺术家火华，市委组织部有关领导，县四大班子领导与500多名农村党员干部共同观看演出。

3日 县委、县政府为“赤城县亨升信用担保有限公司”举行开业揭牌仪式。

8日 举行宣传文化中心竣工剪彩暨白河综合治理等22个重点项目开工奠基仪式。市委书记许宁，市长郑雪碧，市人大主任曹英忠，市政协主席乔登贵，市委常委、统战部长周林，市委常委、宣传部长郑丽荣，市委常委、市委秘书长李青春，副市长何江海、杨玉成，市政协副主席袁秀平，市长助理、市政府秘书长白龙及县四大班子领导出席仪式并为工程开工奠基。同日在仪式上，鑫宇、龙宇、弘基等8家民营企业为白河综合治理捐款578万元。

同日 白草镇马栅子村独创的“马栅子调”被列为河北省非物质文化遗产。

同日 [illegible]，云州、东万口、龙门所、二道川等乡镇7个行政村，1063户，2893人遭冰雹灾害，农作物受灾面积214公顷，绝收面积29公顷，直接经济损失55万元，其中农业损失38万元。

9日 县四大班子主要领导及部分科局和乡镇负责人共计40人，赴阳原县考察学习实践科学发展观活动。

11日 延庆、赤城两县联合防汛会议在白河堡水库管理处召开，副县长王秀冬参加会议。

13日 农业部、中国农科院领导带领省饲草站、市畜牧水产局负责人到赤城县考察省畜牧水产方面重点项目建设情况。

14日 县道白四线东卯至冀京界段三级公路改建工程正式开工，副县长李春坡及市公路局，县发改局、交通局等部门出席开工仪式。该工程总投资2629万元，全长19.5公里，建设标准为三级公路。

同日 县委、县政府组团赴扬州市考察城市建设及河道治理工作，县委常委、县委办主任白凤鸣，县委常委、副县长郭文奎，政法委专职副书记王新慧及县直相关部门参加考察。

同日 县领导赵占华、白凤鸣、栗春莲带领县农业、扶贫、发改等部门负责人深入马营乡松树堡村视察万寿菊加工项目。

17日 经张家口市委研究决定，张干字【2009】85号文，孟来年任中共县委委员、常委；免去韩光辉县委常委、县委委员职务。

17日～21日 县林业局对东万口乡河路沟村、龙门所镇庙湾村、田家窑镇井儿洼村总计2666公顷京津风沙源治理工程实施飞播造林。累计飞行115架次，播撒树种1.6万公斤。

19日 县委书记赵占华主持召开城建暨白河综合治理情况汇报会。听取了城建及白河综合治理有关事宜的汇报，并对城建及白河综合治理做出相关安排部署。

同日 县委在沽源县宾馆召开基层组织建设专项述职会。会议听取了18个乡镇党委书记所做的基层组织建设专项述职。县委常委、县纪委书记杨启旭针对如何加强基层党组织建设等方面问题抽取了三道川等6个乡镇进行了即兴提问。县委常委、组织部长杨春霞对各乡镇的述职进行了综合点评。

22日 县长申全民、常务副县长王崇辉、副县长郭瑞卿带领安监、环保等部门到龙关镇相关企业调研尾矿库安全生产及企业复产工作。并在该镇召开了全县矿山企业保安全促发展工作会议，县长申全民作重要讲话。

同日 县委书记赵占华带领县领导王波、王崇辉、白凤鸣、郭文奎、张晓燕、王新慧及县财政、建设、文化等相关单位负责人深入到县第一幼儿园、第一小学、步云桥等施工建设现场进行调研，了解施工中遇到的问题，就施工质量、施工进度和安全工作进行安排部署。

23日 张家口东方苑房地产开发公司为龙关镇三岔口幼儿园捐赠现金20万元和价值10万元的图书。县委副书记王波、副县长张晓燕出席捐赠仪式。

25日 尾矿库安全治理工作会议在政府五楼会议室召开，县四大班子领导，各乡镇乡镇长及企业科长，各四等库、头顶库企业负责人共100多人参加会议。市安监局副局长赵炜出席会议并讲话；县长申全民就全县安全生产和企业复产工作作重要讲话。

26日 县便民服务中心举行启动剪

彩仪式。市纪委副书记张发、市便民服务中心副主任刘丽萍及县长申全民、人大主任郭万忠、政协主席蒋瑞海、纪委书记杨启旭、宣传部长赵彦朝共同为中心剪彩。

同日 全县农业工作现场会在样田乡召开。县委副书记王波、副县长王秀冬出席会议，各乡镇及农口部门主要负责人参加会议。与会人员实地参观了样田乡万亩供京蔬菜园区的养生菜基地和下马山出口蔬菜基地，观看了样田乡农业发展多媒体宣传片。副县长王秀冬与各乡镇签订了沼气池建设工程责任状，并就下半年的农业农村工作进行了安排部署。县委副书记王波代表县委讲了意见。

27日 市消防督导组到赤城县检查消防安全工作。县委常委、副县长郭文奎陪同检查。

29日 庆祝建党88周年暨表彰大会在县政府五楼会议室召开。县委书记赵占华主持会议，县长申全民，县委副书记王波、欧阳文捷，人大主任郭万忠、政协主席蒋瑞海，县委常委、县委办主任白凤鸣，县委常委、纪委书记杨启旭，县委常委、宣传部长赵彦朝出席会议。各乡镇、县直各部门及各基层党委负责人参加会议。会议对全县8个优秀基层党委、10个先进基层党组织、20个优秀农村党支部、20名优秀共产党员、20名优秀党务工作者、20名优秀农村党组织[illegible]中全民分别作重要讲话。

30日 省长胡春华到赤城县调研。省长助理、省政府秘书长尹亚力，省发改委主任沈小平，省旅游局局长王新勇，省国资委副主任刘清芳，市委书记许宁，常务副市长侯亮，市委常委、市委秘书长李青春，副市长宋文玲，市长助理、市政府秘书长白龙陪同调研。胡春华先后视察了县城建设、温泉总泉。并在温泉贵宾楼召开座谈会，县委书记赵占华、县长申全民、人大主任郭万忠、政协主席蒋瑞海、县委副书记欧阳文捷出席座谈会。省长胡春华、市委书记许宁分别作重要讲话。

7 月

1日 由县委宣传部主办的县报《赤城》正式发刊。《赤城》为周刊，四开四版，每周三出版。

同日 全县高考传捷报，县第一中学一本上线8名，二本以上人数35名，三本以上人数161名。分别比2008年增长167%、133%、和45%。邵鹏程同学以617分夺得理科状元，超出一本分数线48分。

同日 县四大班子联席会在县委三楼会议室召开。县四大班子领导出席会议，县公安局、水务局、旅游局、审批中心、赤城镇等部门参加会议。会议传达了胡春华省长来赤调研时讲话精神及市信访联席会议精神，对当前工作进行安排。县长申全民就落实胡省长指示精神做好当前工作讲了意见。

3日 县长申全民，县委副书记王波，[illegible]人大副主任白宽，政协副主席王海儒，政法委专职副书记王新慧带领政府办、财政局、建设局、国土局、水务局、工促局、赤城镇、龙关镇一行18人赴涿鹿县考察城市建设和工业园区建设工作。考察组听取了该县的经验介绍,并考察了城市拆迁、文化广场、产业园区、黄帝城。

7日 上午9:30,举行第七次防空警报试鸣,指挥部设在县人武部,县长申全民宣布防空警报试鸣开始。

8日 常务副县长王崇辉主持召开财税征收工作研讨会。会议就财税征收形式及工作措施进行了研讨。决定成立五个专项工作组自7月10日开始分三个阶段对全县各行业税收进行全面清理整顿。

9日 中国美术院为样田乡新尚春蕾希望小学捐赠价值80万元的书画作品和文化学习用品。县领导王波、赵彦朝、徐占元、张晓燕、刘英志出席捐赠仪式。

同日 全市优抚医疗保障现场会在赤城县召开。常务副县长王崇辉介绍了全县优抚对象医疗保障的先进经验和做法。

同日 县报《赤城》首发式暨通讯员培训会在县政府五楼会议室召开。县领导王波、赵彦朝、徐占元、张晓燕、李珍出席仪式。

10日 交通运输部公路局副局长陈胜营、省交通运输厅副厅长杨国华、市交通局局长张富强等农村公路督查组一行到大海陀、雕鹗等地督查农村公路建设、养护、国债资金落实及使用情况。县委副书记王波,县委常委、副县长郭文奎陪同督查。

同日 由县劳动、民政、工商、监察、工会等部门组成4个联合执法检查组,对全县中、小型劳动密集企业进行非法用工专项整治。共出动执法人员165人,检查用工单位72家(小矿山51家、小砖窑15家,其它企业6家),涉及被检查的劳动者2880人。查处违法案件2起,补签劳动合同370份,补办社会保险20份,发放宣传资料1万份。

13日 全县老干部座谈会在温泉政府宾馆召开。常务副县长王崇辉主持并通报了上半年全县经济社会发展情况,县委书记赵占华、县长申全民分别讲话。

14日 2009年半年经济运行分析会在政府五楼会议室召开。县四大班子领导出席会议,县委各部委、县直各部门负责人,各乡镇书记、乡镇长,矿山管理办公室负责人,县城各医院院长、各中小学校长及国有林场场长参加会议。会议通报了上半年经济工作运行情况,部署了"十二五"规划编制工作和信访稳定工作。县长申全民对下半年经济工作做出安排部署,县委书记赵占华作重要讲话。

16日 县长申全民主持召开全县"两场一房"建设调度会。会议传达省、市"三年大变样"会议精神,提出"五条措施"抓好工作落实。

同日 县政府召开全县禁毒工作调度会。县领导郭献林、王新慧出席会议。

17日～18日 台湾裕成商贸有限公司、尊龙集团、银满投资公司等17家企业代表组成考察团到赤城进行考察。实地考察了样田乡万亩供京蔬菜基地、金阁山、云州水库。我县对白河治理,工业集聚区等十个重点项目进行了多媒体推介。

18日 举行赤城城镇污水处理厂项目开工奠基仪式。污水处理厂占地2.86万平方米,配套管网14.9公里,日处理污水2万吨。

同日 中央第三巡回检查组在省直

机关工委副书记郭树良，市委常委、组织部长魏福刚的陪同下到赤城县检查指导学习落实科学发展观工作。县领导赵占华、申全民、白凤鸣、杨春霞陪同检查。

20日 县委书记赵占华带领县委办主任白凤鸣，县政法委专职副书记王新慧，及公安、安监、环保、财政等有关部门负责人到田家窑镇就安全生产进行调研，听取了田家窑镇工作汇报。

同日 国家发改委下发《国家发改委关于新建张家口至唐山铁路项目建议书的批复》（发改基础［2009］1905号）。同意线路走向途径赤城县。

21日 全县危爆物品管理和矿山企业用电审批工作会在政府二楼会议室召开。县领导郭瑞卿、苏有及国土、安监、环保等部门参加会议。会议就危爆物品管理和矿山企业用电审批工作做出安排部署。

22日 第十四届政府第十八次常务会议在政府二楼会议室召开。县长申全民主持会议。县领导王崇辉、郭献林、郭文奎、白宽、王秀冬、张晓燕、李春坡、栗春莲及劳动、信访、建设、工促、民政、编办、农业、财政、国土负责人参加会议。会议就各位副县长分管口的11起信访突出问题做了研究；对样田乡农业示范园区建设问题做出决定；对全县的安全生产问题做了部署。

同日 14：00—15：30分，部分[illegible]65mm，并伴有冰雹，最大雹径10mm。灾害涉及云州、马营、龙门所、三道川、东卯、后城、大海陀、田家窑、雕鹗9个乡镇，42个行政村，2969户，8975人。受灾面积984.2公顷，绝收面积173.6公顷。造成4户11间房屋倒损，其中倒塌2户5间。冲毁护地坝340米，乡村公路10公里。害灾造成直接经济损失863.03万元，其中农业损失794.7万元。

23日 市政协副主席吴泽林一行到赤城县调研。先后考察了马营乡、样田乡的万寿菊种植基地。县长申全民、政府党组成员栗春莲陪同调研。

同日 全国政协外事委员会一行19人到赤城县进行了为期3天的考察，考察团一行先后到温泉度假村、黑龙山省级森林公园、云州水库等地进行了实地调研。县领导赵占华、蒋瑞海、白凤鸣陪同调研。

24日 全县食品安全月专项行动启动仪式在影院广场举行，副县长张晓燕出席仪式并讲话。

同日 全国政协外事委员会考察团一行在政府贵宾楼召开考察座谈会。全国政协外事委员会副主任、外交学院院长、原驻法国大使赵进军，全国政协外事委员会副主任、TCL集团股份有限公司执行董事韩方明，全国政协常委、外事委员会委员、北京军区原副司令员高中兴，全国政协外事委员会委员、原驻瑞典大史、中央外办原副主任吕占鼎，全国政协外事委员会委员、原驻欧盟使团团长关呈运，全国政协外事委员、原驻泰国大使张九恒，全国政协外事委员会办公室副主任李学明，全国[illegible]市政协副主席吴泽林，市政府副秘书长孙宏亮及县领导赵占华、申全民、蒋瑞海、白凤鸣、王四海参加了座谈会。市政协副主席吴泽林主持会议。县委书记赵占华致欢迎辞，县长申全民就全县经济和社会发展情况做了汇报。

同日 从即日开始至30日，县四大班子领导分组对驻军部队、县武装部、消防大队、武警中队、光荣院及军队离退休干部和部分优抚对象进行慰问。并送去10万元的慰问品和慰问金。

25日 县委书记赵占华主持召开赤城镇四道沟小流域综合治理座谈会。分析汤泉河洪水形成原因，研究制定解决方案。

26日 县长申全民召开工程项目调度会。对污水处理厂、垃圾处理厂、廉租房、县第一幼儿园、白河综合治理等建设项目进行调度。

28日 县委书记赵占华、县长申全民带领四大班子领导赴天津市考察城市建设及管理工作。

30日 全国人大常委会副委员长司马义·铁力瓦尔地在全国人大常委会秘书局副局长李庆，省人大常委会副主任、省工商联主席黄荣，省人大副秘书长李克飞，市人大常委会主任曹英忠，市人大常委会常务副主任杨文宝的陪同下到赤城县调研，并视察了温泉总泉。

同日 县委副书记欧阳文捷、常务副县长王崇辉、人武部政委孟来年赴宣化县慰问原驻赤城县66376部队官兵，并带去慰问金和慰问品。

31日 全县农业工作会议在县财政局会议室召开。副县长王秀冬主持会议，各乡镇、农口各部门、蔬菜运销“绿色通道”领导小组成员单位参加会议。会议对蔬菜运销“绿色通道”、新增中央投资沼气建设、森林覆盖率净增量考核、奶牛规模养殖等十项重点农业工作进行了安排部署。

同日 由省台联会长王耀冀、台湾义守大学语文传播学院院长溥乔萍带领62名台湾投资经理到我县进行投资考察。先后考察了县城建设、金阁山旅游开发、金银首饰加工、生态养羊等项目。

8 月

1日 县长申全民，县委常委、常务副县长王崇辉率有关部门负责人赴云州乡视察旱灾灾情。

同日 白河综合治理调度会在政府二楼会议室召开。县长申全民，常务副县长王崇辉，县委常委、副县长郭文奎出席会议，白河综合治理领导小组成员及政府相关部门参加会议。会议听取了各部门关于工程征地、贷款、规划及招投标等工作的汇报，郭文奎对下一步工作做出安排部署，申全民作重要讲话。

2日 县委书记赵占华主持召开安全生产会，就如何确保矿山安全进行研究部署。县领导申全民、郭献林、白凤鸣、郭瑞卿出席会议。政府办、安监局、公安局，龙关、田家窑、炮梁三个乡镇及部分矿山企业负责人参加了会议。县长申全民就安全生产、国庆安保工作提出了具体要求。

同日 县委书记赵占华主持召开冀台会，就本县与台商接洽有关事宜作出安排部署。县领导申全民、王波、郭献林、白凤鸣、郭文奎、李春坡出席会议。县委办、政府办、建设、广电等单位负责人及18个乡镇负责人参加会议。

3日 2009年河北省青少年公路自行

车锦标赛在赤城县举行。全省9个代表队近200名选手参加比赛。比赛为期3天。

4日　省农业厅副厅长朱丽杰到赤城县调研沼气池建设、张杂谷子长势情况，副县长王秀冬陪同调研。

同日　建国60周年安全保卫工作会议在政府五楼会议室召开。县四大班子领导出席会议，各乡镇、县直各部门、县医院、中医院、一建、二建、重点企业、一中、二中、农职中学、水库、林场、消防大队负责人参加会议。会议就《赤城县建国60周年安全保卫“百日会战”督查工作方案》、《关于县处级领导包乡镇和重点部位的通知》、《赤城县新中国成立60周年庆典活动安全保卫工作实施方案》作了通报。县委书记赵占华、县长申全民分别作重要讲话。

5日　全县新民居建设观摩调度会在东万口乡召开。县领导赵占华、王波、王崇辉、白凤鸣、屈军、王秀冬、王海儒、宋建军、李志强及部分乡镇、新民居建设包扶单位负责人参加会议。与会人员现场观摩了东万口乡卧龙海村，听取了该村汇报。会议传达7月16日省、市新民居建设会议精神，听取各乡镇关于新民居建设的工作汇报，并对下一步工作提出具体要求，赵占华作重要讲话。

同日　副省长孙士彬在省政府副秘书长李同亮、省卫生厅副厅长梁占凯、[illegible]的陪同下到赤城县调研。先后视察了温泉、独石亭、金阁山、汤泉河、宣传文化中心等工程和景点，对全县的城建“三年大变样”工作及旅游业发展给予充分肯定和高度评价，并决定在赤城县召开全省“清洁城乡、保护健康”现场会。

6日　县委书记赵占华召集建设、广电、旅游等相关部门负责人传达贯彻落实副省长孙士彬到赤城视察的指示精神，就打造全省卫生城，在赤召开全省“清洁城乡、保护健康”现场会等事宜做出安排部署。县领导郭献林、白凤鸣、杨启旭、郭文奎、白宽、张晓燕、包志忠、宋建军出席会议。

7日　省政协委员、石家庄市政协主席王华清，省政协委员、石家庄市政协副主席周森涛一行在市政协常务副主席吴泽林的陪同下到赤城县视察指导工作。视察团一行先后视察了汤泉总泉、木栈道、城市建设。县领导赵占华、白凤鸣、郭文奎、李珍、包志忠、王海儒、刘英志陪同视察。

同日　省人大农工委主任李广恩一行到赤城县调研集体林权制度改革工作，并深入龙门所镇庙湾村进行实地调研。副县长王秀冬就本县林权制度改革工作做了汇报。

8日　第八届冀台经济合作洽谈会在涿鹿县举行。由县长申全民任团长、县委副书记王波、副县长李春坡任副团长，商务、发改、旅游、对台办、三道川乡参加洽谈会。会上，我县共发布项目16个。塞外仙都温泉开发融资项目与台湾银满投资有限公司签约，项目总投资2亿元。

同日　赤城县民族事务委员会成立，[illegible]兼任办公室主任。

9日　全县“清洁城乡、保护健康”爱国卫生运动动员会在政府五楼会议室召开。县领导申全民、王波、王崇辉等四大班子领导，县直各部门主要负责人，各乡镇党委书记、乡镇长，县城各医院院长，各中小学校长及国有林场场长参加会议。会议传达了副省长孙士彬到赤城县调研指示精神及8月6日全市项目调度会精神，通过了《赤城县“清洁城乡、保护健康”爱国卫生运动实施方案》。县长申全民作重要讲话。

10日 市城区绿化净增量考核组到赤城县考核城区绿化净增量工作。副县长王秀冬陪同考察并作汇报。

同日 县领导赵占华、郭文奎、白宽、王海儒、王新慧带领国土、财政、水务等部门负责人赴张家口考察学习清水河综合治理工程先进经验。

11日 全县农村党风廉政建设推进会在茨营子乡召开。市纪委党风室主任马志远，县领导王波、王崇辉、杨启旭、杨春霞、徐占元及各乡镇、部分县直单位参加会议。会上，茨营子乡、独石口镇、雕鹗镇、茨营子乡河口村分别就农村党风廉政建设做了典型发言，常务副县长王崇辉宣读了《关于推进农村党风廉政建设实施方案》，县委副书记王波讲话时分别对白草镇“四加二”工作法，茨营子乡“五项监督机制”，独石口镇“三资”管理办法，雕鹗、龙关镇“三公开”制度，茨营子乡河口村村务决策“四步法”给予充分肯定。

同日 召开全县教育工作研讨会。县长申全民、县委副书记王波、副县长张晓燕出席会议。县文教局、财政局、劳动局等相关部门负责人参加了会议。

12日 副县长王秀冬带领人口和计划生育局、安监局负责人赴东卯镇古子坊村调研新民居建设工作。

同日 张家口市创建文明城市工作现场会在赤城县召开。市委常委、宣传部长郑丽荣、县委书记赵占华、县长申全民、市直有关部门、各县区宣传部长及文明办主任参加会议。与会人员现场参观了县城迎宾大道、宣传文化中心广场、温泉升级改造、汤泉河等工程。赤城、张北、桥东区、桥西区、宣化区分别作典型发言，郑丽荣作重要讲话。

同日 召开交通城建等重点项目研讨会。县领导赵占华、申全民、郭万忠、白凤鸣、郭文奎、包志忠、宋建军、王新慧出席会议。政府办、交通、城建等相关部门负责人参加了会议。

13日 样田乡供京万亩蔬菜园区通过市农委验收。

14日 北京金五星集团董事长兼总裁杨志刚到赤城县考察星级宾馆建设工作。常务副县长王崇辉、县委办主任白凤鸣、副县长李春坡、政协副主席包志忠陪同考察。

同日 县政府召开白河综合治理一期工程动员会。县领导郭文奎、白宽、王海儒、王新慧出席会议。政府办、财政、城建、水务等相关单位负责人参加会议。会议就白河治理有关事宜进行布署。

19日 全县“清洁城乡、保护健康”暨创建省级卫生城市动员大会在县一中召开。县四大班子领导，各乡镇、县直各部门、各厂矿企业、学校、饭店、公路沿线行政村共计370多人参加会议。会议通过《赤城县“清洁城乡、保护健康”暨创建省级卫生城市的整改方案》，建设局、水务局、卫生局、赤城镇分别作表态发言，县委书记赵占华作重要讲话。

同日 全国人大常委会原副委员长蒋正华在省市人大常委会负责人的陪同下到赤城县视察。县领导申全民、郭万忠、白凤鸣陪同视察。

同日 灾情调查报告：5月份以来，遭受60年不遇的旱灾，全县18个乡镇47.75万亩农作物受灾，占播种面积的80.26%；绝收面积30.75万亩，占53.9%。440个行政村全部受灾，其中重点村286个。受灾户6.75万户，17.538万人，占农业人口的71.3%。因灾造成直接经济损失16350.7万元。

21日 县政府召开抗旱工作会议，对全县抗旱工作进行安排部署。县委副书记王波、副县长王秀冬出席会议。各乡镇党委书记、乡镇长以及县抗旱指挥部承担单位主要负责人参加会议。县委副书记王波作了讲话。

同日 召开白河综合治理领导小组工作协调会，对白河综合治理各项工作做进一步安排部署。县委常委、副县长郭文奎，县人大副主任白宽，县政协副主席王海儒，县政法委专职副书记王新慧及白河综合治理领导小组成员，部分单位主要负责人参加会议。

21－22日 首钢党委组织部长郭荣一行到赤城县就铁矿资源和石灰岩开机进行考察洽谈。县领导申全民、[illegible]、郭瑞卿、苏有陪同。

23日 召开白河综合治理一期工程第二次现场会。县长申全民，县委常委、常务副县长王崇辉，县委常委、副县长郭文奎，县人大副主任白宽，县政法委专职副书记王新慧出席会议。县财政、建设、发改、国土等相关部门参加会议。

24日 赤城县第二批深入学习实践科学发展观活动群众满意度测评会在县一中召开。县委各位常委，乡镇、部门一把手，部分人大代表、政协委员，基层群众代表，离退休老干部参加会议。县委书记赵占华作报告，市委督导组组长张志福作重要讲话。

25日 省爱卫会专家组一行到赤城县视察卫生工作，副县长郭文奎陪同视察。

同日 召开白河综合治理拆迁动员会。县领导申全民、郭万忠、蒋瑞海等四大班子领导出席会议，县直各部门负责人参加会议。会上，县建设局介绍白河综合治理拆迁情况；常务副县长王崇辉宣读了《赤城县白河综合治理拆迁方案》及任务分工。县长申全民就拆迁工作作重要讲话。

同日 全县危爆物品、枪支弹药、管制刀具整顿动员会在公安局召开。副县长郭瑞卿、政府党组成员苏有参加会议。

25－27日 赤城县组团赴衡水市考察城建工作。县委书记赵占华，县长申全民，县人大主任郭万忠，县政协主席蒋瑞海，县委常委、县委办主任白凤鸣，县委常委、副县长郭文奎，县委常委、宣传部长赵彦朝，县人大副主任白宽，县城建、水务、旅游等有关部门负责人随团考察。考察团一行先后参观考察了冀州经济开发区、衡水湖及滏阳河综合治理等建设项目。

同日 中日民间（绿化）暨小渊基金生态造林二期项目签约。该项目总投资276万元，其中日方出资156万元，预计造林200公顷。

28日 国家林业部陈绍志处长、管长岭处长到县调研国有林场职工生活情况。副县长王秀冬陪同到黑龙山、剪子岭林场调研。

31日 县委书记赵占华由县领导王崇辉、白凤鸣、杨启旭、郭瑞卿、王新慧及县工促局、林业局等部门和乡镇负责人陪同深入到独石口镇调研。随后，县委书记赵占华在独石口镇主持召开会议，听取赤城镇、马营乡、云州乡、独石口镇4个乡镇关于国庆安保工作汇报。

9 月

1日 县委书记赵占华在白草镇主持召开黑河片乡镇国庆安保工作汇报会。听取东万口、茨营子、三道川、白草、东卯5个乡镇关于国庆安保工作汇报。

同日 召开县城总体规划座谈会。县领导申全民、郭文奎、徐占元、李珍出席会议，城建、交通、水务等相关部门负责人参加会议。

2日 华北环境保护督察中心副主任王干江一行在省、市环保部门负责人的陪同下到县检查矿山企业生态恢复、尾矿库环保工作。县委副书记欧阳文捷、副县长郭瑞卿陪同检查。

3日 县委书记赵占华在炮梁乡主持召开红河片乡镇国庆安保工作汇报会。听取炮梁、样田、后城等9个乡镇关于国庆安保工作汇报。县领导申全民、郭献林、白凤鸣、杨启旭、郭文奎、赵彦朝、郭瑞卿、王绍华、郭文先、王新慧、苏有出席会议，政府办、公安、安监、扶贫办等相关部门负责人参加会议。

4日 县民政局在兴仁堡村设置临时军供慰问站，慰问沈阳军区某部跨区机动演习官兵，发放3000多元的慰问品。

同日 市人大常委会主任曹英忠、副主任武凤英、秘书长张瑞林及部分市人大常委会委员在副市长何江海及市旅游局负责人的陪同下到赤城县视察重点旅游项目建设情况。县领导赵占华、申全民、郭万忠、白凤鸣、屈军、张晓燕及县政府办、旅游局部门负责人陪同视察。

7日 省水利厅厅长李清林在市人大副主任肖文友，县长申全民，副县长王秀冬的陪同下，到云州水库检查指导除险加固工程建设情况。

8日 省民政厅厅长古怀璞，在市委常委、副市长唐树森，市民政局局长梁登峰的陪同下到县指导检查抗旱救灾工作。县长申全民、常务副县长王崇辉陪同实地视察了白草镇马栅子村和东万口中心敬老院。

同日 庆祝第25个教师节暨表彰大会在县一中科技楼召开。县领导赵占华、申全民、王波、郭万忠、蒋瑞海、白凤鸣、屈军、张晓燕、刘英志及各乡镇、县直各部门负责人、各中小学校长、优秀教师代表、部分企业家代表参加会议。会议表彰了2008－2009年度教育系统先进单位和先进个人。副县长张晓燕作教育工作报告，获奖教师代表作先进事迹报告，并举行企业家捐资助教仪式。县委书记赵占华作重要讲话。

9日 第十四届政府第十九次常务会

议在政府二楼会议室召开。县长申全民，常务副县长王崇辉，常委副县长郭文奎，人大副主任徐占元，副县长王秀冬、张晓燕、郭瑞卿，政协副主席王海儒，政府党组成员栗春莲、苏有，人武部政委张儒祥，政府办主任王四海出席会议。县委农工部、县法制办、县法院、人事劳动和社会保障局、监察局、财政局、发改局、统计局、审计局、公安局、国土资源局、建设局、交通局、环保局、水务局、消防队、文教局、卫生局、编委办、赤城镇、炮梁乡负责人参加了会议。会议听取了县污水处理厂建设情况，“清洁城乡、保护健康”工作情况，白河综合治理一期工程拆迁、招投标及进展情况的汇报，通报了全省农村危房改造试点工作会议精神及全县教师招聘工作情况。

10日　截止当日，全县干部群众在向灾区困难群众“送温暖、献爱心”社会捐助活动中，共接收捐款33.882万元。

同日　经济工作调度会在县工业促进局召开。会议通报了全县1－8月份经济运行、项目建设、财政收支及招商引资情况；各位副县长和党组成员分别对后4个月各自分管的工作进行了安排部署。县长申全民作重要讲话。

同日　县长申全民、副县长王崇辉、王秀冬、李春坡带领畜牧水产办负责人与北京二商集团董事长孙杰等进行洽谈，确定在雕鹗村建3万头养猪场。

11日　市委常委、宣传部长郝丽[illegible]到赤城县督导信访稳定和国庆安保工作。县领导申全民、郭献林、白凤鸣、赵彦朝陪同督导。

16日　县委书记赵占华同县领导王崇辉、郭献林、白凤鸣、杨启旭、郭文奎、赵彦朝、王新慧赴大海陀乡督导国庆安保工作，听取国庆安保工作汇报，并安排部署下一阶段国庆安保工作。县直各部门负责人、各乡镇党委书记参加会议。

17日　召开国庆安保紧急会议，对全县国庆安保工作进行再部署。县领导赵占华、王波、王崇辉、郭献林、白凤鸣、杨启旭、郭文奎、赵彦朝、王新慧出席会议。县直各单位负责人参加会议。

同日　全县税收专项清理工作调度会在财政局会议室召开。县领导杨启旭、徐占元、王绍华、郭文先及县税收专项清理工作领导小组成员单位参加会议，常务副县长王崇辉主持会议。会议听取国税、地税、财政及各专项清理工作组的汇报，总结前段税收清理工作，对下步工作做出安排。

21日　全县甲型H1N1流感防治工作会议在政府二楼会议室召开。会议传达了省市防控工作会议精神，听取教育局、卫生局的工作汇报，副县长张晓燕对下步工作做出安排部署，县长申全民作重要讲话。

同日　副县长王秀冬主持召开全县秋冬季森林草原防火工作会议。各乡镇及森林草原防火指挥部成员单位负责人参加会议。会议对秋冬季森林草原防火工作进行了安排部署，各乡镇及林场递交了防火责任状。

22日　以省政法委副书记、省信访办主任王会中为组长的省国庆安保下访接访巡视督导组到赤城县巡视督导。市委常委、政法委书记李建举，县领导赵占华、郭献林、白凤鸣、王新慧、苏有陪同督导。

同日 省巡回检查组到赤城县检查指导第三批深入学习实践科学发展观活动情况。市政协副主席袁秀平、县领导申全民、杨春霞、包志忠陪同检查。

同日 县总工会组织全县18名省、部级劳动模范到县人民医院进行健康体检。

23日 市长郑雪碧、市人大主任曹英忠、市政协主席乔登贵莅临全市三年大变样成果暨大型花卉、摄影展赤城县展区，对赤城县展区设计给予高度评价，县领导申全民、郭文奎陪同视察。赤城县展区荣获综合优秀奖和花坛设计优秀奖。

24日 县委书记赵占华主持召开县委常委（扩大）会。就国庆安保工作、信访稳定工作、甲型H1N1流感防控等工作进行安排部署。县长申全民、县人大主任郭万忠、县政协主席蒋瑞海等四大班子领导、县直各单位主要负责人、各乡镇党委书记出席会议。

同日 市委、市政府批准赤城县人民政府机构改革方案。保留县政府下设机构15个，其中工作部门14个，直属事业机构1个，新组建机构3个，调整序列机构1个，接收省下属机构1个，更名机构4个，挂牌子机构8个。

26日 中国美术院在黑龙山森林公园举行黑龙山创作基地揭牌仪式。

同日 县领导赵占华、申全民、王崇辉、郭献林、白凤鸣、杨启旭、杨春霞、郭文奎、白宽、王海儒、王绍华、郭文先、王新慧、苏有及有关人员收听收看省、市国庆安保电视电话会。会后，县委书记赵占华对全县国庆安保工作进行再动员再部署。

28日 县领导赵占华、王波、白凤鸣、赵彦朝、王新慧及县农业局、水务局、扶贫办相关部门一行负责人赴云州水库、马营乡督导国庆安保工作。

29日 县长申全民、县委副书记王波、副县长王秀冬到防火指挥中心督导检查森林草原防火及禁牧工作。

30日 县国庆安保指挥部政委、县委书记赵占华，县国庆安保指挥部总指挥、县长申全民在县国庆安保指挥中心现场指挥国庆安保各项工作。市委常委、宣传部长郑丽荣，市政协副主席袁秀平亲临指挥中心，共同指导赤城县国庆安保工作。

10　月

2日 召开甲型H1N1流感防治工作会。会议传达市防治甲型H1N1流感指挥部《关于国庆、中秋两节期间外地返乡人员进行体温测试的通告》和《关于尽量减少与外地返乡人员密切接触的通告》。对全县的防治工作进行再安排再部署。

同日 赤城县在北京成立驻京流动党员党总支。

同日 县委常委、县委办公室主任白凤鸣主持召开碑刻辑录出版工作调度会，对赤城县历代碑刻辑录收集整理工作进行安排部署。

10日 赤城县太极拳协会成立大会在宣传文化中心举行。县领导王崇辉、屈军、张晓燕、刘英志出席会议。

12日 在河北省利用“中央专项彩票公益金支持贫困老区整村推进项目”答辩会上，经县委、县政府的陈述和答辨，争取到试点县指标，安排专项彩票公益金2125万元。

该项资金用于15个扶贫开发村的基础设施建设，贫困村环境改善和公共服务设施，村级互助资金和贫困村产业发展。

14日 项目工作调度会在政府五楼会议室召开。县领导申全民、王波、王崇辉、杨启旭、杨春霞、赵彦朝、徐占元、王秀冬、张晓燕、郭瑞卿、李春坡、李珍、栗春莲、苏有出席会议。会议听取了18个县直部门和各乡镇2009年争取国家投资项目和重点招商项目情况及2010年对口争取国家投资项目和重点招商项目谋划情况的汇报。县长申全民对下一步项目工作做出安排部署。

15日 县道白四线东卯至北京界三级公路改建工程全部竣工。公路全线长19.5公里，路基宽7.5米，路面宽6.5米，其中，四道甸至北京界2.6公里为混凝土路面，工程总投资2629万元。

同日 县领导赵占华、白凤鸣、王秀冬、王新慧，会同建设、水务、赤城镇等部门视察四道沟小流域治理、步云桥、白河综合治理施工现场。并就具体工作作出安排部署。

19日 县行政审批服务中心受到省政府通报表彰。在全省受表彰的11个县区中名列第三位。

同日 县长申全民在县防治甲型H1N1流感指挥部主持召开甲型H1N1流感防控工作会议。会议对下一步防控工作做出安排部署，并对县城学校、车站、超市等场所提出整改意见

同日 召开全县森林草原防火紧急工作会。对本县森林草原防火工作进行再安排、再部署，并对违法野外用火的处罚做了明确规定。

20日 省畜牧局领导到县检查秋季防疫工作。副县长王秀冬陪同检查。

同日 即日公布：全县农村公路建设国债项目开工17个，完成投资765.6万元，建设路基40.6公里，路面37.7公里；车购税项目开工33个，完成投资1914.4万元，建设路基99公里，路面94.9公里。

23日 北京兴大高中助学捐赠仪式在县一中举行。北京六合兴集团董事长薄熙成在仪式上向赤城县捐赠助学资金50万元。市政协副主席肖文友、县领导赵占华、申全民、徐占元、张晓燕、王海儒出席捐赠仪式。

同日 国庆安全保卫工作总结表彰大会在政府五楼会议室召开。县四大班子领导，县直各部门、各乡镇负责人及受表彰的先进集体和先进个人代表共计230人参加了会议。会议对73个先进集体和228个先进个人进行了表彰。后城镇、公安局、矿管局分别作典型发言。县委书记赵占华、县长申全民作重要讲话。

同日 召开禁毒工作总结表彰大会，对4个先进单位和38名先进个人进行表彰。

26日 东卯镇为白四线东卯至北京界段三级公路建设工程、万全寺至北京界村村通公路建设工程、李家湾通惠大桥工程、东卯镇综合服务大楼项目、华誉黑兔总部基地5个项目举行竣工剪彩仪式。县四大班子主要领导出席剪彩仪式。

27日 全市农村党风廉政建设工作经验交流会在赤城县召开。市委常委、市纪委书记常增月出席会议。县委常委、县纪检委书记杨启旭介绍了全县农村党风廉政建设的做法和经验。

同日 市委常委、宣传部长郑丽荣赴赤城县雕鹗镇下虎村就学习实践科学发展观活动进行调研。

28日 县十四届人大常委会召开第十八次会议，会议听取并审议了《关于全县民政工作情况的报告》、《关于全县水务工作情况的报告》。

29日 全县征兵工作会议在财政局召开。县领导申全民、王崇辉、孟来年及各乡镇、县直相关部门负责人参加会议，会议对冬季征兵工作做出安排部署。

30日 《人民日报》第10版刊登了王永利母校——吉林大学教师贾玉亭撰写的中篇通讯《一位大学老师眼中的"县长弟子"》，通篇报道了原县长王永利生前的生动事迹。

31日 省、市特殊教育验收组到县验收特殊教育情况，副县长张晓燕陪同验收，并在温泉谷泉宾馆召开了座谈会。

同日 全县累计征收车辆购置税542万元，完成年度任务100.4%，比上年增长129万元。

11月

4日 省、市方志办公室督导组到县检查县志编修工作，副县长张晓燕陪同检查并汇报了县志编撰工作进展情况及《地方志工作条例》、《河北省地方志规定》贯彻落实情况。督查组对县志编修工作予以充分肯定。

同日 《人民日报》记者彭波撰写的长篇通讯《他的基层之路，通往群众心坎》刊登在《人民日报》第10版上，详细地报道了原县长王永利生前的事迹。并配有"来访手记"《从"口碑"看到"动机"》。中央政治局委员、中央书记处书记、中央组织部长李源潮写给《人民日报》总编辑吴权恒批示为："像王永利这样长期扎根在基层为人民服务的好干部很多，过去有焦裕禄、孔繁森，现在有王永利、王彦生、师延林。对这些在基层之路不怕艰苦，不计得失，执着坚守，信念如磐的'老实人'，各级组织部门要关心他们，爱护他们，重视他们，精心地从中发现和培养领导干部，这样，基层之路就会越走越宽"。

6日 赤、延、怀三县联谊会在怀来县召开，县领导赵占华、郭文奎、王秀冬、李春坡参加会议。

7日 副市长罗建辉到县考察重点旅游项目。副县长张晓燕、政府党组成员苏有陪同考察了摩天岭滑雪项目、温泉升级改造工程、东卯镇白四线道路等工程。

11日 在全市召开的精神文明建设"百佳"表彰大会上，我县4名优秀妇女受到市委宣传部表彰。龙关镇四街村韩有花、东卯镇道德沟村卢海霞被授予市"十佳好婆媳"荣誉称号，鼓楼东社区郑乐平被授予"十佳热心公益事业标兵"荣誉称号，赤城镇西大村刘晓燕家庭被授予"十佳文明和谐家庭"荣誉称号。

同日 县领导申全民、王崇辉、郭文奎、徐占元、郭瑞卿、李珍、包志忠带队分别赴怀安、万全、尚义、桥东、察北等县区考察农业产业化、城市建设、项目等工作。

16日 防治甲型H1N1流感暨禁牧工作会在政府五楼会议室召开。县委书记赵占华、县长申全民等县四大班子领导、县直各部门、各乡镇及教育、卫生、林业、畜牧系统相关负责人参加会议。会议通报了全县近段甲流防控工作进展情况，通过了《赤城县禁牧实施办法》、《赤城县草畜平衡办法》，对甲型H1N1流感防控、禁牧工作做出部署，县委书记赵占华、县长申全民分别作重要讲话。

17日　副县长张晓燕主持召开全县旅游产业发展座谈会。县旅游工作领导小组成员单位及部分乡镇负责人参加会议。会议就《赤城县关于加快旅游产业发展的意见》（征求意见稿）进行了充分讨论，并就全县旅游产业定位、发展思路、建设内容、保障措施及贯彻落实《河北省环京津旅游休闲产业带发展规划》提出了意见和建议。

20日　副县长李春坡带领政府办、建设局、赤城镇等部门赴唐山市乐亭县考察批发市场、卫生城市建设工作。

23日　县政府下拨困难群众越冬取暖煤1487吨，对1514户越冬取暖困难群众进行救助。

27日　铁道部在北京召开张唐铁路初步设计预审会，会议通过了张唐铁路线路初步设计方案，同意将赤城县车站位置由样田乡石灰窑村调整至赤城镇南庄子村附近。县委常委、副县长郭文奎参加会议。

同日　市委常委、统战部长周林到赤城县调研华田牧业肉牛养殖及东卯镇农业循环经济园区项目。副县长王秀冬陪同调研。

12月

1日　中国社会福利教育基金会一行14人到赤城县进行学习科学发展观实践活动，并考察了雕鹗中心敬老院，向敬老院捐赠5万元福利基金。

3日　省林业局副局长白顺江一行到县检查育苗和林改工作。视察了县林权流转服务中心和老幼屯轻基质育苗基地，副县长王秀冬陪同视察。

同日　县委召开“彩色周末”文化活动总结表彰大会。对19个获奖单位和10名先进工作者予以表彰。

同日　北京市东城区人大副主任生敏、商务部投资促进局杨依航处长一行到县考察县城西山别墅区、石英石开发、样田乡六禾农业生态园和白河综合治理工程区房地产开发项目，并在温泉政府宾馆召开座谈会。县领导申全民、王崇辉、郭文奎、郭瑞卿、李春坡陪同考察并出席座谈会。

5日　国家旅游局副局长祝善忠到县视察旅游工作。县长申全民、副县长张晓燕陪同视察。

9日　应征入伍的115名新兵陆续启程入伍。下午，在县人武部门前举行隆重欢送仪式。县委常委王崇辉、县委常委武装部长孟来年，政委张儒祥出席欢送仪式。

10日　赤城县成立全省首家林权流转服务中心。国家林业局农村林业改革发展司副司长江机生、处长秦军、中国林业产权交易所总裁助理张修志，省林业局党委副书记、副局长白顺江，省林改办主任王忠，市政府副秘书长张志学、市林业局局长王海东及县领导赵占华、申全民、郭万忠、蒋瑞海、王崇辉、王波、屈军、王秀冬、王海儒、刘英志、宋建军、李志强出席林权流转服务中心剪彩仪式。

12日　黑龙山省级森林公园晋升为国家级森林公园。

13日　加快现代产业发展意见研讨会

在政府二楼会议室召开。县领导申全民、王崇辉、郭文奎、王秀冬、张晓燕、郭瑞卿、李春坡及县政府相关部门负责人参加会议。会议就加快全县现代产业发展的总体目标，做强做大矿产品精深加工，农产品加工业、旅游服务业、现代物流业、新型能源业五大产业进行了深入研讨，并形成赤城县加快现代产业发展的意见。

13 日 世纪华联超市（赤城店）正式开业。世纪华联总面积 3000 平方米，销售区摆放 1.5 万种商品，为繁荣全县商品市场起到了推动作用。

14 日 领导干部科学发展富民强县解放思想大讨论座谈会在政府五楼会议室召开。县委书记赵占华、人大主任郭万忠、县长申全民、政协主席蒋瑞海等四大班子领导及各乡镇、县直各部门负责人参加会议。

同日 延、怀、赤三县森林防火联防工作会议在怀来县召开，副县长王秀冬参加会议。

16 日 副市长何江海在温泉政府宾馆主持召开摩天岭滑雪项目办公会。县委常委、县委办主任白凤鸣，副县长张晓燕参加会议并作汇报。

18 日 省工业和信息化厅领导检查赤城县淘汰落后产能工作。副县长郭瑞卿陪同检查。

22 日 县妇联争取到北京郎无星文化传播有限公司捐赠的少儿图书 766 件，共计 75813 册，总价值 92.97 万元。内容包括：自然探索、环境保护、图画字典、益智英语等方面。

同日 中共赤城县委十届六次全会在政府五楼会议室召开，全体县委委员参加会议。县委书记赵占华代表县委常委会向大会作了题为《坚定信心、科学发展，为实现富民强县目标而努力奋斗》的工作报告。

24 日 经张家口市委研究决定，张干字【2009】222 号文，王海儒任赤城县人大常委会副主任，不再担任县政协副主席职务；闫智任赤城县政协副主席；公安局长穆春明确为副县级；郭树春任大海陀国家自然保护区管理处副主任（副处）；宋雪峰不再担任赤城县人大常委会副主任职务，保留职级待遇；免去宋建军大海陀国家自然保护区管理处副主任职务，保留职级待遇。

25 日 截止当日下午 18：00 县地税收入首次突破 3 亿元。完成税费 3.26 亿元，比上年增长 16.43%。其中，完成税收 2.58 亿元，比上年增长 6.7%；征收养老保险费 5628 万元，比上年增长 94.3%；代收工会经费 176.8 万元，地方教育附加费 227.4 万元；代征矿产品交易中心税款 1.64 亿元；入库其他行业税收 9400 万元。

26 日 从即日开始，家电下乡实行销售网点直补。农民购买家电下乡产品持身份证和户口本在指定销售网点可直接领取 13% 的政府补贴。

28 日 赤城宝龙炉料公司成立揭牌仪式在温泉财政宾馆举行。县四大班子领导出席揭牌仪式。

30 日 赤城县被国家体育总局授予“2005 ～ 2008 年度全国群众体育先进单位”。

特载

坚定信心 科学发展
为实现富民强县目标而努力奋斗
——在县委十届六次全会上的报告

（2009年12月22日）

中共赤城县县委书记 赵占华

各位委员，同志们：

我受常委会委托，向全会作工作报告，请各位委员审议，并请其他与会同志提出意见。

一、客观总结县委十届五次全会以来的工作，增强加快发展的信心

县委十届五次全会以来，面对严峻复杂的经济形势，我们准确判断、果断决策、从容应对，紧紧围绕保增长、调结构、强基础、惠民生开展工作，团结和带x领全县各级党组织和广大干部群众坚定信心、迎难而上、共克时艰，经济和社会各项事业发展取得了新成绩。截至11月底，全县地区生产总值完成32.9亿元，增长7.2%；全社会固定资产投资完成26亿元，增长42.7%；全部财政收入完成4.215亿元，增长－25%，其中地方一般预算收入完成1.879亿元，增长14.56%；农民人均纯收入全年预计达到2645元，增长6%。

（一）以项目建设为突破口，活跃经济全局，发展后劲不断增强。我们坚定不移地把项目建设作为总抓手，全力推进项目攻坚，项目建设在困境中取得重大突破。全年共实施重点建设项目53个（其中列入省重点项目4个，市6个），完成投资16.55亿元。特别是促成了张唐铁路途经我县顺利通过国家发改委批复；争取到了2125万元中央彩票公益金扶贫开发项目。通过项目建设，对县域经济增长形成了有力支撑。

（二）坚持工业立县战略，积极创新管理体制，打造矿产资源开发规范县取得明显成效。创造性提出打造矿产资源开发规范县目标，着力构建以矿产资源开发为主导的经济增长格局。在矿山开发上，培育了一批生产能力较大、经济效益较好、对县域经济带动较强的铁矿开发龙头企业，铁精粉生产能力达到700万吨。努力延伸产业链条，引进并着手实施了宣钢大型球团烧结项目。同时，非金属矿开发步伐明显加快。在规范管理上，实施了县级领导包乡镇制度，重

点乡镇设立了矿山综合管理办公室，加强危爆物品管理，认真开展安全生产检查和尾矿库隐患专项治理行动，矿产资源开发管理逐步走向规范化。

风电开发实现突破，引进并实施了国华总投资35.2亿元、装机容量40万千瓦的国华·赤城风电项目，一期工程已安装风机15台，县乡村三级紧密配合，积极努力，解决了风电入网瓶颈问题，明年可实现并网发电，不仅培植了新的经济增长点，而且为优化调整工业结构奠定了基础。

（三）积极调整农业结构，培育壮大龙头，推进农业产业化进程。我们紧紧围绕农民增收目标，依托龙头调整农业结构，在农业产业化上取得了新突破。引进实施了北京利农等5家公司的样田乡供京万亩蔬菜园区、美尔特达公司的马营乡万寿菊种植加工、百菇园农场的大海陀乡五味子种植加工和绿富隆公司的东卯镇农业循环经济园区等一大批投资规模较大、辐射带动能力较强的种植业龙头项目；引进实施了北京华田牧业、双大集团、二商集团等一大批养殖加工龙头项目；三道川猪苓种植、雕鹗黄芩种植加工、白草万亩滩养殖一体化项目及全县食用菌、杂交谷子种植初具规模，初步培育了设施蔬菜、万寿菊、肉鸡、肉牛、食用菌、中药材等一大批特色农业主导产业。高质量完成了京津风沙源治理、21世纪“首水”、京冀密云水库上游生态水源涵养林建设等生态工程，土地整理和中低产田改造完成了1.7万亩，农业生产条件进一步改善。

（四）大力推进城市建设，全力打造京北靓丽县城，碧水霞城展现靓容。我们把城市建设作为打造后发优势的战略举措，坚持“山为骨，绿为肌，水为脉”和“生态宜居”理念，按照“一年拉开序幕、两年形成雏形、三年展示靓容”城建思路，全力打造京北靓丽县城。经过建设、水务等部门的努力，赤城镇在征地、拆迁等方面有力配合，重点实施了汤泉河综合治理、街道改造、县城及周边绿化、广场建设、居民小区建设等工程，特别是总投资15亿元的白河县城段综合治理工程开工建设，为新一轮大规模城市建设拉开了序幕。东关集贸市场、世纪华联超市投入使用，商贸流通业进一步繁荣。深入开展了城乡环境卫生集中整治行动，建立健全了城乡环卫长效机制，城市管理水平进一步提高。通过城市建设，碧水霞城城市名片初具影响，提升了人气，凝聚了民心，促进了发展。我们坚持统筹城乡发展，积极改善乡镇办公条件；实施了14个示范村新民居建设工程，创出了东万口乡卧龙海村等9个新民居建设典型。

（五）依托生态资源禀赋，大力发展旅游业，积极培育后续经济增长点。我们紧紧依托我县良好的生态禀赋、丰富的旅游资源和毗邻北京的优势，突出温泉、生态特色，旅游业得到较快发展。总投资1.2亿元完成了温泉度假村的全面升级改造，提升了景区档次，新增了旅游景点，提高了服务水平；重点实施了摩天岭滑雪、塘子庙温泉开发、后城河西水城等旅游龙头项目以及景区道路、通讯等基础设施建设工程，对重点古建筑进行了修复，正在实施全县现存历代碑刻集录出版工作，将为旅游业的发展提供珍贵的实物资料。积极开展旅游宣传推介，提升了赤城的知名度。

（六）始终坚持以人为本，着力做好改善民生和维护稳定的各项工作，营造了安定和谐的社会环境。我们牢固树立以人为本理念，始终把改善民生作为实现全民共享的重要举措。进一步扩大了企业基本养老保险、城镇失业保险、城乡医疗保险覆盖面，基本实现了应保尽保。积极改善公共医疗条件，建立了甲型H1N1流感县、乡、村三级防控体系。教育教学条件进一步改善，教学质量明显提高。扶贫工作扎实推进。举办了高质量的彩色周末活动25场，丰富了群众文化生活；积极开展体育活动，被国家体育总局评为全国群众体育先进单位。

我们深入推进了平安赤城创建活动，强化各项维稳措施，有力维护了社会稳定。圆满完成了国庆安保任务，荣获了市国庆安保工作先进集体。健全了县委书记和县级领导接访长效机制，完善了县级领导和乡镇部门领导包信访案件制度，充实了信访工作力量，信访问题得到有效解决。加强政法队伍建设，深入开展社会治安综合治理和严打整治斗争，营造了安定和谐的社会环境。

（七）扎实开展学习实践和作风建设年活动，全面加强党的建设，党组织的凝聚力和战斗力进一步增强。我们紧紧围绕“党员干部受教育、科学发展上水平、人民群众得实惠”的目标，扎实开展学习实践和作风建设年活动，圆满完成了第二批学习实践活动任务。目前，全县第三批学习实践活动正在深入推进。我们按照尊重基层党委和注重选拔优秀年轻干部原则，调整干部3次，提拔实职科级干部90人，其中正科18人，副科72人；公开选拔团县委副书记2名；全部完成了村委会换届工作；开展了“村企联建”党支部活动，创造性地成立了“赤城县驻京流动党员党总支”；全面落实了村干部“一定三有”机制。我们深入开展了廉政建设和反腐败斗争。认真落实“一岗双责”责任制，强化了惩防体系建设；对公路“三乱”、行政事业性乱收费项目和减轻农民负担等工作开展了专项治理；我县行政审批服务中心经验由省市分别予以刊发；建起了全市首个便民服务中心；不断加大案件查处力度，认真执行廉洁从政各项规定，全县上下形成了风清气正、干事创业的良好氛围。

支持人大依法行使职权，使人大在依法治县、反映民意、解决矛盾等方面发挥了重要作用，特别是紧紧围绕全县教育、民生、国庆安保、城市建设等重点工作积极调研、认真监督。

支持政协围绕经济建设这个中心，使政协在农业产业化、工业立县、国庆安保、惠农政策落实等方面建睿智之言，献务实之策，积极参政议政，形成了整体合力。

武装、统战工作有新进展，工会、共青团、妇联、工商联等人民团体工作得到进一步加强，作用得到进一步发挥。

各驻县部门和单位，自觉服从服务于大局，为我县经济和社会各项事业的发展，做出了突出贡献。

这些成绩的取得，是市委、市政府正确领导和亲切关怀的结果，是县委常委会紧紧依靠全体县委委员，依靠人大、政府、政协班子，依靠全县广大干部群众，同心同德、攻坚克难、顽强拼搏的结果。在此，我代表县委向大家表示衷心的感谢！

回顾过去一年的工作，在应对国际金融危机冲击、保持经济平稳较快发展这场重大考验中，我们既取得了显著发展成果，又积累了宝贵经验。主要体会：一是必须解放思想，牢固树立科学发展理念；二是必须辩证看待优劣势，努力把劣势转化为优势，把优势发挥到极致；三是必须事争一流，执著追求；四是必须精诚团结，始终保持昂扬向上的精神状态；五是必须善于调动和凝聚人心，形成共谋发展合力。这些经验，弥足珍贵，值得我们继续坚持，并在实践中发展完善。

在看到成绩的同时，我们也清醒地认识到，全县经济社会发展还面临许多困难和问题：一是影响科学发展的思想障碍亟需破除；二是我县产业结构不够合理，传统落后产业比重大，新兴特色产业规模小；三是我们的经济优势发挥不够充分，承接京津产业拓展不明显；四是党的基层组织建设、干部队伍素质和作用的发挥有待提高。这些问题，我们必须引起高度重视，认真加以解决。

二、冷静分析当前形势，明确2010年工作思路和奋斗目标

2010年是实施“十一五”规划的最后一年。做好明年经济社会发展工作，对保持经济平稳较快发展、为“十二五”规划启动实施奠定良好基础具有十分重要的意义。

2010年仍然是一个相对困难期，特别是全国钢铁业产能过剩，铁矿产品价格回升乏力，我县一矿经济结构矛盾仍很突出，税收来源比较单一。能否把劣势转化为优势，化危为机，保持经济平稳较快增长，是对我们的一次严峻考验。

在看到困难的同时，我们更要深入审视县情，科学判断形势，看到发展的机遇和有利条件。国家将继续实施积极的财政政策和适度宽松的货币政策，有利于我们更多地赢得支持。我县区位优势独特，待开发资源丰富，后发优势明显；正在崛起的产业支撑体系，不断提升的城市功能，日臻完善的基础设施，特别是张唐铁路即将开工建设，使我们具备了更好更快发展的基础。

面对当前形势，我们必须理清发展思路、创新发展模式、突破重点难题，重点要在调整经济结构、促进发展方式转变上下功夫，在发展中促转变，在转变中谋发展，振奋精神，奋力攻坚，再创辉煌。

2010年，全县工作总体思路是：全面贯彻党的十七大和十七届三中、四中全会精神，以科学发展观为指导，以加强党的建设为保证，突出“富民强县”一个主题；树立“开放创新、事争一流”两个理念；争创“扶贫开发、卫生城市创建、矿产资源开发与管理规范县”三个典型；寻求“项目建设、对接京津、

城市建设、民生工作”四个突破；发展振兴“4+1”五个产业，即培强壮大旅游业、农产品加工业、矿产品精深加工业、新型能源业，积极培育现代物流业；大力调整经济结构，转变发展方式，增强发展实力、活力和竞争力，全力推进经济社会更好更快发展。

2010年，全县主要预期目标是：地区生产总值增长12%；全社会固定资产投资增长25%；全部财政收入增长10%，其中一般预算收入增长5%；农民人均纯收入增长6%。

三、在发展振兴“4+1”五个产业上下功夫，加快经济结构调整步伐

调整经济结构是落实科学发展观的必然要求，是转变发展方式的根本途径。发展振兴“4＋1”五个产业，是贯彻落实科学发展观的重大举措，我们必须牢牢抓在手上，以此优化经济结构，提升经济质量和效益。

（一）要在彰显“水、雪、林、史”特色上下功夫，强力推进旅游业。要坚持政府引导、市场运作、协调发展，把旅游业打造成为我县的朝阳产业。主要思路是：依托资源、区位、人文优势，突出规划带动、项目拉动，强化与京津互动、与周边县区联动，高起点规划、高标准建设、大力度宣传，彰显“水、雪、林、史”特色，主打“沐温泉浴、滑天然雪、赏森林景、寻历史脉”四大品牌，全力打造京北休闲旅游度假区，使我县逐步由旅游资源大县向旅游经济强县转变。为此，今后一个时期的工作重点：一是打造“水、雪、林、史”特色品牌。水，就是依托“关外第一泉”（包括汤泉和塘子庙温泉），打造4A级京北汤泉国际旅游度假村景区；依托汤泉湖、云州水库，积极开发水上娱乐项目；依托黑河源头、隔河寨水库等优美独特的自然景观，开发漂流、垂钓、冰展等休闲旅游项目，使赤城更具魅力和吸引力。雪，就是依托摩天岭等一批拥有良好条件的自然地貌，打造摩天岭等若干个国际滑雪度假村，逐步成为亚洲雪道最长的滑雪基地。林，就是依托我县丰富的森林资源，将大海陀国家级自然保护区、黑龙山和剪子岭林场打造成京北第一森林公园和天然氧吧。史，就是充分挖掘深厚的历史积淀，把我县打造成历史传承和红色教育基地。二是提升旅游综合接待水平。加强旅游配套设施建设，挖掘和培养旅游专业人才，加快旅行社引进步伐，推进宾馆饭店提档升级，开发地方特色餐饮和商品，规范行业管理，提高旅游服务水平和档次。三是拓展旅游市场。要加大宣传促销力度，提升赤城知名度；加快我县与京津及周边县区旅游线路、旅游市场的对接和延伸，扩大横向联合面，实现优势互补、资源共享、客源互流、利益共赢。

（二）要在提高农业综合效益上下功夫，加快发展农产品加工业。要把农业产业化作为富民产业，全力推进。坚持用工业化带动农业产业化，实现资源要素、经济要素、市场要素的一体化。

一要调整农业产业结构。要充分发挥华田牧业、北京利农、美尔特达等龙头企业作用，扩大设施蔬菜、万寿菊、杂交谷子、中药材等种植面积，扩大肉牛、肉鸡和生猪等畜产品养殖规模，打造特色农产品基地，增强市场竞争力。二要积极培育加工型龙头企业。要引导各种资本加快流向农副产品加工领域，促进农业资源的开发、利用、加工向深度和广度扩展。重点实施好北京华田牧业肉牛养殖加工二期、二商集团生猪养殖加工、双大肉鸡、华誉黑兔等养殖加工项目，通过延长农业产业链条，实现加工增值。三要提高农业科技含量。要高度重视农业新品种、新技术的引进和推广，抓好独石口沸石加维矿质肥项目，大力发展温室大棚、节水灌溉等设施农业，提高农业生产现代化水平，提高农产品的质量和档次。四要大力改善农业生产条件。要实施好国家投资的各项农业工程，加强基本农田、水利设施、道路等基础设施建设，切实改善农业生产条件，提高抵御自然灾害的能力。五要不折不扣落实各项惠农政策。要将退稻还旱、退耕还林、粮食直补、农机具补贴等各项惠农政策按时足额发放到农民手中，确保农民真正得到实惠。

（三）**要在延长产业链条上下功夫，壮大矿产品精深加工业**。打造经济强县，必须加快工业经济发展步伐，做大矿产品精深加工产业。一要整合铁矿、非金属矿、金银矿等矿产资源，积极引进大企业大集团，提升办矿规模和开发利用水平，推动资源规模化、集约化和科学化开发。二要继续扩大铁精粉生产规模，新增生产能力100万吨，达到800万吨，力争使海绵铁、铁精粉压缩项目取得实质性进展；抓好宣钢·赤城球团烧结项目，形成生产能力，在铁矿开发的质与量上有新突破。三要继续加大沸石、石英石、萤石、石墨等非金属矿开发力度，力争在财政贡献上有所突破。四要继续打造矿产资源开发规范县，完善并强化乡镇矿山综合管理办公室和矿产品交易中心职能，进一步整顿矿山开发和矿产品交易秩序，抓好安全生产和安全监管，努力创建矿山开发和规范管理的典型。

（四）**要在开发利用可再生资源上下功夫，大力发展新型能源业**。要依托我县丰富的风能、水能、太阳能等资源优势，大力发展风电，积极发展抽水蓄能发电和太阳能发电，优化调整工业结构。继续抓好总投资35.2亿元、装机容量40万千瓦的国华风电项目，一期工程实现并网发电；二期工程力争年初开工建设，同时认真谋划实施三期工程。要积极谋划实施总投资10亿元装机容量20万千瓦的云州抽水蓄能电站项目。要在争取太阳能发电项目上谋求突破。

（五）**要在发挥区位优势上下功夫，着力培育现代物流业**。要立足于毗邻北京、沟通内蒙、联接张承的优势，加快发展现代物流业。一方面，要以国家投资的张唐铁路途经我县为契机，打造铁路客货平台，谋划建设县城客货平台和田家窑镇花里村百万吨货运平台。谋划实施京赤高速公路。以铁路、高速路为依托，重点在县城、龙关、田家窑及高速公路、二级路南部乡镇谋划建设现代物流园区，培育特色物流市场。另一方面，要着眼于构建大商贸、大市场、大流通格局，采取政策扶持，提供服务等多种措施，打造规模物流中心和商贸流通公司，发展龙头市场，上规模、上水平、上档次，增强对产业的带动能力。

四、在重点工作上求突破，推进经济社会更好更快发展

落实科学发展观，必须统筹兼顾，突出重点，谋求突破，创出典型，以此推进经济社会更好更快发展。

（一）要在项目建设上求突破，增强发展后劲。一要抢抓政策机遇争项目。要在争取国家政策性投资项目上取得重大进展，特别是在“三农”、教育、卫生、文化、社会保障、扶贫开发等方面争取项目上要取得新突破。二要加快园区建设上项目。要充分依托各乡镇的基础条件和产业优势，市场化运作，规范化管理，积极打造特色产业园区，提供优惠政策，引导企业入驻。重点是打造县城、龙关工业园区和样田、雕鹗、大海陀、后城农业园区。三要优化投资环境引项目。要继续巩固和推广在行政审批大厅和便民服务中心建设上创出的典型经验，全面推行政务公开、服务承诺、限时办结、并联审批等制度，精简审批环节，提高办事效率，优化投资环境。四要加快在建项目进度。要紧紧抓住国家对在建项目加大投入的契机，全力攻坚，确保在建项目和技改扩项目顺利竣工、达产。通过以上措施，力争在生产性项目、重大项目、旅游项目、农业龙头项目推进上有较大突破。

（二）要在京北水城建设上求突破，体现碧水霞城特色。要坚持“山为骨，绿为肌，水为脉”理念，突出“生态宜居”的园林式城市特色，全力打造京北水城。一要完成县城规划修编。要按照“主轴东移，城区南扩西拓”、功能区分设和城市规模达到10万人的要求，完成县城总体规划修编和控制性详细规划。二要做足水文章。要实施好白河县城段综合治理一期工程，蓄水成湖，积土成岛，初步形成景观，做到能行船游岛。要实施好汤泉河综合治理三期工程。同时，积极谋划建设星级宾馆、高档写字楼等标志性建筑，全面提升城市品位。三要积极稳妥推进城镇化。要着力提高城镇综合承载能力，通过放宽城镇户籍限制，促进农业人口逐步向城镇转移，全方位提高城镇化发展水平。四要全力推进创卫工作。努力在基础设施建设、城乡联动、卫生监管和综合整治上下功夫，抓重点，攻难点，争一流，力求在“清洁城乡、保护健康”上创出典型，争创全市首个省级卫生城。

（三）要在民生工作上求突破，促进和谐发展。一要加大扶贫开发力度。按照“部门帮扶、整合资金、捆绑使用、整体推进”的思路，重点抓好扶贫开发“细胞工程”和中央专项彩票公益金项目的实施，高标准打造15个扶贫工作示范村，力争创出典型。二要大力解决群众关注的问题。要进一步完善社会保障体系，重点

对群众关心的、迫切需要解决的住房、医疗等热点难点问题，认真予以解决；要优先发展教育，继续改善办学条件；要加大疾病预防控制力度，继续做好甲型H1N1流感防控工作，防止重大疫情的发生；要切实兑现就业、社保等各项政策，特别是要加大低收入群众的帮扶救助力度。三要营造稳定的社会环境。要加强政法队伍建设；严厉打击各种刑事犯罪和黑恶势力，重拳出击，除恶务尽，不留后患；切实推进依法治访，健全信访机制，有效化解各种矛盾；加强矿山综合治理和安全生产检查，严防重大安全事故发生。

（四）要在与京津对接上求突破，主动融入京津经济圈。要紧紧抓住北京发展的重新定位和产业结构调整出现的企业外迁、产业外溢、项目外扩的机遇，强化招商力度，充分利用我县区位优势、资源优势和人脉关系寻求与京津对接的结合点，围绕建设北京的休闲度假基地、农产品供应基地和产业承接基地，主动利用京津市场、资金、技术、人才，多方位、宽领域寻求合作，力争在承接京津产业转移上有新突破。

五、全面加强党的建设，提高践行科学发展的能力

深入扎实地推进党的思想建设、组织建设、作风建设和廉政建设，不断增强各级党组织践行科学发展观的能力，为实现经济社会更好更快发展提供坚强的政治和组织保证。

（一）要巩固学习实践成果，加强对十七届四中全会精神的贯彻落实。要在圆满完成第三批学习实践活动任务的同时，把巩固学习实践活动二、三批成果作为党建的首要任务。重点在落实学习实践整改措施上下功夫，特别是针对影响我县经济和社会发展五个方面的突出问题，继续逐项落实整改，真正做到解放思想要有新进步，机制创新要有新突破，解决问题要有新成效。要把学习十七届四中全会精神做为首要政治任务，按照中央、省、市要求抓好贯彻落实，以此进一步提升全县党建科学化水平。

（二）要加强组织建设，提高执政能力和领导水平。一是加强队伍建设。强化干部教育培训，全面提升干部队伍素质；完善干部考评机制，将考核结果作为干部选拔任用的重要条件；坚持民主、公开原则和德才兼备、以德为先用人标准，真正把政治靠得住、工作有本事、作风过得硬、群众威信高的优秀干部选拔上来，不断增强各级领导班子的战斗力。二是激发基层组织活力。深入开展新“五个好”村党支部创建和“双结对双服务”活动，积极推进村级组织“四议两公开”工作法，拓宽农村党组织书记选任渠道，配强村书记队伍，深化“一抓双管”和“一定三有”机制，完善驻京流动党员党支部功能，开展“服务首都、服务家乡”主题实践活动，筹备在流动党员较集中的石家庄等地区建立流动党员党组织。三要抓好政府机构改革。进一步精简政府部门，严格控制机构编制，转变政府职能，提高工作效率。

（三）要加大监督和预防腐败力度，

加强党风廉政建设。一要大力推进反腐倡廉。强化对项目实施、工程建设质量的检查，深入开展专项资金综合治理，加大查办案件工作力度，深入推进治理商业贿赂专项工作，继续治理教育、医疗、涉农负担及公路“三乱”等问题。二要大力推进作风转变。要巩固运用作风建设年成果，继续深化行政审批制度改革，大力提高机关效能，着力解决不作为、乱作为问题；切实加强对党员干部的民主监督。三要大力推进制度建设。积极推行绩效考评和行政问责制度；全面落实农村、社区干部“双述双评”制度；全面推进行政权力运行监督机制建设，深化党务和行政权力公开透明运行。

各位委员、同志们，新的目标、新的任务期待我们有新的作为，让我们携起手来，进一步解放思想、开拓创新、团结拼搏、奋勇争先，为实现富民强县目标而努力奋斗！

赤城县人民代表大会常务委员会工作报告

——2010年1月13日在赤城县第十四届人民代表大会第四次会议上

赤城县人大常委会主任　郭万忠

各位代表、同志们：

我受赤城县第十四届人大常委会委托，向大会报告工作，请予审议，并请其他与会的同志提出宝贵意见。

2009年工作回顾

2009年，县人大常委会在县委的正确领导下，以邓小平理论和“三个代表”重要思想为指导，深入贯彻落实科学发展观，坚持党的领导、人民当家作主、依法治国有机统一，围绕县委工作大局、紧紧抓住经济社会发展中的突出问题，依法行使职权，积极开展工作，充分发挥了国家权力机关的作用，为推进全县经济社会又好又快发展做出了积极的贡献。

一、围绕中心，突出重点，努力增强监督实效

县人大常委会围绕县委的重大决策部署，紧贴全县工作大局，抓住事关全县经济和社会发展的重大问题，依据《监督法》有针对性地开展了以下几方面的工作监督。

一是听取财政预决算情况报告。县十四届人大常委会第十七次会议听取和审议了县政府关于2008年财政决算、2009年上半年财政预算执行情况的报告和2008年县级财政预算执行及其他财政收支情况的审计报告，针对受金融危机影响，铁矿主导产业收入大幅下滑的状况，向政府提出了“打造矿产开发规范县，

大力调整产业结构；强化税收征管，确保完成全年财政预算收入任务；加强支出管理，提倡节约过紧日子”等意见和建议，并且分别在第十五、十九次常委会会议上，两次审查批准了赤城县2009年财政预算调整方案，实现了对财政预算的动态监督。

二是听取全县教育工作情况报告。教育工作事关全县改革发展大局，是县委县政府的中心工作，也是广大群众普遍关注的热点问题。为此，县人大常委会把推进全县教育发展作为今年监督工作重点来抓。县十四届人大常委会第十五次会议听取和审议了县教育局局长卜明方同志受政府委托所作的《关于全县教育工作情况的报告》。会后，县人大常委会组织部分委员和县人大代表，对全县教育工作情况进行了调研，精心撰写了赤城县人大常委会《关于全县教育工作情况的调研报告》。报告在充分肯定我县教育发展成绩的同时，针对存在问题，提出了“认真规划，加大投入，建设精品学校；强化管理，健全制度，建设高素质教师队伍；把教育工作的重点转移到全面提高教育质量的轨道上来；统筹规划，促进我县职业技术教育健康发展；努力化解学校外债，提高学校公用经费保障水平；全社会要共同努力为青少年的健康成长创造优良环境，积极发展民办教育”等七个方面的建议和意见。该报告受到县委、政府主要领导的高度重视，县委予以全文转发，县委副书记王波、县政府副县长张晓燕带队对全县教育工作进行调查了解、安排部署，有力地推动了我县教育事业的发展。

三是着力促进民生问题解决。坚持以人为本，促进解决民生问题，是常委会工作的又一重点。县第十四届人大常委会第十五次、第十七次、十八次会议分别听取了县人口与计划生育局关于计划生育工作情况、县公安局关于公安工作情况、民政局关民政工作情况和水务局关于水务工作情况的报告。常委会在审议前注重深入基层调查了解情况，审议中积极提出高质量、有见地的意见和建议，有力地促进了这些与民生问题关系紧密部门的工作，使人大工作更贴近民生、更具实效。

四是监督检察机关司法工作。司法公正离不开人大监督，监督支持司法工作是人大工作的重要内容。县第十四届人大常委会第十九次会议听取了县人民检察院检察长郭文先同志所作的《关于预防职务犯罪工作情况的报告》。会议指出，县人民检察院以服务全县稳定发展改革大局为目标，坚持标本兼治，综合治理，惩防并举，注重预防的方针，下力做好职务犯罪预防工作，做了大量扎实有效的工作，为我县经济发展、社会稳定发挥了积极作用。会议建议，一要进一步加大职务犯罪的预防工作，不断拓宽职务犯罪预防工作的领域；二是进一步加大对职务犯罪预防和打击工作的宣传力度，用赤城事教育赤城人。

五是加强人大信访工作。常委会始终把信访工作作为联系人民群众、化解矛盾纠纷、维护社会稳定的重要渠道，牢固树立群众利益无小事的观念，对群众来信来访热心接待，通过健全完善各项信访工作制度，进一步明确了交办、转办和督办等工作程序，2009年共受理群众来信来访20件40人次，全部办结。

二、着眼全局，体现民意，依法决定重大事项

讨论、决定本行政区域内的重大事项是宪法和法律赋予县级人大及其常委会的一项重要职权。2009年，县人大常委会着眼全局，体现民意，紧密结合赤城的实际，就事关全局性的重大事项依法行使决定权。县十四届人大常委会第十六、十七、十九次会议，分别审议了县人民政府《关于县白河综合治理工程建设项目资金有关问题的报告》、《关于土地的征收、收购、整理开发资金有关问题的报告》、《关于落实河道治理建设项目资金有关问题的报告》、《关于市政工程项目建设资金有关问题的报告》和《关于白四线、棋九线公路改建项目建设资金有关问题的报告》等6项报告，并作出相应决定，批准了有关白河治理、土地开发、市政工程、道路建设等6项政府工程贷款共计33800万元，依法行使了地方人大常委会的重大事项决定权。

三、发扬民主，规范程序，依法行使任免权

制度建设是地方人大依法行使人事任免职权的基础。常委会在坚持党管干部原则、严格依法办事、充分发扬民主的基础上，不断完善任前了解、供职发言、投票表决、颁发任命书、任职谈话等工作程序，通过认真完善人事任免制度，严把任免关口，增强了被任命人员的法制意识、人大意识和公仆意识。一年来，常委会共依法任免国家机关工作人员45人，其中任31人，免14人，为推进我县经济社会发展提供了组织保证。

四、密切联系，强化服务，不断深化代表工作

人大代表是国家权力机关的组成人员，是人大工作的基础。常委会积极改进代表工作，努力为代表履行职责创造条件，代表主体作用得以进一步发挥。

一是搞好代表履职服务。一年来，县人大常委会坚持正、副主任与正、副县长结对联系代表，坚持常委会组成人员分片联系走访代表，坚持邀请代表参加常委会视察调查等制度，及时了解代表呼声，广泛听取代表意见和建议，切实帮助解决代表工作和生活中的实际困难，积极为代表履职搞好服务。

二是认真督办代表建议。县十四届人大三次会议期间，代表共提出批评、建议和意见32件。常委会及时召开交办会，将代表建议转交政府办理；办理当中采取重点督办、现场督办、跟踪督办、专项听取县政府代表建议办理情况报告等多种措施，加大了对承办工作的督促力度，使32件代表建议全部办结，办理质量有了新提高。

三是积极配合上级人大工作。一是

积极配合全国人大副委员长司马义·铁力瓦尔地和原全国人大副委员长蒋正华所率调研组到我县的两次调研活动。二是积极配合省人大常委会副主任黄荣和省人大代表林权制度改革情况调研组的两次调研活动；三是积极配合市人大常委会关于城镇建设“三年大变样”和旅游情况的视察以及关于民族村经济社会发展情况的调研等活动。

四是加强对乡镇人大的指导。常委会制定落实了主任、副主任和科室负责人分工联系乡镇人大工作制度，加强对乡镇人大人代会、主席团会等工作的指导，并帮助其建立健全各项规章制度；安排乡镇人大主席列席县人大常委会议，组织乡镇人大干部参加县人大常委会的调研、视察、执法检查等活动，通过这种“传、帮、带”活动促进了乡镇人大工作。

五、高度重视，认真组织，切实加强自身建设

自身建设，事关人大及其常委会职权的正确行使和作用的充分发挥，常委会始终把其摆在突出位置来抓。

一是抓学习培训。县人大常委会以提高政治理论、法律素养和审议水平为重点，常年坚持开展理论知识、法律法规和人大业务知识的学习培训活动，使常委会组成人员和机关干部的履职能力不断提高。

二是抓制度建设。县人大常委会为规范和加强监督工作，先后对常委会议事规则、听取和审议“一府两院”工作报告办法、人事任免办法等多项制度进行了修订完善，在规范常委会监督工作的同时，使常委会工作朝着制度化、规范化又有新的迈进。

三是抓调查研究。县人大常委会把深入基层开展调查研究作为转变作风、服务中心、促进发展的具体举措来抓，精心确定专题，先后对教育、农业产业化、工业园区建设等事关发展大局和人民群众关心关注的热点难点问题进行了专题调研，提出的一批建设性意见和建议被县委县政府采纳，对县域经济社会发展起到了积极的促进作用。

各位代表，一年来，常委会的各项工作取得了新的进展和成绩，这是县委正确领导的结果，是全体人大代表共同努力的结果，是“一府两院”和各乡镇、各人民团体、社会各界支持配合的结果，是常委会组成人员以及县人大机关工作人员辛勤工作的结果。在此，我代表县人大常委会，向大家表示衷心的感谢！我们也清醒地认识到，工作中还存在不少需要改进的地方。一是如何进一步突出重点、抓住关键问题开展工作，提高人大工作的质量和针对性；二是如何进一步提高服务保障水平，更好地发挥代表作用；三是如何进一步加强人大宣传工作，增强全社会的法律意识和法制观念。我们将自觉接受人民监督，虚心听取代表意见，认真研究民主法制建设进程中的新情况新问题，不断加强和改进常委会工作，更好地行使宪法和法律赋予的职权。

2010 年工作思路

2010 年，县人大常委会工作的指导思想是：以“三个代表”重要思想为指导，以科学发展观为统领，深入贯彻党的十七大和十七届三中、四中全会精神，以构建和谐赤城为主线，以加强民主法制建设为根本任务，紧紧围绕全县中心工作和改革、发展、稳定大局，认真履行职责，为实现富民强县目标作出新的贡献。具体工作思路是：

——坚持县委领导，认真落实县委全会精神。中共赤城县委十届六次全会，是加快我县经济社会发展的重要会议，会议确立了“一个主题、两个理念、三个典型、四个突破、五个产业”的全县工作总思路，为我县发展指明了方向。县人大常委会要紧紧围绕县委部署，创新工作思路，突出工作重点，改进工作方法，通过发挥人大职能作用，督促和支持“一府两院”加快推进我县经济社会发展和民主法治进程，把县委全会精神落到实处。

——贯彻实施监督法，增强监督工作实效。县人大常委会要继续以贯彻实施监督法为契机，围绕全县工作大局，突出重点、讲求实效，把关系改革发展稳定全局和社会普遍关注、影响社会和谐的突出问题作为监督重点，进一步加强和改进监督工作，依法规范监督形式，严格执行监督程序，努力增强监督实效，把常委会监督工作提高到一个新的水平。

——提高代表工作质量，充分发挥代表作用。县人大常委会要进一步拓宽代表参政议政的渠道，精心组织代表开展视察和专题调研等活动；进一步发挥代表在监督工作中的作用，邀请代表参与常委会审议活动；进一步提高代表活动的服务保障水平，密切与人大代表联系，做好代表培训工作。

——加强人大自身建设，提高依法履职水平。做好新时期的人大工作需要我们：一是认真抓好常委会及机关的自身建设，建立一支高素质的人大干部队伍，不断提高依法履职的能力和水平；二是深入开展调查研究，密切联系代表和群众，不断提高人大监督实效；三是继续加强对乡镇人大工作的指导，共同推进我县基层民主法制进程；四是坚持解放思想、实事求是、与时俱进的思想路线，不断推进观念创新、工作创新和制度创新，以奋发有为的精神、凝聚实干的工作作风，进一步开创全县人大工作新局面。

各位代表，责任和使命激励着我们，困难和挑战考验着我们，让我们在县委的正确领导下，高举中国特色社会主义伟大旗帜，深入贯彻落实科学发展观，万众一心，艰苦奋斗，扎实工作，为推进全县政治、经济、文化、社会的协调发展，实现县委提出的“富民强县”目标而努力奋斗！

2008 年，县人大常委会工作的指导思想是：以“三个代表”重要思想为指导，深入学习贯彻党的十七大、省委七届三次全会和县委十届三次全会精神，继往开来，与时俱进，牢固树立科学发展观，以构建和谐赤城为主线，以关注民生、服务民众为出发点，以加强民主法制建设为根本任务，认真履行宪法和法律赋予的职权，为我县经济社会更好更快发展作出新的贡献。主要工作思路如下：

一是深入学习贯彻十七大精神，牢牢把握正确的政治方向。县十四届人大常委会将紧密联系思想、工作实际，把学习贯彻中共十七大、省委七届三次全会和县委十届三次全会精神同人大工作实际结合起来，认真学习、深刻领会、全面贯彻党的十七大精神，并用以统揽整个人大工作，坚持理论联系实际，学以致用，用以带学的原则，通过学习进一步增强大局意识、服务意识和人大意识，强化做好人大工作的使命感和责任感，不断研究新情况、思考新问题、探索新方法、推出新举措、开创新局面，努力把全县人大工作提高到一个新的更高的水平。

二是以强化监督为主线，切实加强和改进人大工作。要不断改进和加强监督工作，围绕县委中心工作，抓住改革和建设中的重大问题以及人民群众普遍关注、社会反映强烈的问题，围绕全面落实科学发展观，为促进我县经济社会更好更快发展，反映民意，集中民智，发挥民力，有计划地开展工作监督，督促和支持“一府两院”依法行政、执政为民。要把健全社会主义法制、建设社会主义法治国家作为根本任务，认真履行职能，积极推进依法治县，为构建平安赤城、和谐赤城作贡献。同时，认真处理群众来信来访，认真督办各类信访案件，使问题得到妥善解决，为化解社会矛盾，维护社会稳定发挥积极作用。

三是提高代表工作质量，充分发挥代表作用。认真督办代表议案和建议；拓宽代表参政议政的渠道，完善代表小组的组织活动方式，精心组织代表开展视察和专题调研等活动，邀请代表参与常委会审议议题的确定、参与常委会的审议活动，积极为代表履行职务创造条件，以充分发挥代表的主体作用。

四是加强人大自身建设，提高依法履职水平。要进一步加强人大及其常委会建设，建设学习型、知识型人大，认真学习理论知识、法律知识、现代经济知识和人大业务知识，研究和解决人大工作中的实际问题，不断拓展人大工作的新领域，探索人大工作的新路子，完善人大各项工作制度，造就一支思想好、业务精、纪律严、作风正的人大干部队伍，为人大更好的履行职责创造条件。

各位代表、同志们，让我们在县委领导下，全面树立和落实科学发展观，同心同德，团结一致，奋发图强，开拓奋进，以饱满的政治热情、良好的精神风貌和优异的工作成绩，为建设资源开发强县、打造靓丽县城，实现我县经济社会更好更快发展做出新的贡献！

政府工作报告

——2010 年 1 月 12 日在赤城县第十四届人民代表大会第四次会议上

赤城县人民政府县长　申全民

各位代表：

现在，我代表赤城县人民政府向大会报告工作，请予审议，并请政协委员和列席会议的同志提出意见。

一、2009 年政府工作回顾

2009 年，面对金融危机的严重冲击，在市委、市政府和县委的正确领导下，在县人大、县政协的监督和支持下，县政府团结带领全县人民，以科学发展观为统领，紧紧围绕“保增长、调结构、强基础、惠民生”工作要求，敏锐判断、积极应对，坚定不移地推进工业立县、农业产业化、城镇建设、生态旅游四项重点工作，积极有为地加强经济运行调节，较好地完成了十四届人大三次会议确定的目标任务。

（一）经济运行逆势而上，发展态势稳中有升。主要经济指标完成或超额完成预定目标，特别是固定资产投资实现大幅增长。初步预计，全年实现地区生产总值 35.5 亿元，完成计划的 100%，可比增长 13.6%；全社会固定资产投资完成 26.3 亿元，完成计划的 116%，增长 44.4%；全部财政收入完成 4.6 亿元，完成调整预算数的 101.2%，其中地方一般预算收入完成 2.07 亿元，完成调整预算数的 103%，增长 14.2%；农民人均纯收入达 2645 元，完成计划的 100%，增长 6%；城镇居民可支配收入达 11312 元，完成计划的 105%，增长 12.4%。

（二）项目建设卓有成效，发展后劲不断增强。成功组织了“北京·赤城重点项目招商推介会”、“河北赤城·北京项目签约、对接洽谈会”，举办了“6·8”白河综合治理暨 22 个重点项目开工奠基活动。全年实施重点建设项目 53 个，完成投资 16.55 亿元。其中，列入省重点建设项目 4 个，完成投资 5.4 亿元，列入市重点建设项目 6 个，完成投资 3.2 亿元，重大项目对经济的拉动效应进一步显现。

（三）重点产业稳步发展，支撑能力日趋稳固。工业经济企稳回升。积极开展“进企业、送服务、解难题、促发展”活动，工业生产企业由年初 11 家恢复到 133 家。深入推进铁矿深度和规模开发，赤城·宣钢球团烧结项目完成股权重组，即将全面开工建设；投资 4.8 亿元的 10 个铁矿采选新建项目，8 家建成投产，铁精粉生产能力达到 700 万吨，年出境铁精粉374万吨。加快非金属矿产和新型能源开发，攀宝矿物质有机肥项目建成5万吨生产线，国华·赤城风电项目一期工程完成部分风机安装。继续推行县级领导包企业、包尾矿库制度，在6个重点乡镇设立了矿山综合管理办公室，矿业开发秩序逐步规范，实现了安全生产“零事故”，矿产资源开发规范县建设取得明显成效。预计，全县入统工业增加值完成8.5亿元，占地区生产总值的23.93%。农业产业化扎实推进。成功引进北京华田、利农、双大等大型农业龙头企业，实施了万亩供京蔬菜基地、华田育肥牛及繁育基地、万寿菊种植及加工、东卯农业循环经济园区等8个农业产业化项目。赤城、样田、东万口、东卯设施蔬菜产业带初具规模，推广张杂谷子2.7万亩，肉牛、肉鸡、生猪等规模养殖小区发展到60个。高质量完成了京津风沙源治理等生态工程，云州水库除险加固工程顺利实施，农业生产条件进一步改善。针对严重旱灾，积极开展生产自救，粮食总产量4266.7万公斤，实现了大旱之年稳定增收。生态旅游建设步伐加快。实施了温泉度假村升级改造工程，摩天岭滑雪、塘子庙温泉等旅游项目建设取得重点突破，黑龙山林场晋升为国家级森林公园。

（四）城乡建设统筹推进，承载能力明显提高。城镇固定资产投资累计完成22.6亿元，增长47.3%。聘请中国城市建设研究院修订县城总体规划，并编制控制性详规。积极探索经营城市理念，搭建融资平台，成立了霞城投资公司，有效破解了城市建设的资金难题。启动了总投资15亿元的白河综合治理工程，实施了汤泉河二期、街道改造、公厕建设、两场（厂）一房、市场建设、小区开发、县城绿化等重点工程，东关集贸市场、世纪华联超市投入运营，县城面貌更加靓丽、功能日臻完善。实施了14个新民居示范村建设工程。通过积极争跑，张唐铁路途经我县方案通过了国家发改委批复；投资2000多万元，完成了白四线东卯至北京界三级公路改建工程；完成“村村通”工程152.1公里。

（五）社会事业长足发展，和谐稳定局面进一步巩固。把改善民生作为一切工作的根本落脚点和出发点，县财政累计支出1.2亿元，用于办学条件改善、扶贫济困、医疗卫生、饮水困难等民生工程。县城第一小学、第一幼儿园建成投入使用，实施了后城、东卯等农村初中校舍改造工程；新农合参合标准提高至年人均100元，参合率达75.5%；养老、医疗、失业、生育、工伤保险覆盖面进一步扩大，城镇登记失业率控制在4%以内；争取到年度投资2125万元的中央专项彩票公益金项目，为我县扶贫开发赢得了新机遇；积极开展救灾救济和社会捐助活动，发放救灾粮款535万元，落实财政扶贫资金790万元；最低生活保障水平不断提高，发展成果进一步惠及于民。

全力创建“平安赤城”。出色地完成了国庆安保任务，荣获市国庆安保工作先进集体；建立了县、乡、村三级甲流疫情防控网络，有效控制了疫情蔓延；健全了县级领导接访制度，着力解决人民反映的重点、难点问题，营造了和谐安定的社会环境。深入开展科学发展观学习实践和“作风建设年”活动，推进行政审批制度改革，行政审批中心成为全省、全市典型，政府自身建设得到进一步加强。全年共办理人大代表建议 32 件、政协委员提案 30 件，办复率达到 100%，全县政治安定、社会稳定、人民安居乐业的良好局面进一步巩固发展。

此外，统计、审计、科技、计生、监察、工商、金融、物价、技术监督、人事编制、档案、妇女儿童、民族宗教、残疾人、气象、防震减灾等工作也都取得了新的成绩。

各位代表、同志们，实践证明，我们在应对危机、保持平稳较快发展这场重大考验中，思路是科学务实的，措施是及时有力的，工作是富有成效的。更为可贵的是，我们在战胜困难和应对挑战中，积累了一定经验。一是始终坚持解放思想，创新发展理念。通过解放思想，我们深化了县情认识，推动了理念创新、举措创新和机制创新，探索出了许多破解制约的有效办法，有力推动了重点难点工作。二是始终坚持科学研判形势，增强工作的前瞻性和预见性。在应对严峻挑战过程中，我们结合县情实际，深入分析经济走势及其影响，超前运作，抢抓机遇，在争取上级投资、推动重点项目建设、稳定工业生产等方面取得了重大突破，有效应对了金融危机冲击，进一步夯实了发展基础。三是始终坚持抓住关键，以重点突破活跃发展全局。通过紧紧抓住项目建设、城市建设等事关更好更快发展的重大问题和关键环节，集中力量强势攻坚，增强了发展后劲。四是始终坚持统筹兼顾，推进经济社会协调发展。通过统筹当前与长远、经济与社会、城镇与农村等方面关系，我们在保持经济平稳发展的同时，坚持以人为本，有效保障和改善了民生，有力维护了社会稳定，增强了经济社会发展的协调性和可持续性。

回顾 2009 年工作，可以说我们遇到的困难比预料的多，取得的成绩比预期的好。这是市委、市政府正确领导、大力支持的结果，是县委审时度势、统筹全局、正确决策的结果，是县人大、县政协有效监督、参政议政、共谋发展的结果，是全县上下齐心协力、迎难而上、奋力拼搏的结果。在此，我谨代表县政府，向辛勤工作在各条战线的全县人民，向给予政府工作大力支持与帮助的人大代表、政协委员和离退休老同志，向鼎力支持赤城发展的全体武警官兵、政法干警和社会各界人士致以崇高的敬意和衷心的感谢！

在充分肯定成绩的同时，我们也必须清醒地看到，全县经济社会发展还存在许多困难和问题：产业结构不尽合理，工业经济一矿独大，非金属、新能源开发及生态旅游对经济拉动作用不强，农业产业发展滞后，政府自身建设仍需加强。这些问题都需要我们在今后的工作中着力研究解决。

二、2010年工作总体要求

2010年是实施“十一五”规划最后一年，做好全年各项工作，对于进一步应对复杂形势、巩固经济基础，为“十二五”规划启动实施创造良好条件至关重要。

2010年全县工作的总体要求是：全面贯彻党的十七大和十七届三中、四中全会精神，以科学发展观为指导，突出“富民强县”一个主题；树立“开放创新、事争一流”两个理念；争创“扶贫开发、卫生城市创建、矿产资源开发与管理规范县”三个典型；寻求“项目建设、对接京津、城市建设、民生工作”四个突破；发展振兴“4+1”五个产业，即培强壮大旅游业、农产品加工业、矿产品精深加工业、新型能源业，积极培育现代物流业；大力调整经济结构，转变发展方式，增强发展实力、活力和竞争力，全力推进经济社会更好更快发展。

经济社会发展主要目标为：地区生产总值增长12%；全社会固定资产投资增长25%；全部财政收入增长10.4%，其中一般预算收入增长12.1%；城镇居民人均可支配收入增长10%；农民人均纯收入增长9%；单位GDP能耗下降5.39%；化学需氧量、二氧化硫排放量分别控制在1126吨和1673吨以内。

三、全力推进经济更好更快发展

充分利用各种有利条件，切实增强工作的主动性和创造性，高标准完成各项目标任务。

（一）增强发展后劲，强力推进项目建设

加快重点项目建设进度。全年实施重点建设项目54个，总投资58.4亿元，计划完成投资26.6亿元，其中上报省市重点项目12个。要打破常规，主动协调解决项目建设中的困难和问题，加快进度，力争早建设、早投产、早达效。

提升项目谋划深度。认真做好国家新增投资项目的申报工作，有针对性地论证、争取一批符合政策导向的大项目。重点围绕“4+1”产业，发挥自身优势，谋划和储备一批关联度大、带动力强、支撑作用明显，符合国家产业政策的重大产业项目，为全县持续发展备足后劲。

健全项目推进机制。继续推行一个项目、一名领导、一名责任人、一套班子、一笔经费、一抓到底的抓项目机制。加大考核力度，完善考评机制。保证项目土地供应，创新投融资方式，激发民间资本的投资潜力，努力破解项目资金、用地等发展瓶颈，确保项目引得进、建得快、发展好。

（二）转变发展方式，构筑现代产业支撑体系

制定完善“4+1”产业发展配套政策，打造梯度分布、各具特色、优势互补、相互配套的完整产业链。

——壮大旅游业。集中精力打造旅游精品，搞好旅游资源的集约化利用和品牌化经营。一是健全旅游规划。抓住我省建设京西北康体休闲旅游产业带战略机遇，全面启动4A级京北汤泉国际旅游度

假村景区、京北第一森林公园景区、历史传承红色旅游教育基地和亲水娱乐旅游带建设，年内编制主要景区控制性详规，统揽和指导旅游资源的科学有序开发，打响“沐温泉浴、滑天然雪、赏森林景、寻历史脉”四大品牌。二是搞好景区开发。加快摩天岭滑雪、塘子庙温泉、后城河西水城等旅游景区建设，精心包装朝阳观、金阁山等旅游开发项目，力争取得实质性进展。三是加强配套设施建设。谋划星级高档宾馆建设，加快康体健身、特色餐饮等休闲旅游项目开发；挖掘历史文化内涵，开发地方特色旅游商品，全面提升旅游整体接待能力和服务水平；发挥政府主导作用，安排资金1000万元，加快旅游基础设施建设。四是拓展旅游市场。成立旅游公司，开拓旅游市场，发展旅游经济；加强旅游从业人员培训，强化旅游行业管理，优化旅游经营秩序；加强与京津及周边县区的对接合作，联手打造区域品牌，建设精品旅游线路；主动参加各类招商推介活动，加大旅游宣传营销力度，努力提高赤城旅游品牌影响力和市场占有率。

——农产品加工业。坚持“兴产业、扩基地、建龙头、富农户”，培强富民产业，壮大农业农村经济。一是以龙头带基地，以基地促加工，以加工兴产业。种植业，以样田乡万亩供京蔬菜基地为中心，集中连片，加快发展设施蔬菜大棚及喷灌、膜下滴灌等高效节水蔬菜种植，新建蔬菜拱棚200栋、冬暖式日光温室大棚100栋，扩建蔬菜基地3500亩，带动农户发展1500亩，打造镇宁堡、赤城镇、样田、龙门所、东万口、东卯设施蔬菜产业带；以攀宝农业种植公司为龙头，带动全县扩大食用菌种植规模。养殖业，扎实推进华田牧业二期工程，辐射带动白草、龙门所、东万口、三道川、镇宁堡发展肉牛养殖业；依托北京二商集团、双大公司，扩大生猪、肉鸡养殖规模；实施总投资7000万元的华誉黑兔养殖基地项目。高效旱作农业，扩大万寿菊、杂交谷子种植面积，推广新品种“荷兰薯7号”，支持黄芩、猪苓等中药材种植。二是做好产业配套项目。围绕全县种、养特色农产品，积极谋划农畜产品加工厂建设，扩大绿泽源黄芩加工厂和立春农贸有限公司生产规模，鼓励信和杏仁有限公司加快技改扩模，进一步延伸加工链，提高产品附加值。三是夯实农业发展基础。认真落实粮食直补、良种补贴、农机具购置补贴等各项支农惠农政策；继续实施密云水库上游生态涵养林、京津风沙源治理、退稻还旱等生态工程；谋划实施总投资5880万元的云州水库下游灌区和黑河灌区节水灌溉工程，改善和增加水浇地4.2万亩；完成中低产田改造6000亩，土地整理6000亩，改善农业生产条件，提高防灾抗灾能力。

——矿产品精深加工业。抓住当前产业振兴机遇，加速推进矿产品加工业结构调整和优化升级。一是加快矿业资源规范规模开发。推进矿产资源开发与管理规范县建设，编制矿业开发规划。坚持“大集团配大资源、大公司建大基地”的开发战略，加快推进铁矿、金、银等资源整合；积极引进大的战略投资者，通过市场并购、协议转让等方式，建设采、选、冶与配套加工于一体的产业集团，引导县内企业进行联合重组，实现规模生产、集约生产、安全生产、可持续生产。继续实行乡镇属地管理责任制、“党政同责”、“一岗双责”制度，强化安全生产和环境治理，坚决打击非法开采、盗采行为；研究出台非金属和有色金属税费征收办法，确保税费应收尽收。积极争取国家、省地质勘查资金，组织实施矿产资源勘查项目，保持矿业开发的持续性和高效性。二是做好矿业精深加工文章。抓好赤城·宣钢球团烧结项目，实施总投资3亿元的3个铁选厂扩建项目，全县铁精粉生产能力达到800万吨；加大现有企业技改扩能力度，推进铁矿开发向产业链的高端和高附加值方向延伸；加快沸石、石灰石、大理石、玄武岩等非金属开发进程，打造京北建材基地。三是坚定不移地推进企业复产达效。继续实施县级领导包企业制度，及时研究解决企业恢复生产过程中遇到的问题，运用法律、行政、经济等手段促进企业恢复生产；搞好银企对接，解决企业资金瓶颈，保障正常运行。四是积极搭建工业发展平台。启动和实施县城产业集聚区、龙关铁矿工业园区建设，修编土地利用规划，完善水、电、路等基础设施，配套出台相关优惠政策，提高园区承载力。

——新型能源业。抓好国华风电一期工程建设，年内实现并网发电，推进国华风电二期工程；谋划光伏发电和六州抽水蓄能电站项目，实施文冠果生物质能源林建设项目，争取在生物质能开发上谋求突破。

——现代物流业。着眼于物流业规模发展，谋划县城物流园区建设。以农产品贸易为突破口，以样田、东万口、龙关现有蔬菜恒温库为基础，加强与北京新发地农贸批发市场和锦绣大地公司的沟通与合作，谋划农贸市场建设，规范蔬菜交易秩序，健全农产品信息服务体系，建立长期稳定的供销关系；引进培育综合性物流企业，辐射带动相关配套产业，努力构建“支撑城市、带动产业、辐射周边”的现代物流格局。

（三）搭建发展平台，加快城乡基础设施建设

——彰显“生态宜居”特色风貌，努力创建省级卫生城市。深入实践“山为骨，绿为肌，水为脉”城建理念，加快生态宜居县城建设。一是以战略眼光规划城市。按照“主轴东移，城区南扩西拓”、城市规模达到10万人的要求，完成县城总体规划修编和控制性详规。二是以精品意识建设城市。高标准实施白河综合治理一期工程，年内竣工蓄水；实施汤泉河综合治理三期工程，完成河道拓宽整治；启动北山公园建设，初步建成“河湖相连、山水相依、碧水灵动”的独特城市景观，提升城市品位。开发商住楼10万平米，再建廉租房85套、水冲式公厕10座，完成县城垃圾填埋场、污水处理厂建设，硬化所有小街小巷，谋划建设星级宾馆、高档写字楼等城市标志性建筑和汽车站搬迁项目，完善城市功能。三是以精细理念管理城市。深入开展“清洁城乡、保护健康”活动，继续完善市场化、公司化的环卫保洁、园林绿化运行机制，推进城市管理“重

心”下移，加大城市管理综合执法力度。四是以创新理念经营城市。完善土地收购储备制度，高度垄断土地一级市场，严格招、拍、挂方式出让土地，最大限度增加收益；加大公益事业市场化运作力度，吸引多种经济成份参与城市建设。

——完善城乡基础设施。积极配合张唐铁路项目建设，加大京尚高速争跑力度；谋划实施宣赤线一级公路建设，力争列入“十二五”规划；争取112国道兴仁堡至承德界大修升级改造、省道宝平线小营岔口至雕鹗段中修工程，实施棋九线金家庄至九棵树段二级公路改建、112线至武家窑段三级公路改建工程，完成“村村通”工程289.8公里；建设炮梁110千伏变电站。

（四）激活发展动力，深化机制体制创新

——扩大对外开放。树立全方位开放的新观念，以对接京津为重点，充分利用我县区位、资源优势和与北京的人缘、地缘关系，抓住北京发展重新定位、产业结构调整的有利时机，围绕建设北京休闲度假基地、农产品供应基地、生态水源涵养基地和产业转移承接基地，主动加强与北京的规划、工业、农业、旅游等方面对接，通过各种方式搭建引资平台，寻求多方位、宽领域合作，吸引国有大型企业到我县建立生产基地，进一步提高引资质量和水平。

——深化体制改革。继续做好改制企业的规范完善，加快化肥厂、银矿及商贸系统企业改制步伐，完成政策性破产企业后续扫尾工作。巩固推广行政审批服务中心成果，改进项目审批模式和程序，提高办事效率，优化发展环境。深化农村各项改革，稳定和完善农村基本经营体制，引导和鼓励农民以转包、出租等多种形式流转土地，支持土地有序向优势产业、专业大户集中；充分发挥林权流转中心作用，推进集体林权制度改革；加快农业技术推广体系建设，大力发展专业协会和合作组织，让农民在土地经营、农产品生产、加工、流通等增值环节获得更多收益。

——强化财税支撑。一是加强税收征管。加大重点税源培植力度，加强零散税收排查征收，实施收入目标管理制度和收入分析制度，确保应收尽收。二是强化财政支出管理。严格控制一般性支出，加大县财政对民生工程、社会保障、重点项目的投入，切实提高财政资金使用效率。三是拓宽融资渠道。强化银企合作，积极建立投融资平台，充分发挥四个投资公司的融资作用，努力争取金融部门对重点项目、中小企业发展、“三农”工作和城市建设等方面的支持。

四、积极构建和谐赤城

更加注重社会建设，着力保障和改善民生，加强和改进社会管理，全面建设和谐赤城。

（一）改善群众生活，筑牢民生之本

——打造扶贫开发示范典型。按照“整合资金、连片开发、整村推进”原则，结合新农村建设，整合中央专项彩票公益金和农口、交通、新民居建设、危房改造等各类资金，加强贫困村基础设施建设，完成农村危房改造2000户，继续实施扶贫开发“细胞工程”工程，高标准建设扶贫工作示范村15个，确保第三批32个扶贫开发重点村全部脱贫出列。进一步做好救灾救济工作，保障灾民及困难群众基本生活。

——健全社会保障体系。进一步扩大保险覆盖面，年内力争企业养老保险参保职工达10600人、机关事业单位养老保险参保职工达2600人、农村养老保险参保人数达18160人、工伤保险参保人数达7800人、城镇职工医疗保险参保人数达13850人、城镇居民医疗保险参保人数达25000人，失业保险月平均参保人数达9650人。加大劳动保障监察力度，切实维护劳资双方合法权益。进一步提高城乡居民最低生活保障标准，实现动态管理、分类施保，城镇居民低保对象达到4265人，农村居民低保保障标准提高到年人均1300元，农村居民低保对象达到31272人。抓好老年公寓和福利中心建设项目，加快敬老院建设，提高农村五保供养对象供养水平和集中供养率。

——千方百计扩大就业。采取政策保障、资金扶持、社会服务等措施，鼓励自主创业、自谋职业，以创业带动就业。全面落实就业再就业扶持政策，有计划解决我县高校毕业生就业问题，抓好“农村劳动力转移就业计划”和“阳光工程”等技能培训，提高就业能力，重点针对零就业家庭、残疾人、低保对象，开发公益性就业岗位，城镇失业率控制在4.2%以内。

（二）发展社会事业，满足民生之需

——加快教育发展步伐。积极争取国家投资，力争启动二中新建工程，并实施校舍安全工程。实行校长聘任制，推进教师招聘和竞争上岗，鼓励社会办学，努力提高教育教学质量。认真落实义务教育经费保障机制，提高学前教育普及率，巩固义务教育，普及高中教育，强化职业教育，推进各类教育协调发展。

——提高医疗服务水平。加强医疗基础设施建设，力争启动县医院搬迁改造工程；积极稳妥推进医疗体制改革，完善疾病预防、医疗救治和突发公共卫生事件应急机制，全力做好甲型流感防控工作；巩固扩大新型农村合作医疗成果，参合率达到90%；健全基本医疗保险大病救助、临时救助制度，切实解决群众看病难、看病贵问题。加强计划生育优质服务工作，稳定低生育水平，全县人口自然增长率控制在6.13‰。

——繁荣城乡文化事业。认真做好文化挖掘和宣传工作，着力推进基层综合文化站、村文化室建设；总结“彩色周末”成功经验，继续开展形式多样、丰富多彩的文化娱乐活动，丰富群众文化生活；规范文化市场秩序，完成电视“村村通”工程和县城数字电视整体平移，建立惠及全民的文化服务体系。

（三）加强社会管理，夯实民生之基

——高度重视安全生产。强化安全生产第一意识，健全落实各项安全生产制度，切实抓好矿山企业、建筑工地、道路交通、民爆器材、危险化学品等重点领域、重点行业的安全治理，认真抓好防火防汛工作，深入开展食品、药品安全整治行动，完善突发事件应急处理机制，坚决杜绝重特大安全事故的发生。

——深入创建平安赤城。加大治安防范力度，重点打击涉黑势力和邪教组织，全面开展禁牧、禁毒工作；加强法制宣传，增强全民法治意识。继续推行信访领导包案制、属地负责制，认真做好群众来信来访工作，最大限度解决各类矛盾，构建安全稳定的生产生活环境。

五、大力加强政府自身建设

应对复杂的新形势，完成日益繁重的新任务，必须全面加强政府自身建设，不断提高推动科学发展的能力和水平。

——勤思善谋，切实增强应对能力。积极适应社会转型期对政府工作提出的新要求，及时研究上级政策，把握实质，结合实际，对经济社会发展中的新情况、新问题超前研究、超新谋划，用前瞻的眼光谋划发展，善于在上下结合中创新，切实增强驾驭市场经济、解决实际问题的能力。健全重大事项集体决策、政府常务会旁听、专家咨询、社会公示等制度，不断提高科学判断、科学决策、科学管理的能力和水平。

——解放思想，切实增强创新能力。以思想大解放带动政府工作水平的整体提升，把握新规律，推出新举措，敢于用开放的思维正视存在的问题，善于用发展的办法、创新的思维破解难题，以更加宽广的视野和战略思维推进工作。

——转变作风，切实增强执行能力。主动接受人大及其常委会的监督，自觉接受政协的民主监督。大力弘扬求真务实精神，紧紧围绕服务项目建设，服务经济发展，服务基层群众，深入基层，深入群众，深入实地，努力营造真抓实干的勤政氛围。凡政府决定的、公开承诺的事，都要做到件件有落实，做到真抓、实抓、严抓。严格执行党风廉政责任制，加大源头治理，切实树立为民、务实、清廉的良好形象。

各位代表！成绩鼓舞人心，形势催人奋进。让我们在县委的坚强领导下，以锲而不舍的坚定信念，知难奋进的拼搏锐气，奋勇争先的崭新面貌，进一步解放思想、抢抓机遇、开拓创新、狠抓落实，为开创全县经济社会更好更快发展的新局面而努力奋斗！

中国人民政治协商会议赤城县第八届委员会常务委员会工作报告

（2010年1月11日在政协赤城县第八届委员会第四次会议上）

赤城县政协主席　蒋瑞海

各位委员：

我受政协赤城县第八届委员会常务委员会委托，向大会作工作报告，请予审议。

过去一年工作回顾

2009年是我县政协工作稳步推进，颇有成效的一年。一年来，在县委的正确领导下，在市政协的指导和县政府的大力支持下，以党的十七大精神为指导，以学习实践科学发展观活动为契机，认真贯彻落实中共赤城县委十届五次全会精神，围绕中心，服务大局，圆满完成了年初确定的各项目标任务，使政协履行职能的水平有了更进一步的提升。

一、以深入学习实践科学发展观活动为动力，促进政协自身建设上水平

深入开展学习实践科学发展观活动是全县党政机关政治生活中的一件大事。按照县委总体部署，县政协本着学习实践活动与参政议政相结合、与民主监督相结合的原则开展工作，成立专门机构，明确专人负责，制定实施方案，突出政协工作特色。历时6个多月，县政协领导班子成员，科室全体党员干部自始至终参加了学习实践活动的全过程，圆满完成了各项规定动作，取得了较好成效，有力促进了县政协各项工作的开展。

把学习调研放在首位，积极开展各项活动，保证取得实效。自学习实践活动开展以来，认真对照县委关于学习实践活动各个环节的工作内容，结合政协工作实际逐项落实。在思想发动环节，召开了机关动员大会，统一思想，形成共识，激发大家参与学习实践活动的积极性和主动性。在开展调查研究环节，发动全体政协委员积极参与“我为赤城科学发展献一策”活动。县政协五位主席按照分管工作，利用一周时间，分别深入农村、厂矿、企业，进行蹲点调研，了解民意，体察民情，形成了高质量的调研报告。在深化解放思想大讨论环节，组织机关全体党员干部，围绕“打造矿产资源开发规范县、打造京北靓丽县城”的主题，开展深化解放思想大讨论活动。4月下旬，召开了调研成果交流会，收到良好效果。

把解决突出问题作为重点，深入开展自查自纠，促进干部作风大转变。在第二阶段学习实践活动中，召开了全体干部座谈会，每名干部结合工作实际，按照科学发展要求重新审视、定位，查找工作思路、工作方法和工作作风方面存在的问题，针对查找出的问题，深刻剖析原因，提出了整改措施。总之，通过学习实践活动的开展，使机关干部转变了思维方式，增强了科学发展理念，改进了工作作风，围绕中心，服务大局，认真履行三项职能，为促进全县经济和社会各项事业又好又快发展献计献策，已成为大家共同努力的方向。

二、以调研视察活动为载体，议政建言取得新进展

组织委员开展调研视察是政协建言立论、履行职能的基础性工作。一年来，我们围绕县委、政府的中心工作，精心选题，统筹运作，完成了关于调整经济结构，转变发展方式，确保县域经济平稳较快发展；惠民生重点工作和基层落

实情况；进一步加强人民调解工作，有效地促进和谐社会建设；打造矿产资源开发规范县四个调研课题和关于农业龙头项目建设情况；展示靓丽县城新工程建设两个视察。形成了调研、视察报告6份，为县委、政府决策提供了有益参考。

2009年是应对金融危机，确保县域经济平稳较快发展的特殊年份。县委、政府采取了积极有效应对措施。为配合县委、政府做好这方面工作，县政协带着如何调整经济结构、转变发展方式，确保县域经济平稳较快发展的课题，于7月下旬组织部分政协委员和相关部门的负责同志，先后深入国华风力发电施工一线、攀宝科技有限公司、马营万寿菊生产基地、镇宁堡鸿鑫养殖场和样田万亩蔬菜园生产基地进行调研。在此基础上，参加调研的政协委员和部门负责同志就全县经济运行状况进行了座谈，形成了共识。调研报告提交县委后，县委赵书记给予高度评价，并作出重要批示："此份报告很好。印发学习并在工作中认真借鉴，特别是最后一部分'对策和建议'针对性强。如何做好产业聚集区基础工作，谋划具体到位，我们要共同研究产业结构问题，早日突破一矿经济。"赵书记对政协工作的肯定和高度评价，进一步激发了政协全体委员工作的热情。

关注民生，确保农村社会稳定，农民安居乐业是社会主义新农村建设的一项重大战略任务。为全面了解各项惠民政策在基层是否真正得到落实，7月份，由提案委牵头，组织相关单位和部分政协委员，深入基层就我县实施农村最低生活保障、农村五保户供养、对种粮农民实行补贴、家电下乡补贴、牲畜和家禽养殖补贴五项惠民政策落实情况进行了调研。通过实际调查，获得了第一手资料，找准了存在问题，提出了相应的对策建议。

建设文明和谐的新赤城，稳定是前提。为了找准建设和谐赤城进程中亟待解决的主要矛盾，8月份，我们深入政法部门和部分乡镇以"人民调解工作与和谐社会建设"为主题进行调研。调研组先后听取了县法院、司法局、龙关镇、赤城镇、白草镇、样田乡的人民调解工作汇报，并通过走访，对我县人民调解工作的现状和存在的问题进行了深刻的剖析，形成了调研报告。

全面整顿矿山开采秩序，打造矿产资源开发规范县是去年县委、政府部署的一项重大工作。对此，政协十分关注。10月末，由政协经济委员会牵头，组织部分政协委员，抽调国土局、安监局、环保局、工业促进局、公安局、财政局六个单位的有关领导组成专门调研组深入到炮梁乡和龙关镇，对鑫宇铁矿、英达铁矿、非凡铁矿等五个不同规模的采矿企业进行了实地调研。11月初，调研组又带着同样的课题，赴我省邢台沙河市西郝庄铁矿、武安市以及山西临汾等地的矿山企业进行考察学习，对照外地经验，查找分析我县打造开发规范县中存在的突出问题，并形成了高质量的调研报告，提出了相应的对策与建议。

在搞好调查的同时，按照年初工作安排，我们于9月中旬和12月上旬组织部分政协委员和常委对全县农业产业化龙头项目建设和靓丽县城新工程项目建设情况进行了视察，收到了较好效果。在靓丽县城视察报告的建议上，政府申县长批示“县政协报告很好，提出五点建议，请文奎县长协调有关部门抓好落实”。这一批示，充分体现了政府对政协工作建议的重视。

三、以提高提案质量和办理质量为抓手，委员的主体作用得以充分发挥

提案是政协工作的重头戏。提案质量和办理质量高低直接体现出委员参政议政的能力和水平。为了充分调动委员提案的积极性、创造性、前瞻性，提出高质量的提案，我们坚持与时俱进，力求在实、准、深、精上做文章，使委员提案紧扣县委、政府中心工作，抓住了群众最关心、最迫切需要解决的问题，许多提案不仅有深度、有广度、有新意，而且所提建议切实可行，操作性较强。2009年，共收到委员提案33件，审查立案32件。这些提案涉及到经济发展、城市建设、城乡规划、科教文卫、民族宗教、社会稳定、环境卫生等诸多方面。

委员提案经过审查立案后，关键在于抓落实。为了提高提案办理质量。我们继续采取三项措施。一是及时交办。会同人大、政府联合召开交办会，听取各承办单位的意见，使委员提案及早纳入各承办单位的工作计划。二是强化督办。提案交办后，提案委与承办单位相互沟通，掌握承办进度，走访提案委员，并组织委员深入承办单位，了解掌握提案落实情况。对答复不满意的提案，要求承办单位重新办理，直至问题圆满解决，得到委员满意。三是领导包案。对重点提案分别由各位主席负责包案，并与承办单位领导联手抓落实。通过这些措施，有力地促进了提案的办理和落实。截止去年11月底，所有提案全部办结，办复率100%，满意率100%。

为更有效地发挥委员参政议政作用，去年还征集编发了《委员论坛》4期，为委员建言献策提供了阵地。

四、以服务经济社会发展为宗旨，力求文史资料再出新成果

赤城县历史悠久，有许多文人骚客、政坛士子的轶闻趣事。对此，我们把挖掘征集更为有益的文史资料作为“教育当代，服务社会，惠及后人”的有利于经济社会发展的重要工作来抓。一年以来，在政协领导的高度重视和参与下，文史工作取得了新的成果。一是初步完成了《京畿明珠—赤城温泉》的编选；二是为《河北文史资料全书张家口卷》上报资料5万余字；三是为《张家口名品》一书征稿两篇。四是为燕赵政协新闻网提供稿件3篇，在张家口报发表征文两篇，并荣获二、三等奖。这些文稿对介绍赤城、宣传赤城、提高赤城知名度起到了积极的作用。

五、以服从大局为要务，全力配合县委、政府做好中心工作

县政协配合县委、政府中心工作，

把开会不误会、办事不误事、公务活动不缺席作为政协领导班子成员一贯恪守的诺言。一年来，凡是县委通知的各类会议，安排的一切公务活动，要求做好的各项中心工作，政协都能够严肃对待、积极参与、认真完成。

一是积极参与国庆安保工作，维护社会和谐稳定。在保证政协机关24小时不脱岗，通讯畅通的基础上，五位主席多次深入所包乡镇和安保检查站指导慰问，协助基层做好工作，同时选派两名科级干部深入东卯镇开展下访接访活动。在国庆安保期间通过下基层调研走访，共为乡村化解矛盾和处理问题16件，协商解决多年遗留上访案件5件，使所包乡镇没有出现群体或越级上访事件。

二是积极落实县委工作部署，着力为群众破解难题办实事。为了完成县委分配的包村扶贫和文明生态村建设的工作任务，政协机关在自身没有经济实力的情况下，积极做好协调、引导和服务工作。各位主席多次深入自己所联系的文明生态村和贫困村，通过驻村入户开展调查问计，帮助群众出点子、选路子、搭台子，联系协调县直有关部门，为所包贫困村解决了一些困难，取得了较好的帮扶效果。

三是为全县招商引资抓项目献计出力。为推进我县农业产业化园区建设，政协主要领导多次深入东卯镇井儿沟高效农业经济循环园区进行调研，帮助园区出谋划策，协调解决园区建设存在的困难和问题，2009年园区已投入资金2500万元。目前肉鸡养殖场已初见效益，农贸市场已投入使用，水泥砖厂已投产，养鱼池、黑兔养殖场、温室大棚和新型生物燃料厂正在建设中。

同时，积极做好祖统联谊和民族宗教工作，引导各界人士献计赤城。国庆节前召开了迎中秋、庆国庆台属座谈会和民族宗教工作会议。为进一步推动两岸经济、文化交流，增进广大台胞、台商对我县变化的全方位了解，县政协与台办一起做了大量工作，圆满接待了裕成商贸有限公司、尊龙集团、银满投资公司等17家台资企业主要负责人来我县进行考察，为拓宽我县招商引资领域开辟了新的渠道。

各位委员，上述成绩的取得，得益于县委、县政府的正确领导和支持，归功于各位委员、机关全体干部职工的共同努力和社会各界人士的热心协助。在此，我代表八届政协常委会，向县委、县人大、县政府及县直各单位、各乡镇，向关心支持政协工作的社会各界人士，向全体政协委员表示衷心的感谢！

在肯定成绩的同时，我们切不能忘记政协工作中存在的差距。新的一年刚刚开始，我们要继往开来，不负众望，扎实工作，力争把2010年政协工作做得更好。

2010年主要工作

从我县经济形势看，2010年面临的困难仍然十分艰巨。能否变被动为主动，变劣势为优势，确保全县经济社会达到平稳较快发展，县委十届六次全会提出了明确的思路和重大举措。为配合县委的工作，县政协2010年工作的指导思想是："以中共十七大和十七届四中全会精神为指导，以深入学习实践科学发展观活动为动力，认真贯彻落实中共赤城县委十届六次全会精神，自觉围绕县委决策部署谋划政协工作，始终做到同县委、政府方向一致、步调一致、目标一致，继续扎实有效地履行好政治协商、民主监督、参政议政职能，为推进我县经济社会更好更快发展做出新贡献"。

按照这一指导思想，2010 年主要做好以下工作：

一、坚持以科学发展观为统领，切实提高参政议政水平

面对经济体制深刻变革、社会结构深刻变动、利益格局深刻调整、思想观念深刻变化的新形势，县政协要与县委保持高度一致，不断解放思想、实事求是，与时俱进，主动适应新形势新任务的要求，深入学习和实践科学发展观，在创新工作思路、改进工作方法、转变工作作风上力求更大突破，使履行职能的质量和水平得到进一步提升。

坚持科学发展观，提高参政议政水平，必须把促进发展作为履行政协职能的第一要务。发展是党执政兴国的第一要务，也是人民政协履行基本职能的第一要务。人民政协人才荟萃，智力密集，能够为推动科学发展提供强大智力支持、奠定坚实群众基础。我们要继续深入学习领会科学发展观的科学内涵、精神实质、根本要求，切实把广大政协委员的思想和行动统一到县委决策部署上来，把积极性、主动性、创造性引导到推动科学发展观上来，共同为转变发展方式、破解发展难题献计出力。2010 年，要紧紧围绕县委、县政府确立的突出"富民强县"一个主题；树立"开放创新、事争一流"两个理念；争创"扶贫开发、卫生城市创建、矿产资源开发与管理规范县"三个典型；寻求"项目建设、对接京津、城市建设、民生工作"四个突破；发展振兴"旅游业、农产品加工业、矿产品精深加工业、新型能源业和培育现代物流业"［4+1］五个产业的总体思路，认真履行政协职能，不断分析研究经济社会发展的新情况新问题，选择具有综合性、全局性、前瞻性的重大课题开展专题调研和政治协商活动，多想科学发展大事，多谋科学发展大计，为实现全县经济社会可持续发展发挥应有的作用。

坚持科学发展观，提高参政议政水平，必须突出政协工作特色和优势，把集聚人和之力作为主基调。坚持以人为本，是科学发展观的本质和核心，也是政协发挥职能作用的出发点和落脚点。在今后的工作中，我们要把发扬民主、增进团结、协调关系、化解矛盾、凝聚人心的工作，作为履行职能的重要着力点，努力为促进党群关系、民族关系、宗教关系的和谐发挥积极作用。要认真贯彻落实党的民族、宗教政策，充分发挥民族、宗教界代表人士在人民政协中的作用，促进民族团结，维护社会稳定。要关注不同阶层利益诉求，倾听群众呼声，关心群众疾苦，围绕群众普遍关心的民生问题，开展调查研究，反映社情民意，积极建言献策，促使党的各项

惠民政策在基层得到全面落实。政协委员是政协工作的主体，就每个委员来讲，一要充分发挥自己的聪明才智，在各自的工作岗位上，认真实践科学发展观，不断研究新情况，着力破解发展难题，靠自己的智慧和力量创出一番事业，做出一番贡献，起到表率作用，带动全民创业。二要善于集中民智，深入到群众中去，群众有意见、建议，要把它搜集起来，群众有很多创造，要把它总结上来，为县委、政府提供决策依据。三要加强自身学习，不断丰富自己的学识，提高参政议政能力。通过学习，使全体委员树立一种全新的理念，实现整体素质的超越。

二、把握重点，选准角度，搞好委员视察和调研，为推动全县经济社会更好更快发展献计出力

前不久召开的中共赤城县委十届六次全会，赤城县经济工作会议进一步明确了 2010 年全县工作的总体思路和主攻目标任务。我们要按照县委、县政府提出的总体思路，把握重点，选准角度，有计划有步骤地组织委员开展视察调研活动，为县委决策和推动各项工作的进展献计出力。2010 年具体安排是，围绕“五个产业”“四项突破”搞好四项视察活动和四个专题调研活动。四项视察是：关于新能源产业开发建设及运营情况的视察；关于京北水城建设白河治理一期工程和汤泉河三期工程的视察；关于推进创建卫生城市、解决城区重点难点卫生路段改造工程的视察；关于新建工业规模项目宝龙公司进展情况的视察。四个调研课题是：关于围绕推进我县旅游业，彰显“水、雪、林、史”特色旅游的调研；关于推进农业产业化向纵深发展、扩大规模、提高效益的调研；关于培育启动我县工业、物流园区的调研；关于扶贫重点工程中 15 个扶贫示范村使用国家专项公益金效果的调研。通过视察调研，提出真知灼见，真正起到充分反映民意，广泛集中民智，切实改进工作，提高执政能力的作用。

三、努力提高提案质量和办理质量，力求提案工作再上新台阶

一方面要继续鼓励政协委员围绕全县经济社会发展的重大事项和人们普遍关注的热点问题提出提案，体现代表性、前瞻性和针对性。另一方面，要把提案的工作重点放到督办上，努力提高办理质量。要继续采取主席包重点提案、跟踪督办、个案追踪、联合协办等一系列行之有效的办法，促进提案落实，发挥提案在民主监督中应有的作用。

四、继续做好文史资料工作和民族宗教及祖统联谊工作

文史工作是政协工作的重要组成部分。2010 年文史资料工作的重点是抓紧《京畿明珠——赤城温泉》一书的修编工作，年内出版发行。认真贯彻落实党和国家的民族宗教政策，发挥好、利用好佛教协会的作用，推进我县民族宗教事业健康有序发展。要继续做好祖统联

谊工作，密切与台侨委员及其眷属的联系、深交朋友、增进友谊。同时，要继续办好《委员论坛》内刊，对委员反映的重要社情民意，及时刊发和反馈，从不同角度，不同层面反映社会各界群众的意见和愿望，更好地为县委、政府了解民情、掌握民意、科学决策提供服务。

五、切实加强自身建设，不断提高政协委员和机关干部的整体素质

一是要加强委员队伍建设。强化委员学习培训，提高委员整体素质，尊重委员首创精神，维护委员民主权利，鼓励和引导广大委员深入实际、贴近群众，在实践中施展才华，建功立业。每个政协委员必须严格按照政协章程的要求，积极参加县政协组织的各项活动，增强责任心和成就感，自觉树立和展示政协委员的良好形象，在各自岗位上发挥表率作用，做出显著成绩。

二是要加强专委会建设。积极探索专委会工作的新思路、新方式，提高专委会组成人员的政治和业务素质，切实增强工作活力和成效，使各专委会的工作逐步走向规范化。

三是要加强政协机关建设。着力提高全局观念、服务意识、增强政务性服务能力和统筹协调能力，为更好地履行职能、顺利开展工作提供有力保障。

各位委员，2010年是实现“十一五”规划的最后一年，也是实现我县总体经济社会走势继续向高攀升的一年。新的形势、新的目标任务给政协工作提出了新的更高的要求，让我们在中共赤城县委的坚强领导和人大、政府的大力支持下，同全县人民一道，迎接新挑战，抓住新机遇，以更加昂扬的斗志，更加饱满的热情，更加务实的作风，履行好我们的职责，同心协力，谱写2010年政协工作的新篇章。

赤城县人民法院工作报告

——2010年1月13日在赤城县第十四届人民代表大会第四次会议上

赤城县人民法院院长　王绍华

各位代表：

现将2009年我院主要工作和2010年工作要点报告如下，请予审议，并请县政协各位委员和其他与会同志提出意见。

2009年主要工作回顾

2009年，是中国共产党建党88周年，新中国成立60周年，是全面应对金融危机、保持经济平稳较快发展的关键一年，是各类社会矛盾碰头叠加的一年。这一年中，我院高举中国特色社会主义伟大旗帜，紧紧围绕全县“保增长、调结构、强基础、惠民生”的目标，以维护社会稳定为重点，以化解矛盾为主线，以公正司法为核心，以创建一流业绩为目标，

全面加强审判和执行工作，忠实履行打击犯罪，保护人民的职责，努力为全县经济社会发展创造和谐、稳定的社会环境和公正、高效的司法环境。

一、充分发挥审判职能作用，为经济社会发展提供有力司法保障

全年新收各类案件831件，审、执结818件，同比分别上升27%和28%；结案率为98.43%，同比上升0.27%。

惩治刑事犯罪，维护社会稳定。面对刑事犯罪高发的态势，我院坚定不移地贯彻“严打”方针，突出打击重点，加大打击力度,依法严惩了一批刑事犯罪分子。共受理刑事案件80件，全部审结。案件涉及18个罪名，判决发生法律效力的罪犯108人,判处10年以上有期徒刑的7人，3年以上不满10年有期徒刑的15人，3年以下有期徒刑的31人，判处拘役、缓刑、管制的48人，单处罚金的3人，免予刑事处罚的4人。成功审理了由上级法院指定管辖的两起涉蔚县“7.14”矿难案件，原农民日报社驻河北记者站站长李俊奇因犯受贿罪和贪污罪被数罪并罚，决定执行有期徒刑16年；判处盗窃犯罪分子27人；判处涉毒犯罪分子24人。

调处民商事纠纷，促进社会安定。共受理民商事案件710件，审结698件；无再审案件。一是积极参与构建“三位一体”大调解工作格局，坚持“调解优先、调判结合”的原则，全面加强诉讼调解工作，民商事案件调解撤诉率达到80.63%，同比上升1.04个百分点；二是突出审理“三农”案件；三是依法审理企业纠纷案件，加大对各类合同和债权债务纠纷案件的审理力度，共审理该类案件95件，诉讼标的额达299万元。

慎审行政争议，构建官民和谐。以保障公民合法权益，支持和监督行政机关依法行政，有效化解行政争议，促进官民和谐为目标，大力推行行政诉讼和解制度，防止矛盾激化，切实维护公民和法人合法权益。全年受理行政案件5件，全部审结。

强化执行工作，破解执行难题。我院把“改善执行作风、创新执行思路、规范执行行为”作为执行工作重点，严格实行定承办人员、定督办领导、定执行措施、定执行期限、定目标责任、重点案件领导包案的“五定一包”工作责任制，全年新收案36件，执结35件，执结率为97.22%，同比上升0.08个百分点，执结标的额203.97万元。从去年8月以来，我院着力开展了“集中清理执行积案”活动，将积案全部执结，执结标的额300余万元。

加强审判管理，提高审判质量。力抓审判质量，一是制定审判质量评估和审判流程管理制度；二是制定审判业务质量管理办法；三是制定通报制度。以此规范审判工作，推动审判质量全面提高。

加强监督管理，保障司法公正。对已结案件从实体处理、程序规范、法律适用等方面进行全面评查。给各业务庭及办案人员建立司法档案，制作办案人员案件质量监督一览表，定期汇总情况，分析问题。并以此为契机，积极开展优

秀庭审、优秀裁判文书、调解能手等岗位练兵活动，调动全院干警学业务、比技能的积极性，提高了审判人员的司法能力。共评查案件813件，抽查案件55件，检查庭审23个。同时，我院还走访了县域内的省市人大代表和部分政协委员，认真听取代表们的意见和建议，虚心接受监督，有力地促进了公正司法。

二、深入开展教育活动，全面加强队伍建设

以“深入学习实践科学发展观”活动为契机，提高队伍政治、业务素质。坚持政治理论教育和业务能力培训并重，积极学习借鉴先进法院的典型经验，努力打造一支政治坚定、业务精通、作风优良、司法公正的法院队伍。我院有1名同志考取了中央民族大学法学系研究生，3名同志通过了国家司法考试，19名同志参加了上级法院举办的审判业务、司法能力培训班。

以“作风建设年”和“全县政法部门开展干部思想作风纪律整顿”活动为载体，强化队伍思想纪律作风。坚持边学边改、学改结合，真正做到了学习与工作相互促进，营造了想干事、能干事、会干事、干成事、干好事的良好氛围。

以蔚县7·14事件为警钟，加强队伍廉政建设。持久开展廉洁自律教育和警示教育，贯彻执行最高院制定的“五个严禁”和省委政法委制定的“四条纪律”，并将其制成卡片，做到人手一卡；使廉政文化“进机关、进法庭、上桌面、上墙面”；层层签订党风廉政建设责任状和遏制干警违法违纪责任状；在内部设立5名廉政监察员，在外部聘请12名司法监督员；规范干警与律师交往制度。逐渐形成一套“不愿为”、“不敢为”、“不能为”的自律惩戒和防范机制，构筑起全方位监督管理机制，确保了公正司法长效机制的运行。全年无一例违法违纪问题发生。

以制度建设为抓手，加强队伍规范化管理。针对队伍建设实际需要，制定了《院务会议工作规则》、《政治工作联席会议制度实施办法》等16个制度，进一步规范了财物、车辆、院印等方面的管理，健全了教育培训工作机制，实现了队伍管理由“他律”向“自律”的转变、“短期效应”向“长效机制”的转变。

同时，在县委、县人大、县委政法委和组织部的关怀下，5名同志被选调入我院，注入了新鲜血液，提升了队伍活力；10名同志正副科级审判员待遇得到落实，凝聚了人心，鼓舞了士气。

三、牢固树立服务大局意识，全力加强司法便民服务

我院紧紧围绕“为大局服务、为人民司法”的工作主题，深入贯彻落实人民法院的人民性，制定了十条司法为民的措施，向社会进行了十三项公开承诺，进一步树立了法院的良好形象。

服务全县工作大局。派员深入企业之中进行结对服务，为企业提供司法服务保障；积极参与矿山整顿，规范市场

经济秩序，白河综合治理拆迁工作；制定了十四条应对金融危机保障服务全县经济平稳较快发展的措施。

全力打赢国庆安保攻坚战。建国60周年，举国同庆。我院坚持以“案结事了”和“稳控到位”为目标，深入排查矛盾隐患，全方位化解不稳定因素，开展“院长大接访”，努力做到“六个不发生”，实现了国庆期间的“三个零指标”。接待来访群众30人次，排查出信访案件18件，涉及当事人20人，所有问题已全部解决。

强化诉讼服务功能。建立导诉台，设立专人接待、引导当事人，提供多种便民服务，强化导诉服务职能；增设立案调解速裁服务窗口，根据当事人意愿，进行诉前或庭前调解，强化调解职能；制印便民手册，为当事人提供诉讼知识；强化查询、咨询职能，随时为当事人提供案件的基本信息及进展情况。

实施司法救助。全年共减、缓、免诉讼费6.9万元。

各位代表，过去的一年，我院各项工作取得的新进展、新成绩，是县委的领导、人大的监督和政府、政协及社会各界关心支持的结果。在此，我谨代表县法院向所有关心、支持我院工作的各位领导，各位人大代表、政协委员表示衷心的感谢！

在肯定成绩的同时，我们也清醒地看到，法院工作仍存在一些问题和困难：队伍素质与科学发展的新要求存在不适应、不符合的问题；审判力量不足；基层基础建设相对滞后。对此，我们将在今后的工作中，采取有针对性的措施努力加以解决。

2010年工作总体思路

2010年我院工作的总体思路是：全面贯彻党的十七大、十七届四中全会精神和全国、省、市政法工作会议精神，深入贯彻落实科学发展观，坚持“党的事业至上、人民利益至上、宪法法律至上”工作指导思想，以“为大局服务，为人民司法”为工作主题，紧紧围绕全县“一个主题、两个理念、三个典型、四个突破、五个产业”的总体思路，大力推进社会矛盾化解、社会管理创新、公正廉洁司法三项重点工作，统筹抓好其他各项工作，为促进我县经济社会又好又快发展做出新的贡献。为此，将着力做好以下几项工作：

一、加强法院党建工作，确保正确的政治方向。深入学习贯彻《中共中央关于加强和改进新形势下党的建设若干重大问题的决定》，深化对马克思主义执政党建设基本经验的认识，坚持立党为公，公正司法，真正从思想上解决“为谁掌权、为谁司法、为谁服务”这个根本问题，保持党同人民群众的血肉联系，保证党始终成为社会主义事业的坚强领导核心，确保人民法院工作始终坚持正确的政治方向。

二、推进能动司法，积极主动为大局服务。充分发挥司法的主观能动性，紧紧围绕维护社会稳定、服务经济发展、促进社会和谐、保障人民权益的要求，找准法院工作与县委、政府中心工作结合点，主动回应社会司法需求，主动延伸审判职能，主动加强沟通协调，为社会提供宽领域、多层次、高效率的司法服务。

三、加强诉讼服务中心建设，强化

司法便民服务。立足“亲民、利民、便民”的服务宗旨，进一步强化服务中心的导诉、立案、诉前调解、查询、诉讼指导、信访接待等职能，最大限度地方便当事人诉讼；积极推行远程立案、巡回立案、预约办案等方式，探索建立司法协助网络，努力在各个方面为群众提供热情周到便捷的服务。

四、努力做好社会矛盾化解工作，切实维护人民群众根本利益。依法妥善审理民商事案件，加强行政审判等工作，依法保护人民群众的合法权益，有效化解各类社会矛盾。主动加强与有关部门的协作，坚持“调解优先、调判结合”，积极推动司法调解与诉调对接工作发展，齐心协力化解社会矛盾。

五、积极参与社会管理创新工作，切实维护良好的社会管理秩序。认真贯彻“教育、感化、挽救”方针和“教育为主、惩罚为辅”等司法原则，切实做好少年司法工作，确保未成年人合法权益得到切实有效的保护；坚持做好对被判处缓管免人员以及刑释解教人员的跟踪帮教工作，防止他们重新犯罪；积极配合有关部门解决刑释解教人员的实际困难；积极参与社会治安重点地区综合治理工作；积极参与网络虚拟社会建设管理工作。

六、深入推进公正廉洁司法，切实提高司法公信力。坚持从严治院，以更大的决心和力度抓好廉政建设，完善违纪违法责任追究制度；加强对审判权、执行权的直接、实时监督；完善举报查处机制，以查处“关系案、人情案、金钱案”为重点，坚定不移地落实“五个严禁”。

一年周复始，光景别样新。各位代表，在新的一年里，我院将紧密团结在县委的周围，以迎难而上的精神和勇气，以求真务实的作风和措施，扬帆破浪，奋力前行，为富民强县目标的实现提供更加有力的司法保障！

赤城县人民检察院工作报告

——2010年1月13日在赤城县第十四届人民代表大会第四次会议上

赤城县人民检察院检察长　郭文先

各位代表：

我代表赤城县人民检察院向大会报告工作，请予审议，并请列席会议的领导和同志提出宝贵意见。

2009年检察工作情况

2009年，我院以科学发展观为统领，认真落实县十四届人大三次会议关于检察工作的决议，紧紧围绕全县经济社会发展大局，忠实履行法律监督职责，各项检察工作平稳健康发展。

一、宽严相济力促和谐，营造稳定治安环境

综合运用宽严相济刑事政策，切实

维护和谐稳定治安环境，保障人民群众安居乐业。

该严则严，严厉打击严重刑事犯罪。把建国60周年国庆安保作为头等大事，坚决打击危害国家安全犯罪、危害公共安全犯罪，认真落实社会治安综合治理措施；深化打黑除恶等专项整治斗争，严惩严重暴力犯罪、多发性侵财犯罪以及涉众型经济犯罪和毒品犯罪。依法批准逮捕89件152人，其中批准逮捕重大案件28件56人，分别占批捕总数的31.5%和36.8%；提起公诉83件118人，公诉案件积存数为零，自侦案件不诉率为零，所有案件定性准确率和有罪判决率均为100%。

当宽则宽，妥善处理轻微刑事案件。着眼于教育转化，对14件轻微刑事案件启动快速办理机制；对23件轻微刑事案件协商人民法院适用简易程序审理，缩短了诉讼周期，提高了办案效率；对主观恶性不大、涉嫌犯罪但无逮捕必要的，依法决定不批准逮捕9件23人，其中绝对不捕案件3件6人，相对不捕案件4件15人，存疑不捕案件2件2人；对犯罪情节轻微，依照刑法规定不需要判处刑罚或者免除刑罚的，依法决定不起诉1件1人。

能和则和，努力排查化解社会矛盾。通过积极完善刑事和解与信访息诉和解两大机制，定纷止争，化解矛盾，促进和谐。刑事和解中，充分听取各方意见，确保依法公正和解，共办理刑事和解案件2件。信访息诉和解中，通过集中开展“百日信访积案化解”专项活动，共接访112人次，平息集体访7起。进一步畅通控告申诉渠道，在已办结的24件群众来信来访中，确保刑事申诉和涉检涉诉案件零上访的目标。

二、肃贪惩渎打防并举，营造清廉发展环境

始终把查办和预防职务犯罪摆在突出位置，全力促进反腐倡廉建设，服务经济社会科学发展。

着力查办职务犯罪大案要案。不断完善案件线索管理机制和侦查指挥协作机制，有效提高发现犯罪、侦破案件的能力。立案侦查贪污贿赂、渎职侵权职务犯罪9件10人，其中大要案2件2人，正处级1人，已下达有罪判决8件9人。特别是原农民日报社驻河北记者站站长李俊奇涉嫌受贿、贪污案件，一审宣判数罪并罚执行有期徒刑16年，二审驳回上诉维持原判，在全市引起强烈反响，被上级院评为“十大精品案”之一。

着力服务经济社会科学发展。倾力服务新农村建设，为保证“涉农”资金依法有效使用，反贪污贿赂局牵头开展“涉农”检察工作，成立了3个农村工作队和1个矿山调查组，相继深入到全县21个重点行政村和9个厂矿企业展开活动，立案查处职务犯罪4件4人，挽回经济损失20多万元。反渎职侵权局针对查办的一起放纵非法行医渎职案，及时发出检察建议，推动有关职能部门迅速启动整治“黑诊所”专项行动，共取缔、关停“黑诊所”11家。此外，按照县委要求，反渎职侵权局和县监察局联合组成全县防治甲流工作

责任追究组，对传染病防治失职渎职行为起到了极大的震慑作用。

着力加强预防职务犯罪工作。特别将全县投资上亿元的重点项目确定为职务犯罪预防的重中之重，对13项标的6.08亿元工程进行了全程同步预防，其中超亿元项目2个，1000万元以上项目5个。在巩固金融、电力、交通、烟草等行业预防成果的基础上，我院预防部门深入开展预防宣传和咨询活动，讲授法制课7次，举办预防警示教育大会4次，提供预防咨询60多次。与此同步，经过资格审查、考察公示、上级院备案等程序，由县人大主任会议批准，产生了第二届11名人民监督员，增加了检察工作透明度，保障了人民群众的知情权、参与权和监督权。

三、强化监督维护正义，营造公正司法环境

坚持检察机关的宪法定位，认真履行对诉讼活动的法律监督职责，加大监督力度，增强监督实效。

加强刑事诉讼法律监督。依法改变定性8件，追捕漏犯5人，追捕漏罪3条，追诉漏犯1人，通过立案监督程序监督侦查机关撤销不当立案案件2件2人。在此基础上，对被采取刑事拘留的189人和提请逮捕的175人实施了全程跟踪监督，全力排查各种影响稳定的消极因素，有效维护了司法公正和公平。

认真履行审判活动监督职能。认真开展了刑事审判监督专项检查活动，共复查2008年度各类刑事案件112件162人，市考核组通过对上述案件的判决、裁定进行审查，认为定性准确、量刑适当、程序合法，不存在适用缓刑量刑不当等问题。

深入开展民事审判和行政诉讼法律监督。积极适应民事诉讼法的修改，推行法律文书说理制度，不断探索上下级检察院协调办案机制。受理各类不服人民法院生效判决申诉案件16件，经审查依法向上级院提请抗诉4件，发再审检察建议1件；对裁判正确的，重视做好申诉人的服判息诉工作，全年息诉11件。

强化刑罚执行和监管活动法律监督。积极探索刑罚变更执行同步监督，着力纠正和防止超期羁押，认真落实羁押期限届满提示、超期羁押责任追究等制度，对超期羁押提出纠正意见2人次；对侵犯被监管人合法权益等问题提出检察建议5次。加大经费投入，今年驻所检察室与县看守所监控系统联网实现成功对接，监控网络达43路，可昼夜查看监区、号舍、放风场、会见室、提审室等各个部位情况，从源头上消除了安全隐患。

四、强基固本锻造队伍，营造争先创优环境

努力践行执法为民宗旨，不断从人民群众的新要求出发，打造新时期高素质、专业化检察队伍。

队伍建设推进扎实。通过深入开展学习实践科学发展观、作风建设年、“五民”主题实践、干部思想纪律作风整顿等专题活动，改进了执法作风，执法瑕疵档案管理专项检查得到上级督导组高

度评价，全年办案做到了无错案、无违纪、无事故、无涉检访；优化了用人导向，共有18名干警职务、职级得到了调整提拔，由于审查资格、民意测评和组织考核每个环节都实行了阳光操作，干警普遍表示服气和满意；提升了队伍形象，认真落实部门扶贫帮困任务，干警踊跃捐款8240元。人人争做“范党育式”检察干警，先后有19名干警立功受奖，4个科室被评为省、市两级先进集体，知识竞赛、文艺汇演分获“二等奖”和“特等奖”，社会评价和满意度均达90%以上。

科技强检舍得投入。大力实施“科技强检”战略，助推高科技装备实现了质的飞跃。目前，已陆续建成办案警务区，网络监控室，机要保密室，图书资料室，干警食堂和健身活动室；安装了同步录音录像系统，液晶触摸查询系统和公告显示系统；开通了光纤宽带网、局域网、视频会议和三级机要通道；购置了7辆办案警车，9套警械警具，12台复印机和激光打印机，24台手提和台式电脑；配备了摄像机、数码相机、扫描仪和录音笔等办公办案设备，固定资产总值累计增加310万元。

教育培训保障到位。以提高检察干警业务素质和执法技能为重点，组织干警参加省级培训2人次、市级培训8人次；协助上级院举办全省反贪业务培训班1次；参加检察官等级晋升培训6人次；参加自学考试和“专升本”辅导培训11人次；参加全国司法考试脱产培训5人次，通过有重点、多层次地培养优秀拔尖人才，极大地提升了全院干警的整体素质。目前，我院干警拥有本科学历33人，占72%；大专学历 11人，占24%；通过全国司法考试6人，占13%。

各位代表，一年来检察工作的成绩，是县委领导、人大监督和政府、政协以及社会各界关心、支持的结果。但是，我们也清醒地看到，当前检察工作与科学发展观和作风建设年的要求、与县委和人民群众富民强县的新期待还有很大差距：一是为科学发展服务的思路还不够开阔，办法还不够多，主动服务意识差，工作效率不高；二是检察业务总体发展不平衡，存在执法盲点和薄弱环节，监督的力度和效果有待进一步提升；三是专业化和信息化建设仍相对滞后，办案力量不足、检察官断档、专业人才特别是“专家型”人才匮乏仍然是制约检察工作更好发展的主要瓶颈；四是党风廉政建设和自身反腐败工作还有待进一步加强。针对这些问题，我们将采取更加有力的措施，认真研究并加以解决。

2010年检察工作安排

2010年，我院要继续学习实践科学发展观，以深入推进“社会矛盾化解、社会管理创新、公正廉洁执法、检察队伍建设”四项重点工作为载体，不断强化法律监督、强化自身监督、强化高素质检察队伍建设，努力把检察工作提高到新水平，为经济社会又好又快发展提供更加有力的司法保障。

第一，深入推进社会矛盾化解，切实维护社会和谐稳定。充分发挥检察职能，着重推进社会矛盾化解工作，坚持把化解社会矛盾贯穿于执法办案始终；下大力气创新完善维稳工作机制，从根源上有效化解涉检信访的发生；依法全面落实宽严相济刑事政策，更好地维护社会和谐稳定。

第二，积极参与社会管理创新，促进提高社会管理水平。深刻认识社会管理创新对检察工作提出的新要求，有效发挥检察机关在社会管理中的职能作用，切实保障社会安定有序，积极参与对特殊人群的帮教管理；积极参与对重点地区的综合治理；高度重视网络舆情，积极参与对网络虚拟社会的建设管理。

第三，大力加强公正廉洁执法，进一步提高执法公信力。重点解决制约公正廉洁执法的突出问题，切实提高开放、透明、信息化条件下的执法公信力。要在创新监督制约机制上下功夫，切实加强法律监督力度；要在提高执法水平上下功夫，切实增强教育培训实效；深入推进执法规范化建设，坚持理性、平和、文明和规范执法；进一步强化“民生司法”理念，让公平正义走到社会每一个角落。

第四，严格管理，强化素养，加强高素质队伍建设。要把思想政治建设放在首位，坚定检察干警理想信念、群众观念和法治理念；要把领导班子建设作为关键，尤其要把提高决策力、控制力、执行力作为班子建设的重点；要把职业素养建设作为基本功，培养检察干警的职业精神；要把严管与厚爱作为基本要求，增强检察干警的职业荣誉感和归属感。

第五，坚持统筹兼顾，整体推进，全面做好各项检察工作。把深入推进“四项重点”工作与统筹抓好其他检察工作紧密结合起来，继续保持惩治腐败高压态势；继续加强和改进渎职侵权检察职能；继续卓有成效地开展预防职务犯罪工作；继续深化刑事诉讼监督、民事审判和行政诉讼监督以及刑罚执行和监管活动的全程监督，主动争取有关方面支持，凝聚合力共同营造良好履职环境。

各位代表，新的一年里，在县委和上级院的正确领导下，我们将根据本次大会的决议和代表的意见，以崭新的姿态、充沛的干劲、务实的行动，圆满完成好各项既定目标和工作任务，为全面推进赤城经济社会科学发展再上新台阶作出新的更大贡献！

2009年国民经济和社会发展计划执行情况与2010年国民经济和社会发展计划报告（草案）

——2010年1月12日在赤城县第十四届人民代表大会第四次会议上

赤城县发展改革局局长　魏　恒

各位代表：

受县政府委托，现将2009年国民经济和社会发展计划执行情况与2010年国民经济和社会发展计划草案提请大会审议，并请县政协委员和其他列席人员提出意见。

一、2009年计划执行情况

2009年，全县人民在县委、政府的正确领导下，以科学发展观为统领，紧紧围绕“保增长、调结构、强基础、惠民生”工作要求，全力推进工业立县、农业产业化、城镇建设、生态旅游四项重点工作，克服世界金融危机带来的诸多困难，较好地完成了县十四届人大三次会议确定的国民经济和社会发展计划各项目标任务。

——经济发展保持平稳增长。初步预测，2009年全县地区生产总值预计完成35.5亿元，完成计划的100%，可比增长13.6%。其中：预计第一产业增加值完成10.5亿元，可比增长10.5%；二产增加值14.72亿元，可比增长18.4%；三产增加值10.3亿元，同比增长22.5%。三次产业结构由30:41:29调整到28:43:29。全部财政收入完成4.62亿元，完成调整预算的101.2%，其中地方一般预算收入完成2.07亿元，同比增长14.2%，完成调整预算的103%。

——固定资产投资规模不断扩大。全年实施重点建设项目53个，当年完成投资16.55亿元。以打造“京北水城”为主题，顺利启动白河综合治理工程，实施了汤泉河二期等重点城建工程。完成了白四线东卯至北京界三级公路改建工程，完成152公里村村通工程。特别是通过积极争跑，张唐铁路途经我县方案顺利通过国家发改委批复。预计全社会固定资产投资完成26.3亿元，增长44.4%，完成年度计划的116.1%，其中，城镇固定资产投资完成22.6亿元，增长47.3%。

——工业经济在逆势中恢复发展。受全行业产能过剩、需求不足影响，上半年铁矿产品价格下跌，企业生产成本压力猛增。及时采取下调税费等政策激励措施、推进银企合作，全县矿山企业由年初11家生产逐步恢复到133家；8家新建铁矿采选企业建成投产，全县铁精粉生产能力达到700万吨，年出境铁精粉374万吨。预计，全县入统工业增加值完成8.5亿元，占地区生产总值的23.9%。

——农业基础进一步巩固。农业产业化扎实推进，农业生产条件进一步改善，在遭受严重旱灾情况下，积极开展生产自救，全县粮食总产量达4266.7万公斤，实现了大旱之年稳定增收，预计全年实现农业总产值16.1亿元，同比增长4.7%。

——城乡居民收入持续增长。预计城镇居民人均可支配收入达11312元，增长12.4%，完成计划的105%。农民人均纯收入达2645元，增长6%，完成计划的100%。与此同时，消费市场繁荣活跃，物价总体水平保持基本平稳，预计全社会消费品零售总额实现9.65亿元，增长17.2%。

——节能减排取得新进展。全县单位GDP能耗下降5.35%，主要污染物化学需氧量（COD）、二氧化硫（SO_2）排放量分别控制在1123吨、1225吨以内。

——各项社会事业全面发展。医疗、教育条件大幅改善，县城第一小学改造、第一幼儿园新园址建设工程建成投入使用，实施了后城、东卯等农村中学校舍改造工程，扩建乡镇卫生院4所，新建综合文化站3所、计生服务站1处。人口自然增长率控制在6.94‰，城镇登记失业率控制在4%以内。

在取得成绩的同时，经济生活中仍存在一些突出矛盾和问题：一是受世界金融危机影响，经济形势复杂，不确定因素和面临的困难较多，财政增收难度大。二是产业结构不合理，传统落后产业比重大，新兴特色产业规模小，优化产业结构、转变经济发展方式的难度大。三是农业产业化发展滞后，农业增产、农民增收难度大。

二、2010年总体要求和主要发展目标

2010年是实施“十一五”规划最后一年，做好全年经济社会发展工作，对保持经济平稳较快发展、顺利实施“十二五”规划，具有十分重要的意义。因此，我县国民经济和社会发展的总体要求是：全面贯彻党的十七大和十七届三中、四中全会精神，以科学发展观为指导，突出“富民强县”一个主题；树立“开放创新、事争一流”两个理念；争创“扶贫开发、卫生城市创建、矿产资源开发与管理规范县”三个典型；寻求“项目建设、对接京津、城市建设、民生工作”四个突破；发展振兴“4+1”五个产业，即培强壮大旅游业、农产品加工业、矿产品精深加工业、新型能源业，积极培育现代物流业；大力调整经济结构，转变发展方式，增强发展实力、活力和竞争力，全力推进经济社会更好更快发展。

全县国民经济和社会发展主要目标是：

——全县经济平稳增长。地区生产总值增长12%，达到39.8亿元，其中，第一产业增加值增长6.6%，达到11.9亿元；第二产业增加值增长16%，达到17.07亿元；第三产业增加值增长12%，达到11.54亿元。全部财政收入增长10.4%，达到5.1亿元，其中，地方一般预算收入增长12.1%，达到2.32亿元。

——固定资产投资保持较高增长。全社会固定资产投资增长25%，达到32.85亿元，其中，城镇固定资产投资增长28%，达28.87亿元。

——城乡居民收入继续提高。城镇居民人均可支配收入增长10%，达到12443元；农民人均纯收入增长9%，达到2883元。保持居民消费价格总水平基本平稳。

——环境消耗继续降低。全面完成十一五计划目标，单位生产总值能耗下降5.39%，全年化学需氧量控制在1125吨以内，二氧化硫排放量控制在1573吨以内。

——经济社会发展的协调性不断增强。城镇登记失业率控制在4.2%以内。人口自然增长率控制在6.13‰以内

三、工作重点和主要措施

为确保上述目标顺利实现，今年重

点在六个方面开展工作。

（一）围绕“4+1”重点产业，在项目建设上有新进展

抓好54个总投资58.4亿元的重点项目建设，力争早日投产达效。其中，京津风沙源治理、巩固退耕还林成果、白河河道整治及水源保护、农村安全饮水、农村沼气、华田肉牛养殖、炮梁110千伏变电站、棋九线二级路改建、村村通工程、京北建材基地、云州非金属矿业开发、温泉升级改造、生活垃圾卫生填埋场等27项工程要确保年内竣工。塘子庙温泉度假村、摩天岭国际滑雪度假村、后城河西水城旅游度假村、马营万寿菊种植基地、样田供京万亩蔬菜园、东卯农业循环经济园、大型球团烧结项目、云州水库除险加固、白河综合治理（县城段）、汤泉河综合治理三期工程、彩票公益金等19个项目要完成年内建设任务。华誉黑兔产业基地、雕鹗生猪养殖、国华独石口西风力发电、国华炮梁大南山风力发电、陈家窑铁矿采选、九连洞旅游综合开发、老年公寓建设及中小学改扩建等8个项目要力争年内开工建设。

坚定不移地抓好发展环境建设，围绕“4+1”重点产业，科学谋划重大立县项目。进一步完善项目工作机制，加强对京合作，努力破解资金、用地等发展瓶颈，继续推行“六个一”工作机制，强化绩效考核，严格兑现奖惩，切实提高合同履约率、资金到位率和项目成功率。

着眼于物流业规模发展，谋划县城物流园区建设。以农产品贸易为突破口，谋划农贸市场建设，加强对京合作，引进培育综合性物流企业，辐射带动相关配套产业，努力构建“支撑城市、带动产业、辐射周边”的现代物流格局。

（二）在优化工业结构上有新突破

按照“规范秩序、整合资源、扩大规模、延长链条”的思路，积极优化产业结构，努力构建以铁矿开发为主导，以新型能源开发为引导，以非金属和有色金属开发为补充的多业支撑的特色产业体系。一是在铁矿精深加工上取得新进展。延伸产业链条，重点抓好赤城·宣钢球团烧结项目，实施好陈家窑铁矿采选等总投资3亿元的3个铁选厂新（扩）建项目，全县铁精粉生产能力达800万吨。加大现有企业技改扩能力度，力争铁精粉、赤铁矿深加工取得实质性进展，推进铁矿开发向产业链的高端和高附加值方向延伸。二是加快非金属及有色金属矿产开发，整合金、银矿产资源，提高开发利用水平，加大白云岩等非金属矿产资源勘查力度，重点抓好石灰石、沸石、大理石、玄武岩等矿产开发，打造京北建材基地。三是积极推进新型能源开发，抓好国华风电一期工程建设，年内实现并网发电；积极推进国华风电二期工程，谋划推进总投资15亿元装机容量40万千瓦的云州抽水蓄能电站项目。实施文冠果生物质能源林建设，争取在太阳能发电项目上谋求突破。

创新园区工作思路，启动县城工业聚集区、龙关铁矿工业园区建设，完善水、电、路等各项基础设施配套，出台相关优惠政策，提高园区承载力。强化污染防治，大力推进节能减排工作，严格落

实节能减排目标责任制。探索建立环保治理多元投入机制，积极谋划资源节约和环境保护项目，加大矿山及周边环境治理和保护力度。继续推进固定资产投资项目节能评估和审查，抓好重点企业节能和重点工程建设。

（三）在推进农业产业化建设上有新成绩

按照“兴产业、扩基地、建龙头、富农户”思路，发展壮大农业农村经济，培强富民产业。一是规模发展特色产业。种植业，继续抓好设施蔬菜、食用菌等优势产业发展势头，强化品牌意识，促进产业提升，抓好样田万亩供京蔬菜基地建设，打造镇宁堡、赤城镇、样田、龙门所、东万口设施蔬菜产业带。以攀宝农业种植公司为龙头，带动全县扩大食用菌生产规模。积极发展黄芩、猪苓等中药材种植。畜牧业，扎实推进华田牧业二期工程，带动全县肉牛养殖达7.6万头。打造雕鹗生猪养殖、华都肉鸡、华誉黑兔养殖基地。二是加强农业、农村基础建设。稳定粮食种植面积，推广高效旱作农业，张杂谷子种植发展到5万亩，万寿菊种植发展到1万亩，推广新品种“荷兰薯7号”1万亩。落实国家支农惠农政策，整合使用各类支农资金，大力实施节水灌溉、中低产田改造、土地整理工程。高标准、高质量的完成京津风沙源治理、巩固退耕还林成果后续产业项目、密云水库上游生态水源涵养林等生态建设工程。抓好农村公路、饮水安全、农村沼气等农村基础设施建设。

（四）在推进城镇化建设上有新局面

围绕“生态宜居”目标，以创建省级卫生城市为契机，在搞好县城规划修编的基础上，重点实施“四类工程”。一是实施“两河”治理。继续推进总投资4.9亿元的白河综合治理一期工程建设，年内实现竣工蓄水。实施总投资3亿元的汤泉河综合治理三期工程，完成河道拓宽整治。二是积极推进旧城改造，谋划实施汽车站搬迁项目，硬化所有小街小巷，启动北山公园建设，打造居民休闲娱乐场所。三是抓好市政配套工程建设，完成县城垃圾填埋场、污水处理厂建设，新建水冲式公厕10座。四是积极谋划建设星级宾馆、高档写字楼等城市标志性建筑，开发商住楼10万平方米，新建廉租房85套。

强化城乡基础设施建设。全力配合张唐铁路项目建设，加大京尚高速争跑力度；谋划实施宣赤线一级公路建设，力争列入“十二五”规划；争取112国道兴仁堡至承德界大修升级改造、省道宝平线小营岔口至雕鹗段中修工程，实施棋九线金家庄至九棵树段二级公路改建、112线至武家窑段三级公路改建工程，完成“村村通”工程289.8公里；建设炮梁110千伏变电站。

（五）在推进旅游业发展上有新进步

着力发展生态旅游业，全面提升旅游业整体水平。围绕全省建设京西北康体休闲旅游产业带战略，高起点、高标准编制全县旅游专项规划，彰显“水、雪、林、史”特色，打响“沐温泉浴、滑天然雪、赏森林景、寻历史脉”四大品牌。加大招商引资力度，加快景点、景区建设，重点抓好塘子庙塞外仙都度假村、摩天岭国际滑雪度假村建设，加快后城河西水城旅游度假村项目建设，精心包装金阁山、朝阳观等旅游开发项目，力争年内有实质性进展。完善旅游配套，谋划五星级高档宾馆建设，加快康体健身、特色餐饮等休闲旅游项目开发。挖掘历史文化内涵，开发地方特色旅游商品。发挥政府投资主导作用，加快景区配套设施建设，创优旅游项目招商环境。成立旅游公司，强化行业管理，加强与京津及周边县区的对接与合作，联手打造精品旅游线路和市场。拓宽旅游宣传渠道，加大营销力度，努力提高我县旅游品牌影响力和市场占有率。

（六）在推进和谐赤城建设上有新举措

以第三批扶贫开发重点村为主要对象，实施好中央专项彩票公益金、扶贫开发、以工代赈等扶贫工程。促进就业稳定增长，提高城乡居民低保标准，加大劳动保障监察力度。强化教育基础设施建设，力争启动二中改扩建工程，努力改善县城办学条件。完善公共卫生服务体系，进一步做好甲型流感等重大传染病防治工作，继续推进新型农村合作医疗工作，农民参合率达90%，力争启动县医院搬迁改造工程。强力推进“平安赤城”创建活动。继续做好文化、环保、计生、广电等各项工作。

各位代表，2010年全县经济社会发展的任务十分繁重，让我们在县委、政府的正确领导下，在人大和政协的监督支持下，解放思想，与时俱进，求实创新，扎实工作，为实现2010年国民经济和社会发展计划而努力奋斗。

关于2009年财政预算执行情况和2010年财政预算（草案）的报告

——2010年1月12日在赤城县第十四届人民代表大会第四次会议上

赤城县财政局局长　孟建军

各位代表：

受县政府委托，我向大会作2009年财政预算执行情况和2010年财政预算（草案）的报告，请予审议，并请县政协各位委员和列席人员提出意见。

一、2009年预算运行平稳，财政职能作用充分发挥

2009年，在县委的正确领导和人大的监督支持下，财政部门深入学习实践科学发展观，认真落实十四届人大三次会议对财政工作提出的各项要求，着力推进科学化精细化管理，积极组织财政收入，优化支出结构，注重改善民生，财政经济在复杂形势下平稳运行，财政收入企稳回升，圆满完成了调整预算目

标任务，财政保障能力在各项事业中逐步增强，为全县经济社会发展和构建“和谐赤城”做出了积极贡献。

我县全部财政收入完成46208万元，占调整预算45680万元的101.16%，在全市20个县区中位次排第四。其中：地方一般预算收入完成20662万元，占调整预算20100万元的102.80%，比上年同期增长14.21%，在全市20个县区中位次排第三。基金预算收入完成4022万元，占调整预算3720万元的108.12%，比上年同期增长36.02%。

全年一般预算支出69264万元，比上年同期增长9.73%。其中：个人部分支出26444万元，公用部分支出3449万元，本级重点项目及专项业务费支出12936万元，上级专款支出24641万元，专项转移支付支出1794万元。基金预算支出2240万元，比上年同期增长8.11%。财政收支规模的扩大，为全县经济社会健康有序发展提供了有力的财力支撑。

总结一年来的财政工作，主要有以下三方面：

（一）加强税费征管，财政经济发展企稳向好

金融危机对铁矿产业的严重影响，以及国家、省出台的一系列税费减免政策，使我县财政收入形势异常严峻。为确保完成全年各项预算任务，财税部门全力强化税收组织和非税收入征管，确保了全县财政经济平稳发展，企稳向好的势头日趋明显。一是铁矿产品税费回升向好。国际国内钢价下跌直接导致我县铁精粉价格大幅下滑，销售量急剧收缩，铁矿产品处于低位徘徊状态。面对严峻形势，审时度势，在科学决策上找出路。根据市场调研情况，多次召开联席会议，适时调整出境税费标准，降低企业负担，有效地刺激了铁矿产品市场复苏，确保了我县财政收入低速增长。全年累计出境铁精粉374万吨，其它铁矿产品43万吨，入库税费33952万元，占全部财政收入的比例达到73.48%。二是契税征收突破千万大关。加大民间转让房屋及房地产开发行业纳税管理力度，确保契税收入大幅度增长。2009年征收契税、耕地占用税1009万元，同比增长 57.17%，超额完成了全年税收任务。三是非税收入跃上新台阶。非税收入审批大厅集中征缴，实现了 “收缴分离”，使非税收入管理更加规范化、制度化。2009年完成非税收入7663万元，比上年同期增收3201万元，同比增长71.74%。四是财政融资效果彰显。为缓解我县经济建设资金短缺，减轻财政支出压力。我县以财政注资形式成立了国有独资的赤城县霞城开发投资有限公司，同时霞城开发投资有限公司又注资成立了双瑞、汇佳、盛凯、利达四个分公司，以资产抵押方式向银行贷款，为我县经济发展和城市建设搭建融资平台。2009年已融资13672万元，用于全县河道治理、城建绿化等建设，使我县城市建设规模进一步扩大，成效显著。五是税收清理初见实效。为规范税收秩序，堵塞征管漏洞，开展了全县税收专项清理。针对全县清理工作重点，县政府于2009年7月成立了税收专项清理工作领导小组，从相关部门抽调人员组成三个清理小组，分三个阶段重点对全县矿山企业、房地产开发、房屋出租业、交通运输业等税收进行全面清理整顿。共清理入库税款1400万元，减少了税款流失，增加了财政收入。

（二）规范财政管理，支出减控取得明显成效

强化预算支出责任，严把资金支出关，努力实践精细化管理，使全县财政支出得到有效控制。一是实行财政供养人员工资发放指纹验证。为提高财政科学化精细化理财水平、节约财政资金，我县启动应用了指纹验证系统，对全县工资发放银行化的财政供养人员及遗属进行活体指纹采集。全县共采集6176人次，查出死亡或不符合遗属补助申领条件仍领工资人数55人，其中：遗属47人，离退休8人。及时停发了工资，全年节约财政资金50余万元。二是实行公务会议接待费代金券管理。为规范和改进接待工作，压缩接待费用，对全县四大班子及常委部门的会议接待费实行代金券管理。对各部门制定接待费指标，财政部门按季平均发放代金券，部门持代金券到指定接待单位消费，定点接待单位月末持代金券到财政部门结算。从运行情况看，效果比较明显，接待费用比去年同期下降30%。三是提升财政资金保值增值空间。由于收入减收，完成全年预算目标任务难度很大，必须精打细算，想方设法增加财政收入。本着安全至上、优先保证用款的原则，将财政各类专户中的沉淀资金科学设定存款期限，以定期存款方式存入银行，既保证专户资金的流动性，又增加财政资金的利息收益。通过增值运作，效益可观，全年财政性资金存款增值112万元。

（三）统筹安排支出，财政保障能力逐步提高

合理调度资金，支持重点项目建设。围绕城建规划目标，积极筹措资金，全力保障城镇建设支出需要。主要支持了市政工程1920万元，迎宾大道建设450万元，汤泉河综合治理工程720万元，白河综合治理工程7976万元，温泉升级改造工程269万元；龙关球团项目征地1500万元，有力地保障了全县重点项目建设的实施。

加大投入力度，及时兑现惠农政策。拨付退耕还林补助资金3895.3万元。拨付资金1519.24万元，组织兑付了粮食直补、综合直补、油价补贴及家电下乡等惠农资金发放工作，受益农户7.8万户，惠及农民24.23万人。拨付村级一事一议省级财政奖补项目资金379.2万元，项目受惠295个行政村17.6万人，强农惠民政策得到全面落实。

通过多项措施，着力解决民生问题。着力保障和改善民生，优先扶持民生事业发展。2009年，争取上级补助的社会保障资金达8268万元，县级配套资金427万元。累计拨付再就业、低保、抚恤、新农合资金6350万元，切实保证了弱势群体基本生活需要。同时，支持教育和医疗卫生事业发展，拨付资金650万元，支持县第一小学及幼儿园教学楼工程建设；拨付资金110万元，用于H1N1流感防治。

各位代表：2009年，全县上下面对复杂严峻的经济形势，科学判断，迎难而上，财政收入实现了预期目标，完成了全年调整预算任务，全县经济显现出向好迹象，结构性回升的态势也较为明显。在肯定成绩的同时，要清醒地看到，财政经济运行中还面临诸多问题。主要是：财政收入增幅下滑，财政形势仍处于一个相对困难期。受国际金融危机蔓延及钢铁产能过剩的影响，铁矿产品价格回升乏力，交通运输业、批发零售业等其他收入贡献行业减收严重，我县财政收入短期内很难根本扭转下降的现状。2009年财政收入呈现负增长，全县全部财政收入仅完成年初预算任务的71.98%，同比下降20.83个百分点。虽然全球金融危机处于企暖回升阶段，但影响经济的不稳定因素仍然很多，不可避免地将给我们带来冲击。可以预见，2010年将是财政十分困难的一年，能否化危为机，保持经济平稳较快增长，对我们将是一次严峻的考验。其次，预算支出管理还不完善，各项财政改革还远未到位，提高财政资金配置和使用效益还有很大潜力。第三，财政监督工作比较薄弱，规范化管理还有待加强。在减收、增支双重因素的共同作用下，2010年我县财政将面临前所未有的困境，形势不容乐观。对此，我们必须采取更加有力的措施，认真加以解决。

二、以科学发展观为指导，统筹安排好2010年财政预算

随着中央各项宏观调控政策的贯彻落实，全县经济下滑势头初步得到遏制，总体形势企稳向好。根据全县经济工作的总体部署，2010年预算编制和财政工作的指导思想是：以科学发展观为统领，全面贯彻落实党的十七届四中全会和县委十届六次全会精神，围绕“一个主题、两个理念、三个典型、四个突破、五个产业”工作思路，认真落实积极的财政政策，优化支出结构，深化财政科学化精细化管理，支持农村和社会事业建设，保障和改善民生，促进全县经济社会更好更快发展。

按照上述指导思想，安排2010年全县财政收支预算是：

全部财政收入51000万元，比上年增长10.37%。其中：地方一般预算收入23154万元，比上年增长12.06%。

根据收入安排情况测算，全年一般预算可用财力48247万元，其中：地方一般预算收入23154万元，上级补助25475万元，上解支出382万元。按照“统筹兼顾、突出重点、有保有压”的原则，安排一般预算支出48247万元，比上年预算增长2.14%。

2010年基金预算支出按照收支平衡的原则安排410万元。

为实现上述目标，2010年全县财政要重点做好以下五方面工作：

（一）挖掘税源潜力，建立收入增长机制

在国家一系列扩大内需、促进经济增长的政策措施作用下，我国经济运行出现积极变化。但是，目前经济好转的基础尚不够稳固，不确定因素依然存在，并且

拉动效应对我县的触动作用还很小，如果铁矿产品价格不回升，在较短的时间内难以扭转财政困难局面。因此，要采取有效措施，继续加强矿产品税费征收管理，支持铁矿资源整合，促进矿产品规模开发和精深加工，真正使铁矿产业成为全县支柱产业。同时，加强对个体工商户、私营企业的税收征管，做到应收尽收。

（二）调整支出结构，厉行节约勤俭办事

2010年财政收支矛盾仍然十分突出，财政部门要牢固树立过紧日子的思想，在预算安排支出时,有多大财力办多大的事,保刚性支出和民生支出。严格按照保工资、保社保、保稳定、保基本运转的顺序，安排各项支出。相应地，继续大力压减出国出境、公务购车、会议接待以及一般公用经费、专项业务经费，压缩不甚急需的发展性支出。即使国家政策要求的配套资金，也需要区分轻重缓急、效益高低，优先安排重要、紧急、效益比较高的项目。然后再根据财力情况，集中用于解决与贯彻科学发展观相关的突出矛盾和重点问题，提高资金使用效益。

（三）合理调度资金，积极推进城镇建设

坚持量财办事和突出重点原则，集中财力保重点。继续加大与人民群众息息相关的公共事业投入，竭尽全力支持县城基础设施建设，实施好白河县城段综合治理一期工程和汤泉河综合治理三期工程，不断提升我县城镇管理水平和城市品位，全力推进“生态宜居”园林城市建设，使县城建设取得突破性进展。

（四）科学配置财力，千方百计改善民生

要科学地配置财政资源，抓好涉及民生资金的落实。一是实施医药卫生体制改革。完善资金保障措施，保证今年医改资金及时到位。抓紧完成基层医疗卫生机构绩效工资改革，尽快兑现到职工个人。二是继续支持扩大就业。认真落实各项政策措施，加强就业服务和职业技能培训，支持开展小额担保贷款，以创业带动就业。三是落实党的惠民财政政策。继续完善涉农补贴“一卡通”发放工作，对各种涉农补贴要严格按照政策进行兑付，确保补贴资金及时发放到群众手里。

（五）加强财政监督，完善安全保障机制

要加快建立健全覆盖所有政府性资金和财政运行全过程的监督机制，对资金使用及时跟踪问效，提高财政专项资金运行即时分析监控系统的实用效果，实现监督检查定期化、常态化。要不断完善内部监督机制建设，着眼于预防和自我纠正，探索财政内部监督管理的新形式，对各类财政资金要逐步实现全面监管、全程问效，确保资金安全运行。

各位代表：做好2010年财政工作，任务艰巨，责任重大。在县委的正确领导下，在人大、政协及社会各方面的监督支持下，我们将继续贯彻落实科学发展观，树立“开放创新、事争一流”两个理念，同舟共济，共克时艰，扎实做好今年的财政工作，为科学发展、富民强县、社会和谐做出更大贡献！

专文

高站位规划 大手笔运作
——赴天津学习考察城市建设的体会

中共赤城县县委书记　赵占华

7月22日至23日，我随市党政考察团赴天津学习考察城市建设，开阔了视野，拓宽了思路。天津作为一个具有600多年历史的城市，如今大刀阔斧进行现代化城市规划，令人赞叹。为广泛征求市民意见，天津市投资1亿多元在市中心修建了一座城市规划展览馆，它通过声光电的方式对城市规划进行立体展示，既有河道系统、绿地摆设，又有路网及高档、壮观、舒畅的功能分设，直观地将天津市的城市规划展现眼前。目前，这些规划有的已经变成现实，有的正在建设之中，真正实现了高起点、高标准、大手笔建设。

作为一个城市，不论大小，城市建设必须承载历史文化积淀，规划力求做到五十年乃至上百年不落后。赤城位居京北，作为张家口市东的一个次中心，要打造京北靓丽县城，必须从空间资源、历史文化等方面重新高标准规划。既要体现城市的基本功能，又要强化县城对农村的辐射和拉动作用。要增强城市的魅力，就必须体现城市特色。

一是山为骨，绿为肌，水为脉。赤城作为山区县，就要打造山的特色。近年来，我县对县城周边北山、东山进行绿化，以显山的雄姿。同时，加强城市绿化，在城市外围形成森林，在城市里面建成园林，让城市走进森林，让森林环抱城市，形成“生态宜居”的园林式城市特色。将县城绿化与全县的绿化融为一体，近年来，全县造林57.1万亩，森林覆盖率达到34%，2007年被国家林业局评为“全国绿色小康县”。

二是打响“京北水城”品牌。城市形象是衡量一个地区和城市综合实力的重要标志。赤城要提升城市品位，塑造城市形象，就要强化城市品牌意识，打响“京北水城”品牌。赤城上游有两座水库：云州水库，今年国家投资1.08亿元做除险加固工程，蓄水可达1亿立方米；汤泉河水库，2006年以来，总投资2000万元，做了清淤和除险加固工程，可蓄水300多万立方米。同时汤泉河穿城而过，白河水依山而流，具备打造“水城”的天然条件。近年来，累计投资1.1亿元，实施了汤泉河综合治理工程。如今，汤泉河波光粼粼，两岸花团锦簇、绿草碧树、流光溢彩，成为县城的亮点和标志性景观，极大地提高了县城品位，提升了赤城形象。我们先后组团考察学习了扬州瘦西湖、辽宁铁岭、山东临沂及天津的城市建设，为打造“京北水城”开阔思路，学习经验。今年，我们将重点实施总投资15亿元的白河县城段综合治理工程，突出自然生态特色，蓄水成湖，把白河打造成能游船、能观景、能休闲的城市新靓景。工程完成后，县城蓄水量可达368万立方米，将形成白河、汤泉河两河碧水交融、四周青山环绕，水在城中、城在山中、人在山水中的园林城市特色。

三是拓展城市空间。加快城市化进程和产业集聚对一个城市的发展至关重要，这需要我们强化城市意识，拓展城市空间，提升城市承载能力。因此，要对县城重新规划修编，做到高起点规划，高标准定位。县城主轴东移、西突、南拓，城市居住区、办公区、产业聚集区、休闲度假区功能分设，相得益彰，协调推进。同时张曹铁路东西横向穿过，车站设于县城南侧、凤凰山脚下；京尚高速南北纵向贯通，立交桥大气磅礴。到2020年，赤城城市面积拓展到35万平方公里，居住人口达到15万人，使城市的集聚效应显著提高，城市承载能力明显增强。

2009年8月8日

县委书记大接访工作机制应完善

中共赤城县委书记　赵占华

在去年全省开展的县委书记大接访工作中，赤城县共接待群众信访183批次、754人次，化解94件，其余案件已拿出具体意见，正在全力化解。笔者作为大接访活动的直接组织者和参与者，深感改革、发展、稳定需要把大接访工作坚持下去，为此提出以下几点建议：

一是要进一步完善大接访工作机制，解决群众的合理诉求。在大接访中看到，一些信访常年积案，本不是什么难题、大事，但因为一些干部和工作人员没能以人民群众为本，没能设身处地的为他们着想，将小事拖成大事，大事激化矛盾，造成越级访、群体访。在这种情况下，没有主要领导的参与、拍板，很难彻底解决问题。比如赤城县供销社系统医疗保险及基层供销社改制资金去向问题的上访案件，涉及县供销社系统退休职工377人，涉及相关部门较多，协调和拍板都需要县主要领导的努力，否则很难将问题彻底解决。为了解决这一多年的上访问题，我们及时召集县纪检、监察、审计等部门现场办公，成立工作组调查处理，并限期解决，最终达到上访人满意。此次县委书记大接访虽然解决了不少问题，大多数人民群众也比较满意，但应承认的是，在这项工作当中，还存在一些不足，许多问题和矛盾还没有得到妥善解决，个别常年积案还需要继续努力，做出的处理意见有些还没有达到群众满意。大接访工作还应继续完善坚持下去。

二是大接访要把解决信访问题与解决经济发展问题相结合。大接访活动的目的不仅仅是维护社会稳定，更重要的是要推动科学发展观的落实，为实现经济建设又好又快发展提供新的动力。在大接访活动中遇到的问题，很多是改革发展中遇到的问题。我县是矿业大县，一度因矿业秩序中存在的问题而造成群众上访。既影响经济发展，又涉及群众利益、国家利益、法律等诸多问题，有些案件一拖几年，各方意见都很大。过去没能及时妥善地解决好，大接访为彻底解决这些问题提供了机会和可能。因此我们在解决这些信访问题时，与落实科学发展观，制定有利于经济社会发展的新秩序紧密相连，既重视解决遗留问题和上访问题，同时也重视改革发展问题。比如下大力量进行集中治理整顿矿业开采活动，炸毁封填非法井口，对以采代探、越界开采进行严格规范，对不法分子给予严厉打击，并建立起矿业秩序监管长效机制。这样不仅使过去的上访问题得到解决，现存的上访隐患得以化解，还确保了矿业经济的健康发展。

三是大接访工作还需要上下联动，在县委书记带头接访的同时，各乡镇、县直各部门每周固定时间一把手接访。通过县、乡（部门）上下联动，把信访矛盾解决在基层。同时应将司法局与信访局合署办公，同时充实工作力量，增强依法解决信访问题的能力。

四是要建立信访物质保障机制。一方面强化落实信访设施保障，使群众在舒适的环境中候访。另一方面可设立专项资金解决问题。对群众诉求有一定合理性，但由于历史原因造成难以解决的信访难题，可用专项资金予以解决。在政策和法律允许范围内的应补则补，该赔则赔；对群众诉求虽不合理，但因上访人病、残或生活确有困难，在本人确定不再上访的前提下，从人性化角度出发给予适当照顾。

五是充分发挥跟案督导机制的作用。可由县委组织部、县委和政府督查室及信访局牵头，组织督查组深入基层对信访案件跟踪督导，确保案件解决到位。

六是严格责任追究机制，对因工作失职、措施不力，造成非正常上访和越级、集体访的，明确责任，严肃追究。

（原载 5 月 14 日《河北日报》6 版）

准确把握工作着力点 为科学发展夯实基础

中共赤城县委书记　　赵占华

开展学习实践科学发展观活动为赤城县提供了一次实现后发赶超的宝贵机遇。面对新的形势，我们要紧紧围绕党员干部受教育，科学发展上水平，人民群众得实惠的总要求，牢牢把握提高思想认识、解决突出问题、创新体制机制、促进科学发展四个着力点，坚持提高认识与提高能力相结合、解放思想与解决问题相结合、转变观念与转变作风相结合，努力实现树立新理念、彰显新优势、建立新机制、塑造新形象、实现新跨越的目标。在活动的具体推进过程中，要重点做到“五个一”。

围绕一个主题，即“转变发展方式，提升经济质量，创优县域特色，推动科学发展，打造矿产资源开发规范县，打造京北靓丽县城，建设生态、文明、和谐、富强的新赤城”。一要大力提升传统产业特别是铁矿产业层次，提高新兴产业比重，加大其它矿种及新能源开发力度，构建多业支撑的工业格局；积极培育符合科学发展要求的优势产业，提升发展的活力、实力、竞争力。二要更加重视结构调整和产业升级，更加重视节约资源和保护环境，更加注重统筹城乡区域发展，努力实现更长时间、更高水平、更好质量的发展。三要立足我县资源丰富的优势，把优势发挥到极致，运用科学发展理念进一步优化提升传统优势，积极发掘培育新的后发优势，进一步彰显县域特色，努力提升核心竞争力。四要通过资源整合，引进大企业、大集团，扩大生产规模，延长产业链条，加强安全监管，强化矿山治理，实现矿产资源的规范科学开发。五要依托我县山水生态禀赋，坚持“山为骨，绿为肌，水为脉”理念，打造“生态宜居”的园林式城市，充分展示“碧水霞城”靓容。六要通过加强环境保护和精神文明建设，促进社会和谐，推进县域经济发展，使赤城经济实力得到明显增强，人民群众生活水平得到显著改善。

夯实一个基础，即加强理论武装。科学发展观内涵极其丰富，切实掌握这一思想理论武器，必须反复学习领悟、不断深化认识，要把学习贯穿到整个活动的全过程，不断引向深入。要促使各级领导和广大党员干部真正静下心、钻进去，真正学懂弄通、学深悟透，运用科学发展观所体现的立场、观点和方法，对全县经济社会发展阶段性特征进行认真分析，对事关全县科学发展全局重大问题进行重新认识，围绕破解发展难题来解放思想，坚决抛弃不适应、不符合科学发展要求的思想观念，实现发展理念由片面追求经济增长向注重经济社会全面发展转变，由单一重视经济规模向实力、活力、竞争力并重转变，由单纯依靠资源、能源消耗向依靠科技进步、自主创新转变，积极破解科学发展障碍的新途径。

突出一个核心，即解决突出问题。要以“五对照五查找”主题活动为抓手，真正把存在的问题找准、找实、找具体，把整改主要方向集中到解决影响和制约科学发展的突出问题上来，解决党员干部党性党风党纪方面群众反映强烈的突出问题上来。对查找出来的问题，分清轻重缓急和难易程度，健全责任机制，明确整改标准，紧盯不放、一抓到底，对于目前能够解决的问题，要不等不靠，立即解决；对于条件不成熟、一时解决不了的问题，要积极创造条件，逐步解决；对于涉及面广、靠单方面难以解决的问题，要加强协作，合力攻坚，共同解决；对于需要上级部门解决的问题，要积极反映，争取支持，配合解决，使人民群众和基层部门真正感受到学习实践活动带来的新变化和新气象。

强化一个保障，即创新体制机制。要努力在分析问题中深入查找体制机制根源，从制度上寻找解决问题的途径和办法，及时将解决问题的成功做法和经验上升为制度层面的成果，建立健全各方面的规章制度。对当前急需、条件具备、可以出台的政策和制度要抓紧研究、尽快出台，力争在活动期间出台一些影响广泛、上下期盼的政策制度。特别是要按照省、市要求，切实加大以项目审批为突破口，加大行政审批制度的改革力度，努力取得一批制度成果。通过体制机制的创新，使学习实践科学发展观制度化、规范化和经常化，不断巩固和扩大学习实践活动成果。

重视一个保证，即转变干部作风。要进一步加大教育培训力度，引导广大党员干部按照“讲党性、重品行、作表率”的要求，坚持改造主观世界与改造客观世界相统一，切实强化立党为公、执政为民的宗旨意识，坚定马克思主义的世界观、人生观和价值观，提升道德水平和思想境界，树立和坚持正确的事业观、工作观、政绩观。要充分借助作风建设年活动这个载体。以学习实践活动为总揽，以干部作风建设年活动为抓手，统筹安排，协调推进，引导广大党员干部自觉按照科学发展观的要求，深入查找党员领导干部党性党风党纪方面存在的突出问题，深刻剖析存在问题的原因特别是主观方面的原因，并将解决干部作风问题作为整改落实的重要内容。要更加注重实践锻炼这个途径。要把各级干部推向科学发展第一线，提高驾驭全局的能力，提高领导发展的能力，提高科学管理的能力，提高狠抓落实的能力，真正使各项工作干出业绩、干出水平、干出成效，把对科学发展观的认识，转化为改进思想作风和工作作风的自觉行动，从而为践行科学发展观，奠定坚实的党性基础和作风保障，把我们党的政治优势和组织优势转化为推动科学发展的强大力量。

（原载6月30日《河北经济日报》）

加速与京对接　推动科学发展

赤城县人民政府县长　申全民

赤城县北京接壤200多公里，4个乡镇与北京市的怀柔区、延庆县相接，是全省33个环京津县（市）之一，也是北京的重要生态防护屏障和纯净饮用水基地。长期以来，依赖山水相依的地理环境条件，两地之间形成了不可分割的人缘、地缘、业缘的关系，同时赤城县也为保障北京、保护北京、保卫北京做出了重大牺牲。随着国内区域经济一体化进程的加速，主动融入京津冀经济圈，谋划与京全方位深层次对接，依靠京津的带动加快自身发展，成为当前赤城实现科学发展的战略性选择，也是当前乃至今后一个时期经济社会发展的主攻方向。

通过长期实践和科学的分析论证，当前赤城发展具备区位和资源两大优势：一是赤城县地处华北平原与内蒙高原的过渡地带，东邻承德，北靠坝上、内蒙，西接张家口，南邻北京。近年来，国道112线，省道宝平线、滦赤线、南赤线相继完成二级改造，赤延高速公路、张曹铁路即将开工，随着周边环境形势的发展变化，逐渐成为沟通京冀承蒙的重要枢纽，区位优势日益显现，具备接受北京的市场、技术、资金辐射和大都市影响带动的先天条件。二是境内资源丰富，是河北省的资源大县。主要有：1、矿产资源。已探明的矿藏有36种。其中沸石、蛙石、玻璃用凝灰岩工业储量居全省第一位，其中储量4 .57亿吨的沸石矿属亚洲储量最大、质量最优的斜发沸石矿，铅锌、铁、石墨居全省二、三位。2、旅游资源。县境生态环境良好，自然和人文景观较多，有天然温泉两处；大海陀国家级自然保护区、冰山梁中生代冰川遗迹、黑龙山自然风光、龙门峡摩崖石刻等景点自然风景独特；朝阳观丹霞地貌、塘子庙温泉、恐龙足迹化石群等具有较好的开发价值。目前，已初步形成了以赤城自然风光为特色的生态旅游区。3、水利资源。黑、白、红三条河流贯穿全境汇入密云水库，历史最高入库水量年3.47亿立方米。2008年输入密云水库水量2亿多立方米，占年入库水量的52%。4、林牧资源。全县现有林地278万亩，天然草场238万亩，森林覆盖率33.5%，居张家口市第一位。同时，还有南北跨度大、海拔形成的自然错季，发展绿色蔬菜、无公害蔬菜的地理气候优势。

通过对存在优势和面临机遇的再认识、再分析，我们把赤城定位为生态大县、环京津旅游县、北京市绿色食品基地县，积极创造条件，主动、自觉地因势利导，以对接北京作为战略手段，主动接受经济圈的辐射，推动经济社会科学发展。

一、坚持在对接中求突破。要用一体化的思维来思考问题，把目光放远，思维放开，主动寻求全方位对接。一是寻求规划对接。认真研究京津地区发展规划、区域产业规划，把县域经济发展规划作为都市圈大规划的一个单元，统筹谋划，准确定位，制定出一定时期内的发展战略和思路。规划制定要突出特色，体现延伸性和互补性，避免与大规划及思路的融合趋同，切实做到规划对接。二是寻求产业对接。依照错位发展的思路，有所为，有所不为，不求大求全，专谋精谋特，大力发展特色优势产业，形成优势互补。三是加快信息对接。强化信息网络支持体系建设，积极主动与北京市和周边区县政府之间建立信息交互机制，实现信息、共享。四是加快项目对接。按照专业化分工合作的原则，与北京水源地建设保护、生态防护屏障建设、交通等基础设施建设等重大的工程项目和一些新兴产业的国家投资项目等重大项目协作承担，建立长效的市场驱动机制，实现区域内资源的有机结合、效能发挥。

二、坚持在互补中育产业。在区域经济一体化发展中，一体化不是泯灭各个单元地区的发展个性与独特优势，而是强调形成各具优势和特色的产业。要把鼓励政策、限制政策和诱导政策结合起来，建立起符合市场竞争规律又能发挥区域比较优势的产业结构，形成区域之间的合理分工，促进区域之间的平等合作和优势互补。一是做大做强生态农业、市场农业。实施生态兴县战略，大力发展生态产业。过去的工作中，我们抓住国家加大生态建设的机遇，积极争取并实施了21世纪水土保持、京津风沙源治理等生态水源涵养工程，近年累计投资突破2亿元，治理面积近千平方公里，造林百万亩。下一步就要依托生态工程的建设，培育壮大以仁用杏、黄芩为主的特色产业，建设龙头企业。同时也要积极谋划、主动推动生态旅游业的发展。另一方面，要通过对农业再审视、再思考，确立依托北京，建设北京绿色农产品基地为目标的特色农业。当前，要推进肉牛、珍稀食用菌、蔬菜等优势产业发展，加快基地建设，尽快形成规模，形成品牌。要在现有无公害出口蔬菜基地的基础上，积极引进大集团，捆绑项目，加快万亩进京出口蔬菜基地建设。二是利用赤城县大量的土地资源和人力资源，谋划发展劳动密集型产业和加工制造业。三是借用北京人力、技术资源，积极谋划发展技术密集型产业、面向产业链条下游的先进制造业和现代服务业。

三、坚持在制约中谋生存。赤城处于北京上风上水区，是首都的天然屏障和饮用水源地，同时又是河北省的矿产资源大县、畜牧大县。一方面我们享受着生态建设方面的政策倾斜，一方面在产业发展上又受着严重制约。近年来。先后关闭了县造纸厂、化肥厂、高碳石墨厂等沿河有污染隐患的企业，砍掉了上百个有可能形成污染的项目；2000年全县实施禁牧。为此，我们及时调整思路，着力破解环境保护与工业发展的矛盾，加快工业转型，大力推进新型工业化，并以工业化带动农业产业化、城镇化和旅游业化。从经济发展规律看，这个思路既体现传统工业文明向现代生态文明的转型，适宜赤城的产业和生态地理特点，又与首都外环的生态环境要求相一致，符合全面协调可持续的发展观。一是要大力发展环保型、集约型工业。在原有传统矿产开发业上，坚持走规模化、集约化开发的路子，改变出售初级产品的状况，通过深引大集团，加快资源整合，上精深加工项目，求得效益最大化，实现经济的快速发展。在工作中，采取分区开发、开发与治理同步、谁开发谁治理等相关的治理措施。与此同时，积极谋划工业后续产业，大力发展风电等新型能源工业，依托沸石、白云岩、萤石、页岩、石墨等非金属矿产开发，发展环保建材，规划建设全国最大的沸石研发基地和华北地区最大的环保建材基地。二是加快设施农业发展步伐。加快投资1.2亿元的华田育肥牛养殖项目建设，扩大以肉牛为主的舍饲畜牧业，逐步代替传统的养殖业，实现数量型向质量型的转变。三是从转变农业增长方式入手，以产业化聚集农业资源，推进县城、中心集镇和新农村建设，把农民转移出来，减轻生态压力。

四、坚持在合作中促双赢。能否实现高效的以产业为核心的市场化整合，很大程度上取决于经济区域内的合作质量与水平。主动出击，突破目前以行政区划为主的单一模式，从政府和企业不同层面建立沟通和协作机制，加快区域一体化的进程。我们应要以水不唯水，以水为媒，寻求突破，拓宽合作领域。首先是做好水文章。为保持优质水源和增加水量，我们要主动争取北京在水源保护、生态建设、退稻还田、灌渠修筑、森林病虫害防治、污水治理等方面的项目支持。在此基础上，进一步谋划建立长效水源补偿机制。其次是加快与首都各大院校、企业的合作。充分利用赤城在北京的人缘关系，加大宣传力度，大力推进招商引资和技术合作，建设先进科研成果转化基地和产业承接基地。与北京的合作从单纯被动的生态建设逐步向全县主导产业靠拢，向农业产业化龙头建设，房地产开发、旅游开发、矿产开发、新型工业（新能源开发、饮料开发）等多领域合作发展。

五、坚持在延伸中求发展。要在产业延伸上做文章。主动对接大北京旅游圈，扩大北京旅游圈的处延，打造环京津休闲旅游产业带中闪亮的一环。赤城县具备发展旅游的区位、生态、历史资源优势。“十一五”之初，我们提出了把旅游业作为后续主导产业进行培育，逐渐完善和丰富了旅游工作思路，即：依托区位、自然、人文优势，突出规划带动、项目拉动，强化与北京互动、与周边县区联动，打温泉牌、生态牌，全力构建沟通京蒙承张的赤城自然风光特色旅游区。聘请国家权威资质单位结合区域旅游特点编制了全县旅游总体规划，明确了休闲度假、生态观光，融入环京津旅游产业带的目标定位。全县旅游基础设施进一步完善，景点建设不断加强，以温泉、生态为特色旅游初步形成。两年间投资1亿元实施了赤城温泉度假村升级改造工程，今年投资3个亿的摩天岭滑雪场项目、投资1．8亿的塘子庙温泉开发项目顺利开工。3月份，在北京签署的8个合作项目中，旅游开发项目2个，总投资达4亿元。这方面我们有了一个良好的开端，今后，要把旅游后续主导产业做大做强，还需以温泉、生态独有的特色，进一步做深北京旅游圈外延的文章。特别是要在实现与北京旅游发展规划对接的基础上，联合周边县区，全力抓好“五个共同”，即：共同打造精品旅游线路，共同开放旅游市场，共同开展旅游联合促销活动，共同打造旅游品牌，共同建设资源共享、竞争规范、合作密切、互惠多赢的格局。

（原载2009.4.28省政府办公厅《政务情况交流》第17期）

夯实产业基础　推动科学发展

赤城县人民政府县长　申全民

在全党广泛开展深入学习实践科学发展观活动，是用中国特色社会主义理论武装全党的重大举措，是在新的历史起点上发展中国特色社会主义的重大战略部署。

实践科学发展观的过程就是把握发展规律、创新发展理念、转变发展方式、破解发展难题、提高发展质量的过程。就赤城而言，转变发展方式，优化经济结构，创造经济发展新动力，实现经济社会又好又快发展，是我们面临的首要任务。

加速园区建设，促进工业结构优化升级。加快赤城经济的发展，关键在工业、难点也在工业。当前，赤城的工业产品结构单一，起点低、规模小、产品初级，缺乏基本的市场抵御能力。因此，只有打破传统粗放的经营方式，合理布局、淘汰落后，才能实现可持续发展。一是要加大资源治理整合力度。推进企业联合重组，实现工业经济的规模化、集约化发展，增强抵御市场风险的能力。大力发展非金属和新型能源开发，延伸产业链条，改变“一矿独大”工业格局。二是加快园区建设，推动产业升级，提升工业经济质量和效益。结合县城规划，按照“功能分设”的原则，围绕张唐铁路、京尚高速公路的建设，加快县城科技园区，物流园区和龙关铁矿开发产业园的“三通一平”等基础设施建设步伐，同时搞好重大项目的引进和服务，打造投资洼地。以园区建设带动人流、物流、资金流等生产要素的聚集，推动经济的发展。

做强现代农业，提振县域经济发展源动力。用现代工业的理念发展现代农业，用市场经济的手段谋划现代农业，充分利用现有的农业基础和气候区位优势，以绿色生态为定位，大力发展设施农业、节水农业、生态农业和高效农业，推进农业产业区域化、集约化、规模化发展。实施测土配方、节水灌溉等农业基础设施建设工程，培强华田牧业、样田供京万亩蔬菜基地等龙头项目，形成龙头带基地、富农户的产业模式。加大万寿菊、五味子、肉鸡、冷水鱼等特种种养业的扶持力度，推动工业、农业的优势互补，实现农业增效农民增收。

发展特色旅游，培育经济发展后续支撑点。旅游业是赤城的希望产业，必须坚持经济与旅游并重、保护与开发并重、政府推动与市场运作并重的原则，加快生态旅游发展步伐。赤城县历史悠久，境内人文景观众多，结合京北康体休闲旅游产业带规划，主打温泉牌，唱生态避暑戏，打造京北旅游度假疗养基地。投资2亿多元，实施了温泉升级改造工程，温泉度假村的文化内涵和接待能力显著提升；加快投资5亿元的摩天岭国际滑雪度假村和投资1.8亿元的塘子庙温泉开发建设进度。同时深入挖掘旅游优势资源，加大招商引资力度，将旅游业打造成为赤城县后续主导产业。

加快城镇建设，拓展县域经济发展空间。科学发展观的内涵是为人为本，把科学发展的成效体现在解决人民群众最关心、最直接、最现实的利益问题上，体现在提高人民群众生活水平和质量上。把实施具体的民生项目做为改善民生的重要载体，加快“两场（厂）一房”、小街巷硬化、危房改造、新民居建设等民生工程，全面提升城镇化水平，不断完善城市功能。继续深入开展省级卫生城市创建，塑造霞城文明形象，增强经济发展软实力。依托我县水量富足的资源优势、山青水秀的生态优势、交通便利的区位优势，努力打造“水在城中、城在绿中、人在山水中”的生态宜居城市，实施汤泉河综合治理工程，今年又投资15亿元，启动了白河综合治理工程，打造“京北水城”，以城市的发展聚人气、聚产业，打造产业承接平台。

当前我县正处在重要经济转型期，尤其需要用科学发展观武装头脑、指导实践、推动工作，努力做好保增长、扩内需、调结构、惠民生的各项工作，确保经济社会平稳较快增长。

（原载5月6日《张家口日报》A4版）

树立四种观念 推动农业科学发展

中共赤城县委副书记　王　波

科学发展观是全面建设小康社会和实现现代化的根本指针，其内涵就是始终贯彻以人为本的执政理念。以实现全面、协调和可持续发展为目标。赤城县全面树立科学的农业发展观，准确把握农业发展的客观规律，开拓农业发展思路，破解农业发展难题，从而全面推进县域农业科学发展。

树立龙头观念，发挥企业带动作用。农业龙头企业是农业产业化经营的关键，要想实现农业科学发展，必须要加强对农业龙头企业的引导、指导和培育，发挥其带动作用。一是完善机制。把农业龙头企业建设列为全县经济社会发展和农民增收工作考核奖励的一项重要内容，实行了月调度、季通报、半年初评、年终考核奖惩制度。建立了以县级领导联系重点企业、包保重点项目为主要内容的农业龙头企业建设包保责任制，实行一个项目一套班子一抓到底的项目建设责任制。二是强化服务。从土地、资金、技术等方面提供方便，筑巢引凤。三是抓大引强。先后引进北京利农集团、攀宝，河北鑫科等5家外地企业和客商，在我县从事蔬菜等农副产品生产、加工，引资额达4800万元。

树立产业观念，拓宽致富渠道。在尊重客观规律的前提下，用科学的产业观指导现代农业产业发展，使农业产业与经济发展相适应，与农民增收相结合。强化规模效应。要加快农业产业化基地建设，优化资源配置，依靠制度和科技创新，努力提高农业市场化、产业化程度，实现良好的经济效益、生态效益和社会效益的多赢。强化区域优势。紧紧依托赤城县独特的地域、气候优势，充分利用山场面积大，森林、草地、野生动植物和水资源丰富等得天独厚的资源条件，发展现代农业。以“人无我有、人有我优、人优我特”的发展思路，突出产业布局，打造农业核心产业带，提高差异性竞争水平。

树立生态观念，践行科学发展。大力发展市场优势突出、产业化程度高的优质高效特色农业，实现绿色农产品提质增效。利用生物循环规律，促进农业与环境的良性循环，保护生态环境，促进人与自然和谐相处。全力实施京津万亩蔬菜基地工程、首水保护工程、退耕还林还草工程以及生态家园富民计划，保护和提高生态质量。大力治理农村、农业污染，推行废弃物资源化利用，扩大绿色植被，净化基础环境，积极推进清洁化、集约化、工厂化生产，防止掠夺性经营。

树立科技观念，提升农业竞争力。牢固树立科技是农业发展第一生产力的理念，增强现代农业意识，加强农业科技投入，引进先进的农业技术，为蔬菜生产注入尖端、高新科技含量，改变农业粗放经营模式，逐步从保证农产品供给向保障农产品质量转变，从增加产量向增加收入转变。积极推广河北攀宝沸石生态农业科技有限公司1000亩蔬菜生产基地的防虫网覆盖、滴灌技术。扶持发展赤城镇沃塬出口蔬菜基地、样田利农集团蔬菜基地等喷灌、滴灌节水灌溉模式，实现农产品生产的节水化、无公害化、高附加值化。

2009年6月13日

发挥优势 突出特色 加快旅游产业发展步伐

赤城县政协主席 蒋瑞海

赤城县地处燕山余脉、河北省西北部，总面积5284平方公里，是河北省第四大县，县内旅游资源丰富，具有古色游、绿色游、红色游的绝对优势。为了把旅游产业做大做强，使其成为全县经济增长的后续主导产业之一，我认为只有做好以下几方面工作，才能够推动赤城县旅游产业不断向纵深发展。

一、发挥优势，把旅游业作为经济增长的重点来培育

赤城县的旅游产业虽然起步较早，

但发展较慢。如何发挥优势，突出特色，加快发展是县委、县政府已经着手抓的四项重点工作之一。为了配合县委工作，把旅游产业做大做强，我们在深入实际开展调查研究的同时，先后到与赤城资源相近的山西绵山、浙江雁荡山、河南云台山等国家级旅游区进行考察学习。对照先进比自己，不仅找准了我们的差距，而且看到了我们潜在的资源优势。赤城有赤城的特色，全县旅游资源丰富，具有独特优势。**一是生态资源优势**。全县林地278万亩，天然草场238万亩，森林覆盖率41%；境内有马鹿、野猪、青羊等20多种稀有动物，可利用野生植物有100科、230属、755种，大宗山野干果有黄花、蕨菜、苦菜、木兰菜、杏仁、杏扁、榛子等；县内景区独特，底蕴深厚，赤城温泉在郦道元《水经注》中誉为“关外第一泉”，属高疗效矿泉，康熙大帝曾陪祖母孝庄皇太后三次来泉洗疾痊愈。大海陀国家级自然保护区、冰山梁中生代冰川遗迹、黑龙山森林公园、龙门峡磨崖石刻等景点自然风景独特，朝阳观丹霞地貌、塘子庙温泉、侏罗纪恐龙足迹化石群等具有很好的开发价值，境内北魏、北齐、明长城285公里。**二是区位优势**。赤城县为潮白河水系白河流域、黑河流域，北临坝上草原，南与北京山水相依，全县有三个乡镇与北京毗邻，和北京边界达150多公里，县城据北京市中心公路里程100公里，是沟通京津与我市旅游发展产业链的天然纽带。**三是环境优势**。软环境建设上，修订了《赤城县招商引资若干规定》，强调了引资环境的保障，实现重点项目“一站式”办公审批程序，对重大项目实行一事一议，特事特办，为投资商提供“保姆式”服务；境内有国道1条，省道4条，县境内公路总里程达1590公里，其中二级公路98.3公里，全县18个乡镇所在地全部开通油路，初步形成了沟通县乡便捷的交通网络。**四是气候优势**。全县位于中纬度地区，属东亚大陆季节气候，中温带干旱区，大陆性季风气候特征明显，四季分明，景色宜人，冬季寒冷，夏季凉爽，昼夜温差大，是避暑观光的好地方。

2009年5月20日，赤城县旅游服务总社正式创办，集旅游资源开发，旅游商品、纪念品展销，旅游服务咨询，旅游景区介绍为一体。各级党委、政府、机关、学校、社会等方方面面牢固树立了“我就是环境，我就是形象”的大旅游意识，形成政府主导、市场运作、企业经营、大众参与的协调发展大格局。相信，我们可以很好把握“打温泉牌，唱生态避暑戏”的发展定位，将旅游产业真正作为我县新的经济增长点进行培育，经过努力，使其成为县域经济发展的主导产业之一。

二、抓住重点，创特色精品旅游

旅游景区在旅游六大要素中占居核心地位，起着龙头作用。没有精品景区，就不可能带动旅游产业的形成。搞好旅游景区建设需要做的工作很多。**一是要坚持走“高品位规划、高档次建设、高水平管理”的精品景区建设之路，努力打造1—2个精品景区**。拿赤城温泉来说，无论是人文历史、自然景观，还是泉水疗理，它的旅游开发价值和潜力还是相当大的。目前接待性旅游是主导，今后应逐步向商业社会性旅游迈进。赤城温泉的升级改造应朝着全方位、多层面的方向发展，总的建设思路应当是坚持立体开发、深度开发、外延开发、特色开发，将赤城温泉打造成“浴在温泉，游在湖中，娱在岛上，玩在山中”的精品。海陀山、金阁山、云州湾、黑龙山、冰山梁、朝阳观几个景区建设，应借鉴雁荡山、云台山的模式，贴近自然、体现特色，特别是海陀山景区建设必须体现“国家级品牌”的效益。要打造登山、观光、采摘等休闲娱乐为一体的走近大自然精品两日游。**二是要积极推进乡村游优化升级**。重点抓好特色乡村旅游示范点的建设，对大海陀村、老栅子村创办的农家院要给予必要的扶持，使其办得更加规范和活跃。借鉴怀来容辰庄园农家院特色旅游中开发的葡萄迷宫、采摘垂钓等经验，将我县山野菜观光、采摘、购销融入其中，大力发展以农家院为主的农家乐项目。**三是要打造休闲旅游产业带**。充分利用我县黑龙山、海陀山、冰山梁、龙门峡等独特的自然风光景区，打造与大自然零接触的休闲旅游点；围绕京津市场，与北京、天津旅游业对接，打造京津夏季避暑度假、冬季滑雪休闲旅游产业带。**四是要着力打造红色旅游**。民族精神日益激发的今天，红色旅游有很大的发展空间。大海陀自然保护区是“平北抗日根据地纪念地”，被列为“爱国主义教育基地”，海陀山不仅占有绿色游、古色游的优势，而且还占有红色游的绝对优势，应该大力挖掘其红色旅游价值，让游客在游玩观光中陶冶情操，接受革命传统教育。

三、加强基础设施建设，加快旅游景区和景点包装

要使旅游业真正起到拉动内需的作用，必须坚持搞好基础设施建设，加快旅游景区景点包装。一是按照“宜游、宜赏、宜居”要求，全方位硬化旅游景区的道路，美化环境，完善设施，通水、通电、通信，优化功能，使游客感观舒适，玩得尽兴。二是景区自身容量要科学定位，不能超负荷。三是景区景点要做好包装设计，挖掘景区的内在文化和历史积淀，山水、亭台、轩榭中尽显特色。

四、强化旅游人才培训，树立良好的旅游服务形象

旅游业是窗口行业，从业人员素质的高低直接影响旅游服务质量。因此，要全面提升软环境质量，提高旅游管理服务水平，树立文明、诚信、和谐的良好形象。一方面，应制定相关优惠政策，建立有利于各类人才成长的机制，面向社会引进高层次的旅游管理人才，不断提高旅游队伍整体素质。另一方面，不断创新教育培训的方式和手段，积极探索旅游人才培训模式，注重人文历史和古文化等内容的教育培训，培养一批懂历史、有文化、会管理的旅游专业人才，创出一条商业文化旅游产业之路。

2009年8月10日

抓住“三个着力点”做好信访稳定工作

中共赤城县委办公室主任　白凤鸣

胡锦涛总书记指出：“信访工作是为人民群众排忧解难的工作，也是构建社会主义和谐社会的基础性工作。”这一重要论断，科学地揭示了信访工作在构建和谐社会中的基本定位。信访工作作为处理和解决人民内部矛盾的有效途径，事关改革、发展、稳定全局。做好信访工作，要坚持在规范信访秩序上做文章，在解决群众合理诉求上动真招，在建立长效机制上动真功，把法治理念贯穿于整个信访工作始终，确保社会和谐稳定。

抓基层，加大源头治理，规范信访秩序。坚持重心下移、责任下移，把工作做在前头，把矛盾化解在萌芽状态。特别是要以开展科学发展观学习实践活动为契机，找差距、挖根源、定措施，切实转变不适应、不符合科学发展观要求的观念、做法和制度，努力把科学发展观的要求真正落实到信访稳定和群众工作中。赤城县坚持以人为本，牢牢把握为民、惠民、安民的正确方向，着力解决好人民群众最关心、最直接、最现实的利益问题。按照信访评估的要求，凡是政府出台大的政策、安排大的工程都要先进行信访评估，广泛征求群众意见，做到信访问题想在先、处理在前。在此基础上，坚持把群众工作、日常工作与集中排查结合起来，把群众上访与领导下访结合起来，把深入排查隐患与有效排查结合起来，做到经常排查、定期分析、事前防范、随时化解，筑牢信访工作的“第一道防线”。

抓督办，切实解决群众反映的合法合理合情要求。“事要解决”是衡量信访工作成效的重要标志，也是促进信访秩序好转的重要途径。为此，要以县委书记大接访活动为载体，坚持主要领导“敞开接访、主动约访、带案下访”，亲自接待群众、协调解决问题，把大接访变成常接访。坚持谁主管、谁负责，一级抓一级，层层抓落实、坚持突出重点，抓住关键，切实做到责任明确、考核到位、追究有力。针对土地征用、房屋拆迁、企业改制、劳动社保、涉法涉诉等方面的信访突出问题，赤城县坚持因事制宜、区别情况、妥善处理，确保问题不堆积、矛盾不激化。

抓制度，形成信访工作长效机制。加强制度建设是做好信访工作的根本保证，这有利于信访工作走向标本兼治的良性轨道，有利于从源头上预防和减少侵害利益行为的发生。要完善信访事项办理、复查、复核的三级责任主体，推行信访事项三级终结制度，同时实行重点管理、绩效考核、导访和法律工作人员陪访制度。在信访工作中，赤城县充分发挥法制宣传、人民调解、法律服务等司法行政职能作用，增强依法解决信访问题的能力。

2009 年 6 月 20 日

以人为本 建管并重 以科学发展为指针 以优化环境为核心 全力创建生态宜居文明新赤城

中共赤城县委宣传部长　赵彦朝

赤城县位于河北省西北部，与北京山水相依。自古是北京的“朔方屏障”，全县总面积 5287 平方公里，总人口 29.2 万人。辖 9 乡 9 镇，440 个行政村。

赤城县是国家扶贫工作重点县，城建起点比较低。2006 年以前，县城河道垃圾淤堵、街道污水横流，没有广场和市场，没有红绿灯和斑马线。三年来，通过全县上下统一思想，提高认识，把创建文明城市作为打造一流人居环境、推进城市化进程、构建和谐社会的重要载体，采取有力措施，扎实推进创建。2006 年以来，县委、县政府累计投入城市建设资金 22 亿元，重点实施了汤泉河综合治理、城市道路改造、县城及周边绿化、市场广场建设和居民住宅小区等重点工程，城市环境明显改善，城市品位、市民素质逐步提高。工作中，我们主要抓好四点：

一、突出山水特色，建设京北靓丽县城

坚持“山为骨，绿为肌，水为脉”，引水进城，披绿上山，彰显城市灵气，体现山水宜居，展现“碧水霞城”。一是实施汤泉河综合治理工程。三年来，投资 1.5 亿元，实施了汤泉河综合治理工程，治理河道 2600 米，设 5 道橡胶坝，1 座音乐喷泉，蓄水面积达 16 万平米，建设了两岸景观设施，实现了“清淤、蓄水、增绿、造景”，成为一条民心河、景观河。在此基础上，今年又投资 2000 万元，实施了汤泉河续建工程。二是启动白河综合治理工程。计划投资 15 亿元，借鉴桂林、铁岭、迁安建设模式，疏通河道，建设京北地区的“鼓浪屿”。今年，计划投资 3 亿元，实施县城段一期治理工程。三是推进“三山”绿化，加快城市生态体系建设。学习全市增绿添彩经验，加大力度，实现第一可视面绿色全覆盖。先后实施了县城主干道、环城路、北山公园和汤泉河两岸绿化工程，累计投资 4000 万元，栽植各类树种 300 余万株。今年又完成投资 1500 万元，在迎宾大道、县城主要道路两侧及东山、西山、北山栽植绿化树种，在县城主要路段摆

设花坛650个，鲜花5万多盆，构筑了多种类型的绿色长廊。

二、提升城市品味，实施“五大”民生工程

一是市政建设。投资6760万元，建设了全长4.8公里，路宽43米，双向8车道的县城迎宾大道。累计投资近2亿元，实施了县城南北河沿街、政府东西街、建国东街等14条主干道、65条小街巷拓宽改造、路面硬化及配套建设工程。投资3500万元，实施了县城集中供热工程。投资180万元建成高标准水冲式公厕4座。今年又计划投资614万元，实施县城22条小街小巷硬化工程；计划投资420万元，建设水冲式公厕14座。二是广场市场建设。累计投资5000万元，建设了总占地面积3.3万平方米的赤城文化广场、汤泉河广场、车站广场和鼓楼广场；累计投资3200万元建设了影院地下商场和东关农贸大市场。三是居民小区建设。先后开发了东大豪苑、永泰嘉苑、东关小区、宏达阳光时代广场、格兰水郡、粮食直属库、北山公园等7大住宅小区，总投资5亿元，占地面积30万平方米，建筑面积50.9万平方米，共计137栋、6214户。四是旧城改造。累计投资8810万元，实施了汤泉水库除险加固、总泉庙区一期改造工程，建设了汤泉湖公园，修建1700米南山石阶登山步游路和木栈道，实施了宾馆改扩建工程。今年继续实施总泉庙区改造二期、南山景观、休闲栈道、汤泉湖水上乐园等工程，对度假村道路、沿路景观进行改造，进一步提高接待档次和水平。五是“两场（厂）一房”建设。实施了投资4250万元的污水处理厂、投资1900万元的垃圾处理场及投资881万元的廉租房建设工程。

三、完善城市管理机制，建设文明赤城

我县坚持把城市管理作为文明城市创建的一项重要内容，积极探索城市管理长效机制，使城市管理不断走上科学化、规范化的轨道。一是开展集中整治，消除城市顽疾。重点对小广告、门外店、露天烧烤、乱停乱放等现象进行集中整治。拿出专项经费，明确专人，每天及时对小广告进行清理、粉刷，彻底清除了城市“小广告、乱涂乱画”的这一顽疾。清理了县城露天烧烤摊点，对有碍观瞻建筑进行拆除，在主要街道划定停车线，规范车辆停放。二是搞好共建活动，提升城市文明。开展“县城整洁有你有我”和“创建文明社区、文明楼院”主题活动，动员广大群众积极参加卫生清扫、擦洗护栏、清除乱贴乱画等卫生清洁活动，引导人们在自觉参与中养成科学卫生的生活习惯，推进县城面貌改善，提升城市文明水平。三是建立长效机制，规范城市管理。先后制定出台了《赤城县县城市容管理办法》、《城镇镇容和环境管理实施细则》、《户外广告管理办法》、《垃圾管理办法》、《建筑施工材料、渣土管理办法》等规章制度，使城市管理有章可循。同时，全面落实“门前三包”

责任制，明确目标任务。

四、发动全民参与，营造文明城市创建氛围

文明城市创建是一项群众性精神文明建设活动，群众是文明城市创建的基础。为此，我县通过多形式、多角度的宣传发动，积极动员社会各界力量参与到文明城市创建中来，努力营造“人民城市人民建，人民城市人民管”的浓厚氛围。一是开展形式多样的宣传教育活动。开展了以“爱我汤泉河，打造新赤城”为主题的宣传教育活动和“爱我汤泉河，打造靓丽赤城”千人签名活动。在主要街道设置宣传牌、出动宣传车，在公交客运车辆上张贴创建标语，在县电视台开设了“提升市民素质、创建文明城市”专栏，组织中小学校学生学习创建文明城市知识，组建创建文明城市志愿者服务队，深入到群众中搞宣传，在县城中营造浓厚创建氛围。二是开展丰富多彩的文化体育活动。围绕文明城市创建、活跃市民文化生活。先后组建了乒乓球协会、书法协会、秧歌队等群众文体活动组织，举办了“大型红歌会比赛”、“彩色周末”、“我们的节日”等文体活动，在丰富市民业余生活的同时，实现自我教育、自我提高。三是开展内涵丰富的主题创建活动。成功举办了河北·赤城项目签约洽谈、行政审批服务中心再造流程启动活动，开展了全县创建文明诚信示范街和文明生态小区主题创建活动，举行了白河综合治理暨22个重点项目开工奠基活动，增强了群众文明城市创建的信心。

回顾过去，我县在城市文明创建工作上取得一定成绩，但与文明创建要求还存在一定差距，我们一定以这次现场会为契机，进一步加强基础工作建设，落实各项措施，营造创建氛围，以新的更高的要求为标准，把我县文明创建工作推上一个新的台阶。

全县教育工作情况的调研报告

赤城县人大常委会

2009年3月，县人大常委会组织部分委员和县人大代表，对全县教育工作情况进行了调研。通过听（听汇报）、看（查看档案资料）和座谈等方式，先后深入到县文教局和县二中、第三小学、镇宁堡九年一贯制学校、样田中小学等10余所学校，进行了深入的调查研究，比较全面地了解了全县教育工作的发展现状。现将调研情况报告如下：

一、基本情况

全县现有各级各类学校118所，其中，小学100所（教学点58个），初中10所，高中1所，九年一贯制学校6所（私立学校1所），职业中学1所。中小学

在校生27077人，其中，小学16075人，初中8073人，高中2118人，职业高中811人，残疾儿童76人。全县共有各类幼儿园82所，在园幼儿5697人。全县中小学在编教职工2674名，其中专任教师2463名。

二、主要成绩

近年来，县委、县政府始终坚持教育优先发展的战略思想，切实加强对教育工作的领导，不断加大教育投入力度，使全县办学条件得到明显改善，办学水平得到进一步提高，全县教育事业向着健康、稳定方向发展。

1、教育投入力度不断加大。财政对教育的拨款实现了“三个增长”，健全了农村义务教育保障机制。2005年—2007年县政府拨专款833万元优先补发旧欠教师的工资。2007年实行农村义务教育保障机制以来，义务教育阶段的中小学生全部实现了“两免一补”，提前一年达到了中央规定的小学年生均300元，初中年生均500元的标准；寄宿制特困生和贫困生的生活补贴标准在全市也是比较高的。2008年，县政府实施了中小学冬季取暖改造工程，全县38所中小学的宿舍全部安装了暖气，大部分教学楼和平房教室也都安装了暖气，总采暖面积达4万多平方米。

2、中小学布局调整工作顺利推进。自2004年“普九”一轮复检以来，全县多渠道筹资，累计投入学校建设的资金达12134万元，基建项目校41所，新建、改建、扩建校舍115469平方米，维修校舍6192平方米，使农村学校面貌发生了巨大变化。通过布局调整，全县共撤并初中11所，初中由2004年的21所减少到10所；撤并小学及教学点166所（个），小学由2004年266所（个）减少到100所（个），建成九年一贯制学校6所，各乡镇全部建成寄宿制中心小学，9个乡镇小学三年级以上学生全部集中到寄宿制小学就读。通过布局调整，不仅改善了办学条件，而且优化了教育资源配置和育人环境，为提升办学水平和提高教育质量奠定了良好的物质基础。

3、各级各类教育健康发展，办学水平不断提高。一是九年义务教育的普及和巩固程度比较稳定，2008年教育工作顺利通过省政府督导评估验收。二是普及学前三年教育工作通过省级验收。各乡镇所在地全部建起了中心幼儿园，人口较多的行政村也基本办起了村级幼儿园，全县幼儿园达到82所，在园幼儿达到5697名，学前三年入园率达到87.25%。三是职教中心办学条件有了较大改善。2006年在县政府的大力支持下，职教中心投入2200多万元，建起了6712平方米的教学楼和6700平方米的综合楼。四是赤城一中达到省级示范性高中标准，办学条件明显改善，办学规模进一步扩大，教学质量有了明显提高。五是在教师队伍的培训和建设方面也做了大量工作。

三、存在问题

县政府和教育部门对教育工作下了

很大力气，做了大量工作，取得了初步成效，但距离人民群众的希望还有很大差距，与兄弟县相比，也有不少距离，问题、困难依然存在。

1、学校标准化建设水平低。全县尚无一所硬件建设标准化学校，现代化教学手段严重滞后。县城学校硬件建设较农村学校尤为落后。赤城二中是全县最大的一所初级中学，校园占地面积小，设施落后，校舍严重不足，而且年久失修，C、D级危房达42间。250名住校生全部在校外租民房住宿，管理很不方便，且存有很大安全隐患。2009年我县迎接省级标准化学校建设验收时，省督导室领导评价二中是全省初中办学条件最差的县级学校。这样的办学条件实在难以为继。县城三所小学均是占地面积小，校舍不足，缺乏专用教室，现代化教学手段严重滞后，尤其是班额定员都在60人左右，班容量过大，对少年儿童的健康成长极为不利，更不能适应城镇化发展的需要。

2、教师整体素质偏低。全县教师年龄老化，知识和专业结构不合理，教育理念和教学方法陈旧，教育科研水平低，很不适应现代化教育的需要。一是年龄结构。据统计，在全县2463名专任教师中，35岁以下的教师687人，只占专任教师的28%，36岁—50岁的教师1181人，接近专任教师总数的一半，51岁以上的教师595人，占专任教师的24%。这样下去，学校很快就会出现骨干教师断档，教师年龄断层的局面。二是知识结构。据统计，全县本科第一学历的教师只有106人，专科369人，其他教师都是中师和高中学历。尤其是50岁以上教师绝大多数是80—90年代民转公教师，他们学历低，基本没有接受过专门的师范教育。三是专业结构。调研发现，全县英语、计算机和艺体类师资短缺，这些课程难以开全，影响了学生的全面发展。以县城第三小学为例，该校有专任教师70人，其中公办教师62人，代课教师8人。专任公办教师中，30岁以下的年轻教师没有，30岁至40岁的教师22人，41岁至50岁的教师27人，50岁以上的13人。62名公办教师的平均年龄为43.8岁，而且绝大多数为女教师，不少人健康状况较差，不能胜任全负荷的教学工作。其他专业教师，只有一名54岁的体育教师，微机等专业和技术性较强的课程，都难以正常开课。县城学校尚且如此，农村学校更为严重。

3、管理制度不够健全。具体表现为：一是教师超编。据统计，目前全县教师超编505人。以样田中学和镇宁堡九年一贯制学校为例。样田中学在编教师35人，在校学生92人，平均一个教师教3.5个学生，教师超编27人。镇宁堡九年一贯制学校有教师87人，小学在校生274人，初中在校生126人，经核编，学校教师超编40人。二是在全县教师超编的情况下，却又雇佣了代课代工人员近300人，造成了人力资源的严重浪费，增加了学校和财政负担。三是个别教师在编不在岗，吃空饷。四是借调教师情况严重。据统计，2003年以来，乡镇教师借调到县城有78人，乡镇间借调25人，均未办理调动手续，面临要实行绩效工资，这些借调教师难以考核，给绩效工资的实行增加了难度。五是教师工作考核制度不健全，奖惩机制不完善。六是个别教师职业道德差，办学行为不规范，以办班补课为名，向学生乱收费，在社会上造成不良影响。

4、教学质量不高，学生外流现象严重。我县几年来，由于骨干教师大量外流，造成高考质量的滑坡，进而造成了优秀初中毕业生的外流。而就初中和小学现有的师资队伍状况和学校管理水平，教学质量也不能令人满意。中考成绩在全市属中下等水平。2008年参加中考的学生1600人，其中优秀毕业生只有96人，优秀率6%。2008年小学毕业生2734人，而升入本县初中学校的是2536人，有近200人流失。

5、校园周边环境混乱，影响了学校教育教学秩序。县城和乡镇所在地学校附近都有面向学生的商贩摊点，产品质量令人担忧。二中和龙关小学校外就是市场，喇叭声、叫卖声影响了学校的安宁，学校出入道路时常被摊位车辆阻断，课堂教学受到严重影响，师生安全得不到保障。学校周边有大量网吧、游戏厅，甚至是赌博机，据调查，全县学校周边注册网吧就有23家，其对青少年的健康成长危害极大。

6、学校建设欠债较多，公用经费不足。经教育部门统计核实，"普九"和中小学布局调整共欠工程款达2288万元，承包学校建设工程人员不时到校索要工程款，对学校的安全稳定产生了不利影响。学校公用经费，扣除烤火费，所剩不多，只能维持低水平运转，不能保证教学方面和图书、仪器购置以及现代化教学手段升级改造方面的有效投入。

7、职业教育有待进一步加强。我县职教中心，占地只有28亩（省里规定不能少于50亩），实验、实习条件很差。除了有微机室和理化生实验室以外，属于技能性的学习实习车间一个也没有，专业师资不足，图书资料建设不达标，从而极大地制约了职业教育的发展，直接导致的后果就是教育质量难以保障，生源不足。另外，学校尚有600多万元工程欠款。

8、民办教育发展滞后。全县民办学校只有新世纪学校一所，办学条件达不到规定要求。民办幼儿园参差不齐，很多是无证办园，缺乏有效的监管，质量难以保证，安全存在隐患。

四、几点建议

我县要实现可持续和跨越式发展，办好教育是基础。因此，要以科学发展观为统领，正确处理经济建设和发展社会事业的关系，确保优先发展教育事业，在建设经济强县的同时，也要建成教育强县。为此提出以下建议：

1、认真规划，加大投入，建设精品学校。根据我县农村人口减少，生源减少和新农村建设的不断推进，要进一步加大农村中小学布局的调整力度，总的思路是：初中基本集中到县城和龙关两个点，集中解决好二中和三中两个学校的建设问题。全县办成两所规模较大的标准化初中，近期内适当保留个别的九年一贯制学校。农村小学基本集中到乡镇所在地，进一步整合教育资源，一个乡镇（除赤城镇以外）办成一所标准化小学，适当保留村级小学和教学点。今后要把教育投入的重点放在县城。当务之急是二中的建设，县政府已经列入议事日程，要抓紧规划，抓紧建设，早日受益。要多方筹资，新建和扩建县城小学、幼儿园。要把小学和幼儿园的建设纳入县城建设的发展规划，以保证城镇化建设对教育发展的需要。逐步减少小学的班容量，逐步实现小班授课制，以实现城乡教育的均衡发展和教育公平。

2、强化管理，健全制度，建设高素质教师队伍。一是改革校长和教师任用制度，要创造条件逐步实施校长和教师聘任制、结构工资制。要严格规定校长的任职资格和任期，定期轮换，建立对校长的奖惩制度，依法赋予校长办学自主权。教师要通过聘任和竞争上岗，使不适合作教学工作的教师转岗，从事其它管理和服务工作。建立科学的教师工作评估制度，通过优胜劣汰，奖优罚劣和强有力的思想政治工作，激发教师的工作热情。二是要进一步建立健全教师调配和交流机制，赋予教育行政部门必要的调配权，以更有利于强化对教师队伍的管理，更好地服务于教学工作。当前要抓紧解决借调教师的手续问题，以保证绩效工资制度改革的顺利进行。教育部门要科学调配教师资源，超编学校教师要调往缺编学校。彻底清退代工代课人员，按照有关规定，坚决清理在编不在岗人员。三是要按照“减一补一”的原则，建立新教师补充机制，不断改善教师队伍的年龄和专业结构。四是大力加强教师的业务培训和职业道德教育，不断提升教师的业务能力和思想道德水平，端正办学行为，办人民满意的学校，做合格的人民教师。

3、把教育工作的重点转移到全面提高教育质量的轨道上来。县文教局要把主要精力放在抓教育教学上。各级各类学校都必须全面贯彻教育方针，全面推行素质教育，坚持以德育为首，以教学为中心的办学指导思想，创造有利于教师立业，学生成才的校园文化。要建立起科学的教学工作评价指标体系，开展教学工作达标创优活动，不断深化教育科研工作，实施科研兴校战略。要杜绝课堂教学少、慢、差、费，教师补课收费的不良行为。要树立教学工作方面的典型和标兵，对教学工作优秀的学校和教师要给予重奖，职称评聘、晋级晋升、评模选优等都必须向一线骨干教师倾斜。

4、统筹规划，促进我县职业技术教育健康发展。我县要在办好普通教育的同时，努力办好职业技术教育，使教育工作更好地服务于我县的经济建设和新农村建设。一是要增加投入建设和专业相配套的实验室和实习车间。学校也要开拓思路，把工业园区建设和农业产业化龙头项目建设作为学生实验实习的重要资源，认真加以开发。二是要配备紧缺的专业师资力量。三是要大力改革办学模式，实施开门办学、联合办学，面向市场和本县经济建设办学，加大为农民就业服务的培训力度，努力提高办学的质量和效益，使我县职教中心尽快进入省级重点学校行列。

5、努力化解学校外债，提高学校公用经费保障水平。学校外债多是一个不稳定因素，要通过争取国家专项资金投入、校产置换和财政配套等多种途径筹资，逐步予以化解。要随着财政收入的逐年增长，逐步提高中小学公用经费标准。特别要对学校图书仪器的购置、现代化教学设施的配备和升级改造所需要的经费单列预算，予以保障。

6、全社会要共同努力为青少年的健康成长创造优良环境。全社会关心支持教育，是促进教育事业健康发展的重要外在因素。政府要进一步协调和动员各级各有关部门和全社会都来支持和关心教育工作。特别要进一步加大对网吧、电子游戏厅和学校附近商贩摊点的整治力度，加大学生食品卫生的管理力度，加大学生上下学和住校生乘车的管理力度，确保学生安全。有关部门要强化学校的治安管理，对到学校滋事的不法分子给予坚决打击，确保学校正常工作生活和教学秩序。

7、积极发展民办教育。认真贯彻《中华人民共和国民办教育促进法》，积极发展民办教育事业。县政府要制定优惠政策，吸引民间资本投资兴办民办教育，对现有的民办幼儿园要加强监理，逐步达到国家规定的办园条件和办园标准，促其健康发展。

以上报告，不妥之处，请指正。

发展替代产业　促进经济转型

——关于调整经济结构、转变发展方式，确保县域经济平稳较快发展的调查

政协赤城县委员会

（2009年8月17日）

按照年初工作安排，7月29日至30日，县政协带着如何调整经济结构、转变发展方式，确保县域经济平稳较快发展的课题，组织部分政协委员和相关部门的负责同志，先后深入国华风力发电施工一线、攀宝科技有限公司、马营力寿荷生产基地、镇宁堡鸿鑫养殖场和样田万亩蔬菜园生产基地进行调研。在此基础上，参加调研的政协委员和部门负责同志就全县经济运行状况进行了座谈，形成了共识。

一、县域经济运行态势看好

去年发生的国际金融危机不仅导致了全球经济下滑，而且也不同程度地影响了我县经济的健康发展，最明显的是铁矿业发展受到了很大冲击。在这样严峻的形势下，为了使我县经济不出现大的滑坡，并且能够保持平稳较快发展，县委、县政府审时度势，视挑战为机遇，坚持从调整经济结构入手，决心转变原来过度依赖铁矿产业，接续替代产业未

能及时跟进的经营理念，着力探索谋求新的经济发展方式和增长点，在确保铁矿业稳中有升的基础上，积极发展替代产业，促进经济转型。经过县乡共同努力，项目建设有了突破性进展。到目前，全县重点项目53个，总投资42.8亿元，年计划投资21.2亿元，其中3000万元以上项目31个，年计划投资18.6亿元；超亿元项目16个，列入省重点项目4个，项目总投资13.5亿元。在53个项目中相继开工建设的重点项目22个。其中：农业项目9个，工业项目5个，城镇及基础设施建设项目5个，旅游项目3个。这些项目建成并投入运营以后，我县经济将会呈现出总量扩大、结构优化、增长加速、质量提高的良好态势，经济发展活力和后劲将会明显增强。

（一）不断解放思想，始终保持负重加压的创业精神。面对严峻复杂的经济形势，县委、县政府以解放思想为先导，牢固树立科学发展观理念，明确提出："项目推动、开放带动、民营促动"三大战略，把项目建设作为"保增长、调结构、强基础、惠民生"的核心之举，通过抓项目拉动经济和社会发展。在项目的谋划和实施上，抓住国家扩大内需，增加投资的有利时机，重点围绕产业结构调整和优化升级、基础设施建设、重大民生工程、生态环境等方面，精心谋划一批符合国家产业政策的战略投资项目；狠抓一批立县支撑项目；盘活一批富民龙头项目；储备一批后续增长项目。在项目落实上，坚持一个项目、一名领导、一套班子、一笔经费、一抓到底。县四大班子领导、各乡镇县直各部门都主动联系项目，引进项目，并负责项目的落地和实施。在全县初步形成了加快发展无障碍，干事创业无禁区，以创业应对危机，以创业促进发展的浓厚氛围。

（二）创新招商引资方式，大力发展优势替代产业。针对产业项目不多，资本实力不强，发展后劲不足的问题，积极探索谋求新的经济增长点，加快聚集一批优势产业。**一是依托农业资源优势，加快发展高效农业**。我县是农业大县，农业资源相当丰富，如何使农业大县变成经济大县，难在农业，但希望也在农业、农业发展了，也能富民强县。基于这样的认识，县委、县政府及时转变发展观念，坚持以科学发展观为指导，以工业化的思路考虑农业，把农业当作项目来抓，当作企业来办，积极创新招商模式，拓宽招商领域，坚持走出去、引进来，通过产业链招商、以商引商、代理招商等方式获得农业发展所需的资金、技术、人才和先进的管理经验等要素，实现由传统农业向高效农业、现代农业的转变。到目前农业项目引进了9个，这些项目大都属于富县富民产业。由中国北京利农集团、河北鑫科公司投资兴建的样田乡供京万亩蔬菜园区项目分布在沿白河的杨家坟至灰窑子9个行政村，计划投资1.5亿元，分3年完成。2008年，试种无公害蔬菜1800亩，农业观光园120亩，带动农户种植蔬菜700亩，当年实现产值2000万元，农户增收460万元。2009年完成投资5000万元，新打机井14眼，建设膜下滴灌工程4000

亩，全部种植蔬菜，带动周边农户种植蔬菜1500亩。该项目全部建成后，一年下来，不仅可为农民增收2800多万元，而且还能为2000多人提供就业，实现务工收入1200多万元。由美儿特达（赤城）生物工程技术有限公司投资发展的万寿菊种植加工项目，计划总投资1.5亿元，在全县种植万寿菊6万亩，建设初级加工厂3座、精深加工厂1座，分3年完成。正常年景下，万寿菊亩产可达3吨，亩均收入可达1500元，比种植农作物亩增收1000元，项目建成后，年可实现销售收入9000万元。2009年完成投资5000万元，在马营乡种植万寿菊5000亩，尽管遇到了大旱，长势还不错。新建的叶黄素提取加工厂和年产2000吨的万寿菊颗粒生产线基本竣工，8月底即可试生产。**二是发挥工业基础优势，进一步把铁矿产业做大做强**。我县的铁矿业开发具有相当基础，但产出大都属于资源型初级加工的低附加值产品，处于产业链和价值链的低端。为了变低端为高端产品，在努力做好与宣钢集团开发的250万吨球团生产项目的同时，计划分期投资21.5亿元，建设年产达到1000万吨铁精粉的采选基地。项目分三期实施。2009年计划完成投资8.5亿元，建设选厂8座，全县铁精粉生产能力将达到760万吨。**三是培育科技优势，积极发展新能源产业**。独石口冰山梁风力发电项目是省重点项目之一，总投资5.5亿元，一期工程装机容量为49.5mw，设计年上网电量1.2771亿千瓦时。2009年计划完成投资2.5亿元，完成塔筒基础建设及风机安装工程。目前已完成投资1.8亿元，83台风机基础施工全部完成，修建进场和场内道路20公里。北京友合攀宝科技有限公司充分利用沸石资源，在独石口镇新建一座矿物质有机肥生产线，并开发研制生产出攀宝牌矿物质有机肥，为我县又增添一项新能源产业。**四是挖掘旅游资源优势，推动旅游产业提档升级**。在去年全面实施温泉度假村升级改造的基础上，大力招商引资，开发新型旅游产业。今年，引进北京桥山天健管理有限公司、投资5亿元，在镇宁堡乡葵花村建设摩天岭国际滑雪度假村，规划总面积20多平方公里，分三期实施，建4个相对独立的滑雪区，一个风景观光区和一个生态农业区。引进锡林郭勒盟龙盛集团公司，投资1.8亿元，在东万口塘子庙温泉建设赤城塞外仙都温泉度假城。引进北京鑫地农业发展有限公司，在后城镇河西村，投资2.1亿元，建设赤城县京北水城旅游度假村。这三个新的旅游项目建成后，将为搞活我县旅游产业起到龙头带动作用。

（三）着力推进城市转型，拓展经济发展空间。为更好地落实省委、省政府提出的城市面貌三年大变样的要求，我县从拉开城市整体框架、细化城市功能分区、提升城市品味、保护生态环境和改善民生的现实需要出发，重修城市发展总体规划，进一步明确功能分区和定位，以城市建设为依托，实现工业化与城市化良性互动，以产业促进人口聚集，全力打造山水园林生态城市，以增强承载拉动经济增长的功能。在已完成汤泉河综合治理一、二期工程的基础上，今年又拉开了白河综合治理工程的序幕。该工程预计总投资15亿元，分三期实施，总开发治理面积1.1万亩，拆迁面积8万平方米，蓄水面积170万平方米，蓄水量350万立方米，可开发利用土地6700亩，北起大榆沟，南至老幼屯，全长8300米，设置4个人工湖，17座桥梁。一期工程于2009年开工，投资3亿元，建设第一、二蓄水段，1号湖区，白河大桥，治理面积1000亩。为了进一步改善人居环境，从去年开始相继开发了东关住宅小区和宏达阳光时代广场商住小区两大民生工程，为居民增加住房面积20多万平方米，同时，实施新建了第一小学、第一幼儿园教学楼，极大地改善了原来的教学条件。

（四）创新有效工作机制，为经济运行营造良好环境。一是建立新型管理体制，完善服务手段，提高服务水平。按照“精简、统一、效能”的原则，分别建立了行政审批服务中心和便民服务中心两个综合性办事机构，实行一站式办公、一条龙服务，减少了管理层次，简化了审批手续和办事程序，有效地提升了工作效率。二是层层落实工作目标责任制，对每项工作进行细化量化，定期调度，督查通报，严格考核，跟踪问责。三是实施有效的激励制约机制，大胆启用能人，加大表彰奖励力度，鼓励全民创业，促进经济发展。

二、经济运行中的不足和困难

通过调查分析使我们清醒地看到，县域经济发展总的形势是好的，但与先进地区相比，用科学发展的观点来衡量，还有许多不足和困难需要加以改进和克服。主要表现是，面对严重复杂的经济形势，一些部门、乡镇领导不是积极想办法去应对，而是怕负责任，等待观望；有些项目前期谋划起点不高，和国家产业政策、本地优势结合的不够紧密；有的项目前期论证不完备，难以吸引投资方；有些项目虽然被列入省重点项目，但建设速度慢，没有实质性进展；个别项目存在着圈而不建、推三推四、互相扯皮等问题；还有的项目已经奠了基，因建设资金不到位，迟迟不能开工；由于我县园区建设滞后，有些重大项目出现了有项目无土地的情况，影响了项目的签约落地。

三、有益于今后发展的对策与建议

（一）锐意进取，积极应对。金融危机虽然对眼前的经济发展带来某些影响，但从实质和长远看，它有利于我们按照科学发展观的要求，更好地实现发展模式的转变和产业结构的进一步提升。从我县实际看，为了使经济社会保持平稳较快发展，可以加大经济结构调整力度，使资源和品牌的优势得到更优的互补；可以改变经营策略，划转危机，推动经济社会全方位发展；可以创新技术、创新管理，使产品更具竞争力。

（二）加强宏观调控和微观管理，推进项目建设再上新台阶。今后引进新上项目应紧紧围绕国家产业政策导向，抓住国家扩大内需、保增长的良好机遇，积极组织力量，谋划一批符合产业发展规划和赤城实际，有利于与京津对接的新项目，争取纳入国家、省、市大的规划盘子。在项目引进上，必须突出择商选资的理念，提高准入门槛，不能一哄而上，急于求成，尽可能避免出现引进的企业资质弱、建设能力差的问题。要进一步完善项目储备库，突出解决好项目工作中涉及的环保、土地、节能、安全等问题，形成项目梯次推进、有效续接格局。要切实加强项目的管理和服务。对已签约的项目要注重跟踪督查，加强协调和调度，切实做到有线索的项目不签约不放松，签约的项目不进资不放松，进资项目不投产不放松，投产项目不做大不放松，力求每个项目都能够取得实效，不放空炮。同时，要完善项目动态管理机制，推行重点项目进入、退出制度。对新引进的好项目、大项目及时纳入重点管理范围，予以重点保护和支持，对建设速度慢、效益差、圈而不建的项目尽快调出重点管理范围，并取消各种优惠待遇。要强化考核，严格奖惩，切实发挥好各级领导包项目的作用。要继续推行行政公示制、服务承诺制、首问负责制，限时办结制和责任追究制，为投资者提供“一厅式”办公，“一条龙”服务。加快现代信息、科技、物流、商务和法律等新型行业协会建设，为项目建设和企业发展提供优质服务。

（三）加快产业结构调整步伐，增强经济发展后劲。一是继续实施“工业立县”战略，延升产业链条，开发高附加值产品。借助当前铁矿产品市场低迷的时机，加快现有矿产资源整合，淘汰一批小矿，发展一批规模型、集约型采选企业。在此基础上，也要注重其它矿种和非金属矿开发和新能源开发，上一批新能源产业。二是推进农业产业化向纵深发展。大力推广样田乡的经验，围绕北京发展城郊农业、现代农业，要突出特色，以特色扩基地、建龙头、兴产业、富农户。三是培育旅游后续产业，抓好龙头项目带动，打造精品旅游景点，抓好旅游产业链的衔接工作，以旅游促动相关产业发展。四是加快产业集聚区建设。产业集聚区建设要与城市建设相结合，按照“主轴东移、西突南扩、引水进城、功能分设”的总体思路，进一步拉大城市框架，拓展城市空间，优化城市布局，彰显城市特色，增强城市功能，实现产业对接。要抓住张曹铁路和张承高速在我县建设的有利时机，抓紧落实产业聚集区（赤城镇）的规划论证和土地调整，尽快启动“三通一平”等基础设施建设，整合要素资源，完善优惠政策，搞好重大项目引进和入驻，切实把产业聚集区打造成我县对外开放的窗口、招商引资的载体，发展提速的平台。同时要借助张曹铁路在我县境内设站的有利条件，及早谋划物流园区建设，着力打造核心经济带，增强产业聚集效应。

（四）拓宽思路，破解瓶颈，切实解决建设用地和资金短缺问题。解决好项目建设用地问题，可以通过两种渠道。一个渠道就是通过向上级部门争取，把那些符合条件的项目尽可能列入省重点项目，这样用地指标就可以由省重点项目建设专项指标来解决。另一个渠道就是搞好工业园区建设，提早征得置换一部分土地，以留备用。切实解决融资难问题，至少要从三方面去努力。一方面，要全力争取国家建设资金，下大力谋划论证一批大的社会事业项目，争取得到国家和省市扶持。另一方面，要积极争取信贷资金。充分发挥中小企业担保中心的功能与作用，优化金融环境，改善银企关系，搭建银企合作平台。再一方面，要努力吸纳外来资金。突出招商重点，拓宽招商领域，通过采取以会招商、以节招商、以商招商、以友招商、以网招商、代理招商等措施，尽可能延长招商触角，吸引更多的知名人士、知名企业来我县投资、建设和发展。

政党

中国共产党赤城县委员会

概 述

2009年，中共赤城县委全面贯彻党的十七届三中全会精神，深入贯彻落实科学发展观，以“保增长、调结构、强基础、惠民生”为目标，突出项目建设，开放创新，特色创优，全民创业，继续推进工业立县、农业产业化、城镇建设、生态旅游四项重点工作，着力建设矿产资源开发规范县，打造靓丽县城，建设社会主义新农村，更加注重民生和社会和谐，切实加强党的建设和廉政建设，努力开创又好又快发展新局面。全年实现地区生产总值34.9543亿元，比上年增长5.5%；全社会固定资产投资完成27.49亿元，比上年增长51%；全部财政收入完成4.6208亿元，比上年增长—20.8%，其中地方一般预算收入完成2.0662亿元，比上年增长14.2%；农民人均纯收入2654元，比上年增长6%。

项目建设。坚定不移地把项目建设作为总抓手，增强了发展后劲，项目建设在困境中取得重大突破。全年共实施重点建设项目53个（其中列入省重点项目4个，市6个），完成投资16.55亿元。特别是促成了张唐铁路途经我县顺利通过国家发改委批复；争取到了2125万元中央彩票公益金扶贫开发项目。促成8个铁矿采选项目建成投产，新增铁精粉生产能力100万吨，达到700万吨。积极延伸产业链条，宣钢·赤城宝龙炉料公司已于12月28日正式揭牌成立。同时，非金属矿开发步伐明显加快。总投资35.2亿元，装机容量40万千瓦的国华·赤城风电项目，一期工程投资5.5亿元，装机容量4.95万千瓦，已安装风机15台；二期工程正在进行项目核准，前期工作进展顺利；三期工程已完成项目测风。先后引进美尔特达、绿富隆、北京二商、华田牧业等一大批投资规模较大、辐射带动能力较强有龙头项目，初步培育了设施蔬菜、万寿菊、肉鸡、肉牛、食用菌、中药材等一大批特色农业主导产业。同时，高质量完成了21世纪“首水”、京冀密云水库上游生态水源涵养林建设等生态工程。

城镇建设。投资500万元，聘请了清华大学规划设计院，对县城进行总体规划修编和控制性详细规划，规划总面积由现在的5.74平方公里扩大到35平方公里。着力打造京北水城，投资15亿元的白河县城段综合治理工程进行了开工奠基，为新一轮大规模城市建设拉开了序幕，一期工程完工后，可行船游岛。继续实施汤泉河综合治理二期续建工程，治理河道950米，建成斜拉式步游桥及滨河公园。改造街道23条，东关集贸市场、世纪华联超市和新建的第一小学、幼儿园相继投入使用，实施了污水处理厂和垃圾填埋场工程，新建了县应急救援指挥中心。

民生工程。实施了宏达阳光小区、东关小区等开发项目，建成住宅楼16.4万平方米，新建廉租房94套。同时，结合新民居建设，为14个新民居建设示范村硬化街道15.1万米，新建住房870间，改建住房738间，安装路灯280盏，街道绿化植树5万余株，新建成文化广场11处。全年发放社保资金5643万元、救灾资金421万元、城乡居民最低生活保障金2314万元，基本实现应保尽保。新型农村合作医疗参合人数达18.6万人，参合率75.5%。扶贫开发扎实推进，全县32个村6945人实现脱贫。在农村新建安全饮水工程44处，解决了1.8万人饮水困难问题；完成村村通工程134.8公里。文化教育水平不断进步。教育教学条件进一步改善，教学质量不断提高，特别是高考成绩明显提高。举办了高质量的彩色周末活动25场，丰富了群众文化生活。积极开展群众性体育活动，被国家体育总局评为全国群众体育先进县。

社会稳定。圆满完成了国庆安保任务，荣获了市国庆安保工作先进集体，23人立功受奖；县委、县政府对73个国庆安保工作先进集体和228名先进个人进行了隆重表彰。健全了县委书记和县级领导接访长效机制，完善了县级领导和乡镇部门领导包信访案件制度，充实了信访工作力量，信访问题得到有效解决。深入开展了平安赤城创建活动，在全县政法干部队伍中开展了思想整顿活动，干警素质进一步提高。深入开展了社会治安综合治理和严打整治斗争，营造了安定和谐的社会环境。

组织建设。创新用人机制，按照尊重基层党委和注重选拔优秀年轻干部原则，调整干部3次，提拔实职科级干部90人，其中正科18人，副科72人。按照公开、公正、择优录取原则，公开招录招聘教师74名，公开安置转退军人28名；公开选拔团县委副书记2名。全部完成了村委会换届工作。全面落实了“一定三有”机制，为316名村干部办理了养老保险，对全县440个行政村的党组织书记进行了集中培训。紧紧围绕“党员干部受教育、科学发展上水平、人民群众得实惠”的目标，扎实开展学习实践和作风建设年活动，通过精心组织，创新活动载体，突出实践特色，转变干部作风，狠抓工作落实，圆满完成了第二批学习实践活动任务，达到了预期目标。夯实基层组织建设，引导重点村党支部与驻村企业联动开展“村企联建”活动，创造性地在北京成立了“赤城县驻京流动党员党总支”。

中共赤城县委领导成员名单

书　记：赵占华

副书记：申全民

　　　　王　波

　　　　欧阳文捷（挂职）

常　委：赵占华

　　　　申全民

　　　　王　波

　　　　欧阳文捷

　　　　孟来年（6月任）

王崇辉
郭献林
白凤鸣
杨启旭
杨春霞（女）
郭文奎
赵彦朝

地　址：府安东街2号
邮　编：075500
电　话：6312275　6312276

重大活动

【赴先进地区考察城建工作】 3月3日～4日，县委书记赵占华带领县直单位有关部门负责人赴辽宁省铁岭市、河北省迁安市（县级市）考察城市建设工作。在听取两地分管城建工作领导的城市建设经验介绍后，分别参观了他们城市建设模式和典型工作。

【赤城·北京项目签约】 3月10日，县委书记赵占华率团赴旅游团赴北京国际饭店参加赤城·北京项目签约对接洽谈会。北京市企业界代表和市农委、发改委、水务局等部门，赤城县部分乡镇、单位负责人参加洽谈会。会上签约项目8个，总投资8亿元。

【为全县22个项目举行开工奠基仪式】 6月8日，举行白河综合治理等全县22个重点项目开工奠基仪式。市委书记许宁，市人大主任曹英忠，市长郑雪碧，市政协主席乔登贵等市四大班子主要领导及县领导赵占华等为工程开工奠基。

【赴衡水市考察城建工作】 8月25日～27日，县委书记赵占华带领四大班子主要领导及县直有关部门负责人赴衡水市考察城市建设工作。考察组一行先后参观考察了冀州经济开发区、衡水湖及滏阳河综合治理等工程，为县城改造和白河综合治理学到了可借鉴的经验。

【国庆安保工作调研】 8月31日，9月3日，县委书记赵占华带领部分县级领导分别深入到独石口镇、白草镇、炮梁乡按照白河、黑河、红河三个片区调研了各乡镇和有关单位国庆安保工作。分片听取了各乡镇和有关部门国庆安保工作的情况汇报，并提出了指导性意见。

【王会平巡视督导】 9月22日，以省政法委副书记，省综治办主任王会平为组长的省国庆安保下访、接访巡视督导组来赤城县巡视督导全县国庆安保工作。市委常委、政法委书记李建举，县委书记赵占华，县委常委、政法委书记郭献林等部分县领导陪同督导。

重要会议

【县委十届五次全会】 1月8日，在县政府五楼会议室召开中国共产党赤城县第十届委员会第五次全体会议。全体县委委员参加会议。县纪委委员和不是县委委员的县级领导干部，各乡镇党委书记、乡镇长，县直各单位及国有林场、国办中学、县医院、中医院、云州水库的主要负责人列席会议。县委书记赵占华受县委常委会委托向大会作了题为《保增长、调结构、强基础、惠民生，努力开创赤城又好又快发展新局面》的工作报告。总结了2008年的工作，提出了2009年的工作方针和奋斗目标。会议还通过了第十届县委候补委员谢春力同志递补为第十届县委委员。

【县委十届六次全会】 12月22日，在县政府五楼会议室召开中国共产党赤城县第十届委员会第六次全体会议。全体县委委员参加会议，县长申全民主持会议。县委书记赵占华代表县委常委会向大会作了题为《坚定信心、科学发展，为实现富民强县目标而努力奋斗》的工作报告。报告指出，面对经济危机要增强信心、科学安排产业布局，努力打造新的经济增长点，促进全县经济更好更快发展。

【第一次常委会】 1月6日，县委召开第一次常委会议。会议议题：1、讨论县委十届五次全会报告；2、讨论县委十届五次全会准备通过的《关于加强农村基层组织建设的决定》、《关于打造矿产资源开发规范县的意见》2个专件；研究其它事宜。

【第二次常委会】 2月24日，召开第二次常委会议。会议议题：1、讨论通过赤城县第一批科学发展观学习实践活动实施方案；2、讨论通过2008年乡镇和县直单位领导班子和领导干部考核结果；3、讨论编委办提交的农牧局、文体办、农开办机构设置事宜；4、讨论县委组织部提交的人事问题。

【第三次常委会】 4月9日，召开第三次常委会议。会议议题：1、听取县护林防火指挥部汇报当前工作及近期森林、草原火灾处理意见；2、听取2009年城建重点工作汇报；3、听取建五星级宾馆筹建情况汇报；4、研究机构编制办公室提交有关事宜；研究组织部提交的人事问题。

【第四次常委会】 5月6日，召开第四次常委会议。会议议题：1、通报当前矿山生产及安全情况；2、提交2008年考核结果；3、通报赴省跑办项目情况；4、通报项目落地情况；5、通报全县新民居建设意见和党政领导包村安排。

【第五次常委会】 5月26日，召开第五次常委会议。会议议题：提交讨论县委《学习实践发展观活动聚焦提炼问题的报告》；2、市指导检查组组长张志福讲话；3、讨论其它事宜。

【第六次常委会】 5月31日，召开第六次常委会议。会议议题：1、召开学习实践活动专题民主生活会；2、汇报村干部培训准备情况；3、汇报“6.8”活动筹备情况。

【第七次常委会】 6月12日，召开第七次常委会议。会议议题：1、汇报6.8活动开展情况；2、安排当前党务工作；3、安排当前经济工作；4、传达市委常委（扩大）会议精神。

【第八次常委会】 7月12日，召开第八次常委会议。会议议题：1、传达孟来年任县委常委的通知。干部任职稳定的通知。关于处置新疆7.5事件的通知；2、研究公安局看守所事件处置安排；3、安排下半年工作。

【第九次常委会】 7月31日，召开第九次常委会议。会议议题：1、听取第二批科学发展观学习实践活动暨作风建设年工作进展情况；2、听取国庆60周年安保工作汇报；3、传达市新民居建设观摩调度会精神，通报县新民居建设进展情况；4、听取关于公开招聘教师、旅游讲解员情况汇报；5、听取白河治理一期工程进展情况汇报；6、听取四道沟治理方案汇报；7、县长申全民安排当前工作，县委书记赵占华就干部思想作风建设讲意见。

【第十次常委会】 8月11日，召开第十次常委会议。会议议题：通过县交通局局长王志强同志为市交通局副处级干部推荐人选。

【第十一次常委会】 9月9日，召开第十一次常委会议。会议议题：1、传达《市委办公室、市政府办公室关于切实做好2009年国庆节前后有关工作的通知》；2、县级领导汇报分包重点信访案件的解决情况；3、政法委书记郭献林通报当前信访稳定工作；4、县长申全民就国庆安保工作讲具体意见。

【第十二次常委会】 9月23日，召开第十二次常委会议。会议议题：1、通报国庆安保工作；2、通报第三批学习实践活动进展情况；3、提交有关机构设置事宜；4、研究组织部提交的人事问题。

【第十三次常委会】 9月24日，召开第十三次常委会议。会议议题：1、通报国庆安保工作及下步工作安排；2、通报甲流防控工作及下步工作安排；3、通报安全生产情况及下步工作安排；4、通报信访情况及下步工作安排；5、传达中共中央十七届四中全会精神；6、县长申全民、县委书记赵占华分别就以上五项工作讲意见。

【第十四次常委会】 10月19日，召开第十四次常委会议。会议议题：1、传达市委九届六次全会精神；2、通报张曹铁路项目进展情况；3、通报中央专项彩票公益金支持贫困县老区基础建设项目准备情况；4、通报国庆安保表彰会筹备情况；5、通报汤泉广场地下商场建设、出售情况。

【第十五次常委会】 10月29日，召开第十五次常委会议。会议议题：1、传达市委、市政府召开的项目建设暨财税调度会精神；2、通报宣钢·赤城球团厂建设进展情况；3、县长申全民、县委书记赵占华分别讲话。

【第十六次常委会】 12月1日，召开第十六次常委会议。会议议题：研究确定中央彩票公益金扶持的15个重点村情况。

【第十七次常委会】 12月15日，召开第十七次常委会议。会议议题：1、传达《张家口市人民政府机构改革方案》；2、讨论县委十届六次全会报告（讨论稿）；3、讨论《关于加快全县现代产业发展的意见》；4、研究通过进入副处级序列人选。

【第十八次常委会】 12月31日，召开第十八次常委会议。会议议题：1、传达省长陈全国到张家口视察时的讲话精神；2、通报《国家林业局关于准予设立黑龙山国家级森林公园行政许可的决定》；3、通报全县经济工作会筹备情况；4、通报“人代会”、“政协会”筹备情况；5、通报扶贫会筹备情况；6、通报2010年城建工作安排；7、通报2010年民生工作安排。

重大决策

【打造矿产资源开发规范县】 1月8日，召开中国共产党赤城县第十届委员会第五次全体会议，县委书记赵占华在全会报告中提出了“打造矿产资源开发规范县”的战略构思，目标是，整合矿业资源，创新管理体制，延长产业链条，设立矿山治理机构，实现合理开采，主动出击牵引。引进大企业、大集团合作开发，承接钢铁项目转移，将矿产品开发规模做大，力争铁精粉年生产能力达到800万吨。按照县委决策部署，2009年，进一步推进了矿产资源的深度开发和规模开发，加大了矿山治理整合力度，建立起县、乡、村三级监管体系。在龙关、田家窑等6个矿山重点乡镇设立了矿山综合管理办公室，在16个乡镇设立了安监站，强化矿业秩序的监管，使全县矿业开发秩序进一步规范。全县矿产品企业从年初的11家恢复到133家。引进了大企业合作开发矿产品产业，投资4.5亿元的赤城·宣钢百万吨球团厂正在建设之中，预计2011年建成投产。总投资4.8亿元的10个铁矿采选扩建项目已有8家建成投产。截止到年底，铁精粉年生产能力达到700万吨，精粉出境量达到374吨。

（张雁飞）

纪检监察

【概况】 中共赤城县纪律检查委员会（简称县纪委）在中共赤城县委和中共张家口市纪律检查委员会双重领导下进行工作。与县监察局合署办公。主要任务是，维护党的章程和其他党内法规，协助党的委员会加强党建设，检查党的路线、方针、政策和决议的执行情况。

年内，以中央、省、市纪委全会精神为指导，紧紧围绕全县工作大局，加强了纪政纪条规教育，推动了廉政文化示范，农村党风廉政、行政权力监控机制和纪检监察机关四项建设；严抓纠风专项治理、民主评议行风、机关效能建设、专项资金综合治理、工程建设领域五项工作；加大落实廉洁自律各项规定和违纪违法案件查办力度，全面推进了党风廉政建设和反腐败工作深入开展。机关内设办公室、宣教室、信访室、检查室、案件审理室、执法监察室、廉政办、纠风办、监察综合室、效能监察室、干部管理室。

领导成员名单

纪　委

书　　记：杨启旭

副 书 记：刘伯忠

　　　　　李建成

纪委常委：杨启旭

　　　　　刘伯忠

李建成
宋　堂
郭　田
薛建武
王　锦（10月任）

监察局

局　长：刘伯忠

副局长：宋　堂
高晓峰（10月任）

纪工委、监察分局（派出机构）

纪工委书记、监察分局局长：
孟永峰
王安国
王　锦
张宏彪
王卫东
张春杰

纪工委副书记、监察分局副局长：
付志军
张迎春
王志云
李　文（10月任）
孟桂锋
王建国
李永生
田玉森
范长彬

地　址：府安东街2号

邮　编：075500

电　话：6312164

【纪政纪条规教育】　年内，向全县600多名科级领导干部赠送了《关于狠刹不良风气的规定》的“廉政提醒卡”，推进了“十个严禁”规定的贯彻落实。在全县范围内举办“迎国庆——红盾杯”党纪政纪法规知识竞赛，18个单位参加了竞竞赛活动。进一步推动了党纪政纪法规宣传教育的深入开展。

【落实廉洁自律规定】　年内，对全县党政机关2006年至2008年公款出国（境）支出、车辆购置及运行费用支出、公务接待费用支出及用电、用油、用水经费支出进行了检查，共计检查90多个单位，进一步强化了全县党政机关厉行节约意识。

【廉政文化示范建设】　年内，在全县各乡镇、部分行政村建廉政文化一条街、廉政文化广场20多处。工商局、玉辉小学、茨营子乡河口村、雕鹗镇下虎村被评为市级廉政文化建设示范点。

【农村党风廉政建设】　年内，按照“先试点，后推行”的思路，充分发挥乡镇纪工委的组织协调作用，分别在黑、白、红河分三片从不同角度抓3个示范点，同时各乡镇也确定1—2个示范村，明确了每个示范点的目标和任务。8月份，在茨营子乡河口村召开农村党风廉政建设推进会，组织乡镇、村干部现场观摩、学习、交流。9月份，3个乡镇纪工委又按照所辖乡镇分片召开调度会，分阶段、按步骤将试点经验在全县乡村推广，在各乡（镇）村形成了一种创经验、抓规范、促提高的浓厚氛围。

【行政权力监控机制建设】　年内，共取消行政许可项目和非行政许可项目及其他服务项目124项，保留201项。组织各乡镇、县直各单位认真开展查找廉政风险点，确定廉政风险等级，制定风险等级目录工作。制定了县政府本级行政权力廉政风险等级及防范措施目录，在 96 项行政职权中，确定 A 级风险点 24 个，B 级风险点 63 个，C 级风险点 9 个，根据实际，制定了相应的风险预警防范措施。

【县纪检监察机关建设】 本年，制定了《关于加强县纪检监察机关建设的实施意见》（赤发〔2009〕23 号），经县委研究通过。对县纪检监察机关班子建设、人员编制、经费保障及装备设施配置进一步明确，为工作的顺利开展提供了坚实保障。

【纠风专项治理工作】 年内，成立了治理公路“三乱”领导小组，设立了办公室，制定了工作制度。对公安、交通上路执勤人员进行了严格的执法培训，使治理公路“三乱”工作由专项治理向常规化管理转变。会同县物价局组成检查组，对全县各中小学收费情况进行了检查。加强对医疗机构的监管，县医院和县中医院实行网上集中采购药品，集中采购药品总金额占医院用药总金额的比例达到 79%。

【民主评议行风工作】 年内，对全县 50 个参评部门进行了 2 次问卷评议。召开了 1 次听证质询大会，对工商局、交通局、民政局、人事劳动和社会保障局、供电公司 5 个部门的 43 名中层干部进行了民主评议。

【机关效能建设工作】 年内，结合学习实践科学发展观和“作风建设年”活动，对全县 63 个县直单位、5 个服务窗口和 18 个乡镇进行了 2 次暗访。对发现的个别单位工作人员上班期间玩电脑游戏、不遵守作息时间等问题，责令相关单位及人员认真进行了整改。

【专项资金综合治理工作】 年内，对农村沼气、农机具补贴、粮食直补、综合直补、扶贫资金、救灾救济、新农合资金、住房公积金、中央新增扩大内需项目资金进行全面检查。存在的问题全部得到处理纠正。

【治理工程建设领域突出问题工作】 年内，成立了领导小组和办事机构，制订了实施方案，及时召开治理工程建设领域突出问题专项工作会，安排部署相关单位进行摸底排查工作，使一些突出问题得到了遏制。

【对行政审批中心和便民服务中心监管】 年内，成立检查组，对 21 个具有行政许可职能的部门进行了深入细致的检查，清理进厅前使用的审批专用章 7 枚。对检查中发现的个别部门存在的厅外办理等问题，下达整改通知书限期整改。在两个“中心”设立纪检监察室，专门受理行政审批投诉举报，强化对单位的日常监管。

【查办违纪违法案件】 年内，以查处领导干部失职、渎职、涉黑事件、非法占地、插手矿山开发和要害部门“吃、拿、卡、要”乱作为等案件为重点，严肃查办各类违纪违法案件。全县各级纪检监察机关受理群众信访举报 43 件（次），其中来信 39 件，来访 4 次。立案查处各类违纪违法案件 37 件，其中大要案 13 件，结案 37 件，处分 37 人。在领导干部范围内召开了案件公布暨警示教育会。

（孟桂锋）

县委办公室

【概况】 县委办公室是协助县委领导处理日常工作的工作部门。主要职责，了解和掌握全县贯彻党的路线、方针、政策的情况，为县委领导、各级各部门搞好服务。负责县委、县委办公室文件的起草和审核规范工作。承办县委、县委办公室召开的各类会议会务安排和服务工作，负责县委常委会的记录、纪要及工作大事记。承办县委召开各类会议的会务安排，负责县委领导公务活动、社会活动的服务工作。负责和指导全县的信息反馈，做好调查研究，督促检查，机要保密，后勤服务，信访接待、转办等。

年内，紧紧围绕县委中心工作，发挥参谋职能、综合协调、后勤保障三项职能作用，有效提高以文辅政、督促检查、机要保密、信仿接待、会务服务能力，实现了工作水平的新突破。内设秘书科、综合科、信息科、政研科、机要局（保密局）、信访局、督察室、机关事务管理科。在岗人员20人。

领导成员名单

主　　任：白凤鸣

副 主 任：刘　宝

李继章（3月免）

刘　帅（2月任）

李精华（2月免）

督察室主任：刘　宝

副 主 任：何占军

机要局局长：董文林（3月任）

副 局 长：何晓杰（3月任）

地　址：府安东街2号

邮　编：075500

电　话：6312275　6312276

【各类文件、讲话材料起草】 年内，起草各类文件78份，撰写十届六次全会报告等各类报告、讲话、汇报材料等综合性文字材料68篇，共50万多字。全年规范发文252份。

【调查研究工作】 年内，在调研工作中，立足于全局性和战略性，突出前瞻性、决策性，为领导当好“外脑”。县委办公室撰写的《励精图治抓城建，奋战三年展靓容》、《赤城县“兴三风”构建作风建设长效机制》、《优化行政审批服务，打造一流发展环境》等7篇调研文章被省委办公厅、市委办公室内刊采用。其中《破解信访难题的好机制》得到市委书记许宁同志批示，《清洁城乡、保护健康，全力创建省级卫生城》在省委办公厅内刊刊发，为县委决策提供了真实可靠的依据。

【信息采集、编发】 年内充分发挥信息主渠道作用，挖掘深度、拓展广度，全面、准确、及时地反映了各个方面、各个领域正反两方面的重要信息。全年上报市委信息726条，报省信息643条，被中办、省及市《快报》采用389条。其中中办采用29条，省厅采用132条，市委办公室采用228条。《赤城县坚持

"四个狠抓"推进现代农业产业化进程》得到市委领导批示。

【督促检查工作】 年内，一改过去单纯的"奉命"督查和事后督查，积极、主动介入督查。全年组织、参与开展决策督查活动7次，办理市委领导督查件11件，办结率100%，增强了督查工作的时效性和实效性。

【机要保密工作】 年内，重点加强了值班和办报流程，对涉密电报实行"三制"管理，真正做到了有报随到随办，密件严格保管，从根本上杜绝了误报、漏报和泄密事件的发生。全年共收发明传电报1679份，密码电报486份，做到保密、及时、准确，得到中办、省市委机要领导的充分肯定。在值班工作上，被省委办公厅确定为全省党委值班工作先进示范县试点。

【信访接待】 年内，共受理群众来信来访429批3606人次，初访274批2029人次，解决问题257件。

【县委书记大接访】 全年县委书记直接接待来访118批825人次，初访77批453人次，解决问题75件。

【会务接待】 年内，共承担县委十届六次全会、全县农村工作会等重要会议20多场，承办了"6.8"白河综合治理开工暨项目推介洽谈活动，先后接待来赤视察国家级领导4批次，省部级领导46批次，受到了各级领导的一致好评。

【扶贫、示范村建设工作】 年内，为龙关镇周村协调资金200余万元，修建校舍一座，硬化路面2000米，实施1000亩水浇地农开工程，新打机井1眼并配套。为省新民居建设示范村赤城镇西大村协调项目资金60万元，硬化新村道路3600平米，建设文化广场一处。改善了群众生产和生活条件。

【招商引资】 年内，县委办协助招商总投资5亿元的摩天岭滑雪项目，平整初级雪道1条、中高级雪道2条、购买缆车1台；总投资1.8亿元的塘子庙温泉开发项目，已完成50亩的人工湖开挖的土方工程；协调完成了温泉度假村的升级改造工程，旅游设施进一步完善，旅游层次得到极大提升。

（张雁飞）

组织工作

【概况】 中共赤城县委组织部是县委负责党的组织建设和干部队伍建设的工作部门。主要职责，认真贯彻执行党的组织路线和干部政策，负责全县副科以上干部及党群机关干部的监督，负责对名乡镇和县直部门领导班子和领导干部工作实绩考核，掌握全县各级党组织的发展状况，抓好农村基层党组织建设及农村干部党员的培训工作等。

年内，紧紧围绕县委中心工作，不断加强全县干部、党员、人才工作，加强干部监督，组织干部培训，落实农村干部待遇，完善大学生村官的管理，创新流动党员管理方式和组织设置形式，结对帮扶后进支部转化，为全县经济实现跨越式发展提供了坚强的组织和人才保证。机关内设办公室、研究室、干部调配科、干部监督科、干部信息科、组织科、党员电教科。在岗人员 16 人。

领导成员名单

组织部长：杨春霞（女）

常委副部长：张树东

副　部　长：荣贵清

李迎春

基层党建办

主　　　任：李迎春（兼　2 月任）

地　　址：府安东街 2 号

邮　　编：075500

电　　话：6312189

【学习实践科学发展观活动】　3-8 月，县四大班子及县直部门共计 60 个单位、2371 名党员深入开展第二批学习实践科学发展观活动。省长胡春华、省指导检查组组长韩乃义、市委常委、宣传部长郑丽荣、市督导组组长张志福等领导到县调研时给予充分肯定。市活动简报 12 次对全县活动成效予以刊发，其中市委书记许宁，市委常委、市委秘书长李青春对《赤城县大兴实干作风拼抢大项目》作出了重要批示，要求市学习实践办公室进行总结下发全市。9 月 -2010 年 2 月，全县乡镇和农村共计 484 个基层党组织、17232 名党员深入开展第三批学习实践科学发展观活动，其中在流动党员中深入开展学习实践活动的做法，得到省委副书记车俊、省指导检查组组长郑汉先、市督导组组长郝志君等领导的充分肯定。

【增绿添彩工程】　4 月，组织 100 个单位和重点企业实施增绿添彩工程，对县城周边东山、北山进行补植绿化，栽植各类大型苗木 154750 株。

【干部培训工作】　5 月至 6 月，在县委党校先后举办副科级领导干部培训班四期，培训干部 293 名；举办副科级后备干部、大学生村官培训班三期，培训副科级后备干部 200 名，大学生村官 39 名。此外，选派 49 人（次）科级领导干部到清华大学、省委党校、河北行政学院、市委党校等地学习培训；选派 41 人（次）县处级领导干部到清华大学、省委党校、河北行政学院、市委党校等地参加培训；选派 2 名乡镇党委书记到首都钢铁集团挂职锻炼半年；选派 2 名副科级干部分别到省政府办公厅、省委组织部挂职锻炼半年；选派 1 名干部到市委组织部实地锻炼；对 26 名新提拔的县直单位副科级干部和 40 名大学生村官分期分批到县信访局实地工作锻炼 1 个月。

【农村干部培训】　6 月 2 日至 3 日，组织全县 440 个行政村的党组织书记进行集中培训。8 名县处级领导干部做了专题授课。同时邀请市委组织部副部长、基层处处长张迁同志做了专题辅导。同时，组织 146 名优秀村干部参加了东北大学正规化学历教育。

【七一表彰大会】　6 月 26 日，召开全县纪念建党 88 周年暨七·一表彰大会，对一年来表现优秀、成绩突出的8个优秀基层党委、10个先进基层党组织、20个优秀农村党支部、20名优秀党务工作者、20名优秀农村党组织书记、20名优秀共产党员进行了隆重表彰。

【创新流动党员管理方式】 10月12日，在流动党员比较集中的北京地区率先成立了张家口市第一家驻京流动党员党总支，下设6个党支部，管理服务在京务工的412名流动党员。县委主要领导先后3次带队对流动党员骨干进行培训。

【完善大学生村官管理】 11月，由省委组织部、市委组织部公开选聘59名到村任职大学生，（其中：省选23名，市选36名），全部担任村党支部书记助理或村委会主任助理。县委出台了《大学生村官管理办法》，将大学生村官列入乡镇周转编制，按照省、市有关要求落实待遇，由县财政统一发放工资。在干部选拔中，大学生村官与机关干部享有公平竞争的同等待遇。同时，从大学生村官中公开选拔1名团县委副书记，成为全市第一个提拔的大学生村官。

【全市农业产业结构调整座谈研讨会】 11月5日，由县委组织部牵头，市委组织部、市农科院、市农业局等市直单位和其他县区主要负责人参加的全市农业产业结构调整座谈研讨会在田家窑镇召开。期间观看了赤城县第三批学习实践活动、冬暖式大棚、蔬菜种植、窑洞培植食用菌等专题片。市直单位、各县区主要负责人就农业产业化发展的现状、特色和存在问题进行深入交流探讨。

【干部选拔任用】 年内，研究调整干部3次，涉及副科以上干部256名。其中：提拔140名，平调70名，兼职10名，享受待遇1名，到龄离职33名，因工作变动免职2名。2月24日调整干部157名，提拔63名，平调53名，兼职6名，享受待遇1名，到龄离职33名，因工作变动免职1名；4月9日调整干部7名，提拔3名，平调4名；9月22日调整干部92名，提拔74名，平调13名，兼职4名，因工作变动免职1名，并全部建立了干部任用记实档案。同时，加大公开选拔干部力度，选拔团县委副书记2名。

【干部监督】 年内，加大对领导干部离任审计工作力度，委托县审计局对职务变动的17名乡镇、县直部门“一把手”进行了任期经济责任审计。同时，对18个乡镇、65个县直部门和16个垂直管理部门进行了年度考核。

【落实农村干部待遇】 年内，将村干部工资全部纳入财政预算，实行银行化发放。严格按照村党组织书记、村主任补贴400元／月，其他村“两委”干部240元／月的标准，村干部基础职务补贴已全部拨付到位。参照企业职工缴纳养老保险的办法，按照自愿的原则，县财政安排36万元为229名符合条件的村书记、主任办理了养老保险。

【党员电化教育】 年内，制定出台了《赤城县远程教育站点建设施工规范》，建成终端接收站点390个，并全部投入使用。完善《远教管理岗位职责》、

《远教设备管理制度》、《远教播放收看制度》等制度，以“建、学、管、用”为着力点，对党员干部进行培训。真正把党支部建成了宣传政策方针的阵地、实用技术推广的阵地。

【结对帮扶后进支部转化】 年内，出台了《双结对、双服务意见》，通过实行县领导联村、部门包村、工作队驻村“三力合一”促转化方式，实行一年包扶三年捆绑。通过实施”目标管理和项目带动”管理办法，共投入资金320多万元，实施帮扶项目28个，新建修缮“两室”60多间，18个后进党部如期转化。

【创新组织设置形式】 年内，按照位置相邻、强弱互补的原则，打破地域界限，采取“村村联建、村企联建、单独建立”的方式，进一步整合基础设施、人力资源。目前已建起村村联建党组织5个、村企联合党组织4个、产业链党组织11家。

（姜海旭）

宣传工作

【概况】中共赤城县委宣传部是县委负责意识形态方面的工作部门。主要职责，贯彻执行中央关于宣传工作的方针、政策，按照上级党委的要求，部署全县宣传思想工作；组织协调全县思想战线各方面力量，开展宣传教育工作；指导全县理论研究，组织理论学习，理论宣传；领导、指导、协调县新闻单位的工作；组织、协调有关部门做好社会宣传工作；指导全县精神文明建设工作等。

年内，紧紧围绕县委中心工作，全面落实中共十七届三四中全会、省委七届五次全会精神，各项工作在改革创新中焕发活力，在重点突出中整体推进，为构建和谐赤城提供了强大的思想保证、舆论支持、精神动力和文化条件。突出宣传贯彻落实科学发展观，加强理论武装工作；借国庆契机，强抓对外宣传工作；结合重大活动，做好专项新闻报道工作；严格标准，抓好文明生态村创建活动；突出群众文化生活主题，开展宣传文化活动。机关内设办公室、报道科、理论科、宣传科、文明办，在岗人员10人。

领导成员名单

部　　长：赵彦朝
常务副部长：李　江
副 部 长：明锦斌
王　星
地　　址：府安东街2号
邮　　编：075500
电　　话：6312135

【开展千人签名活动】 3月，开展了“创建文明城市从我做起”千人签名活动，全县县直机关干部职工、文明单位干部职工、县城中小学生、社区居民1000多人参加了签名，并组织志愿者发放宣传资料1000多份。

【开展“县城整洁有你有我”主题活动】 3月以来，组织1000多名社会志愿者积极参加清扫汤泉河两岸垃圾、擦洗护栏、清除城市乱贴乱画等卫生清洁活动，引导市民在自觉参与中养成了科学卫生的生活习惯。

【理论武装工作】 3月15日，县委理论中心组在温泉宾馆集中封闭学习1周。各乡中心组集中封闭式学习1次。县委中心组集中学习6次，中心组成员撰写调研文章、心得体会60篇。县委领导班子每人撰写心得体会2篇，理论文章2篇。共征求意见1100条，梳理出具有建设性意见65条，理论科向县委提供参考意见6类共计28条。聘请知名专家学者和市委讲师团到县作理论宣讲报告3次。举办120人参加的理论骨干培训班1期。组建3个宣讲团对18个乡镇及县直各大系统开展十七届四中全会宣讲活动，参加学习人数达3000人。

【开展网上签名寄语活动】 5月，在赤城一中举行2000多人参加的“向国旗敬礼、做一个有道德的人”网上签名寄语活动启动仪式。从5月20日持续到6月10日，发动全县各中小学生以个人名义或采取小组、团队、班级、家庭等组织上网面向国旗敬礼签名，抒发感言，表达心声，使广大未成年人在参与中增强爱国意识，激发爱国情感，努力做一个有道德的人。

【“彩色周末”活动】 从5月20日启动，参加单位21个，演出文艺节目25场次，丰富了城乡群众精神文化生活。该活动于9月20日结束。

【“五个文明”创建活动】 6月，在国税家属小区院内举行由200多名干部、群众参加的“文明单位、文明小区、文明大院、文明窗口”创建活动启动仪式。通过引导小区居民开展丰富多彩的文体活动。倡导尊老孝亲、和谐互让、关心帮助弱势群体，形成了清洁卫生、邻里互让的良好风气。

【“迎国庆，颂祖国”歌咏比赛】 6月16日，组织了庆祝建党88周年暨新中国成立60周年大型歌咏比赛活动。县直15个单位及赤城镇参加了活动，演职人员达到2000人。活动的开展营造了“歌颂党，歌颂祖国，歌颂社会主义”的政治氛围。

【创办《赤城》县报】 7月1日，创办了县内综合性资料《赤城》县报。集中反映各级各单位在项目建设、社会事业、文化生活等方面的动态。全年共出版26期。

【“迎国庆，体育健身”系列竞赛活动】 7月，分别举办了篮球赛、乒乓球赛、象棋比赛及太极拳、武术、健身操表演等。部分乡镇和县直单位近1500人参加了活动。

【举办“青山秀水新赤城”图片展】 7月，在汤泉河广场举办“打造京北靓丽水城，建设生态宜居家园—青山秀水新赤城”图片展，展出照片200幅，从不同的角度展现了县城市容的历史变迁，特别是近三年来城市面貌的翻天覆地变化，鼓舞了广大干部群众的士气，激发了爱我家乡的热情。

【中国美术院赤城采风活动】 7月8日，组织中国美术院艺术家走进赤城采风活动，向样田乡希望小学捐赠了价值80万元的书画作品及文化学习用品，并将黑龙山森林公园作为艺术创作基地并于9月26日举行了揭牌仪式。

【宣传报道培训】 7月9日，集中宣传委员及乡镇、科局宣传骨干200多人参加全县通讯员培训会，对宣传报道理论和宣传的重点进行了培训。

【文明城市创建工作现场会】 8月12日至13日，全市创建文明城市工作现场会在我县召开。市委常委、市委宣传部部长郑丽荣、县委书记赵占华，县长申全民出席了会议。各县（区）委常委、宣传部长，文明办主任，市妇联、市建设局、市爱卫办、市城管执法局主管领导参加会议。与会人员先后参观了我县迎宾大道、宣传文化中心广场、政府东街文明诚信示范街、温泉升级改造工程、汤泉河工程。会上，县委常委、宣传部长赵彦朝作典型发言

【开展演讲和诗歌朗诵会】 9月17日，由县委宣传部组织，县直机关工委承办，举办了“爱我中华，爱我祖国，歌颂社会主义”迎国庆演讲竞赛和诗歌朗诵会。县直30个单位参加了活动，16个单位进入决赛。地税局获得一等奖，国税局、旅游局分获二等奖，矿管局等13个单位分别获得三等奖和优秀奖。

【举办辉煌60年成就展】 10月，举办了庆祝新中国成立60周年，展现全县辉煌成就的大型图片展览。展览共展出摄影图片近300幅，从多角度、多侧面展示了建国来特别是改革开发30年来全县工农业及社会事业取得的巨大成就。参观人数达上万人次。

【干部理论考试】 12月，与组织部联合对全县科级干部进行理论考试。550名科级干部参加考试，参考率达到98%，及格率达到100%。

【举办理论讲座】 年内，围绕落实科学发展观，推动赤城又好又快发展这一主题，举办各种类型的理论座谈达百余次。开辟“解放思想大讨论摘要”专栏，对县四大班子成员及乡科级领导干部的讨论发言进行播放，全年共播出10期。

【新闻外宣】 年内，在市以上报刊发稿350余篇，其中在人民日报、经济日报、光明日报、农民日报、中央人民广播电台、人民网首页、中国旅游报等中央级媒体发稿8篇，经济日报刊发旅游、招商项目专版13个；北京晚报、北京工商时报分别发稿1篇；河北日报、河北电视台、河北经济日报等省级媒体发稿20篇，河北日报作形象专版1个，河北经济日报作形象策划专版1个；张家口日报头版32篇，头版头条9篇，报眼3篇，形象专版6个。被市委宣传部评为2009年度“宣传张家口先进集体”。

【“2.13”、“3.10”、“6.8”大型活动报道】 年内，参与了“2.13”北京·赤城重点项目招商推介会，“3.10”赤城·北京项目签约洽谈会，“6.8”白河综合治理工程暨22个重点项目的外宣工作，并在人民网、北京晚报、经济日报、河北日报、河北经济日报、张家口日报等多家媒体发稿。结合创建省级卫生城市、

庆祝建国六十周年等活动，在张家口日报发专版4个，在河北日报发专版1个。

【编发“科学发展观”简报72期】 年内，共编发“科学发展观”专刊72期，市采编我县简报18期。

【科学发展观宣传】 年内，组织宣讲团和文艺演出队赴基层宣讲和演出14次，编写了《科学发展观40问》、《三字经》、漫画、顺口溜、电视脚本等有关宣传资料进行宣传。张家口日报和河北日报等媒体刊登赤城县落实科学发展观方面稿件20余篇。《赤城》周报刊登科学发展观稿件10余篇。

【创建文明生态村活动】 年内，28个创建重点村，先后投入劳力4500多个，动用机动车1200多辆次，清运垃圾450方，整修残墙断壁11处。硬化道路56.28公里，其中市级村硬化20.988公里。共栽植树木11.7万株，其中市级村栽植树4.5万株。共粉刷墙体2300平方米，刷写规范性宣传标语290条，制作宣传牌188块。19个创建村搬迁新建、改建村委大院，现已改建整修8个，其中市级村已改建整修5个。市级村已有2个村引进项目5个，引进资金5217万元。

（刘建志）

农村工作

【概况】 农村工作部是县委的工作部门，负责全县农业农村工作。主要职责是：贯彻落实中共中央、国务院，省委、省政府，市委、市政府有关农业和农村工作的路线、方针、政策、法令、法规。根据县委的指示，结合本县实际，制定和实施全县农业、农村经济改革、发展的具体政策、方案，推动农村改革不断深化，推动农村经济和社会的全面发展。综合全县农业和农村经济发展情况，组织制定和实施本县农业和农村发展规划。推动农业产业结构调整，指导全县农业产业化经营。协调农口各局及涉农部门的关系，解决农业生产和农村工作中的重大问题。负责向市委农工委和有关上级部门报告全县农业和农村工作情况。并对各乡镇农业和农村工作综合指导、督导检查。

年内，按照年初确定的工作目标、确定标准，进行分类指导。以新民居建设为重点，抓了不同类型的新农村建设；以五大主导产业为重点，推进农业产业化健康发展；以农村种养业和劳务输出为重点，提高农民素质大培训效果；以“难点村”治理为重点，加强基层民主政治建设。农村土地流转管理工作进一步规范，农民专业合作化组织建设实现了新突破，农村财务委托代理工作进一步完善，调查研究工作更加深入，取得了新的成果。

领导成员名单

部　　长：闫东青

副 部 长：田　锐

张新国
地　　址：府安东街 2 号
邮　　编：075500
电　　话：6312154

【新农村建设】 年内，按照“生产发展、生活富裕、乡风文明、村容整洁、管理民主”的要求，在深入农村调查研究，搞好规划的基础上，充分发挥新农村建设办公室的协调指导作用，促进全县新农村建设整体推进。通过实地调研，筛选出有一定经济基础、村班子得力、交通方便且群众积极性高、发展势头良好的 14 个村，确定为新民居建设示范村：其中省级 2 个、市级 8 个（含省级 1 个）、县级 5 个示范村。各乡镇也成立了以乡（镇）长为组长的领导小组，制定了实施方案和规划。县级 14 名党政领导实行一人包一村责任制，具体负责所包村的新民居建设工作。

【制定新民居建设政策】 年内，结合具体实际，制定了《赤城县新民居建设的实施方案》和《赤城县推进新民居建设的若干政策》，对农民参与新民居建设给予若干优惠，并鼓励县内外企业积极参与我县的新民居建设，对支持示范村建设积极性高、贡献大的单位和个人，县委、县委政府给予了表彰和奖励。对投资和捐资新民居建设示范村公益性基础设施或社会事业的企业和个人，资金达到 80% 以上的，允许企业或个人冠名。

【新民居示范村建设】 年内，按照“渠道不乱，投向不变，统筹安排，各记其功”的原则，由县发改局、水务局、扶贫办、林业局、广电局、信用社、残联、供电公司等部门，分别出台支持政策，形成合力，全力推进新民居示范村建设。县财政共为示范村拨付 9 0 万元专项资金，市财政为 9 个省市示范村拨付了总额 5 0 % 的专项资金，部门投入新民居建设的帮扶资金达 96 万元。全年新建平房 870 间，涉及 280 户，楼房涉及 400 户；改建住房 1038 间，涉及 346 户。完成了 11900 米的主街道硬化，安装路灯 115 盏，街道绿化植树 6000 株，新建或扩建文化广场 9 个，新建垃圾池 21 个，新、改建房屋基本达到了“三新六有”、“五通五有”及“四化一处理”的标准。

【一事一议工作】 年内，加强对农村“一事一议”工作的监督管理。全县统一发放省印制的专用收据 1850 册，规范全县“一事一议”的会计核算方法。配合财政局对上年“一事一议”工程项目进行验收，对本年“一事一议”申报的工程项目进行审核。

【农民素质大培训】 年内，共培训农民 91360 人，其中集中办班 516 期，培训农民 52860 人，通过媒体等渠道普训 38500 人。发培训明白纸 46900 份，发放培训书刊 11360 册，培训师资 4390 人，有 216 位农民现身说法 566 次，培训涉及农户 46820 户，输出劳力 4860 人，有 2200 名干部下基层参加培训。

【“难点村”治理】 年内，通过排查摸底共确定出 22 个“难点村”，每年对其中 3%左右的村进行重点治理，列入本年治理的 13 个村。结合“难点村”

实际，建立健全以村民会议、村民代表会议的村级民主决策制度，加大对村务不公开、假公开、违规决策、违法管理的责任追究力度，健全和完善对村务公开民主管理工作的监督管理制度，问题举报及信访案件的查处制度。对每个“难点村”，都派出由3至5人组成的工作组，通过采取多项措施，使“难点村”治理取得了初步效果。

【土地流转管理】 年内，调解处理土地承包纠纷6期，妥善解决了农村土地承包遗留问题。全县农村土地流转总面积1133公顷，占承包土地总面积2.6%，其中转包面积1000公顷，出租、入股、转让、互换计133公顷。涉及流转土地农户5014户，占总农户的1.7%。

【农民专业合作社】 年内，制定了《赤城县农民专业合作社建设与发展的意见》，制定和完善了合作社内部会计核算、民主管理、利益分配等管理制度。农民专业合作社由上年的4个发展到14个，增长了3.5倍。农产品行业协会也由上年的10个增加到11个。

【化解乡村债务】 年内，实行乡村债务债权的动态监测，随时掌握债务债权增减变化情况。全县乡镇级债权总额1932万元，债务总额4573万元。乡均净债务146.7万元；村级债权总额1316万元，债务总额3506万元，村均净债务5万元。化解债务201万元。新增债务6万元。

（李世聪）

统战工作

【概况】 县委统一战线工作部（以下简称统战部）是县委主管统一战线工作的工作部门。主要职责：研究统一战线的理论和政策，组织贯彻党中央关于统一战线的方针、政策、落实上级统战部门及县委有关指示，提出开展统一战线工作的意见和建议。负责联系工商联和党外代表人士，及时通报情况，反映他们的意见和建议。做好党外知识分子工作，抓好党外后备干部和新的代表人物队伍建设工作。帮助工商联履行参政议政职能，引导非公制经济健康发展。认真贯彻党的民族宗教政策，依法管理宗教事务，引导宗教与社会主义相适应。联系少数民族和宗教界的代表人物，协助有关部门做好少数民族干部的培养和举荐工作。抓好海外统战工作，为本县经济发展服务。

年内，认真做好民族宗教工作，党外人士工作，经济统战工作。积极开展光彩事业活动，统战工作宣传和调查研究工作，使各项工作有了新的突破。机关内设办公室、对台办、工商联，在岗人员8人。

领导成员名单

部　　长：李　珍（兼）

常务副部长：高　明

副 部 长：张雪梅（女）

台办主任：李万选（3月任）
地　址：府安东街2号
邮　编：075500
电　话：6317763

【经济统战工作】 6月，由工商联引进的市商业银行赤城县分行落户赤城并正式营业。商业银行的开办对全县个体和私营企业的发展起到了至关重要的作用。

【光彩事业活动】 6月8日，鑫宇铁矿采选有限公司、龙宇矿业有限限责任公司、弘基矿业有限责任公司、龙兴集团有限公司、茂源公司五家公司、工商联会员为白河治理工程捐款500万元。

【民主党派对口协作】 7月，经统战部多次联系，在全国政协常委、民革中央副主席何丕洁带领下，民革北京市委、朝阳区委统战部、民革北京市朝阳区委，为县第一中学捐赠图书1万余册，价值10多万元。

【宗教工作】 国庆期间，及时召开有关部门和乡镇参加的宗教工作会议，安排部署宗教工作，进一步完善了县乡村三级工作网络，逐步健全宗教工作协调机制，确保了宗教聚集村秩序稳定，没有发生非法活动和过激行为。

【民族工作】 年内，深入到9个少数民族村，围绕少数民族村民期盼的和群众关心的热点、难点问题进行专题调研，重点解决他们生产和生活中遇到困难。投资5000元为独石口镇杨家窑回族村建蓄水池1个，解决修护路坝建设费用7000元，保证了村民行路安全。

【党外人士工作】 年内，推荐了1名党外干部担任了团县委副书记职务，推荐两名党外副科级领导干部到市社会主义学院参加了优秀党外干部培训班。截止到年底，全县配备了县处级党外干部4名，科级党外干部20名。

【统战宣传】 年内，上报市委统战部信息28篇，被采纳6篇，在《张家口日报》，分别发表了《鑫宇公司倾情回报赤城》、《碾子湾：趟出民族村扶贫新路子》、《赤城13家民营企业捐资助学74万元》、《王孝凯返乡创业铺就致富路》、《赤城8家民企捐资578万元力助城市建设》、《企业养老金应向高水平看齐》、《用品质做健康住宅的领跑者　用诚信做责任地产的践行者》等7篇文章。

【调查研究】 年内，撰写了《发挥宗教界人士和信教群众在促进经济社会中的作用》、《关于风电项目情况调研报告》2篇调查报告，为县委、县政府领导提供了决策参考。

（张雪梅）

党校工作

【概况】 中共赤城县委党校是县委培养干部的学校，是培训、轮训党员领导干部的主阵地，是干部增强党性锻炼的熔炉。

年内，紧紧围绕县委中心工作，以服务全县经济发展为目标，认真做好主体班培训工作，举办乡镇副科级领导干部和县直单位副科级领导干部培训班各2期，后备干部培训班2期，大学生村官培训班1期，理论骨干培训班1期，入党积极分子培训班1期。加强党校规范化建设，认真加强教研工作，积极探索教学改革，不断加强自身建设，认真抓好科学发展观学习、宣讲工作，共选派50人次深入到乡镇、社区进行宣讲。圆满完成了年初预计的工作任务。机关下设办公室、教研室、总务室、函授站、图书管理室。在岗人员15名，其中专业教师10名，讲师4名，高级讲师4名。

领导成员名单

校　　长：（暂缺）

第一副校长：（暂缺）

常务副校长：闫桂海（2月免）

李　辉（2月任）

副 校 长：宋金玉

刘海江

梁志斌

地　址：长源路41号

邮　编：075500

电　话：6312105

【宣讲工作】　从4月份到年底，围绕落实科学发展观的学习活动，共派出50人次深入到县直和乡镇50多个单位进行科学发展观宣讲，听讲人数达5000人次。宣讲活动被市广播电台、电视台录播两次。

【主体班培训】　5月11日～11月13日，举办9期不同层次干部培训班，包括：两期乡镇副科级领导干部培训班，两期县直副科级领导干部培训班，培训人员293人；两期后备干部培训班，培训后备干部201人；一期大学生村官培训班，培训大学生村官39人；一期理论骨干培训班，培训理论骨干80人；一期入党积极分子培训班，培训积极分子45人，共计培训各类人员658人。授课内容包括：党的十七大精神、科学发展观、党的建设、三农等知识。

【外出培训】　年内，共派出4名骨干教师到省委、市委党校进修，认真听取了省、市委党校权威人士关于科学发展观等知识和理论讲授。以此为契机，在全校教职工当中开展了以如何提高理论联系实际和全面提高主体班培训质量为主题的大讨论，取得明显效果。

【科研成果】　年内，党校通过上下结合，教师学员结合，校内外结合，就如何进一步提高教师理论水平进行研讨，激励教师进行高质量课题的研究，取得了一定成效。有4名教师发表省级论文5篇。

（王维平）

县直机关党委

【概况】　中共赤城县委直属机关党委负责直属机关党的工作。组织县直机关党员干部学习党的基本知识、科学文化知识、业务知识；加强对党员的教育管理和培训，审批直属机关党总支（支部）及领导班子组成成员；做好县直单位新党员发展工作等。

年内，组织县直机关总支、支部，开展落实科学发展观活动。认真加强了组织建设，调整、换届、增补总支（支部）班子。在重大活动中，开展了丰富多彩的文体活动。积极开展党风廉政建设和思想作风整顿。组织民兵应急分队的军事训练，并投入国庆安保第一线。开展党务知识、入党积极分子和十七大骨干培训班。开展了以"八荣八耻"为主要内容的社会主义荣辱观教育等，收到了较好的教育效果。机关党委下设党总支13个，党支部48个，有党员2489名，全年发展新党员54名。机关内设办公室、组织科、宣传科、纪检科，在岗人员6人。

领导班子成员名单

书　　记：高福瑞

副 书 记：石翠红（女）

组织委员：杨永清

宣传委员：张月明（女）

武装部长：杨　虎

地　　址：府安东街2号

邮　　编：075500

电　　话：6312093

【慰问困难党员】 1月24日至30日，机关党委领导在春节前慰问县直机关困难党员4人，送慰问金1200元。

【学习实践科学发展观活动】 3月，按照县委的统一安排，认真加强领导，进行周密布署，使全体党员干部积极置身学习活动当中。按照要求组织县直单位认真学习了有关学发展观的论述，使每个人深刻领会科学发展观的科学内涵、精神实质和根本要求，并认真做好读书笔记。通过下基层调研、设立意见箱、发放意见卡等形式多渠道听取群众意见和建议，同时对领导班子及个人贯彻落实科学发展观情况进行了全面分析，认真查找了工作中存在的不适应、不符合科学发展观的现实问题，初步明确了努力方向。从而对以后更好的工作打下了坚实的基础。

【基干民兵整组】 3月，县直机关武装部利用第一季度对县直各单位进行民兵组织调整。县直应急分队调整为150人，其中：通信分队30人，工程抢险分队30人，医疗救护分队30人，民兵分队60人。

【科学发展观知识竞赛】 3月27日至30日，机关党委组织举办学习实践科学发展观知识竞赛活动。地税局代表队、国税局代表队、国土资源局代表队、检察院代表队、供电分公司代表队和工商局代表队分获一、二、三等奖。将科学发展观的学习活动推向了高潮。

【系列文体比赛活动】 4月23日至28日，机关党委牵头，举办象棋、围棋、桥牌、乒乓球、羽毛球等系列体育比赛。7月1日至4日，组织举办了庆七一职工篮球赛。

【党务工作者培训】 6月15日至16日，机关党委举办党务工作者培训班1期，通过对有关党建文章的学习，使62名县直单位党务工作者学到了党员教育、管理的知识。

【庆“七一”表彰大会】 6月24日在建党88周年前夕，县直机关党委召开了庆“七一”表彰大会，会上表彰先进集体25个，优秀个人135人，其中优秀党总支、支部书记25人，优秀党务工作者40人，优秀共产党员70人。

【民兵义务扫雪和国庆安保】 11月27日，出动县直应急分队队员100多人参加县城除雪大战，保障行人和车辆行驶安全。在国庆期间，县直机关抽调100名民兵参加了国庆安全保卫工作，100名县直机关民兵深入到村进行蹲点，保障了建国60周年大庆活动的顺利举行。真正展示了民兵应急分队在出现急、难、险、重任务时，能拉得出、冲得上、打得赢的优良作风和良好素质。

【基层组织调整】 年内，调整、换届、增补总支（支部）班子12个，调配人员32人。进一步增强了党组织的凝聚力，战斗力、创造力。

【发展新党员工作】 年内，按照“坚持标准，保证质量，改善结构，慎重发展”发展党员十六字方针和发展党员工作细则的要求，认真开展发展新党员工作。强化对入党积极分子的培训，在各单位培养、考察、教育的基础上，机关党委举办入党积极分子培训班1期，培训入党积极分子51名。严格发展程序，严把入口关，对新发展的党员进行认真的考察和严格的政治审查，真正做到坚持标准，严格程序。全年发展新党员54名，为党注入了新的有生力量。

（杨永清）

信访工作

【概况】 信访局是中共赤城县委、赤城县人民政府的职能部门，在县委办公室的管理下开展工作。主要职责，负责接待全县群众来信来访，信访案件的梳理、交办、督办，安排县级领导信访接待日，处理上访的善后工作。

年内，继续强化信访工作的领导，形成协调联动、齐抓共管的信访工作格局。完善了县级领导接待信访制度，开展信访矛盾排查，加大重大信访问题的解决力度。圆满完成了国庆安保期间信访工作任务。局内设综合办公室、接访科、督查联络室、矛盾排查调处中心，在岗人员4人。

领导成员名单

局　　长：田树海（兼）

书　　记：李精华（2月免）

副 局 长：王瑞霞（女　10月免）

　　　　　陈　海

督查室主任：施展文（3月免）

地　址：府义东街原邮政局办公楼

邮　编：075500

电　话：6312157

【信访工作“六到位”】 2月，召开了全县信访稳定工作会议，对全县信访工作提出“六到位”：一是提高认识，领导重视到位；二是强化管理，落实责任到位；三是重心下移，排查化解到位；四是讲求实效，解决问题到位；五是规范秩序，依法治访到位；六是加大投入，基础保障到位。形成了党委、政府统一领导，一把手负总责，分管领导具体抓，其他领导“一岗双责”，协调联动，齐抓共管的信访工作长效机制。

【规范信访秩序】 3月20日，召开第一次联席会议，专门研究“长期滞留县委、县政府大院上访人员”问题。会议决定县委、县政府办公场所设立巡警值勤点。并对县委办公室、政府办公室、巡警队、保安、信访局及责任单位各自的工作职责进行了明确。并先后制定出台了《关于处置大规模集体上访、异常上访、非正常进京上访工作预案》（[2009]23号）、《规范县委、县政府办公场所信访秩序的规定》（[2009]39号），进一步规范了信访工作秩序。

【国庆安保“百日会战”】 从7月15日开始，开展国庆安保“百日会战”活动，实施了就地上访就地解决的方案。县领导公开接访31次，其中主要领导接访4次，259人次，解决问题28件。其他领导接访27次，183人次，解决问题32件。县领导下访55次，其中主要领导下访6次，123人次解决问题5件，其他领导下访49次，239人次，解决问题36件。通过县、乡（镇）、村的共同努力，实现了越级集体上访、进京非正常上访、群体性上访事件“三个零指标”，圆满地完成了国庆60周年庆典活动安全保卫工作任务。

【干部下访（约访）、接访活动】 9月8日至10月10日，从县直单位和乡镇中抽调880名干部进驻全县18个乡镇440个行政村开展下访、接访活动。通过拉网式排查，随时发现信访矛盾隐患，进行及时化解。共排查出不稳定人员321名，重点人员53名，不稳定群体6个。同时从县直部门抽调27名干部组成9个督查组，分包全县18个乡镇，对各乡镇的矛盾排查、重点案件的解决、重点人员的稳控进行督导。确保把问题解决在基层，把人员控制在当地。

【涉及民生信访专项整治活动】 从10月底开始，在全县范围开展为期2个月的涉及民生信访专项治理活动。整治的重点是拖欠农民工工资、冬季取暖、拖欠奶农款、土地征占补偿款、拆迁补偿款等问题。按照“属地管理”原则，落实责任单位和具体责任人，就地解决，及时化解。特别是对涉及多个部门的问题，明确牵头部门，相关部门全力配合，形成齐抓共管的局面。

【进京上访】 年内，群众进京非正常上访2批次，2人次。发生进京集体访1批次，7人次。

【到县上访】 年内，到县上访496批次，4143人次，同比分别上升14.55%和98.89%。其中：集体访182批次，3706人次，同比分别上升62.5%和138.32%；初访313批次2357人次，同比下降12.81和上升57.34%；初访集体访106批次2016人次，同比分别上升30.86%和93.65%；重访183批次，1786人次，同比分别上升147.29%和205.29%；重访集体访76批次，1610人次，同比分别上升145.16%和213.23%。解决问题296件，年终结案率为94.56%。

【三级要结果案】 年内，受理中央、省、市要结果案件23件，全部结案，按期结案率为100%，无退查案件。

【县自立案件】 年内，县自立案件131件，结案121件，结案率92.4%，群众的信访诉求基本得到解决。

【重点案件办理】 年内，市下访工作组带案下访案件涉及16件，市领导分包重点信访案件涉及3件。其中：市委常委、宣传部长郑丽荣分包1件，市政协副主席袁秀平分包2件。分别由县委常委、县委办公室主任白凤鸣，县委常委、政法委书记郭献林，副县长王秀冬具体负责包案，在市、县领导的共同努力下，19件案件全部结案。

【依法打击非法上访案件】 年内，对于非正常上访和围堵县委、政府办公场所的组织者，长期缠访、闹访人员依法予以训诫、法制教育和依法处置。对国庆期间缠访、闹访，组织串连上访人员，训诫21人，刑拘1人，治安拘留3人，使信访秩序进一步好转。

【信访专题会议】 年内，为确保重点信访问题得到及时有效解决，共召开信访专题会议4次，县委常委会、政府常务会、党政联席会8次，信访联席会8次，信访例会12次，对重点信访问题进行专题研究，全部落实了包案领导和包案部门，促使问题及时得到解决，人员得到稳控，有效避免了越级访的发生。

【县处级领导接访制度】 年内，为进一步畅通信访渠道，每月第二周星期二为县长接待群众来访日，第四周星期二为县委书记接待群众来访日，其它周二、四安排一名县处级领导到信访接待大厅接待来访群众。因工作需要不能到岗，接访领导自行调整，确保不出现空岗。通过领导参与信访接待，切实了解群众上访的重点案件。全年县处级领导接待信访群众429批次，3606人次，其中，县委书记、县长接待信访群众191批次，1167人次，共解决信访案件185件。

【信访制度建设】 年内，结合全县信访形势重新修订了《赤城县信访局工作职能（试行）》、《赤城县信访局各科室工作职责（试行）》、《赤城县信访局岗位职责》、《赤城县信访局机关工作制度（试行）》、《赤城县信访局群众来信来访办理程序（试行）》和《赤城县信访局关于非正常进京上访人员依法处置和接回劝返工作办理程序（试行）》等制度，使信访工作进一步实现了制度化。

【信访工作宣传】 年内，共上报人民建议4篇，信访信息10篇，调研文章3篇。在省《县委书记谈信访》专刊发表调研文章1篇；《设立信访基金 化解信访难题》和《破解信访难题的好机制——关于赤城县设立信访专项基金的调研报告》两篇文章，经市委书记许宁做出重要批示："可将赤城县及外地做好信访工作的经验一并整理辑印，发各县区，力求更好的把握规律"；市委常委、秘书长李青春批示："赤城县设立信访专项基金的做法很值得全市借鉴。"并通过市委办公室《办公室通报》和市信访局《情况交流》在全市推广。

（王立国）

老干部工作

【概况】 县委老干部局挂靠县委组织部，负责全县老干部工作。主要任务，落实有关离退休干部的政策。指导、督促、协调有关部门做好离退休干部的管理工作，督促、检查各部门离退休干部的政治待遇和生活待遇等。

年内，老干部局认真落实离退休干部的政治待遇和生活待遇，建立健全了老干部工作、通报会等11项规章制度，使老干部的各项待遇得到了圆满的落实。同时完善了"三个保障"机制，实行定点医疗。老年大学开展健康有益的文娱活动，积极参加国庆60周年文艺节目汇演和书画展，发挥了老干部的作用。老干部机关的服务能力和水平不断提高。截止到年底，全县实有离退休干部2574人。其中离休326人。在离休干部中，行政机关155人，事业单位102人，企业单位69人。享受副厅级待遇的3人，正处待遇4人，副处级待遇139人。机关内设办公室、活动中心，在岗人员7人。

领导成员名单

局　长：张元远

副局长：乔　骋（3月任）

地　址：宏达东街55号

邮　编：075500

电　话：6312649

【召开离退休干部迎春茶话会】 2月4日，县委、县政府在新华大酒店召开离退休老干部迎春茶话会，四大班子领导和200多名离退休老干部参加了会议。申全民县长通报了2008年全县工农业生产和经济发展情况，县委书记赵占华发表了重要讲话。会上，县委、县政府向老干部发了慰问信和慰问金。

【老干部小组长会议】 6月10日，召开老干部工作小组长会议。会上对离休干部按时传阅有关文件进行了安排，通过各小组组长将会议精神传达给老干部，落实了老干部阅文制度。

【老干部视察经济社会发展暨半年工作通报会】 7月13日，在县委副书记王波、组织部长杨春霞的陪同下，县处级离退休干部、老干部小组长共计40人，视察了全县经济社会发展情况。先后视察了县行政审批服务中心、便民服务中心、新区文化广场。听取了白河综合治理工程、温泉总泉升级改造工程和冰山梁风力发电工程进展的情况汇报。并在温泉政府宾馆，召开了上半年工作通报会，县领导赵占华、申全民、王波、王崇辉、杨春霞出席了会议。常务副县长王崇辉通报了上半年工作所取得的辉煌成就。县委赵书记发表了重要讲话。

【重阳节娱乐活动】 在重阳节，老干部局组织离退休干部在机关大院举行了重阳节游艺活动。老干部们分别参加了钓鱼、保龄球、套圈等有益老年人的竞技活动，同时为他们颁发了奖状和纪念品。老年大学文艺班为老干部们表演歌曲、舞蹈、戏剧等节目，让老干部们过了一个开心、快乐的节日。

【落实老干部政治待遇】 年内，县委召开两次专门会议，年初制订和公布全县老干部工作的方针思路和落实措施。半年进行分析总结，确保各项工作的贯彻落实。召开两次通报会，年终通报会与团拜会同时召开。县委副书记主持会议，县长通报全县工作，县委书记讲话。请县处级老领导、老干部小组长和各行业单位老同志代表参加巡视工作，让他们亲身感受城镇建设及工农业生产发展的伟大成就。将县城居住的240名老干部分成14个小组，定期召开小组长会议，通过小组长开展各种活动，传达上级文件，开展政治学习。

【落实老干部生活待遇】 年内，继续完善“三项保障”机制，全面落实离退休干部的各项待遇。行政机关、乡镇和财政负担经费的事业单位离休干部的离休费由财政足额列入当年预算，按时足额发放。企业及自收自支事业单位离休干部离休费全部纳入社会养老保险统筹，由劳动和社会保障部门按时足额优先支付，实行社会化发放。

【老年大学活动】 年内，积极组织老干部开展健康有益的文娱活动。老年大学文艺班参加了张家口市举办的庆祝建国60周年汇演；门球队在全市门球比赛中获得优秀奖。

【关心下一代工作】 年内，关心下一代工作，以培养“四有”新人为目标，以社会各职能部门为载体，部分老干部经常深入到厂矿、企业、学校进行革命传统和爱国主义教育。一年来，共做革命传统教育报告5次，受教育2万人次。老干部局利用标语、板报、电视讲座等形式学习宣传《未成年人保护法》的有关内容，共出板报 100 期，刷写标语 200 多条，办电视讲座 3 期，受教育面近 2 万。县政府向老干部发了慰问信和慰问金。

（李晓伟）

团 体

总工会

【概况】 县总工会是中国共产党领导的职工自愿结合的工人阶级群众组织，是党联系群众的桥梁和纽带，是会员和职工利益的代表。

年内，县总工会深入贯彻落实科学发展观，认真贯彻县委十届五次全会和市总二十二届四次全会精神，以服务科学发展、服务和谐稳定、服务职工群众为主题，以维护职工合法权益、促进劳动关系和谐为重点，以健全工会基层组织，保证工会经费收缴为基础，新建乡镇总工会25个，全年收缴会费532万元。耐心做好职工信访接待工作，全年接待信访人员64人。组织动员全县广大职工发扬主人翁精神，与企业共克时艰、共创和谐，为开创全县经济社会发展新局面做出了新贡献。

领导成员名单

主　　席：宋雪峰（女　兼）

常务副主席：吴瑞峰

副 主 席：段文运

孟瑞凌（女）

地　址：振兴中路1号

邮　编：075500

电　话：6312175

【送温暖工程】 元旦、春节期间，走访慰问特困职工、伤病残职工、离退休人员、劳动模范705人次，发放慰问物资折合人民币30.47万元。8月，县总工会筹集资金购买了1300多斤白糖，300多斤茶叶对县第二建筑公司工地职工、银达矿业公司职工进行了慰问。国庆、中秋期间，县总工会筹集资金8万元，对400名困难职工进行救助，为每人发放了羊肉、水果、月饼等慰问品。为全县400户困难职工建立电子档案，对困难职工群体年终送温暖变为终年帮扶。

【省劳模及市五一劳动奖章评选】 4月，县建筑工程公司张海峰、县龙宇矿业发展有限责任公司孙贵玉被评为河北省劳动模范。县建筑工程公司李植虎获得张家口市“职工五一劳动奖章”称号。

【召开劳动模范表彰大会】 4月29日，召开了全县劳动模范、模范集体表彰大会，150名劳动模范（职工劳模130名，农民劳模20名）、10个模范集体受到表彰。

【基层组织建设】 6月29日，召开关于开展“查实情、摸实底、建实帐”大调研工作动员大会。9月底，新建工会组织25家，新增会员2000人，其中农民工会员1976人。基层工会组织发展到416家，工会会员总数25174人。具备条件的基层工会进行了法人资格认证。

【工会经费收缴】 8月10日，县总工会与县地方税务局联合下发了《关于对建筑施工企业代开发票预征工会经费的通知》（赤工字[2009]25号），决定按工程总造价的0.2%的征收率预征工会经费。全年，财政划拨行政事业单位工会经费267万元，税务代征各企业工会经费256万元。

上解市总工会50万元。

【“金秋助学”帮扶活动】 8月27日，举行了 “金秋助学”启动仪式。受资助的22名学生、学生家长、40多名工会干部参加会议。会上为本年度考入大学的22名家庭特困学生发放资助金5.3万元。忠信矿业有限公司党总支书记、工会主席孙贵玉和特困学生孙丽媛形成结对帮扶对象，会上捐款2000元，并表示在孙丽媛大学就读期间，每年资助不少于2000元。

【劳动模范管理】 9月22日在县人民医院为18名省部级劳动模范进行健康体检。春节、中秋期间，对左建国等10多名省、市困难劳模进行走访慰问。争取省部级困难劳模“三金”7万元发到困难劳模手中。对1名全国劳模、24名省劳模、66名市劳模进行登记，建立规范的劳模档案。为县林业局魏尚清、雕鹗大仓村李凤英更换了河北省劳动模范荣誉纪念证书。

【劳动竞赛活动】 年内，县总工会按照县委确定的“保增长、调结构、强基础、惠民生”的总体要求，组织广大职工开展以“同舟共济保增长，建功立业促发展”为主题劳动竞赛活动。共开展 “重点项目精品工程”竞赛；“降成本增效益竞赛”；“我为节能减排献一计竞赛”三项竞赛活动。在市劳动竞赛委员会“我为山城建设争光彩”活动中，县建设局、县第一建筑工程公司项目经理冀青山受到市总工会表彰。

【“共同约定行动”】 年内，县总工会抽调专人，用一个月时间，深入到各企业开展工会与企业、职工“共同约定行动”。共与68家企业签订了共同约定协议。

【工资集体协商与集体合同】 年内，与49家企业签订了工资集体协商协议，与51家企业签订了集体合同。

【信访接待工作】 年内，接待信访6件64人。对老上访户前煤矿职工张文明的诉求，拿出了答复意见；接待了25名山东来我县打工的农民工的上访，对拖欠2万元工资问题妥善解决；对原金矿职工贾富荣的上访情况进行了调查答复；对原金矿职工张立新要求安排工作，落实劳模待遇问题，向市总写了请示，并给予答复；对云州乡三山村李志英同志要求落实全国劳模待遇的上访情况进行调查答复；为山东荷泽来我县务工的35名农民工追讨回拖欠工资2万元。

【社会保障】 年内，为15名符合条件的困难职工申报住房保障，为114名困难职工申报了医疗保障，为24名困难职工子女大学毕业未就业的争取就业岗位。

【职工重大疾病医疗互助】 年内，共有160个单位参加医疗互助。共涉及10794人，收缴互助金388584元。为700名下岗职工补助互助金12600元。到年底，为104多名患病职工提供救助20万元。

【建立乡镇总工会】 年内，全县18个乡镇全部建立了总工会，配齐了工会干部。县总工会拿出资金为18个乡镇统一配备了电脑、传真机、电脑桌椅等办公用品。

【职工文化体育活动】 年内，县总工会投资20万元，购置了书架、桌椅及各种图书3600册，建立了图书阅览室。春节、“五一”、“七一”、国庆节，与机关党委、文体局等单位联合举办了秧歌表演、文艺演出和歌咏比赛，进行了篮球、羽毛球、乒乓球、象棋、登山等7个项目的休育比赛。

县直15个部门的工会组织，积极参与组织了夏季彩色周末文艺演出活动。全县3000多名职工参加了文化体育活动。

【学习实践科学发展观活动】 年内，组织干部职工撰写实践科学发展观学习心得体会10篇，作学习笔记20万字；向广大职工群众征集工作方面存在的问题12条；深入到12个系统工会、10个基层工会收集意见建议8条；到怀来县总工会学习工会基层组织建设工作经验，对照先进查找存在的差距。

（樊晓东）

共青团赤城县委

【概况】 共青团赤城县委（简称团县委），是中国共产党领导的先进青年群众组织，是中国共产党的助手和后备军。基本任务是，以共产主义精神教育青年，帮助青年用马克思列宁主义、毛泽东思想和现代科学文化知识武装自己，引导青年在社会主义现代化建设的实践中，锻炼成有理想、有道德、有文化、有纪律的共产主义事业接班人。

年内，团县委紧紧围绕县委中心工作及上级团委重点工作，坚持深入学习实践科学发展观，坚持把引导青年走中国特色社会主义道路作为首要任务；坚持把组织青年就业创业作为工作主线；坚持把服务青年作为工作的出发点和落脚点；坚持以改革创新的精神加强团的自身建设，引领广大团员青年团结实干，开拓创新，为全县科学发展、和谐发展做出了积极努力。截止年底，全县下设乡镇团委18个，农村团支部289个；机关团委23个，机关团支部14个。全县共青团员6193名。团县委内设办公室、组宣部、工农部、学少部、权益部、志工部、希望办，在岗人员5名。

领导成员名单

书　记：吕　霞（女）

副书记：任　安（女）

　　　　田明月（女）

地　址：府安东街2号

邮　编：075500

电　话：6312176

【家乡文化大搜索活动】 4月，开展了“家乡文化大搜索”活动，在全县范围内征集有关家乡历史、地理、风物、名人等相关内容的作品。组织县内文化名人组成编写委员会，编写《可爱的家乡—赤城》一书，激发了全县青少年爱祖国爱家乡的热情。

【纪念五四运动90周年志愿者主题实践活动】 5月4日，在全县范围内广泛开展“舞动青春展现如火激情，伸出双手共造如画家园”主题活动，累计参与人数1200余人。团县委以“爱护环境、美化家园”为题，向全县的广大青年发出倡议，共发放倡议书2000余份。

【“六一” 少先队入队仪式】 5

月30日，在烈士陵园举行以“缅怀革命先烈，展示少年风采”为主题的“六一”少先队入队仪式。活动结束后600余名师生和志愿者自发组织，对汤泉河两侧街道进行了清扫，活动效果明显。

【“走进平北抗日根据地”爱国主义教育活动】 7月1日，组织600名青年代表、青年志愿者、团干部到大海陀（平北抗日根据地旧址）接受爱国主义教育。号召全县青少年寻觅革命先烈足迹，继承革命光荣传统。

【“青年宜居社区”启动仪式】 8月10日，在建国路社区、东大豪苑小区，组织300名青年举行了 “青年宜居社区”启动仪式。旨在推动县城”三年大变样”工作向社区延伸，激发全县人民爱我家园的热情，发放宣传资料1000份。

【“清洁城乡、保护健康”宣传活动】 8月28日，组织发动400余名青年志愿者上街清理垃圾，劝阻不文明行为，宣传“清洁城乡、保护健康” 活动，发放倡议书1000份。

【庆祝建国60周年系列活动】 9月，在全县各中小学校开展以“铭记红色精神，学唱百首红歌”为主题的大型活动，利用朗诵、演讲、歌唱等形式开展以爱国主义教育为主题的宣教活动8次。

【“清洁城乡、携手共建美好家园”主题实践活动】 9月7日，组织第一小学、第三小学、玉辉小学、兴仁堡中心小学四个少先大队，分别开展了“清洁城乡、携手共建美好家园”主题实践活动。组织200名小小红领巾志愿者到汤泉河广场、赤城文化广场开展卫生清洁活动。同时，还以赤城镇各村级团支部为载体，组织青年志愿者100名，成立了志愿服务队5个，对全镇33个村的主要街道、卫生死角及公共设施进行了彻底清扫。

【“共话安保稳定，同心迎接国庆”座谈会】 9月23日，组织召开了“共话安保稳定，同心迎接国庆”座谈会。一线青年建设者代表、优秀青年企业家代表、教师代表、交通水利志愿者代表、大学生村官代表等各行业优秀青年代表20余人参加座谈会。大家围绕如何结合自身实际积极做好国庆安保工作做了表态发言。

【应急志愿者队伍的建设】 年内，成立了交通、消防、医疗、法律、水利、电力6支的应急志愿者队伍，人数达2000多人。县团委结合各部门工作，定期对应急志愿者进行培训、指导，共举行培训会6场，参训人数累计600人次。电视台滚动播放志愿者队伍建设宣传口号36天，发放宣传页4500张。

【希望工程】 年内，共引进资金及物资折款35.41万元，救助贫困学生100余人次，建电脑室一个。其中张家口东方苑房地产开发公司捐款20万元；中国烟草公司杂志社捐赠电脑及桌椅28套，折合人民币12.5万元；其他企业和个人捐款2.91万元。香港嘉理建设集团捐资1.28万元资助贫困高中生8人；北京百奥药业员工捐资6600元，救助贫困中小学生25人；“圆梦行动”引资6000元，资助贫困大学生2名；赤城世纪宝典酒业捐资3000元，资助学生15名。

【农村青年素质培训】 年内，与

县劳动就业局合作，开展了创就业培训，共培训农村青年610人，其中500人实现了创就业。依托农村经济合作组织和农村青年创业见习基地开展种养殖培训，共培训农村青年500人次，其中，30名青年实现就业。在农业局、司法局、电力局、党校等相关部门的配合下，组成28人的青年就业创业指导师队伍，完成农村创就业青年培训9次，累计培训1720人次。

【基层组织建设】 年内，坚持把基层团建纳入基层党建目标考核管理体系，实行“团建不合格、党建不评优”的一票否决制。全年共调整乡镇基层团委书记7人，推选优秀大学生村官任乡镇团委副书记18名，将96名选聘大学生全部充实调整到村团支部书记岗位。对基层团干部培训6次，累计培训560人次。

【“推优”工作】 年内，通过调查摸底、定向跟踪、重点培养等形式，新发展团员1135名。推荐638名优秀团员青年作为党的发展对象，有206名加入党组织。

【树立青年典型】 年内，全县7名优秀青年获得先进岗位能手和青年突击手称号，2个团支部获得优秀团支部称号；推报市级少先队工作先进集体3个，先进个人9名。

（任　安）

妇女联合会

【概况】 县妇女联合会（简称妇联）是共产党领导下的群众性妇女组织，是党和政府联系妇女群众的桥梁和纽带。主要任务，团结、教育广大妇女贯彻党的基本路线，在建设社会主义物质文明和精神文明中发挥积极作用。团结、动员妇女投身改革开放和社会主义现代化建设，促进经济发展和社会全面进步；教育引导广大妇女儿童增强自尊、自信、自立、自强的精神；代表妇女参与国家和社会事务的民主管理、民主监督，维护妇女儿童的合法权益，为妇女儿童服务；加强与社会各界的联系协调和推动社会各界为妇女儿童办实事。

年内，县妇联认真履行妇联职能、开拓创新、扎实工作，团结带领全县妇女，为推动全县经济建设和构建和谐赤城做出了积极贡献。完成了“安康培训中心”对县政府的捐赠移交工作。开展了“三八”节、“六一”节系列庆祝活动和“争创新家园、争树新形象、争做新女性”大行动活动。开展了心系妇女儿童的扶贫、助学工作。实施了“复明12号”工程。全县下设18个乡镇妇联会，34个县直机关妇委会，440个农村妇代会。机关内设办公室、组联部、维权部、城乡部、宣传部、儿少部，在岗人员4人。

领导成员名单

主　席：田淑平（女）

副主席：靳春凤（女　9月免）

杨美荣（女 9月任）

地　址：府安东街2号

邮　编：075500

电　话：6312146

【庆祝三·八节】 3月5日，县妇联召开了庆“三八”表彰会。对10个“优秀妇联组织”、5个“巾帼文明岗”、10名“优秀妇联干部”、24名“巾帼明星”、10名“和谐家庭”标兵和10名“双学双比”女能手进行了表彰。3月8日，组织由近百人参加的“平安赤城秧歌队”，在县城主街道扭起群众喜闻乐见的大秧歌，向“三八”节献礼。县电视台“城乡纵横”栏目摄制组，将“三八”系列活动制作成电视专题片，对庆“三八”活动进行了宣传。

【庆祝六·一节】 “六一”节前夕，县妇联干部深入到第一幼儿园、私立忠星幼儿园和马营墩上小学进行慰问，为孩子送去学习用品、衣物、慰问金等，总价值1.5万元。县妇联全体干部捐资1400元，救助了7名特困儿童。县直各单位、各乡镇、私营企业对全县18个乡镇的中小学进行慰问，为孩子们送去学习用品、体育器材、慰问金等，总价值15万元。与县文明办、团县委在县第一中学开展了向“国旗敬礼、做一个有道德的人”网上签名寄语活动，对未成年人进行爱国主义教育。

【“安康培训中心”移交工作】 6月，经过县妇联协调，全国妇联儿基会商定把“安康培训中心”所有固定资产捐赠给赤城县政府。安康培训中心总价值2700万元，从本月起交付县政府使用。

【协助“长春电影制片厂”完成拍摄任务】 8月，经全国妇联介绍，由“长春电影制片厂”、“中国国家话剧院”联合拍摄的电影《亮子的一百元》，在赤城县拍摄外景，该电影主要反映农村小学生讲诚信的故事，经县妇联与各有关单位积极协调联系，历时一个月成功完成拍摄任务并封镜。

【“复明12号”工程】 9月，中国母亲援助工程“复明12号”流动眼科手术车来到赤城县为白内障患者义务做手术。170人接受了初检，73名患者实施了手术，重见了光明，共为他们节约手术费20多万元。

【组织女企业家慰问国庆安保人员】 9月，组织美佳超市经理王红霞、通达电器商城经理刘金梅、新华大酒店经理孟建军三位女企业家深入到头炮检查站、骆驼山检查站对辛勤工作在一线的国庆安保人员进行慰问，为他们送去价值4000元的慰问品。

【开展“三新”大行动系列活动】 年内，县妇联将“三新”（争创新家园、争树新形象、争做新女性）创建活动与“星级”文明家庭、“生态文明村”建设、“创建文明城市”活动相结合，协助成立了赤城县第一个群众性的文化组织——“百乐文化交流协会”。近百名会员全部成为城市环境保护志愿者。协会定期开展文体活动，定期到汤泉河捡垃圾。与宣传部、县直机关党委等多家单位在县第二中学联合举办了“创建文明城市从我做起”千人签名活动，发放倡议书、“三新”宣传手册1500多份。为了响应县委、县政府开展的“清洁城乡、保护健康”爱国卫生活动，在全县妇女中掀起“争创省级卫生县城”活动的高潮。在电影院广场举行了“争创省级卫生县城、喜迎建国六十周年”活动，来自全县各行各业的近千人参加了活动。在活动中，共向志愿者发放倡议书1000多份。仪式结束后，数十名志愿者走到汤泉河边清理两岸的垃圾，县电视台进行了跟踪报道。

【争取扶贫款物】 年内，共争取扶贫款物总价值180万元。争取到美国如新集团捐赠的儿童营养食品蜜儿餐950箱，价值115万元。争取到惠普公司捐建电脑教室两个，总价值40万元。争取到儿基会捐赠多美滋奶粉335箱，价值20万元。

【开展助学工作】 年内，共争取到助学款物130万元，救助贫困学生200多名。争取北京郎天星文化传播有限公司捐赠少儿图书766件，共75813册，总价值93万元。争取儿基会投资20万元，在赤城镇兴仁堡兴建“春蕾小学”一所，已投入使用。并为该校争取了7万元的宿舍保暖工程费用，解决学校的取暖、用电问题。争取上级妇联、爱心人士捐款、捐物总价值10万元。

（杨美荣）

科学技术协会

【概况】 县科学技术协会（简称县科协）是科学技术工作者的群众组织，是党和政府联系科技工作者的桥梁和纽带。宗旨是，促进科学技术的繁荣普及推广，宣传普及科学知识，推广科学技术，开展青少年的科技教育活动。加强与各学会（协会）及所属团体的联系，表彰奖励优秀科技工作者，反映科技工作者的意见，开展咨询服务等工作。

年内，认真贯彻“科技兴县、人才强县”战略，深入学习实践科学发展观，紧紧围绕全县经济社会发展大局，积极履行职能，工作思路不断创新，工作机制不断完善，工作领域不断拓展，促进了科学的普及和推广，科技人才的成长和进步。完善了科普工作机制，拓展了科普宣传阵地，壮大了科普队伍。开展科普进校园活动，引导青少年科技教育与社会实践相结合。搭建科技平台，强化了服务功能。截止年底，全县发展科普组织4个，协会会员700余名。机关内设办公室、普及部、学会部，在岗人员6人。

领导成员名单

主　席：刘成林

副主席：郭龙（3月任）

地址：府安东街2号

邮编：075500

电话：6317092

【科普阵地建设】 5月7日，在县城成立了“科普中心”。在科普书屋摆放科普图书、报刊、杂志等六大类2万册，供广大市民免费观看及借阅。并兼设科技咨询台、义诊台、农业资料查询台等；在多媒体培训室配备了电脑、投影仪以及科普类光盘，为科技培训配备了必要的基础器材。

【开展义诊活动】 5月9日，邀请市科协副主席、中医名医协会会长程春桂及市附属医院中医专家王建一等专家到赤城县城开展了为期一天的义诊活动。共诊疗老人、妇女、儿童、公务员等各类患者500多人次，受到了广大市民的好评。

【科普宣传周活动】 5月16日，在汤泉河广场举行了科普宣传周启动仪式。由县科协牵头会同全民科学素质领导小组各成员单位共同举办了大型广场科普宣传活动。在活动仪式上，开展科技咨询，分发科普资料，张贴科普挂图，参与面和社会影响为近年之最。据不完全统计，在科技活动周期间，共组织科普志愿者100多人次，举办科普讲座和培训3场次，分发各类科普资料2万余份，受惠群众3万余人次，本次活动于5月22日结束。

【健身科普讲座】 7月1日，联合老干部局为离退休老干部举办了健康科普讲座。为老干部播放了《向锻炼要健康》系列光盘，48名老干部到场观看，并收到了良好的收看效果。

【科普进校园活动】 从9月7日开始，在城乡4所中小学校组织开展了“中小学生自身安全知识”、“远离毒品”、“美化家园、从我做起”“爱护公共设施、打造靓丽县城”等专题科普和竞赛活动，深受广大师生欢迎。

【为中学生播放科教片】 9月至10月，利用两个月时间借助科普中心为职中、二中学生轮流放映科教片《青春的颤音》。该科教片完整地阐述和描写青春期性生理、性心理发育特点，由中学生自己演绎自己，讲述自己的故事。通过对《青春的颤音》的观看，使中学生更加了解自己，了解异性，克服了青春期的种种冲动和忧虑。

【召开科技兴农座谈会】 12月9日，县科协组织召开了农、林、牧、水副高职称科技人员及产业办、知名种养大户等人员参加的座谈会。在座谈会上，大家各抒己见，提出了加快全县农业结构调整步伐等相关意见、建议20条。

【示范村、示范基地建设】 年内，经过优化筛选，把孙家庄村列为蔬菜示范村，天龙奶牛养殖基地列为奶牛示范基地，柳林屯村六禾生态园区列为食用菌示范基地，赤城镇西大村列为科普示范村，永进路社区列为科普示范社区。

（乔献军）

工商业联合会

【概况】 工商业联合会是由全县工商界组成的人民团体和民间商会组织，是党和政府联系非公有制经济人士的桥梁和纽带，是政府管理非公有制经济的助手。主要职能是，教育、引导和促进非公有制经济和非公制经济人士健康发展；参政议政，民主监督；做好工商联代表人士政治安排的推荐工作；代表并维护会员的合法权益；开展工商专业培训，为会员提供信息和有关方面的咨询服务；调解工商界的经济纠纷；引进资金、技术和人才等工作。

年内，认真贯彻落实科学发展观，充分发挥工商联的职能作用，积极开展各类有针对性的服务活动，为民营企业开展法律咨询、技能培训，召开企业家座谈会等，协调解决了企业生产经营中的立项审批、建设用地等实际困难和问题。同时，建立了小额贷款担保公司，为会员企业解决了部分资金短缺的困难。积极引导会员企业扶贫济困，为贫困阶层送温暖。鼓励会员企业投身公益事业，参加社会主义新农村建设。县工商联合会设在县委统战部，设兼职主席1人、副主席1人，秘书长1人。

领导成员名单

主　席：马怀清（兼）

副主席：刘　昌

地址：府安东街2号

邮编：075500

电话：6317763

【开通赤城县工商联网站】 2月12日，开通了“赤城县工商联网站”为全县非公有制经济开辟了网上交流平台，及时为民营企业健康快速发展提供信息服务。

【举办企业家培训班】 3月25日，在温泉政府宾馆举办了会员企业法人培训班，参加培训的企业会员15人。对有关法律法规进行了为期1天的培训，提升了他们依法经营、科技管理能力。

【成立担保公司】 4月24日，成立了亨升担保公司，注册资金1000万元，为15家中小企业提供担保贷款3000万元。

【民营企业宣传】 6月8日，县电视台对新世纪电器、通达电器和部分民营企业为白河一期治理工程捐款进行了报道。

【捐资助教活动】 教师节期间，有13家工商联会员捐资助教50万元。工商联会员新悦书店老板霍玉峰为一完小、三完小、玉辉、龙关小学共捐赠6000多本“典中点”练习册，价值达8万元。

【企业家联谊会】 年内，共召开

企业家联席会议4次，参加会议的企业家达110多人次。通过召开企业家联席会，交流工作经验，开拓视野。

【健全商会组织】 年内，工商联在原有9个乡镇建立工商联分会的基础上，另外9个乡镇也建立了工商联分会。截止到年底，18个乡镇全部建立了工商联分会，新发展工商联会员9名。

【为会员企业提供贷款服务】 年内，工商联加强了和政府有关职能部门的联系协作，建立了政府职能部门和企业间的对接服务机制，为20家会员企业的新上项目办结了相关手续，帮助企业协调贷款，解决资金困难200余万元。

【实施“暖心工程”】 年内，凡是会员企业举行的重大庆典和奠基活动，县工商联都帮助准备组织并以县工商业联合会的名义邀请县委、县政府主要领导到场祝贺、剪彩。全年共为3家会员企业举办了重大庆典和奠基活动，使广大会员真正感受到了工商联组织的温暖。

【工商联参政议政】 年内，工商联会员中的人大代表和政协委员共在人代会、政协会议和各种座谈会中提出正式提案5件，建议或意见12条，被采纳4条。其中会员代表在人代会提出的《解决城区卫生迫在眉睫》的提案被评为优秀提案，并被县政府采纳。

【光彩事业活动】 年内，县会员企业累计捐款600多万元，其中向白河治理工程捐款500万元。救助贫困家庭12户，帮助30多名贫困生完成了学业。

【“百企带百村”活动】 年内，弘基矿业有限公司为黄土梁村扶持资金10万元，龙兴矿业有限公司为样田乡尚家堡村扶持资金5万元，为东万口乡青羊沟村扶持资金2万元，均用于村内的公益事业。

（祁桂荣）

残疾人联合会

【概况】 县残疾人联合会是残疾人事业团体。任务是，密切联系残疾人，听取残疾人意见，反映残疾人需求，为残疾人服务。

年内，按照残疾人事业发展的要求，以“改善残疾人生活状况”、“发展残疾人事业”为主题，认真实施重点工作和重点项目，开展残疾人需求调查，进行残疾人就业保障金审核征收，举办残疾人培训，开展扶残助残活动，康复服务活动，教育救助活动等。在岗人员7人。

领导成员名单

理 事 长：侯秀凯

副理事长：郭明刚

地　　址：鼓楼北街2号

邮　　编：075500

电　　话：6318144

【第二代残疾人证件换发】 3月2日，开始换发第二代“残疾人证”工作，全年完成18个乡镇的8962名残疾人残疾等级评定，通过市残联审核，发放残疾人证7258人。

【残疾事业宣传】 5月17日，在第十九次“全国助残日”，利用广播、电视等各种宣传媒体广泛宣传残疾人事业，电视台播放助残口号200多条次，张贴标语200多条，发放宣传材料500多份。

【建特殊教育学校】 9月，在样田乡建起了特教学校，现有教职工14人，在校学生19人；全县适龄残疾儿童入学率达95%。

【危房改造工程】 10月底，完成残疾人危房改造工程80户，其中新建房屋23户、购买39户、修缮房屋18户。工程总投资197.71万元，其中省残联补贴15万元，市残联补贴18万元，本县配套资金13万元，其余为自筹。

【残疾人就业保障】 年内，实施分散按比例安排残疾人就业15人，集中就业23人，扶持残疾人个体从业12人，发放扶持残疾人就业资金8万多元。依法征收残疾人就业保障金120万元。

【残疾人基本保障】 年内，将重度残疾、肢体三级残疾和一家多残列为重点保障对象。全县享受农村低保残疾人8780人，城镇低保532人，纳入“五保”供养294人，其中安置进入敬老院62人。8780名农村残疾人全部纳入新农合，759名残疾人参加城镇居民医疗保险。

【残疾人文体活动】 年内，参加“市残联成立二十周年书画展”、“张家口市万人海选残疾人运动员选拔”活动，一名职教中心残疾学生李晓宙参加了省级运动员集训。

【残疾人扶贫解困】 年内，启动扶贫资金775万元，对32个村实施了育肥牛、养猪、药材、杂交谷子等“细胞工程”，惠及近600名残疾人。县残联为贫困残疾人无偿提供猪仔140头，总价值5.6万元。全年接受社会救助各类残疾人近800人次。

【托养服务】 年内，实施《阳关家园计划》托养服务工作，对30户智力、精神和重度残疾人给予补贴1.5万元，资助残疾人大学生1.1万元。

【康复服务】 年内，126名残疾人得到康复服务，共完成白内障术前筛查150例。为53名白内障患者实施了免费复明手术，为3名低视力残疾人免费配用助视器。依靠社区和家庭，对2名肢体残疾儿童、5名成人肢体残疾人进行了康复训练。同时对贫困肢体残疾儿童做矫治手术1例，安装假肢8例，对2名智残儿童、2名脑瘫儿童进行了训练指导。

（李亚军）

政权
政协

赤城县人民代表大会常务委员会

概 述

2009年，县人大常委会深入贯彻落实科学发展观，坚持党的领导、人民当家作主、依法治国有机统一，围绕县委工作大局、抓住经济社会发展中的突出问题，依法行使职权，积极开展工作，充分发挥了国家权力机关的作用，为推进全县经济社会又好又快发展做出了积极的贡献。

依法监督。县人大常委会围绕县委的重大决策部署，紧贴全县工作大局，抓住事关全县经济和社会发展的重大问题，有针对性地开展了以下几方面的工作监督。1、财政预决算监督。县十四届人大常委会第十七次会议听取和审议了县政府关于2008年财政决算、2009年上半年财政预算执行情况的报告和2008年县级财政预算执行及其他财政收支情况的审计报告。针对受金融危机影响，铁矿主导产业收入大幅下滑的状况，向县政府提出了“规范矿产品开发，调整产业结构；强化税收征管，确保完成全年财政预算收入任务；加强支出管理，提倡节约过紧日子”等意见和建议，并且分别在第十五、十九次常委会会议上，两次审查批准了赤城县2009年财政预算调整方案，实现了对财政预算的动态监督。2、事关民生工作监督。县第十四届人大常委会第十五次、第十七次、十八次会议分别听取了县人口与计划生育局关于计划生育工作情况，县公安局关于公安工作情况，民政局关民政工作情况和水务局关于水务工作情况的报告。常委会在审议前注重深入基层调查了解情况，审议中积极提出高质量、有见地的意见和建议，有力地促进了这些与民生问题关系紧密部门的工作，使人大工作更贴近民生、更具实效。3、检察机关工作监督。县第十四届人大常委会第十九次会议听取了县人民检察院检察长郭文先同志所作的《关于预防职务犯罪工作情况的报告》。会议建议，要进一步加大职务犯罪的预防工作，不断拓宽职务犯罪预防工作的领域；进一步加大对职务犯罪预防和打击工作的宣传力度，用赤城事教育赤城人。

依法决定。2009年，县人大常委会着眼全局，体现民意，紧密结合赤城的实际，就事关全局性的重大事项依法行使决定权。县十四届人大常委会第十六、十七、十九次会议，分别审议了县人民政府《关于县白河综合治理工程建设项目资金有关问题的报告》、《关于土地的征收、收购、整理开发资金有关问题的报告》、《关于落实河道治理建设项目资金有关问题的报告》、《关于市政工程项目建设资金有关问题的报告》和《关于白四线、棋九线公路改建项目建设资金有关问题的报告》等6项报告，并作出相应决定，批准了有关白河治理、土地开发、市政工程、道路建设等6项政府工程贷款共计3.38亿元，依法行使了地方人大常委会的重大事项决定权。

依法任免。常委会在坚持党管干部原则、严格依法办事、充分发扬民主的基础上，不断完善任前了解、供职发言、投票表决、颁发任命书、任职谈话等工作程序。通过认真完善人事任免制度，严把任免关口，增强了被任命人员的法制意识、人大意识和公仆意识。一年来，常委会共依法任免国家机关工作人员45人，其中任31人，免14人，为推进全县经济社会发展提供了组织保证。

代表工作。常委会积极改进代表工作，努力为代表履行职责创造条件，代表主体作用得以进一步发挥。搞好代表履职服务。县人大常委会坚持正、副主任与正、副县长结对联系代表；坚持常委会组成人员分片联系走访代表；坚持邀请代表参加常委会视察调查等制度。及时了解代表呼声，广泛听取代表意见和建议，切实帮助解决代表工作和生活中的实际困难，积极为代表履职搞好服务。认真督办代表建议。县十四届人大二次会议期间，代表共提出批评、建议和意见32件。常委会及时召开交办会，将代表建议转交政府办理；办理当中采取重点督办、现场督办、跟踪督办、专项听取县政府代表建议办理情况报告等多种措施，加大了对承办工作的督促力度，使32件代表建议全部办结，办理质量不断提高。积极配合上级人大工作。一是积极配合全国人大副委员长司马义·铁力瓦尔地和原全国人大副委员长蒋正华所率调研组到我县的两次调研活动。二是积极配合省人大常委会副主任黄荣和省人大代表林权制度改革情况调研组的两次调研活动；三是积极配合市人大常委会关于城镇建设“三年大变样”和旅游情况的视察以及关于民族村经济社会发展情况的调研等活动。加强对乡镇人大工作的指导。常委会制定落实了主任、副主任和科室负责人分工联系乡镇人大工作制度，加强对乡镇人大人代会、主席团会等工作的指导，并帮助其建立健全各项规章制度。安排乡镇人大主席列席县人大常委会议，组织乡镇人大干部参加县人大常委会的调研、视察、执法检查等活动。通过这种“传、帮、带”活动促进了乡镇人大工作的开展。

自身建设。抓学习培训。县人大常委会以提高政治理论、法律素养和审议水平为重点，常年坚持开展理论知识、法律法规和人大业务知识的学习培训活动，使常委会组成人员和机关干部的履职能力不断提高。抓制度建设。县人大常委会先后对常委会议事规则、听取和审议“一府两院”工作报告办法、人事任免办法等多项制度进行了修订完善，在规范常委会监督工作的同时，使常委会工作朝着制度化、规范化迈进了一步。抓调查研究。县人大常委会把深入基层开展调查研究作为转变作风、服务中心、促进发展的具体举措来抓，精心确定专题，先后对教育、农业产业化、工业园区建设等事关发展大局和人民群众关心关注的热点难点问题进行了专题调研，提出的一批建设性意见和建议被县委、县政府所采纳，对县域经济社会发展起到了积极的促进作用。

人大常委会及其工作部门领导成员名单

主　任：郭万忠

副主任：白　宽、宋雪峰（女）、屈　军、徐占元

委　员：马怀清、王永彬、冯玉清、田淑平（女）、关振钧（女）、吴瑞峰、张树东、张　海、张景伦、李　强、李有福、李建成、武建平（女）、武洪义、赵世湖、高金龙、路安龙、戴有祥

办公室

主　任：路安龙

副主任：关振钧

法制科

科　长：赵世湖

副科长：魏秀梅（女　9月任）

代表工作科

科　长：武洪义（3月任）

副科长：昝金龙（3月任）

财经科教科

科　长：王永彬

副科长：李淑兰

地　址：府安东街2号

邮　编：075500

电　话：6312186

主要活动

【教育工作调研】　4月1日，在第十五次常委会议上，县人大常委会在听取和审议了县教育局局长卜明方同志受政府委托所作的《关于全县教育工作情况的报告》后，针对审议情况，于4月中旬组织部分委员和县人大代表，对全县教育工作情况进行了调研，精心撰写了赤城县人大常委会《关于全县教育工作情况的调研报告》。报告在充分肯定我县教育发展成绩的同时，提出了“认真规划，加大投入，建设精品学校；强化管理，健全制度，建设高素质教师队伍；把教育工作的重点转移到全面提高教育质量的轨道上来；统筹规划，促进我县职业技术教育健康发展；努力化解学校外债，提高学校公用经费保障水平；全社会要共同努力为青少年的健康成长创造优良环境；积极发展民办教育”等七个方面的建议和意见。该报告受到县委、县政府主要领导的高度重视，县委予以全文转发，县委副书记王波、县政府副县长张晓燕带队对全县教育工作进行调查了解、安排部署，有力地推动了我县教育事业的发展。

【司马义·铁力瓦尔地视察】　7月30日，全国人大常委会副委员长司马义·铁力瓦尔地在省人大常委会副主任、省工商联主席黄荣、市人大常委会主任曹英忠、副主任杨文宝的陪同下到位我县进行视察。司马义·铁力瓦尔地副委员长一行视察了温泉总泉，并对温泉的开发、修复表示赞扬。县人大常委会主

任郭万忠及县委、县政府、县政协主要领导陪同视察。

【蒋正华视察】 8月19日，全国人大常委会原副委员长蒋正华到赤城视察。县人大常委会主任郭万忠陪同视察。

【曹英忠视察】 9月4日，市人大常委会主任曹英忠在副主任武凤英，副市长何江海的陪同下到赤城县视察重点旅游项目建设。曹主任深入到摩天岭滑雪场，黑龙山国家级森林公园等地就旅游项目工程建设情况进行了认真视察，并提出了指导性意见。县人大常委会主任郭万忠及县委、县政府主要负责人陪同视察。

主要工作会议

【第十四届人民代表大会第三次会议】 1月12至14日，在县政府五楼会议室举行。出席代表172人。会议听取和审议代理县长申全民所作的赤城县人民政府工作报告；县人大常委会主任郭万忠作的赤城县人大常委会工作报告；县人民法院院长王绍华作的赤城县人民法院工作报告；县人民检察院检察长郭文先作的赤城县人民检察院工作报告。审议了县发展改革局局长魏恒作的《赤城县2008年国民经济和社会发展计划执行情况及2009年国民经济和社会发展计划（草案）的报告》，县财政局局长高建军作的《赤城县2008年财政预算执行情况和2009年财政预算（草案）的报告》；会议选举申全民为赤城县人民政府县长。

【第十三次常委会会议】 1月5日，召开第十三次常委会议。县人大常委会主任郭万忠，副主任白宽、屈军、徐占元及委员共19人出席会议。县委常委、县人民政府副县长郭文奎，县人民法院院长王绍华，县人民检察院检察长郭文先列席会议。会议议程：一、会议审议通过了人事任免事项。决定免去：郭献林、闫登仁赤城县人民政府副县长职务；决定任命：张晓燕、郭瑞卿为赤城县人民政府副县长。人大常委会主任郭万忠为新任命的两位副县长颁发了任命书。二、讨论通过赤城县人大常委会工作报告。三、讨论通过县十四届人民代表大会第三次会议有关事宜。四、听取和审议赤城县第十四届人大常委会代表资格审查委员会《关于补选5名代表资格的审查报告》；审查批准赤城县第十四届人大常委会关于批准《代表资格审查委员会补选代表资格审查报告》的决定。会议确认补选的5名县十四届人大代表（申全民、王波、郭献林、杨启旭、杨春霞）代表资格有效。

【第十四次常委会会议】 1月11日，召开第十四次常委会议。县人大常委会主任郭万忠，副主任白宽、屈军及委员共16人出席会议。会议议程：听取并审查赤城县第十四届人大常委会代表资格审查委员会关于代表资格的审查报告。会议对宋艳莲代表资格终止和补选赵彦朝为县十四届人民代表大会代表予以确认。

【第十五次常委会会议】 4月1日，召开第十五次常委会议。县人大常委会主任郭万忠，副主任白宽、屈军、徐占元及委员共 19 人出席会议。列席会议的有：县委常委、县人民政府常务副县长王崇辉，县人民政府副县长张晓燕，县人民法院院长王绍华，县人民检察院检察长郭文先以及县政府有关科局、县人大有关科室负责人。会议邀请郭建军、张全福、李汉瑞、贾万成、朱成志、赵辉等 6 位县人大代表、乡镇人大主席列席会议。会议议程：一、听取和审议县教育局局长卜明方同志受政府委托所作的《关于全县教育工作情况的报告》；二、听取和审议县人口与计划生育局局长郭正江同志受政府委托所作的《关于全县计划生育工作情况的报告》；三、审查批准县财政局副局长武建平同志受政府委托所作的《关于 2008 年县财政预算调整方案（草案）的报告》；四、讨论通过赤城县人大常委会 2009 年工作要点；五、会议审议通过了人事任免事项。决定免去：连续县扶贫办主任职务；王新慧县水务局局长职务；方进福县环保局局长职务；宋卫忠县农牧局局长职务。免去：张玉明县法院副院长职务；李福业县法院副科审判员职务；郭建斌龙关法庭庭长职务；李刚检察院副检察长、正科检察员职务；孙文燕县检察院副科检察员职务。决定任命：宋卫忠为县环保局局长；白树海为县水务局局长；李贵忠为县扶贫办主任；马献忠为县畜牧水产局局长；郭光所为县农牧局局长、农业局局长。任命：武洪义为县人大常委会代表工作科科长；李万选为县人大常委会法制科副科长；昝金龙为县人大常委会代表工作科副科长；黄忠为县法院正科审判员；路宝林为县法院副科审判员；贾秋阳为县检察院检查委员会委员；郝有亮为县检察院检查委员会委员；刘向东为县检察院检查委员会委员；孙文燕为县检察院正科检察员；陈锐为县检察院检察员；郑国为县检察院检察员；王昕炜为县检察院检察员。

【第十六次常委会会议】 4 月 27 日，召开第十六次常委会议。县人大常委会主任郭万忠，副主任白宽、屈军及委员共 15 人出席会议。列席会议的有：县委常委、县人民政府副县长郭文奎，县人民法院副院长黄忠，县人民检察院检察长郭文先，县建设局局长裴建生、水务局局长白树海，国土资源局副局长杜金国。会议议程：审议通过县人民政府副县长郭文奎同志代表政府所作的《赤城县人民政府关于白河河道治理项目建设资金有关问题的报告》、《赤城县人民政府关于土地的征收、收购、整理开发资金有关问题的报告》、《赤城县人民政府关于落实河道治理建设项目资金有关问题的报告》和《赤城县人民政府关于市政工程项目建设资金有关问题的报告》。经会议认真审议，表决通过了县人民政府副县长郭文奎同志代表政府所作的四项报告，并作出了相应决定。

【第十七次常委会会议】 7 月 10 日，召开第十七次常委会议。县人大常委会主任郭万忠，副主任白宽、徐占元、屈军及委员共 19 人出席会议。列席会议的有：县委常委、县人民政府常务副县长王崇辉，县人民检察院检察长郭文先，县人民法院副院长李茂平以及县政府有关科局、县人大有关科室负责人。会议邀请县委常委、政法委书记郭献林及各乡镇人大主席列席。会议议程：一、听取和审议县财政局局长孟建军同志受政府委托所作的《关于赤城县2008年财政决算（草案）及2009年上半年财政预算执行情况的报告》；二、听取和审议县审计局局长康俊祥同志受政府委托所作的《关于2008年度县本级预算执行及其他财政收支情况的审计工作报告》；三、听取和审议县人大常委会财经科教科科长王永彬同志所作的《关于赤城县2008年财政决算及2009年上半年财政预算执行情况的初审报告》；四、表决通过县人大常委会《关于批准赤城县2008年财政决算的决定》；五、听取和审议县公安局局长穆春同志受政府委托所作的《关于全县公安工作情况的报告》；六、审议赤城县人民政府《关于白四线、棋九线公路改建项目建设资金有关问题的报告》；表决通过赤城县人大常委会《关于同意县双瑞道路建设投资有限公司向张家口商业银行赤城支行贷款的决定》；七、审议通过人事任免事项。免去：李万选县人大常委会法制科副科长职务；任命：贾秋阳为县人民检察院副检察长。

【第十八次常委会会议】 10月28日，召开第十八次常委会议。县人大常委会主任郭万忠，副主任白宽、徐占元、屈军及委员共18人出席会议。列席会议的有：县委常委、县人民政府常务副县长王崇辉 ，县人民法院院长王绍华，县人民检察院检察长郭文先以及县政府有关科局、县人大有关科室负责人。会议邀请18位县人大代表、乡镇人大主席列席会议。会议议程共四项：一、听取县民政局局长崔占斌同志受政府委托所作的《关于全县民政工作情况的报告》；二、听取县水务局局长白树海同志受政府委托所作的《关于全县水务工作情况的报告》；三、审议以上两个报告；四、审议通过人事任免事项。决定免去：王志强县交通局局长职务。免去：任凤麟县人民法院副科级审判员职务。决定任命：张春晓为县交通局局长。任命：魏秀梅为县人大常委会法制科副科长；任凤麟为县人民法院正科级审判员；李树艳为县人民法院副科级审判员、审判委员会委员；李秀梅为县人民法院副科级审判员、审判委员会委员；焦复生为县人民法院审判委员会委员；郑文英为县人民法院副科级审判员；胡成为县人民法院副科级审判员；韩振林为县人民法院副科级审判员；郭升为雕鹗人民法庭庭长（副科）；陈勇为龙关人民法庭庭长（副科）。

【第十九次常委会会议】 12月18日，召开第十九次常委会议。县人大常委会主任郭万忠，副主任屈军、徐占元及委员共18人出席会议。列席会议的有：县委常委、县人民政府常务副县长王崇辉，县人民检察院检察长郭文先，县人民法院副院长黄忠及县政府有关科局、县人大有关科室负责人。会议邀请县委常委、政法委书记郭献林同志列席。会议议程：一、听取和审议县人民政府法制办主任王宝同志受政府委托所作的《关于办理县十四届人大三次会议代表建议工作情况的报告》；二、审议县人民政府常务副县长王崇辉同志代表政府所作的《关于县白河综合治理工程建设项目资金有关问题的报告》；表决通过赤城县人大常委会《关于同意县利达水利设施项目建设开发投资有限公司向中国农业发展银行赤城支行贷款的决定》；三、审查批准县财政局副局长武建平代局长孟建军同志受政府委托所作的《关于2009年县财政预算调整方案的报告》；四、听取和审议县人民检察院检察长郭文先同志所作的《关于预防职务犯罪工作情况的报告》。

（昝金龙）

赤城县人民政府

概 述

2009年，县政府按照市委、市政府的总体工作部署，以科学发展观为统领，围绕“保增长、调结构、强基础、惠民生”工作要求，突出项目建设，开放创新，特色创优，全民创业，继续推进“工业立县、农业产业化、城镇建设、生态旅游”四项重点工作，着力建设矿产资源开发规范县，打造靓丽县城，建设社会主义新农村，更加注重民生和社会和谐，主动增强工作的预见性、针对性和实效性，全县经济保持平稳发展态势。全年实现地区生产总值34.9543亿元，比上年增长5.5%，其中一、二、三产增加值分别完成9.9987亿元、15.6218亿元、9.3339亿元。全社会固定资产投资完成27.4896亿元，比上年增长51%；全部财政收入完成4.6208亿元，比上年增长-20.8%；其中一般预算收入完成2.0662亿元，比上年增长14.2%。农民人均纯收入2645元，比上年增长6%；城镇居民可支配收入11312元，比上年增长12.4%。

项目建设。坚持把重大项目建设作为“保增长、调结构、强基础、惠民生”的重要手段，千方百计推进重点项目建设。全年实施重点建设项目53个，总投资42.8亿元；年计划投资21.2亿元，完成投资16.55亿元。其中，国华·赤城风电、华田牧业肉牛养殖、摩天岭滑雪度假村和塘子庙温泉度假村4个项目被列为省重点建设项目，完成投资5.4亿元。列入市重点项目6个，完成投资3.2亿元。不断强化项目对经济的拉动作用，分别于2月13日和3月10日在北京成功举办了“赤城县重点项目招商推介会”、“河北赤城·北京项目签约、对接洽谈会”，发布重点项目42个，签约项目8个，签约金额达8亿元。6月8日，成功组织了白河综合治理等22个重点项目开工奠基活动，市四大班子主要领导出席仪式，对全县项目建设起到了积极的推动作用。

工业立县。推进铁矿深度开发和规模开发，加快非金属矿产和新型能源开发，构建多业支撑的工业经济格局。进一步加大矿山治理整顿整合力度，打造县、乡、村三级监管体系。在龙关、田家窑等6个矿山重点乡镇设立了矿山综合管理办公室，在16乡镇设立了安监站，强化矿业秩序的监管。加快矿产资源整合步伐，加大对非法开采行为的打击力度，严厉打击私自非法出租、出售、转让矿口的偷逃税等不法行为，全县矿业开发秩序进一步规范。认真落实《关于促进企业恢复生产的实施方案》和县级领导包企业制度，深入开展“进企业、送服务、解难题、促发展”活动，两次下调出境税费征收标准，积极与宣钢联系上调收购价格，帮助企业减少因铁精粉市场低靡带来的冲击，全县生产工业企业从年初的11家恢复到133家。深入推进铁矿深度开发和规模开发，投资4.5亿元的赤城·宣钢百万吨球团建设项目完成股权重组，项目建成后，将进一步拓展铁矿产业增值空间，成为全县铁矿开发的产业支撑。总投资4.8亿元的10个铁矿采选扩建项目，8家建成投产，全县铁精粉年生产能力达到700万吨，铁精粉出境量374万吨，实现税费收入3亿元。非金属开发步伐加快，总投资1.1亿元的攀宝科技有限公司20万吨矿物质有机肥项目，建成年产矿物质有机肥5万吨生产线一条。投资3500万元，年生产白云岩产品50万吨的兆龙装饰材料公司一期工程，建成生产线一条。积极发展新型能源开发，充分利用全县风力资源和风力资源分布的特点，组织编制了《赤城县风电开发规划（2010－2020）》，为风电项目的的长足发展奠定了基础。由国华能源投资公司投资5.5亿元的国华·赤城一期冰山梁风力发电项目，已完成风机吊装15台，二期炮梁风电项目，正在进行测风等前期工作。项目建成后，全县风力发电总装机容量将达到60万千瓦。

农业产业化。全力做好扶龙头、强基地、富农户三篇文章，突出农业产业化建设，壮大蔬菜、畜牧、特种养殖等主导产业，推进规模化经营，着力打造蔬菜、肉牛、特色养殖三条农业产业链。引进北京利农集团、河北鑫科等6家公司，累计投资1.5亿元，在样田乡实施了供京万亩蔬菜基地项目，建设膜下滴灌工程4000亩，带动周边农户新建食用菌大棚40栋，种植蔬菜1万亩。以镇宁堡、赤城、样田、东万口、东卯等乡镇为主的设施蔬菜产业带初具规模。总投资1.2亿元的华田牧业一期工程已竣工，完成肉牛改良4000头。全县存栏100头以上的肉牛养殖场达到4家，20头以上大户达到100多户，育肥牛存栏达到5.31万头。初步形成以龙门所、东万口、白草、独石口等乡镇为中心的肉牛养殖产业带。引进北京绿富隆农业股份公司投资3000万元，在东卯镇井沟村实施高效农业示范区建设项目，完成投资2800万元，完成贸易市场，水泥砖厂建设，建温室大棚16栋；引进北京双大公司，年内完成投资2500万元，在东卯、三道川、后城建肉鸡养殖小区8个，新建肉鸡养殖大棚62栋，其中29栋已装鸡，全县肉鸡养殖发展到71.08万只；引进北京二商集团投资1.2亿元的雕鹗生猪养殖基地项目，采取“基地+农户”的形式，推进雕鹗、赤城、镇宁堡等乡镇规模生猪养殖，全县存栏100头以上的生猪规模养殖场达到33个，年出栏达到2万头。同时，大力发展梅花鹿和特种鱼养殖，全县梅花鹿存栏2000只，冷水鱼养殖面积发展到446.6公顷，年产冷水鱼394吨。以马营乡万寿菊种植加工基地、独石口攀宝农业园、立春农贸公司为龙头，发展万寿菊、食用菌、杂交谷子等高效旱作农业，全县万寿菊种植面积达到333.3公顷，食用菌大棚发展到348栋，生产各类菌棒134万棒，推广杂交谷子1800公顷，黄芩种植面积213.3公顷。实施了京津风沙源治理、京冀生态水源涵养林、21世纪首水等生态工程，完成治理面积3333.3公顷。同时，实施了退稻还旱、小渊基金生态水源涵养林建设、农业节水灌溉等项目，完成土地整理和中低产田改造1133公顷。完成了汤泉水库除险加固工程，投资1.08亿元的云州水库除险加固工程，已完成总工程量的35%。

城市建设。确定了“主轴东移、西拓南扩、引水进城、功能分设”的建设思路，以创建京北靓丽县城、全省卫生城市为定位，不断加快城市基础及配套设施建设步伐，城市功能日趋完善。全县城镇固定资产投资完成27.4896亿元，同比增长51%，创历史最高水平。投资500万元，聘请中国城市建设研究院专家对县城总体规划进行修订，并编制县城各建设地块的控制性详规；投资2000万元实施汤泉河综合治理二期续建工程，完成步云桥、二期蓄水段、水上公园等工程建设；总投资15亿元的白河综合治理工程，已奠基剪彩；投资700万元，新建高标准水冲式公厕9座，完成县城23条小街巷的硬化，县城建成道路网密度达8.18公里/平方公里，中心区公共交通线路网密度达1.33公里/平方公里。投资800万元完成东关农贸市场建设；宏达阳光时代广场、格兰水郡、东关住宅等居民小区继续扩建，完成建筑面积10万平方米；投资4299万元实施了县城污水处理厂建设项目；投资1900万元的县城生活垃圾填埋场完成了通场道路建设；投资810万元建设完成单套面积50平米的廉租房94套；投资2000万元，对县城及东山、西山、北山等周边实施绿化，县城绿地率达到14%，人均公园绿地面积达到0.45%；投资500万元，对县城主要街道景观进行综合治理，对外墙轮廓霓虹灯进行设计安装；投资6000万元，完成旧城改造拆迁4.8万平方米。新民居建设取得新成绩。制定了《赤城县新民居建设实施方案》、《赤城县推进新民居建设的若干政策》等政策性文件，按照“三新六有”、“五通五有”、“四化一处理”的原则，完成了14个村的新民居示范工程建设，农村居住条件进一步改善。

生态旅游。以“沐温泉浴、滑天然雪、赏自然景、品人文史”为特色，全力打造京西北运动康体休闲区。投资2100万元，实施温泉度假村升级改造工程；投资5亿元引进北京桥山天健投资管理公司实施摩天岭国际滑雪度假村项目，完成两条雪道平整；投资1.8亿元由锡林郭勒盟龙盛集团实施的塘子庙温泉开发项目，完成了人工湖的挖掘和项目区道路建设，综合办公楼已投入使用；投资2.1亿元由北京鑫地农业有限责任公司实施的京北水城建设项目，完成项目选址、土地转租手续、环评、地质勘察等工作。中央人民广播电台、《经济日报》等媒体分别对全县旅游资源进行了重点推介，建立并进一步规范了赤城旅游网站，提高了赤城旅游的知名度，全年共接待游客41万人次，实现旅游收入2亿多元。

民生和社会事业。张唐铁路途经赤城方案于7月20日顺利通过国家发改委批复，完成了京尚高速公路建设项目预可研等前期工作；投资2629万元完成了县道白四线东卯至北京界19.5公里三级公路改建工程；投资3000万元的棋九线地方道路建设项目，完成了勘测、征地和招标等前期工作；实施了涉及16个乡镇152.1公里的农村公路“村村通”工程；在18个乡镇实施MMDS系统数字电视工程，实现了有线电视向数字电视的整体平移；开通了手机3G业务，全县行政村移动信号覆盖率达到98%；投资1920万元，完成了县城第一小学和第一幼儿园建设工程；投资365万元，实施了后城、东卯中学校舍改造工程，争取中央校舍维修资金65万元，完成第三中学食堂、餐厅新建工程；落实财政扶贫资金510万元，实施了农业基础设施建设、“互助资金”项目、“双周转”、劳务输出等重点工程；投资615万元，新建农村安全饮水工程44处，新打维修机井41眼，新打浅水井441眼，解决了333.3公顷菜地浇灌及1.1万人口的饮水困难问题；下拨救灾款226万元，落实财政扶贫资金790万元，为9700户贫困户解决冬季取暖用煤1046吨；争取到“中央专项彩票公益金”项目资金2125万元，重点用于15个贫困村基础设施、公共服务设施建设。进一步完善社会保障体系，城镇新增就业924人，城镇登记失业率控制在4%以内。社会保险覆盖面不断扩大，养老保险扩面净增155人，参保总人数达2498人；启动城镇居民医疗保险，参保居民达17623人；城镇职工医疗保险参保职工达到13428人；生育保险参保人数达到4300人；失业保险月平均参保人数达9515人。城镇低保月人均补差标准达到148元，农村低保月人均差补标准达到52元，全年累计发放城乡低保资金1556万元。新型农村合作医疗参合率达71%。

和谐赤城。举全县之力抓国庆安保，从县直各单位和乡镇抽调880名干部进驻440个行政村，强化本辖区矛盾隐患、治安隐患、安全生产隐患、流动人口、重点人员的排查整改力度；推进打黑除恶、侦破命案、追逃、打击涉枪涉爆等严打专项行动，共抓获刑事犯罪嫌疑人94人，破获刑事案件92起，查处治安案件355起，打掉犯罪团伙4个。此外，全年共破获刑事案件192起，抓获各类犯罪嫌疑人231人，其中网上逃犯55人；打掉犯罪团伙14个，其中黑恶势力团伙4个，社会秩序明显好转。从教师、党员、干部、积极分子中招募国庆安保治安志愿者13360人，加强对出入境人员的管理，在全县设立监查站4个，在环京村设立检查点23个，出动安保力量4325人次，检查各类人员146626人次，劝返无证和可疑人员898名，收缴管制刀具18把，发挥了北京护城河作用，县政府获“市国庆安保工作先进集体”称号。全力抓安全生产，实行一岗双责及县级领导包尾矿库制度，开展尾矿库、非煤矿山安全生产隐患排查和整改等专项行动。共关闭非法尾矿库2座，完成了10个头顶库的专项评价和29座四等库的隐患整改。深入落实“县委书记大接访”活动，着力解决人民反映强烈的重点、难点问题，全年共受理群众来信来访313批次2357人，办结率94.56%，有效控制了非法访和越级访的发生。

县政府领导成员名单

县　　长：申全民

副 县 长：王崇辉

郭文奎

王秀冬

张晓燕（女）

郭瑞卿

李春坡

党组成员：栗春莲

苏　有

宋建军（12月任）

挂　　职：买国强

地　　址：府安东街2号

邮　　编：075500

电　　话：6312745　6312845

主要活动

【对京项目推介招商】　2月13日，在北京市昌平区举行对京项目推介招商活动，县委主要领导、县政府全体领导出席推介招商会。昌平区纪委书记冯维利、副区长洪波出席活动并讲话。会上，我县共发布重点项目23个，推介重点项目8个。北京近百位企业界人士出席了活动并观看了发展中的赤城专题片。

【尹亚力调研】　3月16日，省长助理、省政府秘书长尹亚力带领省政府办公厅“四帮一”扶贫工作组到扶贫点东卯镇古子坊村进行“四帮一”扶贫工作调研。省政府办公厅综合一处副处长李银生、副调研员侯清华，省政府办公厅人事处调研员孟庆平参加了调研。在调研期间，省政府办公厅及县政府为古子坊村捐赠帮扶资金20万元。县长申全民、副县长王秀冬、政府办公室主任王四海陪同调研。

【郑雪碧考察】　4月24日，市长郑雪碧带领相关部门负责人到我县考察项目工作，对全县工业、农业、城建等项目的引进和落地情况进行逐一跟踪和考察，并提出了建设性意见。县长申全民及县四大班子领导陪同考察。

【张和检查矿山安全】　5月5日，副省长张和代表省政府来我县指导检查矿山安全生产工作，在检查期间，听取了全县安全生产工作汇报，实地查看了银达矿业有限责任公司等尾矿库安全情况，并对发现的问题提出了整改意见。宋市长宋文玲，县长申全民及县四大班子领导陪同检查。

【省发改委调研国债投资项目】　5月18日－19日，省发改委副主任于明一行到我县调研新增国债投资项目，对全县国债投资项目锦华奶牛养殖小区、七里河蓄园养殖场、云州水库除险加固工程现场进行调研，县政府就新增中央投资项目情况做了汇报。副县长王秀冬陪同调研。

【胡春华调研】 6月30日，省长胡春华到我县进行调研。胡春华一行先后调研视察了县城城市建设、温泉总泉。并同县四大班子领导召开了座谈会，省长助理、省政府秘书长尹亚力，市委书记许宁，常务副市长侯亮，县长申全民及县四大班子主要领导陪同调研。

【孙士彬调研】 8月5日－6日，副省长孙士彬在省政府副秘书长李同亮、省卫生厅副厅长梁占凯、省红十字会会长张淑琴及副市长侯桂兰的陪同下到我县调研。孙士彬副省长先后视察了温泉、独石亭、金阁山、汤泉河、宣传文化中心、城市建设。对赤城县县城建设“三年大变样”工作及旅游业发展给予了充分肯定和高度评价。并决定在赤城县召开全省“清洁城乡，保护健康”现场会。县政府主要领导陪同调研。

【古怀璞检查抗旱救灾】 9月8日，省民政厅厅长古怀璞，到我县指导检查抗旱救灾工作。古厅长一行视察了白草镇马栅子村受灾情况，东万口中心敬老院的“五保”老人集体生活情况。县长申全民、常务副县长王宋辉陪同检查。

常务会议

【第十四届政府十四次常务会议】 1月6日，召开第十四次常务会议，会议议题：（一）宣布县政府县长、副县长和党组成员工作分工；（二）研究讨论政府工作规则；（三）安排近期县政府工作；（四）申全民县长向县政府班子提出几点要求。

【第十四届政府十五次常务会议】 2月5日，召开第十五次常务会议，会议议题：分别对2009年县政府的财税、工业、城建、交通、农业、文教卫生、对外开放工作，政府自身建设进行安排部署。

【第十四届政府十六次常务会议】 3月19日，召开第十六次常务会议，会议议题：（一）传达省长助理、省政府秘书长尹亚力一行来赤城调研指示精神；（二）成立公共资产投资运管公司；（三）研究供电公司建设营业楼征地及质量技术监督局铁矿产品检测综合楼选址问题；（四）研究增加县城环卫经费问题；（五）研究3月17日在学习实践科学发展观县处级领导干部集中学习活动中赵书记安排的几项工作；（六）听取行政审批服务大厅运转情况汇报，研究有关事宜；（七）研究矿山勘探问题；（八）研究中小企业信用担保中心问题；（九）传达全市安全生产工作会议精神，研究全县安全生产工作；（十）研究农业产业化及农业重点工程；（十一）研究“增绿添彩”和城乡绿化工作；（十二）听取新民居建设情况汇报；（十三）研究政府有关部门人事任免问题；（十四）启动城镇居民医疗保险事宜；（十五）研究财政增收节支等问题；（十六）研究与北京对接项目跟踪落地有关事宜；

（十七）研究县政府有关学习科学发展观需整改问题；（十八）各位副县长分别传达参加市政府召开的会议精神并汇报分管口落实情况。

【第十四届政府十七次常务会议】

6月2日，第十七次常务会议在政府二楼西会议室召开，会议议题：召开县政府领导班子学习实践科学发展观活动专题民主生活会。查摆出以下问题：（一）关于《深入学习实践科学发展观活动聚焦提炼问题的报告》中提出“对科学发展观理解不深，工作站位不高，计划缺乏深度，没有真正站在科学发展观的高度，站在全国大背景下对赤城进行思考和定位”的问题；（二）关于《深入学习实践科学发展观活动聚焦提炼问题的报告》中提出“产业结构单一，资源优势没有有效地转化为经济优势”等问题；（三）关于《深入学习实践科学发展观活动聚焦提炼问题的报告》中提出：经济结构不尽合理，发展方式亟待转变；民生工作与群众需求存在差距等问题；（四）关于强化政府班子自身建设问题；（五）关于真抓实干确保推进各项事业发展的问题。

【第十四届政府十八次常务会议】

7月22日，第十八次常务会议在政府二楼西会议室召开，会议议题：（一）研究各位副县长分管口信访突出问题；（二）研究关于样田乡农业示范园区建设问题；（三）研究关于安全生产问题。

【第十四届政府十九次常务会议】

9月9日，第十九次常务会议在政府二楼西会议室召开，会议议题：（一）研究全县统计工作；（二）研究消防责任制落实情况；（三）研究《赤城县人民政府关于规划建设用地范围内控制性建设的通告》；（四）研究棋九线道路建设具体实施意见；（五）听取污水处理厂建设情况的汇报；（六）通报全县教师招聘工作情况；（七）通报全省农村危房改造试点工作会议精神，研究全县危房改造工作实施意见；（八）听取“清洁城乡、保护健康”工作情况的汇报；（九）听取白河综合治理一期工程拆迁、招投标及进展情况的汇报；（十）研究关于9月10日上午召开全县经济调度会相关事宜；（十一）研究乡镇和县直部门全民合同制工人、聘任制干部、复员军人、大中专毕业生执行档案工资的相关事宜。

（王文广）

政治协商会议赤城县委员会

概　述

2009年，政协赤城县委员会以党的十七大精神为指导，以学习实践科学发展观活动为契机，认真贯彻落实中共赤城县委十届五次全会精神，围绕县委工作中心履行政治协商、民主监督、参政议政的职能，圆满完成了年初确定的各项目标任务。

议政建言。年内，围绕县委、政府中心工作，精心选题，统筹运作，组织完成了“四项调研、两项视察”活动，形成了调研、视察报告6份，为县委、政府决策提供了有益参考。7月下旬组织部分政协委员和相关部门负责同志，先后深入国华风力发电施工一线、攀宝科技有限公司、马营万寿菊生产基地、镇宁堡鸿鑫养殖场和样田万亩蔬菜园生产基地进行调研。在调查研究的基础上，参加调研的政协委员和部门负责同志就全县经济运行状况进行了座谈，形成了《关于调整经济结构，转变发展方式，确保县域经济平稳较快发展的调研报告》。调研报告提交县委后，县委书记赵占华作出重要批示：“此份报告很好。印发学习并在工作中认真借鉴，特别是最后一部分‘对策和建议’针对性强。对如何做好产业聚集区基础工作谋划具体到位，我们要共同研究产业结构问题，早日突破一矿经济。”7月份，由提案委员会牵头，组织相关单位和部分政协委员，深入部分乡（镇）就全县实施农村最低生活保障、农村五保户供养、对种粮农民实行补贴、家电下乡补贴、牲畜和家禽养殖补贴五项惠民政策落实情况开展了调研。通过实际调查，找到了存在的问题，提出了相应的对策建议。8月份，深入政法部门和部分乡镇以“人民调解工作与和谐社会建设”为主题进行调研。调研组先后听取了县法院、司法局、龙关镇、赤城镇、白草镇、样田乡的人民调解工作汇报，并通过走访，对全县人民调解工作的现状和存在的问题进行了深刻的剖析，形成了调研报告。10月下旬，由政协经济委员会牵头，组织部分政协委员，抽调国土局、安监局、环保局、工业促进局、公安局、财政局六个单位的有关负责人组成调研组深入到炮梁乡和龙关镇，对鑫宇铁矿、英达铁矿、非凡铁矿等五个不同规模的采、选矿企业进行了实地调研。11月初，调研组又赴邢台沙河市西郝庄铁矿、武安市以及山西临汾等地的矿山企业进行考察学习，对照外地经验，查找分析我县打造矿产资源开发规范县中存在的突出问题，并形成了高质量的调研报告，提出了相应的对策与建议。在搞好调研的同时，县政协分别于9月中旬和12月上旬组织政协常委和部分委员对全县农业产业化龙头项目建设和靓丽县城新工程项目建设情况进行了视察，形成了《关于农业龙头项目建设情况的视察报告》和《关于展示靓丽县城新工程的视察报告》。县委书记赵占华在《关于展示靓丽县城新工程的视察报告》上做出批示：“这个《报告》言简意赅，并为谋划2010年城建工作以借鉴。”县长申全民批示：“县政协报告很好，提出五点建议，请文奎县长协调有关部门抓好落实。”

参政议政　在政协八届三次会议期间，共收到政协委员提案33件，审查立案32件。这些提案涉及到经济发展、城市建设、城乡规划、科教文卫、民族宗教、社会稳定、环境卫生等诸多方面。

为了提高提案办理质量，县政协采取三项措施推进提案的落实。一是会同县人大、县政府联合召开提案交办会，听取各承办单位意见，使委员提案及早纳入各承办单位工作计划。二是强化督办，提案交办后，提案委员会与承办单位相互沟通，掌握承办进度。走访提案委员，组织政协委员深入承办单位了解掌握提案落实情况。对答复不满意的提案，要求承办单位重新办理，直至问题圆满解决。三是领导包案，对重点提案分别由各位主席负责包案，并与承办单位领导联手抓落实。通过采取以上措施，促进了提案的办理和落实。截止11月底，所有提案全部办结，办复率100%，满意率100%。为更有效地发挥委员参政议政作用，还征集编发了4期《委员论坛》，为委员建言献策提供了阵地。

文史宣传。年内，初步完成了《京畿明珠—赤城温泉》的编选；为《河北文史资料全书张家口卷》上报资料5万余字；为《张家口名品》一书征稿两篇；为燕赵政协新闻网提供稿件3篇，在张家口报发表征文两篇，并荣获二、三等奖。这些文稿对介绍赤城、宣传赤城、提高赤城知名度起到了积极的作用。

常务委员会及工作部门领导成员名单

主　　席：蒋瑞海

副 主 席：李　珍、包志忠、王海儒、刘英志

秘 书 长：薛树松

常务委员：蒋瑞海、李　珍、包志忠、王海儒、刘英志、薛树松、高　明、刘伯忠、崔占斌、谢春力、靳春风（女）、张　林、杨晓慧（女）、王秋香（女）、孟建军、温建敏、张　阁、祁　军、梁登城、王贵龙、温新生、李文华（女）、刘建霞（女）、赵志亮、苏　斌、赵恒成

办 公 室

主　　任：高登有（兼　3月免）
张福林（3月任）

提 案 科

科　　长：高登有（3月免）
高　勇（3月任）

副 科 长：张庆丰（女　3月免）
张少华（9月任）

文 史 科

科　　长：蒲润洲

联 络 科

科　　长：韩　海（3月免）
高金龙（9月任）

副 科 长：张福林（3月免）

地　址：府安东街4号

邮　编：075500

电　话：6312375

主要活动

【全国政协外事委员会考察】 7月23日，全国政协外事委员会考察团一行19人在市政协常务副主席吴泽林的陪同下到赤城进行了为期3天的考察活动。考察团先后考察了温泉度假村、黑龙山省级森林公园、云州水库等地，晚上在贵宾楼召开了座谈会，对赤城的发展提出了很好的建议。县政协主席蒋瑞海全程陪同考察。

【经济运行状况调研】 7月下旬，组织部分政协委员和相关部门负责同志，先后深入国华风力发电施工一线、攀宝科技有限公司、马营万寿菊生产基地、镇宁堡鸿鑫养殖场和样田万亩蔬菜园生产基地进行调研。在此基础上，参加调研的政协委员和部门负责同志就全县经济运行状况进行了座谈，形成了《关于调整经济结构，转变发展方式，确保县域经济平稳较快发展的调研报告》。

【惠民政策落实情况的调研】 7月20日至21日，就全县实施农村最低生活保障、农村五保户供养、对种粮农民实行补贴、家电下乡补贴、牲畜和家禽养殖补贴五项惠民政策落实情况进行了调研，提出了相应的对策和建议。

【王华清视察】 8月7日，省政协委员、石家庄市政协主席王华清，省政协委员、石家庄市政协副主席周森涛一行在市政协常务副主席吴泽林的陪同下到赤城县视察。视察团一行先后视察了汤泉总泉、守猎厂木栈道、县城城市建设等项工程。县政协副主席李珍、包志忠、王海儒、刘英志陪同视察。

【建设和谐社会的调研】 8月24日至26日，县政府组织相关部门以“人民调解工作与和谐社会建设”为主题进行调研。调研组先后听取了县法院、县司法局、龙关镇、赤城镇、白草镇、样田乡的人民调解工作汇报，并进行座谈。争对存在的问题形成了调研报告。

【关于农业龙头项目建设情况的视察】 9月17日，县政协组织常委和部分委员，并邀请县委农工部、农业产业化办公室、农牧局、发改局、林业局、科技局相关部门负责同志分别深入到雕鹗镇绿泽源黄芩种植加工有限公司、华田牧业有限公司、东卯镇井儿沟村肉鸡养殖场等龙头企业，对全县农业龙头项目建设进展情况进行了视察。形成了《关于农业龙头项目建设情况的视察报告》。

【打造矿产资源开发规范县的调研】 10月下旬，由县政协经济委员会牵头，抽调国土局、安监局、环保局、工业促进局、公安局、财政局六个单位的主要负责同志组成专门调研组，深入到炮梁乡和龙关镇，对鑫宇铁矿、英达铁矿、非凡铁矿等五个不同规模的采矿企业进行了实地调研。11月初，调研组又赴邢台郝庄铁矿、武安市、山西临汾等先进矿山企业进行考察学习，针对全县矿山企业中存在的问题，形成了打造矿产资源开发规范县的调研报告。

【展示靓丽县城新工程的视察】 12月3日，县政协组织24名政协常委、委员对展示靓丽县城新工程进行了视察，并听取了县建设局城镇建设情况的汇报。形成了《关于展示靓丽县城新工程的视察报告》。县委书记赵占华，县长申全民分别对报告作了批示。

各类会议

【第八届县政协第一次会议】 1月12日至13日，在县政府五楼会议室召开。160名第八届政协委员参加会议，各乡镇、县直单位负责同志列席会议。会议听取了政协主席蒋瑞海所做的《政协赤城县第八届委员会常务委员会工作报告》；听取了《政协赤城县第八届委员会常务委员会八届二次会议以来提案工作情况的报告》；分组讨论了《赤城县人民政府工作报告》；表彰了2008年度优秀提案、好提案和先进承办单位；会议审议通过了政协赤城县第八届委员会常务委员会工作报告等决议。

【第八次常委会】 1月12日召开。会议议程：一、听取各讨论组对《政协赤城县第八届委员会常务委员会工作报告》和《政协赤城县第八届委员会常务委员会八届二次会议以来提案工作情况报告》的讨论情况汇报。二、讨论通过政协赤城县第八届委员会第三次会议政治决议（草案）。

【第九次常委会】 1月13日召开。会议议程：一、听取各讨论组对《赤城县人民政府工作报告》的讨论情况汇报。二、讨论通过政协委员任免名单。增补舒玉国、孟繁谦为县政协第八届委员会委员。

【第十次常委会】 9月17日召开。政协常委和部分委员会前先深入到雕鹗镇绿泽源黄芩种植加工有限公司、华田牧业有限公司、东卯镇井儿沟村肉鸡养殖厂等企业进行了视察，然后在政协三楼会议室召开第十次常委会。参加会议的常委员部分委员对视察情况展开了座谈，提出了许多意见和建议，会后形成了视察报告。

【第十一次常委会】 12月3日召开。会议议程：一、会前组织常委视察城建新工程；二、建设局长裴建生通报2009年城建工作进展情况及2010年工作设想；三、政协主席蒋瑞海就2009年城建工作及2010年工作设想做总结性讲话；四、政协常委座谈发言，提出意见和建议；五、讨论通过王孝凯、贾振伟、薛万文、刘广柱、王宪廷、张桂明、王建福、李树明为政协第八届委员会委员。

（刘志刚）

特设机构

大海陀国家级自然保护区

【概况】 大海陀国家级自然保护区位于赤城县西南45公里。总面积112平方公里（16万亩），属森林生态类型自然保护区。主要职责是：贯彻执行有关自然保护的法律、法规、方针、政策；依法保护本区内的自然资源和自然环境；负责编制并组织实施保护区内的区划、规划、建设和管理等。

年内，解决了自然保护区管理处内部的编制问题，配备和增加了科级领导职数，壮大了护林员队伍。森林防火常抓不懈，进一步将“以人为本、预防为主，及时扑灭”的方针落到实处。尤其是军地联合防火工作明确了责任，加强了协作，使自然保护的防火工作有了实质性的进展。国家林业局下拨的基础设施改造、护林防火和科研资金逐步到位，加快了实施步伐。同时，圆满完成了县委县、政府交办的各项中心工作。

领导成员名单

主　任：白凤鸣（兼）

副主任：李志强

宋建军（12月免）

郭树春（12月任）

办公室

主　任：卜文霞（兼）

计划财务科

副科长：李秀清（10月任）

资源管理科

副科长：杨义东（10月任）

发展经营科

科　长：武占军（10月任）

环境监测科

科　长：卜文霞（10月任）

副科长：李　莉（女　10月任）

大海陀管理站

站　长：孟　杨（10月任）

副站长：张春龙

石头堡管理站

站　长：刘永胜（10月任）

副站长：张志宏

地　址：鼓楼东街邮政局四楼

邮　编：075500

电　话：6312137

【詹大南将军题词】 2月27日，原平北地区军分区司令员詹大南将军为王国荣同志纂写的《海陀纪事》一书题词：“红色海陀 绿色家园”。

【支援雕鹗镇扑救山火】 3月17日，资源保护科副科长杨义东率队从第一管理区检查防火返回时，发现山后雕鹗镇方向浓烟滚滚，确定发生了山火。当即与雕鹗镇领导取得联系，并迅速调集两个管理区车辆和人员携带灭火装备奔赴火场。管理处派车3辆，扑火队员14人，风力灭火机9台，激战4个小时，于晚19点全部扑灭。受到县、镇领导的高度评价。

【解决了机构编制问题】 3月26日市编委下达（张机编字【2009】20号）关于河北省大海陀国家级自然保护区管理处内设机构的批复，管理处下设5个科级科室，2个副科级管理站，科级领导职数12名（5正7副）。单位人员编制由原来的30名增至75名。2003年6月，大海陀自然保护区依据国务院［2003］54号文件晋升为国家级，可是编制、归属问题一直没有解决，隶属关系不明确，大型项目建设资金难以列入计划，保护区发展受到影响。在历任处领导的多方争取下，2008年4月，省市编委下文：管理处机构规格由副处级调整为处级，领导职数3名（1正2副）。经费形式为财政性资金定额或定项补助，由县财政列支。

【省部级领导考察大海陀】 6月6日，在党的生日即将到来之际，省委常委、统战部长刘永瑞陪同中央党校省部级培训班领导一行30多人，来保护区考察平北抗日革命根据地，实地听取了海陀山抗日斗争史介绍，缅怀了老一辈革命家的丰功伟绩。从而提升了对赤城的认知度，扩大了对保护区的宣传。张家口市委书记许宁、市长郑雪碧、县委书记赵占华、县长申全民陪同考察。

【基础建设项目资金到位】 7月31日，省林业局下达了国家级自然保护区基础建设资金957万元。其中，中央投资670万，地方配套287万，主要建设内容是：新建管理局综合业务用房640平方米，管理站400平方米，维修管理站200平方米，新建保护点7处，检查站3处及配套设施。购置必要的保护、防火、科研、宣传设备等。这是保护区成立以来第一笔较大专项资金。

【增设中层领导干部】 10月1日，县委研究决定，为大海陀国家级自然保护区新任命7名中层领导干部。分别担任保护区资源管理科，环境检测科、计财科、发展经营科、大海陀、石头堡管理站科、站长职务。

【与松山林志签订备忘录】 12月17日，大海陀国家自然保护区与延庆县松山林场举行“合作发展备忘录签字仪式”。双方管理处主任、副主任出席了签字仪式，就联合资源保护，护林防火、项目争取、科研活动等内容达成了共识，并进行了备忘录起草签字。

【防火宣传】 年内，采取有效措施，不失时机地搞好护林防火宣传。共写永久性宣传标语30条，制作大型宣传标语标6块，为周边村入户发放“明白卡”528份。

【森林资源保护】 年内，深入贯彻“以人为本，预防为主，及时扑灭”的方针，认真落实“一明确，三健全，四到位”要求（明确防火责任；组织健全、防火预案健全、防火奖罚制度健全；宣传教育到位、执法检查到位、扑火队伍到位和物资储备到位）。实行进山“通行证”，“护林员巡山日记”和给村民发“明白卡”等制度。在高火险期如十月初一、元旦、春节和清明节前后，采取“看山头、把路口、守坟头”的办法，确保万无一失。

【内业建设】年内，完成了生态公

益林评议报告、检测报告及示范项目资金申请报告。编制了林区道路建设、水电和棚户区改造工程规划。完成了保护区调整后的范围、功能区划图表报送及修编复核工作。

【动植物标本采集】年内，在前几年采集整理植物标本1100份、动物标本45份的基础上，又采集珍稀植物标本14份，收集野生动物标本5份。如丘鹬、蓝翠鸟、伯劳、果子狸、狗獾等。

（王国荣）

政法军事

政 法

【概况】 县委政法委员会（简称政法委）是县委的工作部门，负责全县政法、社会治安综合治理和维护稳定工作。社会治安综合治理委员会办公室与政法委合署办公。主要职责，统一政法各部门的思想和行动，对政法工作做出全局性的部署；调查研究政法工作中带有全局性、倾向性问题，掌握分析社会治安形势，提出对策；监督政法各部门严格办事，检查、指导政法各部门的执法工作；督促和检查社会治安综合治理工作；负责抓好政法队伍建设。

年内，以构建和谐社会为目标，以巩固“平安赤城”成果为主线，以实现“平安国庆”为核心，全面深入地学习实践科学发展观，从基层基础工作入手，抓重点、盯关键、保全局，举全县之力，开展群防群治，大打国庆安保人民战争，圆满地完成了上级交办的各项任务，实现了“平安国庆”的目标，为全县经济社会又好又快发展，提供了稳定和谐的社会环境。

领导成员名单

书　　记：郭献林

专职副书记：王新慧

副 书 记：武志明

刘　成

地　址：长富村西城壕90号

邮　编：075500

电　话：6312379

【部署严打整治斗争】 在春节和全国“两会”期间，在政法系统部署开展了以“保平安，抓逃犯”、“净化公共娱乐场所”为内容的“春雷01、02”专项整治行动。在行动中，破获各类刑事案件24起，其中命案两起。抓获各类犯罪嫌疑人30名，网上逃犯17名。特别是成功告破了“1.11”和“4.10”两起抢劫案，打击震慑了犯罪活动，收到了预期效果。共抓获刑事犯罪嫌疑犯94人，刑拘83人，逮捕67人，起诉47人（网上逃犯20人）；破获刑事案件92起，查处治安案件355起，治安处罚34人；打掉犯罪团伙4个，处罚涉案人员19人，挽回经济损失20余万元，确保了社会稳定。

【“护城河工程”联席会】 4月22日，县政法委参加了延怀赤三县“护城河工程”联席会。在会上总结了三县“护城河工程”的成绩和成功经验，并交流和探讨了下步“护城河工程”工作方法和措施，为今后三县联合维护护城河工程打下了基础。

【国庆节安全保卫】 7月1日—10月8日，在国庆安保百日会战期间，共投入国庆安保力量13360人，其中，18个乡镇抽调360人成立治安巡逻队，共360人；440个行政村都成立了10人组成的治安联防队，共计4400人。环京4乡镇在20村建立了10人组成的治安巡逻队，共计200人。出入境检查站上岗执勤人员360人，乡级检查站100人，重点部位看护人员1800人，从教师、党员、干部、积极分子中招募国庆安保治安志愿者4005人，开展治安巡逻防范工作。编辑印发了《致全县人民的一封公开信》，共印发9万份，逐村逐户发放，并在县电视台滚动播出。全县上下形成了“迎国庆、讲文明、树新风”的浓厚氛围。

【境域路口设站查控】 9月10日上午8点，主要出入境路口设立的11个县级检查站，在环京乡镇设立的5个乡级检查站，全部启动。各检查站24小时在岗检查，对重点人员进行了微机录入，实行进出人员凭身份证和有效证件出入。对进京车辆、人员进行严格检查，对无身份证明的人员、可疑人员、可疑车辆一律劝返。截至10月10日，11个检查站共出动警力4325人次，警车380辆次，检查车辆44487辆，人员146626人，劝返无证件和可疑人员898名，劝返问题车324辆，查扣收缴管制刀具18把。

【政法干部作风整顿】 12月，利用1个月的时间，在全县政法各部门集中开展了干部思想作风整顿活动。在活动中针对存在的“懒”、“怕”、“浮”、“冷”、“低”、“拖”、“散”、“私”八个方面的问题，发放征求意见卡400多张，召开各界人士参加的座谈会10多次，撰写个人剖析材料300多份，征求人大代表和政协委对全县社会治安的意见和建议50多条。同时还设立了意见箱，公布了热线电话，对征求到的意见和建议梳理后向社会进行公布，收到了很的整顿效果。

【四项安全责任机制建设】 年内，严格落实干部包村责任制，并制定了下基层干部行为准则、工作守则和考核办法；落实联防联控责任制，主动与接壤的北京市有关区县开展国庆安保协作，明确双方职责，实行安保信息互相沟通，进京路口分工管控，重点人员联防联控，突发事件共同应对；落实严打整治责任制，按照要求深入开展严打整治行动，落实安全生产责任制。共排查各类安全生产隐患228项，均进行了整改，没有发生一起重大安全生产事故。

【社会治安乱点集中整治】 年内，对宾馆、饭店、歌厅、洗浴等特种行业，商场、网吧等人员聚集场所，城乡结合部、商品集散地、工矿区等重点部位，人民群众反映的楼霸、菜霸、路霸，火灾事故频发地区、消防设施不达标单位和易于引发火灾的部位，交通事故易发路段、违章驾驶、超载超限等，进行多次集中排查整治和消防大检查，经过限期整治，以上区域的治安状况明显好转。

【“三位一体”调解体系建设】 年内，进一步调整和完善了县、乡、村、组、员三级五层民调网络建设。各基层调解组织共排查出各类矛盾纠纷257件，调处257件，调处率达到100%。对排查出的重大矛盾纠纷和信访案件进行认真梳理，确立了县处级领导包案解决方法，收到了明显实效。

【禁种铲毒工作】 年内，在开展“天目-09”、宣传禁种铲毒活动中，出动警力80多人次，警车20多车次，开展“6.26”

禁毒日宣传活动，受教育群众达8万余人。加强对吸毒人员教育管理，开展帮教活动，降低吸毒人员犯罪率。从源头上遏制和铲除毒品，严厉打击和抓获一批种毒、贩毒、制毒违法犯罪人员，确保不发生大面积种毒问题。

【学校法制教育建设】 年内，定期邀请有关人士进学校开展专题法律讲座，做到了在校学生法制教育教学计划、师资、教材、课时四落实。全县2所高中、10所初中、4所一贯制学校、17所乡镇中心小学均配齐了法制副校长，举办了法制副校长培训班。通过张贴标语，宣传画等形式开展对未成年人进行教育。共发放普法教材1万余册，办法律宣传栏56期，使青少年违法活动低于1%。

【治安防范体系建设】 年内，各乡村建立了三级治安防控体系；重点乡镇建立了专职治安巡逻组织，建立了预防青少年违法犯罪体系；健全乡镇“三位一体”矛盾调解中心；各村建立了综治工作站、调委会；建立了重点人口帮教组织，对“两劳”人员的帮教率达100%，做到不漏管、不失控；重点乡镇成立了禁毒组织；村村成立妇女禁赌会；建立健全人民调解委员会基层组织。积极改革巡逻勤务机制，以公安局110指挥系统为纽带，以巡逻民警、交警、社区民警为骨干，以专业巡逻队、保安内保人员开展联防配合为辅助，构建社会面动态防控体系建设。建立社区警务机制并完善社区治安防控体系。初步形成了维护社会长治久安的长效工作机制。

（张红霞）

公安工作

【概况】 公安局是县政府的职能部门，负责全县公共安全工作。主要任务是：维护社会治安秩序，保障国家和人民群众生产、生活正常进行；维护公民合法权益，保护公民的人身安全和人身自由不受侵害。充分发挥公安机关的专政职能，预防、制止和惩治违法犯罪活动等。

年内，以学习实践科学发展观为主线，以国庆60周年安全保卫为中心，以构建和谐社会和打造平安赤城为目标，把干部作风建设年活动与“学边防、守条令”、“大走访”、“五民”、“警民一加一”工程有机结合，形成合力，整体推进，不断提升了公安机关形象。深入开展了“打黑除恶”、“打盗抢、抓逃犯、打现行”等严打整治专项行动，严厉打击了各种违法犯罪活动。加大了消防和交通治理、治安隐患排查、社会乱点整治、流动人口管理等力度，全县无重特大刑事案件、无重特大火灾和交通事故，无重特大治安事故和治安事件，治安形势出现了良好的态势。下设城镇派出所2个，农村基层派出所16个，行业派出所4个。局内设办公室（指挥中心）、政治处、行政装备科、户政科、计算机管理监察科、看守所、法制科、刑警大队、巡警大队、国保大队、治安大队、经侦大队、消防大队、交警大队、缉毒大队、矿山治安大队，在编民警185人。

领导成员名单

局　　长：穆　春

政　　委：古建民（2月免）

张　金（2月任）

副局长：王　君

范凯春

岳秉忠

副政委：赵光清

苏　有（兼）

盛爱军

副书记：赵　怀（3月免）

纪检书记：王志全（3月免）

地址：长富村西城壕90号

邮编：075500

电话：6317888　8687914

【国庆安保】 国庆期间，全局干警齐出动，以国庆节安全保卫为己任，共排查矛盾纠纷隐患186起，成功调解162起，排查治安隐患36起，解决32起，排查安全生产隐患188起，整治184起。破获刑事案件92起，抓获犯罪嫌疑人94人，抓获网上逃犯20人，打掉团伙4个。18个派出所成立治安巡逻队20支（共360人），440个行政村建立治安联防队440支（共4400人），出入境检查站上岗值勤人员共360人，乡级检查站100人，重点部位看护人员1800人，环京的后城、东卯、大海陀、雕鹗4个乡镇设立4个进京临时检查站，在23个环京村设立23个卡口。截止10月10日，各检查站（卡口）出动安保力量4325人次，警车380辆（次），检查进京车辆44487辆，检查进京人员146626人，劝返无证件和可疑人员898人，劝返问题车324辆。

【打击邪教组织】 年内，充分调动各种手段和资源，各派出所、各部门物建特情耳目等情报人员120人，发挥秘密力量主渠道的作用。严密掌握法轮功、有害气功、门徒会等邪教人员的行踪。落实了盯死看牢措施，严厉打击法轮功顽固分子，破获法轮功案件2起，抓获违法犯罪嫌疑人3人。

【严打整治斗争】 年内，坚持以打击各类刑事犯罪活动为重心，全力维护社会治安秩序，开展了以“打黑除恶”为龙头的严打整治专项战役，同时开展了“打盗抢、抓逃犯、打现行”、社会治安专项整治严打斗争。严格落实各项工作措施，严厉打击流窜分子和街头违法犯罪活动。全年共受理刑事案件375起，破获刑事案件192起，其中命案12起（现行命案8起、命案积案2起、协外侦破命案2起），系列性侵财案件62起，抓获各类犯罪嫌疑人231人，刑拘179人，逮捕128人，移送起诉103人，打掉犯罪团伙14个（其中打掉恶势力团伙4个），抓获网上逃犯55人。

【社会面控制】 年内，深入推进“巡控”机制，落实巡警大队和派出所两级巡控措施，严格24小时值班备勤和巡逻制度，将县城划分5个巡逻防控区域，对77个机关单位、35个企业、6所中小学校、1121个商店商场、52个居住小区、

112 个特种行业等部门，昼夜值勤巡逻。严厉打击两抢、扒窃、盗窃、寻衅滋事等街头违法犯罪活动，有效震慑各类违法犯罪分子。共接处警 3850 起，抓获犯罪嫌疑人 23 名，违法人员 47 人，调解街面纠纷 125 起，群众求助 54 起，救助危难人员 38 人。

【治安乱点整治】 年内，重点对龙关、田家窑矿区以及公路沿线、乡村结合部、县城等部位 5 个治安乱点整治，配合有关部门，进行矿山治理整顿。抽调警力 120 余名，配合国土、矿管、安监等部门，4 次拆除非法厂房 16 间，封填非法开采井口 7 处。

【流动人口和出租屋管理】 年内，对重点人口和流动人口有目标逐人造册登记，建档上网，做到减少或控制重点人口重新犯罪。摸清了重点人口 118 人，流动人口 2993 人，暂住人口 1557 人，出租房屋 689 间，列管率达 98% 以上。清查闲散房屋、废旧厂房、独门院落 6312 间。

【交通安全管理】 年内，加强了 112 国道、241 省道线、345 省道南赤线、353 省道滦赤线道路交通管理，依法严查严管超速超员、酒后驾车、无牌证驾驶、违法载客等严重交通违法行为，重点对酒后驾车进行集中专项整治。共发生道路交通事故 833 起，其中一般交通事故 533 起，轻微交通事故 254 起，重大交通事故 46 起。共查扣违章车 37 辆，行政拘留 21 人，纠正交通违法行为 1560 起。

【消防安全管理】 年内，集中开展消防安全专项治理，杜绝重特大火灾事故的发生。全年共检查企事业单位 1150 家次，查处火灾隐患 720 处，下达指令书 11 份，整改率达 95%，扑灭居民火灾 35 起，扑灭秸杆堆柴和供电电路火灾 28 起，完成交通事故车辆火灾抢险 11 起，参加社会抢险救援 2 起，挽回经济损失 720 万元。

【禁种铲毒活动】 年内，深入开展“天目 -09”禁种铲毒活动，从源头上遏制和铲除毒品，严厉打击和抓获一批种毒、贩毒、制毒违法犯罪人员。共破获涉毒刑事案件 27 起，抓获犯罪嫌疑人 52 人，查处涉毒违法案件 18 起，抓获违法人员 23 人。铲除罂粟毒品种植地共计 8.2 亩，计 38358 株。

【危爆化学物品专项治理】 年内，加强对全县医疗、学校、企业化验等 9 个单位使用 78 种易制爆化学品的管理，实行实名购买，由公安机关审查备案，确保不发生涉毒涉化事故和案件。收缴炸药 150.3 公斤，雷管 93 枚，导火索 600 米，管制刀具 15 把。破获一起非法制造、贩运爆炸物品案件，抓获嫌疑人 2 人。

【监所监管】 年内，严格落实 24 小时值班巡视制度，主管领导驻所指导，监管民警 10 分钟巡视一次，确保在押犯无脱逃、无越狱等重大事故的发生。同时，开展深挖余罪，立功授奖活动，为刑侦部门提供有价值信息 4 条。

【森林公安工作】 年内，共查处林业行政案件 20 起，治安案件 1 起，非法猎捕珍贵野生动物案 1 起，刑事拘留 1 人，调解林业纠纷 4 起。

【开门大接访活动】 年内，共接

待、办理各类信访案件46起，已办结43起，办结率为93%；局长接访18次、26人，均已办结；其他局领导每日轮流接访，控申科及有关业务部门陪同接访，共接访336人次，办结人大、政协批转信访案件4起。通过查处信访问题，处理犯罪嫌疑人8人，其中逮捕7人，刑拘1人，赔偿经济损失46.68万元，化解矛盾纠纷21起。调解民事纠纷34起，调解率96%，未发生影响稳定的群体访和非正常进京赴省访。

（王义勇）

检察工作

【概况】 人民检察院（简称检察院）是国家的法律监督机关，依法独立行使检察权，对县人民代表大会及常务委员会负责并报告工作。

年内，检察机关综合运用宽严相济刑事政策，切实维护和谐稳定治安环境，保障人民群众安居乐业。全年受理公安机关提请批准逮捕各类刑事案件98件175人，依法批准逮捕89件152人，其中重大案件28件56人，分别占批捕总数的31.4%和36.7%。不捕9件23人，其中绝对不捕案件3件6人，相对不捕案件4件15人，存疑不捕案件2件2人。受理公安机关移送审查起诉各类刑事案件103件156人，依法提起公诉83件118人，决定不起诉1人。受理本院自侦部门移送审查起诉贪污、受贿案件4件6人，渎职侵权案件1件2人，均依法提起公诉并作出有罪判决，定性准确率和有罪判决率均为100%。检察院获全市检察系统唯一“青少年优秀维权岗”创建先进集体；被县委、县委政法委评为“平安赤城”创建先进单位；法警队获全市检察系统岗位练兵优胜单位；公诉科、职务犯罪预防科获全县政法系统“平安赤城”创建先进集体。有1名干警被市检察院评为“十佳作风建设标兵”，2名干警被市检察院评为“模范党育式”检察干警，3名干警被市检察院荣记“三等功”，1名干警被县委评为先进党务工作者，7名干警荣获“国庆安保先进个人”，其中两人被县委荣记“三等功”，2名干警被评为“平安赤城”创建活动先进个人。机关内设办公室、反贪污贿赂局、（下设侦查科、综合科）、反渎职侵权局（下设侦查科、综合科）、政治处、侦查监督科、公诉科、监所检察科、控告申诉检察科、民事行政检察科、职务犯罪预防科、法警队，在岗人员45人。

领导成员名单

检 察 长： 郭文先

副检察长： 郭　永

李　刚（4月免）

[illegible]伟国

贾秋阳（7月任）

地　址： 汤泉河北街西城壕

邮　编： 075500

电　话： 6312000

【扣押款物专项清理活动】 2月，开展了扣押款物专项清理活动。对全院2004年以来已办结的立案侦查案件进行了逐案检查，集中清理，健全了47项财务管理制度，有效防止了院管理层在财务运行过程中的随意性。

【检察设施建设】 2月18日，建成了“阳光检务”大厅，在大厅中投入2.8万元安装了液晶触摸查询系统，投入14.4万元安装了12平方米LED公告显示系统及相关配套设施。继续升级完善了光纤宽带网、局域网、视频会议和三级机要通道。购置了2辆办案警车，9套警械警具，12台复印机和激光打印机，24台手提和台式电脑，国有固定资产总值累计增加了310万元。

【“涉农”检察工作】 3月，根据群众来信来访举报，检察院抽调22名干警，成立了3个农村工作队和1个矿山调查组，在全县21个行政村和9个厂矿企业开展“涉农”检察工作。走访村民87户149人次，召开村民座谈会13次，联席会议9次，发放法律宣传材料1600余份。集中梳理查证了7个行政村财务账目68册。移送纪检部门调查处理4人，立案查处职务犯罪案件2件3人，建议取消林坡拍卖合同2起，妥善处理矿山占地补偿纠纷1次。

【设人民监督员】 3月31日，在检察院三楼会议室，隆重举行人民监督员换届颁证仪式，为新新聘任的第二届11名人民监督员颁发了证书和工作证。设立的人民监督员是经过资格审查、考察公示、上级机关备案、县人大主任会议批准等程序产生。增加了检察工作透明度，保障了人民群众的知情权、参与权和监督权。12月15日，检察院召开专题座谈会，主动向人民监督员征求了检察机关在推进干部思想纪律作风整顿活动中的意见和建议。

【国庆安保】 7月1日至10月10日，抽调20名干警组成国庆安保应急分队，严格执行昼夜24小时值班值勤制度。检察院定期不定期深入到2个检查站、4个设站行政村进行督促检查，其中8名干警长期驻村开展安保工作，期间，全院共计出动干警150多人次，圆满完成了安保任务。

【查办职务犯罪】 年内，立案侦查贪污受贿案6件6人，玩忽职守案1件2人，滥用职权案1件1人，大要案2件（正处级1人）。通过办案，为国家挽回经济损失150万元。其中原农民日报社驻河北记者站站长李俊奇涉嫌受贿、贪污案件，一审宣判数罪并罚执行有期徒刑16年，二审驳回上诉维持原判，在全市引起强烈反响，被市检察院评为“十大精品案”之一。

【检察建议】 年内，反渎职侵权局针对查办的一起放纵非法行医渎职案，积极向卫生部门发出检察建议。并迅速启动了清查整治“黑诊所”专项行动，取缔关停了11家“黑诊所”，此案及检察建议均被评为全省反渎工作优秀案例和优秀检察建议。

【侦查活动监督】 年内，监督公安机关撤销不当立案案件2件2人， 通过立案监督程序监督公安机关立案侦查1

件1人（犯罪嫌疑人被法院判处有期徒刑10年），3件立案监督案件均被评为全市检察系统精品案。介入公安机关侦查活动11次，依法引导公安机关取证9份，纠正程序违法2次，发检察建议、纠正违法通知书13份。依法改变定性8件，追捕漏犯5人，追诉漏罪3条。

【审判监督】 年内，继续加大对适用简易程序案件、判处缓刑案件的监督力度。全年共有23件35人经本院建议适用简易程序审理后，人民法院均按指控罪名在法定量刑幅度内作了有罪判决。列席审委会8次，出庭支持公诉26件次。

【民事、行政诉讼监督】 年内，受理各类不服人民法院生效判决申诉案件16件，其中经审查决定向市检察院提请抗诉4件，发出再审检察建议1件，息诉11件。

【监管场所监督】 11月2日，总投资12.4万元的检察院驻所检察室与县看守所监控系统联网成功。安装监控网络达43路，可昼夜查看监区、号舍、放风场、会见室、提审室等各个部位的情况。同时，全年开展隐患检查3次，发检察建议5次。

【控告申诉检察】 年内，集中开展了“百日信访积案化解”专项活动。共接待人民群众法律咨询230多人次，受理群众来信来访24件，其中集体访7件130余人次，转自侦部门查办9件，控申部门初查5件，转其他部门处理10件。

【预防职务犯罪】 年内，为预防职务犯罪，进行个案剖析17件，类案分析5件，发检察建议8份，讲法制课41次，举办预防联席会议11次，召开警示教育大会6次，提供预防咨询20多人次。

【重大招投标监督】 年内，对13项标的6.08亿元工程招投标活动进行了全程同步跟踪监督，其中超亿元项目2个，1000万元以上项目5个，体现了检查监督的效果。

【新闻宣传工作】 年内，发表新闻稿件45篇，其中在《检察日报》、《新华文摘》、《高检网》、《正义网》、《中国平安网》、《中国职务犯罪预防网》等国家级新闻媒体发表28篇。在《河北法制报》、《燕赵法制网》等省级媒体发表9篇，市级媒体2篇，县级媒体6篇。

【禁毒铲毒】 年内，依法批捕涉毒犯罪案件7件18人，其中贩毒案5件15人、非法种植毒品原植物案1件3人。派驻10名干警，积极配合雕鹗镇、镇宁堡乡禁种铲毒工作队集中踏查铲除罂粟幼苗31.5亩。

【教育培训工作】 年内，组织2名干警参加省级以上业务培训，9人参加市级培训，5人参加检察官等级晋升培训，11人参加法律专业自学考试和“专升本”辅导培训，5人参加全国司法考试脱产培训，2名干警通过了全国司法考试。

【干警文化、教育活动】 年内，组队参加了全县深入学习实践科学发展观活动知识竞赛，并以460分的优异成绩荣获二等奖；组织干警观看了影片《女检察官》和禁毒专场晚会《远离毒品、珍爱生命》；组织30多名干警和干警家属组成了政法系统演唱队，在全县庆祝建党88周年暨建国60周年歌咏比赛中荣获“特等奖”。

【扶贫帮困活动】 年内，积极参加“博爱一日捐”、“献爱心、送温暖”等公益活动，共累计捐献善款8420元；为扶贫村白草镇马栅子村解决水泥30吨；帮助镇宁堡镇宁堡村解决路灯杆20根，电线1000米。

【创建“优秀青少年维权岗”】 年内，在创建活动中，召开专题报告会6次，师生座谈会11次，家长座谈会3次，重点跟踪帮教“后进生”13人次，接受法律咨询22次，组织法律知识竞赛5次，普法实践活动4次，撰写普法稿件16篇，组织中小学生观看《人生起跑线上的警示》等预防青少年犯罪专题片15次。

（贾秋阳　成占国）

审判工作

【概况】 人民法院是国家的审判机关。主要任务是审理刑事、民事、经济、行政案件，并通过审判活动，惩办一切犯罪分子，解决民事纠纷，以保卫人民民主专政制度，维护社会主义法制和社会秩序，保护全民所有财产，保护公民人身权利、民主权利和其他权利，保障社会主义革命和社会主义建设事业顺利进行。年内，紧紧围绕“三个目标”和“五个下降”的工作主线，突出“公正与效率”司法主题。共受理刑事、民事、行政、执行案件831件，审、执结各类案件818件，结案率为98.43%，收、结案数同比分别上升27%和28%。年终，赤城县人民法院受到张家口市中级人民法院嘉奖，分别被市中院评为全市法院系统立案工作、宣传工作、调研工作、司法统计工作先进集体，4个部门，11名干警获得了市级以上的荣誉称号。

内设办公室、政治处、立案庭、刑事审判庭、审判监督庭、民事审判第一庭、民事审判第二庭、行政审判庭、执行局、法警队，监察室11个机构，下设城关、龙关、样田、雕鹗、云州、东万口6个派出人民法庭，在职干警54人。

领导成员名单

院　　长：王绍华

副 院 长：李茂平

　　　　　黄　忠

　　　　　温海枝（女）

地　址：汤泉河北街西城壕89号

邮　编：075500

电　　话：6312305

【刑事审判】 年内，共受理刑事案件80件，全部审结。案件共涉及18个罪名，判决发生法律效力的罪犯108人；判处10年以上有期徒刑的7人，3年以上不满10年有期徒刑的15人，3年以下有期徒刑的31人，判处拘役、缓刑、管制的48人，单处罚金的3人，免予刑事处罚的4人；共为被害人挽回经济损失300万元。

【暴力犯罪审判】 年内，把严重危害社会治安秩序的抢劫、伤害等暴力性犯罪作为惩处重点。15名故意伤害犯罪分子和5名抢劫犯罪分子受到了严惩，特别是使用砍刀实施抢劫的犯罪分子王某某被判处有期徒刑11年，打击了犯罪分子的嚣张气焰。

【涉毒案件审判】 年内，严厉打击种植、制造、贩卖毒品违法犯罪活动，24名涉毒犯罪分子被依法惩处，贩卖毒品的张某、王某分别被判处有期徒刑18年、14年，有力地震慑了犯罪。

【盗窃团伙审判】 年内，惩处27名令百姓十分痛恨的盗窃犯罪分子，砸车盗窃巨额现金的宇某某被判处有期徒刑13年，增强了城镇居民的安全感。

【民商事审判】 年内，坚持"调解优先、调判结合"的原则，全面加强司法调解工作，民商事案件调解撤诉率达到80.6%。共受理民商事案件710件，审结698件。

【合同案件审判】 年内，依法审理涉及合资企业和个体、私营企业纠纷案件，加大对各类合同纠纷案件审理力度，共审理该类案件95件，诉讼标的额达299万元。

【行政审判】 年内，以保障公民合法权益，支持和监督行政机关依法行政，有效化解行政争议，促进官民和谐为目标，大力推行行政诉讼和解制度，防止矛盾激化，切实维护公民和法人合法权益。全年审结行政案件5件。

【依法执行】 年内，严格实行定承办人员、定督办领导、定执行措施、定执行期限、定目标责任，重点案件领导包案的"五定一包"工作责任制，加强诉前保全和诉讼保全措施的使用，依法适用拘留、查封、变卖等强制执行措施。共计执结新收案件35件，执结标的额203.97万元；执结旧存积案144件，执结标的额300余万元。

【案件评查】 年内，通过庭审检查、审执案件随机抽查、已结案件全面评查等手段，对案件质量进行动态的全方位的监督管理。共评查案件813件，抽查案件55件，检查庭审23个。

【司法救助】 年内，对老弱病残的当事人，低保人员、特困户及承受风险能力差的社会弱势群体给予司法救助，共减、缓、免诉讼费6.9万多元。

【院长接访制度】 年内，每周三为院长接待日，其他时间安排一名副院长接访，并配备一名业务庭庭长陪同。院长共接访案件18件，涉及当事人20人，信访接待的问题全部解决。

【干警队伍建设】 年内，选派25名干警观摩学习了秦皇岛海港区法院等先进法院的优秀审判和管理经验，19名干警参加了上级法院举办的审判业务、司法能力等各类培训，5名干警参加了法律本科学历教育，8名干警了参加司法考试培训。有1名同志考取了中央民族大学法学研究生，3名同志通过了司法考试。

【送法下乡活动】 年内，派出法官多次到基层村开展法律讲课，累计受教育群众超过100人次。

【对外宣传】 年内，《河北法制报》刊登稿件9篇，《张家口日报》刊登稿件2篇。

（刘　宝）

司法工作

【概况】 司法局是县政府负责司法行政工作的工作部门。主要职责，法制宣传、人民调解、法律服务、社区矫正、安置帮教、法律援助和司法鉴定。

年内，按照学习实践科学发展观活动要求，以维护社会稳定为责任，以化解矛盾纠纷为主线，以维护社会公平正义为核心，充分发挥司法行政工作职能作用。以“法律九进”活动为载体，开展重点普法对象的学法用法工作，不断加强普法依法治理工作的规范化、制度化建设，全面推进“五五”普法规划的落实。开展了“民主法制示范村”创建活动。组建普法讲师团，深入到重点学校进行普法教育，以案释法警钟长鸣，受教育人达4000人。做好法律服务工作，公证、律师工作均取得了新成绩。下设18个基层司法所，局内设办公室、法制宣传教育办公室、法制股、基层工作管理股、法律援助中心。设公证处、包大律师事务所两个事业单位。在岗人员53名，其中事业在岗人员5名，基层法律服务工作者15名。

领导成员名单

局　长：田树海

副局长：李　森

王世杰（3月任）

地址：府安东街路南

邮编：075500

电话：6312265

【普法阵地建设】 年内，根据全县不同地域、不同单位的具体情况，在农村、学校、社区建立起“五五普法”典型点35个，成为先行一步的普法示范单位。对确定为典型点的单位负责人进行了200多人次的普法培训。

【普法宣传教育】 年内，以“法律九进”为载体，开展普法宣传教育。根据不同的普法对象不断创新普法形式，完善法制宣传的内容，建立新的法制宣传机制，重点做好公务员和青少年法制教育工作。“12.4”全国法制宣传日举行了宣传活动，发放宣传资料5000份，公证、律师、法律援助开展了法律咨询。

【矛盾纠纷排查调处】 年内，完善了县、乡（镇）、村、三级调解组织。培训了调解骨干，乡镇培训调委会成员90人，村级人民调解员1420人。对260名乡镇司法员和人民调解员进行了专题业务培训，提高了思想和业务素质。全年各级调解组织共排查调处矛盾纠纷269件，调处成功265件，成功率达95%以上。没有发生一起因调处不当引发的群体性事件和矛盾激化事件。

【安置帮教工作】 年内，对05年以来刑释解教人员进行摸底登记，共接收刑释解教人员358人，其中解除劳教20人。本年共接收刑释解教人员63名，其中 ：刑满释放人员58名，解除劳教人员5名。

对刑释解教人员全部进行造册登记，以村确定了帮教对象，明确了帮教责任，并定期进行走访，预防重新犯罪。

【社区矫正】 年内，积极开展社区矫正工作，通过和公安、法院进行协调沟通，4个社区共接收矫正对象5人，全部落实了矫正措施。

【法律援助】 年内，免费解答各类法律咨询294人次，代写各种法律文书67份，办理法律援助案件72件。

【干部法律知识考试】 12月，组织了全县干部法律知识考试，参加考试的公务员达2390人，全部合格。

【公证工作】 年内，县公证处共办理各类公证业务638件，其中：国内经济类337件、国内民事类301件。办理公证法律援助5件。调解各类民事纠纷93件，其中疑难复合纠纷18件，调解成功率100%。

【律师工作】 年内，县律师事务所共受理案件32件，代写法律文书201份，进行法律援助4件，义务解答咨询719人次。

【法律服务】 年内，全县三个法律服务所共办理民事案件33件，调解各类民事纠纷35件，其中疑难复合纠纷11件，调解成功率100%。

（张 宝）

交警大队

【概况】 交警大队是县公安局的下属机构。2009年4月县农机监理站与交警大队合并。主要职责是，负责辖区道路交通秩序管理和辖区内各类交通违法的处理和执罚；负责辖区内道路交通事故的现场勘查、取证、责任认定、调解、处理以及侦破交通肇事逃逸案件；负责组织辖区内机动车辆定期检验，审核、办理、发放全县农用汽车、摩托车号牌与行驶证、及驾驶人考试。办理机动车变更、过户、改装、改色等手续，办理驾驶员年度体检；负责宣传道路交通法规和交通安全常识；负责辖区内公路治安案件和刑事案件的先期处置、侦破；负责承担各级交通警卫任务，处理各类突发事件的交通管制等特勤工作。

年内，公安交通警察大队认真贯彻落实科学发展观，构建和谐社会，狠抓队伍内部管理，加强政治思想工作及业务学习，内强素质、外树形象、为全县的经济建设营造了良好的道路交通环境。全年查处各类违法行为4021起，罚款37.4万元，交通违法记分101人次。在国庆安保期间检查进京车辆8214辆。机关内设：办公室、宣教科、法制科、秩序科、事故科、车管所。下设龙关中队、城区中队、雕鹗中队、兴仁堡中队、白草中队、独石口中队。在编民警22人，农机监理人员22人。

领导成员名单

大 队 长：李 景

教 导 员：范建军

副大队长： 王树民
李绍川
司利军
张太平
李　江
胡春明
副教导员： 刘良金
地　址： 新区省道宝平线东侧
电　话： 6415250
邮　编： 075500

【春运安全违法查处】 春运期间，加大路面交通违法行为的查处力度。从时间上、警力安排上统筹谋划，打破常规，从点、线、面上加强路面执勤和交通违法行为的查处工作。针对城区内机动车乱停乱放、不按信号灯通行、摩托车超速、随意调头及自行车乱停乱放等交通违法行为，以城区中队为主并抽调兴仁堡、雕鹗中队配合开展了多次城区交通违法行为专项整治工作。严厉查处了一批交通违法行为，维护了城区的道路交通秩序，极大地改善了城区交通环境。

【酒后驾驶整治】 9月，在县城主要道路开展了酒后驾驶和涉牌涉证专项整治工作。同时与崇礼县交警大队开展了异地交叉执法活动，增强了执法的有效性。通过整治酒后驾驶现象明显减少。

【国庆期间道路交通管理】 国庆前夕，开展了交通违法整治工作。以严重影响交通秩序的客车超员、农用车载人、无牌无证及酒后驾车、疲劳驾驶等交通违法行为重点，以省道353线及241线为主要区域，采取集中整治与不定期整治、设卡纠查与流动巡查相结合的整治方法进行了为期3个多月的整治活动。同时开展环京道路交通事故隐患排查活动。对省道345线、353线十字路口、241线第一幼儿园附近进行重点事故排查和监管，并向有关部门提出整改意见，报请县政府及安监部门督促整改，将整改工作付诸实施，使环京道路上的交通隐患明显减少，道路通行条件进一步优化。

【国庆期间进京车辆、人员检查】 9月20日至10月10日，按上级的要求和支队的安排，在雕鹗镇进京路口增设一个进京车辆检查服务站，全天候负责检查进入北京车辆和人员。同时大队抽调警力充实到白草、独石口、锁阳关等三个出境口的检查服务站，并在服务站调整了执勤班次。民警们每天24小时在进京的道路上坚持执勤，认真检查每一辆进京车辆和人员。共检查进京车辆8214辆，其中劝返车辆9辆，劝返人员7人。

【开展“作风建设年”活动】 年内，开展了以提高车管执法水平和服务水平，拓宽服务领域，提高工作质量和办事效率为重点的作风建设年活动。在活动中，做到了利民、便民和惠民，简化了办事程序，提高了办事效率，增加了小型汽车新车注册登记业务，并实现了号牌自编自选。全年共办理农用车、摩托车、低速汽车上牌照361副，检验各类机动车826辆，农机补录571辆，办理驾驶人体检录入7382人次，农机驾照补录1049人，办理驾证263个，小型汽车注册登记148辆。

【交通安全宣传】 年内，以开展交通安全宣传“五进”活动为主线，以国、省道路沿线社区、农村、单位、学校和运输企业为重点，开展有针对性的交通安全宣传教育活动。在全社会营造遵守交通法规、支持交通安全管理的氛围。通过采取出动宣传车、展出挂图、播放光盘、发放宣传材料，广播、电视等新闻媒体向广大群众进行了交通安全常识方面的宣传教育。

【校园周边安全治理】 年内，对学校门前及周边车辆乱停乱放，违法载客等交通违法行为进行了治理。在车流量集中，路况复杂的学校周边建立了“绿色通道”，确保学生上下学安全。同时对校园周边的交通标志标线进行了补充和完善，保证了中、小学生的出行安全。

【交通事故处理】 年内，全县共发生各类交通事故833起、死亡51人、受伤463人、直接经济损失679.9万元。共查处各类交通违法行为4021起，其中一般程序37起，简易程序2983起，罚款37.4万元，交通违法记分101人次，分值192分。

【交警队伍建设】 年内，按照“文明执法、规范执法”的要求狠抓了全体交警的业务培训和执法能力的培训。全体交警除参加了支队在温泉的业务培训外，大队还安排业务部门主管队长任主讲在本队进行了岗位业务培训。按照规范执法的要求，狠抓了勤政廉政建设，建立了规范执法责任制。通过执法、业务能力的培训和制度建设，全体交警进一步树立了爱岗敬业精神，以自己的行为和能力维护了交警的形象。

【交通警卫】 年内，为确保来访领导车辆的安全畅通，大队每接到一次警卫任务后都进行详细安排、精心谋划、制定方案、草拟简图，努力做到万无一失。全年共完成交通警卫任务55次、出动警车350台次、警力1580人次。

（李　林）

人民武装部

【概况】 县人民武装部（简称人武部），是全县的军事领导指挥机关。既是县委的军事部门，又是县政府的兵役机关，同时接受县委、县政府和中国人民解放军张家口军分区领导。基本职能是：负责民兵、预备役、征兵和战时动员工作；组织民兵、预备役参加两个文明建设；对全民进行国防教育和国防动员工作。

年内，县人武部认真贯彻执行县委、县政府和张家口军分区的指示精神，做好民兵整组、民兵军事训练、义务兵征集和国防教育等工作。下设农牧局武装部、县直机关工委武装部、工业促进局武装部、18个乡镇武装部。机关内设军事科、政工科、后勤科、民兵训练基地和国防教育办公室，在岗人员19人。

领导成员名单

部　　长：孟来年

政　　委：韩光辉（3月免）

　　　　　张儒祥（3月任）

副 部 长：严义军

国教办主任：张永明（3月任）

地　址：府安西街2号

邮　编：075500

电　话：6312261

【民兵组织调整】 1月，以优化民兵组织结构为目标，以调整重点分队布局、整合现有力量为重点，从全县具体实际情况出发，对全县民兵组织机构进行了调整，并圆满完成了民兵、预备役整组任务。通过调整，在全县民兵总人数28750人，其中基干民兵2300人，普通民兵26450人基础人数不变的情况下，勤务保障队伍共组建了10个分队1130人；应急维稳分队共组建24个1075人；另外教育局组建步兵连1个95人。夯实了民兵工作基础。

【民兵军事训练】 4月10日～8月5日，按照上级下达的民兵训练任务安排，分三批对民兵应急分队，专业技术分队，勤务保障分队进行了严格训练，共训练民兵216人，其中应急分队125人，勤务保障分队46人，专业技术分队50人，民兵干部40人。4月10日至4月25日，对县直应急分队125名民兵进行了训练，共完成共同训练、专业训练、分队训练、政治教育和综合演练5个教学课题，12个教学科目的训练。5月10日至5月25日对专业技术分队50名民兵进行了集结与机动、作战行动、现地勘察、政治教育等4个课题、15个教学科目的学习和训练。7月25日至8月5日，对勤务保障分队46名民兵入队训练的6个课目、单兵训练的4个课目、分队训练的3个课目的训练，并结合当前形势进行了了解时事格局、坚定理想信念、激发爱国热情的政治思想教育。平均参训率达到90%以上，合格率达到80%以上。

【保障辽宁某部跨区机动演练】 9月4日，辽宁某部跨区机动演练部队途径我县，为了完成跨区机动部队的保障任务，县成立了由县长申全民任组长，人武部部长孟来年、政委张儒祥任副组长的跨区机动部队安全保障领导小组。沿途部分乡镇发扬革命老区拥军优属的光荣传统，热烈欢迎跨区机动演练部队。白草镇搭设彩虹桥，组织学生和秧歌队举行欢迎仪式；民政局、赤城镇为演习部队送去了慰问品。全县出动民兵救护分队、道路保障分队、民兵应急分队和警力共计1200余人，圆满完成了演习部队的安全保障任务。

【国庆安保拉动演练】 9月初，为配合全县国庆安保工作，县人武部以《维稳处突》为课题对民兵应急分队进行了拉动演练。这次演练共出动民兵130人，车辆20台次，参加演练的民兵以大局为重，服从命令听从指挥，圆满地完成了拉动演练任务，为国庆安保工作打下了坚实的基础。

【国防教育】 9月，在第9个国

防教育日到来之际，由国教办牵头，组织县职教中心、县第一中学、第二中学500多名师生到大海陀平北抗日根据地接受爱国主义教育，增强了学生的国防意识和爱国热情。为庆祝建国60周年，开展了国防教育知识问答活动，共发放试卷1.4万份，参加人数1200人。同时，还举办了国防知识网络问答，赤城县获得省二等奖。

【义务兵征集】 10月20日，召开了征兵工作会议，同时成立了征兵工作领导小组。县征兵办公室对参加征兵的工作人员进行了为期2天的业务培训，对体检、政审、廉洁征兵等各项工作提出了明确的要求，确保征兵工作的顺利进行，共征集新兵115人。12月10日，武装部举行了的隆重欢送仪式。百乐秧歌队还义务为新兵送来了100多双鞋垫，寄予家乡人民对子弟兵的厚爱。

（王保周）

公安消防大队

【概况】 公安消防大队受市消防支队和县政府双重领导。主要任务，担负辖区内消防安全保障，队伍训练，技能培训，消防宣传等。

年内，消防大队以贯彻落实市政府消防工作会议精神和市政府签订的《2009年度消防安全责任状》为目标，解放思想，更新观念，全面落实科学发展观，强化社会消防宣传和教育培训，大力构建全县社会化消防安全防范体系。组织开展了“1号、2号、3号燕赵风暴”行动，共检查有消防任务的单位386家，查出火灾隐患200处，当场整改159处，下发《责令整改通知书》11份。注册消防自愿者963人。通过各种形势消防宣传受教育人数达6000人。共出警76起，直接保护财产720万元。消防大队下设消防中队，内设办公室。现有合同制消防队员25名，文职雇员6名，现役干部3名、士官4名，在岗人员38名。

领导成员名单

大队长：苏龙生

指导员：武文慧

地　址：兴仁堡村南112线路北

邮　编：075500

电　话：6310699

【消防宣传教育】 3月，成立了《消防法》宣讲团，积极推进消防宣传“六进”工作，先后到机关、社县、企业、学校、农村、家庭等宣讲10余次。11月9日，在县文化广场举行“119”消防宣传活动，县公安局领导和县消防大队全体干警以及30余名消防志愿者向过往群众发放宣传资料2500余份，接受群众咨询40余人次。出动消防宣传车辆5部，悬挂宣传横幅10条，受教育人数达6000余人。

【火灾隐患排查整治】 8月，消防大队紧紧围绕“两个专项”行动及国庆安保火灾隐患进行排查，联合公安、工商、安监、文化等部门对辖区内27家公共娱乐场所进行了逐一排查。同时组织开展了“燕赵风暴1号、2号、3号”专项治理行动，查处和消除火灾隐患。共检查单位386家，查出火灾隐患200处，当场整改159处，下发《责令限改正通知书》11份。

【社会单位管理】 9月3日，召集供电系统、易燃易爆单位、公众聚集场所等单位的100名干部、职工共同参与了以处置突发火灾事故的应急演练及消防安全培训。9月5日，对县第一中学400名师生进行消防“四个能力”安全培训，提高了中学生整体及个人扑救初期火灾和自防自救能力。由赤城县消防大队、团县委、县文教局等单位，成立了赤城县消防志愿者服务大队，注册消防志愿者963人。

【火灾扑救及火灾防控】 年内，消防大队共接出警76起，其中居民火灾35起，秸杆堆垛火灾22起，供电线路火灾6起，交通车辆事故抢险11起，社会抢险救援2起。直接保护财产720余万元，抢救遇险群众10人。

（李　娜）

武警赤城县中队

【概况】武警赤城中队是张家口武警支队下设机构，受张家口武警支队和赤城县公安局双重领导。主要职责，担任外围武装戒，保障监所安全，处理突发事件，维护地方社会治安，组织抢险救灾等。

年内，根据支队指示，中队按照上级统一部署和要求，深入贯彻落实科学发展观，高标准实现“两个确保”，“争创先进中队”的工作思路和目标，发扬务实精神，坚持以人为本，真抓实干，较好地完成了上级布署的以执勤和处突为中心的各项任务和中队的日常工作，取得了较为明显的进步。中队编制38人，其中，干部3人，战士35人。

【政治教育工作】年内，中队党支部认真抓了新《纲要》和《政工条例》的学习教育，使官兵的头脑中树牢了按纲抓建的意识。开展了“树立当代革命军人核心价值观，永远做党和人民的忠诚卫士”学习教育活动，打牢了官兵“争当忠诚卫士”的思想基础。在以往教育的基础上，学习了《毛泽东、邓小平、江泽民论总队内部关系选编》及总政治部《江主席密切军队内部关系十个重要理论观点学习教育提纲》及总部领导的一封信和支队政委在新兵下队前的讲话等内容。教育中紧紧围绕密切官兵关系、士官与士兵的关系、新兵与老兵的关系，建立和保持纯洁、健康、融洽的内部关系，营造团结友爱的良好氛围，确保部队内部安全稳定。

【尊干爱兵教育】年内，以提高中队战斗力、凝聚力为出发点和落脚点，端正了干部对新兵的根本态度，能够放下架子，主动和新战士谈心互助，从而拉近了感情的距离。中队干部深入到战士中间，了解其所思、所想、所需，通过心与心的交流，目前中队战士思想稳定，官兵关系融洽。

【经常性思想教育】年内，中队进行了理想信念教育、密切内部关系教育、新兵端正入伍动机教育、科学发展观教育、革命军人核心价值观教育、政策法规教育、遵章守纪教育、“三个代表重要思想”教育、社会主义荣辱观教育、优良传统教育、心理健康教育及执勤战备、形势政策教育等一系列经常性教育。同时组织学唱军人道德组歌和忠诚卫士组歌，丰富了官兵的业余文化生活，调动了官兵参与连队建设的积极性和创造性。

【政治教育与重大事件结合】在“两会”期间，组织官兵认真收听、收看有关“两会”报道的广播、电视节目和新闻等，深刻领会有关“两会”精神实质，把官兵的思想行动统一到为确保“两会”安全和目标安全做贡献上来。

【培养思想骨干队伍】年内，把思想基础好，文化程度高，且入伍后一直表现不错的选为骨干，定期培训，拓宽他们的思维，并每周或一个工作阶段要求每名思想骨干汇报人员思想，分析存在的问题，探讨工作方法。通过对思想骨干的培养、使用，取得了较好的效果。

【抓好执勤教育】年内，抓好“一个规定”即《执勤规定》、《处置突发事件规定》、《战备工作规定》和“一个办法”即《正规化执勤等级评定实施办法》的学习教育，及时向执勤人员通报犯情、社情，进行随机教育。并在中队开展了“十一查”即查思想、查制度、查方案、查设施、查违纪、查配合、查哨兵执勤能力、查执勤部署、查专勤专训、查四哨动作、查理论和“三换位”认识换位，对象换位，官兵换位活动。通过经常性的专项教育和对照检查，使官兵认清了监管与反监管，改造与反改造的斗争仍十分尖锐，矛盾还十分突出，叫响了“哨位就是战场，执勤就是战斗”的口号，使执勤人员树立了执勤发生事故就是打了败仗的思想，确实把执勤和“处突”这一中心工作当作“饭碗工程”、“保底工程”建实夯牢。

【严格落实执勤制度】年内，突出抓了“四全”、“五控”等制度的规范落实。重点抓了哨兵互控、领班员直控、目标单位联控三方面值班制度的落实。在岗楼下方安装了监控器，接入中队勤务值班室，减少了观察控制死角，提高了安全系数。同时规定领班员除叫哨外，主要在哨位上协助哨兵处理各种可能出现的情况，并加强对执勤哨兵的管控。

【军事训练】年内，依据新的《军事训练与考核大纲》及新的《军事训练规定》和训练计划，积极开展“五小练兵”活动，抓好“处突”和“反恐”训练，在“三能”、“四会”、专勤专训上要效果，要战斗力。把专勤专训、看守勤务基础理论等作为对新兵的训练重点，突出抓了体能和技能训练，穿插了两官编组作业，军事理论竞赛、专勤专训等。受到支队考核组领导的好评。

（夏　刚）

人民防空

【概况】 赤城县人防办公室是国防动员委员会的常设机构，也是县人防工作的主管部门。年初，单独设置了人防办公室，机构挂靠政府办。负责全县的人民防空工作。人防办主任由政府办主任兼任，下设一名副主任。

领导成员名单

主　任：王四海（兼）

副主任：马占山

地　址：府安东街2号

邮　编：075500

电　话：6312902

【疏散实战演习】 7月7日，组织县城部分中、小学在校师生成功地进行了安全疏散实战演习，有效地提高了全体师生应对突发性公共安全事件的应急救援能力。

【结建工作】 年内，始终把结合民用建筑工作当作全年工作的重中之重来抓。印发了《赤城县结合民用建筑修建防空地下室的管理规定》，《赤城县结合民用建筑修防空地下室的通告》等文件。在行政许可服务大厅设立了人防窗口，与城建、规划等部门共同把好审批关，实现了全县结建工作历史性的突破。

【应急队伍组建】 年内，组建了七支130人参加的人防应急专业队伍和一支32人的人防志愿队伍。在县防空办的统一组织领导下，各专业队进行了防空防灾实兵演练，强化人防部门参与防灾救灾的能力。

【信息化建设】 年内，在原有两台警报器的基础上，新增两台发射半径为1500米的防空袭警报器（分别设置在县国税局楼顶和县交警大队楼顶）。通过有效地宣传组织，7.7防空警报试鸣县城的音响覆盖率达到了百分之百，圆满地完成了试鸣任务。

【健全预案、规划】 年内，重新修定了县级防空袭应急行动预案，制定了县城重要目标防护工作计划，组织重要目标单位修订防护方案，按照市办要求及时编写制定了《赤城县人防警报规划》。

【宣传教育】 年内，共发放通告500余份，应急知识读本300多册。全力推进人防“六位一体”宣传教育，做好人防知识“进机关”、“进学校”、“进企业”、“进社区”活动。

（龚艳萍）

综合管理

办公室综合管理

【概况】　政府办公室是协助县政府领导处理县政府日常工作的工作部门。在县政府的领导下，具体负责掌握情况、起草文件、上报下达、信息反馈、督促查办、调查研究、组织会议、文书处理、协调关系、信访接待，法制宣传、机关事务、后勤保障、财产管理等工作。

年内，围绕县委、县政府中心工作，深入贯彻落实科学发展观，主动适应新形势、新要求，认真履行参谋、协调、督查、服务等各项职能。积极谋划新思路、新举措，致力在辅佐政务、管理事务、搞好服务上下功夫，促进了政府工作的高效运转。把以文辅政作为首要任务，各类综合材料起草做到政策性、实用性强，观点明确，体现领导意图。深入基层，开展调查研究，调研文章受到主要领导重视，并做出批示。全方位、多角度、深层次编发信息，得到省、市政府表彰。围绕推动政府决策落实，强化督促检查工作。法制承办、应急管理等工作扎实有效。提升服务水平，后勤保障工作、外宣工作、招商引资等工作都取得了新成绩。机关内设秘书科、综合信息科、财贸科、工业科、农村经济科、法制提案科、文卫科、督查办、电子政务管理科、机关事务管理科，在岗人员32人。

领导成员名单

主　　任：王四海

副 主 任：张运刚

卢海星

明晓东（10月任）

督查室主任：张运刚（兼）

法制办主任：王　宝

地　址：府安东街2号

邮　编：075500

电　　话：6312745、6312845、6312539

【综合材料起草】　年内，坚持高站位、高起点、早谋划、早动手，各种综合性材料起草做到了政策性、实用性强，观点明确，体现领导意图。在领导讲话材料起草上，大胆进行角色转换，认真把握领导意图，全面把握领导决策的广度和深度，圆满完成了矿山企业保安全促发展工作会、半年经济运行分析会、全县清洁城乡保护健康爱国卫生运动动员会及全县国庆安全保卫工作总结表彰会等大型会议材料起草，得到了领导的肯定和好评。在汇报材料起草上，突出全县工作中的亮点，准确反映工作中的难点，成功撰写了原全国人大常委会副委员长蒋正华，原省长胡春华等国家、省、市领导到县调研的汇报材料。全年共撰写领导讲话46篇，汇报材料33篇。

【调查研究】　按照“思考问题贴近中心，调查研究务求成效”的要求，紧紧围绕项目建设、农业产业化、工业立县、城市建设、旅游开发等全县经济社会发展中的重要问题和重点工作，积极主动开展调研。全年撰写了《赤城县行政审批服务中心建设情况的调查》、《赤城县创建省级卫生城市的实践与思考》等7篇调研文章，分别被省政府《政务情况交流》、市政府《政务工作交流》和《政府工作研究》等刊物刊发。

【调研文章竞赛】 年内，开展了调研文章竞赛活动，评选出优秀调研文章8篇，并通过《内部通报》和赤城公众信息网《经济研究》栏目刊发。文章中提出城市建设与管理、生态旅游开发等方面的合理化建议13条，得到县委、政府主要领导的肯定，同时促进了办公室整体文字水平的提高。

【简报、信息编报】 年内，共向省市领导机关报送信息200多条，被《河北政务信息》采用2条，省《昨日要情》采用8条，《省长专报》刊发4篇，省《政务情况交流》采编2篇。其中，《省长专报》刊载的《赤城县建议提高山区“村村通”道路建设补助标准》得到副省长宋恩华批示，《河北省建议建立区域补偿机制加强水源管理》被省政府转报国务院办公厅。共被市政府《工作信息》采用32条，《信息快报》采用21条。《清洁城乡优化人居环境，保护健康提高生活品质—赤城县创建省级卫生城市的实践与思考》等8篇简报分别被市政府刊发。其中，《简报》《赤城县“三个强化”落实全市重点项目调度会议精神》得到市长郑雪碧、常务副市长侯亮的批示。政府办公室被省政府办公厅评为“信息工作先进单位”，被市政府办公室评为“信息工作优胜单位”。信息工作受到了县委、政府主要领导的肯定，被县委、政府通报表扬（赤字[2009]51号）。

【<赤城政务信息>编发】 年内，以《赤城政务信息》为工作载体，围绕全县工业立县、农业产业化、城建建设、生态旅游四项重点工作，民生工程、突发事件及热点问题进行编发。全年共编发政务信息49期、其中特刊9期。

【政务督查】 年内，围绕县政府的重点工作、重大决策和工作部署，做到全面工作定期督查，重点工作专项督查，中心工作跟踪督查，领导批示随机督查。同时，将督查与调研有机地结合，坚持在督查中发现问题，分析问题，反馈问题和解决问题。全年下发督办卡20份，办结20件，办结率达到100%。同时撰写督查通报及报告20期。

【法制承办】 年内，先后两次对行政审批事项进行集中清理，把全县保留的201项审批事项全部纳入行政审批大厅统一办理，项目办结时限平均压缩了50%。共审核以县政府和政府办公室名义下发的各类规范性文件3件、非规范性文件25件。加大对人大代表建议、政协委员提案的督促办理。将32件人大代表建议和30件政协委员提案及时分解到相关责任部门，所有代表建议、提案均在要求时限内办结，提案答复函件规范化率达到95%，办理结果的满意率达到了100%。

【政府信息公开】 年内，按照《赤城县政府信息公开目录》和《赤城县政府信息公开指南》的要求，及时地将各类政府信息、领导工作动态、会议简报适时发布，并在政务信息网上予以公开，全年共公开各类政府信息70多条。

【应急预案编制】 年内，起草、修订了全县突发公共事件总体应急预案及22个专项应急预案的合订本。对全县突发公共事件总体应急预案及571个专项应急预案进行了完善和修订。

【大型会议组织】 年内，成功组织了矿山企业保安全促发展工作会、半年经济运行分析会、项目工作调度会和“6.8白河综合治理暨22个项目开工奠基仪式”等大型会议服务工作。

【重要会议审核】 年内，对县政府全体会、常务会、县长办公会议题，提前进行收集、审核、整理，并经县政府主要领导审定同意后提交会议研究，从源头上确保了会议的权威性和高效率。全年共整理印发《政府常务会纪要》6期，《县长办公会纪要》51期。

【接待工作】 年内，按照“节约费用、强化服务、提高质量”的要求，实行接待专人负责制、代金券制度。先后接待了全国人大副委员长司马义·铁力瓦尔地，原全国人大常委会副委员长蒋正华，全国政协副主席阿不来提阿布都热西提和省长胡春华等国家、省、市及周边市县、外商、检查团到我县考察、检查指导工作的领导、来宾2000多人次。

【后勤保障】 年内，安排专人对大院内树木、花草定期进行浇灌和修剪，对前后办公楼卫生间进行了装修改造，对政府五楼会议室设施进行了更新和维护，引进保洁公司，定期对办公楼内门厅玻璃、走廊等设施进行清扫、擦试，进一步提升了机关形象。新增安全监控摄像头14个，机关大院实现了安全监控全覆盖，加强出入车辆、人员的管理、登记，政府大院管理日趋规范。

【网络外宣工作】 年内，以“促进赤城走向外界、方便外界了解赤城”为宗旨，投入资金优化了网络设备，对“赤城县公众信息网”进行全新改版，重新设计了主页标题，调整了页面色彩，丰富了网站内容。在原有20多个栏目的基础上，推出了“深入学习实践科学发展观”、“城镇面貌三年大变样”、“行政审批服务指南”等9个专栏，同县广电局合作，推出了《赤城新闻》的网络视频，与农牧局合办了“农产品市场信息”栏目。在百度、搜狐、雅虎、新浪等大型网站进行了登录，发布了网址。在《张家口市政府信息公开》平台上发布了赤城县概况信息、计划总结、法规公文、工作动态、财政信息、政府事项等共计7大类信息和机构职能、发展规划、统计数据、公示公告、政务动态、行政许可、专项经费等共计20小类信息。全年累计发布赤城要闻、工作动态、乡镇及部门等各类信息500多条，采集、处理、更新图片229张。编撰了《赤城县六十年经济社会发展综述》及《河北省年鉴》赤城县部分。

【扶贫工作】 年内，深入所包扶的马营村进行调查、研究，确定以改善农村基础设施建设为突破口，协调县交通局为马营村支持水泥20吨，协调支持样田乡郭家屯村道路硬化资金20万元。

（王文广）

综合调控管理

【概况】 发展改革局（简称发改局），主要职责，贯彻执行国家、省、市、县国民经济和社会发展的战略、方针和政策，研究提出全县国民经济和社会发展的战略，组织编制全县国民经济和社会发展的中长期规划。研究提出年度国民经济和社会发展目标，汇总编制年度国民经济和社会发展计划，受县政府委托，向县人大作关于国民经济和社会发展的计划报告，加强对全县国民经济运行的预测、预警和监控等。

年内，认真落实宏观调控措施，确保经济社会快速协调发展。做好重点项目建设、国家投资项目及中央新增投资项目监管工作；积极响应国家政策做好节能降耗和环境保护工作；推行阳光政务，进一步规范审批程序，为全县经济建设服务；变管理为服务，变管理为跑办，加强全县重大项目建设，配合县领导加强铁路、风电、百万吨球团等重大项目谋划建设；研究国家投资政策，积极争取项目，项目争取工作取得重大突破。全年争取上级批复项目24个，争取国家投资11126.4万元，其中争取农业项目投资7607万元，工业项目2319万元，社会事业项目1200.4万元。局内设办公室、综合股、社会事业股、经济体制改革股、农村经济发展股、固定资产投资股、工业交通股，在岗人员22人。

领导成员名单

局　　长：魏　恒

副 局 长：刘兆成

王玉辉

重点办副主任：刘　湧（3月任）

地　址：府安东街2号

邮　编：075500

电　话：6312336

【重点项目建设】 年内，为全县争取的重点建设项目53个，年计划投资21.2亿元，比08年新增加15个，增加投资3.58亿元。其中农业项目22个，年计划投资4.68亿元；工业项目16个，年计划投资8.77亿元；城镇及基础设施项目11个，年计划投资4.76亿元；旅游项目4个，年计划投资3亿元。全年已完成投资16.55亿元，其中3千万元以上项目31个，总投资39.57亿元，09年计划投资18.6亿元，年内已完成投资14.3亿元。

【重点项目申报】 年内，有6个项目列入省、市重点（其中省重点项目4个，市重点项目2个），投资5.5亿元的冰山梁风电一期项目、投资1.2亿元的华田肉牛养殖项目、投资1.8亿元的塘子庙温泉度假村项目、投资 3 亿元的摩天岭国际滑雪度假村等 4 个项目已列入省重点项目；投资 4.4 亿元的大型球团烧结项目、投资 2.1 亿元的京北水城旅游项目已列入市重点项目。全县重点项目建设取得了重大突破。全市 08 年度项目考核，赤城县获优胜单位，得奖金 30 万元。

【中央新增投资项目申报及监管】 年内，已争取到位国债资金项目 45 个、项目总投资 7480.7 万元，其中新增国债投资 6500 万元。上述项目中已开工 44 个，其中竣工 35 个，完成投资 4046.2 万元。为使中央“扩内需、保增长”刚性政策落到实处，发改局会同县纪委、水利、卫生等部门及时对全县投资项目进行了自查、监管。对个别单位存在的工程管理不规范、个别项目有以旧顶新、财务管理不严格等问题及时纠正；对存在的因项目前期准备不充分、配套资金不落实造成工程进展缓慢的予以强力督促，确保全县实施的中央新增国债投资项目建设能够按国家规定标准执行，符合建设要求。同时，发改局提请县政府、纪检委研究制定了《关于加快推进新增中央投资项目建设的通知》，进一步完善了工作机制及长效责任追究制度。通过一系列工作扎实有效开展，项目建设进一步趋于规范，赤城县新增中央投资扩大内需项目顺利通过市验收组验收。

【节能降耗和环境保护】 年内，按照省、市关于节能降耗工作的安排部署，制定了全县节能方案，确定全县节能目标（单位 GDP 能耗降低率达到 5.35%、力争 5.93%），并将具体指标分解到各乡镇及重点用能企业。通过推广风电、水电、农村沼气、集中供暖等 4 项节能项目的组织实施，全县节能降耗工作取得显著成效，全年单位 GDP 能耗下降 5.35%。

【争取国家投资项目】 年内，已取得上级批复项目 25 个，争取国家投资 1.5 亿元。还根据国家投资政策，编制项目可研，上报 25 个项目，拟争取国家投资 1.34 亿元。同时完成项目可研编制储备项目 16 个，拟争取国家投资 7.97 亿元。

【项目申批】 年内，局机关设立了综合审批股，整建制进驻行政审批服务中心，全力配合县行政审批服务大厅工作，并给予进驻人员充分授权，确保一般项目、即办项目“一门办结”。在行政审批大厅受理业务窗口已顺利办结万寿菊种植加工项目、赤城县供京万亩蔬菜园区项目、年产 3 万吨白灰加工厂、赤城镇南大综合住宅楼、县城集中供热工程、赤城县白河土地开发等项目 53 项，其中批复项目 5 项、核准项目 7 项、备案项目 41 项。

【张唐铁路建设项目跑办】 年内，发改局把力争张唐铁路过境作为全局工作的第一任务，以造福子孙后代、事关长远发展的百年大计来对待，全局上下统一思想、集中优势兵力，加班加点编写项目所需材料，不辞劳苦主动向上级有关部门汇报情况，广开思路捕捉有关信息，热情周到为项目勘察设计提供服务，深入细致研究遇到的问题，及时准确地为领导决策当好参谋，以真诚的态度、扎实的工作，赢得了国家、省、市各方面专家领导的信任和支持。在08年完成的预可研铁道部内审对我县不利的情况下，今年在国家发改委组织的预可研、可研评估，铁道部可研内审等几次专业技术评审中，张唐铁路途经我县方案均获顺利通过。11月底，国家铁道部在北京组织了张唐铁路初步设计评审会，经铁道部鉴定中心专家讨论审查，通过了张唐铁路线路初步设计方案，方案中涉及我县县城车站位置，专家同意由距县城18公里的样田乡石灰窑村调到距县城6公里的赤城镇南庄子村附近，整个线路可望2010年初开工建设。该线路共计83公里，经过我县7个乡镇、38个行政村。

【风电项目开发建设】 年内，全力推进投资5.5亿元的独石口冰山梁风力发电一期项目。已累计完成投资5.4亿元。该项目进场道路、场内道路、到升压站道路已全部完工，83台风机基础也全部完成。塔架及升压站设备全部采购完毕，机电线路已有10个线路基础开工，升压站及主控楼基础建成，风机到货15台，已安装10台。赤城二期大南山、摩天岭、独石口西、龙关等风电场已开始测风。根据全县风力资源分布的特点组织编制了《赤城县风电开发规划（2010—2020年）》，规划中县内独石口冰山梁、镇宁堡乡摩天岭、独石口马厂、马营孤山、赤城二道冰山等9处地区拟建风场规模40万KW，经努力争取，目前已列入河北省千万千瓦级风电规划，为赤城县今后风电项目的长足发展奠定了基础。

【矿产品深加工项目】 年内，由宣钢集团与赤城4家铁矿采选企业共同组建宣钢·赤城宝龙炉料有限公司，落实项目用地600亩，河北钢铁集团董事会已通过该项目投资方案，现正进行土建施工及设备订购。发改局认真研究钢铁产业政策，加强跑办力度，使市发改委打破常规，根据项目推进工作的需要，多次反复调整核准手续，为项目早日开工提供了保障。

【风沙源治理项目】 年内，赤城县京津风沙源治理工程国家投资1735万元，治理总面积13.45万亩，其中，林业建设7万亩、畜牧草地治理4.2万亩，禁牧舍饲圈舍1.5万平方米、小流域治理15平方公里、水源工程100处、节水工程50处。10月底工程已全部完工，完成治理面积13.45万亩，且工程顺利通过市级验收，取得综合得分为93.63分的好成绩。

【以工代赈工程】 年内，组织实施了08年度以工代赈工程。共完成四级砂石路10公里，新建漫水桥3座；拨付全县18个乡镇水泥2005吨，建护地坝6320延米；新打机井4眼，修防渗渠1500米，完成投资486万元。组织实施了09年部分以工赈工程，修建漫水桥4座，完成投资223.3万元。其余工程2010年开工。

【项目申报及储备】 年内，陆续上报了乡镇派出所建设、县医院扩建、人力资源市场建设、乡镇综合文化站建设、污水处理厂建设、乡村道路建设、农村卫生室建设、小学、中学校舍建设、农产品综合质监站建设、生猪标准化养殖厂、中医院扩建、县城垃圾卫生填埋场等项目25个，拟争取国家投资1.34亿元。同时完成项目可研编制储备项目16个，拟争取国家投资7.97亿元。

（王永强）

机构编制管理

【概况】 机构编制委员会办公室（简称编委办）是县机构编制委员的常设办事机构。在县机构编制委员会领导下负责全县行政管理体制和机构改革以及机构编制日常管理工作。主要职责是，负责全县党政机关、各人民团体及事业单位机构编制管理工作；研究制定全县行政管理体制和机构改革方案，各部门职能配置、内设机构、人员编制及领导职数；负责各单位机构编制日常管理监督检查工作；负责全县事业单位法人登记管理工作等。

年内，强化了机构编制的管理工作和政府机构改革工作，规范了事业单位法人登记管理。截至年底，全县行政单位共计38个，市核定各级党、政、群机关（不含政法部门）行政编制850人，其中县直401人，乡镇449人。政法部门专项编制382人，比上年增加24人，其中森林公安分局从林业局划归公安局管理，增加专项编制17人；黑龙山林场派出所从林业局划归公安局管理，增加专项编制7人。直属事业单位6个，编制225人。全县工勤编制67人，其中县直工勤编制31人，乡镇工勤编制36人。事业编制5784人。县直党、政、群行政人员455人，乡镇261人。办公室内设综合股、机构编制股、事业单位登记管理局，在岗人员7人。

领导成员名单

主　任：程永祥

副主任：王　新

地　址：府安东街2号

邮　编：075500

电　话：6312264

【政府机构改革】 9月份，按照省、市委统一安排部署，结合本县实际，积极做好全县政府机构改革工作，制定了《赤城县政府机构改革方案》。经市委、市政府批准，保留政府机构15个，其中工作部门14个，直属事业机构1个（林业局）；新组建机构3个：（工业和信息化局、教育和科学技术局、文体广电局）；调整序列机构1个（编制委员会办公室列县委机构序列）；接收省属下放机构1个（食品药品监督管理局）；更名机构4个：（民政局更名为民政民族宗教事务局、人事劳动和社会保障局更名为人力资源和社会保障局、建设局更名为住房和城乡规划建设局）；挂牌机构8个（在政府办挂扶贫开发办公室牌子、在发展改革局挂粮食局、物价局牌子，在教育和科学技术局挂地震局牌子、在财政局挂农业开发办公室牌子、在住房和城乡规划建设局挂人民防空办公室牌子、在林业局挂水务局牌子、在文体广电局挂旅游局牌子）；变为股级机构2个（法制办公室为政府办公室的内设股级机构、爱国卫生运动委员会办公室调整为卫生局的内设股级机构）。经过机构改革，县政府工作部门为20个，直属事业机构3个，于12月底前完成改革任务。

【完善机构编制管理】 年内，继续完善了《机构编制管理证》工作，在全县所有机关、事业单位推行《编制证》管理和实名制管理，做到人证一体。对机构、编制、人员，做到随时变化，随时调整、核对，保证机构编制管理的各项制度落到实处。

【实行机构编制人员批办卡制度】 年内，实行了机构编制人员批办卡制度。从严控制内设机构的增长和人员调动。明确要求任何部门和单位不得随意增设机构，凡因工作需要必设的，必须报县编委审批；需要调整人员编制的，必须凭设立机构的批文，按程序填报机构编制审批卡，并报编委会审批。凭机构编制批办单，方可办理劳动、人事、工资关系，实行机构编制审批“一支笔”制度。从而使全县机构编制管理工作逐步走上正常化、程序化、规范化和法制化轨道。

【实行机构编制网上实名制管理】 年内，通过编制实名制管理，把编制落实到人，实现对编制和人员的动态监督和管理，解决了在编人员和非在编人员难以界定、混编混岗甚至冒名顶替等问题，有效解决少数地方和部门超编进人、无编进人等问题，压缩了财政供养人员，有效杜绝了“吃空饷”情况的发生。

【事业单位登记档案管理】 年内，在全面完成事业单位登记管理工作的同时，对事业单位登记管理档案进行了系统规范的整理。全县事业机构279个，其中全额拨款173个，差额拨款10个，经费自理89个，企业化管理7个。事业编制实有5764人。共计规范整理事业机构人事档案230卷。使立卷归档做到了规范化和标准化，确保了档案资料真实有效、齐全完整。为全县事业单位的规范化、法制化管理，奠定了基础。

（李日红）

计划生育管理

【概况】 人口和计划生育局（简称计生局）是县政府管理全县计划生育工作部门。主要职责：贯彻执行《人口和计划生育法》、《河北省计划生育条例》；做好统计求实工作，计生宣传和协会工作，落实“三结合”和“三为主”的指导方针；加强计生药具管理和计生技术服务工作等。

年内，认真落实人口计生目标管理责任制，在全年工作中狠抓稳定低生育水平的关键环节，突出计划生育优质服务和计划生育利益导向两个工作重点，打造计生宣传教育、法制建设、流动人员计生管理三个工作亮点，各项工作取得了创新性进展。今年全县共出生2875人，其中男孩1489人，女孩1386人，出生人口性别比为107.43，符合政策生育率94.02%，比市下达的指标提高了2.02个百分点，人口出生率10.77‰，比市下达的人口控制目标降低了3.44个千分点。被张家口市委、市政府评为“先进人口计生局”。下设18个计划生育工作站，局内设办公室、统计股、政法股、科技股、宣传站、财务股、服务站、药具站、计生协会、信息中心、流动人口办公室。在岗人员88人，其中行政人员8人，事业编制人员80人。

领导成员名单

局　长：郭正江

副局长：杨成明

梁志军

瓮海琴（女　3月任）

协会副秘书长：王　涛

地址：府安东街十字路口

邮编：075500

电话：6312675

【育龄妇女孕情监测】　年内，共落实以长效为主的综合避孕节育措施共2999例，其中女性绝育51例，放置宫内节育器2948例，人流188例，长效避孕率为81.02%，综合避孕率达到了88.21%，为人口目标的完成打下了坚实基础。

【数据库应用】　年内，加强了计划生育已婚育龄妇女数据库的管理和应用，通过科学操作和管理使数据库主要信息准确率达到了98%以上。

【兑现独生子父母奖励】　年内，兑现了3669名农村独生子女父母每月分别10元的奖金。

【计生困难家庭救助】　年内，救助4户计划生育困难家庭，落实救助金2.3万元。并对24户独生子女特困家庭及基层计划生育工作者进行了救助。

【贫困女孩救助】　年内，开展“关爱女孩行动”，全年共救助贫困女孩186人，救助金额5.5万元。

【奖励扶助】　年内，新增符合奖励扶助对象248人，共计符合奖励扶助对象共计1322人，特别扶助35人。资格确认准确率和资金落实率均达到了100%。

【落实“三结合”帮扶户】　年内，共落实“三结合”帮扶户619户，落实帮扶资金11万元，并已全部脱贫。连续两年建立生育关怀基金5.8万元。

【“少生快富”扶贫工程】　年内，与金融、农口等部门协调研究，对55户符合“少生快富家庭落实种、养项目贷款110万元。

【技术服务站建设】　年内，龙门所、白草镇、云州乡利用国债资金建设技术服务站达到中心站标准。雕鹗镇技术服务站建成达标。18个乡镇技术服务站都达到基本服务型标准，其中11个乡镇达到优质服务型标准。

【行政执法】　年内，共查处政策

外生育案件 75 件，征收社会抚养费 35 万元，其中申请法院强制执行案件 13 件，征收社会抚养费 5 万多元。

【计生技术服务】 年内，开展了避孕节育、优生优育、生殖健康优质技术服务，实行了避孕节育方法“知情选择”，稳定和提高了以长效节育为主的避孕措施落实率、及时率、有效率，使已婚育龄妇女免费享受计划生育技术服务项目落实率达到 90% 以上，接受规范的基本生殖健康服务率达到 80% 以上。

【育龄妇女生殖健康检查】 年内，共投入 14.5 万元资金，为 46768 名已婚育龄妇女免费进行生殖健康检查和服务，服务率达到了 82.64%。其中查出并治疗乳腺疾病 1007 例；查出并治疗妇科疾病 4904 例，服务能力和服务水平得到了提高。

【出生缺陷干预工程】 年内，在农村实施了出生缺陷干预工程，免费发放干预药物 1774 份，完成了任务数的 85% 以上。

【流动人口管理】 年内，流动人口已婚育龄妇女计划生育建档率达到了 100%。与北京市昌平区、延庆县建立了区域协作关系，形成了同管理、同服务的工作机制。《流动人口婚育证明》的查验率达到 96% 以上，办证率达到 95% 以上。共接收反馈全国各地流出人员信息 1358 条，提交流入县内的 896 名人口信息，提交接收反馈率达到 100%。

【生育宣传】 年内，利用乡村人口学校等基层宣传阵地，结合生态文明村、扶贫村建设，积极开展法律法规、方针政策的宣传。投资上万元，在东大豪苑西院墙外建起了 500 多米长的“计划生育婚育文化宣传一条街”。

（赵　伟）

商务管理

【概况】县商务局是县政府的职能部门。主要职责，落实国家有关对外开放、内外贸易和招商引资的发展战略、方针、政策；研究提出流通体制改革意见，拟定全县流通领域市场体系及流通体制改革意见等。

年内，组织大型项目签约活动；参加各种招商洽谈活动；认真筛选项目，做好项目储备；积极开展家电下乡活动，推进家电下乡工作；加强了再生资源回收备案管理；推进万村千乡市场工程建设；培育农产品交易市场建设。全县招商引资争取项目 166 个，其中上千万元项目 70 个；合同引进资金 570655 万元，实际到位资金 177110 万元。在项目签约会签约项目 8 个，签约金额 8 亿元；在洽谈会签约项目 1 个，项目总投资 1.05 亿元。机关内设办公室、招商合作股、市场流通股、贸易股、人事财务股。在岗人员 7 人。

领导成员名单

局　长：张守君

副局长： 赵治国（兼）
石　磊
左进明（10月免）
地　址： 赤城县府安东街路南
邮　编： 075500
电　话： 6416300

【2.13项目发布会】 2月13日，在小汤山农业科技示范园成功举办了重点项目招商推介会。北京市发改委等部门和法政集团等驻京50家大公司、大企业参加了招商会。会上，发布重点招商项目32个，引起与会客商的浓厚兴趣，对部分项目初步确立了投资意向。

【3.10项目签约、发布会】 3月10日，在北京国际饭店举办了"河北·赤城与北京项目签约、对接洽谈会"。会上签约项目8个，签约金额8亿元人民币；重点推介项目10个，发布项目36个，达成意向项目15个。

【河北－香港经贸洽谈会】 4月1日，组团到香港参加了"河北与香港经贸洽谈会"。会上参加了冀港物流合作恳谈会、冀港金融合作恳谈会、河北省环京津休闲旅游产业带招商合作洽谈会等会议，发出了赤城县重点项目招商册、旅游景点宣传册各200份，进一步宣传和推介了赤城。

【中国·廊坊国际经济贸易洽谈会】 5月18日，组成以县长为团长的代表团参加了中国·廊坊国际经济贸易洽谈会。会上参加了驻华知名商务机构合作恳谈会，与部分企业进行了洽谈，发出了赤城县重点项目招商册、旅游宣传册各300多份。

【第十一届中国环渤海民营经济经贸合作洽谈会】 7月28日，组成以县长为团长的代表团参加了第十一届中国环渤海民营经济经贸合作洽谈会，会上成功发布项目15个，签约项目1个，项目总投资1.05亿元人民币（赤城县样田乡政府与中国中医科学院北京大卫临床医院合作开发的食用菌菌糠提取真菌多糖项目）。

【第八届冀台经贸洽谈会】 8月7日，组成以县长为团长的代表团参加了第八届冀台经贸洽谈会和签约仪式。会上赤城县塞外仙都温泉度假有限公司和银满投资（台湾）有限公司就塞外仙都温泉开发融资项目在会上签约，项目总投资2亿元，发放重点项目招商册200份。

【河北省城市规划建设博览会】 9月18日，组成以县长为团长的代表团参加了河北省城市规划建设博览会。会上邀请了ETST中国副总裁、天津万事达房地产集团公司董事长及副总经理共同参加。在"城博会"项目册上发布了赤城县白河县城段防洪综合治理工程项目。

【万村千乡市场工程建设】 年内，新建标准农家店40家，并全部落实了农家店的补助资金，全县共建成农家店160家，繁荣了农村市场。

【家电下乡活动】 年内，全县备案的销售企业共有42家。为让群众享受国家惠农政策，通过发放宣传单、制作购买流程图、电视台广播等形式宣传家电下乡政策，同时为各销售企业制定规章制度，销售流程及购买须知，确保农民购买到家电下乡产品。

【网点直补】 年内，全县共销售冰箱、彩电、洗衣机等各类家电下乡产品 3285 台，销售额为 6172477 元，农民累计享受补贴 80242 元。

【项目库建设】 年内，对原有的项目进行再包装，对新上项目进行筛选审定，最后筛选出 35 个项目作为全县重点招商项目，项目总投资 954100 万元，按照高标准设计、高标准包装，以图文并茂，中英文对照相接合的方式制定成册。同时专门制作了宣传推介光盘，收录了 12 个全县重点项目，为招商引资和项目推介做好了准备。

【再生资源回收】 年内，对全县 18 个乡镇的再生资源回收企业进行了摸底调查，发放了备案通知书，制作了备案流程图，所有回收企业在行政审批中心办理了备案手续，全年再生资源回收企业共备案 43 家。

【成品油企业年检】 年内，多次联合安监、物价、质监等部门集中开展了整治非法小油罐活动，进一步规范了全县成品油市场。在国庆安保期间，制定严格的加油制度，实行实名制加油，做好台帐管理。通过扎实有效的措施，确保了成品油市场和社会的稳定。同时制定了赤城县（2010--2020）加油站规划，为加油站合理布局奠定了基础。

（陈广明）

统　计

【概况】 统计局是负责全县国民经济和社会发展统计工作的政府职能部门。主要职责，整理、汇总全县国民经济和社会发展的主要统计数据，为各级领导制定全县国民经济发展短、中、长期计划提供依据；完成国家统计制度规定的各种定期报表、专项调查和普查任务；根据有关资料整理、印刷、发行全县国民经济和社会发展的历史资料等。

年内，以“深化统计改革、服务科学发展”为主题，以提高统计数据质量为载体，扎实开展实践活动，狠抓各项统计工作，加强统计基层基础建设，认真做好第二次经济普查工作和第六次人口普查前期准备工作。局内下设办公室、农村经济调查队、普查中心、工商股、能源服务业民营股。在岗人员 19 人，其中大专以上 12 人，统计师 2 人，高级工 2 人，技师 1 人。

领导成员名单

局　　长：刘延顺
副 局 长：李志富（4 月免）
　　　　　康桂先（女　4 月任）
普查中心主任：杨永香（女　4 月任）
地　　址：府安东街 2 号
邮　　编：075500
电　　话：6312257

【第二次经济普查工作】 1 月，经济普查进入现场登记、快速汇总、质量检查、数据处理、质量验收、数据评估分析等阶段。根据上级统一部署，组织全县600多名普查员深入到各报表单位和个体经营户详细填写各项报表，6月底，顺利通过了市普查办质量验收。

【统计规范化建设】 年内，通过召开乡镇统计规范化建设经验交流会和统计基层基础建设会议，深入贯彻落实《河北省乡级统计工作规范》内容，从机构设置、人员配备、制度建设、服务能力等方面来规范乡镇统计基层基础建设目标。从设立统计台帐、规范统计报表、加强数据审核、建立投资项目准入制度等方面提升统计基础工作水平。

【统计法制建设】 年内，把握《统计法》修改审议、《统计违法违纪行为处分规定》出台的有利时机，经常性地开展统计普法宣传和统计执法检查工作。全年已完成对18个乡镇和10家统计调查单位的统计执法任务。把落实《统计违法违纪行为处分规定》内容作为学习实践科学发展观的一项重要举措贯穿于各项统计工作之中，增强了统计工作的纪律意识、风险意识和自律意识，为进一步规范统计工作创造良好的环境。

【提升统计服务水平】 年内，编印出版了《赤城县2008年国民经济和社会发展统计年鉴》。充分利用统计资源，实行月、季度统计分析报告制度，并继续开展季度分析交流活动，向县委、政府提供统计信息15篇。印发了《赤城县乡镇统计分析信息考核奖励办法》，规定了各乡镇统计分析信息的基本任务每年不少于4篇，并将分析信息工作纳入年度统计工作考评之中。

【统计从业资格认定】 年内，全县共有133人参加了统计从业资格证考试，全部取得了统计从业资格证书。共有3人参加了统计专业技术职称考试，均取得了中级专业技术职称。

【统计信息化工作】 年内，购买电脑3台，打印机3台。积极搞好县、乡（镇）统计网站的建设和管理，进一步优化网页结构、丰富网页内容、提高网页质量，强化信息服务功能，进一步提高计算机和网络应用水平。全年开展计算机操作技能培训3次，加强了对乡（镇）统计信息中心信息化工作的指导。

（田成龙）

审　计

【概况】 审计局是对本级政府各部门、下级政府、国有金融机构、国有企业、国家建设项目等财政、财务收支的真实、合法和效益进行审查、鉴定和评价的监督机构。主要职责，对本级各部门（含直属单位）和下级政府预算的执行情况和决算以及其他财政收支情况，进行审计监督。对国家的事业组织和使用财政资金的其他事业组织的财务收支，进行审计监督。

年内，审计局按着全年工作部署，安排审计项目15个，实际完成审计项目33个。在全年审计工作中，共审计出违规金额17236万元。其中：损失浪费金额86万元、管理不规范金额1646万元、应调账处理金额3293万元、其他违规金额12846万元。局内设办公室、企业审计股、行政事业审计股、行政执法股、财政金融审计股、基本建设投资审计股，在岗人员20人。

领导成员名单

局　长：康俊祥

副局长：杨世光
　　程学东
　　尤正仙

地　址：府安东街2号

邮　编：075500

电　话：6317109

【本级财政预算执行情况审计】 3月，完成本级财政预算执行情况审计项目1个。重点对县财政局、县地税局、国家金库赤城县支库等10多个部门和单位2008年预算执行及其他财政、财务收支情况进行就地审计。审计发现有违规变更预算、资金滞留、资产核算不实等问题。受县政府委托，向县人大常委会作了《关于赤城县2008年度本级预算执行和其他财政财务收支情况的审计工作报告》，并提交人大常委会审议。

【专项资金审计】 年内，完成社会保障资金、农业水利等专项资金审计项目8个，审计资金总额5213万元。

【行政事业单位审计】 年内，完成行政事业单位4个审计项目。审计发现有截留收入1095万元、虚列支出371万元、违规改变资金用途78万元等问题。并向县政府和有关部门提供了审计报告。

【经济责任审计】 年内，完成环保局、水务局、畜牧办公室等3个经济责任审计项目。审计发现违规资金939万元、管理不规范金额1426万元、损失浪费金额63万元。

【基建工程项目审计】 年内，完成县城集中供热工程、县城道路改建工程、新区文化广场建设工程、汤泉河广场建设工程等审计项目4个。审计金额17875万元，审定价15753万元，审减金额2122万元。

【乡镇财政审计】 年内，完成对赤城镇、云州乡2个乡镇2008年度财政决算审计。审计出财政支出核算不实168万元，违规改变资金用途60万元，损失浪费金额99万元。

（石开永）

物价管理

【概况】 物价监督检查所（物价局）是县政府主管物价的职能部门。

年内，紧紧围绕“作风建设年”活动，坚持以人为本、以服务民生为重点，紧紧围绕全县经济社会发展目标和宏观调控任务，着力解决群众最关心、最直接、最现实的问题，增进社会和谐，大力整顿规范市场价格秩序，保障广大人民群众的合法权益，促进社会诚信，营造良好的价格环境。全年查处各类价格违法案件 18 件，涉及违法所得 48.8 万元，实施经济制裁金额 9.98 万元。内设办公室，下设物价检查所、价格认证中心，在岗人员 13 人。

领导成员名单

局　　长：左桂成

副 局 长：王晓明

武秀凤（女　3 月任）

地　址：府安东街网通四楼

邮　编：075500

电　话：6312634

【价格监测】 年内，密切关注粮食、食用油、猪肉、农资、石油、钢材等重要商品的价格走势变化，坚持主要副食品价格监测每日一报，对可能引发价格异常波动的倾向性、苗头性问题及时预警，妥善应对市场价格分析预测，定期向县委、政府报告价格运行情况 12 次，并及时提出价格调控的政策建议。

【收费管理】 年内，认真进行成本监审、核定收费标准。及时变更和取消不合理的收费项目和标准，严禁无证收费或乱收费行为，以及未经批准的收费通过公示合法化。全年共取消和停止征收 108 项行政事业性收费项目和 41 项涉及房地产开发收费和基金。审核了进驻行政审批大厅 15 个科局的收费项目。对全县所有的收费许可证进行了审验。根据上级文件精神，完成了自来水价格并轨、公交车票价成本审核。完成了供热价格的成本调查、审核、审批，出台了 2009 年供热价格。完成了卫生服务机构药品和服务价格的调查。

【价格和收费检查】 年内，开展整顿和规范市场经济秩序工作，集中力量，突出重点，切入社会热点、难点，在全县范围内先后开展一系列专项检查。3—4 月农资价格检查，重点检查化肥、农药、种子、地膜、农用柴油、农业用水、用电价格。5—6 月涉农收费检查，重点检查农村中小学校、农村医疗服务、农民建房、殡葬服务、农机服务、农村广播电视、屠宰、防疫检验以及计划生育、婚姻登记等项收费。同时检查乡镇、村价格监督组织和义务物价监督员组织是否健全、活动经常，涉农收费公示牌悬挂、公示等情况。**“五.一”、“十.一”两大节日开展市场价格检查工作。全年**共查处各类价格违法案件 18 件，涉及价格违法所得 48.8 万元，实施经济制裁金额 9.98 万元，其中退还用户 2.28 万元，罚款 7.7 万元。办结了“12358”举报电话的投诉、咨询 5 件。

【价格认证鉴证】 年内，共进行价格鉴证认证 40 起，涉及金额 253.91 万元。

（钟曙光）

国土资源管理

【概况】 国土资源局是县政府主管全县土地、矿产资源规划、管理、合理利用和开发保护工作的行政管理部门。主要职责，贯彻执行国家有关土地、矿产资源管理、测绘行业法律、法规；依据国家、省市有关行业技术规范、标准、办法拟定本区域实施细则；组织编制和实施全县国土规划、土地利用总体规划以及矿产资源管理规划和其它专项规划；依法开展土地调查、评估、登记，调处土地权属纠纷；审查报批建设项目用地、土地出让、查处各类资源违法行为案件，依法实施耕地和基本农田保护；组织编制本区域地质勘查、地质灾害防治规划，做好矿权设置及有关矿产资源开发出让工作等。

年内，完成了年度建设用地报批规划审查，建设用地组卷，土地修编前期准备，耕地和基本农田保护，土地置换，土地储备和供应，土地登记发证等工作。加强了矿产资源开发监督管理，组织采矿权出让，开展汛期地质灾害点巡查，进行了矿山复产验收和资源整合。加大矿山、土地执法力度，狠抓案件查处和信访工作。土地置换、开发工作进展顺利。上报用地项目63.67公顷，入库土地10.67公顷，土地置换新增建设用地指标40公顷，土地开发和土地整理解决占补平衡指标86.7公顷，新增耕地46.7公顷。

局下设6个国土资源管理所，一个执法大队。机关内设：行政办、总支办、地勘股、矿管股、财务股、测绘股、执法监察股、耕地保护股、地籍股、规划股、稽征股、土地利用股、信息中心、审批服务中心。直属事业单位：土地资源站、土地评估所。在岗人员125人，其中行政人员15人，事业人员110人。

领导成员名单

局　　长：连　胜

书　　记：魏　强（8月免）

副 局 长：赵慧强

陈胜利

降光兵（4月任）

杜金国（4月任）

纪检书记：韦书梅（女　8月免）

地址：建国东街25号

邮政编码：075500

电话：6312266　6316491

【地灾防治】 2月，开展汛期灾害巡查，发现灾害点2处，分布于后城镇南尹家沟村和云州乡虎龙沟村，均属泥石流。在检查期间，发放明白卡80多份，避险明白卡600多份。实施地质环境治理工程项目3个，总投资210万元。

【矿产执法监察】 3月16日，组织执法队员对18个乡镇的矿山进行执法检查，出动执法人员1200人次，车辆240台次，拆除违法采矿工棚24间。

【非法建筑物清理】 5月10日，出动执法人员80人（次），车辆16台次，配合建设局、工商局、赤城镇等单位对迎宾大道两侧50米以内非法占地建筑物进行集中清理整顿，清理占地拆迁户50多家，打击了违法乱占、滥建耕地行为。

【建设用地征地组卷】 10月，上报四个批次用地项目，占地面积53.6667公顷，单独选址项目占地0.8公顷；审批村民宅基地125处，面积2.5公顷。

【土地规划管理】 年内，做好土地利用总体规划和矿产资源规划的管理工作，土地利用总体规划修编前期资料收集工作。对炮梁110千伏输变电工程项目、张唐铁路（赤城段）新建、第一、二、三批次用地等项目调规报告，顺利进行听证组卷，得到省政府批复。同时对15个城镇存量建设项目用地进行了立项前规划用地预审。

【建设用地指标争取】 年内，省、市下达全县建设用地指标56.8公顷，其中：农用地9.8公顷，未利用地47公顷；省级指标0.8公顷，市级指标56公顷。

【耕地保护】 年内，征收农用地9.8公顷，未利用地47公顷，转用国有苗圃0.33公顷。利用6.67公顷农地指标安排解决赤城镇宪民村、兴仁堡村村民宅基地、矿管局办公楼、京北水城等建设项目用地。完成龙关镇大型球团项目、雕鹗镇变电站项目用地，占用指标41、33公顷。

【地籍管理】 年内，完成国有建设用地验收登记30宗，国有土地使用权变更登记373宗；集体土地使用权验收登记137宗，变更登记33宗。对新成立的赤城县霞城开发投资有限公司所属26宗国有土地使用权进行了重新登记，完成县粮食、商贸及交通系统企业改制扫尾工作。第二次土地调查农村部分已顺利完成并通过省级验收，城镇地籍调查宗地外业测量，内业整理及数据库建设工作。

【土地置换管理】 年内，通过对全县各乡镇调查摸底，确定赤城镇原南庄子村、山河铁矿旧址等七宗建设用地进行土地复垦，土地置换试点5个建设用地旧址复垦项目已经省国土资源厅批准立项。

【土地储备和供应】 年内，土地储备中心入库土地10、67公顷，第一、二批次供地13、67公顷。参与企业改制拍卖出让国有土地2.53公顷，拍卖价款516万元，支持了企业改制。

【矿产资源管理】 年内，完成119个持证矿山矿产资源开发利用情况年度调查和资源储量管理数据填报工作。其中对10家矿山企业做了资源储量评审，42个矿山进行了年检，现场检查矿山83个，下达现场检查整改指令27份，协助市局对2个矿山进行实地检查验收。审查上报12个延续转让和2个新建矿山申请资料，换发采矿证5个，新办采矿证1个。对云州乡南永庆大理岩矿、镇宁堡乡正阳墩萤石矿进行矿权出让。对18个复产矿山及龙门矿产有限公司采区进行了开采生产验收。

【环境治理保证金征收】 年内，对全县120个矿山企业实施矿山生态环境治理保证金征收工作，年底征收20多家矿山企业，征收保证金300多万元。

【地质堪查】 年内，对2007、2008年度申请探矿单位及个人补签了政府意见，设置探矿权方案23个。利用市、县财政资金266.52万元启动地质调查项目3个，县财政出资地质调查项目5个。建立了矿山地质勘查台帐，对每个矿山填报地质环境动态监测调查表，做到了档案资料齐全，管矿科学有据。

【土地权属纠纷调处】 年内，承办调处土地权属纠纷4件，其中东卯镇西卯村张天相案、龙门所镇与农行土地纠纷案，长富村与县自来水公司纠纷案已结案处理，炮梁乡炮梁村与伙房村土地权属纠纷正在处理中。

【信访接待、查处】 年内，接待信访案件76起，解决61起，移送法院4起，结案率达83%。受理国土资源违法案件10起，结案6起，移交法院2起。

【测量工作】 年内，配合矿山年检，共监测矿山企业19家，其中8家为地下开采，11家为露天开采，测量地下巷道5800米，露天采场8.5万平方米。对白河治理工程进行了四次土地测量，测量面积1.47平方公里。

【项目工作】 年内，土地置换项目获上级主管部门批准，可新增建设用地指标40公顷。三道川乡土地开发项目和东万口乡土地整理项目解决占补平衡指标86.7公顷，新增耕地46.7公顷。

【争取专项资金】 年内，向市国土资源局争取采矿权价款64.97万元，矿产资源整合项目资金100万元，黄金地质勘查资金140万元。

（曹宪民 于少忠）

安全生产管理

【概况】 安全生产监督管理局是县政府负责全县安全生产的管理工作部门。主要职责，研究提出全县性重大安全生产活动方案和措施建议，监督检查指导协调县政府有关部门的安全生产工作，检查县安全生产各项决定的落实情况等。

年内，认真开展“安全生产攻坚年”、“隐患治理年”、“矿山安全生产专项整治”专项行动、“安全生产行政执法专项行动”、安全生产“三项行动”、“建国60周年国庆安保工作”。同时对全县开展的“安全生产百日督查”、“隐患大排查”、落实《安全生产隐患排查治理制度》、“安全生产宣传教育行动”、“安全生产、节能减排、食品药品集中治理”专项行动进行了及时安排部署。安全生产责任目标运行情况为：非煤矿山企业职工死亡、重伤为零；火灾事故65起，无伤亡，直接经济损失130万元；交通事故530起，死亡34人，伤294人，直接经济损失450万元。被张家口市政府评为安全生产目标管理先进单位；被市安监局评为安全监管先进单位。局内设办公室、矿山安全监察股、矿山安全卫生股、综合协调股、行政执法股，执法大队。下设，安全技术培训中心、应急救援队。行政、事业在岗21人。

领导成员名单

局　　长：裴剑飞

副 局 长：李中魁（10月免）

陈　森

王金泉（10月任）

安委办副主任：韩树林

地　址：鼓楼东街12号

邮　编：075500

电　话：6315158

【安全生产攻坚年行动】　年内，制定了“赤城县‘安全生产攻坚年’实施方案”（赤安[2009]9号）。县古子房煤矿在落实托管过程中，实行了监管人员24小时住矿监管制度。完成了尾矿库各项治理攻坚战任务，治理工作取得明显成效。开展打击非法生产经营活动攻坚战，确保了全县生产经营活动的有序进行。开展了隐患排查治理行动，预防了各类安全事故的发生。培训各类生产人员1650人次，持证上岗率达到100%。乡镇安全监管工作走向制度化、规范化。非煤矿山标准化建设工作完成评估和分类，制定了非煤矿山分级分类监管办法。

【隐患治理年行动】　年内，组成龙关、田家窑片，炮梁片、黑白河片、3个非煤矿山隐患排查组，对全县非煤矿山开展了隐患排查行动。关闭2座非法库、对10个头顶库进行专项评价，治理了银达矿业有限责任公司危库隐患，对29座四等库隐患进行整改治理，对其他尾矿库也进行了隐患排查治理。对非煤矿山在安全出口、提升运输、采空区监控、机械通风、井口防洪、井下排水等方面开展了专项整治。

【安全生产行政执法专项行动】　年内，派出督查组对各企业的落实情况进行了督查。依法查封5处没有履行“三同时”审批手续，未批先建竖井的违法行为。对全县尾矿进行执法检查，共查出各类隐患188处。对恢复生产的66家非煤矿山企业进行了执法检查，对存在隐患整改不到位或符合并处条件的企业给予行政处罚。

【尾矿库专项检查】　年内，关闭了2座非法库、对10个头顶库进行专项评价，治理了银达矿业有限责任公司危库隐患。开展了对29座四等库隐患整改治理专项工作。并对其他尾矿库也进行了隐患排查治理。

【安全生产培训】　年内，培训从业人员1450人，其中：矿山企业负责人300人，安全管理人员350人，建筑安全管理人员100人，尾矿库管理人员100人，尾矿工250人，电工200人，电器焊工200人，提升运输作业人员110人。

【落实“五项制度”】　年内，落实了《安全生产隐患排查治理制度》，建立了隐患排查治理报表制度，重大事故隐患公示制度，重大事故隐患举报奖励制度等。

【尾矿库排查】　年内，共排查尾矿库100座，查出隐患188处。现已完成整改184处。对60家非煤矿山企业进行了排查，查出隐患210处，对查出的问题企业督促进行整改。

【分级分类考评】 年内，对全县非煤矿山企业开展了分级分类考评工作，到10月底对恢复一定生产能力的68家企业进行了考评，其中：基本达标的企业33家，达标企业35家，制定了分级分类监管措施。对10家加油站，一家烟花爆竹企业，一家危害化学品经营企业进行分级分类考评，12家企业达到基本合格标准。

【安全生产宣传教育】 年内，制定了“安全生产月”活动方案，各企业张贴悬挂各类安全宣传条幅，宣传图，安全旗600多套。县安监局、广电局等部门在县城繁华地段开展了宣传咨询日活动，散发各种宣传品6000多份。开展了尾矿库事故警示教育活动两场，在各尾矿库增设安全信息设施牌120块。

【应急救援】 年内，建立了防范自然灾害危及生产安全的预警、预报、预防机制。对矿山、水利设施、建筑施工等重点行业的生产经营和作业场所开展了隐患排查，对暴雨、洪水、雷电、地震、地面塌陷、山体滑坡等自然灾害引发事故灾难的隐患落实了除险加固措施。制定了重特大生产安全事故应急救援预案。充实8名退伍军人到救援队工作，加强了县矿山救援队伍建设，增强了县应急救援指挥机构的指挥协调能力。

【扶贫工作】 年内，对文明生态村东万口乡瓦窑村扶持水泥30吨修建村内公路、对独石口杨家窑村扶持水泥30吨修建蓄水池、扶持古子房村5000元资金。

（乔　良）

工商行政管理

【概况】 工商行政管理局为垂直管理部门。主要职责，贯彻执行国家工商行政管理的方针、政策和有关法律、法规、规章；负责全县各类企业和从事个体单位、个人的注册、核定、颁发证照并实行监督管理；依法监督管理市场交易等。

年内，紧紧抓住服务县域经济发展这一主线，进一步解放思想，加大监管执法力度，切实履行职能，为促进赤城经济发展作出了新的贡献。对市场经济秩序进行整顿和规范，共查处各类违法违章案件610起，罚没款51.25万元，简易程序处理案件576件，罚款37.3万元。开展“红盾护农保春耕”集中行动，成品油市场整顿，矿山安全检查，无照经营专项整治，“红盾网吧断黑”专项打击行动。支持企业实施品牌战略，出台优惠政策，优化发展环境，营造公平、公正、有序市场竞争秩序。打击传销活动和创建文明诚信示范街活动取得新成绩。赤城工商局下设5个工商分局：城镇工商分局、龙关工商分局、赤城工商分局、雕鹗工商分局、白草工商分局。

直属事业单位分别为：个体劳动者协会、私营企业协会、消费者协会、维修行业管理办公室。局内设办公室、监察室、财务装备科、政策法规科、注册登记管理科、经检大队、市场规范管理科、消保科。在岗人员 93 人。

领导成员名单

局　　长： 马俊明

副 局 长： 李景泰

任长江

纪检组长： 王慧军

地　址： 建国东街 9 号

邮　编： 075500

电　话： 6312260

【3·15 宣传咨询服务活动】 3 月 15 日，联合质监局、食品药品监督管理局、烟草局、酒类专卖局、卫生局、盐政管理所在影院广场举行大型宣传咨询服务活动。现场传授消费维权知识，宣传红盾护农知识，免费为消费者提供血压计校验服务，展示烟、酒、食盐等多个品种的假冒劣质商品，现场向消费者介绍识别真假商品的方法。围绕“消费与发展”年主题，接受消费者现场咨询800余人次，受理和现场解决消费投诉 12 件，发放各种消费宣传资料 5000 余份。对各执法部门查扣的假冒伪劣商品进行现场销毁，其中销毁假烟 1392 条，假药 400 多盒，假冒伪劣食品及日用百货品 500 余千克，总价值 10 万余元。

【红盾护农保春耕集中行动】 4 月，开展“红盾护农”保春耕集中行动，通过设立举报箱、举报电话，动员社会各界力量，监督举报农资经营中的违章、违法行为。制作了红盾护农知识宣传牌，印发鉴别、购买农资的基本常识宣传单。全年共查处化肥、农药、种子等农资违法案件 12 件，罚没款 0.89 万元，为农民挽回直接经济损失 2 万余元。

【打击传销行动】 4 月 24 日，参加了在北京市延庆县工商局举行的延庆、昌平、怀柔、密云、怀来、赤城六区县“打击传销行为、维护经济环境六区县合作协议书”签约活动仪式。从而，提高了工商行政职能部门对传销行为的控制能力，加强了地区间工商行政管理工作的交流与协作。

【创建文明诚信示范街活动】 5 月 26 日，在政府东街举行以“文明经营、诚实守信”为主要内容的创建文明诚信示范街启动仪式。活动中共评选出 10 户文明示范户并向广大个体工商户发放了创建责任状及整改任务分解表。

【企业调研】 6 月 4 日，结合“走千家、访万户、解难题、促发展”帮扶活动，局长马俊明，副局长任长江深入到天首永泰选厂、绿野山庄进行调研。就当前形势下企业在生产经营过程中遇到的困难和难题、面对国际金融危机如何加快企业生产、加强企业成本核算、优化发展环境等有关情况与天首永泰选厂老板进行共同探讨。为绿野山庄解决帮扶资金 10 万元。

【阳光接访活动】 6 月 18 日，在影院广场，开展 “关注民生、服务社会”为主题的阳光接访活动，现场发放宣传资料 3000 多份，接受消费者政策和法律咨询130人次，接受消费者投诉4起。

【节日市场检查】 9月29日，在国庆和中秋佳节到来之际，与质监、动检、药监、商务等部门一起开展节日市场联查。对商场、餐饮店、批发部、药店、肉类专卖店进行集中检查，出动执法车辆20台次，人员70人次，查处过期变质食品200公斤，假烟、饮料20箱，侵权和仿冒商品2件。

【食品安全监管】 年内，以《食品安全法》实施为契机，加大市场巡查力度，加强流通领域产品质量、食品安全市场监管。共出动执法人员320人次，执法车辆65车次，查处伪劣商品5类，价值10万元，罚款3万余元。并对1183家经营户全部建立索证索票和进销货台帐。监管投诉电话、消费警示做到上墙公开，推行“三级网格人”监管制度。

【消费者维权工作】 年内，将18个乡镇按区域分区划片，将任务细化、量化，分解落实到每一个工作岗位。充分发挥3·15投诉服务网络作用，及时解决消费纠纷。期间，共发放宣传资料2000多份。接受消费者咨询528人次，受理消费者投诉案件134件，为消费者挽回经济损失3万余元。

【专项整治行动】 年内，对全县12家经营成品油的经营户进行质量监测，对省市局确定的12类重点商品进行检查。

【“红盾网吧断黑”专项行动】 年内，严格依法做好网吧经营户的核准登记，建立健全网吧“经济户口”档案，落实属地监管责任制，加大市场巡查力度和密度，共查处黑网吧6户。

【矿山安全监管】 年内，对矿山集中乡镇的113家企业进行重点检查，对无照矿点给予取缔，全年没有出现一起矿山安全事故。

【无照经营清查】 年内，进一步完善了“政府组织领导，工商部门牵头，相关部门各负其责”的无照经营查处、规范工作机制，全年共清查无照经营217户。

【学习实践科学发展观活动】 年内，成立学习实践科学发展观活动和干部作风建设年活动领导小组，制定学习计划，分阶段、分步骤、有重点的组织专题学习，通过举行中心组集体学习、组织宣讲、交流学习心得、举办座谈会等方式，掀起活动的学习热潮。严格执行学习制度，做到有部署，有记录，有检查，确保学习内容、时间、人员、效果四落实。

【服务经济发展新举措】 年内，出台12项优惠措施，帮助企业度过难关，掀起全民创业促发展高潮。全年新发展个体工商户674户，新发展各类企业143家。推动了县域经济的发展。

【提高服务效能】 年内，积极开展上门年检服务活动。年检期间，共出动执法人员256余人次，为手续齐全的个体户当场办理年检452户。为新注册企业提供一站式办结服务，为下岗职工、返乡农民工、大学毕业生提供绿色通道和优质服务。向社会各界宣传和解答省局“一元注册企业”的相关问题。

【打造商标兴县新平台】 年内，利用新闻媒体、上门宣传形式深入宣传《商标法》，积极营造商标兴企、商标兴农、商标兴县的浓厚氛围。开展“一所一标”

活动，为企业申请注册商标7件。精心设计了“霞城”牌矿产品和“京北水城”两件商标，并报县委、县政府审查。

【扶贫捐款】 年内，开展“送温暖、献爱心”募捐和“博爱一日捐”活动，捐款4500元援助受灾群众。教师节，为龙关三中和中心小学送去5000元慰问金。为龙关镇辛窑村和东水泉村筹集帮扶资金1.5万元，解决饮水问题和办公环境改善。

【廉政文化进机关活动】 年内，多次组织工商干部职工集中学习中央、省市和工商系统廉政建设文件和法规并讨论反腐倡廉典型案例。在局机关的楼道走廊和各科室统一制作并悬挂廉政文化牌匾，在全局营造“讲廉政、比奉献”的浓厚氛围。定期对执法窗口和分局的执法情况进行督查，严厉杜绝吃、拿、卡、要和不文明执法，从根源上提升工商形象。

【打击卫星电视接收设施行动】 年内，抽调专门工作人员，与广电局、综治办、公安局组成联合执法工作组，对县城内安装卫星电视广播地面接收设施的用户进行拉网式排查，对非法擅自安装卫星电视接收设备决予以拆除。执法人员深入小商品市场、家用电器市场、电子科技市场进行检查，依法取缔各类经销摊点，严查不法兜售电视地面接收设备，坚决封堵非法销售渠道。

【纪检监察】 年内，在开展“作风建设年”活动的同时，组织分局、科室开展“基层执法人员向监管服务对象述廉述职”活动，同时开展“加强作风建设、促进廉洁从政”主题教育活动。加强干部队伍作风纪律整顿，增强改进作风的自觉性。充分发挥纪检监察的“督促、查纠、防范、保障”职能作用，开展队伍作风建设督察。

【提升服务能力】 年内，实施“服务窗口亮起来工程”，进一步完善和规范县局和基层工商分局“首办责任大厅”建设，严格落实办事公开制、首问首办责任制、一次告知制、限时办结制，按照“程序最简、审批最快、时间最短、服务最优”标准，为广大企业提供便捷高效服务。结合市局开展的“一名工商干部帮扶一户个体工商户”活动，全局确定35名帮扶对象对工商企业进行一对一重点帮扶。

（李树铎）

食品药品监督管理

【概况】 食品药品监督管理局是对全县食品药品进行监督管理的工作机构，受县政府和上级主管部门双重领导。

年内，食品药品监督管理局以食品药品监管为核心，以确保人民群众饮食用药安全有效为中心，充分发挥食品药品安全监管协调领导小组的职能，组织开展了《食品安全法》宣传月、“食品质量安全年”、“清洁城乡、保护健康”等专项整治活动。对药品市场进行安全监管，组织开展药品安全集中行动，整顿和规范药械市场秩序，较好地完成了各项任务目标。局内设办公室、食品安全股、药品监督股、药品稽查股，在岗人员 9 人。

领导成员名单

局　长：倪树林

副局长：李淑玲（女）

地　址：永进路 75 号

邮　编：075500

电　话：6317640

【“3.15”消费者权益日活动】 3 月 15 日上午 9 点，在影院广场进行法律法规宣传活动。现场展示假劣药品，向群众传授假劣药品的鉴别方法，烧毁假劣药品 68 个品种，货值金额 2.8 万元。

【《食品安全法》宣传月】 4 月 15 日，“《食品安全法》宣传月”活动正式启动。利用一个月时间，在全县范围内开展“《食品安全法》宣传月”活动。活动期间设置了《食品安全法》咨询服务台，制作了 3 块宣传展板，共组织集体活动 1 次，出动宣传人员 300 人（次），发放食品安全知识宣传资料 7000 多份，开展食品安全科普知识讲座 13 场（次），接受宣传人数上万人，接受群众咨询 1000 多人（次），使《食品安全法》知识家喻户晓，深入人心。

【食品质量安全年活动】 4 月 23 日，召开了“赤城县开展食品质量安全年行动动员大会”，对全县的食品安全工作进行了周密安排和部署，联合县卫生局、质监局、工商局、农牧局、畜牧局、商贸办迅速开展活动。对 7 块无公害农产品认定产地 100% 建立投入品安全使用制度，农产品抽检合格率达 100%，2 个奶牛养殖三聚氰胺抽检合格率达 100%。对全县食品生产企业（小作坊）全部执行食品添加剂使用备案制度。对县级以上商场、超市 100% 建立了食品进货索证索票制度，乡镇、街道以上的食杂店 100% 建立了食品进货台帐登记制度。对 305 户餐饮经营单位，36 家学校集体食堂量化分级管理实施率达 100%，其中评定为 B 级单位 11 户，C 级单位 301 户。县城定点屠宰率为 100%，私屠滥宰查处率达 100%。

【清洁城乡，保护健康行动】 8 月 5 日，参与了有关执法部门的部门联合行动，以餐馆内环境卫生、店外经营为重点对全县经营“烤串”的 15 家饭馆进行了突击检查。取缔了“店外店”形式经营的餐馆。通过此次检查，进一步规范了县城内餐饮市场。与卫生监督所联合对 176 家餐饮单位进行了监督检查，对被检查单位分别制作了现场检查笔录并下达了卫生监督意见书，提出了具体整改要求。

【药械质量监管】 从 8 月 10 日开始，开展了为期 60 天的药械质量集中整治专项监管。共出动执法人员 314 人次，执法车辆 31 车次。检查药品经营单位 53 家，医疗机构 47 家，并对辖区药械市场进行了突击清理，查处违法违规案件 47 起，罚没金额 4 万元。

【《药品经营许可证》换证工作】 9 月 25 日，组织召开了全县《药品经营许可证》换证工作会议。全县药品批发企业、药品零售企业、药品零售连锁企业共21家参加了会议。共有13家办理了换证手续。

【药品安全监管】 年内，共出动执法车辆208台次，出动执法人员821人次，监督检查药品生产企业1家，药品经营企业62家，药品使用单位266家。查处案件94起，其中药品案件76起（假药2起，劣药17起，其它57起），医疗器械案件18起，罚款金额90466.30元。有效遏制了全县药品、医疗器械违法行为，净化了医药市场环境。

【药品企业督查】 年内，共督查了药品经营企业36家、医疗机构27家。出动车辆141台次、执法人员298人次，其中责令改正10家。

【H1N1流感药械防治检查】 年内，共出动执法车辆38次，执法人员221人次，对21家药品经营企业、13家医疗机构使用的甲型H1N1流感相关药械进行了质量专项检查，对购进渠道不正规，购进品种资质不全的单位进行了限期责令整改，下达责令整改通知书4份。

【药品抽检】 年内，共抽检药品39批，其中化学药品26批，中成药6批，中药材及中药饮片7批。

（史记武）

质量技术监督管理

【概况】 质量技术监督局为垂直管理部门。主要职责是，贯彻执行国家、省、市质量技术监督法律、法规和方针、政策；负责组织实施地方质量振兴计划，落实产品质量责任制度，推动实施名牌战略，推行科学的质量管理方法；负责对生产企业实施质量监控和产品质量监督抽查，管理和协调产品质量的行业监督与专业监督，管理产品质量仲裁的检验、鉴定工作；负责食品生产加工环节质量卫生的日常监管。依法查处生产、制造不合格食品及其他质量违法行为；组织协调依法查处违反标准化、质量、计量法律法规的行为，组织开展从源头打击假冒伪劣产品违法行为的活动。根据授权，组织协调全县有关专项打假活动等。

年内，以“深入实践科学发展观活动”和“干部作风建设年活动”的开展为切入点，以推动本单位“深化规范管理年”和“打造学习型单位活动年”的开展为目标，较圆满地完成了年度目标任务。荣获市商品条码市场监督检查先进单位。内设办公室、财务科、监管科、特种设备科、综合业务监管科（矿山企业服务所）。下设质量技术监督检验所。在岗干部、职工31人。

领导成员名单

局　　长： 卜贵亮
副 局 长： 侯尚瑞
　　　　　　郭向东
纪检组长： 肖　波（女）

地　址：府安西街大寺巷6号
邮　编：075500
电　话：6312731

【标准化工作】　年内，完成6100条旧代码数据的清理任务，顺利通过了省代码中心验收。办理代码证书615套。帮助、指导2家杏仁加工企业顺利取得食品生产许可证。

【计量工作】　年内，检定、修理计量器具2227台（件），其中：汽车衡146台、小衡器552台、加油机278台、天平33台、血压计317台、里程表327块、氧气（乙炔气）表45套、热工24台、医疗设备5台，水表500块。

【产品质量检验】　年内，对9类、204批次产品进行抽样检验，批次合格率90.7%。其中：糕点98批次、食用油7批次、熟肉类17批次、豆制品5批次、机制红砖44批次、白灰5批次、山野菜罐头8批次、调味品12批次、铁精粉8批次。

【特种设备安全监察】　年内，检验锅炉30台、压力容器26台、电梯4部、起重机械25台，查出安全事故隐患15起，发出安全监察指令书15份。举办"特种设备作业人员培训班"2期，培训人员52名。

【行政执法工作】　年内，结合省局开展的打假保名优行动，突出抓好食品及重点产品的专项检查，全年查办各类案件73起，结案73起，无一起引起行政复议和诉讼。

【技术机构能力通过省级考核】　年内，计量技术机构考核工作顺利通过了省级考核验收，新增检定项目2类3项，新增校准项目2类5项，并完成了验收整改工作；实验室资质认定复查考核工作通过省级考核，基本符合项完成了整改，5类31项产品通过考核。

【食品加工企业排查】　年内，集中力量对危险系数较高的山野菜加工、肉制品等36家食品生产加工企业（含小作坊）从环境卫生、原辅材料、生产加工、产品标准、人员、检验、标签标识等10个环节进行了食品安全隐患风险大排查。对不符合要求的10家生产加工小作坊下达责令改正通知书，并对情节严重的依据相关法律法规予以了行政处罚。

【诚信计量进市场】　年内，对全县530台在用小衡器进行了检定，周期检定率、检定覆盖率均达到100%，建立了纸质档案，规范并加贴了合格标志，从而确保了量值准确传递，减少并避免了贸易纠纷，保障了各方权益。

【全员素质快速提升】　年内，认真做好以1人多岗、多技、多资质为特点的人员培训工作。先后派出6人次参加食品监管和生产许可证脱产培训，并全部合格；17名在职人员报名参加全员培训；派出1名监管人员异地学习。

【媒体宣传工作】　年内，在上报各类信息中，被国家级媒体刊登1篇，县级媒体刊登7篇，在"质量月"宣传活动中，发送公益短信1.2万条。

（黄永红）

审批、便民服务中心

【概况】 行政审批服务中心下辖“行政审批服务中心”和“便民服务中心”。“审批中心”以服务现有落企业和新引进项目为主， 2006年11月挂牌运行，有8个部门进驻。

年内，行政审批中心开始迁址扩建，3月13日正式启动运行。全县具有行政许可职能的部门全部进驻，其中常驻办公的部门12个，预约办公部门25个。经清理，取消审批事项124项，保留201项，进厅195项。两个“中心”使用面积共1560平方米。“便民中心”5月开始筹建，6月26日正式启动运行，新型农村合作医疗、医保管理中心、公安局、矿管局4个部门进驻。全省行政服务中心综合检查中，受到省政府通报表彰，被县委、县政府评为“支持省、市重点项目先进单位”。内设办公室、督查科、综合科。共有管理人员4名，工作人员共110人。

领导成员名单

中心负责人：左进明

地　　址：“审批中心”霞城大道153号

“便民中心”霞城大道 8 号

邮　　编：075500

电　　话：6318290　6319892

【行政审批服务中心运行】 3月13日，行政审批服务中心启动运行。省长助理、省政府秘书长尹亚力、市政府常务副市长侯亮、市政府秘书长白龙，县四大班子领导、县直部门和各乡镇负责人参加了启动运行剪彩仪式。

【便民服务中心运行】 6月26日，便民服务中心启动运行，市纪委副书记张发、市行政服务中心副主任刘丽萍，县四大班子领导，县直部门负责人参加了启动运行剪彩仪式。

【业务工作】 年内，两个“中心”共办结服务项目51610件，日平均172件。其中，“审批中心”办结27287件，“便民中心”办结24323件，新农合报销医药费用 955.22万元，医保中心保销医药费328.0万元。“审批中心”办理新设立企业注册登记150件，收税（费）2.05亿元，其中收费中心收费1494万元。

【简化办事流程】 年内，经过两次压缩项目办结时限、简化项目办事流程，办结时限平均压缩了50%，办事流程得到了进一步的优化。

【创新工作制度】 年内，建立“窗口”首席代表制，由各驻厅部门负责人担任首席代表，并赋予项目办理“受理权”、“即办权”和“协调权”。并联审批制，按照“一门受理、统筹协调、规范审批、限时办结”的要求，推行首问单位统一受理，厅内部门同步审批的并联审批方式。分区办公制，根据部门业务量大小，将进驻部门分为常驻办公部门和预约办公部门，服务大厅只设常驻部门审批办公区，如遇需预约部门审批项目，则由“中心”负责电话通知预约部门首席代表立即到预约审批办公区进行现场审批。全程跟踪服务制，对投资规模大、关系协调难的项目，相关部门驻厅首席代表，负责全程跟办跑办，确保项目如期办结。

【内部管理】 年内，实行指纹考勤与不定期查岗相结合的考勤制度。建立了周汇总、月通报制度，直接向派出单位“一把手”通报驻厅工作人员考勤情况。设立电子检查系统，安装了厅内监控系统和远程网络控制平台，安排专人对服务大厅工作人员和其使用的电脑进行实时监控，杜绝上网聊天、玩游戏现象的发生。收费管理，设立“收费中心”，县财政局派专人进驻办公，统一实施行政事业性收费票据一律加盖中心“收费专章”，由“中心”统一管理、统一开具、一次性收取。用章管理，为39个具有审批权限的县直部门统一刻制了“行政审批专用章”，由“中心”统一管理，部门上班领取、下班交回，杜绝了印章出厅、厅外办理现象。统一服务形象，为进厅工作人员统一制作工作装、胸章，并在每个服务“窗口”统一设置了公示牌。人性化管理，专设咨询台、饮水机和工作人员更衣间。

【公开透明运行】 年内，通过县政府网站、公开栏、查询机、LED显示屏对项目办理流程、办结时限、收费标准、收费依据、前置材料、咨询电话进行公开。设立现场投诉举报台，制作了《项目一次性告知单》、《项目受理单》。出台了《首问告知制度》、《限时办结制度》、《责任追究制度》。设立“投诉中心”，由县纪检监察部门派专人常驻“中心”办公，接受项目申办人和办事群众投诉举报，并负责对“窗口”单位和工作人员事项办理情况进行全程跟踪督办。从人大、政协机关以及企业、社会团体、新闻媒体等部门聘请了35名勤政廉政监督员，并赋予其检查、纠正和反映问题的权力。

【学习交流】 年内，怀来、张北、沽源、宣化区、宣化县、涿鹿、崇礼、万全、尚义9个县（区）到县行政审批服务中心参观学习，与“中心”负责人交流管理经验。“中心”负责人带领其他管理人员和发改、建设、林业等窗口首席代表先后到市地税局办税大厅、市国税局办税大厅、市行政服务中心、宣化县和宣化区行政服务中心参观学习。

【典型经验宣传】 年内，省《政务情况交流》第19期刊发调查报告1篇；省《干部作风建设年活动简报》296期刊发简报1篇；《张家口日报》6月20日头版刊发文章1篇；《张家口市作风建设年活动简报》64期刊发简报2篇；《张家口市深入学习实践科学发展观活动简报》67期刊发简报

1 篇；《张家口市行政审批服务工作简报》32 期刊发简报 1 篇；县政府工作简报刊发 1 篇，《县政务信息》采用信息 4 条。

（任志功　龚岩峰）

农 业

种植业

【概况】 农牧局农业办公室的主要职责是负责种植方面的法律法规的执行和县委、县政府在种植业方面有关政策的贯彻落实和行政执法监督检查；参与制定全县有关农业方面的政策和措施；负责对全县粮油、经济作物、生产发展重大技术措施等。

年内，全县共计落实农作物总播面积37941公顷，其中粮食作物播种面积28445公顷，经济作物播种面积9496公顷。在粮食作物中落实玉米15245公顷，马铃薯4920公顷，杂粮6340公顷，豆类1940公顷。在经济作物中主要以发展蔬菜产业为主，全县落实蔬菜瓜类基地面积8000公顷（其中复种面积1514公顷），油料作物面积2586公顷，药材66公顷，其它经济作物358公顷。在遭受严重旱灾、洪涝、冰雹、等自然灾害，造成大幅度减产的情况下，全县粮食产量达32100吨，油料产量 1696吨，蔬菜产量232755吨，分别较年初计划减产54.1%，43.5 %和15.4 %。由于加快了农业产业化工作进程，蔬菜产业，食用菌产业，杂粮杂豆产业实现了区域化经营、规模化种植，把灾害造成的损失降到了最低程度。农业重点工程项目实现新突破，农技推广和农民培训工作扎实有效，农机工作和农产品质量安全工作稳步推进。机关内设办公室、党委办、综合股、人事劳资股、财务审计股、农机管理股、执法大队、项目股、信息中心。直属事业单位：农业技术推广站、土壤肥料工作站、植保植检站、农机安全监理站、农业机械化技术学校、农业广播电视赤城分校、无公害农产品管理站、新能源工作管理站、种子管理站、农业推广试验示范基地。在岗行政、事业人员192人。

领导成员名单

农牧局

党委书记、局长：宋卫忠（3月免）
郭光所（3月任）

党委副书记：高金龙（5月免）

农业办

总支书记、主任：宋卫忠（3月免）
郭光所（兼）

副主任：李万选（3月免）
陈振水
许晓梅（女兼）

总支副书记：康生贵

工会主席：孙占地

地 址：长源街9号

邮 编：075500

电 话：6312295

【蔬菜质量检测】 自1月1日起，在县城区内的批发市场、超市和配送中心销售的蔬菜、果品、畜禽产品和水产品，实行市场准入。同时开展了无公害农产品基地复审和农产品安全状况普查工作。

【蔬菜种植】 年内，共计落实蔬

菜种植面积8000公顷，在基地落实上基本形成了区域化布局、规模化生产的发展格局。以赤城、样田、云州、独石口、后城等乡镇为主落实生菜、西兰花、西红柿、茄子、辣椒等优质精细菜面积1873.8公顷；以龙关、大海陀、雕鹗、田家窑等乡镇为主落实架豆面积933公顷； 以大海陀、雕鹗、田家窑、云州、马营等乡镇为主落实西（香）瓜面积1046.6公顷； 以龙关、田家窑等乡镇为主落实元白菜、西葫芦等大路菜面积4146.6公顷。

【蔬菜基地建设】 年内，样田乡引进的中国利农集团，河北鑫科公司，香港百利高食品公司、北京阳光沐禾科技发展公司、北京市昌平区原种场和北京华耐种业公司6家企业，建设蔬菜基地3个，总面积233.3公顷，新建养生蔬菜试验基地6.67公顷。

【蔬菜种植应用新科技】 年内，全县推广应用喷灌、膜下滴灌等技术种植面积达1333.3公顷。河北攀宝沸石生态农业科技有限公司与中国农科院、俄罗斯等科研单位合作，研发的沸石矿物有机肥和沸石土壤改良剂，以及用沸石做原料建设温室大棚，在蔬菜种植和食用菌栽培方面收到了特别的效果。在独石口镇南门外、水磨等村落实的66.67公顷蔬菜生产基地全部使用沸石矿物有机肥、防虫网覆盖技术。

【保护地栽培】 年内，发展保护地蔬菜种植面积3853.3公顷，其中：落实地膜蔬菜3333.3公顷，大棚蔬菜333.3公顷，中小拱棚120公顷，日光温室66公顷。

【食用菌生产】 年内，食用菌种植涉及样田、龙门所、独石口、云州等5个乡，柳林屯、三义村、独石口、样墩等5个村。建成食用菌生产大棚348个，面积108550㎡。全年完成毛木耳、白灵菇、平菇、香菇、金针菇、鸡腿菇等菌棒生产300万棒，生产双孢菇7000㎡。生产木耳50吨，蘑菇1000吨。

【杂交谷子种植】 年内，全县种植张杂3号、5号、6号谷子面积1333.3公顷，加上扶贫办实施466.7公顷，全县总计实施杂交谷子推广示范面积1800公顷。大旱之年，张杂谷子种植显示出抗旱增产的优势。据统计，全县杂交谷子单产平均达到275公斤，后城镇单产最高达到了550公斤。

【农村沼气国债项目】 年内，建设农村户用沼气池800个，新增农村沼气项目乡村服务网点建设14个，建设养殖小区沼气工程3个，新增项目总投资517万元。资金来源：中央投资131万元、地方配套61万元、农户自筹325万元。

【设施农业种植项目】 年内，争取省投资50万元，在样田乡推广膜下滴灌技术26.6公顷，在独石口镇和农业科技园推广60目防虫网16.67公顷，新建柳林屯村、三义村、独石口村、样墩村50棚以上食用菌示范村，进行反季节食用菌栽培1万平方米，全县新增食用菌栽培面积20万平方米。在样田乡进行芦笋新品种示范11公顷。

【农机补贴项目】 年内，争取中央财政农机购置补贴资金140万元，省财政补贴资金1.29万元。确定补贴购机农民114户，共购置农机具210台。其中手扶拖拉机21台，18马力轮式拖拉机13台，大中型拖拉机77台，耕作机械91台，穴播机1台，玉米收获机1台，薯类收获机1台，秸秆粉碎还田机1台，青贮切碎机4台。

【专用玉米良种补贴项目】 年内，争取国家补贴资金281.134万元，实施补贴面积18742.2公顷，共计完成补贴玉米良种1405.67吨。补贴区域涉及18个乡镇、440个行政村、32494农户。

【农业技术推广】 年内，全县主推十大农业技术：①无公害蔬菜标准化栽培技术、②无公害食用菌标准化生产技术、③脱毒马铃薯优质品种配套增产增收技术、④蔬菜节水增产增收技术、⑤测土配方施肥技术、⑥张杂谷系列新品种配套栽培技术、⑦特种玉米新品种配套栽培技术、⑧农作物病虫草鼠综合防治技术、⑨机械节水精播技术、⑩机械化保护性耕作技术。

【测土配方施肥项目】 年内，争取省农业厅投资60万元，在全县实施测土面积26666公顷，调查分析化验土壤样品4000个，派出两批技术人员到承德和邢台市参加了省农业厅举办的测土配方施肥技术培训班。派出20多名技术人员，深入到各乡镇进行土壤取样工作。

【“荷兰薯7号”马铃薯示范种植项目】 年内，与长城集团有限公司（香港）共同合作，由该公司提供原种及相应的种植技术，在云州乡进行“荷兰薯7号”马铃薯示范种植33.3公顷。

【新农村建设双带头人培养工程】 年内，争取到国家、省、市专项资金400万元，其中国家投资240万元，省市投资160万元，计划培养农村中等职业学生1000人，秋季招生200人。

【农民科技培训】 年内，利用农闲的有利时机，广泛开展农民素质大培训工作，总计培训农民18830人次。同时聘请了市农业局、市农科院的专家、教授和局内专业技术人员分别在龙门所、雕鹗、田家窑、温泉举办了4期“张杂谷子”系列品种培训活动。参训近400人，发放技术资料5000份。举办沼气技术培训班3期，培训人员100多人。

【农业信息网络工程建设】 年内，网络延伸及服务宣传，累计发布信息20447条，网络点击次数达296万人次。

【农机工作】 年内，农机作业全年完成春耕26667公顷，机播2525公顷，机电灌溉1.588公顷，机械植保0.2公顷。

【农业综合执法】 年内，抓住种子销售高峰期，集中开展市场整顿，加强对种子市场执法管理。开展农药市场监督管理工作，进一步规范农药、化肥市场的经营秩序。全年共查处违法案件11起，其中责令改正的7起，取缔无证经营的2起，立案2起。

（王义廷　张艳云）

林 业

【概况】 林业局是县政府负责全县林业生态建设和保护工作的事业机构。主要职责，制定全县林业建设的发展规划和年度计划，并组织实施。组织森林资源调查，全县林政执法、荒山绿化、工程造林、森林防火及林木病害预测及防治、野生动物保护和组织全民义务植树活动等。

年内，实施了退耕还林、京津风沙源治理、塞北林场、京冀水源保护林合作项目、小渊基金中日合作造林等工程项目。加强了种苗、林业站建设，集体林权制度改革建设。强化了森林资源保护，县城周边和通道绿化，林业产业化建设。本年，被省防沙治沙办评为“全省容器苗造林工作先进集体”。局属股站：林业工作管理总站、塞北林场赤城分场、六个基层林业工作站。下属事业单位：黑龙山林场、剪子岭林场、龙关苗圃、赤城苗圃、森林公安局。局内设综合办公室、财务审计股、政工股、种苗站、林政资源股、森防站、总工办、产业办。年在岗人员130人（包括7名人才市场招聘干部）。

领导成员名单

局　长：宋建军

副局长、副书记：刘英海（2月免）

副局长：郭万义

刘成林（兼）

赵海玉（兼）

刘建明

米　丰（兼）

地　址：宏达东街47号

邮　编：075500

电　话：6312573

【行政审批服务】 3月8日，林业行政审批进驻县行政审批服务中心。进驻前制定了《行政审批服务工作实施方案》，将服务项目、内容印制1000份宣传资料，制作了办理行政许可服务项目样本书。全年林业服务窗口共受理各类行政审批事项325件，其中办理林木采伐许可证30件，种子、苗木和繁殖材料检疫138件，木材运输证130件，木材生产经营加工13件，野生动物限额饲养14件，按期办结率和群众满意率均达100%。同时接受各类咨询服务650多次。后城镇常胜庄村张正清、孙德两位村民为林业服务窗口送“热情服务、廉明高效”，摩天岭滑雪度假有限公司送“森林卫士，勤政为民”锦旗各1面。

【国家重点公益林管护】 3月9日，召开各乡镇分管乡镇长和林业站长参加的重点公益林工作会议。下发了赤护办字[2009]1号《关于规范国家重点公益林项目管理及补偿基金使用的通知》文件。3月12日至4月13日，发放2008年度中央财政补偿基金344.1万元（其中国有146.8万元，集体131.4万元，个体19万元，公共支出46.9万元）。与79个项目单位签订158份公益林管护合同，项目单位与护林员签订了333份管护合同书。责令5个林权单位和2个个体户进行整改。本年新增国家重点公益林21.5万亩，其中国有10.6万亩，集体（个体）10.9万亩。

【“春雷1号”、“绿盾3号”专项行动】 3—8月，利用6个时时间展开了“春雷、绿盾”两次专项行动，共出动警力165人次，55车次，突击检查加工木材场所18家，驯养繁殖场所7家，加工经营野生动物场所5家，破获林业行政案件5起，刑事案件4起。

【县城东山绿化】 4月，投资750万元在东山红山寺沟第一目视面向北延伸造林41.1公顷，其中有效栽植面积19.1公顷，共栽植大规格观赏性针阔叶乔木1.5万株。

【通道绿化】 4月，共实施道路绿化47.24公里，折合造林面积38公顷。公程涉及镇宁堡、城关、雕鹗、东卯、白草五个乡镇，栽植主要树种有油松、杨树、柏树、槐树等。

【开展“爱鸟周”宣传活动】 5月1日至7日，在全县开展爱鸟周宣传活动，发放宣传单6000份，刷写永久性标语200条，在云州水库设立观察点，全方位观察候鸟，预防禽流感的发生和传播。为11户野生动物申请者办理了限额证。

【开展“森防宣传月”活动】 7月，开展了“森防宣传月”活动，活动主题是“宣传防治法规，促进依法防治”，活动宗旨是“加强林业有害生物防治，保护绿色家园，营造依法防治的良好社会氛围”。共出动宣传车20车次，散发宣传单5000份，制作森林管护宣传片1部。

【城区新增绿化覆盖】 到9月初，县城区绿化覆盖率为9.99%，城区绿地率为6.11%，人均公共绿地面积为6.02平方米．其中本年新增造林合格面积为1804.98公顷，共计栽植乔灌木18165株、新植草坪绿篱面积11205平方米，新增绿化面积245779平方米，新增绿化覆盖率4.99%。

【林权流转服务中心正式成立运营】 12月10日，赤城县林权流转服务中心正式挂牌办公。为71户林农利用17万亩林地，申请贴息贷款2000万元。之前，省林改办专门下发冀林改字[2009]2号文件《关于在赤城县开展森林资源流转平台建设试点工作的通知》，正式批准赤城县建立林权流转服务中心。县编委以赤机编[2009]3号文件予以批复。办理了事业单位法人证书、机构代码、工商注册等13项手续。

【京津风沙源治理工程】 年内，共实施治理工程4666.7公顷，总投资720万元，其中人工造林工程666.7公顷，投资100万元。工程区设计在镇宁堡乡头堡子、二堡子、黄土梁、镇宁堡和赤城镇周里沟5个行政村。油松造林363公顷，油松／山杏混交林153.7公顷，山杏直播造林150公顷。封山育林1333.3公顷，投资140万元。四个封育区为：大海陀乡饮马沟封育区266.7公顷；茨营子乡东瓦窑封育区666.7公顷；剪子岭林场北沟封育区200公顷；黑龙山林场连阴寨封育区200公顷。在封育区内人工辅助造林总面积608公顷，其中植苗造林442.4公顷，直播造林165.6

公顷。飞播造林工程2666.7公顷，投资480万元。三个播区分别为田家窑镇井儿洼播区666.7公顷，龙门所镇庙湾播区666.7公顷，东万口乡河路沟播区1333.3公顷。从6月17日开播，6月21日结束，飞行时间19时17分，飞行作业115架次，播种树种1.6万公斤。

【退耕还林工程】 年内，共实施退耕配套荒山荒地人工造林666.7公顷，总投资200万元。工程涉及东卯镇，东卯、西卯、西长梁、李家湾4个行政村，共计205个小班。完成文冠果植苗造林45.4公顷，油松植苗造林621.3公顷。

【京冀生态水源保护林项目】 年内，实施保护林造林1333.3公顷，总投资1000万元，由北京市政府投入。项目地点在雕鹗镇和大海陀乡，雕鹗镇涉及雕鹗、小雕鹗2个行政村；大海陀乡涉及东山庙、官庄子、郭家窑、头炮、二炮、南梁、郑家梁、行字铺8个行政村。雕鹗镇造林266.9公顷；大海陀乡造林1066.4公顷。植油松191.8公顷、文冠果21.7公顷、油松/文冠果混交林174.5公顷、油松/落叶松混交林245.5公顷、油松/五角枫混交林293.3公顷、油松/侧柏混交林37.9公顷、落叶松/五角枫混交林368.6公顷。

【中日合作小渊基金造林项目】 年内，共完成人工造林5个小班70.2公顷。共栽植油松容器苗5.25万株，落叶松裸根苗2.25万株，文冠果裸根苗3.29万株，直播山杏核1239公斤，栽植沙棘裸根苗1.53万株，幼林抚育115.4公顷。工程区内修谷坊坝5条。

【森林有害生物防治】 年内，全县共发生森林有害生物22466.7公顷，其中松毛虫3000公顷，舞毒蛾2000公顷，黄褐天幕毛虫16666.7公顷，落叶松鞘蛾200公顷，杨叶甲、青杨天牛等杨树病虫害发生面积266.7公顷，鼠害333.3公顷。防治面积19966.7公顷，防治率达88.87%，其中无公害防治面积19300公顷，防治率96.67%，超过省下达指标6个百分点；成灾率为1.3‰，控制在省下达指标4.4‰以下；应施监测面积39.2万公顷，调查监测代表面积36万公顷，监测覆盖率为93.54%；测报准确率98.5%，超过省下达指标7个百分点；实施产地检疫种苗面积700亩，检疫率为100%。

【编辑森防员手册及培训教材】 年内，为提高村级森防员素质，抽调专人编辑印发了森防员手册和森防员培训教材。手册内容为森防员姓名、所在乡镇、村、所辖林区、联系电话及村级森防员职责等。培训教材包括林业有害生物监测预报、防治、森林植物检疫基础知识，主要林业有害生物的识别、防治方法及农药、药械使用技术等，共分九部分，全文3万余字。

【林地管理】 年内，投入209万元森林植被恢复资金在样田乡张浩村进行异地造林工程，栽植文冠果247.1公顷，到省林业局为摩天岭滑雪场办理长期征占用林地手续28公顷。

【集体林业产权制度改革】 年内，继上年林改工作之后，制定了《林改经费使用方案》，购置了GPS、档案柜、电脑、复印机、打印机、打印专用纸等办公用品和林改宣传书。举办了36名工作人员参加的确权发证培训会。发放林权证1218本。我县集体林权改革纪实《林权改革，掀起你的“盖头”来》在林业网公布。

【林业行政执法】 年内，利用2天时间，对28名林业行政执法人员进行培训。受理各类林业来信来访案件25起，解决23起，结案率为92%。共查处林业行政案件47起；其中滥伐4起，野外用火22起，非法运输3 起，工程区放牧18起，非法猎捕珍贵、濒危野生动物案1起，刑事拘留1人，移送起诉1人，调解矛盾纠纷4起。

【野生动物保护】 年内，制定了《加强野生鸟类保护管理配合防治高致病性禽流感疫病工作应急预案》。对白草镇马栅子村民发现的黑鹳，汤泉河发现的大雁，东卯镇东卯村发现的猴子进行救护。对6个乡镇12个村，14户养殖野猪、林蛙、林麝、狍子等野生动物专业户进行保护性管理。

【禁牧工作】 年内，共查处违规放牧170余人次，协助乡镇、林业站禁牧9次，批评教育放牧人员200余人。通过禁牧，全县林草植被覆盖率由2002年50%上升到70%，沙化退化草场面积由禁牧前35万亩下降到不足20万亩。

【林果特色“百村示范行动”】 年内，后城镇南卜子村、雕鹗镇屯军堡村、东卯镇李家湾村，分别列入全市杏扁、苹果和杂果示范村；龙门所镇郭家窑村、茨营子乡碾子湾村、云州乡三山村、独石口镇麻地沟村入围林下产业示范村。

【省级果树结构调整项目】 年内，实施的结构调整项目内容为杏扁嫁接改造，实施面积4000亩，省级补助资金80万元。调整品种为嫁接“围选1号”，涉及东卯、龙门所、赤城镇的4个行政村。该项目在我县实施是第一次，连续实施三年。

【建设文冠果林木生物质能源原料基地项目】 年内，抓住国家大力发展林木生物质能源产业的机遇，积极申请国债资金和中央财政补贴，在东卯、雕鹗、大海陀、镇宁堡、样田5个乡镇共完成文冠果林木生物质能源林造林面积1333.3公顷，是全县首次发展的经济林产业。

（何秀珍）

林 场

【黑龙山林场】 位于赤城县东北部，距县城88公里，距北京240公里，是张家口市天然林面积最大的国营林场。东与丰宁满族自治县邓栅子林场接壤，北靠丰宁满族自治县大滩镇，西接沽源县老掌沟林场，南连白草镇及三道川乡。林场总控制面积12504.8公顷，有林地面积10811.6公顷，森林覆盖率87%，活立木蓄积42万立方米。境内海拔1330—2292.2米，7月平均最高气温18.1℃，1月平均最低气温－16.2℃，年平均气温1.9℃，年降水量560毫米，无霜期95天左右，气温凉爽怡人，是京北旅游避暑胜地。2009年3月被国家林业局批准成为全国森林经营示范林场。12月12日被国家林业局批准为国家级森林公园。现人部分林地划为国家重点公益林，属于国家贫困林场。黑龙山林场主要职责是负责林场森林资源管护、经营和利用。

年内，完成了国家重点公益林管护任务，争取引进森林经营示范国有林场等6个项目，建起森林公园，并逐步完善，加大了森林 公园的宣传力度，实现了公园所有权与经营权的分离。场内设综合办公室、项目股、护林大队、检查站、山岔林区和驻赤城办事处六个股室，全场在岗干部73人。

续继实行场长包林区，股长包沟道、全员护林，常年防火责任制。制定并签署了护林防火责任书。在林区门口和各沟沟口设有检查站，对入山人员进行火种检查并逐一登记，严防火种进山。做到机构、人员、地块和制度四落实。新建了黑河源和东猴顶两个检查站并且实现了水、电、人员和办公设备四配套。加强了专业扑火队建设，重新调整了人员，配备了新的灭火器和扑火专用服装。采取横标和防火旗形式，加强了防火宣传，实现了5 6年无森林火情、火灾的业绩。

组织职工铲除不法人员种植的罂粟6500平方米，受到县政府表扬。

与河北农业大学一起开展了“生态公益林采伐更新技术体系研究”，按照不同林龄采用不同经营方法，取得了阶段性成果。在4个林班的11个小班中进行了天然的公益林采伐技术试验，作业面积1409.5亩，消耗蓄积3539.1立方米。其中：成熟公益林更新采作业954.7亩，中龄公益林抚育间伐作业266.3亩，幼林公益林抚育定株作业188.5亩。确立标准地29块，进行每木解析38株，同时编写了《黑龙山林场经营方案》。

共引进森林建设项目6项：国家局首批森林经营示范国有林场项目；珍稀树种培育基地建设项目；送科技进林场项目；黑龙山国家森林公园项目；公益林抚育间伐技术研究项目和京津风沙源治理工程项目，全部完成建设任务。

投入100余万元资金，在榆林修建栈道工程1180米，修建观景湖3500平方米，新建景区大门3个，整理和维修了景区道路25公里，在接待处的榆林修建休息区1个，篝火台1处，秋千3个，吊床3个，凉亭2幢，栈桥1座，木座66个，石桌木桌10个，铺草坪1800平方米；在公园大门植树2000多株；在黑河源景区实施京津风沙源工程3000亩。

与北京晚报八家都市类媒体合作，进行了文字宣传；成立了中国美术院黑龙山创作基地，进行美术宣传；成立北京目标活动俱乐部黑龙山活动基地，进行交流宣传；与唐山假日国际旅行社、京津冀年票办公室一起举办了五次公益旅游活动，进行旅游宣传；开通旅游网站，网站进行网上宣传，收到了很好的宣传、推介效果。接待游客2万人次，实现旅游收入27万元。

领导成员名单

场　长：赵海玉

副场长：王志彬

刘　恋

地址：三道川乡老栅子村

邮编：075500
电话：6415633

（刘凤琴）

【剪子岭林场】分布于赤城镇、独石口镇、龙关镇、等8个乡镇34个行政村。南北长150华里，东西宽40华里，总经营面积18270公顷，有林面积12810公顷。其中：国家重点公益林4866.6公顷，活立木蓄积26.4万立方米，森林覆盖率为57.6%，属于生态公益型林场。全场分为沤麻坑、独石口两大作业区，19个护林点，温泉度假村位于温泉林区核心。主要树种以油树、落叶松、山杏树为主参杂50多种树种，有野生动物40多种。主要野生植物30多种。主要职责是负责辖区内森林资源管护、经营和利用，在疏林地、荒山进行植树造林、封山育林、补植补造等。

年内，继续加强护林防炎工作，强化国家重点公益林管护，森林病虫害防护，开展多种经营等。场内设办公室、技术股、财务股、工程队、护林队、专业扑火队，有干部职工75人，在职61人，其中干部12人，固定工8人，合同制19人，聘用人员22人。

从5月10日开始，在林场所有林区开展大面积地面踏查，实行封山巡逻、蹲点守候，做到发现一块、铲除一块，发现一株铲除一株。在辖区内发现罂粟种植地3.8亩，整地2.4亩。并全面、彻底、干净地铲除了已发现的毒品原植物。

8月，在沤麻坑旧场部投资30万元建起了特禽养殖场1处，10月完工投入运营，并引进珍珠鸡、七彩山鸡、鹧鸪、孔雀、元宝鸡、火鸡、贵妃鸡等牧禽600余只。

继续责成两名护林防火队队长专职抓该项工作，加强了护林防火工作的领导。健全专业扑火队及护林防火联防体系。防火组织层层签订责任状，护林人员个个落实责任区，形成了齐抓共管的局面。分别召开了林场职工护林防火会、西片（五个乡镇）剪子岭林区联防会议、北片（三个乡镇）独石口林区联防会议。投入10余万元为专业扑火队添置了装备、设备，并对该专业队伍进行了专项业务培训及实战演习。各个护林队及专业扑火队工作扎实有序，使护林防火工作做到了真正意义上的以防为主。

在林区内每个村、重点林区、重点工程区设立牌（碑）50 块，涮写防火宣传标语500多条，补充完善了防火预案、护林防火规章制度。

林场4866.6亩国家重点公益林管护顺利完成，实现了永续利用。申请国家贫困国有林场扶贫资金40万元，修建林区道路2条，总长1.4万米。

投入10万元，利用速油纸环、烟雾剂及生物防治等方法进行了松毛虫病虫害防治。完成独石口林区，沤麻坑林区病虫害防治180公顷，温泉、112国道沿线重点地段的林坡病虫害防治120公顷。为培养优质的林分，提高林分的生态效益，申请抚育间伐作业428.4公顷，消耗蓄积997.3立方米。

领导成员名单

场　长：刘英海（2月免）
　　　　王　荣（2月任）

副场长：王海明
地　址：物资公司家属楼
邮　编：075500
电　话：6415153

（苟密红）

【塞北林场赤城分场】在业务上受市塞北林场总场和县林业局双重领导。主要职责为，负责分场建设的日常工作，制定年度工程计划，并组织具体实施；负责工程建设的技术培训、指导、实施、检查、验收；负责管理和使用建设资金；负责工程建设成果的抚育、病虫害防治；负责护林防火及资源管理工作。

年内，按照总场分配的造林指标，圆满完成了工程造林任务2.5万亩，并注重树种结构的调整。加强营林区工程管护和公益林申报，实现了林场内造管并举，良性发展的态势。场内设办公室、生产股、资源股，在岗干部、职工18名。

年内，共完成造林2.5万亩，其中：人工造林1.7万亩，封山育林工程0.8万亩。在工程布局上注重工程区与退耕还林工程、京津风沙源治理相互连接，形成了塞北林场的整体生态框架。

塞北林场向分场派出具备一定资质的工程技术人员担任工程监理。监理人员实行岗位责任制，从工程布局、施工设计、雨季前整地、苗木组织、施工管理到资金使用等过程进行全程监理，使全场造林工程质量显著提高。

按照阴坡松（落叶松、樟子松、油松、云杉）、阳坡杏、沟壑沙棘的规划模式，通过小班内、小班间树种混交和林草结合，灌草结合等多种混交方式，混交比例达到了7：3。为提高林分质量，增加了油松、樟子松、云杉等常绿树种的造林比例。

实行了雨季前大坑整地和水平沟与鱼鳞坑相结合的汇聚径流整地方式，加大了容器苗造林比例。在提高科技含量方面推广保水剂、生根粉占根等抗旱造林技术。并开展不同的整地方式和不同造林季节、不同树种造林的试验，提高了造林成活率。

年内，工程规划向按山系、按流域、规模化、全方位综合治理转变。在治理区内，不论阴坡、阳坡、不留死角，见缝插针，填空补齐，进行全面规划，综合治理。实现了新工程要质量，老工程要效益，新老工程结合上规模。独石口营林区、冰山梁营林区，黑龙山营林区工程规模都达到了万亩以上，成为护卫京津的一条重要绿色屏障。

建立起分场、营林区、护林点三级护林网络和林场责任人、林业公安员、专职护林员“三位一体”的护林体系。在6个营林区和部分护林点建护林用房27间，设置专职护林员65名。并制定落实了护林员管理制度，实行护林效果和工资挂钩，并与所有护林员签定责任状。在清明、十月一、春节、元宵节等节日，实行场领导蹲点包乡镇、护林员死看死守，对工程区牛、羊倌，小学生，呆傻人员制定了严密的防控机制和防控措施，在林场范围内没有发生一次火情。

按照《河北省生态公益林经营技术规程（试行）》，在全场范围内组织技术人员按照生态公益林划定技术标准逐小班对所有的工程林进行实地踏查，筛选出三个乡镇，15个行政村的62650.2亩有林地划定为公益林上报上级有关部门。

领导成员名单

场　长：米　丰

副场长：王海江

　　　　武占军（10月免）

　　　　程诗惠（10月任）

地　址：宏达东街47号

邮　编：075500

电　话：6312573

（程诗惠）

畜牧水产

【概况】 农牧局畜牧水产办公室是负责本县畜牧水产行业的事业单位。主要职责，制定本县畜牧水产业发展中长期规划、长远发展战略及协助县委、县政府研究制定本县畜牧水产业方针政策。负责行业法律法规和相关政策落实，畜牧水产业行政执法监督检查，指导畜牧水产结构调整，畜牧水产技术人员职称申报、考核工作等。

年内，深入践行科学发展观，全面解放思想，提高认识，强化措施，积极推进畜牧产业化建设。规模养猪、大棚养鸡、肉牛良繁体系不断完善壮大，畜禽保护工作成绩突出。实现产值4.03亿元，人均141.7元。肉、蛋、奶、绒产量分别实现28446.22吨、9518吨、4012吨、10.84吨。牛发展到9.38万头，出栏4.42万头；羊发展到42.2万只，出栏28.35万只；猪发展到24.42万头，出栏16.24万头；兔发展到21.5万只，出栏15.32万只；禽发展到229.95万只，出栏152万只；成鱼捕捞681吨、鳟鱼生产385吨。项目引进有新突破，共引进各类项目5个，累计引进资金2.34亿元，到位资金1790万元。内设行政办公室，总支办公室，财务审计股，科教人事股，饲料工业办公室，渔政监督检查股，畜禽产品标准化生产管理股。下设基层兽医站，基层防检站9处。直属事业单位：畜牧工作站，动物防疫检疫站，兽医兽药监督管理所，牧工商服务站，草原监理站，水产技术推广站，种羊场，鱼种场。在岗行政、事业人员174人。

领导成员名单

总支书记、主任：张　华（2月免）

　　　　马献忠（2月任）

副 主 任：宋志诚

　　　　刘　昕

总支副书记：邓海银

地　址：永进路47号

邮　编：075500

电　话：6312209

【村级动物防疫培训】 5月17日—5月22日，分三组对440名村级动物防疫员进行法律法规及防疫工作业务技术培训。

【无公害农产品内检员培训】 6月2日—6月5日，组织本县四家无公害产地养殖场4名技术员到石家庄进行河北省无公害农产品内检员技术培训，考试成绩合格。

【冷水鱼示范区项目通过省局验收】 6月26日，省畜牧水产局组织人员对全县15600平方米冷水鱼标准化示范区进行验收。经过两年对虹鳟、金鳟鱼的饲养，单产达到26.2公斤/米^2。通过了省局的验收。

【职业技能培训】 10月21日—10月25日，组织家畜繁殖工9人、挤奶工4人到张家口进行职业技能培训，培训成绩合格。

【华田肉牛项目】 年内，完善了12个乡镇的弗莱维赫牛良繁体系，华田科隆德良种牛示范场于10月底建成，购回优质西门塔尔良种牛1 56头，完成投资1300万元。

【大棚肉鸡养殖项目】 年内，引进北京华都、大发正大两大集团公司项目资金3000万元，建设肉鸡养殖大棚62座，有35座投入使用（东卯镇井沟村10个，三道营村6座，三道川村4座，赤城镇6座，后城长胜庄3座，雕鹗村1座，大海陀镇川堡村1座、马家堡村4座）。出栏肉鸡100万只，直接经济效益达到150万元以上。

【引进无公害养猪基地项目】 年内，争取国家农业部项目补助资金40万元，扶持东卯镇古子坊村金山园、茨营子乡苏寺村宏及两个规模养猪场。

【引进二商集团养殖项目】 年内，与北京二商集团公司洽谈投资1.02亿元的10万头生猪规模养殖项目，已获北京市农委批复。与二商集团洽谈总投资800万元的蛋鸡规模养殖项目拟建饲料厂和包装厂，以基地加农户加公司方式运作。已在两个鸡场开展雏鸡、饲料、防疫、服务、回收五统一试点。

【弗莱维赫牛改工作】 年内，牛改试点涉及12个乡镇，14个配种改良站，配备了14个冷冻精液罐，16名配种员争取精液1万枚，完成肉牛配种改良4018头。

【防沙工程】 年内，京津风沙源治理工程草地治理项目涉及东卯镇的大沟门、三块石、水磨湾、苇子沟、道德沟5个行政村，完成4种牧草混播，补播面积1.2万亩，围栏4.5万米。

【草种基地建设】 年内，争取农业部二色胡枝子项目资金283万元，在云州乡仓上堡村种植二色胡枝子2000亩、围栏3000米，库房、晾晒场等土建工程已于10月底完工，完成投资47万元。

【圈舍建设】 年内，圈舍建设项目涉及三道川、白草、东万口、赤城、云州、独石口、龙关、龙门所、镇宁堡、后城、田家窑、东卯、大海陀、茨营子14个乡镇，完成建圈面积1.5万平方米，采购回饲草机械400台。

【畜禽食品安全专项整治】 年内，开展各项肉食品安全专项整治工作12次，出动执法人员120人（次），车辆12辆，检查屠宰点18个（次），肉食市场18个（次），屠工、屠商550人次，检查猪肉产品49.2吨、牛肉5000千克、羊肉2200千克、禽产品 3600 千克、禽兔 12.2 万只，处理病害肉产品 640 千克。

【畜禽保护】 年内，组织 470 名村级动物防疫员、45 名基层兽医人员，对畜禽进行免疫注射。春防免疫牛 3.37 万头、羊 18.08 万只、猪 9.85 万头、禽类 52.8 万只；秋防免疫牛 5.46 万头、羊 20.36 万只、猪 9.14 万头、肉鸡 32.16 万只、其它禽类 40 万只。免疫监测口蹄疫 380 份、猪瘟 380 份、禽流感 380 份，合格率均为 100%。送检样品猪血清 5 份、牛血清 10 份、羊血清 15 份、猪病料 5 份，防疫记录清楚完整。

【畜禽检疫】 年内，产地检疫生猪 5543 头、牛 1886 头、羊 2.7 万只、禽 14.8 万只，其它 1514 头（只、匹），公路运输检疫猪 3521 头、牛 1950 头、羊 11 万只、禽 9.6 万只，其它 1447 头（只、匹），消毒车辆 567 辆、处理违法案件 2 起。对检出的病畜禽及病害产品均依法进行无害化处理。

【水产品安全检查】 年内，出动执法人员 110 人次，检查车 24 次，检查水产品养殖场 12 家，水产品销售经营滩点 26 处，发放水产品质量安全承诺书 17 份，本县抽检水产品 62 尾，配合省市检查 8 次，省市取样化验 13 份。

【兽药产品专项整治】 年内，检查兽药经营点 30 处，养殖场 67 个，发放兽药安全使用承诺书 30 份，培训经营兽药及养殖户 75 人次。抽检药品三批次，查出不合格注射液 2000 支、片剂 96 瓶，价值 0.3 万元。

【奶牛养殖小区监管】 年内，对锦华农贸种养有限责任公司和龙盛富农农业生态开发有限公司进行监督监管，并实现乳品加工企业长年驻站监管。完善养殖档案，颁发生鲜乳交接单，对规模养殖监管率达 82.2%。

【规模养殖场建设】 年内，实现肉牛规模养殖场 25 个（包括规模养殖大户），饲养肉牛 2181 头；生猪规模养殖场 50 个，饲养生猪 9540 头；柴鸡规模养殖场 5 个，饲养柴鸡 2.55 万只；狐貉规模养殖场 3 个，饲养狐貉 1360 只；梅花鹿规模养殖场 5 个，饲养梅花鹿 762 只；蛋鸡规模养殖场 21 个，饲养蛋鸡 10.44 万只；肉鸡规模养殖 7 个，建成鸡棚 62 栋，装鸡 35 栋。

【规模养殖场建档工作】 年内，对 118 个规模养殖场建立养殖档案，取得养殖代码，进行备案登记。

【灾区捐款】 年内，全体干部职工救灾捐款 1.66 万元，“博爱一日捐”捐款 2800 元。

【扶贫工作】 年内，帮扶马营乡墩上村技术培训资金 5000 元，帮扶龙门所镇申沟村改善生活环境资金 5000 元，栽树 1200 棵。

（闫志东）

水务

【概况】 水务局是县政府负责全县水利工作的职能部门。主要负责拟定本区域的水利发展战略、中长期规划、年度计划。起草与水法律、法规相配套的地方性文件。实施水政监察、水保预防监督。主管区域内水域、河道及各项水利工程设施的管理，农村水利、山区人畜饮水、节水、蓄水工作，组织开展农田水利基本建设。负责小水电站规划、设计、建设及管理，全县水库移民政策执行、工程项目申报、实施、补助款发放等工作。

年内，重点抓了水利工程建设的实施，京津风沙源治理，21世纪首水，安全饮水，隔河寨四级水电站，自来水管网改造，汤泉河综合治理二期续建工程等。汤泉水库加固和云州病险水库除险加固工程按计划进度顺利实施。同时完成了为北京输水、退稻还旱等工程的实施。水政监察、禁牧禁毒，河道采砂管理，移民等工作也取得了显著成效。局内设综合办公室、人事股、财务股、农田水利工程管理股、水土保持生态环境建设局（二级局）、水政水资源综合管理办公室。内设事业单位：水土保持工作站、农田水利工作站、水政监察站、水利水电工程管理站、水资源管理站、水利水电物资供应服务站。下属事业单位：云州水库管理处、自来水管理所、机井队、八达岭培训中心、云州下游灌区统管会、黑河灌区统管会、隔河寨电站、李家湾电站、水利水电工程队、城关水务所、云州水务所、后城水务所、东万口水务所、雕鹗水务所。行政、事业在岗人员351人。

领导成员名单

局　　长：王新慧（4月免）
　　　　　白树海（4月任）
书　　记：侯占俊
副 书 记：孙文会
副 局 长：刘志强（3月免）
　　　　　张必然
云州水库管理处主任：张克俊
地　址：振兴北路46号
邮　编：075500
电　话：6312445

【移民后期扶持资金发放】 2月23日，会同县财政局对乡镇负责涉农补贴"一卡通"录入的人员进行了培训。由县联社将后期扶持资金直接打入涉农补贴"一卡通"。全年兑现2008年扶持资金412.815万元。

【水政宣传、监察】 3月22日至28日，在《水法》宣传周期间散发《水法》、《取水许可和水资源费征收管理条例》等宣传标语230份，在县有线电视台滚动播放水资源宣传材料一周，受教育人数达18万人次。全年以打击非法取水和无证开采为重点，依法责令5家企业停止违法行为并限期改正。

【安全饮水工程】 4月，实施了2008年批复项目涉及44处，12个乡镇44个自然村。新打机井43眼并配套，自流引水1处，完成投资540万元，并于11月竣工。完成2009年第一批安全饮水工程4处，涉及2个乡镇4个自然村。新打机井4眼并配套，解决了1106口人的饮水安全问题。2009年第三批安全饮水工程66处，涉及6个乡镇66个自然村，19384口人的饮水安全问题。工程年内开工66处，完工56处。全年完成三批饮水工程共计104处。

【退稻还旱工作】 4月，与北京市政府签订了2009年的退稻还旱田协议。按照协议规定，将协议款项1760万元按时发放到乡镇，由乡镇发放到村民手中，共发放退稻还旱补助资金1760万元。

【汤泉河综合治理二期续建工程】 4月，汤泉河综合治理二期续建工程开工建设，工程投资2000万元，治理河道全长189米，蓄水河道宽度约61米，2个蓄水河段，2座混凝土坝，坝高为0.9米，两岸为钢筋混凝土蓄水挡墙，蓄水量8071立方米，形成水面1.15万平方米，栏杆安装417米。于11月竣工。

【隔河寨四级水电站建设】 4月，隔河寨四级水电站续建工程在上年的基础上开工建设。该工程拟修建装机容量2000千瓦的小水电一座。当年投资700万元，修建尾水渠320米，砌筑引水渠340米，完成输水隧洞360米及生活区主体工程。

【公路、城市绿化工程】 4月，在南赤公路镇宁堡段栽植桧柏、油松1.8万株；汤泉湖小岛中心及周边绿化栽植桧柏、油松1.3万株。共完成投资1000万元。

【向首都输水】 于4月21日开闸5月20日闭闸、10月24日开闸11月18日闭闸，两次共为白河堡水库输水2340万立方米。

【京津风沙源治理工程】 5月，规划治理镇宁堡乡丁字路小流域丁字路、大边、胡家窑等三个行政村的水土流失面积15平方公里，建节水工程50处，水源工程100处。10月完成全部治理任务。共造林935公顷，其中乔木307公顷、灌木628公顷，封禁565公顷，完成工程量0.47万立方米，完成投资513.66万元。

【21世纪首水治理工程】 5月，第二批首水项目开工，工程包括旧站、吕和堡、双山寨、沟门四个项目区，治理水土流失面积388平方公里，总投资10997万元，当年完成治理面积113.12平方公里，完成投资3005万元。

【《水土保持法》宣传】 6月29日，在《水土保持法》颁布18周年纪念日，出动宣传车两辆，宣传员30人，到矿山集中地和水保工程治理区进行宣传。共发放水保法律法规手册300份、宣传画250幅、布告200张，刷写、张贴宣传标语20条，受教育人数达30万人次。

【白河综合治理工程开工】 8月26日，白河综合治理一期工程正式开工建设，治理河道总长2399.4米，包括沉砂池、两个蓄水段、1个湖区、三道橡胶坝、1号船闸和上游拦砂坎。已完成该工程河道清淤及施工导流，共完成土方66.35万立方米。汤泉河大桥护底混凝土浇筑750立方米。政府街大桥正在打桩基，总进尺150米，已浇筑3根桩基。

【21世纪水保工程通过省级验收】 9月，旧站项目区2003、2004、2006年21世纪初期首都水资源可持续利用规划水土保持项目顺利通过省级年度验收。

【国庆安保工作】 9月，成立了5个工作组实行分段管理，进行水质抽查和河道通畅行洪安全检查，严格执行24小时值班制度，及时上报检查信息。从9月10日至10月10日，全局共抽调了60名干部职工深入全县7个乡镇59个行政村协助国庆安保工作。驻村干部在所包乡村没有一例上访事件。

【京津风沙源治理工程验收】 10月20日至21日，市林业、水务、畜牧、财政、监察等六部门组成津京风沙源治理工程验收小组，对2007年津京风沙源治理工程进行审验。通过听取汇报、查阅档案、外业调查、内业计算等，确认工程符合设计要求，资金、档案管理规范水利措施达到验收标准，。

【建步行桥一座】 11月，汤泉河步行桥竣工通行。桥宽4.5米，长70米。桥下新建公园一座，内设喷泉广场、儿童健身设施，绿化面积10696平方米，共栽植各类景观树木40余种。

【汤泉水库除险加固工程】 年内，主要对主坝坝坡进行维修、加固，对防渗墙做进一步防渗处理，完善与更新观测设施；改建、加固溢洪道；输水洞工程加固进水塔、增建工作桥，更换启闭设备及闸门，完善电气设备。该工程于08年4月开工，本年6月竣工。

【云州水库除险加固工程】 年内，进行主坝加固、副坝防渗墙、泄洪洞和电站及机电设备采购、电器照明安装。08年10月开工，累计完成投资4070万元，完成工程总体进度的46%。该工程主要包括对主坝及副坝区进行防渗墙加固处理、泄洪洞清理及加固、改建发电输水洞；重建一座电站及相关设施；新建水库调度中心和管理中心；加固和改扩建上坝公路和电厂路等。工程总投资1.08亿元。

【管网改造工程】 年内，共完成管网改建PE75mm以上供水管网3216米，安装新开发户水表1400户，“一户一管、水表出户”工程811户。全年完成供水量153万立方米，平均日供水量0.42万立方米。

【汤泉河管理】 年内，汤泉河管理处实行三班制管理，对水面、坝袋、喷泉、绿化带进行清洁、维护；对机电设备、照明设备、供排水系统、防洪系统做到经常检查、定期检查、特别检查；在河道两岸危险区设置警示牌，并派专人24小时巡查。进入冬季按河段分工，负责吹冰系统正常运转；汛期严密监测水位、水情，确保县城及下游安全度汛。

【李家湾电站】 年内，累计完成发电量129万度，上网电量123万度，售电111.93万度，电费收入35.8万元。

【隔河寨电站】 年内，发电量217万度，售电量200万度，电费收入64万元。

【水务执法】 年内，水务派出所配合水政、采砂、防汛、禁牧等部门，共组织出警80车次，300多人次。多次对全县尾矿库、河道进行汛前检查，并对马营、独石口、云州赤城镇、样田、镇宁堡、龙关等水土保持生态工程区进行了重点管理。

【水资源管理】 年内，对县内10家企业和黑、白河地表水每月抽样进行化验，还在东万口、镇宁堡、赤城镇、样田、田家窑镇、龙关镇、水泥厂机井分别安装了地下水位自动监测器，实现了地下水位自动监测。

【河道采砂管理】 年内，组织开展了大规模的河道采砂专项治理活动。特别是对炮梁、田家窑、东卯、马营四个乡镇的采砂情况进行了全面检查，对非法、违法、违规采砂行为及时查处，并对所有非法采沙场做了停产整顿处理。

【移民后期扶持项目实施】 年内，为云州乡的云州、苍上堡、旧站、三个移民安置村争取项目资金24万元，完成街道硬化工程3处，硬化街道1638米；大海陀乡闫家坪移民安置村机井灌溉项目资金15万元，为该村新打并配套灌溉机井1眼，铺设节水管道1100米，设地面出水口25个，活动式分水器4个；独石口镇水磨移民安置村护村护地坝项目资金15万元，为该村修建护村护地坝190米，护路工程1处。官厅水库“六年规划”项目，完成田家窑镇蔡庄子村低产田改造项目1处，建高位水池1座，蓄水量64立方米，铺设上下水管道720米；龙关镇三街村新打农田灌溉机井1眼。两个村共投资16.05万元。

【马道梁移民示范园建设】 年内，对所有林地进行了补栽，共补栽山杏苗1万株，抚育用材林近7万株。

【防汛工作】 年内，修订了《云州水库应急防洪抢险预案》、《汤泉水库应急防洪抢险预案》、《山洪灾害预案》。汤泉河管理处编写了《橡胶坝安全度汛方案》。全县组建了7358人的抢险队伍，其中县直单位489人，并按各乡镇分组进行了防洪演练。汛前由防汛办、水政监察大队、河道管理站、水务派出所组成防汛检查组，对全县河道、矿山企业、尾矿库等存在安全隐患的区域进行防汛检查，并要求存在安全隐患的单位限期整改。汛期严格执行24小时值班制度，及时为指挥部领导传递雨情、汛情。

【扶贫工作】 年内，为白草镇头道沟村投资3万元硬化村中街道。投资17.8万元为茨营子乡古道梁村打机井2眼，建蓄水池及机井配套，投资2万元为自来水入户铺设管道700米，使全村120人吃上了自来水。为瓦窑村投资3万元，硬化村中道路470米。

（高月霞）

农业产业化

【概况】 农业产业化办公室于2005年成立，挂靠县委农工部。负责全县农业产业化的规化、组织、协调、督促检查等。

年内，组织、协调全县农业产业化的发展工作，为农业产业化的发展排忧解难，为农业产业化及龙头企业提供政策指导，加强了进度统计，对农业产业化发展进行督导检查。在去年的基础上全县农业产业化得到了健康发展。

领导成员名单

产业办主任：赵志亮

地　址：府安东街2号

邮　编：075500

电　话：6312145

【农业产业化】 年内，重点抓了蔬菜、仁用杏、畜牧养殖、食用菌、中药材五大主导产业，全县实施农业产业化重点项目13个，总投资13.14亿元，本年投资 2.26 亿元，完成投资 2.1995 亿元，占年度投资的 97.32 %，超额完成项目建设计划。农户产业化经营总量达到6亿元，比上年增长10%。产业化经营率达到45%，比上年提高2.7个百分点，农户参与率达到60%。

【蔬菜产业】 年内，宣化沃塬蔬菜公司投资300万元在田家窑、赤城镇租地93.3公顷，种植出口韩国、日本的萝卜、葱头、西兰花、生菜等。投入资金500万元，建成1600平方米的加工生产车间和两座2000吨智能恒温库。北京利农集团投资5000万元，在样田乡下马山实施设施蔬菜基地建设，实施膜下滴灌项目建设266.6公顷，其中种植优种西兰花53.3公顷，全部销往韩国。该项目涉及样田乡4个村（柳林屯、郭家屯、双山寨、下马山），工程建设达标，已通过验收。张家口新科蔬菜公司投资1500万元在样田乡柳林屯建设出口蔬菜基地，新打机井10眼，全部采用喷灌技术，种植西兰花、大萝卜、生菜等蔬菜66.6公顷。北京友合攀宝科技有限公司投资1000万元在独石口建设生态农业园区66.6公顷，种植空心香芹46.6公顷、松花菜20公顷。新建食用菌大棚20栋，保鲜库、有机肥料场各一座。东万口大棚蔬菜基地在原有13.3公顷的基础上，新建大棚100个，发展露天菜13.3公顷。

【仁用杏产业】 年内，充分利用现有11333.3公顷山杏林和6666.6公顷杏扁资源，杏仁加工企业已发展到5家。信和杏仁有限公司筹资680万元，进行扩建，完成建筑面积2500平米，其中扩建生产车间760平米，提高了生产加工能力。

【畜牧养殖业】 年内，全县牛饲养量达9万头，年出栏6万头。其中奶牛发展到8000多头，能繁母牛存栏2.4

万头，育肥牛规模养殖场达到46个，其中存栏200头以上的31个。生猪发展到30万头，年出栏22万头。拥有存栏生猪700头以上的企业1家，300头以上的20家。禽类发展到200万只，年出栏140万只。

【食用菌产业】 年内，投资900万元建成了样田、田家窑、东卯、龙关、独石口、云州六大食用菌产业基地。投资600万元在独石口攀宝农业生态园新建食用菌大棚20座，新上食用菌生产线和冷藏库。全县完成栽培白灵菇、平菇、香菇、金针菇、毛木耳、鸡腿菇等菌棒134万棒。食用菌大棚总量达到380个，年产各类菌袋500万袋，年产量突破5000吨。

【中药材产业】 年内，投资5170万元，建设五味子种苗基地13.3公顷、示范基地120公顷，科研培训基地13.3公顷，建设了3900米的五味子生态长廊。

（李世聪）

农业综合开发

【概况】 农业综合开发办公室为县政府的科技事业单位，归属财政局管理。主要职责：制定全县农业综合开发中长期规划，筛选评估农业综合开发项目，负责农业综合开发项目的日常管理和县级检查验收，负责全县农业资源区划工作。

年内，加强项目管理，全力提升农开干部队伍素质，积极组织、协调有关项目单位，着力抓好农业综合开发项目的实施，并通过市开发部门的验收，完成了本年度农业综合开发项目建设和2010年预选项目区前期工作。同时完成了农业资源区划调查工作。办公室内设综合股、区划股、工程股，在岗人员12人。

领导成员名单

主　　任：段文军

副 主 任：王占森（3月任）

地　址：府安东街4号

邮　编：075500

电　话：6312801

【2008年农业开发项目通过验收】 4月30日，通过了市级农业开发部门的验收，项目工程被评为优质工程。全县农业开发项目中低产田改造任务467公顷，项目区设在马营乡、大海陀乡、白草镇。其中马营乡涉及马营、候村沟2个行政村，改造面积213公顷，白草镇涉及白草、梁家营2个行政村，改造面积220公顷，大海陀乡涉及上斗营、朱庄子2个行政村，改造面积33.3公顷。总投资578万元，其中各级财政资金413万元，群众自筹165万元。完成的主要工程：新打机电井13眼；新打小机井28眼，配井台、井盖28台（套）；埋设地下输水管道36.5公里，设出水

口保护装置730个；构筑建筑物11座。整修农路12.5公里，其中沙石路4.5公里，硬化路8公里；购置柳工AL装载机1台。营造农田防护林16.7公顷，由市农业局蔬菜技术推广站实施，在样田乡示范推广蔬菜适用技术233公顷，购置小型仪器设备6件，培训项目区农民900人次。

【农业资源区划调查】 年内，利用区划系统的地面公里监测网，抽取1/15个行政村进行资源以及粮食生产潜力的调查，调查了10个乡镇，29个行政村，870个农户，在此基础上，经过分析整理形成文字成果报告。2008年区划工作被市区划部门评为先进工作单位。

【2009年项目建设】 年内，全县中低产田改造面积600公顷，项目区设在样田乡和龙关镇。其中样田乡涉及杨家坟、柳林屯、双山寨、郭家屯4个行政村，改造面积533公顷；龙关镇涉及周村1个行政村，改造面积66.7公顷。项目总投资840万元，其中各级财政资金630万元，群众自筹210万元。完成的主要工程：新打机井16眼，修复配套旧井12眼，新盖井房17间；配置100千伏安变压器2台，50千伏安变压器5台，架设输电线路5公里；埋设地下固定管道54公里，配地上PE喷灌带20公里，设置出水口保护装置1080个，购建渠系建筑物31座。改良土壤533公顷，修机耕路18公里。建农田防护林53.3公顷，经济林20公顷。科技示范推广73.3公顷。

【科技培训】 年内，先后对项目区农民、种田能手、乡（镇）、村干部进行培训，并聘请市农业专家、名师担任主讲，举办了4期培训班。参训人员共计530人。

【项目工程效益】 年内，积极协助项目区引进中国利农集团，在样田乡规模种植有机无公害蔬菜233公顷，辐射带动农户发展无公害蔬菜100公顷。当年项目区蔬菜出口600吨，主要销往韩国、日本、香港等地。销往北京蔬菜1万吨，纯收入达600万元。

【2010年预选项目区】 全县中低产田改造任务360公顷，现已完成项目申报，项目区设在样田乡，涉及石灰窑、样田、水磨窑、上马山、下马山5个行政村，计划投资633万元，其中财政资金475万元，群众自筹158万元。规划设计的主要工程：新打机电井11眼，盖井房11间，新打小浅井25眼；架设输电线路4公里，配置50千伏安变压器4台，100千伏安变压器2台；埋设地下输水管道35公里，配置移动PE喷灌带15公里；构筑建筑物22座。改良土壤333.3公顷，营造农田防护林40公顷。

（王秀莲）

气象服务

【概况】气象局是以气象部门为主的双重领导部门。主要职责：负责地面测报、航危报、电视天气预报、12121 天气预报自动答询、气象科技服务、墒情分析、区域气象站的维护、防雷服务及防灾减灾等工作。

年内，由国家一级站变更为国家一般气象站。由原来的 24 小时昼夜守班变更为白天守班。单位级别变更后，全体干部职工尽心尽责，按时发布天气预报和灾害性天气预警，每旬进行墒情测定及发布，收集各乡镇雨量及上报，人工影响天气，进行防雷检测及防雷知识宣传等。局内下设办公室、业务股、科技服务股，在岗人员 10 人。

领导成员名单

局　长：李　平（女）

副局长：张贵梅（女）

地址：兴仁堡村北南赤线路南

邮编：075500

电话：6312301

【防雷减灾宣传】　6 月 8 日，气象局与安监局联合进行了安全日宣传活动，共发放防雷宣传单 300 份，使广大群众增强防雷减灾意识。

【国庆期间气象服务】　在国庆气象服务期间，带班领导 24 小时坚守岗位，为领导决策提供及时准确的气象信息。进行国庆前作业点消减雨演练，为 60 年大庆顺利进行提供了有利的气象保障。

【天气预报、预警】　年内，每天按时收集各种气象信息，关注上游天气变化，加强同市气象台的会商，分析雷达回波、卫星云图资料，结合本地气候特点，及时做出天气预报。以书面形式送到县委、县政府及有关部门。重要天气、关键天气、转折天气通过“信息平台”以手机短信形式发送给各级领导。每天及时订正“12121”气象信息服务内容，按时制作发布电视天气预报。全年共发布书面重要天气报告 22 期，发送中、长期天气预报 36 期，灾害天气预警信息 43 次，重大活动专题气象服务 4 次，通过手机短信发布雨情实况 65 次，降雪公报书面材料 3 期。为我县防灾减灾提供了有力的气象保障。

【墒情发布】　年内，共发布土壤墒情分析报告 13 期，旱情分析报告 1 期。每期及时送给县委、县政府、各乡镇及农口部门，为领导安排生产、抗灾救灾提供科学依据。

【雨情收集】　年内，通过对 18 个乡镇区域雨量站的监控，　每天 8 点前及时统计乡镇雨量，通过“信息平台”及时发送给县领导及乡镇领导，遇有大的降水过程，将降水情况写成书面材料及时送达县委、政府值班室。

【人工影响天气】 年内，抓住每一次天气过程，做好人工增雨作业。共进行人工增雨作业20次，发射火箭弹65枚。

【防雷安全检测、检查】 年内，对60个单位的防雷装置进行了年度常规检测，并对县区所有加油站和矿山企业炸药库进行安全检查，对不符合防雷规范要求单位，下发整改通知并及时进行验收。同时加强对新建、改建和扩建建筑物图纸审核、跟踪检测及竣工验收工作。

【气候概况】 年内，最高气温35.4℃，最低气温-23.9℃，平均气温为6.4℃，比历年平均值偏高0.2℃。从各月情况看，1月接近常年略偏低，2-5月、8月、9月均比历年值偏高，6月、7月、10月接近常年略偏高，11月、12月比历年值均偏低。

【气候特点】 年内，气候呈以下特点：春季（3-5月），气温较常年偏高，初春降水偏多，春播后的5月份降水又偏少，加之春季多大风扬沙天气，使土壤水分蒸发较快，造成农作物出苗不齐或推迟；夏季（6-8月），气温较常年偏高，降水偏少近一半，而且降水分布不均，严重影响了农作物的生长；进入8月份，天气持续高温，出现了6天30℃以上的高温天气，并且没有一次大的降水过程，致使土壤含水量严重缺失，制约了农作物正常生长，使旱情越来越严重；秋季（9-11月），气温较常年略偏低，降水略偏多，初霜出现在10月10日，对农作物影响不大；冬季（12-2月），气温接近常年，降水偏少，无明显气候特征。

【灾害性天气】 年内，共出现大风17次，扬沙1次，浮尘1次，雷暴34次。

【降水简况】 年内，降水量为294.6mm，比历年平均值偏少127.1mm，偏少三成，属降水偏少年份，其中1月、2月、5月、6月、8月、9月、12月比常年偏少，7月接近常年略偏少，3月、4月、10月、11月比常年偏多。

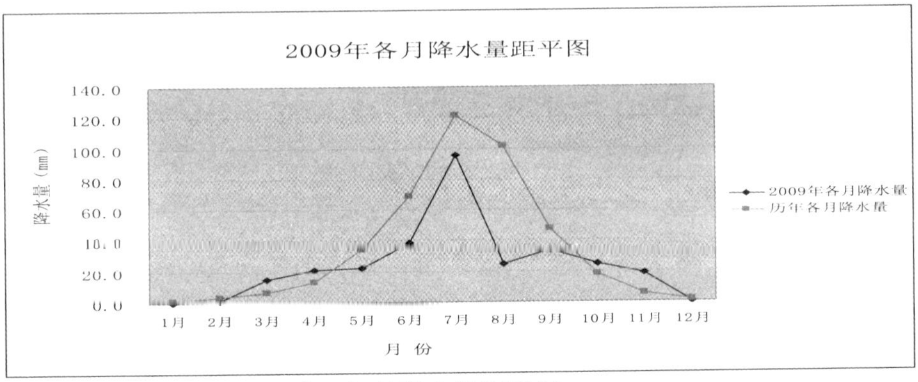

附：各月降水量距平图

【气象资料】 年内，气象特点是，干旱少雨，气温偏高，全年降水量为294.6mm，比上年减少203.6mm；年平均气温6.4，比上年平均气温高0.1，其中8月份气温比上年高0.6，给农业生产带来很大损失。

（张贵梅）

附：

2009年气象资料统计表

	1月	2月	3月	4月	5月	6月	7月	8月	9月	10月	11月	12月	年平均（合计）
月平均气温(℃)	-11.4	-5.4	-0.2	8.9	16.4	19.7	21.6	20.4	15.3	7.4	-4.6	-10.9	6.4
年最高气温(℃)	6.9	11.2	24.7	25.0	30.7	35.4	35.3	33.9	29.4	23.5	19.4	5.2	35.4
年最低气温(℃)	-22.5	-18.5	-14.9	-9.4	0.5	5.5	12.0	5.7	-0.9	-6.6	-17.9	-23.9	-23.9
年平均气压(hpa)	922.3	917.0	916.8	915.0	913.0	906.4	908.3	912.9	916.6	918.1	922.8	920.4	915.8
平均地温（℃）	-11.2	-4.6	2.1	11.5	20.1	23.8	25.4	25.2	18.4	9.1	-2.7	-10.3	8.9
相对湿度（%）	52	45	45	52	47	50	70	67	64	53	64	51	55
年降水量（mm）	0.0	1.3	14.8	21.1	22.3	38.5	95.4	24.6	23.6	24.4	18.6	0.0	294.6
日照时数(小时)	223.1	193.6	263.2	254.6	275.4	291.6	246.4	231.9	197.9	239.2	213.0	194.2	235.3
最大积雪（cm）	2	2	8	1						2	9		9
最大冻土（cm）	113	118	119	117						7	46	89	119
无霜期（天数）	166												

工　业

工业管理

【概况】 工业促进局负责对县域工业经济发展提供指导服务。拟定全县中小企业、工业企业、民营企业发展战略和中长期规划并组织实施。组织产业结构和产品结构调整等。

年内，坚持一手抓开展深入学习实践科学发展观和干部作风建设年活动，一手抓工业企业改革、发展、稳定，进一步转变工作作风，强化协调服务，较好地完成了全年的各项目标任务。全县民营经济累计完成工业增加值169891万元，营业收入568160万元，上缴税金36280万元，分别比上年同期增长17.63%、15.4%和下降26.65%。下设城镇集体工业联社、墙体材料革新办公室、民营企业综合服务中心3个事业单位。局内设办公室、经济运行调试办公室、体制改革办公室、经济执法办公室、财务审计股、劳动工资股。行政、事业在岗人员30人。

领导成员名单

局　　长：田成贵

副 局 长：郭晓林

地　　址：鼓楼南街16号

邮　　编：075500

电　　话：6312235

【设备设施排查】 3月，会同供电分公司、国土局组成联合检查组，对全县电力设施进行隐患排查。从8月份开始，会同公安、消防、安监、环保、银监等执法部门对全县供电线路、变电站、水库、自来水水源地、加油站、煤气站、医院、学校以及金融部门的安全进行拉网式排查，对查出的安全隐患及时处理。

【五家集体企业房地产价格评估】 4月，造纸厂、服装厂、铸造厂、塑料厂、五金厂5家集体工业企业的房屋经张家口恒天房地产价格评估有限公司评估。评估建筑面积3960.26平方米，评估总额5305718元。

【彭家沟银矿破产清算】 4月26日，召开银矿全体职工大会，通告了企业破产。按照清定破产程序，资产已全部从承包方接收过来，并在县国资局的监督下，办理了资产移交手续，土地评估工作已经完成，正在进行清算前期工作。

【信用担保公司成立】 6月，成立了赤城县亨升信用担保公司，全年为11家企业办理信用担保2000万元。

【工业园区规划编制】 10月，编制了《赤城县产业聚集区规划》、《赤城县工业园区规划》。

【破产企业清欠】 年内，对人造板厂、碳素总厂清理旧欠工资363万元，补缴养老金821.1万元，失业金178.5万元，生育金16.2万元，支付经济补偿金214万元，有306人办理了终止劳动关条手续，并为其发放了失业保障金，进行了身份置换，并移交失业管理部门托管。

【工业企业改制】 年内，石墨矿、煤矿、人造板厂、碳素总厂等4家企业变现资产加政府拨付改制费用共计3123.7万元，支付解除职工劳动关系补偿金、旧欠工资、养老保险、失业金、医疗保险、集资、遗属补助金等款项总计3134.6万元，未支付款项183万元。

【健龙福利化工厂土地转让评估】 年内，邀请土地评估交易所对健龙福利化工厂其中的90亩土地进行了评估，评估价为1249万元，转让给宣化化工厂的18.76亩土地的手续正在协调解决。同时配合劳动部门核销了破产前的150万元养老金。

【重点项目建设】 年内，国华·河北赤城第一风电场项目道路工程已全部完成，83台金风750千瓦风机基础全部完成，塔架及升压站设备全部采购完毕，机电线路基础已开工，升压站设备基础及主控搂基础已浇注，已吊装15台风机。风电场输电线路接入系统已得到解决。该项目累计完成投资52400万元。国华·赤城独石口西49.5MW风电项目和国华·赤城炮梁大南山49.5MW风电项目的请示已经省发改委核准，已开工建设。

【信访工作】 年内，接待上访职工23批900多人次。重点解决了金矿、银矿、化肥厂等企业亦工亦农职工提出的具体问题。通过查阅原始档案，妥善处理了原化肥厂75名亦工亦农职工因劳保问题引起的上访案件。配合县信访部门接待并处理了原后沟金矿临时工上访案件。为碳素总厂亦工亦农职工补缴了270多万元养老保险金，为人造板厂等4家已改制的国有企业的117名退休工人办理了医疗保险手续，还清理了部分已改制企业已故人员、重大疾病人员的医药费，确保了全县的社会稳定。

【工业项目审批】 年内，将用电审批、墙体节能基金验收两个项目归属全县行政审批中心统一管理，全年受理企业申请53件。为70多家符合条件的企业用电户办理了审批手续，对9个用电大户，亲自到市跑办手续，加快了矿山企业恢复生产速度。

【帮扶工作】 年内，共拨付扶贫资金10.5万元，其中：支持独石口镇5万元用于小城镇建设，支持东万口乡卧龙海村5万元用于新民居建设，支持镇宁堡乡葵花村0.5万元用于村委会建设。

【民营经济发展状况】 年内，全县民营企业和个体经济达到5465个，从业人员达到19042人，分别比上年同期增长1.1%和5.7%。全县规模以上工业企业达到36家，比上年同期增长63.6%。

（滕守煜）

矿业管理

【概况】 矿业管理局是由发展改革局管理的机构，是县政府负责矿产品开发、利用和监督管理的工作部门。主要职责是，贯彻落实国家、省、市有关方针政策；研究制定行业发展规划；负责矿山企业生产许可证的审核、办理，规范矿山生产行为；负责矿山企业安全生产的监督检查，协同县安全生产监督管理部门抓好矿山安全监察；检查指导乡镇矿业管理工作，规范企业管理行为；负责矿山企业使用危险化学品的审批，依法对经营和使用企业实施监督；负责矿产品经营管理工作，规范市场秩序，打击矿产品经营交易中的不法行为；负责对辖区内的矿产品经营单位、个人和中介机构的经营资格认证情况进行普查，规范辖区内的矿产品交易活动；负责调解矿产品交易过程中的矛盾和纠纷，维护市场秩序；按照授权或委托征缴矿产品税费；打击非法经营、运输矿产品及偷逃税费行为，维护矿产品交易场所的正常秩序等。

年内，按照打造矿产资源开发规范县的要求，围绕“坚持科学开发，整合矿产资源，实现县内增值”的发展思路，充分发挥职能作用，以代征税费为中心把管理寓于服务之中。利用经济杠杆调控作用，逐步杜绝原矿出境，鼓励引导发展大型选厂、球团和钢铁企业走精深加工的路子，全力促进矿业经济健康发展。在受世界金融危机的严重影响和税费标准下调的情况下，交易量与上年基本持平。积极优化矿业发展环境，在服务矿业经济、整顿矿业秩序、基层矿产品交易所有形市场建设和干部职工队伍建设都取得了一定的成绩。进一步加大《河北省冶金矿产品生产经营管理条例》执行力度。协调有关部门将全县矿山采选企业生产许可证核发、危爆物品核定、新建矿山企业及矿山企业恢复生产、矿山企业用电审核纳入管理范围。全年累计交易铁精粉373.70万吨，球团3.47万吨，磁铁矿18.06万吨，豆矿6.20万吨，米矿9.31万吨，粉矿6.79万吨，税费收入实现31644.95万元，同比增长-35.5%，矿业收入占全县财政收入的69.57%，矿业经济仍为全县经济的支柱产业。机关内设办公室、业务股、督查室、财务股、矿管股。下设矿产品交易中心和矿山治安大队2个事业单位。矿产品交易中心内设13个交易所，矿山治安大队（与县公安局矿山治安大队合署），3个治安中队。在岗人员632人。

领导成员名单

局　长：苏　有

副局长：马献玉

王新宝（3月免）

张玉成

李岩钟

地址：振兴南路12号

邮编：075500

电话：6312541

【搭建矿产品销售平台】　5月，针对国际金融危机带来矿产品降价、滞销的现状，成立了赤城县友善矿产品经销有限公司，是为进一步整合矿业资源、开拓销售渠道而成立的非营利性机构。公司成立后，经过和宣钢、北京等方面的多次洽谈与多家钢铁企业达成供销合作意向，并于5月份与宣钢初步达成销售20万吨精粉的销售合同，带动部分停产企业重新运转并实现利税1400多万元。同时组织考察团赴北京、承德、唐山等大型钢铁企业走访，并针对铁矿产品市场进行专题调研，一起分析市场行情，争取供需双方同舟共济，共度难关，在提高铁矿企业自身抵御市场风险能力上起到了关键的推动作用。

【学习实践活动】 5月21日，按照市委学习实践科学发展观领导办公室就深入学习实践科学发展观活动要求，与崇礼县工业促进局召开学习实践活动交流会，双方就如何应对国际金融危机影响下矿业经济出现低迷现状进行深入交流探讨。在学习实践活动中，紧紧围绕“一年抓整顿，二年强管理，三年增素质”的工作思路，结合学习实践科学发展观和作风建设年活动，把本年度确定为全局“学习年”。全局统一学习教材，结合实际开展了科学发展观及业务所涉及的十多项法律法规学习，使学习实现了制度化、经常化、规范化，于6月和12月在全局范围内举行了两次理论考试，及格率均达到了97%以上。学习期间共向矿山企业发出征求意见函45份，收到了宝贵的意见和建议。

【理顺行政审批程序】 7月14日，将全县矿山采选企业生产许可证核发、危爆物品核定、新建矿山企业及矿山企业恢复生产、矿山企业用电审核统一进入县便民服务中心进行“一站式”审批，方便了矿山企业，提高了审批速度和质量。

【文艺宣传活动】 8月14日，矿管主办的彩色周末专场文艺晚会，在县文化广场演出并荣获二等奖。在排练期间与旅游局共同组织了温泉专场文艺演出活动，向来自全国各地的朋友宣传赤城，充分展示赤城建设的新成果和矿管单位的演出水平。同时，先后赴沽源县、东卯镇、龙门所镇、茨营子乡东瓦窑村扶贫点进行专场演出，受到了当地群众的热烈欢迎。特别是赴沽源的演出，不但递增了两县人民的友谊，还有利地推介了赤城，为宣传赤城起到了重要作用。

【国庆安保】 9月10日，制定了《国庆安全保卫工作实施方案》，并启动了东卯、古子坊、骆驼山、头炮、闫家坪5个国庆安保检查站。9月17日，又相继启动了三贤庙、黄草梁、白草、独石口、镇宁堡、三义村、雕鹗、马营8个国庆安保检查站。同时市、县公安局、交警大队58名工作人员进驻13个国庆安保检查站，由矿产品交易所统一管理执行国庆安保工作任务。与县公安部门和防范办密切配合，严密监控法轮功人员。通过建立计算机信息管理系统，形成纵横交织的信息互联网络和统一协调的联动机制，确保防控信息畅通。建立完善排查机制，全面排查各类重点人员、车辆和危险物品以及其他不稳定因素，并实行“日报告”和“零报告”制度，每天进行情况反馈，由县国庆安保指挥部统计备案，确保及时掌握信息动态，妥善处置。国庆安保期间，共检查车辆4.4万辆，其中劝退327辆；检查人员19.9万人，其中劝返913人；缴获管制刀具16把。实现了本县敏感人群“零出境”的目标。

【推行“一站式”矿产品交易】 年内，在矿产品交易上，简化办事程序，全面推行“一站式”交易、“一条龙”服务，降低门槛，给矿业经济的发展创造良好的服务环境。税费征收采取“综合取费，一票结算，统一征收，征管分离，分项入库”的原则进行管理，税费标准紧跟市场行情及时调节，坚决禁止超标准、超范围收费，彻底杜绝“三乱”现象，依法保护矿山企业的合法权益不受侵占，为其发展营造一个良好的外部环境。

【整顿矿产品交易秩序】 年内，由矿山治安大队组织进行定期或不定期矿区巡逻，查处、打击非法经营、运输矿产品及偷逃税费行为，维护矿产品交易场所的正常秩序。通过严厉打击矿区的涉黑、涉枪、涉爆等各类恶性案件，有效地规范了全县的矿产品交易秩序，提高了企业竞争能力。全年共出警726次，处理偷逃税费案件16起，罚款6.44万元。同时配合矿山秩序集中整治活动，炸封非法矿口1处。

【基层所、队管理】 年内，按照“制度管人、待遇留人、激励机制用人”的原则，继续实行“能者上、平者让、庸者下”的用人机制，实行交易所长轮岗制，干部职工月考评制。考评项目包括德、能、勤、绩、廉五项内容，考评结果与当月工资奖金挂钩，作为年终奖金、评优、评先进的依据。局领导班子成员按照分片与督查室工作人员对局内和基层所工作进行24小时督查。参照第四次修订的《矿业管理局工作制度》及学习、会议、车辆管理等多项制度，对干部职工违规、违纪行为进行处理。全年累计内部处罚违规违纪行为45起，涉及51人，罚款4480元；督查通报14起，涉及20人，罚款1.2万元；全局通报16人次，罚款9800元，有效地规范了矿管队伍。

【基层交易所建设】 年内，投资60万元对东卯、独石口交易所进行改扩建，并增设了部分办公设施。在三贤庙、雕鹗两个较大的市场投资30万元实施LED信息大屏幕建设，并利用手机信息平台和信息快递等方式定期将全国的矿产品走势行情第一时间送抵矿产企业，实现市场与企业信息对接。投资20万元在三贤庙、雕鹗交易所建设机打票工程。

【坚持实行军事化管理】 年内，围绕“内强管理，外树形象，征收税费，服务企业”的宗旨，使军事化管理实现了制度化、长效化，把军事化管理高效、统一、快捷、严谨的作风融入到工作生活当中，每天进行军训，统一着装，配带胸卡，文明上岗，热情服务，为矿山企业提供简便、快捷、公平的交易环境，主动接受矿山企业和公众的监督，树立起矿管队伍的良好形象。

【矿管人员文明上岗实现“十个一”】 即站好每一班岗，说好每一句话，验好每一车矿，报好每一个号，开好每一张票，做好每一次报表，护好每一天秩序，树好每一日形象，叠好每一床军被，搞好每一处卫生。

【文化阵地建设】 年内，创办《矿管月报》在全局发行，该报对开四版，分别设“实事赤城”、“矿管动态”、“文艺副刊”、“基层纵横”等栏目，新开设了“所长论坛”、“魅力霞城”等子栏目，同时增设了市场行情、走势分析等内容。全年发行《矿管月报》8期，开创了县直单位办刊物的先河。该报以信息量大，内容积极向上受到干部职工的欢迎。在全系统树立起弘扬正义、激励文明、摒弃陋习的昂扬向上新风气。

（司占凤 明小光）

工业企业

【概况】 年内，全县实现工业总产值344482万元，同比下降5%；实现增加值156138万元，同比增长15.7%。其中：入统工业（规模以上工业）企业36家，比2008年增加3家，实现产值204075万元，下降9.2%；实现增加值85052万元，下降9.1%；入统工业实现利税总额16779万元，同比下降50.7%。规模以下工业94家，个体工业516家，非入统工业实现产值140407万元，同比增长1.7%；实现增加值53509万元，增长29.2%。规模以上工业占工业总产值比重58.5%，规模以下工业占总产值比重41.5%。全年铁矿采掘业完成税费收入3.16亿元，占全部财政收入68.4%。

附：

收入500万元以上工业企业统计表

单位：万元

单位名称	流动资产	固定资产	业务收入	利税总额
合计	137916.9	64796.5	177285.3	2447.6
水泥厂	1213.1	804.9	2300.0	227.0
自来水公司	257.8	120.6	959.5	-99.0
盛丰福利矿业有限公司	2075.0	79.8	3087.0	-108.7
兴武矿业有限公司	991.8	492.7	1555.0	-281.4
金磊矿业有限公司	1187.2	2457.3	4542.2	818.8
荣鑫矿业有限公司	540.7	301.5	2972.2	-43.0
盛达矿业有限公司	1604.1	754.0	4422.7	-62.6
源鑫矿业有限公司	3308.0	3853.1	3074.9	-23.7
万泉寺银金矿有限责任公司	1211.0	2077.4	2341.3	95.5
鑫宇磁铁矿有限公司	12709.2	10760.4	29169.9	705.2
茂源矿业有限责任公司	2164.0	864.4	3918.6	-607.4
腾龙工贸有限责任公司	1141.5	539.8	3017.9	-42.4
晟视磁铁矿有限责任公司	9542.0	1990.0	5870.8	-112.0
龙宇矿业有限责任公司	137916.9	1443.2	6132.0	-410.8
广源矿业有限责任公司	1638.4	1748.8	1263.8	-137.4
双吉矿业有限责任公司	567.1	447.1	892.8	-397.8
非凡矿业有限责任公司	5601.2	7280.5	11243.3	402.2

单位名称	流动资产	固定资产	业务收入	利税总额
鑫汇泰矿产品发展有限责任公司	497.1	692.8	2158.8	-43.7
弘基矿业有限责任公司	9578.3	5157.2	9012.6	1836.2
银达矿业有限责任公司	8976.2	2632.1	14613.1	117.3
明玉矿业有限公司	2616.0	611.0	1951.9	-136.3
同顺矿业有限责任公司	1528.5	3348.4	1370.9	-502.4
金顺升球团有限公司	707.4	84.7	2430.6	-45.1
龙兴矿业有限公司	14611.1	1173.2	3246.4	-930.8
隆盛磁铁矿有限责任公司	1569.7	1428.0	5121.0	-526
成威矿业有限公司	832.9	455.6	1140.6	-74
赤鑫矿业有限责任公司	3441.3	1273.0	1408.8	-410.4
辉逃兵球团有限责任公司	5690.1	2190.7	4325.7	841.2
凯和矿业有限责任公司	2064.2	515.1	750.0	99.4
新建矿业有限公司	444.1	84.3	549.2	-148.4
盛宇矿业有限责任公司	2272.8	1316.5	1425.0	190.1
益盛矿业有限公司	957.6	1191.8	1414.6	-961.3
龙烟	19631.4	5478.6	22914.2	3752.5
和兴矿业有限公司	891.1	281.7	945.7	-406.5
万通工贸有限责任公司	6678.0	126.9	7591.8	-161.6
宏远矿业有限公司	893.7	735.6	1150.5	2.1

附：

全县工业主要产品产量

产品名称	计量单位	产量	产品名称	计量单位	产量
铁矿石合计	吨	20407088	黄　金	千克	269.37
其中：磁铁矿	吨	18707088	白　银	千克	11804
铁精粉	吨	3788564	铅精矿含铅量	吨	503
球　团	吨	97300	锌精矿含锌量	吨	8642
水　泥	吨	70620	罐头食品	吨	81
砖	万块	6000	发 电 量	万度	350
白酒（折65度）	千升	21	中 成 药	吨	12

商贸服务

商贸管理

【概况】 商贸管理办公室是县政府负责全县商贸企业管理部门。主要工作职责，负责推行商贸企业改革、全县生猪定点屠宰、酒类商品监督管理和调味品管理。

年内，对糖酒公司申请了企业破产，解决了原外贸公司职工养老保险和退体人员的医疗保险，解决了原亚北公司职工的工资补偿。加强生猪定点屠宰场整顿，酒类市场管理等。商贸管理办公室、商贸总公司、酒类监督管理局合署办公。所属商业企业：商贸大厦、糖酒蔬菜公司、饮食服务公司。机关内设：办公室、财务审计科、法制办公室、综合执法队。机关在岗人员20人。

领导成员名单

主任、经理：赵志国

副 经 理：张永红（聘任）

副 经 理：王朝霞（女 9月任）

地 址：南河沿石油公司办公楼

邮 编：075500

电 话：6312631

【屠宰加工厂升级】 5月，对县生猪定点屠宰加工厂集中整顿，建立了畜产品质量监测体系和全程安全监管机制以及畜产品安全责任制。使畜禽屠宰加工厂由四级升为三级。

【解决企业职工老有所养问题】 6月，解决了原外贸公司28名职工与企业解除劳动关系问题，同时解决了亚北公司50多退休职工解除劳动关系问题，使78名职工老有所养。

【成立商务综合执法队】 7月，根据全县商贸发展具体实际，依法对商贸企业、摊点进行管理、检查，经多方努力，将商贸办公室成功申报为全国、省商务综合行政执法试点单位，并成立了商务综合行政执法大队。大队暂定编为10人，常年负责对肉类、食品、酒类等商品进行依法管理。

【糖酒蔬菜公司依法破产】 年内，糖酒蔬菜公司由于资不抵债，无法继续生存，由商贸办公室牵头依法申请破产，核销糖酒公司和原外贸公司养老保险金200万元，解决了亚北公司、外贸公司、糖酒公司94名退休人员的医疗保险问题。

【酒类市场管理】 年内，抽调执法人员400多人次，对全县酒类市场进行管理，查扣假冒水井坊酒15瓶、五粮液18瓶、不合格白酒200瓶、过期啤酒200瓶，补办酒类零售许可证240个。

（樊永龙）

供销合作社联合社

【概况】 县供销合作社联合社是全县供销合作社的领导机构。主要职责，领导所属公司、基层供销社完成国家赋予的专项任务；指导企业改革，建立新的流通服务网络；发展各类农民合作经济组织，为农业和农村经济提供服务。

年内，重点抓了机构改革，企业管理，处理遗留问题，推进农业专业合作社工作，并取得了明显成绩。张家口市供销合作总社授予供销合作社“优秀县区供销社”称号；张家口市供销合作总社、张家口市人力资源和社会保障局、张家口市财贸金融工会授予供销合作社“2007—2009年度全市供销合作社系统先进集体”称号；张家口市供销合作总社、张家口市人力资源和社会保障局、张家口市财贸金融工会授予理事会主任曹奋翔、理事会副主任沙永“2007—2009年度全市供销合作社系统劳动模范”称号。

领导成员名单

主　　任：张永明（3月免）
　　　　　曹奋翔（3月任）
副 主 任：沙　永
主任助理：李文广（11月聘任）
　　　　　何元宏（11月聘任）
地　　址：鼓楼南路15号
邮　　编：075500
电　　话：6312646

【争取食盐储备贴息贷款】 8月，争取到位200万元政府贴息的食盐储备专项贷款，同时完成了食盐储备管理任务，保障了全县人民用盐。

【解决了医疗保险统筹】 9月，经与医保中心协商，供销合作社系统在职159人、退休346人，从10月1日起，全员进入城镇职工医疗保险统筹，解决了多年来存在的医疗保障问题。

【国庆安保】 9月，在国庆安保期间停止了烟花爆竹批发另售全部业务；对炮库、万合隆商场、供销商厦实施24小时巡逻；先后抽调6名同志深入到龙门所镇的后楼、牧马堡、朱家庙三个行政村，协助村委会化解社会矛盾，完成了县委、县政府交给的国庆安保任务。

【机构改革】 11月，撤销了万合隆商场和供销商厦两个法人企业建制，撤销了县社机关资产管理办公室。成立了县社资产运营管理中心，并由资产运营管理中心直接管理万合隆商场和供销商厦。

【解决了遗属生活费】 12月，经过多方面协调，一般遗属生活费通过民政部门低保途径得到了解决；特殊遗属（因工死亡、离休干部、建国前老工人）生活费，从县工会困难补助资金中解决。

【专业合作社工作】 年内，后城

富民农产品专业合作社投资16万元，建起100立方保鲜库一座、地磅一部。为农户推销出玉米5500吨、中药材400吨、山杏核350吨、酸枣100吨、山楂100吨，营业额达到1000多万元。

【安全生产】 年内，供销商厦请县消防中队同志，给全体员工讲解消防知识，并实地进行了消防操作演练。新安装安全出口灯箱2个、消防安全警示牌144个、为56个灭火器更换了新药。土产（烟花爆竹）公司投资5万元，购置了封闭式烟花爆竹专用运输车一部。

【扶贫工作】 年内，为包扶村龙门所镇后楼村提供水泥10吨，为该村筑拦洪坝80米、维修桥梁1座。为东卯镇虎叫村提供现金2000元，为该村修缮了村委会办公室。

（白惠勇）

粮 食

【概况】 粮食局是县政府负责全县粮食流通管理工作的事业机构。主要职责：贯彻落实国家和省、市有关粮食流通工作的方针、政策；建立和完善县级粮食储备制度，监督指导粮食企业管好各级储备粮油；负责全县粮食收购市场准入审批，搞好全县粮食流通行业管理和粮食执法工作；做好军粮供应；组织粮食企业搞好粮食收购，建立粮食预警机制，应对突发事件，确保粮食市场供应和粮价基本稳定，维护全县粮食市场流通秩序。

年内，积极抓好粮食收储，完善粮食执法体系建设，不断提高依法行政能力和依法管理水平，进一步做好企业改制善后工作，切实解决企业内退人员生活费“两险金”的发放和上缴。并跑办万吨粮食储备库项目。全年完成粮食购销4324吨，军粮供应300吨，为北京中储粮公司张家口直属库代收代储粮食9171吨。局内设办公室、财务股、人事股、会计股、业务股（监督检查股）、总支办、项目办。在岗干部职工36人。

领导成员名单

局　　长：汤占宽

副 局 长：秦贵仁

吴玉彬（2月任）

狄海彦（2月任）

地　　址：振兴南路11号

邮　　编：075500

电　　话：6312545

【粮食清仓查库】 3月，有序开展了县级自查，市级普查，较好地完成了清仓查库各项工作任务。按照清仓查库检查流程，对全县所有库存储备粮、商品粮数量、品种、质量，帐实相符情况进行全面彻底的自查，做到了库存数字真实可靠，截止3月25日，全县国有粮食企业库存粮食9665吨，为上级粮食宏观调控，稳定粮食市场，保证粮食安全提供了依据。

【调整工作机构】 3月，根据当

前粮食工作的发展需要，对局机关工作机构进行全面调整。撤销体改股、督审股、人事教育股，新成立项目办、财务股、人事股，县局设三办四股，进一步明确各股室工作职责范围，提高工作效率和服务质量。

【社会粮食供需平衡调查】 年内，对涉及粮食生产者，粮食经营者，转化用粮企业和消费者各个环节的单位和个人进行粮食供需平衡调查。单位成立了专门领导小组，及时召开会议并采取以会代训形式培训调查人员，采取随机抽样确立调查样本，通过上门走访，开座谈会，查阅有关帐册和统计报表相结合，确保样本数据的真实可靠。

【招商引资】 年内，把招商引资作为全局工作的重中之重，积极利用各种关系资源搞好招商引资，抓住国家调结构、扩内需、保增长和张唐铁路经过本县的有利时机，积极谋划争取引进资金3000万元，建设占地30亩，容量3万吨的粮食储备库。

【解决改制遗留问题】 年内，为解决2004-2005年粮食企业改制资金缺口较大，后续开支难以为继问题。将粮食局红城大酒店抵押给县霞城投资有限公司，折价借款300万元，解决67名企业内退职工生活费“两险金”问题，实现了“保民生、保稳定”的总体目标。

【扶贫救灾献爱心】 年内，为茨营子乡河口村建设文明生态村捐建文化广场用砖资金1万元。积极参加为遭受旱灾群众“送温暖、献爱心”和“博爱一日捐”活动，机关36名工作人员捐款3260元。

（刘文英）

烟草专卖

【概况】 赤城县烟草专卖局（简称烟草局）与赤城县卷烟营销部一套人马，两块牌子。独立行使烟草市场管理和卷烟市场供应的烟草专卖管理职能。县烟草局既是本县烟草专卖的行政部门，又是烟草专卖执法机关，受上级烟草局和县政府双重领导，以上级烟草局管理为主。

年内，按照上级烟草部门的安排，加大了烟草市场的检查力度，完成了机构内部以定编、定岗、定薪、定责为主要内容的“四定”工作任务，实行了卷烟的配送外包。全年销售卷烟7648.09箱，同比提高8.8%，在全区排第五名，实现毛利1666万元，平均单箱毛利2178元，同比提高14.21%。。机关内设办公室、专卖股、营销科、政工科。在岗干部、职工26人。

领导成员名单

局长（经理）：张和平

副　局　长：宋　耘

副　经　理：孙秀峰

地　址：松林街15号

邮　编：075500

电　话：6312832

【卷烟配送外包】 9月，与赤城县邮政局签订了卷烟配送外包协议，卷烟营销部提供配送场地和车辆，所有销售的卷烟均由邮政物流代为配送。年底前完成卷烟配送1792箱，8963件。

【完成四定工作】 12月，按照省、市烟草局安排部署，完成了“四定”（定编、定岗、定薪、定责）工作，局内撤销配送部、客服部，增设营销科、政工科。所有职工重新竞岗，中层干部由4名变为3名，并增设3名中层副职。绩效考核工作由单纯业务销售考核变为全面工作考核，并实现网上考核。通过实行“四定”，使职工的精神面貌大为改观。

【烟草市场检查】 年内，组织人员检查烟草市场180次，涉及990人次，共查处案件23起，其中售假案7起，非法经营案16起，立案16起，案值合计22.27065万元，处罚金额合计5168元。

【换发许可证】 年内，完成辖区内1300户卷烟销售户的换证工作，换证时，新增零售户432户。同时对辖区零售户下发“禁止中小学生吸烟、不向未成年人售烟”警示牌1300块。

（崔　健）

石油经营

【概况】 石油公司受上级主管部门和县政府双重管理，行使石油市场供应的职能。

年内，以提高经营管理水平为中心，以强化管理为主线，以优质服务为方向，在经营销售，数质量安全管理、财务管理等方面取得了成绩。汽油销售（93#、97#）3998吨，柴油销售4979吨，完成全年计划5710吨的157%。润滑油销售5.03吨，完成年计划的45%。中国石化开展“非油互动送大礼”活动，办理加油卡805张，加油卡充值3082万元，加油卡充值额较上年同期增长1.7倍。共有劳务派遣员工30人。

领导成员名单

经　理：薛鸿卫

地　址：宪民南河沿西街83号

邮　编：075500

电　话：6318426

【市场网络建设】 5月，对位于龙关镇徐家窑村的赤城六站进行了形象改造并进行试营业。对位于宏达村的赤城一站进行改造。对位于兴仁堡村的赤城二站进行形象改造的前期工作。

【汽油销售稳步增长】 年内，因受汽油整合和汽油升级调整以及其他因素影响，取消90#汽油销售，93#、97#销售增长较快，提高了高标号汽油的市场占有率。

【优质服务培训】 年内，为加强优质服务管理，提高优质服务水平，由站长组织员工有计划地进行学习。以片区对员工学习情况进行了抽查考试，在加油站营造了浓厚的学习氛围。片区经理、站长、记账员、计量员负责本站人员的培训，从管理知识、操作技能、管理方式等方面进行规范化管理和培训，全年培训员工30人。

【加油器械管理】 年内，对计量器具实行站长、计量员全面负责的责任制，对检测不合格的加油机及时请技术监督局进行调试。每月对罐车铅封、加油机铅封、储油口上锁，对储油罐水高、油品损溢及储油罐油品温度等进行定期检查，对加油站油品损溢执行标准体积进行考核，提升了油品数质量管理水平。

【安全数质量环保管理】 年内，与所属加油站站长签订了安全、数质量环保管理责任书，确定加油站站长为安全数质量环保管理第一责任人，同时实行层层负责制，从上到下，责任到人。实行安全员（加油员）日检查、站长周检查、片区月检查制度。同时对消防器材进行及时维修和换药，定期加强了消防演练。

（李秀萍）

政府招待所

【概况】 隶属于县政府办公室。辖贵宾楼、政府温泉宾馆，是集餐饮、住宿、娱乐、业务洽谈、会议接待、避暑疗养为一体的高标准服务接待单位。

年内，积极参与了社会各界的服务接待，完善了本系统各项规章制度和管理体制，积极开拓市场，在全体员工的不懈努力下，取得了可喜的经济效益和社会效益。全年共接待旅客3.6万人，其中厅、部级领导56人次，圆满完成了县委、县政府领导交办的各项接待任务。从8月份开始，政府温泉宾馆进行升级改造，预计2010年5月完成改造任务。宾馆内设办公室、餐饮部、后勤部、信息营销部，在岗干部、职工96人。

领导成员名单

所　　长：白树海（2月免）
　　　　　连　续（2月任）
总 经 理：杨春慧（女）
副总经理：牛月仙（女）
　　　　　张再红（女）
　　　　　朱国华
地　址：温泉度假村
邮　编：075500
电　话：政府温泉宾馆：6481037
　　　　贵宾楼：6481161

【开展岗位练兵活动】 5月，利用双休日对员工进行了岗位大练兵活动。楼层、餐厅服务员，厨房炒菜、面案师傅按项目分类参加岗位练兵，通过岗位练兵活动的开展，使员工正视了自身缺点和不足。进而激发了干事创业的热情和干劲。

【县政府温泉宾馆改造】 8月，投资1000万元，决定对政府温泉宾馆进行升级改造。改造的目的主要是上档次、上水平，提高接待标准和床位价格。预计2010年5月底完成改造任务。

【外出学习培训】 8月，先后选送餐厅经理滕东东、赵月2人参加了在山西太原举办的国家级餐饮部经理培训班。参加培训的同志开阔了眼界，学到了管理经验，使餐饮部工作得到了较大提高，受到了被接待单位及各界人士领导的好评。

【领导人接待】 年内，按照县委办公室、县政府办公室的安排，两处宾馆成功地接待了厅、部级以上领导和各界友好人士。由于服务热情周到，受到了来宾的好评。2月24日，接待省旅游局王新勇局长、市政府何市长等领导。25日，接待来赤考察项目的美籍华人刘文裕博士。28日，接待香港大中华黄总经理。3月11日，接待中国移动公司副总裁。13日，接待省政府尹亚利秘书长。15日，接待吉利集团总经理。27日，接待中组部领导。4月3日，接待乔焕成博士等一行人。6月30日，接待胡春华省长、尹亚利秘书长来赤调研。7月18日，接待中央第三巡回检查组组长全国人大常委徐荣凯。23日，接待全国政协外事委员会副主任外交学院院长赵进军、韩方明。30日，接待全国人大常委会副委员长司马义·铁力瓦尔地。8月5日，接待省政府副省长孙士彬、省政府副秘书长李同亮一行。8月28日，接待中共中央委员、国务院发展研究中心主任张玉台，中组部干部一局副巡视员张学伟等一行人来我县调研。10月17日，接待省十届人大常委会副主任、党组书记赵世居，中国扶贫协会副会长、北京“六合兴”公司董事长“兴大”高中助学工程理事长薄熙成首长一行来赤助学。

【帮扶工作】 年内，政府招待所对马营乡侯村沟村进行了帮扶，先后为乡村支援了办公桌、椅、床等办公用品，价值人民币6万余元，为马营乡政府改善办公条件，支援电视10台，帮扶资金1万元，用于帮扶村的后续建设。

（李贵明）

温泉各宾馆简介

【概况】 温泉度假村自1990年县政府与北京中建一局建设第一幢温泉宾馆后，拉开了温泉开发的序幕。相继有9家单位和个人建起集住宿、餐饮、会议、娱乐为一体的宾馆14幢，总建筑面积达54.4万平方米，拥有床位1142张，同时可容纳1430人同时就餐，成为功能齐全的旅游接待乐园。

【天池休闲会馆】 属私人产业。2007年9月正式营业，累计投资3800万元。总建筑面积4900平方米，主楼四层，拥有床位90张，可同时容纳118位客人就餐。馆内设卡拉OK舞厅，使用面积380平方米，可容纳70位客人休闲娱乐，并设有洗浴、桑拿。

【怡园宾馆】 隶属县民政局。累计投资500万元，总建筑面积3600平方米。主楼四层，西楼三层（属私人产业），拥有床位102张，可容纳110位客人就餐。内设卡拉OK舞厅，使用面积160平方米，可容纳30位客人休闲娱乐，并设有洗浴、桑拿。拥有大小会议室各1个，大会议室可容纳60人，小会议室容纳25人。

【瑞云宾馆】 隶属河北省发展和改革委员会。1996年5月正式营业，累计投资1100万元。总建筑面积4174平方米，主楼三层，拥有床位118张，可同时容纳146位客人就餐。拥有大小会议室各1个，大会议室可容纳300人，小会议室容纳40人。并附建中式别墅2栋。

【紫电宾馆】 隶属张家口市供电公司，2002年4月正式营业。总建筑面积7000平方米，西楼三层，主楼四层。拥有床位120张，可同时容纳135位客人就餐。内设卡拉OK舞厅，使用面积197平方米，可容纳50位客人休闲娱乐。拥有大中小型会议室各1个，大型会议室容纳150人，中型会议室容纳40人，小型会议室容纳15人。内设有游泳馆，使用面积530平方米，蓄水量500吨，深水区2米，浅水区1.5米。

【路泉大酒店】 隶属张家口市交通局， 2006年投入使用。建筑面积4200平方米，主楼六层，拥有床位88张，可同时容纳110位客人就餐。内设卡拉OK舞厅，使用面积150平米，可容纳60位客人休闲娱乐。有会议室1个，可容纳70人。内部设有游泳馆，使用面积400平方米，畜水量400吨，深水区2米，浅水区1.5米。

【温泉疗养服务中心】 隶属张家口市财政局，1996年6月正式营业。总建筑面积1万平方米。南楼五层，主楼三层，拥有床位164张，可同时容纳165位客人就餐。地下卡拉OK舞厅使用面积240平方米。拥有大小会议室各1个，大会议室容纳150人，小会议室容纳50人。内设游泳馆，使用面积1800平方米，蓄水量100吨，深水区1.9米。

【谷泉宾馆】 属私人产业。总建筑面积3500平方米，主楼四层，拥有床位84张，同时可容纳140位客人就餐，并设有卡拉OK厅。

【政府温泉宾馆】 隶属县政府。总建筑面积5000平方米，前楼三层，主楼四层。拥有床位186张，同时可容纳110位客人就餐。

【白楼宾馆】 隶属县政府，2008年5月正式营业。总建筑面积4000平方米，主楼四层。拥有床位34张，同时可容纳140位客人就餐。地下卡拉OK舞厅使用面积300平方米。有小会议室1个，可容纳40人。设有游泳馆，使用面积1000平方米，蓄水量1000吨，深水区2米，浅水区1.3米。

【安康培训中心】 隶属全国妇联少年儿童基金会。总投资3000万元，2008年3月正式营业。总建筑面积6800

平方米，主楼四层，拥有床位98张，可同时容纳145位客人就餐。卡拉OK厅使用面积300平方米，可容纳70人休闲娱乐。拥有大小会议室各1个，大会议室可容纳150人，小会议室可容纳20人。内设洗疗中心，使用面积160平方米，蓄水量200吨。

【八达岭培训中心】 隶属县水利局。总建筑面积1200平方米，主楼三层，拥有床位58张。卡拉OK舞厅使用面积60平方米，可容纳30人休闲娱乐。有小会议室1个，可容纳50人。

（胡建民）

交通 通信 电力

交通运输

【概况】 交通局是县政府主管全县公路交通运输行业的职能部门。主要职责：负责国、省干线及国家投资的公路建设项目的立项、建设、质量管理与监督；负责道路客货运输市场管理，维护运输市场秩序；负责县级以上公路的养护和路政管理，维护路产路权；协调交通战备训练、物资器财、战备管理等方面工作。

年内，围绕年初制定的工作目标和工作任务，全面加强公路工程及基础设施建设，加快村村通公路建设步伐，强化运输市场管理与整治。公路管养工作、绿化美化工作成绩显著，路政、行业管理持续健康发展，交通运输生产任务稳步推进。全系统干部职工同心协力，扎实工作，圆满完成了各项工作任务。完成白四线改建工程19.459公里，村村通工程152.1公里，检修大、中桥4座。下设公路管理站、工程管理站、运输管理所、地方道路管理站、路政管理所、龙关养护中心、雕鹗养护中心、龙门所养护中心、云州养护中心。局内设办公室、财审股、人教股、老干部股、计划股、质量监督站。行政、事业在岗人员352人。

领导成员名单

局　　长：王志强（10月免）
　　　　　张春晓（10月任）
副 局 长：王　诚
　　　　　郝义顺
　　　　　张春晓（10月免）

地　址：振兴路7号
邮　编：075500
电　话：6312483

【公路管养】 1月，制订了《赤城县2009年公路养护目标责任及管理办法》。公路管理站与各养护中心签订了养护承包合同。围绕桥涵日常养护，路面修补，倡导标准化、规范化养护，并将市局下达的好路率、综合值指标分解到各养护中心。每月下达生产任务通知书，全年验收干线好路率100%，综合值97.7，分别超过任务指标20和17.7个百分点。

【驾培维修市场治理】 1月，对驾培市场进行了治理整顿，取缔非法报名点5处，摘除广告牌8块。依法打击和取缔无证修车、占道经营，超范围修理等非法行为11起。

【春节运输】 从1月11日起至2月19日结束，历时40天。共投入运力3019辆，日均84辆，其中跨省7辆，跨县区44辆，县内31辆，北京加车58班次。运送旅客41425人次，比去年同期增加了21%。

【路政管理】 3月，路政管理所对全县道路标志进行了为期一周的普查，普查总里程1105.208公里。普查发现，缺损公路界505块、百米桩596块、公里桩26块、安全警示标志527块，尽快补全了标志。全年共接到报案32起，处理路赔案件13起，挽回经济损失17万元，收取路产赔（补）

费45750元，两项共计17.447万元。清理路面违章堆放物料134处，共计1320平方米，清理非交通标志8块。

【公路绿化】 4月，对宝平线K124——K127进行了绿化补植，共栽植沙棘2万株，新疆杨1450株，国槐2900株；南赤线K12+000——K42+300栽植油松1.4万株；对国道112线及南赤线所栽植的沙棘、柠条进行了修剪，修剪112线沙棘12公里，修剪南赤线柠条30公里；对宝平线与南赤线交叉口的六个环岛进行了整修。

【村村通工程】 5月，村村通工程开工建设，涉及村村通工程项目共54项，建设规模152.1公里。总投资3042万元，惠及16个乡（镇），58个行政村。全年共完成46条线路，路基139.6公里，路面135.1公里，完成投资2724万元，占总投资的89.5%。

【公路、桥梁病害调查处理】 5月6日，路管理站对全县干线公路进行病害情况抽查。检查里程337.349公里，桥梁169座，隧道5座，涵洞500道。排查发现列养国省干线公路横裂、纵裂严重，5月至6月利用1个月时间及时对国省干线沥表路面进行了裂缝灌封。北栅子桥、云州大桥、头炮二号桥伸缩缝损坏，前村小桥桥板网裂，及时进行了加固维修。

【路面抢修】 5月27日22时，宝平线观门口段K125+000处发生交通事故，县交通局立即启动突发事件应急预案。出动车4辆，应急分队人员25名。经过3个小时紧张抢修，及时清除了路面碎石及杂物，于28日0时恢复正常通行。

【白四线改建工程】 6月14日，县道白四线东卯至北京界段三级公路改建工程开工，全线长19.459公里，路基宽7.5米，路面宽6.5米，其中四道甸至北京界段为2.6公里混凝土路面，总投资2629万元。于9月18日主体通车，10月15日，全部工程竣工。

【国庆安保及小修挖补工程】 9月，为确保国庆期间车辆畅通，公路管理站在112线、宝平线、南赤线三条线路上有可能因雨水冲刷而出现险情的地方增设了5处挡土墙。对野鸡山隧道、陈家后沟隧道、隔河寨隧道、龙门崖隧道损坏的铁篦子进行了更换修复，共更换铁篦子198块。在宝平线吕和堡二号桥上游增设浆砌边沟100米，导流坝10米。宝平线K113+000处增设导流坝73米，拦水带85米。112线增设浆砌护坡1处、308M^3；K596+300米处增设挡墙300米，K618+700处修建过水路面70米。南赤线增设挡墙六处。小修挖补面积为4180.61㎡。

【支援部队演习】 9月，演习部队两次经过赤城县，交通局立即组织汽车运输，路桥抢修及交通管制三个交通专业保障队伍109人，维修便道100米，出动巡查车辆14辆、铲车3辆、翻斗车5辆，设彩旗120面，旗杆60根，红旗3面，确保演习部队顺利通过。

【除雪保畅通】 11月份，全县出现暴风雪，公路多为冰雪路面，交通局迅速启动除雪应急预案。共出动除雪设备133台次，泼洒工业盐61吨、路面防滑料805立方米，投入人工650人次。确保了县城街道畅通。

【行业管理】 年内，对客运市场

进行了综合治理整顿，规范站内经营行为；严格客运经营许可证、标志牌、进站证的发放，严厉打击无证经营，“甩客、倒客、卖客、拼客”等非法经营行为，全年共查处违章违纪车辆39起。

（赵慧杰）

邮政局

【概况】 赤城县邮政局为双重管理部门。

年内，坚持企业经济效益和社会效益的紧密结合，突出重点抓经营，求真务实谋发展，不仅很好地履行了普遍服务义务，而且企业形象全面提升，邮政服务水平不断提高，为全县经济发展做出了应有的贡献。全年实现业务收入461.87万元，完成年计划110.76%，成本费用实现504.17万元，收支差额-46.10万元，劳动生产率4.62万元。全县设邮政服务网点18处，其中自办网点有16处，委代办网点2处；农村支局所12处，其中电子化支局6处。邮政储蓄网点2处，投递点2066个。全县邮路2条，124公里，县城投递段道5条，农村乡邮段24条，农村投递路线总长度1408公里。局内设综合办、财务室、经营服务部，下设二级部，金融业务部、速递物流部和营业、投递两个生产班组，一个大客户营销团队。在岗职工100人，其中劳务工57人。

领导成员名单

局　　长：张建民（6月免）
局长、书记：金大鹏（6月任）
书　　记：许凤荣（6月免）
副书记、工会主席：李　冰
局长助理：陈　军
地　　址：鼓楼东街4号
邮　　编：075500
电　　话：6312605

【召开职工代表大会】 1月21日，召开邮政局二届三次职工代表大会暨2009年邮政工作会。代表会上，一致通过了张建民局长做的《2008年邮政工作报告及2009年工作安排》。出台了2009年经营管理百分计奖考核办法，分解了年收入计划和单项业务指标，表彰了上年度先进单位和先进个人。与会代表认为，新一年邮政业务发展压力巨大，必须坚定信心抓好各项业务的发展，攻难克艰、团结一心、奋力拼搏，努力实现新的跨跃。

【“开门红”竞赛活动获表彰】 2月3日，市邮政局发来贺电，祝贺县邮政局开展“首季开门红”劳动竞赛活动取得了重大成效，储蓄余额列入全市第三名，提前完成三项重点任务，均创历史最好水平。望再接再厉，再上新台阶。

【第一季度竞赛成果】 4月7日，全局开展的两次竞赛活动取得了优异成绩。“首季开门红”劳动竞赛活动。“开门红”储蓄余额净增2218万元，跃居全市第二位。“三月飓风”行动，居全市排位第三位。

【到驻地揽邮递业务】 11月30日，营销服务团队抓住部队官兵转业复员的有利时机，深入到县域内各个军营上门开展邮递服务业务，共为复员军人收寄包裹260件，赢得驻军官兵的一致好评。

【报刊征订】 12月8日，召开了2010年报刊征收工作会，在各级各部门的努力下，顺利完成报纸221.53万份，报杂志4.2万份，位于全市报刊征订工作第三名。

【邮务类业务】 年内，函件业务完成24.61万元，完成计划的87.89%，占全局总收入5.33%；报刊业务完成45.27万元，完成年计划102.89%，占全局总收入9.8%；包裹业务完成12.98万元，完成年计划99.85%，占全局总收入2.81%；集邮业务完成8.19万元，完成年计划68.25%，占全局总收入1.77%；电子商务业务（代收费业务、短信业务、代售航空客票业务）完成22.54万元，完成年计划125.22%，占全局总收入4.88%；帐单业务完成0.77万元，完成年计划76.92%。邮送广告实现“三赢”，成功制作DM邮送广告业务0.22万元。

【速递物流业务】 年内，速递收入36.6万元，完成年计划87.14%，占本局总收入7.92%；邮政物流收入15.65万元，完成年计划86.94%，占本局总收入3.39%；分销配送“三农”产品业务完成13.83万元，完成年计划98.79%。其中化肥320吨，收入7.03万元，酒水3100件，6.33万元，日化用品1500件，0.47万元。

【代办金融业务】 年内，实现业务收入292.46万元，完成年计划128.57%，占总收入的52.06%。全年净增储蓄余额3206万元，累计储蓄余额15425万元。代办保险业务保额1147万元，收入40.55万元，完成年计划135.17%，占全局总收入比重8.78%，创历史最好水平。代理汇兑业务实现收入11.48万元，完成年计划67.53%，占全局总收入比重2.49%，全年发储蓄绿卡5908张。

（杨　龙）

网络通信有限分公司

【概况】 原中国网通、中国联通合并为“中国联合网络通信有限公司”后承担起原中国网通、中国联通双层职能。

年内，坚持以市场为导向、以客户为中心，以宽带、移动、互联网业务为重点，进一步加大发展力度、拓宽发展领域、提升服务水平，全面增强综合竞争力和可持续发展能力，努力建设成为行业领先的宽带通信和信息服务提供商。全年固话、宽带、小灵通装机分别为1940部、3193部和352部，C网放号12183户，实现业务收入1642万元。在全县设12个自有营业厅、24个合作营业厅、3个代理商、20个农村缴费站，遍及全县18个乡镇。下设3个职能部室、4个生产单位、11个农村营业部，在职员工103人。

领导成员名单

经　理：常瑞军

副经理：郭英锐

地　址：鼓楼南街10号

邮　编：075500
电　话：6312981

【3G业务开通商用】 1月7日，获得WCDMA牌照。于8月19日起，县城开展3G业务试商用工作。县城和温泉共开通3G基站5个，10月1日开始商用。信号覆盖范围内用户能接受联通3G高速上网、视频通话等全新服务。

【宽带提速】 7月，免费为在网2年的1300余户宽带速率1M的宽带用户升级提速1M。

【实现业务收入】 年内，实现业务收入1642万元，完成年计划的99.76%，其中固网收入完成1375万元，完成年计划的106.07%，G网收入完成267万元，完成年计划的72.65%。

【完成业务指标】 年内，固话装机1940部，拆机2414部，净增-474部，到达22353部；宽带装机3193部，拆机604部，净增2589部，到达6590部，净增户完成年计划92.5%；G网放号12183户，离网9282户，净增2901户，到达9094户，净增户完成年计划的63.9%；其中3G用户32户，小灵通装机352部，拆机329部，净增23部，到达1087部。

【业务经营范围】 年内，分公司的业务范围为：130、131、132、155、156等号段2G移动业务，186号段3G移动业务，固定电话业务，ADSL宽带业务，小灵通、光纤互联网、电路及网元出租业务，视频监控、品牌建站、黄页及互联网广告业务。

【提升服务功能】 年内，根据全业务经营的需要，推行并完善网上营业厅、电话营业厅等电子渠道，通过互联网进行缴费及业务办理等服务。提升客户感知，推进六项服务工作的落实。（业务受理实现免填单；等候时限不超过8分钟；营业时间实现全天候；通话详单自助查；宽带障碍一日通；宽带到期有提醒。

【基站建设】 年内，争取资金1700万元，建设并开通云州半壁店，镇宁堡西栅子、头堡子等11个2G基站，G网信号覆盖率有了大幅度提升。

【引进EPON接入技术】 年内，引入EPON综合接入新技术，投资60万元在利民小区、政府东街、粮食局家属楼等11处引入EPON设备20套1984线，对涉及宽带老用户进行了宽带提速。投资73万元为格兰水郡、松林街家属楼、旧检察院家属楼等9处新建EPON设备25套1216线，满足了新建住宅楼的宽带通信需求。

【组建光纤互联网】 年内，投入100万元对检察院、城建局、二中、水务局、教育局等23个企事业单位铺设了光缆，实现了光纤接入互联网，解决了企事业单位接入互联网网速慢问题。

【保有固网语音业务】 年内，在农村继续推行“大众电话”保持该业务在农村固话市场的高覆盖率。借助宽带客户规模加速扩张的条件，用好对固话的带动作用。新增交费赠卡并办理“亲情1+G网”，畅聊卡、长途超值卡等优惠政策，使固网语音得到巩固。

【发展宽带业务】 年内，制定有效激励政策，加快宽带安装、维修速度，增强服务功能，提高客户忠诚度和品牌拓展力。结合“家电下乡”、“农村党员远程教育网”等业务，大力发展增量市场。充分利用元旦、双节宽带促销等政策，大力发展包月、包年高资费客户，增加了普通宽带收入。

【抢占光纤上网市场】 年内，为雕鹗中学、检察院、城建局、二中、水务局、教育局等企事业单位，99个点铺设了光缆。完成新建EPON设备26套，容量1408线。宽带提速EPON设备20套，容量1792线。

【发展移动业务】 年内，成立了移动业务服务中心、集团客户服务中心，借助组合营销优势，共发展供电公司、中医院、疾控中心、自来水、商业银行等12个集团、商务客户，新增用户1473户。

【网络建设】 年内，动态调整模块局、乡镇支局及交换网点设备资源，提高端口利用率。整治通信线路17公里，调整线路2460线，挖潜通信能力990线，新增交换容量1168线。完成了宽带提速管道工程，县城道路城域网管道工程，城域网组环等20项电缆线路扩建改建工程，99处光纤接入网的新建工作及赤城－云州、龙关－田家窑、龙门所－东卯等传输中继的光缆架设工作。新建光进铜退接入网点7个，DSLAM接入6处，新建宽带提速设备20套1792线，三层交换机12台，县城各模块局扩容宽带端口1624线，新增9210DSLAM设备5套、9806DSLAM设备6台。完成了教育局、矿管局、审批大厅等多个专线网络建设，租用2M数字电路83处，15处G网开工建设（已开通8处）。原联通孤石、下堡两个G网基站，县城及温泉5个3G基站开通，提升了参与市场竞争能力。

（王世孝）

移动分公司

【概况】 中国移动通信集团河北有限公司赤城分公司隶属于中国移动通信集团河北有限公司张家口分公司，是张家口分公司在赤城县设立的县级分公司。

年内，积极发展网络建设，传输管道建设，营销网络建设，制定措施开展新业务，提升服务水平和质量，确保了各项业务健康发展。本年完成营业收入5500万元，比上年增长5%，累计放号30166户，净增10507户，在网用户达115600户。全县通信基站发展到99座，直放站发展到221座，全县乡镇、行政村及主要公路移动信号覆盖率达到99%，行政村信号覆盖率达到98%。客户规模达12万户，占全网份额74.82%。已拥有6个自办营业厅、8个托管营业厅、23个特许营业厅、11个授权专营代理商、330个农村服务站。公司内设综合部、运维部、市场部，在岗干部、职工53人。

领导成员名单

经　理：李武鹏

副经理：闫显亮

地　址：鼓楼东街20号

邮　编：075500

电　话：6318668

【通信网络建设】 年内，新建通讯基站4座，建直放站5座。分别在田家镇三贤庙村、赤城镇物资局院内、独石口镇东栅子村、田家夭镇西水泉村新建通信基城三年大变样工程、白河治理工程，迁改管道1公里，传输线路800米，新建管道2.6公里。

【营销网络建设】 年内，将公司下设的营业厅、授权代理商、农村服务站按照地理位置进行了划分，并配备区域管理人员5名，长期驻厅、驻点指导所辖区域的全面工作，加强了网络建设，扩大了营销范围，增加了业务收入。

【推广、宣传新业务】 年内，推广了飞信、139邮箱、号簿管家、手机证券、农信通、12580、彩信手机报、来电提醒等新业务。在县电视台、杂志报刊、海报单页上宣传了数据业务的使用介绍、开通方式，让移动客户充分享受到新业务给生活带来的便捷。

【服务管理】 年内，以“诚信服务，满意100”为服务主题，制定了四项服务措施：贯彻落实“首问责任制”，凡客户需要解决的问题，首问责任人必须热情接待、负责到底；服务主管通过明查暗访等方式对营业员日常服务要点进行监督指导，并将营业员日常服务表现列为绩效考核项目之一；简化投诉流程，健全客户投诉机制，提高投诉问题解决效率；保证客户明明白白消费，大力宣传推广10086、短信、网站等自助话费查询渠道，为客户提供多种方便、快捷的查询服务。

【推行积分兑换计划】 年内，与美佳超市、世纪华联超市结成合作伙伴。全球通、动感地带客户在使用移动业务时可积累积分，在两个超市购物时用积分可抵现金，扩大了两个项目客户入网面。

【公开服务承诺】 年内，对移动通信客户公开了6项服务承诺。优化简化资费套餐设计，加大优惠力度，推出全新的优惠数据流量套餐；客户可以通过短信、WAP、网上营业厅办理各项移动业务；不换卡、不换号、不登记即可使用中国移动的G3业务；客户可以在全国各地中国移动自办营业厅为自己和他人跨区交费；客户可以通过全国统一的积分商城方便地进行积分的兑换，所兑换礼品送货上门；客户可以到移动梦网和中国移动的门户网站下载安装“信息管家”软件，并免费使用垃圾信息拦截功能，并把收到的垃圾信息举报到中国移动“10086999”垃圾信息举报平台。

【严格执行“五条禁令”】 年内，按照上级公司安排部署，贯彻执行了面向公司全体员工的基本准则，并根据违规事实及严重程度对责任人进行相应的严厉处罚：1、严禁泄露或交易客户信息；2、严禁发送违法信息，或未经客户同意发送商业广告信；3、严禁未经客户确认擅自为客户开通或变更业务；4、严禁串通、包庇、纵容增值服务提供商泄漏客户信息、擅自为客户开通数据及信息化业务或实施其它侵害客户权益的行为；5、严禁串通、包庇、纵容渠道或系统合作商泄漏客户信息、侵吞客户话费、擅自过户或销号、倒卖卡号资源或实施其它侵害客户权益的行为。

（白振中）

供电

【概况】 赤城供电分公司是双重管理部门。其机构设置、干部管理、人员编制和经费开支由张家口供电公司直接管理。主要职责，负责县内供电设备的管理、维护线路设备安全，保障全县人民生产、生活及重点项目、重要部门的安全供电。

年内，分公司注重抓安全生产，与基层单位第一责任人签订安全生产责任状，完成“国庆60周年”保电任务，开展电力安全活动，组织职工开展军训，成立职工技能培训基地，提高职工技术技能和服务本领。开展高危客户用电检查，加大电力设施保护工作力度。圆满完成电网建设工程，基建工程，技改工程，维修工程，业扩工程任务。分公司被市、县评为文明单位。实现安全生产3105天长周期。累计完成售电量49351.14万千瓦时，完成售电量任务指标的108.46%。受金融危机影响，售电量同比增加-6263.45万千瓦时，增长率-11.26%。售电均价完成536.95元/兆瓦时，同比提高16.04元/兆瓦时；线损率完成8.68%，比计划降低0.02个百分点；电费回收率100%，供电可靠率96.7%，电压合格率98.22%，预试完成率100%，设备渗漏率0.01%，设备完好率100%，保护校验完成率100%，保护正确动作率100%，一类缺陷消除率100%，一般缺陷消除率90%。分公司内设办公室、财务科、生技科、安保科、用电科改为客服分中心。下设19个供电所。在岗干部、职工130人，派遣农电工240人。

领导成员名单

经　理：徐通信

书　记：吴卫东

副经理：边　虎

　　　　刘民强

地　址：振兴北路47号

邮　编：075500

电　话：6314664　6319406

【职工军事训练】　4月16日，分两批对年轻电力职工进行军事训练，每期军训一周。为使职工适应紧张的生产经营工作，提升职工综合素质，分公司在40岁以下职工中开展军训。军训完全按照军训的条例、条令进行。在短暂的军训中，两期176名参训职工完成了军事队列、内务条令、军容军纪等训练科目。4月28日，分公司在66118部队举行职工军训结业典礼，并进行了会操表演，圆满完成为期两周的职工军训任务。

【职工捐款助教】　6月29日，在建党88周年到来之际，分公司组织全体党员、团员深入到三道川乡老栅子村，用捐款为山区小学生送去4000多元的文体、学习用品。

【触摸查询系统投入使用】　6月30日，分公司营业厅安装的触摸屏查询系统正式投入使用。该系统的启动运行，为客户查询有关用电信息提供快捷方便的服务。

【变电站建设】　7月3日，非凡矿业公司35千伏用户变电站投入运行，该变电站的投运，使境内用户35千伏变电站增加至7座。非凡35千伏变电站地处炮梁乡矿区，主变设计2台/6300千伏安。截止到年底，县内第9座35千伏变电站独石口35千伏变电站建成。该变电站总投资1600万元，主变一台，容量8000千伏安，10千伏出线两回。使县域内电网结构更加合理。7月14日，镇宁堡35千伏变电站建成顺利投运。该变电站总投资1260万元，占地10亩，主变2台/5000千伏安。变电站的建设投运，对进一步改善该区域供电可靠性，提高供电能力，满足经济发展用电需求都具有十分重要的意义。特别是为在该区域建设的摩天岭大型滑雪场提供了电力保证。

【创建职工技能培训基地】 9月1日，供电分公司职工技能培训基地建成投入运营。培训基地设在县城南部4公里处，租借气象局房屋、场地。培训基地集职工学习、教育、培训功能为一体，设有供职工练习技术的线路、变台、操作台等；配备有教室、微机室、宿舍、食堂等教学生活设施。9月7日，分公司第一批供电所职工轮训在职工技能培训基地进行，为今后规范化培训创造了条件。

【档案工作晋升为“国二”标准】 9月25日，分公司档案工作通过市档案管理局领导和档案管理人员严格验收，以94.5分的记分标准，晋升为国家二级企业档案工作目标管理认定标准。分公司档案室保管文书、科技、会计三大类档案，共计2623卷，声像档案18盘，照片档案102张。1991年4月，档案管理获省级“先进企业档案管理合格证”，为晋升国家二级标准打下了良好的基础。

【“国庆”保电工作】 国庆前夕，分公司成立了国庆保电领导小组，领导班成员每人带一个队轮流到一线督导检查电力安全。对保电方案进行了细化、修改，认真组织实施。完成了县境内500千伏万顺三回线路409基铁塔、196.852公里线路的巡护和保电任务；完成了赵龙一线、赵龙二线、龙赤一线、龙赤二线4条110千伏线路的护电任务；完成了两座110千伏变电站、8座35千伏变电站和城乡配网的保电任务，有304名职工参加国庆保电。分公司领导分组包片，带队坚守一线，外雇16名群众护电人员24小时值守在500千伏全程线路。同时成立了龙关、雕鹗、大海陀、后城四支500千伏沿线巡护队，不间断进行特护巡视。成立了110千伏线路田家窑、龙关、炮梁、城镇四支巡护队，抽调保电巡护车19辆，每天对境内两座110千伏变电站、八座35千伏变电站进行巡视、检查、处缺。在国庆安保表彰大会上，供电分公司荣获“建国60周年全保卫先进集体”荣誉称号，分公司经理徐通信同志荣获三等功，董志刚同志被评为护电先进个人。

【农网完善工程】 10月10日，第二期农网完善工程正式启动。这次农网完善工程是继514＃石墨线改造后启动的农网完善工程。工程涉及东卯、后城、东万口、镇宁堡、茨营子等5个乡镇21个台区。项目资金额度大，时间要求紧，质量要求高，参与的人员多，总投资1660万元。为确保农网完善工程顺利实施，分公司领导班子成员与各专业科室深入一线调查研究，认真制定严谨、可行的实施方案，建立了7个工程队同时施工。到年底，172公里10千伏线路工程全面完成。

【电力设施保护】 年内，共受理高压报装170户，完成报装容量31070千伏安/59台；低压动力2035千伏安/145台；加大负控装置安装工作力度。共安装防窃电高压计量箱20台，负荷控制设备运行235台，100千伏安以下非普工业安装防窃电计量箱30套。

【“反窃电”专项行动】 年内，严厉打击窃电、违章用电行为，深入开展“反窃电”专项行动。成立了由用电科牵头，安保科参与，联合公安机关参加的“警企联动”工作组。对电费回收难度大、高损台区、线路开展综合治理。共普查810户，查处违章用电5户，收取违约使用电费1500元，补收电量33520千瓦时。

（林海中）

建设环保

建设管理

【概况】 建设局是县政府负责全县城乡建设总体规划管理指导工作的职能部门。主要职责，制定、实施全县的城镇建设、乡村建设并负责建筑业、房地产业、测绘业、公用事业和城市规划的修定；对城乡建设进行勘察设计，建筑施工进行综合管理和监督等。

年内，按照三年大变样和“三提升”、创先争优活动年的要求，城建重点项目强势推进，房地产业发展迅速，城镇规划逐年完善、合理，城市管理工作进一步规范、全面，建筑市场管理向正规化迈进，提高了房地产管理的服务质量和效率，城建事业呈现出良好发展态势。建设局被市委、市政府评为城镇面貌三年大变样工作“先进集体”。局下设房地产交易管理所、建筑工程质量监督站、建筑建材检测有限责任公司、市政工程管理处、城市管理综合执法大队（内设三个中队）、赤城公安建设管理派出所、建筑工程招投标办公室、城建档案咨询服务中心、城建测绘队、房屋拆迁处、统一建设办公室、住房资金管理中心、规划设计室、公用事业管理处、赤城县集中供热管理中心、城区环境卫生管理处、公用事业管理股、城市规划技术服务中心。局内设办公室、规划管理股、建筑业管理股、安全生产股。行政编制19人，事业编制在岗人员134人。其中：工程师6人、政工师1人、助工10人、助理经济师3人、技术员2人；技师13人、高级工66人、中级工7人、初级工17人。

领导成员名单

局　长：裴建生

副局长：韩　友

苏秀龙

张海义（3月任）

爱卫办（二级局）

副主任：张海义（3月免）

地　址：府安东街6号

邮　编：075500

电　话：6312579

【“燕赵杯”竞赛】 2月10日，根据张建字［2009］29号文件，在全市开展宜居城市环境建设“燕赵杯”竞赛活动。检查情况的通报分为三个档次，赤城县城市环境建设被评为第二档次第1名。

【新民居示范村确定】 5月31日，在调查研究的基础上，确定上报了全县新民居示范村，得到市建设局的批复。分别是：赤城镇东大村为城镇带动型。赤城镇周里沟村为优待服务型。龙门所镇沙沟村、东万口乡卧龙海村、大海陀乡南梁村、后城镇后城村、龙关镇三岔口村、东卯镇水磨湾村6个村为改善提高型。

【清理路边烧烤】 6月5日，配合工商局、公安局带领40多名执法人员，对路边烧烤摊点进行了彻底清理。共清理露天烧烤羊肉串摊点5处，收缴烧烤炉具5套。

【贫困残疾人危房改造调查】 11月31日，建设局深入到18个乡镇，对贫困残疾人住房情况进行了调查。共收集了

125户贫困残疾人的住房情况资料，经入户调查筛选确定了80户危房改造对象。其中新建23户，购买39户，维修加固18户，改造旧房203间，建筑面积2868平方米。改造后房屋数增加到240间，建筑面积4144平方米，工程总投资197.71万元。

【基础设施建设】 年内，东关大市场建设完成投资800万元，占地面积35.6亩，建筑面积1.2万平方米，年底竣工交付使用，总投资1800万元。投资420万元，新建水冲式公厕9座，年底交付使用。第一小学教学楼工程，投资1200万元，建筑面积8110平方米，当年完成投资1000万元，工程已竣工。幼儿园教学楼工程总投资720万元，建筑面积3370平方米，当年完成投资500万元，工程已竣工。应急救援指挥中心工程总投资1300万元，建筑面积7813平方米，当年完成投资1100万元，完成了工程总量的85%。

【污水处理厂建设】 年内，完成总工程量的60%。工程占地总面积45亩，工程建设规模为日处理污水2万吨，配套管网建设长度14.9公里，厂区总建设面积548平方米。采用改良人工潜流工艺，出水水质执行国家《城镇污水处理厂污染物排放标准》（GB18918—2002）中一级A排放标准。

【生活垃圾处理厂工程】 年内，完成投资480万元，工程总投资1900万元，占地面积135亩，库存容52万立方米，日处理生活垃圾100吨。完成工程总量的25%。

【路网和地下管线建设】 年内，共改造街巷23条，全长4516米，都配套了下水道和路灯。工程总投资700万元，年底竣工并交付使用。

【房地产开发】 年内，在东大豪苑、阳光时代广场、格兰水郡、汤泉河南侧、东关小区等共完成商住楼建筑面积10万平方米，35栋。缓解了县城居民住房紧张的局面。

【城市管理】 年内，在城市管理工作中推出了“五先一后”、“弱势群体初次零罚款”和“柔性服务”三项措施，拉近了和群众的距离，树立了良好的执法形象。城市综合管理由执法型向服务型转变。全年共查处各类违法违章建筑6000余平方米，清理占道摊点300余处，清理和拆除不规范广告牌匾150余块。

【旧城改造拆迁】 年内，完成拆迁4.8万平方米，总投资6000万元，分别为白河综合治理，温泉度假村升级改造，为旧城区开发扩展了空间，规范了市容市貌。

【廉租房建设】 年内，总投资810万元，共建廉租房94套，每套50平方米，建筑面积4700平方米，工程已基本竣工。

【美辰保洁公司】 2008年5月30日以面向全社会公开招标方式将县城环卫清扫、清运、保洁、公厕管理全部承包给美辰保洁公司。美辰公司有管理人员9名，清运工18名，清扫工102名，保洁工50名。城区清扫面积20万平方米，北至建材厂南至兴仁堡112线路口，东至经贸北路西至步云桥，主要道路8条（府安东西街，汤泉河南北街、建国东西街、霞城大道、鼓楼南北路、富民南北路、南山路）小街小巷25条。清运垃圾100吨/日，清运粪便2000吨/年。有保洁公厕27座，其中：水冲式23座，旱厕4座。负责清掏路面检查井400个。县财政全年拨给美辰公司专项经费232万元，用于环卫保洁管理工作。

（郭黎恒）

建筑工程公司

【概况】 建筑工程公司为二级建筑施工企业。主营土木工程建筑、线路、管道设备安装，兼营锅炉安装、堤防工程、起重设备安装等。

年内，承建了12项工程项目，其中，上年度结转工程1项，本年度新承建工程11项。安全生产率达到了100%，工程合格率达到100%。公司内设综合办公室、技术科、预算科、财务科、安全科、招标办、安装队、商混站、租赁站、食堂部10个职能科室和9个项目部。有在职干部、职工164人，其中二级注册建造师21人，工程技术人员115人，大专以上学历56人。

领导成员名单

经　理：范登孝（12月免）
　　　　张海峰（12月任）

副经理：王学武　李进才　田若贵
　　　　张海峰（12月免）

地址：鼓楼东街12号

邮编：075500

电话：6312954

【建筑安全生产】 6月，开展了"安全生产月"活动，以"关爱生命，以人为本，唱响安全发展主旋律"为主题。紧紧围绕"安全生产年"总体部署，扎实开展安全生产宣传教育、安全生产执法、安全生产治理"三项行动"，推进"安全生产年"和"安全生产攻坚年"的有效落实。由安保科、项目经理部负责人组成"安全生产月"活动小组，以科学发展观为指导，坚持安全发展理念，利用各种宣传形式宣传"关爱生命、安全发展"，营造"安全生产月"活动氛围，收到了安全生产无事故的效果。通过全体员工的不懈努力，被赤城县安全生产委员会授予本年度"安全生产工作先进单位"。

【接转上年度建筑工程】 年内，接转教育局幼儿园工程，建筑面积3370平方米，竣工日期为7月31日，工程总造价464.5万元。

【本年度承揽建筑工程】 年内，承揽东安花园小区3#、4#住宅楼工程，建筑面积8511平方米，开工日期为1月26日，竣工日期为9月30日，总造价659.7万元；东卯镇农业产业化服务中心办公楼工程，建筑面积2550平方米，开工日期为3月20日，竣工日期为8月31日，总造价242.3万元；东卯中学宿舍楼工程，建筑面积1570平方米，开工日期为4月29日，竣工日期为8月31日，总造价136.4万元；后城中学宿舍楼、餐厅工程，建筑面积1505平方米，开工日期为4月29日，竣工日期为8月31日，总造价133.2万元；马营乡农业综合服务中心楼工程，建筑面积1419平方米，开工日期为5月3日，竣工日期为9月30日，总造价132.7万元；龙关镇龙居家园住宅小区8#、13#楼工程，建筑面积9346平方米，开工日期为5月10日，竣工日期为10月31日，总造价635.8万元；温馨家园1#、2#、3#、4#矿业管理局家属楼工程，5#（廉租房）楼工程，建筑面积共计37908平方米，开工日期为6月6日，竣工日期为11月15日，总造价2570.5万元；雕鹗镇办公楼工程，建筑面积1456平方米，开工日期为6月10日，竣工日期为10月31日，总造价159.5万元；畜牧办在白草镇建二色胡枝子牧草种子繁育基地项目工程，总造价128万元，开工日期为12月8日，本年度未竣工。

（李光　王建清）

第二建筑工程有限责任公司

【概况】　赤城县第二建筑工程有限责任公司是河北省建设厅批准的房屋建筑工程施工总承包三级企业。企业经营范围：房屋建筑工程，堤防工程。公司拥有注册资本金656万元，净资产705万元，各类大中型施工机械70余台（件）。

年内，承建工程10项，其中上年结转工程2项，本年新承揽工程8项。全年完成施工产值2830万元，上缴国家税金205万元。全年合同履约率100%，安全生产率100%，工程合格率100%。公司连续被评为“重合同守信用单位”，“安全生产先进单位”。公司内设办公室、财务部、质量部、技术部、安保部、预算部、人力资源部、投标办和十个项目经理部。公司在岗职工75人，其中有职称的工程技术人员40人。

董事会成员名单

董 事 长：王文智

董　　事：贾文军

乔桂新

监事会成员名单

监　　事：张建林

公司领导名单

总 经 理：王文智

副总经理：贾文军　乔桂新　张建林

地　　址：菜园东街294号

邮　　编：075500

电　　话：6312031

【“安全生产月”知识竞赛活动】　6月，组织开展了“安全生产月”活动，活动期间悬挂了横幅，张贴了宣传标语及宣传画，开展了“安全生产法”知识竞赛活动，使职工受到教育，提高了工人安全管理意识，促进了安全生产工作的开展。

【庆“七一”职工体育活动】　7月1日，全体职工举行了乒乓球、象棋、跳棋、跳绳、自行车慢骑、套圈比赛，并且设一、二、三等奖。通过举行体育活动丰富了职工的精神生活，为公司发展营造了良好的氛围。

【结转工程】　年内，结转赤城镇第一小学教学楼工程，建筑面积8086平方米，总造价1116万元。竣工日期为8月10日，完成工程量516万元；龙关福禄小区住宅楼工程，建筑面积14200平方米，总造价1023万元，竣工日期为10月31日，完成工程量500万元。

【承揽工程】 年内，承揽了华田牧业科隆德良种牛示范场工程，开工日期为8月4日，竣工日期11月4日。建筑面积18778平方米，总造价1000万元，完成工程量1000万元；南河沿街F3号住宅楼工程，开工日期9月20日，竣工日期2010年9月30日。建筑面积2900平方米，总造价218万元，完成工程量180万元；雕鹗镇九年一贯制学校餐厅工程，开工日期4月25日，竣工日期9月15日。建筑面积882平方米，总造价165万元，完成工程量165万元；东大豪苑二期5号楼工程，开工日期7月23日，竣工日期10月31日。建筑面积1069平方米，总造价75万元，完成工程量75万元；三道川土地开发平整项目工程，开工日期7月1日，竣工日期12月31日。工程总造价181万元，完成工程量181万元；龙关镇周村基本农田整理项目工程，开工日期7月1日，竣工日期12月31日，总造价54万元，完成工程量54万元；白河河道一期清淤工程，开工日期8月15日，竣工日期8月31日，工程总造159万元，完成工程量159万元；白河防洪治理第五标段工程，开工日期10月15日，竣工日期2010年5月31日，工程总造价590万元，工程当年未开工建设。

（贾文军）

环境保护

【概况】 环境保护局是县政府负责全县环境保护工作的行政执法部门。主要职责是，对全县环境保护工作实施统一监督和管理，贯彻实施环境保护的法律、法规，并对实施情况进行监督检查。负责环境监察和环境监测，环境污染防治和生态环境保护工作，依法查处违反环境保护法律、法规行为和环境保护的宣传教育工作等。

年内，以学习贯彻落实科学发展观为指导，以打造矿产资源开发规范县为目标，突出抓好环境安全隐患排查，水、空气质量保障，危险废物和危险化学品管理处置，环境应急能力建设，矿山生态恢复，污染减排以及国庆安保等各项工作。积极落实各项环保措施，加大执法力度，排查污染隐患，严查环境违法行为，严防污染事故发生，圆满完成各项目标任务。局内设办公室、计财股、管理股、污控股、稽查队和生态恢复执法大队。下设张家口市环境监察支队赤城大队、环境监测站和信息中心。行政、事业在岗人员68人。

领导成员名单

局　长：方进福（2月免）
　　　　宋卫忠（2月任）
书　记：牛耀武（2月免）
　　　　张景昱（2月任）

副局长：张景昱（兼）
　　　　张　清
地　址：东关村委会办公楼
邮　编：075500
电　话：6312709

【学习实践科学发展观活动】 从3月正式展开，到8月结束，圆满完成学习调研、分析检查、整改落实三个阶段，10个环节的规定动作。通过开展学习实践活动和“干部作风建设年”活动，广大干部职工受到了一次全面系统的教育，对科学发展观有了更加全面系统的理解，端正了思想观念和工作作风。

【项目环评审批】 3月，局机关环评审批工作入驻县行政审批大厅，实行“一站式”审批，环保审批窗口共受理审批建设项目环评49个，其中县局审批34个，通过省市审批15个，项目共计投资230568.8万元，县级审批率得到提高。

【环保宣传教育】 6月5日，在世界环境日，全局开展了“减少污染—行动起来”主题宣传活动，印发了2万份环保宣传资料，800份环保知识有奖问卷调查。在学习实践科学发展观活动中，开展形式多样、内容丰富、主题鲜明的系列环保宣传教育活动。邀请县政府、纪检委、18个乡镇主要领导，重点厂矿企业负责人召开了环保工作恳谈会，宣传环保知识，征求大家对环保工作的意见和建议，收到了较好的宣传效果。

【安全隐患排查】 国庆安保期间，局机关干部全体执法人员对全县的各类选厂企业和尾矿库的安全隐患进行了全面排查。共出动执法人员240人次，排查各类企业120家，现场检查选矿企业尾矿库119座，依法下达环境监察通知书30份、环境稽查通知书15份，限期整改2条。同时对各种信访案件进行了有效的处理，按照群众反映的问题依法对各类环境违法行为进行查处，为国庆期间的安保工作提供保障。

【污染减排工作】 年内，通过淘汰高污染、高耗能产业项目，对赤鑫矿业、非凡矿业等企业实行清洁生产试点工作，实现了工程减排、管理减排和结构减排。截止到年底，COD（化学需氧量）的排放总量比2005年下降35.92%，已控制在800.959吨以内；SO_2（二氧化硫）排放总量比2005年下降5.5%，已控制在1486.394吨以内。排放总量的两项减排指标均提前完成市政府下达的“十一五”期间主要污染物排放总量控制目标。

【污水处理厂建设】 年内，完成了外网配套管网建设、征地、方案设计、“三通一平”以及厂区构造物的挖土方工作（共挖土方5.8万立方米）和构造物的混凝土浇筑工作（共完成3400立方米）。完成污水处理厂厂区全部工程量的52%。县城污水处理厂是重点减排工程，项目建设规模为日处理废水2万吨，管网建设长度14.9公里，总投资4263.16万元。预计2010年底竣工。

【申请环境专项治理资金】 年内，为炮梁乡金家庄村、西水沟村、北沟村和小张家口村申报了中央、省、市环境专项治理资金260万元。全部资金用于4个村的人居环境治理工程，为基层环境保护工作提供了有力的资金保障。

【受理环境污染信访案件】 年内，共受理群众环境信访投诉案件16起，办结16件，处理率100%，办结率100%。国庆安保期间，在开通原有的12369环保热线的基础上，将局办公室电话6312709加设为举报电话，每天24小时值班，确保全县环境信访案件能够得到及时处理，保障了社会稳定。

【排污收费】 年内，市环保局下达的收费任务为250万元。为圆满完成收费任务，认真总结收费经验，明确工作思路，搞好收费工作服务，经多方努力，征收排污费348.27万元，超额完成全年任务的139%。

【环境监测】 年内，投资50万元，在白河后城断面建立了水质自动监测站，实现了24小时自动在线监测。还争取到60万元的省级环境监测能力监测仪器和设备，环境监测能力建设得到提高，国庆安保期间共上报水质监测数据160次。同时与延庆县环保局建立信息沟通机制，共接到延庆县环保局发来省界交汇面水质监测数据5份。

（刘　超）

财政税务

财政管理

【概况】 财政局是政府管理全县财政工作的职能部门。主要职责：制定本县中长期财政计划和年度预算草案，执行批准的财政预算，编制年度财政决算；健全完善财政管理体制，加强国有资产管理，对财政资金和预算外资金的使用进行监督和检查；全力保证全县公教人员工资正常发放和政权机关正常运转的资金需求，增加科教文卫等社会公益事业发展投入；加强全县预算执行和财政管理的日常监督；承办县政府交办的其它事项。

年内，积极组织财政收入，着力抓好矿产品税费征收、非税收入、契税征收管理；积极优化支出结构，及时拨付涉及民生资金，兑现党的惠民财政政策；积极做好“三农” 工作，规范国有资产管理，完善政府采购机制；加大财政监督力度，开展专项资金检查、政府非税收入检查和会计信息质量检查；深入开展学习实践科学发展观和作风建设年活动，全力提升财政部门科学发展水平和干部队伍素质。被市财政局评为“先进基层征收单位”、“系统考核评比优胜单位”，被团市委授予“青年文明号”，被县政府评为“劳动模范集体”。局内设办公室、预算股、农财股、综合股、经建股、社保股、监督股、国库股、投资评审股、会计股、国资股、采购办、税费办、行政股、信息中心。设收费局、支付中心、农开办、契税所4个事业机构。行政、事业单位在岗人员69人。

领导成员名单

局　　长：孟建军
书记、副局长：高宏斌
副 书 记：段文军
副 局 长：武建平（女）
　　　　　史洪波（9月任）
收费局局长：田秀伟
地　址：府安东街4号
邮　编：075500
电　话：6312234

【财政融资】 4月，以财政注资形式成立了国有独资的赤城县霞城开发投资有限公司，同时霞城开发投资有限公司又注资成立了双瑞、汇佳、盛凯、利达四个分公司，以资产抵押方式向银行贷款，为全县经济发展和城市建设搭建融资平台。全年已融资13672万元，用于全县河道治理、城建绿化等建设。

【税收清理】 7月，从相关部门抽调人员组成三个清理小组，分三个阶段重点对矿山企业、房地产开发、房屋出租业、交通运输业税收进行全面清理整顿，共清理入库税款1400万元。

【信息化工作】 9月，县级版软件正式稳定运行。10月底，18个乡镇的财政网络全部开通，实现了省市县乡四级联网。

【财政收入】 年内，全县全部财政收入完成46208万元，占调整预算45680万元的101.16%，同比下降20.83%，在全市20个县区中排位第四。其中：地方一般预算收入完成20662万元，占调整预算

20100万元的102.80%，同比增长14.21%，在全市20个县区中排位第三。基金预算收入完成4022万元，占调整预算3720万元的108.12%，同比增长36.02%。

【收入调度】 年内，继续采取增收激励和目标考核等手段，调动征收部门积极性。启用税源监控系统，加大对重点税源的监控力度。每月及时协调国税、地税、税费联合办等部门调度收入，加快收入进度，提高收入预测的准确性。对年纳税额10万元以上企业每月从两税部门及税费联合办了解当月税收完成情况，按时上报市财政。

【财政支出】 年内，一般预算支出69264万元，同比增长9.73%。基金预算支出2240万元，同比增长8.11%。一般预算和基金预算均实现了当年收支平衡。

【支出减控】 年内，启动应用了指纹验证系统，对全县工资发放银行化的财政供养人员及遗属进行活体指纹采集。全县共采集指纹6176人次，查出死亡或不符合遗属补助申领条件仍领工资人数55人，其中：遗属47人，离退休8人。及时停发了工资，全年节约财政资金50余万元。对四大班子及常委部门的会议接待费实行代金券管理。对各部门制定接待费指标，财政部门按季平均发放代金券，部门持代金券到指定接待单位消费，定点接待单位月末持代金券到财政部门结算。接待费用比去年同期下降30%。将财政各类专户中的沉淀资金科学设定存款期限，以定期存款方式存入银行，既保证专户资金的流动性，又增加财政资金的利息收益。全年财政性资金存款增值112万元。

【财政工作改革】 年内，实行综合预算编制方法，使用了省厅开发的部门预算编报系统，建立了部门预算基础信息数据库；在银行开设了零余额清算账户，对本级的56个预算单位采取零余额清算方式，实现了财政直接支付，财政资金和账户管理进一步规范；成立了财政投资评审股，对使用财政资金投资项目进行评估审查、专项核实、绩效评价，规范投资评审主体，确保财政投资项目、投资金额的合理、准确；扎实做好县级版软件应用工作，用好专项资金即时分析监控系统，进一步明晰资金管理权限，规范资金拨付程序，清楚掌握了资金运转动态。

【政府采购工作】 年内，政府采购工作严格贯彻《政府采购法》，全年政府采购金额为4041万元，比上年增长33%。

【矿产品税费征管】 年内，根据市场调研情况，多次召开联席会议，适时调整出境税费标准，降低企业负担，刺激了铁矿产品市场复苏，确保了全县财政收入低速增长。全年累计出境铁精粉374万吨，其它铁矿产品43万吨，入库税费33952万元，占全部财政收入的比例达到73.48%。

【契税征管】 年内，加大民间转让房屋及房地产开发行业纳税管理力度，确保契税收入大幅度增长。全年征收契税、耕地占用税1009万元，同比增长57.17%。

【非税收入征管】 年内，实行非税收入审批大厅集中征缴，实现“收缴分离”，使非税收入管理更加规范化、制度化。全年完成非税收入7663万元，比上年同期增收3201万元，同比增长71.74%。

【支持重点项目建设】 年内，支持市政工程资金1920万元，迎宾大道建设450万元，汤泉河综合治理工程720万元，白河综合治理工程7976万元，温泉升级改造工程269万元；龙关球团项目征地1500万元，有力地保障了全县重点项目建设的实施。

【集中支付管理】 年内，做好支出审核工作，严格单位票据的审查、报销程序，监督单位的收入是否及时上缴财政及支出走向的合理合法性，杜绝了违纪违法现象的发生。通过规范管理，严格支出审核，使各预算单位的财务管理水平有了进一步提高。

【保障民生】 年内，争取上级补助的社会保障资金达8268万元，县级配套资金427万元。累计拨付再就业、低保、抚恤、新农合资金6350万元，切实保证了弱势群体基本生活需要。

【支持社会事业】 年内，支持教育和医疗卫生事业发展拨付资金650万元用于县第一小学及幼儿园教学楼工程;拨付资金110万元，用于H1N1流感防治。

【兑现惠民财政政策】 年内，争取到中央彩票公益金实施贫困老区整村推进项目资金2125万元，用于全县15个贫困村的基础设施、公共服务设施建设及环境改善和村级互助资金。拨付退耕还林补助资金3895.3万元。组织兑付了粮食直补、综合直补、油价补贴及家电下乡等惠农资金发放工作，拨付资金1519.24万元，受益农户7.8万户，惠及农民24.23万人。

【村级一事一议财政奖补】 年内，拨付村级一事一议省级财政奖补项目资金379.2万元，项目受惠295个行政村17.6万人。

【国有资产管理】 年内，加强了对全县行政事业单位拥有、占有公务用车的清查和重点抽查力度，并督促行政事业单位上缴国有资产出租收入和进行年检，在全县范围内进行了动态管理软件培训，实现了国有资产的动态管理。

【监督检查】 年内，制定了《赤城县财政专项资金管理暂行办法》、《赤城县整合涉农项目资金管理办法》，并重新编制了“赤城县专项资金审批卡”。开展了县党政机关和事业单位 “小金库”专项治理、对8个相关单位2008年的财务收支情况及专项资金情况进行会计信息质量检查；对涉及2007、2008两个年度共计34633万元专项资金开展了综合治理；对农口单位、城建、物价、法院、计划生育、农职中学等12个非税收入单位进行了重点检查，重点检查面达到40%，保障了资金安全。

【帮扶工作】 年内，拨付雕鹗下虎村20万元、白草二道川村5万元、东卯古子坊村5万元、白草罗家营村5万元，用于硬化主街道、翻修村委会、拉电照明等。

（王文博）

国家税务局

【概况】 国家税务局受上级税务机关和县政府双重领导，以税务系统垂直领导为主。主要职责：根据本地经济发展规划，研究制定本系统税收发展规划和年度工作计划并组织实施；负责本地中央税和中央地方共享税的征收和稽查工作；研究税收征收管理方法，分析税收信息，掌握税收动态，组织税法宣传等工作。

年内，全力组织税收，强化重点税源监控，搞好税收预测，加强主导产业税收征管。优化协调联动机制，落实税收管理员制度，实施精细化管理，加强发票管理，加大稽查力度，对矿产品行业集中开展纳税评估，优化纳税服务，较好地完成了全年税收目标任务。全年组织入库税收收入13623万元，完成市局任务13450万元的101.29%；完成县政府口径任务12268万元，占任务12104万元的101.36 %。局内设办公室、人事教育股、监察室、收入核算股、政策法规股、征收管理股、纳税服务股、办税服务厅、信息中心、稽查局。下属第一税务分局、第二税务分局、龙关税务分局。在岗人员71人。

领导成员名单

局　　长：刘广柱

副 局 长：梁　成

　　　　　武　军

　　　　　闫增慧（9月任）

地　址：红山寺南街1号

邮　编：075500

电　话：6313491

【组织税收】 1月，成立了以局长为组长的收入工作领导小组，落实局长、分局长联系户制度。在清理缓缴、征收管理、纳税评估、税务稽查等方面加大了力度，做到了应收尽收。在铁矿开采业处于停产半停产状态的情况下，完成了市局和县政府下达的税收任务，分别达到13623万元和12268万元。

【清理缓缴税款】 3月，深入到办理缓缴税款的企业，催促积极筹措资金按期缴纳缓缴税款。使办理的1562万元缓缴税款第一季度全部入库，其中企业所得税1027万元，增值税535万元。

【税法宣传】 4月，在全国第18个税收宣传月活动中，组织50多名业务骨干到企业集中讲解税法，共发放宣传资料4000份，张贴宣传画600幅。组织税宣小分队深入第三小学，对高年级学生宣传税收、税法知识。

【知识竞赛、演讲比赛获奖】 4月，在县委组织部举办的科学发展观知识竞赛中，取得第一名的好成绩，并代表赤城县参加市科学发展观知识竞赛。在县委宣传部、县直机关党委举办的“爱中华、爱祖国、歌颂社会主义”演讲比赛中获得二等奖。

【税源分析、预测】 年内，按照“抓大管中控小”的管理原则，依托信息化手段进一步完善重点税源监控体系，时刻掌握重点税源的增减变化情况，及时查询企业收入、开票情况。要求税收管理员每天登陆税收管理平台，及时掌握相关数据；做到底数清、情况明，增强计划管理的科学性和收入预测的前瞻性。

【重点税源监控】 年内，对6户省级重点税源监控企业，2户市级重点税源监控企业进行税源监控。县级监控户标准由上年的一百万元以上调到二百万元以上，由上年49户调到42户，占总税收收入的83.46%。实行重点企业月报制度，专人负责，按月调度，确保实现收入及时足额入库。

【对矿山企业开展专项调查】 年内，准确掌握生产经营信息，严格代开发票规定，加强注册登记和注销登记管理，定期巡查、现场查验经营情况，防止虚假的注销和注册登记，严厉打击销售不开票或少开票以及转移销售等违法行为。与财政、工商、地税、公安等部门联合开展税收清理工作，确保应收尽收。

【规范个体工商户管理】 年内，按照省、市局“千人会战”和“百日会战”的要求，深入落实个体工商户分类管理办法，提高对个体税源大户、重点行业纳税户的监控力度。责令限改未办证户563户，已在限改期限内办理登记456户，调整定额215户，月增税款13万多元。

【开展纳税评估】 年内，按照“数字管税”和“向数字要收入”的工作思路，加大纳税评估工作力度，全年共评估41户，发现有问题20户。评估入库增值税230.15万元，加收滞纳金10.65万元，调减留抵27.10万元；消费税 4.88万元，加收滞纳金0.73万元；所得税82.07万元，加收滞纳金2.10万元；弥补亏损66.63万元。通过纳税评估，共入库税金330.58万元，较去年同期121.38万元，增加209.2万元，增长172.35%。

【税务稽查】 年内，稽查局遵循既要全力保障稽查收入任务完成，又要提高稽查执法工作质量和效率的原则，从服务税收工作大局出发，坚持以查促收。全年查补入库收入596.87万元，占年稽查任务506万元的117.96%，比上年完成的170.85万元，增加426.02万元，增长249.35%。

【税收征管】 年内，共组织签订三方协议1062份，其中验证成功1048户，占总协议户数98.7%。通过电子扣税4313笔、扣缴税款3284.03万元。

【发票管理】 年内，严格发票购领手续，抓好发票验旧领新工作，发售新票时检查上次所售发票开具销售额是否达到起征点，达到的及时征税，对漏征或有意不征的追究责任，发现违章发票及时查处。组织对887户普通发票用票户的票种核定情况进行了清理检查，对11户违规使用、保管发票的行为给与相应处罚，罚款金额1750元。

【纳税服务】 年内，办税服务大厅进驻县行政审批服务中心，推行涉税事项“一窗式”服务。12月23日，ARM机正式投入运行，纳税人可以在ARM机上通过触摸屏和语音提示实现“人机交互”，高效、便捷地办理“IC卡报税、发票认证、涉税政策查询”等自助办税业务，为纳税人开创了一种全新的办税服务模式。

【金税工程运行】 年内，金税工程各系统操作岗位位人员按照金税工程的工作规程和操作办法，严格遵守必要的报税确认程序，对于发票发售环节，做到了发票代码、票号一致，保证数据与实物相符。彻底杜绝了“漏采、错传”等事故，保证了数据采集率达到100%。

【对外宣传】 年内，在《中国税务报》登载文章7篇，《河北国税》登载13篇，省局采用信息13条，市局采用信息（简报）46条（篇）。

（孙　玲）

地方税务局

【概况】 赤城县地方税务局受张家口市地方税务局和赤城县委、县政府双重领导，以税务系统垂直领导为主。主要职责：贯彻执行国家的税收法律、法规和规章，结合本地的实际情况，研究制定具体的实施办法；负责研究全县地方税收中长期规划，根据市地税局和县政府下达的税收计划，编制、分配和下达税收收入计划并组织实施；负责地方税收和所管基金、费及附加的政策、制度管理；负责各类企业的财务管理；负责全县地方税收征收管理、税务稽查、税收票证的管理工作；积极开展税收政策调研，及时组织税收宣传活动等。

年内，充分发挥地税职能作用，服从服务地方经济建设，大力组织税费收入，不断提高服务水平。全年完成各项收入32641万元，比上年增加4419.85万元，增长15.76%。其中：税收收入25800万元，同期增加1628.49万元，增长6.74%；征收社会保险费5627.29万元，同期增加2730.58万元，增长94.3%；征收教育费附加745.8万元，地方教育附加227.4万元，代收工会经费257万元，残疾人就业保障金62.46万元。下设稽查局、征收分局、城区税务分局、龙关税务分局、乡镇税务分局，管理各类纳税户2186户，其中企业096户，个体1790户。局内设办公室、政工股、监察股、税政管理股、征管法规股、计划会计股，在岗人员66人。

领导成员名单

局　　长：王卫平

副 局 长：张万富

　　　　　武　军

地　　址：宏达东街58号

电　　话：6312285

【纳税服务】 3月28日，办税服务厅进驻县政府审批服务中心，设纳税申报、发票管理、税务登记、咨询服务、内部资料传递、自助网上报税等窗口和服务区。与工商、质监、安检、卫生等其他十部门一厅式办公，推行网上报税、税银联网、POS机征收、联合办证、同城通办等，向纳税人提供全程服务，服务的质量和效率有了提高。

【档案移交】 6月，向县综合档案馆移交1994年至2007年永久和长期文书档案807卷2051件，档案编研材料3卷，电子编研材料6部90多万字。

【税收专项清理】 7月，由稽查局牵头，在全县范围内对建筑业、房屋出租、出售出租矿山选厂等三个行业开展税收专项清理，半年时间共清缴税款、滞纳金和罚款共1574万元。

【税费收入】 年内，坚持巩固税务职能主体地位，发挥税务主导作用，加强代征管理，做好基础工作，确保了税费正确分解、及时入库。全年矿产品交易中心代征入库税款16100万元。下大力强化非铁矿产业税收管理，坚持堵漏挖潜增加收入，完成非铁矿产业税收9400万元，比上年增加1919万元，增长了25.7%，占税收总量由上年30.9%提高到36.4%，在铁矿产业发展的低谷时期，拉动了税收总量持续增长。

【发票管理】 年内，饮食业定额发票刮奖兑现奖励138人次3850元；加强货运发票管理，代开货运发票核定了最大限额，信息资料比对从过去票票比对转向票税比对；加强短途运输业日常管理，代开运输发票320份，征收税款600万元。

【落实税收优惠政策】 年内，审批下岗职工再就业税收减免6户，减免税款3.6万元；政策性减免企业所得税56万元，土地使用税和房产税67.4万元，审批财产（坏账）损失499万元。

【营业税管理】 年内，贯彻《销售不动产、建筑业营业税征收管理办法》，实行房地产一体化税收管理，两行业入库营业税4863万元，同比增收1638.3万元；落实营业税条例和实施细则，对131个达不到起征点的纳税户依法认定了免税。

【所得税管理】 年内，汇算清缴44个企业2008年度的所得税，盈利17户，清缴税款871万元；受理年所得12万元以上个人所得税申报42人，缴纳税款1435万元。

【财产行为税管理】 年内，开展土地使用税税源清查，核查349户，增收税款36万元；落实土地增值税预征、清算、重点税源户监控制度，征收土地增值税113万元，同期增收75万元。

【费金管理】 年内，加强社保费、工会经费和残保金费源管理，密切部门协作，理顺信息传递，规范缴费登记，加大征收力度，征收社会保险费5628万元，比上年增长了94.3%；征收残疾人就业保障金62.46万元；代收工会经费257万元。

【执法风险管理】 年内，坚持“通过完善工作机制降低风险、通过规范执法行为防范风险、通过落实责任追究警示风险”，完善定额管理，对达不到起征点的个体户按照程序进行了认定；规范执法文书使用，依程序清缴欠税11万元，欠税总额压缩到1万元。

【执法监督工作】 年内，开展以税收执法检查为主的执法监督工作，逐条对照剖析市局和县局检查指出的问题和不足，在规定时间内较为彻底地进行了整改，纠正不当执法行为22项，追缴代开发票少征税款436元，对30条执法过错所涉及的13个责任人进行了追究。

【信息宣传和调研】 年内，编发地税信息26条、简报2期、图片新闻48幅，其中县委、县政府采用2条，市局采用13条。市以上报刊发表稿件5篇，其中：河北工人报地税周刊2篇，《河北税务》1篇，《张家口日报》1篇，其他媒体1篇。上报调研文章8篇，其中市局《调研园地》采用2篇，《河北税务》采用2篇，《张家口税务》采用2篇。

【获得荣誉】 年内，在庆祝建党88周年暨建国60周年歌咏比赛、县“彩色周末”文化活动中获得三等奖，在“深入学习实践科学发展观活动知识竞赛”、迎国庆“红盾杯”党纪政纪法规知识竞赛中获二等奖，在“爱中华、爱祖国、歌颂社会主义”演讲比赛中取得了第一名。在全县两次群众问卷评议中，取得了较好效果，在第一评议范围（行政执法类）的14个参评部门中被评为第一名。

【扶贫工作】 年内，出资2000元帮助田家窑镇李什沟村修建村委会，出资1万元帮助后城镇双桥村文明生态村建设；出资2万元帮助赤城镇西大村硬化街道。

（张志强）

教卫科文

科技管理

【概况】 科学技术局是县政府负责全县科技工作的管理部门。主要职责，组织拟定全县科学技术发展的中长期规划和年度计划；拟定全县科技体制改革政策措施，指导科技体制改革工作；研究多渠道增加科技投入的措施，组织县级科技“三项费”的落实，会同财政等有关部门提出资金安排建议计划，并负责监督检查；负责全县农业和农村科技进步工作，推动科技服务体系的建立；指导和协调县直各部门及各乡镇的科技管理工作等。

年内，以科学发展观为统领，以“作风建设年”活动为契机，紧紧围绕“两大目标，三大战略，四项重点工作”，认真开展科技工作，全县推广了13项农业实用技术，提高了农业产业和龙头企业的科技含量，对全县的科技项目进行了申报，开展了农民素质大培训和“科技活动周”活动。较好的完成年初安排的目标任务，呈现了科技引领经济、科技服务社会的良好局面。荣获市局“科技创新先进单位”称号。机关内设办公室、业务股、科技服务中心，在岗人员9人。

领导成员名单

局　长：许晓梅（女）

副局长：包艳玲（女　3月任）

　　　　靳春风（女　9月任）

地　址：府安东街2号

邮　编：075500

电　话：6312256

【农民素质大培训】 去冬今春以来，全县共培训农民91360人，集中办班516期，培训农民52860人，通过媒体等渠道普训38500人。发放培训明白纸46900份，发放培训书刊11360册。组织培训师资4390人，有216位农民现身说法566次。培训涉及农户46820户，有2200多名干部下基层参加培训。

【“科技活动周”活动】 5月22日，在赤城县影院文化广场隆重举行科技活动周启动仪式。活动主会场共有技术专家30多人进行了现场咨询服务，张挂展板20块，现场发放各种科普宣传资料3000余份，2000多名群众参与了现场活动。在科技活动周期间，组织开展了科技宣传、科技培训、科技下乡等系列活动。

【农业实用技术推广】 年内，共落实推广了无公害蔬菜栽培技术、珍稀食用菌优质高效栽培技术、动植物防疫检疫技术、仁用杏高产种植技术等13项实用技术推广项目，促进了无公害蔬菜、杂粮杂豆、食用菌等特色产业的发展。

【农业产业化发展】 年内，通过采取稳定产业基地种植面积，合理区域布局；加大引资力度，彰显公司带基地作用；引进科技型人才，提高科技含量；加强基础设施建设，延伸产业链条；采取资金捆绑使用，加大政府扶持力度等措施，农业产业化项目有新的突破。蔬菜种植面积达到8000公顷，大葱种植面积366公顷。食用菌栽培菌棒500万棒，杂交谷子1800公顷。全县谋划实施了百万元以上农业产业化项目40个，有11个项目列入全市“111工程”重点项目。总投资5.73亿元（其中：投资亿元以上项目1个、1000万元以上项目10个）。截止4月底，11个项目均已开工建设，完成投资2000万元。

【提高龙头企业科技含量】 年内，宣化沃塬蔬菜公司投资300万元在田家窑、赤城镇租地1000亩，种植出口韩国、日本的萝卜、葱头、西兰花、生菜等蔬菜品种。在赤城镇、后城镇落实400亩生菜、西兰花订单蔬菜，全部采用滴灌技术。公司与农业局合作投资建成了蔬菜加工厂和恒温库1处。北京利农集团公司、张家口新科蔬菜公司投资3000万元，在样田乡下马山和柳林屯村分别建设精细菜农业基地和出口蔬菜基地1800亩，全部采用膜下滴灌和喷灌技术，穴盘无土育苗和错期播种技术，种植优质西兰花、黄心小白菜和大白萝卜等。攀宝科技有限公司投资1000万元，在独石口租地1000亩，建设生态农业园区，种植空心香芹700亩、松花菜300亩。全部采用防虫网覆盖、滴灌技术。同时，新建保鲜库、有机肥料厂各一座。与中国农科院、俄罗斯等科研单位合作，研发的沸石矿物有机肥和沸石土壤改良剂，以及用沸石做原料建设温室大棚，在蔬菜种植和食用菌栽培方面收到了特别的效果。

【科技项目申报】 年内，申报了兴荣民胶饲料有限公司从北京引进的逆流浸取提纯生物胶原蛋白、乳肉兼用型牛新品系选育及产业开发项目，攀宝科技有限公司与俄罗斯科研单位研究的矿物质有机肥项目，燕山生态区梅花鹿养殖快繁等项目。其中“逆流浸取提纯生物胶原蛋白”获国家科技部和河北省科技型中小企业技术创新基金项目，在科技项目争取和管理上实现了新突破。

【扶贫工作】 年内，局领导和工作人员多次深入到联系乡、村调研，充分了解乡情、村情，帮助乡村理清工作思路，制订发展规划，组织举办农业实用技术培训，同时资助独石口镇独石口村资金1000元，用于改善村委会办公条件；资助独石口中学500元资金奖励优秀学生；在教师节为教师送去慰问金1000元。

（包艳玲）

防震减灾

【概况】 地震局与科学技术局合署办公实行一套人马两块牌子。地震台隶属省地震局，受张家口中心地震台领导。地震局、地震台的职责是，负责本县防震减灾工作，宣传贯彻执行《中华人民共和国防灾减灾法》、《地震观测环境保护条列》及相关的方针、政策、法律。取得完整、连续、可靠的地震数据、地震监测及预报研究。将数据及时上报省地震局及各学科组。有异常情况加强跟踪和监视。

年内，以人为本，扎实做好防震减灾工作。县地震局荣获市局“2009年度防震减灾先进单位”称号。地震台在省地震局资料质量评比中获得水位第1名，水温第1名，网络信息第2名，垂直摆优秀奖。台内设测震组、形变组，在岗人员4名。

领导成员名单

地 震 局

局　长：许晓梅（女）

地 震 台

台　长：周建成

地　址：经贸南路156号

邮　编：075500

电　话：6312303

【防震减灾知识宣传】 5月12日，在我国第一个“防灾减灾日”，组织独石口镇中学开展了以“珍爱生命，防震减灾，共建未来”为主题的纪念汶川地震一周年的纪念活动。将1000本抗震应急知识手册赠给独石口镇中学，让广大师生通过学习防震减灾知识，增强防震减灾意识和防灾避灾的意识。10月份，为独石口中学申报了河北省防震减灾科普示范学校。

【宏观异常收集、核实工作】 年内，在全县18个乡镇设立35个宏观异常监测点，并于开展5.12汶川地震活一周年纪念活动的当天进行了宏观监测点的挂牌仪式。建立起24小时值班和宏观异常接收制度，切实加强对地震宏观异常的观测、报告、核实工作。

【“三网一员”体系建设】 年内，在全县18个乡镇440个行政村设立了防震减灾助理员和村级网员458名，负责所在地震情监测和分析。形成“横向到边、纵向到底”的群测群防网络体系。

【地震仪器监测】 年内，地震台的12套仪器，其中：微震议1套3测向、强震议2套、垂直摆1套3测向、水温仪2套、水位仪1套、地电场1套6测道、电磁波1套2测道、气象三要素2套6测道，洞温议1套，每天通过监测产出23040组数据。

【小地震活动】 年内，县域内小地震活动见下表：

发震时刻	纬度	经度	深度(km)	震级ml	参考地点
12月27日18：36	40.81N	115.98E	15	0.7	样田乡境内
12月30日17：59	40.61N	115.96E	9	1.3	大海陀乡境内

（包艳玲、周建成）

教育管理

【概况】 文化教育局是县政府负责全县文化、教育工作的部门。主要职责是，加强对教育事业和文化事业的管理，促进全县各级各类教育均衡、协调发展，不断提高教育教学质量，办让人民满意的教育。

年内，全社会观注的农村义务教育经费保障机制得到有效落实。新成立了赤城县特殊教育学校并顺利通过省级验收。教育教学工作有序开展。09年高考一本上线9人，二本上线35人，三本上线161人。中考550分以上164人，平均分数374分。局下设事业股室：招生办、教研室、成职教股、信息技术装备站、教育服务中心。局内设党政办、人事股、教育股、财务股、监察审计股、文体办、教育督导室、教育系统工会。在岗行政、事业编制77人。

领导成员名单

局　　长：卜明方

副 书 记：荣瑞峰

主任督学：柯义仓

副 局 长：郑玛峰（女）

刘进财

尤桂宝（3月任）

地　　址：长源路41号

邮　　编：075500

电　　话：6312469

【教师培训】 3月7日至18日，对1412名中小学教师进行综合教育技术培训考核；5月16日、17日、23日、24日分别对新招聘的38名小学教师进行岗位培训，6门课程规范性培训；7月23日至27日对全县100名骨干教师、优秀班主任进行专题培训；7月29日对全县各学校的校本培训辅导员35人进行了培训；8月17日至20日，对154名特岗教师进行了培训；配合省、市继续教育中心培训工作，参加省级培训30人，市级培训48人；10月17日，对33名教师进行了培训考核，颁发了省教育厅中小学教师综合教育技术能力合格证书。

【职业教育宣传月】 4月，职教股指导职教中心举办了大型图片展，先后在学校、县城、乡镇展出，学校成立了文艺宣传队，在新区文化广场举办职业教育宣传文艺汇演并下乡巡回演出。

【教育教学督导】 4月，教育督导室人员对全县中小学生综合评价工作进行专项督导，对存在问题及时给予指导，要求制定了《中小学生素质综合评价实施方案》。11月，督导人员利用一周时间，对学区建设人员、经费、开展工作情况进行调研督导。12月10日，督导室分三个考核组对全县中小学、幼儿园全年工作进行考核，根据考核情况，对显著成绩及存在问题进行了总结，并进行量化打分，按评分结果确定先进单位。

【甲型H1N1流感防控】 4月，教育局第一时间成立了教育系统防控指挥部，严格落实晨午检制度、因病缺勤追查登记制度。实行家检、校检、班检。对中小学、幼儿园统一进行消毒。对全县中小学发放消毒液120箱、红外线测温仪100个、宣传画600幅。为学生及教职工免费接种流感疫苗5000支，组织25000名学生喝预防药品。全县中小学、幼儿园购体温计25000根，消毒液80箱，由于措施得力，教育系统没有发生大范围流感疫情。

【法制教育报告会】 5月4日，教育局联合司法局、城关派出所到16所学校举办法制教育报告会，利用校园电视台对全校学生进行法制安全教育，会后各班举行以“珍爱生命，安全第一”主题的班会。

【举办艺术节】 5月27日，举办了全县中小学参加的艺术节，参加文艺汇演人数1100人，展出书画作品226幅。

【招生考试】 6月，组织全县964名高中学生参加全国高考文化考试。8名高考军队院校报名、政审、面试、体检、公布高考成绩。组织学生填报志愿，英语考生口试，成立了信访服务站，接受社会咨询。

【收费检查】 6月，监察审计股组成检查小组，对全县中小学校财务情况进行跟踪调查，要求各中小学6月22日前将治理“小金库”自查报告交财务股。并对全县义务教育阶段经费保障工作进行了审计和调查。

【校舍安全工程】 7月，由教育局牵头，联合城建、财政、安监、地震等11个部门对全县53所中小学校754栋校舍进行排查，排查面积198952平方米。9月，张家口塞洋有限公司对排查的校舍进行鉴定，B级危房157172平方米，C级危房28027平方米，D级危房13753平方米，制定了赤城县中小学校舍安全工程规划，分三年时间对危房进行改造，规划改造面积212953平方米，总投资13215万元。

【成立特殊教育学校】 9月，特殊教育学校开学，位于样田中学院内的全封闭特殊教育学校，投入资金55.1万元，占地面积2200平方米，建筑面积719平方米。学校配套用房26间，各类教学设施、器材、图书按标准配备，达到了国家和省特殊教育学校建设标准。共招收智障儿童19名，教职员工14名，其中专任教师7人，生活教师3人，管理服务人员4人。10月30日，通过了省验收组对特殊教育学校的验收。

【教职工演讲赛】 9月，教育系统举行了“一切为了孩子，为了一切孩子”为主题的中小学班主任、教师、教职工演讲大赛，全县共有120名教师参加比赛。

【教学评估】 9月14日至28日，分组对全县32所中小学进行了教学评估检查。评估小组根据《赤城县文化教育局关于实施义务教育阶段教学评估的实施方案》对学校教学的评估指标，采取听汇报、查档案、召开座谈会、看教学设施形式进行了教学评估，将发现的问题与学校进行了交流，指出整改方向。

【成立教师学习与考试服务中心】 12月，依托“全国中小学教师教育网”

成立了赤城县“教师学习与考试服务中心”为全县中小学教师学历提升搭建了新的平台。

【教育教学成果】 年内，高考一中一本上线8人，二本以上35人，三本上线161人。职教中心参加考试的56人中，上本科线1人，上专科线45人。中考550分以上48人，比上年增加39人；500分以上164人，比上年增加63人；中考平均分为374分，比去年提高34分。全县小考平均成绩比上年提高了6分，由去年的268分提高到274分。

【重点项目建设】 年内，续建第一小学教学楼，总投资1200万元，建筑面积8086平方米，于10月底竣工投入使用。续建第一幼儿园，总投资720万元，建筑面积3129平方米，9月竣工并投入使用。雕鹗九年一贯制学校新建学生食堂、餐厅1000平方米，投资200万元，5月10日开工建设，8月竣工并交付使用。

【农村初中校舍改造】 年内，新建东卯中学学生宿舍楼和餐厅，总投资170万元，建筑积1570平方米；新建后城中学学生宿舍楼和餐厅，总投资130万元，建筑面积1645平方米；两项目工程于5月开工建设，10底全部竣工投入使用。利用中央校舍维修资金，新建第三中学学生食堂、餐厅，建筑面积600平方米，总投资65万元，5月开工建设，10月竣工并投入使用。

【落实中小学生补助】 年内，全部免除学杂费和书费，共预算公用经费1096万元。公用经费标准为，小学每人每年300元，初中每人每年500元。小学生每年补助800元，初中生每年补助1000元；贫困生提高了补助标准，小学提高到每人每年500元，中学提高到每人每年750元。

【教师招聘】 年内，为第一中学和职教中心招聘新教师20名，为幼儿园招聘教师36名。通过考试、面试相结合方式，从乡镇学校在编教师中为职教中心、第二中学调配所需专业教师18名。

【“一帮一”支教活动】 年内，在县城各中小学和幼儿园开展了“增强农村教师综合素质，提高农村学校教学质量”为目标的“一帮一”支教活动。3所国办中学、1所幼儿园和3所县城小学共选派64名中青年骨干教师对口支援10所农村中小学。

【教学研究】 年内，“十一五”课题1项省级课题成功结题，6项市级课题结题，有7项课题参加了中期汇报。职教中心作为中语会“十一五”重点课题“创新写作教学研究与实验”学校、玉辉小学作为省重点课题《优化学生心理生活实验研究》项目学校、第一小学作为省重点课题《校本课程开发的教育实践研究》实验学校，组织师生积极开展研究，取得了阶段性研究成果。

【送教下乡】 年内，组织了小学语文、初中英语送教下乡，全县共计6所学校200名教师参加了活动。活动中采取对优秀教师课堂教学观摩和教研员现场点评诊断相结合的方式，上课教师受到了磨练，听课教师受到了教益。

【学校布局调整】 年内，学校布局调整后，保留高中1所，职教中心1所，初级中学8所，小学33所，教学点55个，九年一贯制学校8所。

【教师职称评定】 年内，为教师评定初级职称35人，中级职称17人，高级职称60人。

【教学设备配置】 截至年底，全县中学共有各种教学仪器161854件；小学有各种教学仪器47126件。

【信息化建设】 截至年底，全县中小学有计算机2848台，多媒体55套，语言系统12套，卫星接收42套。远程教育工程电视机245台，DVD播放机245台。校园网3个，电子图书室1个，视频会议室1个，数字化、理、化、生科学实验室设备11个。

（李海刚）

重点学校

【第一中学】隶属县文化教育局。主要职责，认真贯彻教育方针，狠抓教学研究，教法改革，教师思想政治工作，师德教育。把教书育人作为第一要务，不断提高教育教学质量，培养德、智、体、美、劳全面发展的新型人才。

年内，第一中学对教育教学制度进行大胆改革，实行级部管理和两条线考核制，修改高考奖励办法，建立奖学、助学制度，“一对一”学科补差制度，全校参加752名高考生，理工、文史（不含艺体生）一本上线学生8人，比上年增加5人；二本以上上线学生35人，比上年增加20人；三本以上上线学生161人，比上年增加50人。邵鹏程同学以617分名列榜首，超出 一本线48分，被吉林大学录取。艺体生本科提前批28人，比上年增加12人；三本以上34人，比上年增加15人。学校获得了市级以上荣誉12项，又获张家口市高中跨越式发展二等奖。校内设办公室、总务处、教务处、德育处、团委、教科室、保卫科、宿管处、校产办、特长生办公室。有教学班55个，教职工281名，其中教师196名，高级职称66名。在校生2702名，其中：高中生2100名。初中生602名。有远程教学设备1台，多媒体设备55台，电脑400台。

8月，新入学794名高中新生参加了为期一周的军事训练。军训期间，进行了内务整理、队列训练、国防知识、消防知识、法律知识等方面学习、训练，培养了新一届学生的爱国主义、组织纪律、遵纪守法、安全意识观念。

9月28日至30日，举行学校秋季田径运动会，高中男子组设12个竞赛项目，女子组设10个竞赛项目，初中男子组设10个竞赛项目，女子组设10个竞赛项目，全校按高中、初中组前6名发奖，并评选出8个精神文明班级体。

11月，举办学校第十五届科技艺术节，本届科技艺术节设科技制作、声乐、器乐、舞蹈、绘画、书法六个大项。各项分初、高中两个组进行，共有240名学生参加比赛，评出一等奖12名，二等奖24名，三等奖36名。

组织学习、讨论了《中小学教师职业道德规范》和《赤城一中关于自觉维护教师形象的决议》并在年底进行教师师德民主测评，量化打分，评选出师德标兵40名。

为实现管理重心前移，在教育教学方面推行了级部制管理。具体做法是，把年级作为教学实体，称为级部。学校赋予级部聘任、考评、奖惩学科教师、班主任，备课组长和学生管理方面的人事权和一定的财务权。级部领导机构设年级校长一名，级部主任一名，级部副主任一名，由校长聘任年级校长，年级校长聘任年级主任、副主任。由年级领导、支部委员组成年级委员会，年级委员会聘任班主任、科任教师，对班主任、科任教师实行竞争上岗。年级内以备课组为单位，开展集体备课，分层次开展教学。各年级每位骨干教师都同时承担实验班和普通班教学任务。班级德育工作实行量化考评，并为每名学生建立学生个人成长档案。对班级的管理实行班主任岗位津贴与班级管理挂钩。

年内，70名特级教师、高级教师、骨干教师为培养青年教师课堂教学能力，上示范课、优质课、公开课306节。高中教学不满6年的69名教师上汇报课216节；特级教师、高级教师、骨干教师听青年教师上课1110余节，高中教学不满6年的教师听特级教师、高级教师、骨干教师上课2800余节。

各年级均成立由年级领导、骨干教师、骨干班主任组成的教学督导组和教育督导组。分别负责年级教师教学工作的检查指导和班级德育工作检查考评。实行周考评，月汇总，直接与班主任、科任教师岗位津贴、课时津贴挂钩。在级部对本年级班级、教师进行考核的同时，对教育教学工作进行督导考评，每学期检查两次，并细致地进行评课指导，评估划分。每名教师的月考评成绩按月记录，年终根据两条线分数比例汇总，教学成绩占60%，教育教学常规检查占20%，年级考核占20%。教师年终考核成绩按年级排名次，直接与评模选优挂钩，根据教师考核成绩名次由高到低选拔推荐。

增加了班主任工作、教学成绩、竞赛辅导、教学研究的考评分数，使职称评聘直接倾向于有作为的一线教师。使学校出现了争当班主任、争着要课时、主动搞教研的良性竞争局面。

对高考奖励办法进行了修改，在原来基础上增设班级指标奖、学科贡献奖、班主任奖、校长提名奖4项内容。基础奖平均每班每科500元，按本学科高考名次由高到低提取，指标奖一本上线1人奖5000元，二本上线1人奖3000元，三本上线1人奖200元。班主任奖从班内基础奖和学科贡献奖中提取。校长提名奖用以奖励在高考中作出重大贡献或成绩突出的集体和个人。既突出了以班主任为核心的班级教学工作小组的集体贡献，又区分了各学科在班级高考成绩中的贡献率。本年共发放高考奖金23万元，个人最高奖金达2万元，奖金最少的900元。

从中国青少年发展基金会、卜资助

学基金会、兴大助学基金、福彩助学基金等单位共争取到助学资金130余万元，对650多名学生进行了不同程度的资助。学校每年拿出20万元作为奖学金，奖励各年级学习成绩优秀的尖子学生。同时在择校生中实行期末统考进入年级前50名的学生退还择校费。

各年级每月分层次命题进行一次月考，备课组对班级考试成绩进行质量分析，班级对学生月考成绩进行分析。通过月考不断激励学生进步，帮助他们树立信心。月考成绩揭晓后，各年级召开学生大会，对成绩优秀和进步显著学生给予表扬和奖励，并把获奖学生登录光荣榜。

争对高考有一定潜力，并能通过补差实现跨越式发展的学生列入补差对象，从高一开始针对性地进行“一对一”学科补差。在补差过程中，既要进行知识补差，又要进行心理辅导。在复读生中有4名学生通过针对性补差由三本跨入了一本院校，有2名学生从专科跨入了二本院校。全校35名学生进入本科院校。

邀请河北师大5位教授和北京心理学专家为高三学生做考前心理辅导。分四批派出32名教师赴石家庄、北京参加高考研讨会。

党总支组织全体党员创建党员先锋岗活动，全校共有在岗党员46名，创建先锋岗46个，发展教师党员5名，学生党员12名。

秦占军校长被评为河北省先进教育工作者，杜桂兰老师被评为张家口市模范教师，卜文平老师被评为张家口市优秀教师。秦占军、宗东峰、郭文江、刘德昌、许爱军、杜桂兰、卜文平被县政府评为模范教师，陈秀梅老师被评为县级师德先进个人。学校被授予市、县文明单位，张家口市教育系统首批花园式学校、张家口市度教学工作先进单位、张家口市教育系统先进集体、张家口市廉政文化建设示范学校、张家口市基层平安建设示范单位。

领导成员名单

校　长：秦占军

副校长：李德峰

施　录

郑万明（10月任）

地　址：长源街63号

邮　编：075500

电　话：6312170

（高新国）

【第二中学】 隶属县文化教育局，是规模最大的一所初级中学。

年内，紧紧围绕县文化教育局的全年工作要点，全面落实科学发展观，强化学校管理，统筹各项工作，全面提升了学校的发展水平。获得“教育工作综合考核先进单位”、“张家口市2008—2009学年初中教育教学工作先进单位”、“教学评估工作先进单位一等奖”、“县中小学艺术节文艺汇演歌伴舞一等奖、舞蹈一等奖”等奖项。 2006年初一招生时，在全县小学毕业考试前200名学生中只招了7名，经过三年的学习，在2009年中考中，有54人超500分，跻身全县前100名，并且夺得了语文、数学、综合文科三科状元。全校有教学班 26 个，在校生 1396 名。有教职工 140 名，其中：教师 128 名。初级职称 19 名，中级职称 80 名，高级职称 29 名。

4 月 9 日，教育处和教务处一行四人在两位新任副校长的带领下赴涿鹿县考察教育教学管理新方法。首先，考察了被称为中国民办教育百强学校之一的北晨学校，与北晨学校初中部的两位副校长进行了交流，了解了该校教育教学管理中的一系列制度和方法，并就教育教学工作中的一些常见问题进行了探讨。在涿鹿镇中学，了解了该校的发展和办学方法。通过这次考察，开阔了眼界，拓宽了思路，增强了办好学校的信心。

4 月 12 日，通过校园电视网举办了法制安全教育报告会。全校师生一起观看了法制安全教育光盘——法官妈妈尚秀云讲《珍爱生命远离犯罪》；学校领导宣布了《赤城县第二中学关于加强安全工作的通知》，对全校师生提出了法制安全方面的要求。第二天，全校各班举行了以“珍爱生命远离犯罪”为主题的班会。

4 月 21 日，举办了有初一初二年级 18 位选手参加的 “纪念改革开放三十周年”演讲比赛活动。各位选手以自己的亲身经历和所见所闻讲述了祖国改革开放三十年来的辉煌成就，表达了立志发奋读书，长大后为祖国的腾飞和家乡的振兴做出应有贡献的豪情。

5 月 4 日，全校师生参加团县委组织的“舞动青春，展现如火激情；伸出双手，共建如画家园”主题活动。走上街头，散发了“做文明公民”的倡议书，并参加了清扫美化汤泉河的义务劳动。通过活动，坚定了热爱家乡建设家乡的信念，增强了主人翁责任感。

5 月 27 日，组织共青团员赴“平北抗日根椐地”——大海陀德育基地进行以“继承海陀传统，弘扬海陀精神”为主题的社会实践活动。在纪念石下，为团员讲海陀革命传统故事，在海陀村进行“继承海陀传统，弘扬海陀精神”—— “手拉手”联谊活动，在海陀石前宣誓，并合唱《没有共产党就没有新中国》。活动后每人写一篇日记和活动体会，以班会形式活动，团员做活动汇报，交流活动体会，让全体学生感悟活动意义。

6 月 5 日，学校出版了《**青春的回忆**——我的二中学习生活》一书，书中载出的 41 篇文章记述了二中学生对母校的留恋、对三年往事的回忆、对老师的挚爱、对同学的深情，充分展示了二中学生的精神境界。

6 月 30 日，印发了《中学生防空防灾知识问答》，各班级组织学习宣传。7 月 5 日，组织全校学生收看青少年安全避险教育光盘。7 月 6 日，以“知识守护生命”为主题召开班会。课间操时间进行紧急疏散模拟演练。下午 5：30， 在校园内组织全体师生进行防空防灾安全演练活动。7 月 7 日 9：18 分，在全市防空试鸣警报试鸣时，进行防空防灾安全演练活动。

7 月 6 日至 13 日，对初一 9 个班 400 多名新生进行了军训。内容包括：内务整理、仪表举止、纪律作风、队列动作、国防教育等五个方面。经过艰苦训练，学生受到了遵纪爱国、艰苦奋斗的教育，对优良校风的传承和学生坚强意志的培养，起到了有力的促进作用。

9月12日至11月6日，开展了“百日岗位大练兵活动”，在活动中对所有任课教师的课堂教学进行全面检查，共听了96人的课堂教学，参加评委742人次，听课教师达3000多人次。在96节课堂教学中，有36节被评为优秀，优秀率达37.5%。

9月16日，全面深入地开展了学习实践科学发展观活动，共组织学习讨论6次，辅导报告会3次，中心组学习2次，召开各类调研座谈会5次，教职工问卷调查和评议3次，党员专题组织生活会1次，领导班子民主生活会1次，上报专题信息10条。为使活动收到实效，开展了党史知识竞赛、教师综合素质演讲比赛、征文比赛、共产党员先锋岗活动、系列恳谈会、建言献策活动、三访活动、三心活动、四访六问活动、重阳节老干部座谈活动、民主生活会、百日岗位大练兵活动、教学大比武活动、教师培训活动、征求群众意见等，收到了实实在在的效果。

9月27日下午，召开“践行科学发展观、迎国庆教师综合素质演讲大赛”，十二位教师以“为了一切孩子，孩子的一切”为主题做了演讲。评选出一等奖五名，二等奖七名。

10月28日，张家口市初中组微机、体育、音乐、美术学科优质课评选活动中在二中举行。全县有13名教师参加，二中有78人次参加了此次评优课活动。

从11月2日至12月31日，在校园内外开展“老师好”问候语活动。使全校95%以上的在校生见到教师、员工都能够自觉、主动地问声“老师好”，并逐步使问候语活动扩展到家庭和社会。通过写一篇感谢师恩的作文、开一次以“尊敬师长文明礼貌”为主题的班会、在老师中开展一次“我为学生做榜样”的师德演讲会等系列教育活动，对各班活动情况进行评估，全校评选出8个文明礼貌班级和130名文明礼貌标兵。

制定了《赤城二中教工自律守则》“五要”“十不准”约束教师不良行为，针对教师队伍中出现的种种问题及时进行教育。把师德建设纳入校本培训的重要内容，开学前组织全校教师培训，观看光盘《教职工十二大不敬业行为批判》、《工作主动人生成功的阶梯》、《只为成功找方法，不为失败找借口》，进行全员端正教学思想教育。

本着从严治校的原则，强化管理，深化改革，以教育为核心，加强对学生进行理想教育、传统美德教育、纪律教育、法制教育和心理健康教育。培养了学生良好的道德品质、文明行为和礼貌习惯。形成了“科学育人，全面育人，全程育人”的新格局。建立起严格的日常行为规范督察制度，做到事事有标准，处处有规章，初步实现了无空白管理。在全校形成了科科渗透德育、人人抓好德育、事事重视德育、时时突出德育、处处显示德育的运行机制。

共有6名教师主持的6个科研课题结

题或通过中段验收。孙玉果主持的市级一般课题《数学问题提出，数学问题解决研究》和张勤主持的市级重点课题《初中物理创新教育初探》通过中段验收并获二等奖，预计2010年12月结题；王建军主持的省级重点课题《建立成长评价记录，促进学生全面健康发展》于7月通过省教育学会鉴定结题。车娜主持的市级课题《初中英语教学中学生自主学习能力的培养》、王建华主持的市级一般课题《落实师生互动，是走进新课程的基础和前提》、贾培军主持的市级课题《如何利用远程网实现资源共享，做到“人网、天网、地网”沟通，探索信息技术教育新模式》于12月结题并通过验收。

领导成员名单

校　　长：张　存

副 校 长：薛雅琨

　　　　　孙卫国（3月任）

　　　　　郭万莲（女　3月任）

地　址：永进路176号

邮　编：075500

电　话：6312231

（闫生雨）

【第三中学】　是一所国办初级中学。主要职责，普及所辖区域初中义务教育，进行教学研究，组织教师培训，加强学生德育、体教育，着力培训社会主义新型人才。

年内，学校加强领导班子建设，教师队伍建设和学校管理，全力抓教师素质教育和教学研究，使学校的各项工作出现新的起色。全校有教学班18个，其中高中班3个，初中班15个，在校生766名，教师职工110人。有初级职称22名，中级职称57名，高级职称30名。有多媒体设备5台，电脑92台。

广泛深入开展师德师风教育活动，提高师德水平；鼓励学历进修，提高学历层次；实施“走出去，请进来”战略，选派教师赴张家口市、宣化及县内各校听课、参观、学习；深入开展教研工作，有15名教师执教的公开课被评为优质课，有18名教师荣获全校“十佳”教学能手，有12名教师获县级优质课奖。

坚持优势导向，科学民主；扬优为主，罚劣为辅；尊重为主，限制为辅；目标激励，量化评估；稳妥决策，民主集中的办校原则；健全制度，有章可循，尽量大限度让全体师生在工作学习中得到收获和满足。探索出一条“五育人”德育工作新思路，即：教书育人、管理育人、环境育人、服务育人、情感育人。教育学生“今天以三中为荣，明天三中以你为荣”，收到了明显的效果。

坚持质量兴校，全面实施素质教育。狠抓课堂教学改革和教学研究，全面实施新课程标准，优化课堂教学过程，坚持运用新教学理念，激活课堂教学，激发学生学习兴趣。

健全完善了教学管理制度，坚持每学期进行一次全员教学常规检查，对教学单元检测进行跟踪抽查，并纳入教师工作目标管理考评之中。扎实推进新课程改革实验，强化了对教师新课程培训，开展了一系列新课程教学研究活动，利用远程教育设施组织教师观摩学习新课程示范课。

教研活动以多媒体教学为主导，先后有十多位教师在校内做多媒体公开课教学。王桂叶、田慧云老师的多媒体课被推荐为县优质课进行参评。全体教师参加了校本培训，分别获县级一、二等奖，并推荐市公开课，整理出适合当地建设的校本教材。和素芳、宋步新获市级骨干班主任，王秀花等10余名教师受到市、县表彰，有20位教师分别被评为市、县级骨干教师和名师。

王秀花老师主持的《充分运用现代教育技术提高农村语文成绩》的论文确定为张家口现代教育技术“十一·五”规划立项课题，有5篇论文获国家和省市级奖励。

领导成员名单

校　长：田日升

副校长：郭　春

孙继忠（3月免）

冶治江（3月任）

地　址：龙关镇四街

邮　编：075511

电　话：6495405

（刘宝丽）

【职业技术教育中心】 隶属县文化教育局， 1995年改为“赤城县职业技术教育中心”。学校占地面积2.8万平方米， 校舍建筑总面积15285平方米，其中学生宿舍面积 6709平方米。

年内，围绕学习实践科学发展观活动，精心谋划，创新工作，科学发展，圆满完成了各项工作任务。师资队伍不断壮大，业务素质逐步提高，教学改革不断深化，教学质量逐年提高，办学条件日臻完善，校园监管逐渐到位，安全工作稳步推进。被县委、县政府评为职业教育先进单位。共有教职工132人，其中专任教师123人，专业课教师21人，双师型教师15人；有本科学历67人，专科学历52人；在册学生2227人，其中中专915人，初中1312人。

4月，在职业教育宣传月中，举办了大型图片展，成立了文艺宣传队，两次在新区文化广场展演，多次下乡巡回演出，宣传职教政策，展示职教中心办学成果。

4月8日，按照年初制定的《职教中心奖学金实施方案》，首次在学校隆重召开了优秀学生颁奖大会，对学习成绩优秀、学习进步较大和品学兼优的63位同学进行奖励。

5月8日--9日，与北医附中师生开展手拉手活动，进行了听课、结对子、参观访问等交流活动。5月26日，与北京金融管理学院开展了“青春励志，共享成长”为主题的联谊活动。

6月，由教职工组成的百人合唱团参加了由县委宣传部举办的庆祝建党88周年歌咏比赛，获得了第一名。丰富了教职工的生活，增强了教职工的凝聚力。

7月1日上午9点50分，全校师生进行了防空、防震、防灾疏散演练。师生通过此次演练掌握了相应的防空防震防灾的知识，提高了紧急避险、自救自护的能力。

9月4日，举行了以“为了一切学生，

为了学生的一切”为主题的演讲活动，12位选手进行了激烈的角逐，游海燕老师以深动的讲稿获得演讲第一名。该活动推动了学校师德师风建设，带动学校师德教育工作的顺利开展。

11月，开展了“团结友爱、共同成长”活动。通过征文、演讲、文艺汇演等形式，展示了活动的成果，增进了同学之间、师生之间的友谊，加快了构建和谐校园的步伐。

11月，进行第二批农村优秀青年职业高中教育班的培训考核工作。开展了“双带”工程的前期调研、预研工作，并将调研成果上报，为下一阶段工作的顺利开展奠定了基础。

12月下旬，举办了首届课件制作大赛， 13件作品入围决赛。赵韩永老师制作的课件《月圆月缺》获得本次大赛一等奖。

年内，12名参加天津对口升学的考生全部被天津的高职院校录取，参加河北对口升学高考的56名学生有46人上省专线，其中狄志芳同学以627分上本科线。

开展了由宣传发动、学习观摩、达标实践、总结深化四个阶段组成的“做中学”课堂教学达标活动，共有97名教师接受了达标检验，所有任课教师都参与了听课评课。

有2名教师参加了省级培训， 4名教师参加了新教材培训， 2名教师参加了市骨干教师培训，2名教师参加了县骨干教师培训。还结合课堂教学达标活动对全体教师进行新教材、新理念培训和多媒体技术应用等校本培训。

年内，墨凤兰老师参与的国家级课题《指导学生自主学习的科学方法研究》成功结题，并获一等奖。周永利、罗利海、刘建民、武春丽4位老师拍摄制作视频《奋进中的赤城职教中心》和历书君老师拍摄制作的视频《秦的暴政与灭亡》参加市优秀视频摄制技术评比分别获三等奖。有7位教师在市教育局举办的中等职业学校优质课评比中获奖，其中李春红、连正芳两位老师获一等奖。

年内，聂成霞等10名教师考取技师职业技术资格。双师型教师人数达到15人，占专业课教师的47%，占全体任课教师的24%。

由李斌、阎志刚老师作词，王秋香作曲的《金莲花》，在“张家口市首届教师原创歌曲大赛”评选活动中获得一等奖。王秋香还获得本次活动的最佳作曲奖。由李斌老师作曲，武春丽老师作词的参赛作品《赤城职教中心之歌》获二等奖。

通过分解招生指标、开展招生宣传、细化责任目标等举措，完成招生405人，完成市教育局下达招收400人的招生任务。

在与天津部分单位加强合作的基础上，与北京泓脉人力资源顾问有限公司和天津市北方人力资源管理顾问有限公司新建立了联系。在京津两地建立的就业基地安排214名学生就业，就业满意率大幅提高。

采用集中学习与分组学习相结合、专家讲授与个人自学相结合、印发学习材料与观看多媒体资料相结合等方式深入学习实践科学发展观。通过党员民主生活会、领导干部会、教师恳谈会、学生座谈会和向学生家长发放征集意见书等形式，共收集到可行性建议20多条，为学校的持续发展起到了借鉴作用。

领导成员名单

校　长：林占山

书　记：孙登海

副校长：刘仕忠

孙继忠（3月任）

杨学英（10月任）

地　址：振兴路26号

邮　编：075500

电　话：6316116

（张维峰）

【教师进修学校】 隶属县文化教育局的中等师范学校。是培训中小学在职教师和学校行政管理干部的基地；是集师训、干训、教科研、成人教育培训于一体的教育教学机构。广播电视大学、赤城县语言文字委员会和清华大学教育扶贫现代远程小平教育基金教学站（简称“清华教学站”）挂靠教师进修学校。

年内，认真实施全员校本培训、“培训者”培训、创新能力培训、综合教育技术的培训测验、骨干班主任和骨干教师的培训、新教师入职教育、特岗教师的职前教育等。全年共举办各类培训班20期，培训各类教师4576名。各项工作均取得良好成绩。学校下设培训处、办公室、电大办、语委办、教学站、后勤处。在岗人员33人。

3月7日至18日和10月17日分两期对全县1445名乡下中小学教师进行了培训、考核，并由河北省教育厅颁发了《河北省中小学教师综合教育技术合格证书》。

4月至6月对全县2008年新招聘的81名新教师进行了创新能力培训，并于6月14日进行了考核，并取得了《河北省创新能力合格证书》。

5月，利用4个双休日对全县2008年新招聘的38名小学教师进行岗位培训考核。

6月1日至8日；11日至18日；21日至28日；10月15日至22日；11月1日至8日对五期10名教师到中央电大接受中央广播电视大学发展援助项目的骨干教师培训，并获得培训证书。

6月10至11日在职教中心，语委办组织了由省级普通话测试员主考的普通话水平等级测试，全县共设16个考场，职教中心与口语表达密切相关专业317名毕业生参加了测试。

7月23日至27日对教育局认定100骨干、优秀班主任进行了专题培训。7月28日至31日对教育局认定的100名县级骨干教师进行了专题培训。

7月28日至11月21日对初中、小学教师培训，省级科目《现代教学艺术的理论与实践》；市级科目《校园安全事故的分析与预防》。7月29日对全县35名中小学校本培训辅导员进行了培训，各辅导员回校后对所有教师进行二级培训。8月1日至12月31日全县229名高中教师依托“河北师生网”结合所教学科进行网上学习与考核。11月21日对全县2112参训教师进行了开卷考核，全部全格。

8月，赤城二中、第三小学和茨营子九年一贯制三所学校校长到清华大学参加“校长提高培训班”的面授培训。

8月17日至20日，对全县新招聘的158名特岗教师进行了岗前专题培训。

9月1日至10日河北省保险从业人员继续教育办公室委托教师进修学校对全县159名保险从业人员进行了培训考核。

9月13日至19日是全国第12个推广普通话宣传周。围绕“热爱祖国语言文字，构建和谐语言生活”的主题，充分利用学校这个主阵地，组织全县各中小学、幼儿园、职教中心全体师生学习《国家通用语言文字法》，开展了丰富多彩的宣传教育活动。

11月至12月为赤城二中、第三小学和茨营子九年一贯制学校建立了校长培训“二级教学站”。

12月，教师进修学校依托“全国中小学教师教育网”成立了“教师学习与考试服务中心”。对16名专科，12名本科“专升本、小大专”中小学教师的学历提升进行了培训。

协助省、市继续教育中心的培训，推荐参加省级培训30人；市级培训48人。

共招收130名本专科学员，专科毕业68名，本科毕业45人。依托中央广播电视大学教育资源，相继开设了汉语言文学、金融、财会、法学、药学等专业，学习形式主要依靠收看网络教育节目和自学。张家口广播电视大学不定期地组织学员进行网络教学和培训。学员毕业由中央广播电视大学统一考试，成绩合格颁发中央广播视大学毕业证书。国家承认学历，电子注册，享受国家大中专毕业生待遇。

领导成员名单

校　　长：梁清明

副 校 长：武志强

地　　址：育才路27号

邮　　编：075500

电　　话：6312460

（卢爱民）

文化体育

【概况】 文化体育办公室是文化教育局下属机构，负责全县文化、体育工作。主要职责，加强对全县文化事业的管理，组织文化、体育活动和各类比赛、展演活动以及对文化市场的检查、管理等。

年内，重大节日积极组织开展形式多样的文化活动，同时组织各类体育活动和全民健身活动，以出色的工作，争取上级主管部门的项目支持。加大文化市场管理力度，开展文物复查、历史文化资源保护和非物质文化遗产保护工作，活跃了农村文化生活。09年赤城县被国家体育局授予“2005—2008年度全国群众体育先进单位”。赤城县文化体育办公室下辖文化馆、电影公司、博物馆、图书馆。下设体育股、文化股、市场股，在岗行政、事业人员33人。

领导成员名单

主　　任：侯海云

副 主 任：温广智（3月任）

地　　址：新区文化广场

邮　　编：075500

电　　话：6312940

【组织春节文艺晚会】 1月19日晚8点，春节文艺晚会以”构建和谐赤城、建设靓丽家园”为主题，安排各种形式文艺节目19个，参加演员180人，观众1500多人。为了突出春晚地方特色，提升节目档次和效果，本局与县电视台联合开展了向全县社会各界征集节目活动，共征集节目13个。

【文化市场管理】 2月1日，对全县网吧进行了大检查，要求两节期间要文明上网，规范网络市场禁止未成年人入内和超时经营，同时签订了责任状；2月10日12时，协同公安、工商、检察院、法院、消防等机关对全县游戏厅进行了拉网式检查。4月13日，联合工商、公安对田家窑周边黑网吧进行了联合检查。4月28日对13家音像出租、零售市场进行了检查，收缴了盗版光盘100多张。5月，进一步整顿学校周边文化娱乐场所，取缔和清理整顿校园周边非法经营的游戏机室、录像厅、歌舞厅、音像书刊点等。7月10日配合市稽查队对连邦网吧、裕兴网吧进行了检查并查处。7月28日，取缔了炮梁乡一家黑网吧。8月23日，对音像市场进行了拉网式大检查，收查《7.5疆独打砸抢烧》、《3.4达赖反恐暴力事件》非法政治性光盘。全年暗查、联查、抽查及常规日查累计40余次，出动检查人员150人次，出车30余辆次，处理举报电话5起，关闭“黑网吧”3家、无证歌厅4家，没收并销毁非法光盘1000多张，录音带200余盒，盗版书刊1000多册，处罚车站、街道流窜游商5人。

【迎新春送春联活动】 2月4日，组织本县5位知名书法爱好者深入到雕鹗下虎村、龙门所等地开展“迎新春送春联’活动。现场共送春联200幅。

【元宵节灯展】 2月25日，元宵节灯展拉开序幕。彩灯艺术展共分30个展区，南北河沿街两条展线共600米，展出时间8天。各乡镇、县直各单位参展彩灯造型奇美、绚丽多姿、主题鲜明、寓意深远，吸引观众20万人次。县水务局、县文体办制作的灯瀑、荷花、莲花灯为汤泉河创造了“寒天成瀑布，冰上开鲜花”的新春意境。

【元宵节焰火晚会】 2月28日，(即正月十五)晚上8点的焰火晚会火树银花，漫天飞瀑，奇幻的景象将节日气氛推向高潮。2000多人组成15支民俗秧歌既传承着本土文化又展现了全县人民全民健身的风采。东大村与交通局联合组织的秧歌队形式之全，规模之大，彩车之美均创历史之最。

【文物普查、复查】 从4月10日开始，文物普查队继续开展第三次文物复查，完成了406个文物点的野外复查工作，和资料、数据的整理录入工作。配合省文物局第三次文物调查队在全县范围内开展文物普查工作，已发现262

处不同类型的不可移动文物遗存点，其中旧石器文化遗存18处。7月份，配合河北省第三次文物普查队在全县范围内开展了文物普查活动，完成了《赤城县历史文物展览》的大纲编撰；8月中旬完成了第七批全国重点文物单位的推荐申报工作。

【“庆五一”体育系列比赛】 4月24日—4月28日，由宣传部牵头，文体局、总工会、机关工委主办了以登山、乒乓球、桥牌、象棋、围棋为主的“迎五一”体育系列比赛，六百多人参加了此次比赛。其中，仅五一登山比赛，人数就已达400人，这是历年来我县五一体育活动项目最多，参加人数最多的一次。

【彩色周末文化活动】 5月15日晚七点半，在汤泉河广场，由宣传部牵头，文体办主办的彩色周末启动仪式拉开了“仲夏之夜彩色周末”的序幕。彩色周末文艺活动历时四个月，县直22个单位精心筹备，共演出文艺节目24场。

【文化广场竣工】 6月8日，县文化广场竣工，县委赵书记等县领导、部分市领导和为汤泉河步游桥捐资的知名企业家为新区广场的胜利竣工剪彩。

【“庆七一、迎国庆”文艺汇演】 6月9日，隆重举行庆祝建党88周年暨新中国成立60周年歌咏比赛。本次大赛由全县各乡镇、县直各大系统精心选拔出15支合唱队，参加演出的干部职工1360人。

【基层公共文化建设】 上半年，大海陀、三道川、云州乡的三个文化站项目建成并通过验收，每个项目资金20万元。样田、东万口、雕鹗三个乡镇文化站建设项目开工建设。

【庆“七一”体育比赛】 7月1日，“‘庆七一’体育系列比赛”在县宣传文化中心广场隆重开幕。这次体育活动是由县委宣传部、县文体办、县直机关工委、县总工会联合举办的，本次比赛有17个全民健身代表队、14个篮球代表队、14个乒乓球代表队参赛，参与人数近1000人，比赛时间6天。

【河北省青少年公路自行车比赛】 8月3日至8月5日，再次成功承办了省青少年公路自行车锦标赛。路线选在赤南线汤泉往北路段，来自全省各市近160名运动员参加比赛，全赛共分16个组别，最远达75千米，最近1千米。

【重光塔前期验收】 8月下旬，接受省文物局专家组对龙关重光塔维修保护工程的前期验收，工程质量达标。

【成立社会文体组织】 9月12日，新成立阳光舞蹈协会、太极拳协会。目前全县有社会文体组织17个，年活动次数达150多次。

【书画展览】 10月1日至12月31日，举办“庆国庆，迎中秋”大型书画展，对全县各界文化艺术名作进行展览，共同展示了赤城县文艺创作的新成果。此次展览共展出书法80幅，绘画63幅，这是全县多年来举办的第一次艺术成就展。

【下乡宣传】 10月19日至20日，组织第三批学习实践科学发展观文艺宣传队赴镇宁堡、云州乡进行宣传演出。

【文物管理】 年内，共管理文物2400多件，基本按照文物规模大小分类存放，严格执行《文物馆藏管理办法》，布置一流展厅，并积极筹备赤城县历史文物展览。

【系统引资】 年内，争取回国家体育局价值12万元的体育健身器材两套（其中一套已经安装到宣传文化中心后院的体育场）。同时，争取回国家图书馆价值40万元的5万册图书于11月份到位。

【非物质文化遗产申报】 年内，对第一批非物质文化遗产保护名录资料进行整理，集成《赤城县非物质文化遗产成果汇编》；申报的“马栅子戏”为省级非物质文化遗产保护名录，于6月定为河北省第三批传统戏剧类保护项目；对中所“秧歌剧”进行整理，计划上报市级非物质文化遗产保护名录。

【文艺创作】 年内，全县文艺创作蓬勃发展，新作品不断涌现。创作的摄影、绘画，书法、音乐快板、小品等文艺作品共计120个。

【农家书屋建设】 年内，建成首批农家书屋10个（即龙门所、大海陀、独石口、龙关、雕鹗、茨营子、白草、镇宁堡、田家窑、东万口），并通过验收。中央和省为每个农家书屋配备价值2万元的书报刊、音像制品。

（冯建宇）

档案　史志

【概况】 档案史志局是负责全县档管理，党组织地方史资料征集、编研，地方志编修的事业机构。

年内，以深入开展学习实践科学发展观和干部作风建设年活动为契机，围绕县委、县政府中心工作，解放思想、务实创新，服务大局，着力推进“四大工程”（兴馆工程、接收工程、数字化工程、百万家庭建档工程）为主要内容的档案工作，全年接收档案20383卷、8357件。努力做好党史资料征集，《赤城县志》（1991—2007）通过省、市专家评审，完成首部《赤城年鉴》（2009）编纂发行，积极做好信息报送工作。全年省《档案工作》采用信息2篇，市《档案动态》采用3篇，县公众信息网站采用3篇。档案史志局被省地方志办公室评为县志编纂先进县。机关内设办公室、档案指导科、法规科、管理科、史志科，在岗人员11人。

领导成员名单

局　长： 张世喜

副局长： 王金富（2月任）

地　址： 府安东街2号

邮　编： 075500

电　话： 6312361

【增加档案库房设备】 1月，为改善档案保管设施和保管条件，保障档案安全，达到档案的“十防”要求，促进全县档案事业健康发展，继续加大对档案保护的投入。积极向县财政争取资金8万元，购置空调机6台、档案消毒机1台、大型吸尘设备1台、数码相机一部以及档案馆必备设备等，使档案馆馆库设施完备、功能齐全，确保国家档案资源安全万无一失。

【开展“学习实践科学发展观”和“作风建设年”活动】 3月，按照县委“学习实践科学发展观”和“干部作风建设年”活动领导小组办公室要求，圆满完成了各阶段的任务。全局召开干部职工大会3次，民主生活会4次，聘请纪工委书记做干部警示报告1次，组织科学发展观知识测试1次，报送活动信息4篇，为基层解难题送服务30次，每人撰写了2万多字的读书笔记、心得体会各2篇，发放征求意见书300多份，梳理征求意见和建议40条，聚焦提炼出7个方面突出问题。通过此次活动，有效提高了全体党员干部的综合素质和工作能力，为更好地开展工作奠定了基础。

【馆外档案接收】 3月，按照县“两办”《关于加强档案接收工作的意见》和档案史志局《关于档案接收工作的实施方案》的要求，加大了档案接收力度，积极对有档案移交任务的单位，进行档案业务指导和接收进馆工作督导。全年，共接收档案20383卷、8357件。年末，县国家档案馆馆藏档案40414卷、14327件，分别比2005年末19854卷、2637件增加103%、443%，提前一年实现省局制定的“十一五”末比“十五”末档案数量翻番目标。

【档案馆建设立项】 5月，国家发展改革委员会、国家档案局联合下发《关于编制中西部地区县级国家档案馆建设规划的通知》（发改办投资［2009］1208号），将我省列入了《中西部地区县级国家档案馆建设规划》范围，并作为试点省之一。县局成立了县国家档案馆建设领导小组，并编制了《赤城县综合档案馆建设规划表》、《关于县综合档案馆的现状及存在的问题》、《档案事业综合年报》（1996-2008）、《县档案馆应进馆而未进馆档案说明》以及县政府《关于建设用地和资金投入的承诺函》等相关文件资料，并分别报送省档案局、市档案局、市发改局。县档案馆需求建筑面积3300平方米，其中库房面积为1200平方米，有关材料经省、市相关部门审核，我县已列入规划。

【召开档案接收调度会】 7月28日，档案史志局召开第一批档案移交工作调度会。县政府副县长张晓燕出席会议，列入第一批档案移交的42个单位主管领导参加了调度会，会议由县档案史志局长张世喜主持。会上对第一批档案移交情况进行通报，县人大、地税局、民政局、矿管局等4个单位作先进典型发言。县政府副县长张晓燕就档案接收工作讲三点意见：一是进一步树立大局意识，增强做好档案移交工作的自觉性；二是进一步树立效率和质量意识，增强做好档案移交工作的紧迫感，确保进馆质量；三是进一步树立依法行政意识，加强档案移交进馆前业务监督、检查指导工作。最后，档案史志局局长张世喜要求各有关单位要加强领导，把档案移交工作作为一项重要工作来抓；要按照“精心组织，有条不紊”的工作方针，将档案齐全完整、缜密安全地移交进馆；要认真、细致地操作，严格标准，严把检验关，确保进馆档案质量，尽心尽责做好档案移交接收工作。

【档案行政执法检查】 8月22日，市档案局副局长赵克明一行到赤城县检查指导档案工作，检查组听取了政府副县长张晓燕和县局的工作汇报并实地检查了县档案馆、县粮食局、赤城镇、赤城镇西大村、永进路社区档案整理归档以及《档案法》落实情况，检查组对我县档案工作给予高度评价，认为基础业务工作扎实、归档及时、整理规范，并对下一步工作提出要求。11月30日至12月4日，县局成立档案行政执法检查组，对县直68个单位档案工作进行执法检查，检查内容主要是2008年度档案归档情况、到期档案移交情况、档案规章制度以及档案业务培训等内容，检查中对存在问题的单位建议立即整改，共发放建议书63份。

【档案业务培训】 8月22日，组织县直单位档案工作人员在黑龙山林场进行为期三天的档案业务培训，县直67名专（兼）职档案工作人员参加了培训，培训内容为档案归档整理、档案法制建设、机关文件材料归档范围及保管期限表的制订等。通过培训全县档案工作人员的思想政治素质、业务能力有明显的提高。

【省方志办督导检查】 11月4日，省方志办主任杨洪进一行对县地方志工作进行督导检查，督导组实地查看了修志办公场所、相关资料、修志规划，详细检查了撰写志稿，听取了副县长张晓燕、县档案局和地方志办公室关于《赤城县志》（1991-2007）编纂进度及《条例》落实情况的汇报。督查组对全县地方志工作给予充分肯定。并要求确保2010年前完成《赤城县志》编纂工作。

【《赤城县志》通过专家评审】 12月22日，赤城县二轮续修的《赤城县志》（1991—2007）志稿在温泉财政宾馆通过了专家评审。《赤城县志》送审稿共设27篇，127章，95万多字。市地方志办公室邀请了省地方志办公室副主任、编审王广才，省地方志办公室理论研究室主任贾辉铭，省地方志办公室市、县指导处长任丽英，原秦皇岛市地方志办公室主任、国家级专家齐家璐，原衡水市地方志办公室主任、国家级专家武铁良等7位方志界专家对《赤城县志》志稿进行了认真评审，肯定了志稿中的成功部分，对不足部分提出了指导性的修改意见。县委副书记欧阳文捷，人大副主任屈军，政协副主席刘英志和县档案史志局领导成员，《赤城县志》编辑部编纂人员参加了评审会，宣化区、崇礼县、涿鹿县、桥东区等兄弟县区观摩了评审会。

【编辑发行首部《赤城年鉴》】 12月，经年鉴编辑部全体人员的共同努力，完成首卷《赤城年鉴》（2009）编纂发行。首部年鉴编纂工作从2009年3月份开始，到11月上旬完成终审稿，经历了组织队伍、制定方案，动员部署、业务培训，征集资料、撰写条目，指导组稿、核收稿件，编纂初稿、完成终审，送交出版、完成定稿6个阶段。期间，走访了延庆县史志办学习取经。共确定供稿单位111个，年鉴撰稿人120多名，基层单位按规范要求完成了撰写条目、制作软盘、选定照片的工作，并由领导审查把关签字盖章。编辑按分工和要求进行指导修改，至9月上旬完成初稿。编辑修改7000多处，增加内容1800多处，删改2000多处，调整30多处，删除条目40余条，编辑部编辑撰写了综述等2篇文章，及大事记、附录、人物部分等内容约5万字。10月下旬，完成总纂，完善了框架，调整了条目，补充、修改了缺漏的内容和表述不准的条目，核准了有关数据，规范了用词、语法、标点，对各单位的条目数量、篇幅及有交叉的内容统一做了平衡处理，同时作了政治和保密审查。11月下旬进行校对、定稿。12月初，送交印刷厂印刷出版发行。全书60万字，共设31个类目，2240个条目。222幅彩色照片、赤城县行政区划地图、赤城县城区图和赤城县影像图。首部《赤城年鉴》是一部真实、全面地记录了赤城县2008年经济社会发展的全貌，为社会各界了解赤城、建设赤城提供最新的信息和情报，是宣传赤城的又一窗口，也为续修赤城县志积累资料。

【重大活动档案的收集整理】 年内，按照县“两办”出台的《关于做好重大活动档案管理工作的通知》（赤办发［2009］125号）要求，结合全县中心工作，密切关注政治、经济、文化等诸多方面息息相关的重大活动，加大对重大活动档案的收集力度。完成全县2009年县委全会、人代会、“10.26”招商活动等档案资料12卷、音像资料10盘，并整理归档。重大活动档案的征集，进一步丰富了馆藏档案资源。

【机关文件材料归档范围和保管期限审批】 年内，依照国家档案局8号令的要求，下发了《关于做好机关文件材料归档范围和保管期限表审批工作的通知》，通知要求各单位编制本单位文件材料归档范围和保管期限表，报县档案史志局审批。全年共有35个单位报送，向县行政审批大厅预约35次，批复机关档案归档范围和保管期限表35份。同时，配合县行政审批服务大厅，编制档案行政审批项目流程4项，进一步做好档案行政审批的预约工作。

【党史工作】 年内，搜集、整理了2009年党史大事记300多条，共计2万多字，上报市党史研究室。赵存梅、牛金定撰写论文《扎实推进社会主义新农村建设》，荣获全市论文三等奖。

（王金富）

广播电视

【概况】 广播电视局是县政府负责全县广播电视管理工作的事业机构。

主要职能，通过扩大宣传覆盖面和提高服务质量，更好地宣传上级党委以及县委、县政政府的中心工作，为全县的经济社会发展创造良好的舆论氛围。

年内，新闻内宣、外宣工作实现了新突破。组织实施了“村村通”和无线覆盖工程，加大了制录播设备投入，城乡广播、电视事业得到健康发展。局内设办公室、党支办、财务科、新闻部、专题部、总编室、制作部、技术播出部、广告部、电影放映站。局属事业单位：有线电视台、执法大队、网络公司、无线台、实验台。在岗人员113人。

领导成员名单

局　　长：赵建新

副 书 记：孙柏林

副 局 长：王世乾

地　　址：长源街49号

邮　　编：075500

电　　话：6312201

【农村电影放映】 7月，电影放映职能由文化部门划转广电部门，全县成立19支农村电影放映队，全年共放电影5280场。

【新闻宣传】 年内，《赤城新闻》栏目播发132期，各类新闻1500多条；《城乡纵横》栏目播发44期；《周末播报》栏目播发40期。

【对外宣传】 年内，市电视台采用新闻稿件156条，省电视台采用新闻稿件8条，在全市17个县区排名第1；市电台播送新闻稿件65条，完成全年任务的130%。

【新闻宣传创新】 年内，对2009年春节文艺晚会和“两会”进行了成功的现场直播报道；对县城重点工程开工奠基、竣工庆典进行了跟踪报道；《赤城新闻》栏目在正常新闻宣传的同时，对有害于城市建设的不良行为进行公开曝光，促进了市民素质的提高；把每星期五《赤城新闻》栏目改版为《周末播报》，扩大了宣传面。

【把握宣传侧重点】 年内，把深入学习实践科学发展观、“干部作风建设年”两项活动作为宣传工作重点。自办节目中，侧重对经济新闻和社会新闻的报道，增强了新闻节目的思想性，指导性和可视性。在宣传内容和宣传形式上注重贴近实际，贴近百姓，贴近生活，赢得了社会各界的好评。

【有线电视】 年内，全县有线电视用户发展到13657户，比上年增加15户。确保36套有线电视节目安全优质播出。加大了有线电视网络整改力度。全年改造旧线路5000多米，新架光缆1.7万米。

【数字电视快速发展】 年内，对有线电视用户实施平移5000户，有线数字电视发展新用户500户，比上年增加16.6倍；截止年底全县数字电视发展到5500户，比上年增加17.1倍。对报修用户100%受理，共维修用户次数1000多次。

【无线覆盖工程】 年内，全县18个乡镇开通了MMDS数字电视工程，装机5000户，比上年增加10倍。

【电视卫星信号接收宣传】 年内，出动宣传车100多次，深入乡村宣传电视卫星信号接收有关规定，做到家喻户晓。共发放宣传材料2500余份，收到了较好的效果。

（乔素军）

旅　游

【概况】　旅游局是县政府负责全面旅游开发管理工作的事业机构。

年内，实施了温泉度假村升级改建工程，并交付使用，对县内8个重点景区点进行包装、宣传推介，7月份公选了4名讲解员。摩天岭滑雪项目、塘子庙温泉项目有了一定的进展，旅游工作取得了明显的成效。局内设办公室、行业管理股、市场开发股、旅游服务中心。行政、事业在岗人员11人。

领导成员名单

局　　长：冯向前

副 局 长：杨占坡

　　　　　荣宪华（女）

地　址：鼓楼东街12号

邮　编：075500

电　话：6314213

【旅游资源推介】　2月13日，参加了在北京市兆龙大厦举行的匈牙利水赢股份有限责任公司与河北省地热资源洽谈会，会上宣传推介了塘子庙地热温泉开发项目；参加了在北京国务院二招举行的建国60周年“中国旅游明星目的地”新闻发布会和高峰论坛；参加了在小汤山农业科技园和北京国际饭店举行的两次赤城县招商项目推介会；应邀参加由金郊旅业有限公司于3月26日在北京奥体公寓举办的第三届金郊旅业旅游资源推介会。

【旅游资源宣传】　从3月27日开始，在市电视台一套、二套天气预报栏目，进行了为期一年的旅游宣传；在《经济日报》专版分8期刊出了旅游资源介绍；5月29日，在后城镇举办的“后城红石旅游文化节”，宣传推介我县旅游资源；8月15日，在温泉度假村首次举办了“彩色周末”文艺晚会，进一步宣传了全县的旅游资源。8月31日，中央人民广播电台“经济之声·爱旅行”栏目，通过电话连线采访了赤城的生态旅游发展情况，提升了全县旅游的知名度。向北京、河北、山东、山西等地的100余家旅行社在网上发布了赤城1-3日旅游线路行程安排及报价，制作了赤城县霞城旅行社网。分别在京张高速公路康庄收费站西两公里处和丹拉高速张家口出口东设立了“关外第一泉”大型户外广告牌。通过张家口长城酿造（集团）有限责任公司开发的“关外第一泉”冠名系列白酒，在盒内装放赤城旅游资源宣传卡片进行宣传。进一步规范了赤城旅游网站建设，并通过网站发布各类动态信息，进行广泛宣传。

【摩天岭滑雪项目】　6月8日，摩天岭滑雪场开工，该项目由北京桥山天健投资管理有限责任公司投资兴建。拟投资5亿元，本年投资5000万元，完成了立项、环评、土地、林地、荒坡、公司注册等相关手续，修建了两条雏形雪道。

【塘子庙温泉地热开发项目】　6

月 8 日，由锡林郭勒盟龙盛集团有限公司投资兴建，拟投资 1.8 亿元，占地 268 亩。本年完成投资 1900 万元，完成了立项、环评、土地征用手续的办理，同时完成办公楼、规划设计、地勘、围墙、人工湖、停车场等工程。

【公选 4 名讲解员】 6 月 20 日至 7 月 11 日，通过初赛、决赛两轮考试在全县公教人员中公开选拔了 4 名讲解员，并对她们进行了业务培训和实地演练，为县委、政府及县直部门完成公务接待讲解工作共计 300 余次。

【温泉升级改造工程竣工】 9 月 30 日前竣工的工程有：庙区连廊、碑楼等包装扫尾工程；木栈道二期工程 1300 米，修建木制凉亭 6 座，休息平台 8 处，钢索吊桥 1 座。11 月 10 日前完成了汤泉湖至总泉路段改建工程。该工程总投资 600 万元，改造道路 1500 米，路边新增路灯 87 盏、反光道钉 780 个。同时道路西侧重新做排水并绿化。聘请省第三地勘大队，对温泉地下热水进行了重新勘测。完成了温泉临街活动房和小饭馆的拆迁工作。

【后城京北水城综合开发项目】 年内，完成项目选址、土地转租手续、环评、地质勘察等工作。该项目由北京鑫地农业有限责任公司投资兴建，拟投资 2.1 亿元，占地面积 300 亩，建设期为 3 年。

【流感疫情防控工作】 年内，对旅行社组团出入境旅游进行了严格控制和管理；加强了外地游客的体温检测和排查力度；各景区（点）及宾馆饭店建立了流感疫情防控机制；制定了应急预案，配备了必要的防控设施。

（肖志平）

卫生管理

【概况】 卫生局是县政府负责全县卫生工作的部门。主要职责，负责制定全县卫生事业发展总体规划和战略目标并组织实施；组织指导管理全县急慢性传染病、地方病、职业病等种类疾病的防治和医院、妇幼和新型农村合作医疗管理工作；依据卫生法规标准，对食品安全、社会公共卫生、血液、医用生物制品、生物材料和诊疗目标行使监督职权；实行医务人员资格认可和医疗机构执业许可证制度；负责全县医疗卫生队伍建设，城乡医疗机构管理，医疗事故查处等。

年内，继续强化了新型农村合作医疗工作，基层农村卫生工作。加强农村卫生技术人员培训，做好县乡医疗机构对口帮扶。争取了卫生院改扩建和中央专项补助资金项目。开展安全生产隐患排查，落实国庆六十周年期间医疗卫生应急工作。积极开展“卫生管理年”活动和手足口病、甲型 H1N1 流感防治工作等。局内设办公室、计财股、业务股、人事政工股。行政、事业在岗人员 19 人。

领导成员名单

局　　长：牛占君
副 局 长：李瑞峰
郭成明
朱海生
地　址：府安东街 2 号
邮　编：075500
电　话：6312142

【医疗安全生产】 年初，制定并下发《赤城县卫生系统 2009 年安全生产工作实施方案》，9 月份，按照县委县政府的统一部署制定了《赤城县卫生系统迎国庆保安全工作方案》。从 9 月 1 日开始到 9 月 14 日各单位进行了自查和整改。从 9 月 15 日到 10 月初，配合省市县执法督查活动，局机关安全生产联合检查组对全系统进行了全面检查，并下发了整改意见书。建立健全并严格落实安全生产责任制度、管理制度和操作规程，加强对重点部位的安全检查，查堵漏洞、排除隐患，防止重大事件发生。

【宫颈癌早诊早治项目】 7 月，投入 24 万元资金，完成了雕鹗镇 1604 名 30—59 岁妇女的宫颈癌筛查工作。此项项目是从 2008 年开始在我县开展的促进妇女身体体康的宫颈癌早诊早治项目。

【甲型 H1N1 流感防治】 9 月，全县甲型 H1N1 流感防控进入紧急状态。面对突发疫情，卫生系统快速反应，及时成立了以医疗卫生队伍为主体的防治甲型 H1N1 流感指挥部，组建了 8 个工作小组，紧急储备价值 30 多万元的重点防治物资，组建专业医疗救治梯队 8 支，疫情处置应急分队 2 支，培训专业技术人员 1700 多人次，组织应急演练 3 次。完成四批共计 22400 份甲型 H1N1 流感疫苗接种。全县防治甲型 H1N1 流感疫情工作取得了阶段性胜利，受到了县委、县政府主要领导的肯定和表扬。同时，在实战中，卫生应急机制建设、培训演练、处置重大疾病能力也得到加强和提高，为建国 60 周年大庆提供了卫生安全保障。

【国庆安保卫生应急工作】 国庆期间，把卫生应急工作作为卫生系统工作的头等大事来抓，加强对卫生人员应对突发公共卫生事件的防范意识的培训，落实各项防范措施，做好人员、技术、物资和设备的应急储备工作。成立了突发公共卫生事件应急处置领导小组，建立了 6 支应急处置小分队，其中，流调队 1 支，卫生监督执法队 1 支、医疗救治队 4 支，在领导小组的统一领导下开展工作。实行单位一把手责任制，明确了卫生系统各医疗卫生单位的主要职责，要求各单位在各自的职责范围内做好突公共卫生事件应急处置的有关工作。

【新型农村合作医疗】 年内，为参合农民筹资总额达到 100 元，其中各级政府为每人拨付 80 元，参合农民个人每人缴费标准为 20 元。全县参合农民达到 185498 人，参合率达到 75.5%。县卫生管理机构、合管中心加强对定点医疗机构实行管理和监督。规范了定点医疗机构服务行为，控制医药费用的不合理增长。县合管中心于 6 月中旬正式入驻便民服务中心，实现新农合网上审核、结算和监督，实现了新农合网络化、信息化管理。全年享受新型农村合作医疗补偿的参合农民共计44153人次，累计支付补偿金额1728.14万元，享受补偿超过1万元以上的共计191人。统筹基金使用率98.3%，资金使用率93%。

【卫生院改扩建项目】 年内，抓住国家扩大内需机遇，积极跑市进省，争取到云州、茨营子、马营、龙门所、东卯、雕鹗6所卫生院的改扩建项目，项目总投资215万元，年底全部完工并投入使用。

【中央专项补助设备资金】 年内，为白草、塘子庙、雕鹗等7所中心卫生院各配备20万元的设备资金，为11所一般卫生院备配备8万元的设备资金，此项目共计投资228万元，购买医疗设备196台件。年底设备全部到位并投入使用。

【急诊急救能力建设和专科建设项目】 年内，争到到急诊急救能力建设项目安排国债资金33万元，全部用于急诊急救车辆和设备的购置。总计安排中医专科建设项目资金30万元，其中人才培养5万元、质量管理和经验整理5万元、设备购置费20万元。该项目全部用于中医院建设，资金全部落实到位。

【医疗卫生体制改革】 年内，启动了部分医疗卫生体制改革项目。实施了“降消项目”和农村孕产妇住院分娩补助项目。全年补助孕产妇近2000人，发放补助资金50多万元。开展了农村妇女孕前和孕早期增补叶酸项目，预防新生儿神经管缺陷。对15岁以下的人群开展了乙肝疫苗补种。

【乡村医生管理】 年内，加强了乡村医生服务行为管理和监督。严格按照《乡村医生考核办法》对全县乡村医生进行了考核，并完成了全县460名乡村医生重新注册工作。

【县乡医疗机构对口帮扶】 年内，继续实施“万名医师下乡”活动。县医院对口帮扶东万口、三道川、独石口和大海陀等4所乡镇卫生院。通过送医下乡、医务人员技术培训和设备扶持等方式，对口帮扶工作取得了成效。

【博爱一日捐活动】 年内，组织开展的“博爱一日捐”活动，共计接收全县71个单位的捐款174377元。

【麻醉药品检查】 年内，深入涉及毒麻药品的单位多次检查麻醉药品的管理情况，不放过一处安全隐患。通过专项检查将安全工作做深做细，确保了国庆六十周年医疗卫生安全。

【开展“卫生管理年”活动】 年内，在“卫生管理年”活动中，认真落实和强化院长的职责和责任；健全医院规章制度和人员岗位责任制度，严格落实医疗质量和医疗安全制度。严格医疗机构准入管理，加强医疗市场的监管。巩固三年打击非法行医专项行动的成效，配合有关部门查处严重危害人民身体健康的大案要案，并追究有关部门、单位负责人、违规医疗机构及其医务人员的责任。加强医疗服务价格管理，规范医疗服务项目，降低过高的大型医用设备检查费用，控制医药费用不合理增长。探索建立医患双方的沟通与协调机制，积极建设和谐有序的医患关系，管理年活动收到了明显的效果。

（景莹春）

重点医院

【第一人民医院】 承担着全县医疗、教学、科研、预防及突发公共卫生事件的抢救等重要任务，是全县规模最大、技术力量最强，开展项目最多的唯一综合性二级医院。全院占地面积 11874 平方米，建筑面积 11602 平方米，固定资产总额 1003 万元，病床 171 张。有 CT、DR、腹腔镜、彩超血液透析机等大型先进设备。

年内，院领导认真落实各项规章制度，强化首诊负责制。加强医德医风建设，建立新型的医患关系。加大人才培训力度，实施系统对口帮扶。全年完成业务收入 1439.7 万元，比上年增加 206.1 万元。财政补助（包括专项资金）382.2 万元，总支出 1959.6 万元。全院在编人员 155 人，其中男 61 人，女 94 人。固定工 85 人，全民合同制 60 人，集体固定工 2 人，地方合同制 2 人；干部 65 人，医务人员 136 人，离退休人员 68 人；副高职称 10 人，主治级职称 47 人，师级 30 人，士级 20 人；大学本科 11 人，专科 34 人，中专 70 人。

年内，诊疗 125300 人次，比上年增加 52380 人次；年住院 4200 人次，年出院 4137 人次与上年基本持平。实际开放床日数 55480 天，实际占用床日数 24010 天，床位使用率 43%。病床周转次数 30 次，出院者平均住院天数为 6.9 天，治愈好转率 97%，危重病人抢救成功率 90% 以上，完成手术例 723 例。检验全年累计完成工作量 1117584 项次，成份用血 76000 毫升。健康体检 2000 人次。CT 检查 4940 人次，收入 110.2 万元；DR 检查 5461 人次，收入 67.7 万元。

结合省专业技术人员医德考核标准，制定了医院考核方案，设立医德医风奖惩内容。药品、医疗器械、一次性材料购销等均纳入医德医风建设内容。建立起医德医风考核、投诉举报、激励和惩戒等的长效机制，同时加大了制度的落实。若有人投诉有吃请、收受“红包”、回扣等现象，一经查实，将按医院有关规定严肃处理。在医德医风建设方面，对出院病人及家属发出 100 份问卷调查表，测评满意率 95%。本年共收到锦旗 6 面、感谢信 3 封。

采取走出去请进来的办法学习新的医疗技术，开展新手术项目，增加了髋关节置换，经腹腔镜胆囊切除，无张力疝气修补术，硬膜下微创手术，全年开展此类大型手术 16 例。新项目新技术的开展不仅留住了病人，而且减少了病人外出看病的开支，同时也促进了医院的发展，提升了医院的声誉。

领导班多次召开专题会议，研究制定防治方案，组织全体技术人员学习甲型 H1N1 流感的有关防控知识。为传染病区病房安装了电视、对讲设备及监控设备。自筹资金对传染病区基础设施进行完善改造，使其达到使用要求。在甲型 H1N1 流感防治期间，医院双休日不休息，抽调专门人员共为 2585 名人员进行甲型 H1N1 流感疫苗接种。

医院多方筹集资金 200 万元，购进

了 DR、腹腔镜、C 型臂、微量元素测定仪及病理检测设备等。由于诊断设备的增加，扩大了诊疗面，增强了对患者的吸引力，创造了一定的经济效益。

拟新建医院位于赤霞大道东，原高碳石墨厂旧址。占地面积 32900 平方米，距离文化广场 3 公里。计划总建筑面积 23000 平方米，其中病房楼七层 9000 平方米，门急诊楼二层 5800 平米，其他附属设施约 8000 平米。项目估算总投资 7000 万元，申请中央专项资金 1800 万元，地方财政补助 5200 万元。

领导成员名单

院　　长：刘德升

副 院 长：安忠来（聘任）

李　强（聘任）

高占明（聘任）

刘建霞（女 聘任）

王剑峰（聘任）

副 书 记：冯海鹰

地　址：古楼西街 2 号

邮　编：075500

电　话：6312140

（郭忠强）

【中医院】 担负着全县人民的医疗、预防保健、科研及培训任务，是一所以中医为主的综合性医院。医院占地面积 4950 平方米，门诊楼建筑面积 2586 平方米，其中住院用房 850 平方米，门急诊用房面积 280 平方米，医技用房面积 390 平方米，后勤及其它办公用房 460 平方米，设有病床 90 张。拥有 CT 机，数字摄影 CR、500MAX 光机、彩超机、胃肠造影机、TCD、血球分析仪、麻醉呼吸机、微量元素分析仪、B 超机、床头 X 光机、阴道镜、光波数码多功能治疗仪等大中型医疗设备，可以做全身各器官的常规检查。

年内，在积极开展各项业务，增加业务收入的基础上，新安装了电脑收费系统，注重对医务人才的引进和培养，积极争取中医院中药房建设和农村中医适宜技术培训项目，加强了甲型 H1N1 流感防控和县城个体中医诊所监管，各项工作均取得了显著的成绩。医院设内儿科、外妇科两个住院科室、门诊以中医为主设有内科、外科、儿科、妇产科、皮肤科、防保科、口腔科、骨科等。辅助科室有放射科、检验科、功能科、B 超、彩超等科室。现有在职职工 111 人，其中在编职工 71 人，县内招聘合同工 21 人，临时工 19 人，有退休人员 24 人，其中 2009 年退休 4 人。在职人员中有副高级职称 2 人，中级职称 24 人，初级职称 30 人。

4 月 20 日，自筹 30 万元资金从河北东方万博公司购置的 HIS 电脑收费系统正式运行。医生开处方、收费、取药、财物结算全部实行电脑控制，另外对 X 光机、彩超机、B 超机安装了防漏费系统。门诊病人取消挂号程序，减少了就医流程，可为住院病人提供一日清单，为就医患者提供了快捷优质服务。

6 月，成立了甲流防控领导小组和医疗救治组，设立预检分诊，发热门诊，发热病房，对医院所有职工和对县城内所有个体门诊及村卫生室进行培训，培训率达 100%。从 10 月份起进行甲流疫苗接种，共接种2315人次。

9月，全面启动第三批科学发展观的学习活动，在活动期间，共召开集中理论学习6次，党员干部生活会4次，撰写心得体会37篇。主要从降低药品收入比例，规范收费行为，杜绝不合理检查、不合理用药，医务人员医德医风建设等方面进行整改落实，全院干部职工工作作风明显转变。

全年总收入1023万元，其中财政补助收入160万元（包括中医项目专项补助53万元）。业务收入863万元，比去年增加201万元，同比增长30%，全年总支出984万元。门诊量及住院病人量较去年有所增长，全年门诊量4.56万人次，比上年同期增长21%；住院人数2325人次，比上年同期增长25%。

指定一名副院长负责管理此项工作，严格执行新农合各项政策。全年共补偿患者费用210.6万元，其中住院1096人，补偿费用200.7万元；门诊1108人，补偿费用3.1万元；慢病48人，补偿费用6.1万元；平产63人，补偿费用6300元。

新招医学类大中专毕业生6名，作为人才的储备。派1名同志到北京望京医院学习，派2名同志到北京广安门中医院学习，派3名同志到张家口附属医院学习，医院所有护士轮流到张家口附属医院学习，每人学习两个月。全院临床医护人员学习风气浓厚，整体素质明显提高。

争取到县级中医医院中药房建设项目（项目资金53.16万元），农村基层中医适宜技术培训项目（项目资金72万元），两项资金共计125.16万元，为提高中医技术水平创造了条件。

对县城个体医生及乡村医生共培训4次。重点对甲型H1N1流感、手足口病的防控、医疗纠纷的防范、内儿科常见病的防治和卫生适宜技术推广方面内容进行了培训，共培训个体、乡村医生120名。

对驾驶员、矿山企业职工、一中、二中、农职中学师生进行健康体检，同时对发改局、安监局、石油公司等一些单位职工和部分新兵进行健康体检，共体检各类人员7800人次。

领导成员名单

院　长：郭成明（兼）

副院长：赵　喜（聘任）

刘　祥（聘任）

张树兰（女 聘任）

张旭东（聘任）

地　址：紫薇小区

邮　编：075500

电　话：6312737

（张　海）

【妇幼保健院】 负责妇女、儿童保健，妇产科疾病的预防和治疗。

年内，妇幼保健院继续做好“降消项目”工作，经过几年努力，进入稳步发展阶段，救助孕产妇女1660人，救助资金42.3万元。不断加强“两个系统”管理，孕产妇系统管理和儿童系统管理实现了规范化。新生儿疾病筛查工作实现了新突破，筛查率达到98.45%。宫颈癌早诊早治得到巩固和提高。同时，甲型H1N1流感防控、儿童体检、母婴保健法证件管理、正常业务工作都实现了新突破。全院设病床30张，万元以上医疗设备15台件。共有职工42名（其中临时工11名），医务人员29名，副高级职称1名，中级职称8名，助理级7名，员级3名，其他卫生技术人员10名。

3月，开展无痛人流业务，是全县首家开展无痛人流业务的医疗机构。全年共实施无痛人流手术563例，手术成功率100%。

7月，对全县25所医疗机构助产技术进行检查、考核和审批。共换发《助产技术执业许可证》25本、《助产技术合格证》58本，新办理《助产技术合格证》20本。

7月，对08年（赤城镇），筛查的2100名妇女进行了复查。共复查1604人，复查率为76.38%，阴道镜检查64人，病理活检21人， CIN Ⅰ 6人、无CIN Ⅱ、CIN Ⅲ，正常15人。本年确定雕鹗镇为普查对象，1个多月的普查工作，共普查2017人，做阴道镜检查212人，活检73人，CIN Ⅰ 19人、CIN Ⅱ 6人、CIN Ⅲ 3人、正常45人。

7月-9月，对全县20余所国营、个体幼儿园，1000多名幼儿和老师进行了健康体检。参检幼儿1095名，查出龋齿426名，视力低下15名，扁桃腺肿大134名，贫血51名，先天性心脏病2名。参检老师 115名，查出子宫肌瘤3名，脂肪肝、胆囊炎、胆囊息肉、窦性心动过缓各1名。

11月1日，正式启动并开始补助工作。两个月共计补差908人，发放补差金87950元；补助283人，发放补助资金84900元。未补助孕产妇2101人，转入到2010年实施补助。

12月5日，开始正式实行河北省出生医学证明网上管理，5月，卫生局发了专文，对出生证进行审验，卫生系统于11月召开专门会议，对此项工作进行安排，进一步推动了全县的证件管理水平更加科学化、合理化，保证了人民群众的合法权益。

共接待门诊病人15362人，其中妇产科13651例，其中上环211例、人流162例、取环124例、引产31例、接生549例。儿科1690例，其他科21例。住院病人773人次，出院767人次，住院天数2781天，平均住院3.6天，病床使用率为25.4%，床位周转次数为25.6次，平均病床工作日92.7天。开展各种手术135例，其中：剖宫产108例、子宫切除术13例、卵巢囊肿切除术3例，其他手术11例。业务总收入240万元，其中事业收入170万元，财政补助收入70万元，总支出240万元。

救助孕产妇1660人，救助资金423250元；孕产妇救助补差564人，补差资金5300元；全年“降消项目”工作共支出476250元，结余48650元。

年内，（3+1）孕产妇总数3055人，系统管理2188人，管理率为71.62% ；建卡2809人，建卡率91.6％，活产数2355例；住院分娩2325例，住院分娩率为98.07%；高危孕产妇283例，住院分娩280例，住院分娩率为98.94%；孕产妇死亡1例，死亡率为32.73/10万。

年内，（3+1）3岁以下儿童9338名，系统管理6560名，管理率为70.25%。5

岁以下儿童死亡12例，死亡率5.01‰；婴儿死亡15例，死亡率为4.91‰；新生儿破伤风发病率为0。

共补偿住院顺产孕产妇330人，补偿资金3.3万元；其他各种住院病人104人次，补偿资金124930元。

继续对新生儿疾病筛查重大意义进行了大力宣传，收到了良好的成效。全县有1729例抽血筛查，筛查率达到98.45%。

投资40万元购进全自动生化分析仪、全自动血球分析仪、TCT（新柏氏液基细胞学检测）分析仪等诊疗设备。增强了保健院的诊疗水平。

领导成员名单

院　　长：白秀兰（女）

副 院 长：黄胜兵

　　　　　王剑锋（12月任）

地　　址：永进路75号

邮　　编：075500

电　　话：6312151

（*杨海峰*）

【疾病预防控制中心】　是公益性的卫生机构，基本职责是：承担全县疾病预防与控制、突发公共卫生事件应急处置、疫情及健康相关因素信息管理、健康危害因素监测与干预、实验室检测与评价、健康教育与健康促进、技术管理与应用研究指导。

年内，继续开展有针对性落实各项综合疾病预防控制措施，做好重大传染病预防控制，主动监测和报告疫情，加强疫情报告系统管理，加大日常工作督导。建立健全完善的计划免疫网络，开展了疫苗使用的督导检查。不断增强突发公共卫生事件应急处置能力，扩大慢性非传染性疾病综合防治体系建设，加强传染病的监控和管理，加大卫生健康的教育宣传力度和检验、体检工作，全面推进和提高综合防治水平。机关内设办公室、财务后勤科、体检科、慢病科、传染病防治科、艾滋病防治科、免疫规划科、结核科、检验科、地病科，有干部职工21人，其中技术人员17人，高级职称2人，中级职称8人。检验及检查设备等设备107台件。

5月31日，按照市疾控要求对县内各大超市、粮店进行了样品采集，共采集标本15份，送上级检测。年内共检测餐具567份次。

以防控甲型H1N1流感为重点。成功处置全县3例确诊病例，管理外地确诊病例2例，医学观察密切接触者61例，追踪返乡学生539人，节日期间监控返乡人员体温1956人。深入医疗单位、乡村（社区）、居民家中搞流行病学调查51次，发放84消毒液62件，消杀面积达1.5万平方米。对3所群体性发热的学校进行了疫情排查，对125名密切接触者学生实施居家医学观察一周，对2137名放假学生进行体温监控。排查学校群体发热20起，对外地回乡确定为密切接触者的16人，进行了居家医学观察。对24所医疗单位、23所中学、28所幼儿园进行了防甲流督导检查，发放体温计31支，接种流感疫苗10382人。有效控制手足口病，全年报告病例数较去年同期下降21个百分点。

共报告乙类传染病10种458例，其

中布病302例，肺结核107例，肝炎12例，麻疹3例、痢疾23例，出血热2例，猩红热3例，淋病2例，梅毒1例，HIV3例；丙类报告6种107例：其中其它感染性腹泻32例、腮腺炎5例、风疹3例、流行性感冒12例、急性出血性结膜炎3例、手足口病52例。报告发病率为194.82/十万，较去年同期下降385%。

对高危人群进行艾滋病抗体筛查，检测40人，初筛HIV均为阴性。还对351人次开展了艾滋病免费自愿咨询。首次检测到社会3名HIV阳性携带者。12月1日，利用“世界艾滋病防治宣传日”进行宣传。

接诊结核病患者1043人次，拍胸片418张，胸透539人次，查痰373人，痰涂片1119张，随访查痰540人，痰涂片1080张；免费治疗病人200人，其中初治涂阳110人，复治涂阳24人；初治涂阴66人，（其中重症涂阴17人）。并对所有管理病人进行了网络直报和网络管理。对18个乡镇的管理病人进行了全面督导。

全县“五苗”接种覆盖率达95.83%。其中：乙脑疫苗接种率99.02%，A群流脑疫苗接种率98.81，A+C疫苗接种率99.06%，甲肝疫苗接种率98.82%。脊髓灰质炎疫苗强化免疫第一轮服苗率99.28%。

年内，AFP监测：在18个乡镇24个监测点内，未发现AFP病例。常规免疫接种率监测：报表项目完整，上报及时。麻疹监测：确诊3例。新生儿破伤风与儿童乙肝监测：15岁以下乙肝无病例。预防接种信息化管理监测：18个乡镇20个接种点已经启动微机化管理。异常反应监测：共报32例，均进行了个案调查和及时处理，其中2例为异常反应。

中心安置了冷库，为接种单位购置了14台冰箱。中心及各接种单位冷链运转正常。

库盐定量监测12批、108份，合格率100%；抽取9个乡镇、36个村288户居民盐样进行碘盐全定量监测，合格率100%。报告布病涉及16个乡镇120个行政村，发病率149.84/10万，与上年相比下降3.91%。有5个乡镇9个行政村布病暴发，共监测高危人群536名，抽血228人份，检测阳性病人45例；确定4个乡镇的8个行政村为布病检测点，共流调1040人，重点人群应检895人，实采血检验159人，琥红平板试管凝集试验阳性者43例，血清阳性率27.04%。新发布病病人8例，调查村发病率为447.01 / 10万。

完成了农村饮用水十个固定点的102份水质监测。

慢性病建档326份，其中规范管理165人。对建档的病人，进行了随机跟踪、随访。跟踪随访冠心病、心绞痛12名，高血压患者55名，糖尿病患者29名。

共出动宣传车28台（次），散发各类宣传材料18000余份，宣传画1.4万张（册），悬挂宣传条幅15条，印制宣传日历500本，宣传口杯10000个。在县有线电视台开展“疾病预防与控制”相关主题的广告节目宣传，撰写了“甲型H1N1流感防控知识”进行滚动播放，提高了广大人民群众的健康意识和自我保护能力。

对食品及相关产业从业人员体检1215人，共检出HbsAg(+)4人，阳性率为3.2‰，发放健康证明1211个，发证率为99.67%。并对所有体检人员建立了相关的体检档案，建档率100%。中高考学生体检1947人，药品从业人员体检58人，工矿企业工人体检63人。

及时调整突发公共卫生事件防控应急队成员，制定了《人感染甲型H1N1流感疫情应急处置预案》，做好各种防护及消杀用品等应急物资（共计购置约15万元）的储备。内部全员培训4次，测试2次。组织学校防甲流知识培训2次，医疗机构防甲流培训6次。成功的进行了3次应急演练。

领导成员名单

主　　任：吴建明

副 书 记：张世春

副 主 任：张晓慧（女）

姜　威（2月免）

赵会生（3月任）

地　　址：振兴路4号

邮　　编：075500

电　　话：6312143

（张世春）

【卫生监督所】　主要职责是，为全县人民身体健康提供监督保障、卫生许可审核，申请受理与组织审核有关工程卫生监督、卫生监督管理、卫生法制宣传、卫生人员培训与管理等。

年内，以邓小平理论和“三个代表”重要思想为指导，全面落实科学发展观，着力解决作风建设方面存在的突出问题；推进卫生依法行政，加强卫生监督队伍培训和管理，规范卫生行政执法行为；以规范服务行为、促进文明服务、塑造良好形象为目标，积极主动地开展各项业务工作，不断提高全县人民群众的健康水平。

6月12日，在温泉紫电宾馆对县城和温泉度假村的13家35名宾馆负责人、主管经理及部门经理进行了公共场所卫生监督量化分级管理培训。并对温泉旅游区的11家宾馆进行了量化评分，提高了全县公共场所的卫生等级，为创建卫生城市奠定了基础。

9月至10月，利用两个月时间对各乡（镇）政府、医院、学校的甲型H1N1流感防控工作进行了督导检查。重点检查了应急预案的建立、领导组织；学校体温测量登记、消毒工作、学生因病缺课登记、医院的预检分诊、发热门诊、应急物品储备等内容。对18个乡（镇）政府、24所医院、45所学校，全面进行督导检查，下达督导意见书69份。

对辖区内的3家保健药品专营店，8家商场、超市及19家药房进行了检查。在检查中发现健胃化积口服液、金银花胖大海含片，钙通天下、清华降压茶、36味地黄丸、奶味维钙片、活力锌片、健源堂常润茶、狼1号、美国猛男、A级伟哥、藏鞭延时丸等12种保健药品未取得国家保健食品批准文号标注功能作用，并虚假宣传保健治疗功能。整治期间，共警告2户，责令改正2户，罚款3户，罚款900元并没收和销毁不合格产品168盒（瓶）。

对县城内的无证、无行医资格的黑

诊所进行彻底整治，责令停止执业活动27家，并在黑诊所张贴了通告，以提醒广大就医患者。查处游医1个、药房非法行医6人，罚金3.2万元。查处一起冒充中国人民解放军第四军医大学工作人员，以健康普查为名散发宣传单，在新华大酒店一楼餐厅促销“药品”案。对全县100张床位以下的医疗卫生机构《医疗机构执业许可证》进行了年检。

严格按照餐饮业量化分级管理评分表进行审查验收，全部进行了网络审批，共发放餐馆卫生许可证91户。根据县委、县政府创建“省级卫生城”工作安排，联合工商、城建、公安、税务、农牧办、商贸办、食品药品监督局等部门对县城、温泉、云州旅游区的212家餐饮单位进行全方位的督导检查，对不达标的单位进行了责令整改。解决了露天经营、无证经营、无健康证明上岗等问题。健全卫生制度、规范了台帐登记。罚款11户，罚金2500元。

对县城、温泉旅游区、龙关镇抽检水样18份，其中合格2份，游离余氯、大肠巧舌菌群超标等不合格16份，对不合格水源采取了治理措施。

对全县的矿山企业进行了监督检查，共检查9家，体检接害工人902名，岗前体检查出职业禁忌5人。对存在职业卫生档案不全、职工体检不及时的单位下达了卫生监督意见书。

在县人大、政协两会期间，中、高考期间及省部级领导来赤视察期间等重大活动中，实行全程监督，保障了重大活动期间的食品安全。

利用3·15消费者活动日、《职业病防治法》宣传周、《食品安全法》宣传月对相关的法律进行了宣传，并发放宣传材料300余份，编制卫生工作信息11期。

领导成员名单

所　长：郭　凯

副书记：杨峻岭

副所长：刘　孝

郑海清

地址：振兴路4号

邮编：075500

电话：6312042

（王元军）

金融保险

中国人民银行赤城县支行

【概况】 中国人民银行赤城县支行是人行张家口市中心支行的派出机构。其机构设置、干部管理、人员编制和经费开支受上级行的垂直领导。

年内，在上级行和县委、县政府的正确领导下，紧紧围绕“促增长、保稳定、争创新、建和谐”的工作目标，认真执行适度宽松的货币政策，积极推进金融改革和创新，切实维护金融稳定，努力提高金融服务水平，扎实搞好党建工作，从严内部管理，以创新工作和重点工作为突破口，促进各项工作上档进位，圆满地完成了各项工作任务，较好履行了基层央行职责。行内设综合业务部、金融管理部、综合办公室、纪检监察审计室。在岗人员25人。

领导成员名单

行　长：王　钢

副行长：李文贵

　　　　陶自云

地　址：振兴中路30号

邮　编：075500

电　话：6312650

【内部管理监督检查】 年初，支行对现有的《制度汇编》重新进行修订、完善，修补制度漏洞，删改不适应新形势的制度条文。新建了《支行中层干部履职考核办法》、《支行员工考勤办法》。购买了指纹签到机，对支行员工进行上下班签到(退)管理，进一步修改完善了《业绩工资综合考核分配办法》、《政务信息工作管理考评办法》，明确奖惩责任，加大了奖惩力度。

【开展职工系列活动】 “三八”节前夕，组织开展了游泳健身比赛活动；“五一踏青”活动；七一前夕，组织全体党员干部参观县国华风力发电厂；“庆七一”歌咏比赛活动；参加义务植树造林活动；禁毒、铲毒活动；组织全行干部职工到二连浩特国门界碑前接受爱国主义教育。

【人民币反假宣传】 4月至6月期间，辖区金融机构开展人民币反假集中宣传活动，支行于6月份又开展了一次人民币反假宣传下乡活动。两次活动深入2个乡镇、8个行政村，共出动宣传人员300人次，发放宣传资料和反假名片5万多份。

【引导金融部门把握贷款投向】 年内，认真贯彻执行适度宽松的货币政策，疏通货币政策传导渠道，利用“信贷提示”等手段，积极调整信贷结构，引导金融机构把握贷款投放进度和节奏，确保信贷规划的顺利实施。11月末，贷款比年初增加45601万元，新增贷款占新增存款的138.6 %，创历最高水平。

【金融保险季度分析会议】 年内，

组织召开金融保险季度分析会议4次，专题向地方政府报告经济金融运行形势及支持地方经济发展情况报告3次。制定了《赤城县关于加大信贷支持全县经济发展的指导意见》、《关于优化金融生态环境促进全县经济发展的意见》等5项指导意见。

【一体化金融监管】 年内，完成了对怀来支行和张北支行的部分金融保险机构的现场检查工作；对县内4家金融保险机构的现场检查工作，根据检查中发现的问题，采取约见谈话、情况通报和经济处罚等形式对违规行为进行处理；配合中心支行监管部门完成了对县内两家金融机构进行后续检查。对目前金融监管的现状进行了调研。上报了《以金融监管为支撑，提升金融监管水平》的调研文章，并在中心支行金融监管研讨会上进行交流；按时完成了金融监管电子档案的录入和备案工作。

【信贷资金与政策性资金对接】 年内，将“建立银政企联系沟通机制，谋求信贷资金与政策性资金有效对接”确定为支行创新工作项目。先后分两次深入7个乡（镇），对7家企业进行重点调研。在政策性项目资金到位5393万元的基础上，由金融机构配套对接项目资金7495万元，支持8个经济重点项目。其做法及效果被市中心支行《情况通报》第37期、市中心支行货币信贷科《支行动态》、石家庄市中心支行金融稳定处编发。

【支付结算管理】 年内，加强对支付系统参与者的管理，对金融机构票据传递人员进行备案，实行了票据传递人员A、B角制度，并严格审查；组织辖区13个信用社和商业银行的28名人员参加了张家口中心支行组织的支付系统业务统一考试；组织县辖金融机构开展了为期一周的支付系统宣传活动，出动宣传人员36人，发放宣传资料1000多份；实行账户管理人员备案制度和设立账户资料交接登记簿，强化审核制度；设立账户管理重要事项备忘登记簿。完成存量银行结算账户核实工作。对县辖金融机构存量银行结算账户进行了核实。

【反洗钱工作】 年内，定期召开反洗钱工作联席会，部署各项反洗钱工作，及时通报工作中存在的问题，提高反洗钱工作管理水平。认真上报各类反洗钱现场检查、非现场监管报表及报告。全年共组织金融机构进行三次反洗钱集中宣传活动，通过发放宣传材料和现场咨询等方式，提高社会公众对反洗钱工作的认识，扩大了辖区反洗钱工作影响力。

【国库管理】 年内，根据国库业务核算工作要求设置相应工作岗位，严格内控管理；加强对账工作，保证各项数字正确一致。加强印、证管理，做到了责任到人，职责分明，控制了风险的发生，办理库款支拨和退付业务时严格支拨和退库制度，防范和化解国库资金风险；做好国库统计分析工作，全年共上报统计分析报表260份。11月末，完成各项预算收入50392万元，预算拨款

56086万元，预算收入退库960万元，无一差错。

【征信宣传】 年内，组织开展2次征信知识宣传活动，共发放宣传材料1600多份，使广大城乡居民对征信知识有了更加全面的了解和认识。

【信息调研】 年内，成立政务信息调研小组，按月反馈支行信息采用情况并进行奖励兑现；积极鼓励全行人员参与调研信息的写作，将信息任务落实到人，确保按时完成政务调研信息任务。截至到11月底，参与约稿信息调研被中（国）办、人总行采用4篇、天津分行采用4篇、省政府、省会中支采用2篇，调研信息被中心支行《调研选编》《参阅信息》《情况通报》采用15篇，被中支网页《辖内支行工作》采用41篇，宣传、纪检、青年简报采用15篇。

【爱心捐款】 年内，县红十字会“博爱一日捐”捐款890元；“为了灾区的孩子—央行志愿者爱心捐款”活动，捐款450元；为全县抗旱救灾捐助2800元；包扶扶贫村、生态文明村捐款6000元。

（牛和平）

中国农业银行股份有限公司赤城县支行

【概况】 中国农业银行赤城县支行是办理农村金融业务的国有商业银行。因中国农业银行股份制改革，自2009年8月1日起，原中国农业银行河北省赤城县支行更名为中国农业银行股份有限公司赤城县支行；原中国农业银行河北省赤城县城关营业所更名为中国农业银行股份有限公司赤城城关分理处；原中国农业银行河北省赤城县龙关营业所更名为中国农业银行股份有限公司赤城龙关分理处。

年内，坚持面向“三农”、商业运作的原则，积极支持县域经济发展。经营管理、内控内管水平明显提高，各项业务实现了平稳运行。各项存款实现75517万元，比上年纯增4141万元；各项贷款余额达到2813万元，比上年增加1502万元；实现中间业务收入181万元，拨备后利润379万元。纪检监察、安全保卫、财务管理等项工作按制度得到严格执行。实现连续十六年安全经营无事故。行内设综合办公室、会计结算部、客户经理部、信贷管理部。下设支行营业室和城关、龙关2个分理处。在岗人员66人。

领导成员名单

行　长：王会民（11月免）
　　　　郭喜忠（11月任）
副行长：程　锋（10月免）
　　　　那贵军（10月任）
　　　　丁建军（10月任）
　　　　张晓明（10月任）

地址：鼓楼东街5号
邮编：075500
电话：6312366

【先进荣誉】 3月4日，支行信贷管理部被市分行授予“2007—2008年度全市农行系统先进单位”荣誉称号；授予李春海、李明星、姚启“2007—2008年度全市农行系统先进个人”荣誉称号。3月6日，陈燕飞被市分行工会评为2008年度“巾帼建功”争先创优活动先进女员工。

【营业楼拆迁】 5月21日下午，县支行营业室搬迁到后院综合楼，5月22日开始对外营业。10月份完成旧营业办公楼拆除。

【完成城关分理处营业室改造】 10月23日，城关分理处营业室改造工程竣工。改造后的营业室，搬迁了自助银行，增加了贵宾室。办公环境得到改善，客户办业务满意度明显提高。

【储蓄存款营销获奖】 10月30日，在省分行举办的“激情仲夏金彩生活”个人金融综合营销活动中，县支行获得“县支行储蓄存款同比多增奖”；支行营业室获得“营业网点储蓄存款同比多增奖”。

【召开职工代表大会】 11月19日，召开第七届四次职工代表大会。会议审议通过县支行工会委员会2006—2009年财务收支报告；讨论通过2009年下半年效益工资考核办法；与会代表无记名投票通过那贵军为新任工会主席，程锋不再担任赤城县支行工会主席。

【存款业务】 年内，各项存款余额75517万元，比上年纯增4141万元，其中储蓄存款余额58799万元，比上年纯增4428万元，同比增加12737万元；对公存款余额16718万元，比上年下降287万元，同比多增1502万元。

【贷款业务】 年内，各项贷款余额2813万元，比上年增加1502万元。其中商用房贷款余额22万元，个人住房贷款余额396万元，质押贷款余额327万元，农户小额贷款余额2068万元。

【中间业务收入】 年内，实现中间业务收入181万元，其中保险代理手续费收入45万元，银行卡业务收入97万元，结算手续费收入16万元，代理基金收入5万元，电子银行收入17万元，代收代付收入1万元。

【实现利润】 年内，各项业务收入2219万元，各项支出1841万元，实现拨备后利润378万元。

【“三农”业务工作】 年内，以惠农卡、农户小额贷款和惠农信用卡为工作重点和核心，全面开展“三农”业务。做好营销宣传策划工作，引导农户正确了解、认识惠农卡、农户小额贷款。在人员、费用、后勤保障方面向“三农”业务倾斜。从机制上激励“三农”业务，制定专项奖励措施，充分调动“三农”业务营销积极性。发放惠农卡4335张，惠农信用卡314张。农户小额贷款授信881笔2516万元，用信545笔2193万元。

【会计基础管理】 年内，落实会计主管责任，强化考核力度，加强事后复核管理，优化劳动组合，突出复核重点，提高审核质量；规范柜员操作行为，推进会计操作精细化管理；加强柜员培训，建立柜员业务操作量化考核机制，加大岗位轮换及强休假力度；执行市分行规定动作，重点检查柜员日常操作行为、会计主管履职、金库管理及授权情况；严格执行金库管理各项规定，合理控制库存现金，做好银企对帐工作。

【提升服务标准】 年内，制定了服务态度、服务环境、服务质量、服务技能、服务形象、服务安全六项服务规范，做到了工作有目标，操作有标准。一线员工实行挂牌上岗、统一着装、文明服务、首问负责，由过去的单一服务向全方位服务转变，由普通服务向特色服务转变，由被动服务向主动服务转变。从服务上赢得客户信任。

【安全管理工作】 年内，制定完善各类防暴预案，组织3个网点和押运人员进行防暴演练，提高员工的安全意识和防范能力。为3个营业网点配备了大堂保安。实施“110”联网，加强对电视监控使用、维护和管理。制定供电设备使用预急方案，保证停电后连接生产系统、自助机具、金库门禁系统、计算机网络供电。加强消防管理，全部更换了灭火器，配备了应急灯。对支行和各网点线路进行了全面整理，更换新线路500米。实行行长带班和24小时值班制度。支行行政值班人员每天按时检查或抽查守库、网点行政值班情况。

（温孝敏）

中国建设银行股份有限公司赤城支行

【概况】 中国建设银行股份有限公司赤城支行是股份制国有商业银行，在业务和干部管理上，受上级行垂直领导，同时在业务上接受县人民银行和银监办事处的协调、指导、监督和检查。

年内，建行以市场为导向，以客户为中心，狠抓市场营销，发展优质资产业务和中间业务，积极推进负债业务的快速增长。资产业务、负债业务、战略发展业务，出现良好发展势头。安全保卫、党风廉政建设等项工作按制度严格执行。行内设办公室、客户部、营业室、保卫部四个职能部门。在岗人员26人。

领导成员名单

行　　长：方春江

副 行 长：梁东升

行长助理：李素英

地　　址：振兴北路72号

邮　　编：075500

电　　话：6312735

【负责业务】 年内，一般性存款余额61913万元，当年新增10076万元，增幅为16.3%。截至12月末新增市场占比71%，位居第一。其中：对公存款余额24493万元，较年初新增1947万元，增幅为9%。截止12月末新增市场占比117%，位居第一。个人银行存款余额

37420万元，当年新增8130万元，增幅为28%，完成指令性计划的306.8%。截至12月末新增市场占比65%，位居第一，在分行系统排名第二。

【资产业务】 年内，累计发放贷款14302万元，累计收回3505万元，各项贷款余额35582万元。其中：信贷资金贷款累计发放10032万元，累计收回2911万元，余额26695万元，较年初增加了7122万元，增幅为36.4%。

【清收不良贷款】 截止到12月末，不良贷款额20万元，不良贷款率为0.075%，不良贷款率较基期下降了0.11个百分点。

【战略发展业务】 年内，储蓄卡发卡30121张，当年新增5545张；贷记卡当年新增298张。代售保险670.2万元，当年销售基金1185万元；发展POS商户4户。在县域内上了18台刷卡POS机，改善了用卡环境，方便了人民群众，受到了客户的好评。年内该行ATM和POS机营运开通率达到99%。进一步拓展客户服务渠道，充分利用网上银行、电话银行、手机银行功能，为客户提供高效、安全的现代化金融服务。新增电子银行客户3600多户，新增总、分行VIP客户51户，办理公务卡、教育卡、奥运白金卡、汽车卡等4200多张，电子银行与柜面交易量之比超过50%。

【经营效益】 年内，经营效益保持了强劲的增长势头，年内实现营业利润1046万元，同比增长了68万元，增幅为7%。

【安全保卫工作】 年内，认真开展警示教育，提高员工的安全意识和防范能力；加强技能训练，提高安保人员素质。按照枪支管理规定，严格执行双人双锁联管，枪弹分存，落实枪支管理规定和交接登记制度，严格操作程序，加强日常的枪支检查。加强ATM巡查，加大夜间巡查力度，做好巡查记录。做到了过程有监控，综合防范能力得到了实质性的提高，连续20年无事故。

【行风评议工作】 年内，在全行上下共同努力下，优化了营业环境，提高了服务质量和工作效率。在服务态度和服务质量方面，向社会各界发放征求意见书200份，对各界提出的建议和意见梳理后进行彻底整改。经行评办综合考评，取得评议范围第一名的好成绩。

【专项治理工作】 年内，根据张家口分行的安排部署，开展了“整治屡查屡犯，防控案件风险”专项治理活动，使全行员工服务理念更加端正，操作行为更加规范，管理约束更加尽职，违规失职行为明显减少，突出的案件风险隐患基本消除，监督制约更加有效，内控查防更加协调，惩戒奖励更加分明，风险内控管理的整体水平进一步提高。

【扶贫工作】 年内，积极参与了全县文明生态村创建和千村经济振兴帮扶活动，深入独石口马营沟村帮扶物资和资金达1万元，帮助生态文明村龙门所镇深沟村资金5000元。

【文明单位创建】 年内，狠抓了文明单位创建活动，调整了活动领导小组，制定了实施方案，严格各项制度，明确职责分工，强化基础工作落实，形成了文明创建促进各项业务发展，以各项工作落实保证文明创建的不断深化。被张家口市委、市政府命名为2007—2008年度市级文明单位称号。

（张炳武）

中国农业发展银行赤城县支行

【概况】 中国农业发展银行赤城县支行是直属系统领导的政策性金融机构。主要职责，按照国家的法律、法规和方针、政策，以国家信用为基础，筹集农业政策性资金，承担国家规定的农业政策性金融业务，代理财政性支农资金的拨付，为农业和农村经济发展服务。

年内，支行领导从本县实际出发，确定目标，积极营销低成本存款；制定措施，实现中间业务收入新突破；主动加入，提前做好大项目的营销工作；强化管理，努力提升会计核算水平；围绕中心，积极推进创新文化建设；多措并举，促进各项工作上台阶等举措。收到了明显的效果，在全市年度经营成果考核中行，名列第二名。内设办公室、会计出纳部、客户部。在岗人员17人。

领导成员名单

行　长：杨益斐

副行长：庞　兴

地　址：赤城镇振兴路2号

邮　编：075500

电　话：6314601

【营销低成本存款】 3月，营销了为期一个月的同业存款3000万元。营销企业注册资金1500万元，存款时间达50多天。同时营销了财政支农资金。

【职工代表大会】 11月24日，支行召开第三届三次职工大会。认真听取和讨论了《县支行工作报告》、《县支行工会委员会工作报告》和《县支行财务收支情况报告》。并通过举手表决的形式，通过了三个报告。行领导分别解答职工提案11条。

【经营指标】 年内，各项存款余额5171万元，完成任务的79.72%。其中：财政支农存款余额595万元，完成任务的154.68%。累计实现中间业务收入51082元，完成全年任务126.75%。12月末，应收利息302万元，实际收回利息307万元，收息率为101.65%。不良贷款仍保持零水平。

【实现利润】 年内，累计实现各项业务收入609万元，累计各项业务支出536万元，账面盈余73万元。

【大项目营销】 年内，对白河综合治理非经营性项目的贷款项目上报了贷款立项请示。同时对信和杏仁有限公司、长盛鹿业有限公司和宏发粮油购销有限责任公司进行了调查，并建设了企业项目库。

【企业文化建设】 年内，支行制作了会议室形象墙、荣誉墙、宣传栏。同时制作了铭牌、部门门牌、营业时间牌、业务标识牌、利率牌、告示牌、监督牌。

宣传墙和各种牌匾设计的美观大方，体现出企业的文化底蕴，为企业树立了良好的形象。

【制度建设】 年内，完善了党建工作制度、综合工作制度、工会工作制度等29项规章制度。行长与各部室负责人、部室负责人与员工层层签订了“责任状”。每个员工制定出“岗位责任制”，量化细化，责任到人，并实行百分制考核，与效益工资挂钩，收到了良好的效果。

【业务培训工作】 年内，组织员工参加了上级行的远程教育培训；对上级行组织的各类的业务培训班，支行都积极选派员工参加学习；组织开展岗位练兵活动和部门业务培训工作。通过教育培训有2名同志通过了上级行举办的一线业务培训考试；3名同志参加了代理保险业务资格培训；1名同志通过了代理保险业务再教育培训和考试；2名同志参加了银监会组织的银行业从业人员资格考试，并取得了一门及格的成绩。

【员工文体活动】 年内，积极组织员工开展多种形式的文体活动，丰富了职工的文化生活。“五一”节开展了跳棋、乒乓球、台球比赛和猜谜语活动。选派4名员工参加了市分行组织的乒乓球、羽毛球比赛，取得了羽毛球比赛女子第二名和男子第三名的成绩；组织了6名同志参加了全县“庆七一，迎国庆”歌咏比赛活动；“十一”前组织参加了省分行举办的“庆祝中华人民共和国建国60周年‘爱国，爱行’主题征”活动。副行长庞兴同志撰写的散文《又是杏花盛开时》，荣获二等奖。

（王永华）

中国商业银行赤城县支行

【概况】 张家口市商业银行赤城县支行成立于2009年5月19日，是张家口市商业银行成立的第三十五家支行，业务上接受赤城县人民银行和银监办的监督和指导。业务范围：办理人民币存款、贷款、结算、票据承兑与贴现、代发工资、银行卡等业务。

年内，开业以来，各项存余额达12129万元，各项贷款余额11138万元，打开了工作局面，取得了较好的工作成绩。支行内设营业部、业务部，在岗人员15人。

领导成员名单

行　　长： 刘建明

副 行 长： 李　明

地　　址： 长源街汽车站综合楼

邮　　编： 075500

电　　话： 0319502

【开业庆典】 5月19日上午10点，举行张家口市商业银行赤城县支行于开业庆典仪式，市政府副市长杨玉成、市金融办主任杨千河、人行市中心支行行长曹建强、市银监分局局长赵万峰、县委书记赵占华、商业银行董事长梅爱斌等领导参加剪彩、揭牌仪式。

【健全管理制度】 6月，根据总行相关制度结合自身实际，出台了《张家口市商业银行赤城县支行员工日常行为准则》、《赤城县支行岗位责任制》等制度，严控操作风险，完善内控制度。

【国庆安保】 8月4日，启动建国60周年国庆安保工作。成立国庆期间安全无事故领导小组，责任到人，实行领导亲自带班、职工值班、来访登记制度。安保活动于10月8日结束。

【开展爱心捐助活动】 8月28日，14名干部、员工向旱灾区困难群众“送温暖、献爱心”，捐款1350元。

【存款业务】 年内，各项存款余额12129万元，其中储蓄存款余额4147万元，对公存款余额7982万元。

【贷款业务】 年内，各项贷款余额11138万元，其中公司贷款1.1万元，个人贷款138万元。

【中间业务】 年内，代发工资金额115万元，一次性代发工资金额2435万元。截止年末累计发放银行卡602张，卡面余额912万元。

【开展业务宣传】 年内，走访周边商铺、学校、住宅小区发放宣传资料8000份。在营业厅门口进行反假币、珍爱信用记录宣传活动。

【安全保卫】 年内，重点做好防火、防汛、防盗等工作，配备两名保安员，保障营业场所安全，配合营业人员做好每日接送款工作；加强系统诊断和应急预案的演练，保证微机，主机备份机、终端、UPS、发电机、配电箱、监控设备、自助设备机具正常运转，严防各类风险隐患，保证业务经营的有序正常开展。

（李　明）

农村信用合作联社

【概述】 农村信用合作联社是办理农村金融业务的合作制金融机构。主要职责，办理人民币存款、贷款、结算、票据贴现、银行卡、网上银行、电子银行、代理收付款项、代理资金结算业务等。

年内，县联社认真落实省联社、市办事处的工作方针，进一步强化经营管理，围绕提高效益这一中心，动员全体员工全力抓好存款、清非、收息、拓展中间业务等各项经营工作，各项业务指标均都超额完成上级核定的任务，连续9年实现安全经营无事故。认真完成不良贷款清收、固定资产清查工作。强化内控措施，建立分级内控管理责任制，开展按风险隐患清查和综合治理，结算帐户管理、银企对账、安全保卫、反洗钱等项工作。联社内设综合办公室、人力资源部、计划财务部、会计结算部、风险监控部、客户经理部、授信审批部、稽核监察部、安全保卫部、科技部。风险资产经营中心下设 16 个基层信用社，8 个城市营业网点。干部、职工在岗人员 205 人。

领导成员名单

理事长：冯玉清

主　任：修建平（8 月免）

　　　　李永刚（8 月任）

监事长：李永刚（8 月免）

　　　　韩　飞（8 月任）

副主任：苏进满

　　　　刘　凯

地　址：建国东街路北

邮　编：075500

电　话：6312864

【存、贷款业务】　年内，各项存款达到 202866 万元，比年初增加 18824 万元，增量占省任务 32575 万元的 57.79%。各项贷款余额为 132004 万元，全年贷款增加 24101 万元，增量占省任务 28144 万元的 85.63%。全年呆账贷款核销 567 万元，占市任务 500 万元的 113.4%。

【中间业务收入】　年内，中间业务收入达到 126 万元，占省任务 102 万元的 123.53%，占市办事处核定 115 万元的 106.09%。其中：代理保险业务收入 57 万元，占市办事处核定 57 万元的 100%；其他中间业务收入 69 万元，占市办事处核定 58 万元的 119%.

【不良贷款清收】　年内，不良贷款帐内清收额达 8624 万元，完成省任务 5286 万元 163.15%。不良贷款余额控制到 18613 万元，比省指标 19431 万元低 817 万元。不良贷款率年底为 7.41%，比省 7.32%下达多 0.09 个百分点。完成任务 101.2%。

【抓存款业务】　年内，在抓存款上进行了“三个调整”即：调整工作部署。把存款工作作为全年的首要工作任务来抓，将市办全年存款任务指标按月分解到 24 个基层网点，按旬进行考核监测，按月兑现绩效考核工资，月调度完成进度排名后五位的营业网点，对第二次调度仍处后进的网点负责人给予黄牌警告，第三次调度的给予免职。调整考核任务和考核办法。班子成员每人揽存款 100 万元，中层干部每人揽存款 30 万元，一般员工每人揽存款 20 万元，并与每人 3000 元绩效工资挂钩；调整存款主攻方向。主攻大客户异地存款和异行存款和财政、税务、城建、农口资金等行政性存款。全县金融机构存款比年初增加 30652 万元，农村信用社增加了 18824 万元，增量占比为 61%。全县存款余额 358333 万元，信用社占 202866 万元，占比为 56.6%。

【抓业务收入】　年内，采取了按月结息，均衡收息，按月考核、兑现的方法，实现了利息收入的稳定增长。联社积极寻求最佳的投资理财方式，集中购买了省联社推荐的收益较高的地方政府债券 3.5 亿元，月实现投资收益 1300 万元，比上年多收 1000 万元。同时，大力发展信通卡业务，发卡量达到 10 万多张。开办了代理保险业务，全年实现中间业务收入126万元。全年实现利息收入9600万元，同比多收1700万元。

【抓形象建设】 年内，继续加大网点形象建设和改造力度，新建了东万口、镇宁堡信用社。在县城四个网点安装了电子显示屏，统一标识牌，员工统一进行了着装，开通了“农信银”结算网络，实现了农村信用社“汇通天下”。发行了“信通卡”10万多张，其中：发行社农资金“一卡通”8万余张，惠及了8万户农民和2万户城镇居民。

（苏进满　王志军）

人保财险赤城支公司

【概况】 中国人民财产保险股份有限公司赤城支公司是专门办理各类保险业务机构。在保险业务和干部管理上，受上级分公司垂直领导，同时在业务上接受保险监督管理委员会的检查监督。主要职责，贯彻落实执行总公司有关保险工作方针政策。经营财产险、责任险、信用险、人意险、健康险、机动车险及政策性农业种植养殖险等业务。

年内，圆满完成各项计划任务，与上年同期实现正增长。公司坚持以发展业务和提高盈利能力为中心，开展“金牌服务窗口创建活动”和车险快捷“理赔无忧、三日赔付”竞赛活动。强化服务意识，提高服务质量和工作效率，积极支持地方经济建设，行风评议取得优秀成绩。全年保费收入780.8万元，同比增长8.9%，完成年计划任务的107.4%，实现报表利润4.1万元。公司内设综合部、理赔服务部、营业一部、营业二部和营销部，在岗人员22人，在交警队设营业网点一个，住队办公1人，龙关镇设营销部1个。

领导成员名单

经　理：刘保忠
书　记：马桂梅（女）
副经理：李　谦（5月任）
地　址：宏达东街28号
邮　编：075500
电　话：6312590

【创金牌服务窗口活动】 1月，公司开展了“创金牌服务窗口”活动。在创金牌活动中，支公司狠抓员工业务素质提高，规范员工行为和窗口服务标准，员工精神风貌大大提高，受到上级公司和广大保户好评。

【“开红门”业务竞赛活动】 1季度，在市分公司组织开展首季业务发展“开门红”业务竞赛活动中，支公司第一季度保费收入实现正增长，达到299.9万元。实现首季业务发展“开门红”，在竞赛活动中获胜。

【人保财险建司60周年庆祝活动】 10月20日，是中国人民保险公司成立60周年纪念日，赤城支公司组织全体员工，在机关门前举行保险咨询，宣传教育活动。共散发宣传材料500余份，接受咨询50人次。

【开展创建“人保村”活动】 年内，首次创建的“人保村”为炮梁乡西水沟村。要求建立人保组织、“人保村”台帐，粉刷永久性保险宣传标语5条以上，经检查验收，符合“人保村”标准。，该村完成机动车保费收入10万元，意外险保费收入22万元，责任险保费收入0.77万元，养殖险保费收入0.2万元，村干部他人破坏保险保费收入0.14万元。货运险保费收入0.3万元。

【大项目承保】 年内，成功联保国华·赤城风电项目工程全部保险业务，共收取保费5.33万元。

【打击“三假”活动】 年内，开展了以打击“假保险、假保单、假赔案”为主的“三假”活动，共查处假、骗赔案3起，假车险案2起，挽回经济损失8万余元。查处意外险1起，挽回经济损失15万余元。

【非车险竞赛活动】 年内，开展了“比学习、促发展、保效益”非车险竞赛活动。通过活动，全年实现意外健康险保费收入205.23万元，同比增长7.88%，完成年计划的103.5%；家财险保费收入14.96万元，同比下降6.9%；企财险保费收入6.77万元，同比增长20.25%；责任险保费收入8.29万元，同比下降12.3%；其它险保费收入7.64万元，货运险保费收入1.57万元。

【财险理赔服务】 年内，支公司处理赔案826件，赔付金额498.9万元，简单赔付率为63.8%，未决赔案78件，案件处理率107.6%。在开展理赔无忧—车险快捷—三日赔付服务活动中，共处理5000元以下车险赔案490件，三日赔付246件，三日赔付占比50.2%，理赔周期达到上级公司要求的25天以内。回访客户150人次，满意率达到96%。实现机动车车险保费收入539.3万元，同比增长197%，其中机动车交通强制险保费收入179.06万元。

【校园方责任险承保】 年内，承保了赤城“新世纪”私立学校校园方责任险2万元。

（张　宪）

中国人寿赤城支公司

【概况】 中国人寿保险股份有限公司赤城支公司是专门办理分红保险养老保险、健康保险、意外伤害保险等各类人身保险的业务机构。在保险业务和干部管理上，受上级公司的垂直领导，在业务上受国家保险监督管理部门的监督。中国人寿保险股份有限公司主要职责是，贯彻执行国家保险工作方针政策，使寿险行业更好地服务于社会。

年内，支公司狠抓业务宣传和内部管理，完善售后服务，使保险业务量逐步扩大。公司内设：综合管理部、团险部、个险部、中介部、收展部、客户服务中心，在岗人员12人。

领导成员名单

经　理： 胡永军（12月免）

张春英（女　12月任）

副经理： 张春英（女　12月免）

张利华（10月免）

王晓燕（女　4月任）

地　址： 东龙村委会院内

邮　编： 075500

电　话： 6312786

【提高服务质量】 年内，为每位国寿客户发送保单鹤卡，使国寿客户在享受特约商家打折优惠的同时，还可以方便快捷的通过鹤卡或95519电话服务中心快捷的办理电话和地址变更的业务，以便于国寿客户及时接收到公司最新的业务咨讯。

【风险施策】 年内，采取月月定方案，天天搞追踪办法。召开产品说明会3次均收到了良好效果。银保采取三勤办法，即勤与银行代办机构沟通；勤到银行柜台坐班；勤到银行服务厅发放宣传资料，宣传保险产品，扩大知名度。团险把重点放在全县中小学校，逐一对学校进行摸底，确定适合学生的险种，学校平险收费创下了历史最好水品。学校投保覆盖面达到100%。

【业务宣传】 年内，向社会发放宣传资料2000份，接待业务咨询2000多人次，召开产品说明会6次，走访、拜访客户3000多人次，进一步扩大了寿险公司在县城人群中的影响。

（杨颜桃）

社会生活

城乡居民生活

【概况】 年内，人民生活在全济运行出现低迷情况下稳步增长。城镇居民人均可支配收入达到11312元，同比增长12.4%；农民人均纯收入达到2645元，同比增长6%；社会消费品零售总额达到97151万元，同比增长17.9；城乡居民储蓄存款281422万元，同比增长15.5%。

【城镇居民收入、支出】 年内，根据城镇居民家庭百户抽样调查统计显示：城镇居民人均可支配收入达到11358.23元，比上年增长12.8%。工资性收入达7158.93，比上年增长12.5%；经营净收入达1807.64元，比上年增长8.7%；财产性收入80.86元，比上年增长7.9%；转移性收入2732.81元，比上年增长14.5%。家庭消费性支出7841.09元，比上年增长14.6；八大类消费品支出7841.08，比上年增长14.6%；人均住房面积达21.96平方米，与上年持平。

【农村居民收入、支出】 年内，据农村居民百户调查资料显示，农民人均纯收入3191.25，比上年增长5.2%。其中：工资性收入人均1379.53元，比上年增长30.7%；家庭经营性收入人均1329.98元，比上年增长15.5%；财产性人均收入0.87，比上年下降0.6%；转移性人均收入480.87元，比上年增长45.5%。农村居民人均总支出2866.74元，比上年降低0.56%。其中：家庭经营费用人均支出378.99元，比上年降低2.8%；生活消费人均支出2406.91元，比上年增长5.9%。其中：食品消费人均支出1315.15元，增速为11.3%；衣着消费人均支出211.25元，增速为13.7%；交通和通讯消费人均支出160.24，增速为12.5%；文化教育、娱乐消费人均支出133.09元，降低38.9%；医疗保健消费人均支出115.27元，增速6.9%。

人事劳动和社会保障

【概况】 人事劳动和社会保障局是县政府负责全县人事劳动和社会保障工作的职能部门。

年内，以构建和谐社会为目标，围绕“保增长、保民生、保稳定”的总体要求，以落实政策、完善制度、推进法制建设为主线，圆满完成了人事人才、就业再就业、社会保障、构建和和谐稳定劳动关系等项工作，提前两个月超额完成市局下达的名项责任目标。安置城镇新增就业人员1054人，下岗失业人员技能培训4732人，农民工技能培训3502人，征收企业基本养老保险基金5287万元，向省、市劳动和社保部门争取各项资金1956万元。被各新闻媒体采播稿件51篇。赤城县被省政府确定为“河北——北京两地家政服务员基地”，“赤城司炉工”被确定为“河北省知名劳务品牌”。机关内设行政办公室、总支办公室、财务审计股、干部股、专业技术人员管理股、工资福利与劳动关系股、就业股、技术工人考核与职业技能开发股、劳动争议仲裁股。局属事业机构：人才交流服务中心、劳动和社会保障监察大队。直属事业单位：社会保险事业管理局、就业服务局和医疗保险管理中心。有干部、职工 65 人，其中行政编制 21 人，事业编制 44 人。

领导成员名单

局　长：闫　智

副局长：孟利俭

董文梁

宋永峰（女　10 月任）

地　址：府安东街 2 号

邮　编：075500

电　话：6312304

【就业再就业安置】　年内，严格执行就业再就业方面的政策，积极拓宽安置领域，全年安置城镇新增就业人员 1054 人，下岗失业人员再就业 438 人，就业困难对象再就业 253 人，三项目标任务分别完成 123%、133%、127%。零就业家庭援助 18 户，完成率 100%。公益性岗位安置就业困难对象累计达到 1610 人。

【失业人员技能培训】　年内，为扩大就业面，提高下岗失业人员多项技术水平，开展了技能培训、阳光工程培训等各类培训班 16 期，共培训各类人员 4732 人。其中：阳光工程培训 1153 人，转移就业培训 1049 人，农民工创业培训 211 人，下岗失业人员培训 155 人，农村劳动力技能培训 560 人，引导性培训 1332 人，农民科技培训 806 人。通过多项培训，农村劳动力向非农产业转移新增 2050 人，累计达到 11200 人，当年劳务输出 6800 人，分别完成任务的 102%、133%、116%。

【扩展各项社会保险面】　本年，在各方的积极努力下，全县企业养老保险参保 10471 人，其中在职职工 8213 人，完成目标任务的 124%，净增参保人数 1138 人。机关事业养老保险参保 2563 人，其中在职职工 1988 人，完成目标任务的 104%，净增参保人数 182 人。城镇职工基本医疗保险参保 13830 人，其中在职职工 10121 人，退休 3709 人，完成目标任务的 106%。城镇居民参保 22211 人，征缴医疗保险费 66 万元。失业保险月平均参保人数达 9610 人。生育保险参保人数达到 4303 人。工伤保险参保人数达到 7710 人。

【履行劳动用工合同】　年内，全面贯彻实施《劳动合同法》，全县劳动合同签订率达到 95%。依照有关法律法规，妥善解决难度大的工伤案件 4 件，调解结案劳动争议案件 27 起。共接待劳动争议方面来访 146 批次，352 人次。接县信访批转件 25 件，主办 6 件，协助其他部门办理 19 件，结案率均达 100%。

【人事综合管理】　年内，建立起以平时考核、年度考核为主要层次的新型考核体系，完成了 3339 名机关事业单位工作人员和3167名公务员年度考核工作和168名专业技术人员职称晋升的申报评审工作。对全县256个事业单位进行了岗位设置，为进一步深化事业单位人事制度改革奠定了基础。

【调查就业动态】 年内，为准确掌握各类人员就业失业情况，制定了“下基层，摸实情，办实事，促就业”活动实施方案，组成百人工作组，协同各乡镇劳动保障站、社区负责人实行分片包干和督导分工方法，实行一人一卡，采取进企业、进农村、进社区、进家庭“四进”措施，用2个月时间对全县18个乡镇440个行政村开展了摸底调查。调查总人数128329人，占全县总人口数的43.8%，其中城镇失业人员1284人，农村劳动力127045人，其中就业113402人，未就业13643人，摸清了就业底数，掌握了就业动态。

【实施分类帮扶】 年内，针对部分困难家庭无力创业问题，协调有关部门，增加小额担保贴息贷款业务，为创业者提供资金支持。全年为73名下岗人员发放小额贷款221万元，带动近200人实现就业。援助了18户“零就业家庭”成员就业。在两节期间，为63户特困职工家庭发放米面优惠券63张，送慰问金4万余元。

【养老保险扩面】 年内，在强化养老保险扩面、基金收缴和清欠的同时，全力争取省、市级养老保险基金支持，确保养老金按时足额发放，全县企业基本养老保险基金征收5287万元，完成任务的146%，发放3054万，社会化发放率为100%。150家机关事业单位在职参保人员达到1988人，净增182人，完成任务的104%，离退休人员575人。共征缴养老金1100万元，发放养老金1010万元，社会化发放率保持100%。农村社会养老保险参保人员达到18055人，征收养老保险费1.7万元，符合领取养老金待遇人员193人，支付7.04万元。

【基本医疗保险】 年内，积极创造条件，将关闭破产企业退休人员、困难企业职工纳入城镇职工医保，困难职工参加城镇居民医保。形成了“参保在社区，缴费在银行，就医结算在医院”的管理体系。城镇职工参保单位达到272个，参保人数13830人，其中在职10121人，退休3709人。医保基金收入1804万元，其中统筹基金收入1046万元，个人帐户收入758万元。1007人次住院治疗支出1014万元，其中统筹基金支出480万元，个人帐户支出534万元。累计结余3195万元，其中统筹基金结余2341万元，个人帐户结余854万元。支付特殊病种87人次，支付医药费28万元。征缴大额医疗保险费125万元，支出105万元，大额医疗保险积累157万元。城镇居民医疗保险参保人数达到22211人，共征缴保险费66万元。

【失业保险工作】 年内，积极与县财政部门协调，保证失业金足额到位和发放。加强失业人员动态管理，充分利用“两项补贴”，完善失业保险促生活、促就业、防失业“三位一体”的功能。参加失业保险人数9610人，征收失业保险费310万元。为485名失业人员发放失业救济金 239 万元，为未就业的 97 名大中专毕业生发放失业救济金 14 万元。使失业人员基本生活有了保障。

【工伤保险工作】 年内，完善了工伤保险制度和各项配套政策，逐步提高工伤保险待遇，特别是调动了高风险行业参加工伤保险的积极性。全年共有 110 个单位 7710 人参加工伤保险，其中农民工参保人数达到 4018 人，占参保总数的 52.1%，完成目标任务的 107%。征缴工伤保险费 192 万元，完成目标任务的 104%，共受理工伤事件 53 起，支付工伤医疗待遇 189 万元。

【生育保险工作】 年内，积极维护女职工合法权益，保障女工在生育期间得到必要的经济补偿和医疗保险。大力宣传《生育保险实施办法》，加快完善生育保险制度。全县参加生育保险人数达 4303 人。

【工务员年度考核】 年内，认真执行《行政机关公务员处分条例》和《公务员考核规定》，对机关工作人员的德、能、勤、绩、廉等情况进行全面考核。在考核中，坚持“规范考核行为、严格考核程序、提高考核质量、注重考核结果”的原则。组织年度的考核工作，并将考核结果作为职务升降、职称评聘、工资晋升的重要依据，全面发挥了考核的导向和激励作用。全县参加考核人数 3167 人，其中，优秀 111 人，占总人数 14.9%，称职（合格）2691 人，未定等次 1 人，不称职 1 人。

【股级干部管理】 年内，为规范股级干部管理，强化队伍建设，深入到相关单位进行考察、民主推荐、测评、谈话，重新任命股室长 184 人次。其中聘任职务 1 人，因工作需要调配 48 人，县外调出调入 4 人，办理辞职 2 人。

【事业单位设岗管理】 年内，对不同性质、不同类型的事业单位，从岗位类别、等级、聘用程序和权限等方面作出了明确规定，提出了操作性、可行性较强的指导意见，制定了《实施细则》，并对各专业初、中、高级人数进行摸底造册，力求指标控制在最低限额。按细则规定，指导全县 256 个单位合并后为 197 个单位的 6261 人，实际定岗 6482 人。其中县直合并后 175 个单位，涉及 5805 人，实际定岗 6026 人，乡镇合并后为 22 个单位，涉及 456 人，实际定岗 456 人。对本部门人员按管理岗位、专业技术岗位、工勤岗位进行了科学设置。迈出了事业单位人员由身份管理向岗位管理的重要一步。

【专业技术人员考核】 年内，认真落实《张家口市专业技术人员考核暂行办法》，发挥考核的激励机制，按时完成了年度 23 个事业单位 3339 人（高职 291 人，中职 2001 人，初职 1047 人）的考核工作，其中优秀等次 470 人。通过考核，有效地调动专业技术人员的积极性。并按系列、按单位对在岗的专业技术人员进行了聘任情况统计和登记，高职未聘 160 人，中职未聘 777 人，初职未聘 109 人。

【专业技术人员普查】 年内，对全县的专技人员和岗位设置情况进行了一次统计，较为全面地掌握了专业技术人员在年龄、学历、结构等方面的现状，并建立了基本信息数据库，为今后的系统管理打下了基础。全县普查登记和换证专业技术人员4584人的基本信息全部录入了数据库，其中普查登记人员294人；换证人员4290人，共有高职342人，中职2361人，初职1587人。

【专业技术人员职称评审】 年内，按照上级有关专业技术职称评聘工作的政策规定，按事业单位的专业技术岗位设置情况，在规定时限内顺利完成评审任务。现已完成了高级职称76人、中级职称37人、初级职称55人的申报评审工作。同时进一步完善了继续教育管理和证书登记制度。

【技术工人等级申报】 年内，采取“公平、公正、公开”的原则，开展机关事业单位技术工人等级晋升的申报工作。对每个人的资格情况、基本材料进行了细致的审查，并将分数张榜公布。全县共完成了技师114人、高级工222人、中级工135人、初级工102人的等级申报晋升工作。

【大中专生就业安排】 年内，有针对性地举办了招聘洽谈会，为毕业生就业牵线搭桥。并协调工商、税务部门，为自主创业的大学生落实各项优惠政策。目前共有102人就业，其中市场聘用专技人才27人，为教育系统公开招录本科毕业生20人，为公安局国保大队公开招录本科毕业生2人，推荐到外地就业53人。为464名专科以上毕业生免费人事代理，为往届并轨生续签人事代理18人，非并轨生27人，辞职2人。

【工资福利工作】 年内，完成了省级统筹的2007名企业退休退职人员增加基本养老金的调整工作。按省、市要求，完成了全县义务教育学校2439名在职人员和773名离退休人员绩效工资的实施工作。配合市局对97名职工进行了工伤认定，为59名工伤职工进行了劳动能力鉴定。为27名退役士兵办理了安置手续，为18个用人单位的608名劳动者办理了用工备案手续。完成了全县282名公务员正常晋升级别工资，事业单位5105人正常晋升“薪级工资”审批工作，为全县244名离休人员调整了津贴补贴。为机关事业单位86名工作调动人员办理了工资转移手续。为38名新录用人员确定了工资，为339名取得技师和高级工人员兑现了工资，为307名达到退休年龄人员办理了退休手续。为53名死亡人员审批办理了抚恤金、丧葬费及遗属生活困难补助，，共调整遗属生活困难补助356人。

【争取专项资金】 年内，为进一步推动全县就业和社会保障工作快速发展，减轻县财政压力，积极争取上级资金支持，全年共争取省、市劳动和社保部门专项资金1956万元。其中为改制破产企业核销企业养老保险费300万元，工伤保险补助资金140万元，就业再就业专项资金930万元，争取小额担保贴息贷款221万元，下岗职工、农民工创业培训及阳光工程技能培训费65万元，为国有破产企业退休职工参加医疗保险争取资金补助300万元。

【包村扶贫】 年内，为生态文明村大海陀乡镇川堡村配备了一套价值3000元的广播设备和支持5000元购买娱乐活动设备。为小庄科贫困村出资5000元修建蓄水池解决吃水问题，帮助村完善各项制度、制定脱贫规划。

（田晓霞）

民政工作

【概况】 民政局是县政府主管社会行政事务的重要职能部门。担负着解决社会问题、调解社会矛盾、促进社会公平、依法维护和保障人民群众基本生活权益的职责，也是促进社会和谐运转的重要保障。主要任务有救灾救济、城乡低保、城乡医疗救助、五保敬老、双拥优抚安置、军休、基层政权建设、行政区划、殡葬管理、婚姻登记、社团登记、收养登记、生活无着流浪乞讨人员救助、城镇社区服务及老年人权益保护和福利彩票等工作。

年内，始终坚持“以民为本、为民解困、为民服务”的工作宗旨，认真履行职责，服务大局、保障民生、重点突破、整体推进，全面强化社会服务体系建设。加强城乡社会救助体系建设，进一步提高了城乡低保、农村五保供养、城乡医疗救助的标准和保障线，专项社会事务管理和服务水平不断提高。各项优抚政策全面落实，双拥工作再上新水平。被市政府评为“市文明单位”称号，被省民政厅评为“信访工作先进县”、“省级双拥模范县”。机关内设办公室、统计计财股、优抚股、救灾股、低保股、社会事务股、老龄工作办公室；下属事业单位：光荣院、殡葬管理所、殡仪服务中心、公墓管理处、烈士陵园管理处、经济福利生产办公室、减灾中心、婚姻登记处、雕鹗中心敬老院、东万口中心敬老院、云州中心敬老院。在岗人员64人，其中行政编制13人，机关事业编制19人，直属事业编制32人。

领导成员名单

局　长： 崔占斌

副书记： 侯秀凯

副局长： 崔献民

张进中

赵文山（10月任）

地　址： 府安东街2号

邮　编： 075500

电　话： 6312275

【村委会换届】 1月，全面完成了第八届村委会换届选举工作。共选出村干部1255名，其中村主任440名，连选连任280名；书记、主任一人兼的村406名，两委成员交插任职的684人。

【防灾减灾宣传】 5月12日，在四川汶川大地震一周年纪念日暨全国第一个防灾减灾日，全体工作人员走上街头宣传防灾减灾知识，发放宣传品5000多份。

【双拥工作】 国庆期间，筹措资金30万元对革命功臣进行了走访慰问。积极开展了争创双拥模范县的申报工作，并顺利通过了省级双拥模范县的验收。

【救灾工作】 年内，面对遭受60年来罕见的严重旱灾，成立了“灾情会商评估领导小组”，组织部署全县抗旱救灾工作。共下拨救灾粮537.95吨，救灾款70万元，取暖用煤1046吨。对全县9700户、22668名无自救能力的受灾群众给予有效救助。

【城镇低保】 年内，城镇低保保障标准由月人均收入130元提高到245元，全县城镇低保对象达到2482户3883人，月人均补差标准达到148元。全年共发放城镇低保资金760万元。

【农村低保】 年内，农村低保保障标准由年人均收入700元提高到990元。全农村低保对象增加到21636户，24775人，占农业人口10%。月人均补差标准52元，全年共发放农村低保金1796万元。

【低保金“一卡通”发放】 年内，加强了低保工作规范化管理，实行了低保金“一卡通”发放，确保城乡低保资金及时、足额、安全地发放到城乡低保对象手中，全年发放城乡低保金2256万元。

【五保供养】 年内，完成了全县农村五保老人的普查和审核审批工作，对全县2787名农村五保老人按照分散供养年1300元，集中供养年1500元落实了供养标准，全年累计发放农村五保供养资金366.6万元。

【敬老院建设】 年内，投资600多万元扩建了雕鹗中心敬老院，新增床位500张。全县农村五保集中供养人数达到715人，集中供养率达到26%。

【城乡医疗救助】 年内，探索医前和医后救助相结合；大病和慢性病门诊相结合的救助模式。救助标准由原来的一次性最高救助2000元，提高到3000元。全年发放救助资金87.5万元，对468人次进行了救助。

【优抚安置】 年内，按时足额发放重点优抚对象优抚金1230万元，同时筹措120万元资金解决了重点优抚对象的“三难”问题。通过“双考”，自选接收单位安置了城镇退役士兵27名。

【优抚对象医疗保障】 年内，完成了市优抚对象医疗保障办法试点县工作。出台了我县新的“优抚对象医疗保障办法”和“实施细则”。全市推广了我县优抚对象医疗保障实行参保参合、优惠减免、政府补助、特殊救助相结合的保障新模式和“一站式”结算的新经验。

【落实参战人员生活待遇】 年内，对身份认定的173名参战人员、16名带病回乡人员落实了生活待遇，共落实生活补助金417270元。

【殡葬管理】 年内，出台了《赤城县殡葬管理实施细则》和《关于进一步加强殡葬改革的通知》，加大了殡葬改革宣传和实行力度，全年共火化遗体158具，是上年火化量的1.55倍。

【婚姻登记】 年内，共办理结婚登记 1803对，离婚登记269对，补办证件169对，合格率均为100%。

【门牌编码】 年内，在完成街道命名的基础上，开展了县城楼院门牌普查编码工作，共悬挂门牌10394块。

【老龄工作】 年内，完成了全县老年人口普查工作，全县60岁以上老人共有49169人，其中90岁以上老人1231名。

【老年公寓建设】 年内，积极引资谋划建设老年公寓和社会福利中心项目，现已完成选址工作。与兴仁堡村达成占地60亩的土地使用权协议。

【光荣院管理】 年内，提高了入院人员生活标准，配置了健身房、阅览室、医务室等设施，确保老人安度晚年。

【敬老院管理】 年内，全县集中供养五保老人218人，其中东万口中心敬老院102人，云州中心敬老院34人，雕鹗中心敬老院50人，样田敬老院29人，田家窑敬老院3人。对进入敬老院人员实行集中供养，供养管理逐步规范。

【陵园管理】 年内，共接待扫墓祭奠的社会各界人士和小学生3.5万多人次。烈士陵园及园内纪念碑、纪念馆成为全县爱国主义教育基地。

【公墓管理】 年内，在新建78个墓穴的基础上出售17个。

【接访工作】 年内，共接待来信来访人员1000多人次，发放临时生活困难救济10万多元。圆满完成了国庆安保工作任务，无越级上访事件。

【文明生态村包扶】 年内，为田家窑镇二道洼村、东万口乡盆地坑村拨付建设文明生态村扶持资金9万元。

（朱文静）

扶贫开发

【概况】 扶贫开发办公室是县政府负责全县扶贫开发工作的事业机构。主要职责：组织拟定全县扶贫开发总体规划，中长期规划和年度工作计划并组织实施；组织协调全县扶贫开发项目考察、规划、立项、申报、实施和验收工作，检查监督扶贫项目及扶贫资金实施和使用情况；协调配合中直、省直、市直及县直单位包村扶贫工作。

年内，坚持开放开发式扶贫方针，突出改善贫困村基础条件和农民增收两个重点，以产业、科技和开发扶贫为动力，以挖掘内力，借助外力为手段，进一步增加扶贫投入，强化社会帮扶，组织实施规划项目，坚持整村推进，建设产业化片区。严格管理财政扶贫资金、积极争取彩票扶贫资金，抓好劳动力转移培训，全力做好社会扶贫工作和项目申报工作，着力推进贫困村社会、经济、文化全面持续协调发展。全年争取到位各类扶贫资金8451万元，扶持32个重点村，4041户，13328口人。机关内设综合股、项目股、社会动员股，在岗人员13人。

领导成员名单

主　　任：连　续（2月免）
　　　　　李贵忠（2月任）

副 主 任：韩志杰
　　　　　马志军

地　　址：府安东街2号

邮　　编：075500

电　　话：6312892

【到位扶贫资金】 年内，到位各类扶贫资金共计8451万元，为历年之最。其中财政扶贫发展资金到位726万元，国家专项彩票公益金2125万元，中央、省、市、县各级包村扶贫单位帮扶和引进资金（物资）5600万元。这些资金主要用于贫困村调整产业结构和产业化扶贫以及整村推进项目建设。涉及32个扶贫重点村，扶持贫困户4041户、贫困人口13328人。

【产业化扶贫】 年内，将调整产业结构和产业化扶贫作为扶贫工作重点。着力扶持了周转棚、周转畜等扶贫项目。栽培猪苓3.5万箱，周转牛276头、周转猪1506口，周转大棚90个3公顷。扶持马营乡墩上、南窑子两个重点村40万元推广种植万寿菊333.3公顷；扶持田家窑、龙门所两个镇21.6万元推广杂交谷子480公顷。

【细胞工程】 年内，在7个村700户贫困户中实施细胞工程。扶持251万元，共栽培猪苓2.5万箱，养牛276头，养猪1500口。

【互助资金试点】 年内，确定5个村为互助资金试点村，投入资金60万元。炮梁乡雀沟，茨营子乡碾子湾两个村实施养殖业项目，养猪1200头，茨营子乡河口、东卯镇柏木井、样田乡刘长沟三个村实施种植业项目，建大棚30个，栽培猪苓4000箱，种植露天蔬菜66.6公顷。

【片区基础设施配套项目建设】 年内，投入财政扶贫资金89.4万元在张家窑等8个村实施田间道路配套工程。修建田间和村内道路12公里。投入财政扶贫资金50万元，在周村等4个村打机井3眼，配套4眼。

【劳动力转移培训】 年内，省下达全县培训任务640人。通过张家口建兴技校、张家口机械工业学校、怀安县职业技术教育中心、万全县职教中心四个培训基地培训142人，县劳动训练中心培训500人。培训内容有数控、钳工、焊工、司炉工、水暖维修等，完成了培训任务。

【扶贫贴息资金】 年内，为10个种养业和加工业龙头企业建立项目库，向省、市扶贫办推荐为企业贷款贴息项目单位并获得通过；为三家成长型企业整合资料，推荐为河北省成长型企业贴息项目，贴息资金150万元。

【争取专项彩票公益金试点县】 年内，省扶贫办确定两个“彩票公益金”试点县。引起县委、政府高度重视，积极安排布置争取工作。在争取试点县答辩会上，由县委书记赵占华、县长申全民、县委副书记欧阳文捷、副县长王秀冬及扶贫、财政负责人组成代表团，经过陈述答辩，成功争取到仅有的两个试点县指标之一，争取到专项彩票公益金2125万元。该资金将用于支持15个新农村建设试点村的环境改善和公共设施建设。

【对外宣传】 年内，《经济日报》刊登全县扶贫开发经验报道2篇、《张家口日报》刊登2篇、市扶贫办简报载发5篇。

【社会扶贫】 年内，各部门争取项目35个，落实资金5600万元。

【扶贫调查】 年内，主任、副主任共计下乡150天，走访了18个乡镇32个贫困村，召开各种类型座谈会10次，召开领导班子座谈会5次。

（李忠义）

乡 镇

赤城镇

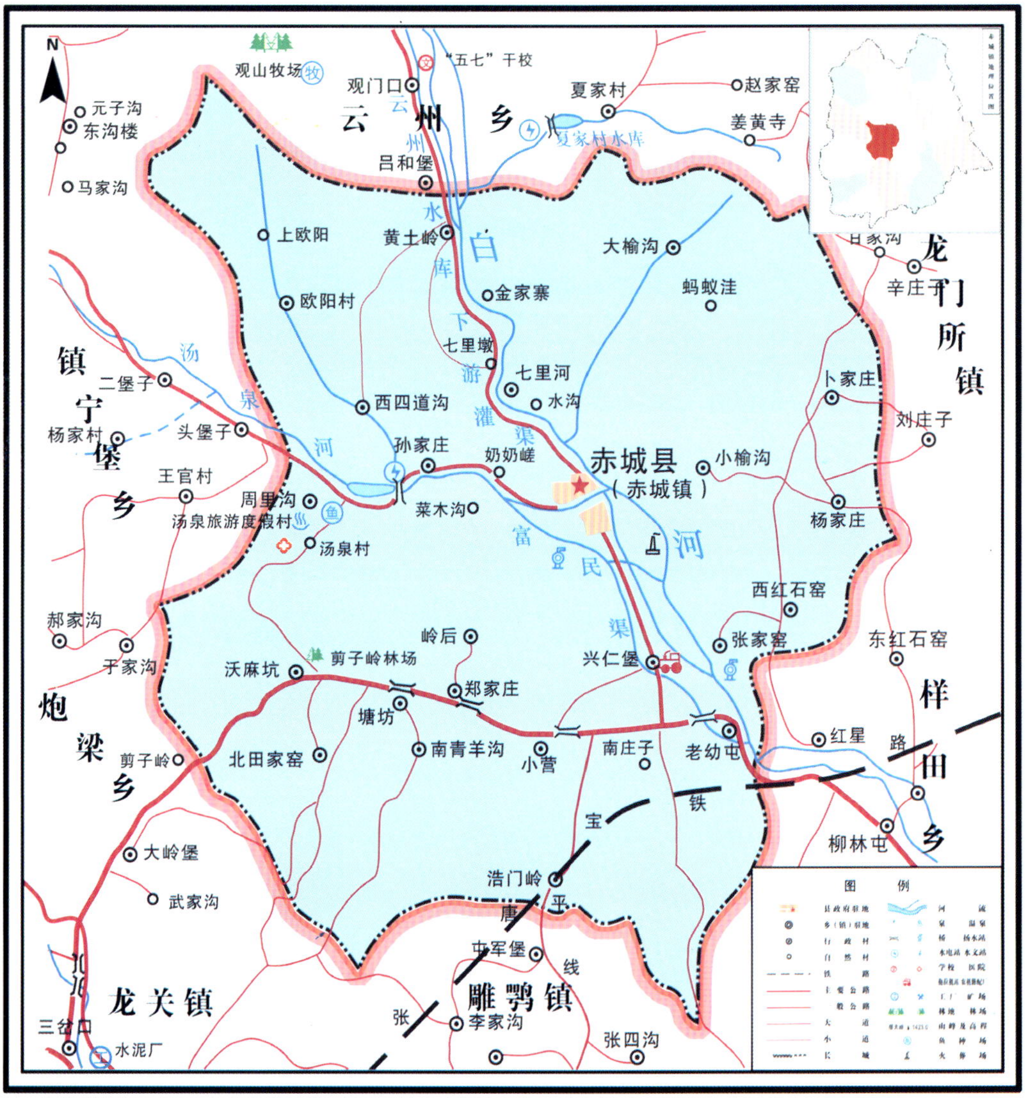
N
观山牧场
“五七”干校
观门口
云州乡
夏家村
赵家窑
姜黄寺
夏家村水库
元子沟
东沟楼
马家沟
吕和堡
云州水库下游灌渠
白河
上欧阳
黄土岭
大榆沟
金家寨
蚂蚁洼
欧阳村
白家沟
辛庄子
龙门所镇
七里墩
七里河
水沟
西四道沟
卜家庄
刘庄子
汤泉河
二堡子
头堡子
杨家村
镇宁堡乡
王官村
孙家庄
奶奶嵯
赤城县
（赤城镇）
小榆沟
周里沟
汤泉旅游度假村
菜木沟
杨家庄
汤泉村
富民渠
西红石窑
郝家沟
于家沟
岭后
剪子岭林场
张家窑
东红石窑
沃麻坑
兴仁堡
郑家庄
炮梁乡
塘坊
南青羊沟
小营
南庄子
老幼屯
红星
样田乡
北田家窑
剪子岭
宝
铁
路
柳林屯
大岭堡
武家沟
浩门岭
唐
平
线
中军堡
雕鹗镇
龙关镇
张
李家沟
张四沟
三岔口
水泥厂
图例

乡镇工作

【概况】 赤城镇位丁县政府所在地，是全县政治、经济、文化、交通中心。东南与样田乡交界，西南与雕鹗镇接壤，西临镇宁堡乡，北接云州乡。国道112线、省道宝平线、南赤线纵横通达，交通便利。地处北纬40° 54′，东经115° 49′。镇驻地海拔890米，全镇平均海拔949米。属东亚大陆性季风气候区。年平均降水430mm，平均气温5.7℃，积温2642℃，无霜期121天。全镇辖33个行政村，40个自然村，4个居民社区。总人口4.16万人，其中农业人口2.37万人，非农业人口1.79万人，（出生396人，死亡54人），人口自然增长率为8.89‰。辖区内有汉、回、满、蒙古、朝鲜五个民族，少数民族人口约占0.02%。全镇总控面积247.45平方公里，耕地总资源3100公顷，常用耕地1655公顷。林业用地13516公顷，其中有林地2916公顷，灌木林地839公顷，未成林地1207公顷。全镇有小学4所，教学点2个，分别设在老幼屯村和塘坊村，幼儿园20所，教职员工348名。小学在校生4875名，入学率100%，毕业率100%，升学率100%。幼儿园幼儿1908名。有乡镇卫生院1所，卫生技术人员240名，病床200张。有党支部47个，其中农村党支部33个，共有党员1660人，其中农村党员1203人，社区党员247人，学校党员120人。

年内，镇党委、镇政府围绕全县重点工作，认真落实科学发展观，招商引资和项目建设成效显著，社会事业协调发展，加强基层组织建设，保持了经济快速增长和社会事业全面进步。全镇粮食总产量1716吨，比上年减少58.6%；蔬菜总产量69186吨，比上年增长32%，其中设施蔬菜26262吨。实现农业总产值4762.6万元，比上年减少23%；实现林业总产值606.2万元，比上年增长81%；实现畜牧业产值4452.1万元，比上年减少64%；农民人均纯收入3040元，比上年减少0.52%。猪存栏4000头，出栏8800头；羊存栏1.3万只，出栏1.8万只；牛存栏2499头（奶牛2199头），出栏2600头；鸡存栏4.2万只，出栏3万只。实现非农行业总产值48060万元，比上年增长36%，其中批发零售业产值16000万元，工业总产值14200万元、餐饮业产值9000万元、运输业产值6000万元、建筑业产值2860万元。全镇劳务输出2386人，收入28600万元。镇设置13个科室，4个居民社区。在职干部、职工156人，其中社区工作人员56人，大学生村官8人。

领导成员名单

党委书记：李志强（3月免）
　　　　　马　军（3月任）
镇　　长：马　军（3月免）
　　　　　范正军（3月任）
人大主席：武洪义（3月免）
　　　　　王新宝（3月任）
党委副书记：姜　维（3月免）

施展文（3月任）
组织委员：崔继元（4月免）
窦　泉（9月任）
宣传委员：赵继祥
武装部长：刘大志
纪检副书记：孙文英（女　9月任）
副　镇　长：张宪云
贾振伟
崔继元（4月任）
人大副主席：卜文霞（女　9月免）
地　址：振兴路5号
邮　编：075500
电　话：6312352

【第十二届二次会议】 10月18日，召开赤城镇第十二届人民代表大会第二次会议，代表会上，代理镇长范振军代表镇政府作了工作报告，对2008年工作进行总结回顾，对2009年重点工作进行安排部署。投票选举王新宝同志为赤城镇人大主席，选举范振军同志为赤城镇镇长，崔继元同志为赤城镇副镇长。

【基层组织建设】 年内，建立了“一包三联”责任制，镇领导班子成员每人分包一个党建重点村，联系一名党员示范户和一个贫困户，并联系一名入党积极分子。圆满完成了村党组织和第八届村民委员会换届选举工作。全镇达到“一好双强”型村党支部书记15个，高中以上学历达到88%；村干部大专以上学历74名，35周岁以下占31%。新发展党员50名，培养入党积极分子85名。村“两室”建设达标率达90%，村级活动场所达到市级示范标准的达50%。5个村投资上百万元新建了办公大楼，33个行政村全部接通了远程教育网络、安装了远程教育设备。投资12万元，为社区配备了微机、打印机、办公桌椅、健身娱乐器材等，完善社区功能。安排4名大学村官分别担任塘坊、沤麻坑、兴仁堡、郑家庄村村支部书记和村主任助理，为基层组织增添了力量。

【护林防火工作】 年内，镇村分别组建成立了防火工作领导小组和应急分队，深化“五清”行动，落实“六看”措施，广泛宣传教育，增强群众防火意识，未出现大的火情。镇成立了35人的半专业扑火队，各村均成立不低于20人的半专业义务扑火分队，并配备二号扑火工具50套。全镇按67公顷有林地配备1名专职护林员的标准，共落实护林员45名，同时对重点部位、区域，聘用了22名专职护林员。

【计划生育工作】 年内，计划生育重点工作有所突破，奖扶政策落实到位。出生396人，人口出生率为10.29‰，计划生育率为95.45%，出生性别比为158/238，人口自然增长率8.89‰。全年共落实节育措施415例，计划生育各项业务指标均在控制范围内，年底顺利通过了省、市、县的检查，继续保持计划生育一类乡镇称号。

【农业产业化】 年内，农业产业化项目完成投资4540万元，建设项目5个。总投资800万元，在老幼屯原种厂建设贮量为1000吨和1500吨的智能恒温库各1座。投资80万元，对锦华奶牛养殖示范小区进行续建。奶牛发展到

1500头。龙盛富农科技园生态有限公司，占地面积20公顷，养殖奶牛500头，肉牛1000头，并配套屠宰加工车间和300吨冷库1座。人路蔬菜发展到734公顷，年创收75万元。投资600万元，扩建成的乔氏杏仁加工厂，年加工杏仁1500吨。

【杂交谷子、沼气池推广】 年内，种植张杂谷子45公顷，涉及杨家庄、兴仁堡、小榆沟等10个行政村，267户。在杨家庄、黄土岭、七里河等14个行政村建沼气池40个。

【劳动保障】 年内，在镇域内开发公共岗位105个，安排105名“4050”人员顺利上岗；帮助29名“4050”人员自主创业，其中从事种养业2人，商业餐饮业25人，矿产建筑业2人。为1600名城镇居民参加了医疗保险。

【重点工程建设】 年内，新建、续建重点项目5个，实际到位资金1.7亿元。宏达阳光时代广场二期工程投资7000万元，完成建筑面积5万平方米。东关住宅小区二期工程投资7000万元，完成建筑面积5万平米。由北京天龙盛有限责任公司投资兴建的龙盛富农科技园生态有限公司扩建项目完成投资1760万元，新建牛舍及活动场地13130平方米，吸收散养奶牛32户，发展奶牛996头。兴荣明胶饲料有限公司技改项目完成投资800万元，订购设备、储备了原料，并与北京中国社会科学院签定了明胶生产技术转让合同。位于小营村的兴盛肉鸡养殖专业合作社，由兴盛肉鸡养殖专业社与北京正大集团合作兴建，计划总投资740万元，占地5.07公顷，已完成投资400万元。

【文明生态村建设】 年内，北大村被列入市级文明生态村，投资18万元硬化路面600平方米；投资6万元安装、维修路灯30盏；投资4万元改建公厕2座；投资2万元新建垃圾池10个；投资1万元对村委会进行整修。

【基础设施建设】 年内，完成南赤线至岭后4.1公里，孙家庄至上欧阳村6.9公里的水泥路面硬化工程；完成13.7公里的道路养护工程；提供配套资金 8万元，为杨家庄、欧阳村各新打机井1眼，完成小营、浩门岭两村的机井配套；完成张家窑至老幼屯5平方公里的21世纪首水工程造林、整地任务。

【信访工作】 年内，进一步规范信访秩序，变群众“上访”为干部“下访”，变群众“来访”为主动“约访”，确保问题解决在当地，人员稳控在基层，使一些突出的信访问题得以有效稳控或妥善解决。全镇信访形势明显好转，累计接访752人次，其中集体访27件，结案率97%，群众满意率96%。

【落实各项惠民政策】 年内，发放救灾救济款2.2万元；农村低保1974人，城镇低保2590人；城镇医保1853人，医疗救助对象落实38人，救助金额7.6万元；落实五保户80人。为1329户发放良种补贴款13.18万元，粮食直接补贴资金67万元。办理一卡通6948张。

村情概况

【东关村】 位于县城中心。全村518户，1767口人(出生14人，死亡1人)。从业人员816人，外出务工人员181人。耕地总资源83公顷，常用耕地75公顷。粮食总产量14吨，比上年减产80%。牛存栏211头，出栏125头；羊存栏275只，出栏650只；猪存栏180头，出栏461头，鸡存栏1980只，出栏1085只。全村经济收入849万元，比上年增长6%；人均纯收入3578元，比上年增长11%。村内主要街道全部硬化，村容整洁。拥有机动车70辆（农用车40辆，轿车30辆）。有村卫生室1所，医生1名。

村支部书记：常建国

村委会主任：许文秀

【松林村】 位于县城城北。全村262户，761口人（出生4人，死亡1人）。从业人员343人。耕地总资源27公顷，常用耕地11公顷。粮食总产量5吨，比上年减产90%。全村经济总收入400万，人均纯收入3159元，与上年基本持平。商业、饮食业、建筑业、交通运输业逐步成为支柱产业。个体经营户156户，396人；外出务工64户，121人。牛存栏68头，出栏98头；羊存栏302只；猪存栏181头，出栏106头。拥有机动车62辆（农用车25辆，出租车16辆，轿车21辆）。卫生室2所，医生2人。

村支部书记、村委会主任：王永贵

【南大村】 位于县城中心。全村354户，1089口人（出生4人，死亡1人）。从业人员620人，外出务工450人。经济总收入556万元，比上年增长7%；人均纯收入3605元，比上年增长9%。以建筑业、商业、饮食业、交通运输业为主，此四项收入占总收入的60%。耕地总资源120公顷，常用耕地22公顷。粮食总产量4吨，比上年减产92%。牛、羊、猪存栏数分别为47、351、168头，出栏114、468、280头。全村个体经营户30余户。拥有机动车17辆（农用车10辆，出租车6辆，轿车1辆）。有村卫生室2所，医生2人。

村支部书记：赵怀平

村委会主任：苟美宝

【长富村】 位于县城西北部。以烈士聂长富命名。全村308户，1039口人（出生11人）。从业人员152人，外出务工人员99人。耕地总资源54公顷，常用耕地20公顷。全村经济总收入480万元，比上年增长8%；人均纯收入2707元，比上年减少20%。牛、羊、猪存栏数分别为69、287、79头，出栏68、656、254头。鸡存栏2921只，出栏1025只。拥有机动车14辆（农用车4部，出租车6辆，轿车4辆）。有卫生室2所，医生2人。

村支部书记：刘金山

村委会主任：刘仕福

【北大村】 位于县城西北部。

2009年被确定为“市级文明生态村”。全村224户，690口人（出生10人，死亡2人），从业人员320人，占总人口的46.3%。耕地总资源73公顷，常用耕地40公顷。全村经济总收入360万，比上年增长20%，人均纯收入3142元，比上年增长20%；服务业为支柱产业。外出务工人员66人。牛存栏211头，出栏125头；猪存栏180头，出栏461头；羊存栏275只，出栏650只；鸡存栏1980只，出栏1085只。拥有机动车11辆（农用车4部，轿车7辆）。有卫生室1所，医生1人。

村支部书记：方桂林

村委会主任：安林才

【东大村】　位于县城东北部。地势优越，商业饮食业和第三产业发展较快。有饭馆4家，小卖部5家，各种店铺7家。从事建筑业和各种服务业30余人，外出务工人员108人。全村333户，1008口人（出生9人，死亡2人）。耕地总资源43公顷，常用耕地22公顷。多数为水浇地，适合发展蔬菜产业，种植蔬菜20公顷。牛存栏40头，出栏102头；羊存栏261只；猪存栏208头，出栏362头。全村经济总收入571万元，比上年增长8%；人均纯收入3546元，比上年增长18%。主要街道全部硬化，安装固定电话30部，移动电话200部。拥有机动车19辆（农用车8辆，出租车3辆，轿车8辆）。村集体建敬老院1处，宾馆1家。个体诊室2所，医生2人。

村支部书记：冯廷明

村委会主任：李海云

【宏达村】　位于县城中心，以烈士安宏达命名。全村412户，1431口人（出生10人，死亡3人）。外出务工150人。耕地总资源49公顷，常用耕地31公顷。全村经济总收入739万元，比上年增长6%；人均纯收入4089元，比上年减少3.3%。牛、羊、猪存栏数分别为52、360、192头，出栏105、620、548头。安装固定电话160部，移动电话1000部。拥有机动车31辆（农用车6辆，出租车7辆，轿车18辆）。有小卖部5家，各种私营企业7家，个体诊室1所，医生2人。

村支部书记：李志明

村委会主任：张宝泉

【西大村】　位于县城西南部。全村353户，1099口人（出生11人，死亡6人）。耕地总资源81公顷，常用耕地66公顷，90%为旱坡地。猪存栏159头，出栏264头；牛存栏42头，出栏78头；羊存栏350头，出栏400头。全村经济总收入547万元，比上年增长5%；人均纯收入3553元，比上年增长10%。外出务工118人。拥有机动车35辆（农用车16辆，出租车、货运车10辆，轿车9辆）。有卫生室1所，医生1人。

村支部书记：贾殿英

村委会主任：张新明

【宪民村】　位于县城西南部，以烈士孟宪铭命名。2009年获“优秀基层党组织”荣誉称号。全村589户，1804口人（出生18人，死亡4人），外出务工190人。耕地总资源89公顷，其中常用耕地28公顷。全村经济总收入848万元，比上年增长6%；人均纯收入3323元，比上年增长4%。牛、羊、猪存栏数分别为125头、400头和57头，出栏86、459、314头。拥有机动车29辆（农用车14辆，出租车5辆，轿车10辆）。有卫生室2所，医生2人。

村支部书记：张庆元

村委会主任：付　成

【东龙村】 位于县城东北部。全村272户，813口人（出生9人，死亡2人），全村从业人员450人，外出务工85人。耕地总资源79公顷，常用耕地70公顷。全村经济总收入435万元，比上年增长7%；人均纯收入4123元，比上年增长3%。建筑业、商业、饮食业为主要产业，占总收入的66%。牛、羊、猪存栏数分别为30头、198头、149头，出栏125、650、461头。拥有机动车12辆（农用车4辆，出租车6辆，轿车2辆）。有卫生室1所，医生1人。

村支部书记：刘　林

村委会主任：李金河

【沃麻坑村】 位于赤城镇西南部，距镇政府8公里。全村97户，300口人（出生2人）。乡村从业人员160人，外出务工32人。全村经济总收入95万元，比上年增长19%；人均纯收入2910元，比上年增长19%。耕地总资源110公顷，常用耕地39公顷。牛、羊、猪存栏分别为86头、405头、112头；出栏71、513、125头；鸡存栏1980只，出栏587只。拥有机动车4辆（农用车2辆，轿车2辆）。有肉鸡养殖厂1家，采矿业企业3家。

村支部书记：王　海

村委会主任：王永江

【浩门岭村】 位于赤城镇西南部，距镇政府9公里。全村118户，470口人（出生4人，死亡2人）。乡村从业人员223人，外出务工45人。耕地总资源137公顷，常用耕地67公顷。全村经济总收入113万元，比上年增长12%；人均纯收入2302元，比上年增长5%。牛、猪、羊存栏分别为35头、71头、427头；出栏72、497、257头。拥有农用车5部。

村支部书记：候　勇

村委会主任：王中华

【周里沟村】 位于赤城镇西部，距镇政府5公里。耕地总资源19公顷，常用耕地4公顷。全村54户，165口人（出生1人，死亡3人）。乡村从业人员98人，外出务工18人。有党员13名，全村经济总收入177万元，比上年增长66%；人均纯收入4663元，比上年减少11.5%。依托温泉度假村建农家小院13户。现有1路公交车通往温泉。拥有出租车7辆。投资73万元建村委会综合服务楼1幢，建筑面积1043.18平方米。

村支部书记、村委会主任：张廷福

【孙家庄村】 位于赤城镇西北部，距镇政府4公里。全村248户，751口人（出生7人）。有党员26名。耕地总资源123公顷，常用耕地80公顷。全村经济总收入326万元，比上年增长6%；人均纯收入3450元，与去年持平。建高标准日光温室大棚80栋，形成6.6公顷的蔬菜种植科技园区。蔬菜总产量1665吨。1路公交车在村内设站。

村支部书记：李　金

村委会主任：许有成

【小营村】 位于赤城镇西南部，距镇6公里。全村170户，640口人（出生8人，死亡1人）。乡村从业人员286人，外出务工63人。有“五保户”2户，孤寡老人28人，残疾人11人。全村经济总收入135万元，比上年减少6%；人均纯收入2160元，与上年持平。耕地总资源133公顷，常用耕地78公顷。牛存栏48头，出栏61头；羊存栏352只，出栏800只；猪存栏52头，出栏369头。拥有机动车8辆（农用车3部，出租车3辆，轿车2辆）。全村有大学生7人，日本援建小学1所，学生9人，教师1人。

村支部书记：王万富

村委会主任：乔福亮

【小榆沟村】 位于赤城镇东北部，距镇政府4公里。全村70户，263口人（出生3人）。有从业人员113人，外出务工23人。全村经济总收入73万元，比上年增长12%；人均纯收入2821元，比上年增长9%。耕地总资源102公顷，常用耕地37公顷。粮食产量为50吨，比上年减产63.7%。猪存栏140头，出栏107头；羊存栏406只，出栏427只；牛存栏42头，出栏62头。拥有农用车3部，出租车2辆。

村支部书记：王　兵

村委会主任：王殿明

【七里河村】 位于赤城镇东北部，距镇政府3.5公里，辖3个自然村。全村159户，584口人（出生8人，死亡2人）. 从业人员260人，外出务工人员55人。耕地总资源77公顷，常用耕地50公顷。全村经济总收入143万元，与上年基本持平；人均纯收入2229元，比上年略有减少。羊存栏696只，出栏1125只；猪存栏229头，出栏587头。拥有农用车5辆。有村卫生室1所，医生1人。

村支部书记：李成贵

村委会主任：周全海

【南庄子村】 位于赤城镇东南部，距镇政府9公里。全村225户，927口人（出生7人）。从业人员391人，外出务工人员84人。全村经济总收入141万元，比上年减少18%；人均纯收入1851元，比上年增长3%。农业收入占总收入的46%。耕地总资源120公顷，常用耕地21公顷。牛存栏49头，出栏68头；羊存栏401只，出栏780只；猪存栏数80头，出栏168头。拥有农用车3辆。

村支部书记：罗义军

村委会主任：邹　贵

【杨家庄村】 位于赤城镇东南部，距镇政府6.5公里。全村121户，447口人（出生5人）。从业人员167人，外出务工36人。全村经济总收入99万元，比上年增长9%；人均纯收入2282元，比上年减少8.9%。耕地总资源85公顷，常用耕地29公顷。粮食总产量64吨，比上年减产48.4%。猪存栏数130头，羊存栏数554只。拥有农用车3辆。

村支部书记：焦玉林

村委会主任：杨玉德

【张家窑村】 位于赤城镇东南部，距镇政府5公里。全村202户，646口人（出生6人，死亡2人）。从业人员213人，外出务工57人。全村经济总收入149万元，同比增长6%；人均纯收入2176元，同比增长2%。耕地总资源120公顷，常用耕地81公顷。牛存栏40头，出栏131头；羊存栏391只，出栏592只；猪存栏81头，出栏180头。拥有机动车12辆（农用车7部，出租车2辆，轿车3辆）。

村支部书记：刘世民

村委会主任：李海峰

【北田家窑村】 位于赤城镇西南部，距镇政府8.5公里。全村68户，191口人（出生3人，死亡1人）。从业人员86人，外出务工16人。全村经济总收入58万元，比上年增长38%；人均纯收入3059元，比上年减少14.6%。耕地总资源98公顷，常用耕地55公顷。牛存栏82头，出栏54头；羊存栏430只，出栏482只；猪存栏87头，出栏187头。

村支部书记：李春林

村委会主任：冯学军

【大榆沟村】 位于赤城镇东北部，距镇政府6.5公里。全村115户，469口人（出生3人）。从业人员203人，外出务工42人。年内总收入118万元，比上年增长7%；人均纯收入2525元，与去年持平。耕地总资源95公顷，常用耕地68公顷。猪存栏数114头，出栏231；羊存栏数620只，出栏892只。自来水全部入户。

村支部书记、村委会主任：刘殿玉

【岭后村】 位于赤城镇西南部，距镇政府4.5公里。全村78户，270口人（出生2人）. 从业人员124人，外出务工25人。全村经济总收入75万元，同比增长12%；人均纯收入2945元，同比增长12%。耕地总资源122公顷，常用耕地63公顷。粮食总产量84吨，比上年减产37.8%。羊存栏488只，出栏1026只；猪存栏107头，出栏321头。拥有机动车17辆（农用车10辆，出租车6辆，轿车1辆）。

村支部书记：李金山

村委会主任：郭　库

【塘坊村】 位于赤城镇西南部，距镇政府10公里。全村91户，334口人（出生1人）。从业人员152人，外出务工34人。全村经济总收入114万元，比上年增长24%；人均纯收入3365元，比上年增长29%。耕地总资源100公顷，常用耕地80公顷。粮食总产量65吨，比上年减产55.1%。牛存栏65头，出栏85头；羊存栏509只，出栏420只；猪存栏70头，出栏223头。拥有农用车8部，出租车2辆。有小学1所，有村卫生室1所，医生1人。

村支部书记：张海荣

村委会主任：牛　龙

【老幼屯村】 位于赤城镇东南部，距镇政府6公里。全村194户，709口人（出生10人，死亡7人）。从业人员312人，外出务工69人。全村经济总收入178万元，同比增长6%；人均纯收入2241元，与上年持平。耕地总资源96公顷，常用耕地41公顷。粮食总产量100吨，比上年减产56.8%。牛存栏46头，出栏65头；羊存栏459只，出栏502只；猪存栏73头，出栏235头。固定电话入户14户。拥有机动车18辆（农用车11辆，出租车7辆）。有卫生室1所，医生1人。

村支部书记：程玉贵

村委会主任：乔永恒

【欧阳村】 位于赤城镇西北部，距镇政府8公里。全村160户，688口人（年内出生4人，死亡2人）。从业人员289人，外出务工66人。全村经济总收入159万元，比上年减少5.9%；人均纯收入2316元，同比增长11%。耕地总资源124公顷，常用耕地76公顷。牛存栏40头，出栏94头；羊存栏523只，出栏831只；猪存栏186头，出栏280头。拥有农用车10辆，轿车2辆。

村支部书记：李拥军

村委会主任：李占平

【西四道沟村】 位于赤城镇西北部，距镇政府5.5公里。全村86户，317口人（出生4人，死亡3人）。从业人员149人，外出务工31人。全村经济总收入81万元，同比增长 9%；人均纯收入2938元，与去年持平。耕地总资源87公顷，常用耕地54公顷。牛存栏49头，出栏72头；羊存栏296只，出栏458只；猪存栏103头，出栏168头。拥有农用车4部。

村支部书记：武海军

村委会主任：武登福

【兴仁堡村】 位于赤城镇东南部，距镇政府4公里。全村610户， 1981口人（出生17人，死亡8人），从业人员911人，外出务工202人。全村经济总收入777万元，同比增长38%；人均纯收入3147元，与去年持平。总面积4平方公里，其中耕地总资源181公顷，常用耕地94公顷。农牧业为该村主要经济支柱产业，有生菜、西兰花种植基地33公顷；奶牛养殖小区占地20公顷，有养殖户40户，圈舍面积1.5万平方米，现存栏奶牛726头，日产鲜奶近6吨。拥有机动车25辆（农用车7辆，出租车4辆，轿车14辆）。有镇办小学1所，卫生室1所。

村支部书记：王建福

村委会主任：邢爱清

【南青羊沟村】 位于赤城镇西南部，距镇政府7公里。全村157户，458口人（出生3人，死亡2人）。从业人员217人，外出务工人员46人。全村经济总收入119万元，同比增长10%；人均纯收入2210元，与去年持平。农业收入占总收入的52%。耕地总资源166公顷，常用耕地87公顷。牛存栏54头，出栏81头；羊存栏330只，出栏580只；猪存栏60头，出栏241头。拥有农用车2部。

村支部书记：范春林

村委会主任：范荣义

【卜家庄村】 位于赤城镇东北部，距镇政府6.5公里。全村159户， 541口人（出生4人）。从业人员253人，外出务工55人。全村经济总收入124万元，同比增长3%；人均纯收入2246元，比上年减少7.6%。耕地总资源91公顷，常用耕地50公顷。粮食总产量75吨，比上年减产46%。牛存栏27头，出栏54头；羊存栏382只，出栏680只；猪存栏153头，出栏205头。拥有农用车5部。

村支部书记：卜金魁

村委会主任：赵怀瑞

【西红石窑村】 位于赤城镇东南部，距镇政府6公里。全村42户，191口人。从业人员78人，外出务工15人。全村经济总收入62万元，比上年增长24%；人均纯收入2008元，比上年减少47.7%。耕地总资源62公顷，常用耕地31公顷。羊存栏335只，出栏255只；猪存栏95头，出栏189头；鸡存栏1024只，出栏864只。拥有农用车4辆，轿车7辆。

村支部书记、村委会主任：田润怀

【郑家庄村】 位于赤城镇西南部，距镇政府5公里。全村124户，456口人（出生3人）。其中党员29人。乡村从业人员204人，外出务工42人。全村经济总收入120万元，同比增长15%；人均纯收入2471元，同比增长4.7%。耕地总资源63公顷，常用耕地20公顷。粮食总产量15吨，比上年减产79.7%。牛存栏47头，出栏68头；羊存栏430只，出栏490只；猪存栏57头，出栏257头。

村支部书记：李海清

村委会主任：李瑞山

【黄土岭村】 位于赤城镇西北部，距镇政府6.5公里。全村139户，477口人（出生4人，死亡1人）。有党员36名。乡村从业人员220人，外出务工人员47人。全村经济总收入125万，同比增长4%；人均纯收入2700元，与去年持平。全村总控面积10平方公里，其中耕地总资源102公顷，常用耕地65公顷。蔬菜为该村主要经济收入，蔬菜种植品种包括生菜、西蓝花、白花菜、圆白菜、紫甘蓝等。蔬菜总产量1485吨。牛存栏62头，出栏86头；羊存栏411只，出栏710只；猪存栏146头，出栏142头；鸡存栏2882只，出栏1003只。拥有农用车12辆，轿车5辆。有村卫生室1所，医生1人。

村支部书记：周文孝

村委会主任：周秀清

【鼓楼东社区】 鼓楼东社区位于汤泉河北、鼓楼街以东区域，占地107公顷。有居民1930户，4107口人；流动人口587户，1536口人，党员69名。企业离退休职工352人，工会会员参加大病救助150人，下岗失业人员278名，“4050”上岗人员200人。有低保户418户，771口人。年内，社区党支部将创建“十佳文明和谐社区”作为社区发展建设的重要目标。组建了“太极拳队”、“平安赤城秧歌队、“书法爱好者联谊会”等群众性组织，与学校联合组建了“保护汤泉河”宣传队。加强社区治安综合治理工作，建立民调组织，对“两劳解教人员”和“法轮功”习练者坚持帮教转化，落实了帮控责任制。成立了小区治安防控小分队，定期上街巡访。充分利用“五五”普法契机，培养法律宣传骨干分子，坚持向居民宣传法律、法规，广大居民的法律意识、法制观念得到进一步提高，没有重大案件发生。加强社区基础设施建设，建立了党员活动室，老干部活动室，坚持月月有活动。

党支部书记、主　任：张　萍（女）

支部副书记、副主任：史朝华（女）

【鼓楼西社区】 鼓楼西社区现有居民1074户，2292口人，其中：常住居民570户，1420口人；流动户504户，872口人。离休23人，退休235人，党员270人，下岗职工245人，失业80人，个人摊点99个。社区内设有警务室、劳动保障站、再就业服务站、低保服务站、计划生育工作站、党员活动室、离退休老干部活动室。共有工作人员8名。年内，建立了居民数据库、党员数据库、离退休人员数据库、育龄妇女生育、节育保健数据库、低保户家庭情况数据库，入户率100%，准确率98%。以街道划片实行责任区管理。加强就业再就业工作管理，先后有57名“4050”下岗职工实现再就业，安排待业人员就业30人，组织46名下岗人员开展再就业培训，增强再就业能力。对困难家庭进行调查，有226户、431人享受了城镇低保。加强计划生育管理，建立流动人口妇女台账，生育卡，完善了妇女的生殖、保健、节育工作服务体系。组织社区文体活动，组建了老年健身队，并增加了部分活动器材，对党员活动室和老干部活动室的基础条件进行改善。

党支部书记、主　任：贾淑慧（女）

支部副书记、副主任：苏万华（女）

【永进路社区】 辖区现有居民2267户，4653人；流动人口283户，416人。有党员715名，外地流入党员57名；离休干部27人，退休干部319人；下岗职工281人。设有社区警务室、社区党支部、社区办公室，共有工作人员8名。年内，为摸索一条适合边远贫困县城的社区工作之路，组织外出参观学习，开阔视野，确立了纵向管理，横向联系的管理方式。按片划分三个小区，以街道（惠园街、育才路、建国街、永进路、宪民东西街、西昌路、同心路、南山沟、纸房沟、长源街）划分10个小组，并选配10名待业享受低保、有一定素质的人为小组协管员，为小区提供无偿服务。为活跃社区文化生活，组建了“夕阳红”影院秧歌队、健身队、金色年华舞蹈队，以及个人自发组织的业余演唱队。社区内建有文化活动中心一处，内设党员活动室，供居民娱乐活动，通过活动拉近社区与居民的距离。

党支部书记、主　任：纪晓红（女）

支部副书记、副主任：赵玉萍（女）

【建国路社区】 年内，培养入党积极分子1名，发展预备党员3名，转为正式党员3名。通过普查落实低保户266户，438人，每月发放低保金30913元。新增低保户20户，“4050”人员6户。认证退休人员38人。新就业下岗失业人员241人。推荐安置下岗失业人员再就业224人，其中：公益岗位163人，灵活就业61人。摸底登记流动人口672户，2016口人，育龄妇女2143人。

党支部书记、主　任：陈淑兰（女）

支部副书记、副主任：韩廷萍（女）

（庞丽媛）

龙关镇

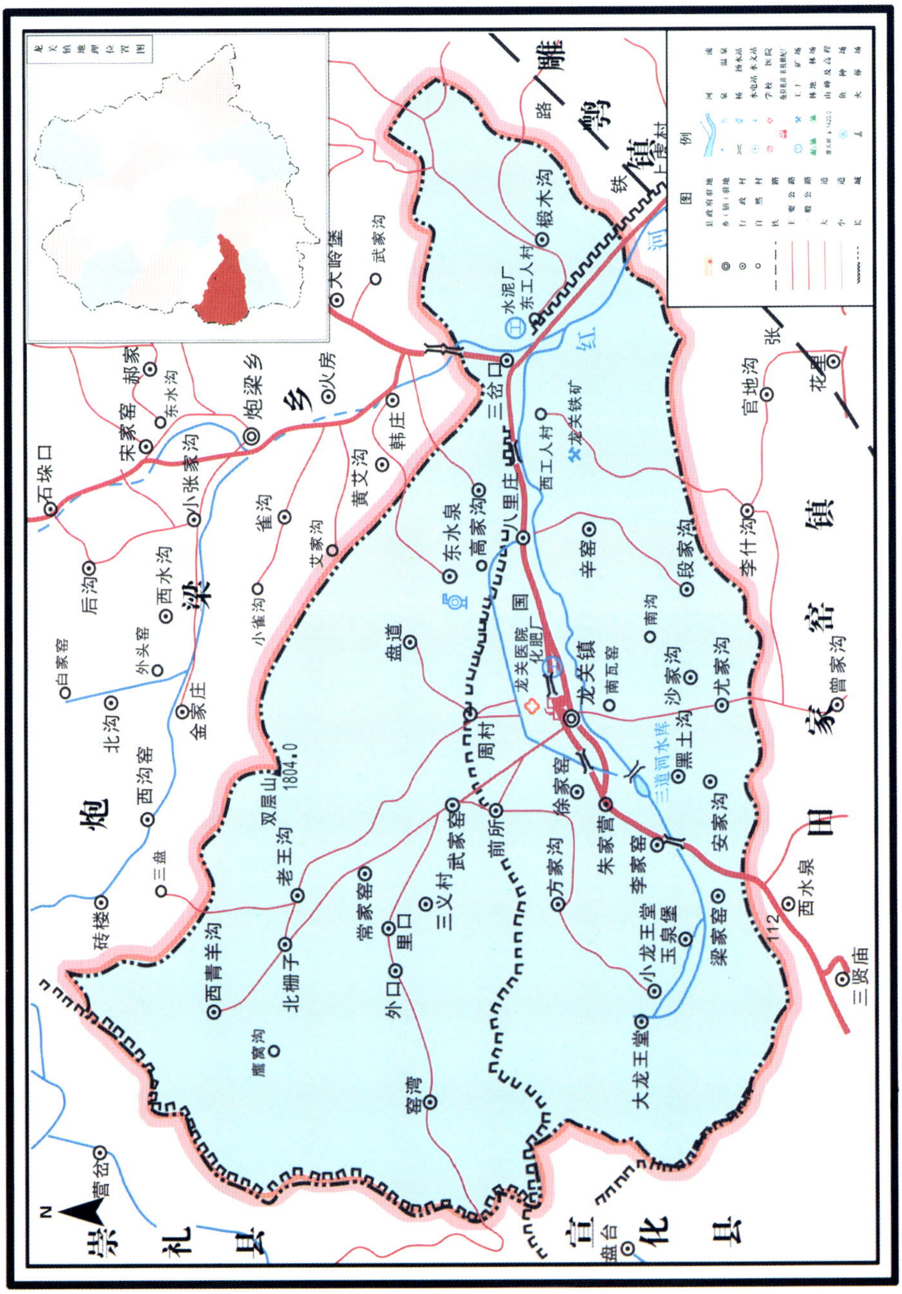
龙关镇
三岔口
八里庄
周村
武家窑
前所
三义村
里口
外口
北栅子
西青羊沟
老王沟
双层山
1804.0
盘道
东水泉
高家沟
辛窑
段家沟
南沟
沙家沟
尤家沟
南瓦窑
黑土沟
安家沟
徐家窑
朱家营
李家窑
方家沟
梁家窑
王泉堡
小龙王堂
大龙王堂
常家窑
窑湾
鹰窝沟
椴木沟
水泥厂
东工人村
西工人村
龙关铁矿
龙关医院
化肥厂
三道河水库
炮梁乡
炮梁
火房
韩庄
黄艾沟
艾家沟
雀沟
小雀沟
小张家沟
宋家窑
郝家
东水沟
石垛口
后沟
西水沟
外头窑
白家窑
金家庄
北沟
西沟窑
三盘
砖楼
大岭堡
武家沟
雕鹗镇
上堡村
宣地沟
李什沟
曹家沟
西水泉
三贤庙
田家窑镇
宣化县
盘台
崇礼县
营岔
112
N
图例

乡镇工作

【概况】 龙关镇位于赤城县西南部，距县城30公里。东接雕鹗镇、赤城镇，西界崇礼县、宣化县，北邻炮梁乡，南连田家窑镇。地处北纬40° 47′，东经115° 34′。镇政府所在地二街村海拔1050米，全镇平均海拔1067米。属温带大陆性半湿润气候，年平均气温5.5℃，日照2768.7小时，平均降雨量450毫米左右。无霜期130天。境内矿产资源丰富，已探明有铁、铜、锰、石墨等矿藏15种。金属矿以铁矿为主，其中磁铁矿储量1.4亿吨，赤铁矿储量6000万吨；非金属矿以石墨为主，储量达6000万吨。

年内，镇党委、镇政府认真贯彻落实科学发展观，依托矿产资源大力发展矿山企业，抓城镇改造和基础设施建设，落实惠民政策，各项工作实现了新突破。全镇实现社会总产值7.7亿元，比上年增长1.3%；工农业总产值6.2亿元，比上年增长5%；农村经济总收入1.3亿元，比上年增长16.5%；农民人均纯收入2660元，比上年增长14.6%；居民存款余额9800万元，比上年增长7倍。总面积294.07平方公里。耕地总资源4959公顷，常用耕地2845公顷。辖35个行政村，4个自然村，7853户，26325口人。其中农业人口24130人，城镇居民人口2195人，流动人口650人，有汉、回、满、蒙四个民族，少数民族人口占总人口0.24%。（出生332人，死亡55人）。人口自然增长率为10.21‰。从事第二产业的2990口人，从事第三产业的1478口人。有县办中学1所，镇办小学10所，幼儿园6所，在校学生1980人，教职工164人，全镇儿童入学率100%，毕业率100%；有县办卫生院1所，镇级卫生院1所，医务人员45人，床位90张。有储蓄所2个，镇级文化活动中心1个，村级卫生室20个，健身广场3处。省级文物保护单位重光塔1处，烈士陵园1处。明长城24.5公里，唐长城25.6公里、峰火台10座。全镇粮食总产量9000吨，比上年增长20.4%。有7个村错季瓜菜种植面积1066公顷，建日光温室35个。产蔬菜4万吨，经济收入1100多万元，成为京津重要的蔬菜供应基地。黄芩种植面积3100亩。有林地面积15.6万亩，草场5.4万亩，用材林10万亩，经济林16万亩，森林覆盖率23%。大牲畜存栏1422头，猪存栏7000头，出栏4500头；鸡存栏3.5万只，出栏3万只。有企业124家，其中工业企业104家，从业人员1070人，营业总收入21160万元，交税金3050万元。全镇在本地矿山务工1200人，收入6000万元；劳务输出1300人，收入3500万元。驻镇单位有供电分公司、移动营业厅、邮政支局、国税分局、地税分局、土地所、派出所、信用社、交通中队。镇政府内设党政办公室、财经办公室、社会事务办公室、农业综合中心、广播电视服务中心、计划生育服务中心。全镇财政供养人员48

人，其中公务员36人。

领导成员名单

党委书记：郭树春

镇　　长：郭耀文

人大主席：高　勇（2月免）

　　　　　薛　启（2月任）

副 书 记：薛　启（2月免）

　　　　　郭富贵（2月任）

组织委员：王金录（9月免）

　　　　　王勤牧（9月任）

宣传委员：郭建爱（女）

武装部长：康　为

纪委副书记：王秋生

副 镇 长：赵春斌（2月任）

　　　　　靳卓佳（9月任）

人大副主席：郝　平

地　址：龙关镇二街村

邮　编：075511

电　话：6495490

【国庆安保】 8月，成立了由党委书记任组长的安全隐患排查工作组，及时摸排、调处化解各种矛盾隐患43件，稳控重点人员26名；对89名原“法轮功”人员实行了“三看一”监控；对25名“两劳”释放人员进行专人帮教。投入护电人员230名，对万顺三条进京输电线路实现了专人、专塔看护。

【劳动保障】 年内，对辖区内下岗失业人员进行调查摸底，对每名下岗职工的家庭情况、经济状况、各自掌握的技能、求职愿望做了详细登记备案。利用辖区铁矿储量大的优势，开发公益性岗位21个，协调矿山企业，安排79名下岗职工就业，对96名家庭困难的职工进行审核后办理养老金返还手续。

【百万吨球团厂建设】 年内，总投资1.9亿元的赤城·宣钢百万吨球团大型烧结项目正式开工建设，厂区占地400亩，年产球团60万吨。已完成外业场地平整、施工配电、配水等设施建设，内业完成工程初步设计、选址意见书、土地灾害评定、节能报告、安全评价报告、项目备案证、环评报告等工作。

【养殖基地建设】 年内，投资120万元，建成育肥牛基地1个。投资200万元，建成永鑫畜牧养殖专业合作社、茂昌晟养殖场等规模型养猪场2个。

【城镇住宅楼建设】 年内，引资6000万元，建设占地50亩的“福源”住宅小区1处，已完成一、二期工程，建成住宅楼5栋，三期工程6、7号楼，共8个单元正在建设之中。引资2000万元，在四街村建设占地23亩的“安居家园”住宅小区1处，已建成5层住宅楼2栋。

【文物保护】 年内，投资150万元对省保文物重光塔修缮工程圆满竣工，使千年古塔又重现风采。

【基础设施建设】 年内，投资200多万元，对一街、二街、四街3条主街道、5条街巷的路面进行了水泥硬化，并铺设排污管道，安装了路灯。筹资60万元在四街村修建牌楼1座，提升了小城镇的品位。筹资8万元，为高家沟村实施了饮水改建工程，新建蓄水塔1座，修复自来水管道700米，解决了全村人畜饮水困难。

【村村通工程】 年内，累计筹资300万元为盘道、前所、东水泉、梁家窑

4个村硬化道路5.2公里。盘道村的硬化道路工程，还成功代表省政府接受了国务院建设部的验收，成为“村村通”工程的样板。

【三岔口村新民居建设】 年内，投资85万元，改建河道450米，新增建设用地300亩，开发馨园居民小区1处，建造平房150间。投资126万元，拆除违章建筑15处，硬化街道3800米，安装路灯30盏，建垃圾池5个，修建护村坝1900米。投资50万元，新建占地3亩的高标准幼儿园1座。通过村民集资、招商引资、公开招标，建4400平方米四层住宅楼1栋。

【乡级公路管理】 年内，地方道路管理站共雇用管护人员20人，完成地方道路水泥路面养护10.7公里，砂石路面养护50公里。

【动物防疾】 年内，成立由35名畜牧防疫员组成的基层防疫员队伍，进行2次大防疫和补防，累计对全镇的1.3万只鸡、2000头猪、400头牛以及8000只羊全部进行了免疫注射。

【共青团工作】 年内，调整团支部书记15人，全镇共有团员759名（女团员411名）。村团支部书记30岁以下有7人，31--35岁的23人，35--40岁以下的有5人；高中以上学历的14人，高中或中专学历有9人。全年共发展新团员37名，向党组织“推优”34名，有23名优秀团员加入了党组织。镇团委评团县委评为“优秀团委”。

【基层党组织建设】 年内，全镇35个行政村，有29个村实现了书记、主任“一人兼”，18个村实现了两委“一体化”。实施村干部“素质工程”，全镇接受大专学历教育的村级干部累计达到67名。共培养入党积极分子370名，发展新党员60名，35岁以下、高中文化以上的分别占90%和95%。投资30万元对方家沟、高家沟、安家沟等4个村的32间“两室”进行改建，并配备了先进的办公设备。使一类“两室”达到60%。组织45名村干部和村民代表赴坝上各县学习蔬菜种植，使他们开阔了眼界。

【落实各项惠民政策】 年内，发放粮食直补资金140.3万元，农村低保入保2165户，2479人；城镇低保入保328户，452人；农村“五保户”115户，115人。发放救灾粮26025公斤，救灾款4.6万元。全镇23360人参加了新型农村合作医疗，交纳参合费用467200元，参合率达90%，报销医药费21万元。发放玉米籽种34560斤，补贴款69120元。发放老党员生活补助资金9.288万元，家电下乡补贴资金30.5万元。

村情概况

【二街村】 是镇政府所在地，距县城30公里。全村386户，1211口人。耕地129公顷，粮食总产量277吨，比上年增产66.9%。全村经济总收入310万元，村集体收入9万元；自来水、有线电视全部入户，安装固定电话100部，拥有机动车54辆（农用车45辆，出租车6辆，轿车3辆）。从事个体经营45人，年总收入72万元；外出务工45人，总收入55万元。村内主要街道全部硬化。有幼儿园1所，教师3人，学生110名，儿童入学率85%。小学生在龙关小学上学，小学入学率100%；有村级卫生室1所，房屋3间，床位6张，医生2名。

村支部书记、村委会主任：白建明

【一街村】 位于龙关镇城区，全村710户，2172口人，劳动力900人。耕地316公顷，粮食总产量658吨，比上年增长57.4%；经济总收入1030万元，比上年增长4%，村集体经济收入3.5万元。自来水、有线电视全部入户，安装固定电话500部。拥有机动车95辆（农用车80辆，出租车7辆，轿车8辆）。全村商品零售、餐饮、汽车修理等摊点40余家，从事个体经营60人，总收入130万元；外出务工35人，总收入20万元。猪存栏60口，出栏40口；鸡存栏400只，出栏300只，畜牧业收入4.8万元。主要道路硬化率达80%。小学生到龙关小学读书，入学率100%，幼儿园入学率95%。有村级卫生室2所，医生2名，内设B超机、心电图仪、测糖仪等设备。

村支部书记：杜桂峰

村委会主任：王金龙

【三街村】 位于龙关镇城区，全村590户，1960口人。耕地226公顷，粮食总产量550吨，比上年增长97.8%。牛存栏35头，出栏20头；羊260只，出栏200只，畜牧业收入7万元。全村经济总收入1050万元，村集体收入80万元。自来水、有线电视全部入户，安装固定电话310部。拥有机动车407辆（农用车370辆，出租车20辆，轿车17辆）。从事个体经营140户，总收入260万元；外出务工20人，总收入23万元。辖区有选厂3座，矿口5个，从业人员110人，企业总收入300万元。有幼儿园2所，入园幼儿70名，教师2名，入学率88%。小学生在龙关小学读书，小学入学率100%。有卫生室2所，医生2名。

村支部书记：郝生军（兼）

村委会主任：刘玉海

【四街村】 位于龙关镇城区，辖1个自然村，698户，2160口人。耕地233公顷，粮食产量490吨，比上年增长2.3倍。羊存栏360只，出栏300只；牛存栏270头，出栏150头；猪存栏1300口，出栏1000口，畜牧业总收入16万元。全村经济总收入720万元，同比增长3%；村集体收入27万元。自来水、有线电视全部入户，安装固定电话380部。拥有机动车364辆（农用车330辆，出租车28辆，轿车6辆）。外出务工45人，总收入60万元。有村办企业5家，铁精粉选厂4座，企业从业人员60人。有幼儿园2所，幼儿460人，教师10名，幼儿入园率95%；小学生在龙关小学读书，入学率100%；有卫生室4所，医生5名。

村支部书记、村委会主任：康茂堂

【盘道村】 位于龙关镇东北部，距镇政府4公里。全村229户，778口人。耕地209公顷，粮食总产量298吨，比上年增长44.7%。经济总收入79万元，村集体收入6万元。自来水、有线电视全部入户。安装固定电话49部。拥有机动车74辆（农用车65辆，出租车5辆，轿车4辆）。从事个体经营6人，总收入3万元；外出务工25人，总收入25万元。羊存栏270只，出栏200只，年收入1.5万元。有铁精粉选厂3座，矿井10眼，从业人员120人。有幼儿园1所，幼儿入园率100%。有卫生室1所，医生1名。

村支部书记、村委会主任：杜增成

【周村】 位于龙关镇正北部，距镇政府2公里。全村305户，1069口人。耕地273公顷，粮食产量427吨，比上年增长48.3%；全村经济总收入130万元，比上年增长4%，村集体收入5万元。羊存栏900只，出栏700只。自来水入户296户，安装固定电话174部。年内投资55万元，打机井1眼并配套，砌护地坝750米。拥有机动车45辆（农用车30辆，出租车10辆，轿车5辆）。外出务工170人，总收入98万元。有小学1所，教师1名，学生26名，学生入学率100%。村级卫生室1所，医生1人。

村支部书记、村委会主任：薛永胜

【合土沟村】 位于龙关镇西南部，距镇政府3公里。全村78户，258口人。林地面积980亩，森林覆盖率达78%。耕地23公顷，粮食产量73吨，比上年减产26.2%。骡马存栏5匹，羊存栏30只，出栏20只，年收入7000元。全村经济总收入113万元，比上年增长4%，村集体收入15万元。自来水入户72户，有线电视入户62户。拥有机动车35辆（农用车20辆，出租车3辆，轿车12辆）。外出务工6人，总收入5万元。辖区内有铁精粉选厂4座，从业人员60人。

村支部书记、村委会主任：田　英

【安家沟村】 位于龙关镇西南部，距镇政府4公里。全村120户，333口人。林地面积15公顷，森林覆盖率达78%，耕地101公顷，粮食产量121吨，比上年减产17.1%。羊存栏50只，出栏40只；猪存栏240头，出栏200头。经济总收入100万元，比上年增长1%，村集体经济收入6万元。自来水、有线电视全部入户，安装固定电话10部。拥有机动车27辆（农用车15辆，出租车4辆，轿车8辆）。从事个体经营6人，年总收入3.5万元。有选厂2座，从业人员60人；有养猪场2座，年收入6万元。

村支部书记：李彦龙

村委会主任：梁玉军

【梁家窑村】 位于龙关镇西南部，距镇政府5公里。全村158户，580口人。耕地71公顷，粮食总产量217吨，比上年减产10.7%。羊存栏260只，出栏200只；猪存栏30头，出栏20头。全村经济总收入175万元，比上年增长20%，村集体经济收入2万元。全村自来水、有线电视全部入户，安装固定电话22部。拥有机动车30辆（农用车20辆，出租车6辆，轿车4辆）。从事个体经营8人，年收入15万元；外出务工20人，总收入40万元。有铁精粉选厂3座，企业从业110人，年营业额1000万元。有幼儿园1所，入学幼儿18名，幼儿入学率100%。有村卫生室1所，医生1名。

村支部书记：梁维全

村委会主任：梁君飞

【玉泉堡村】 位于龙关镇西南部，距镇政府7公里。全村140户，460口人，辖1个自然村。有森林面积2000亩。耕地面积140公顷，粮食产量121吨，比上年减产14.8%。羊存栏230只，出栏170只，年收入6.5万元。经济总收入160万元，比上年增长6%，村集体经济收入1万元。自来水入户100户，有线电视入户120户。外出打工90人，总收入162万元。有卫生室1所，医生1人。

村支部书记、村委会主任：陈 忠

【大龙王堂村】 位于龙关镇西南部，距镇政府10公里。全村127户，388口人。耕地面积126公顷，粮食总产量250吨，比上年减产12.6%。羊存栏160只，出栏100只；牛存栏40头，出栏30头；猪存栏20头，出栏10头，畜牧业年收入14.5万元。全村经济总收入170万元，比上年增长2%，村集体经济收入8000元。有线电视入户80户。拥有农用车20辆。外出打工11人，总收入22万元。境内有选厂1座。小学生在小龙王堂村上学，入学率100%。

村支部书记、村委会主任：王存兴

【小龙王堂村】 位于龙关镇西南部，距镇政府7.5公里。全村175户，430口人。林地面积166公顷，其中针叶林100公顷，阔叶林67公顷。耕地126公顷，粮食总产量304吨，比上年减产1%。羊存栏140只，出栏100只；牛存栏25头，出栏16头；猪存栏17头，出栏12头，畜牧业年收入9万元。全村经济总收入205万元，比上年增长5%，村集体经济收入3.5万元。自来水入户158户，有线电视入户139户。拥有机动车27辆（农用车20辆，出租车3辆，轿车4辆）。外出打工70人，总收入126万元；从事个体经营15人，总收入20万元。有小学1所，教师1人，学生22人，儿童入学率100%。有卫生室1所，医生1人。

村支部书记、村委会主任：郭 伟

【前所村】 位于龙关镇西北部，距镇政府2.5公里。全村有266户，819口人。耕地面积200公顷，粮食总产量316吨，比上年增长68%。大牲畜存栏455头，羊存栏360只，出栏300只；猪存栏30头，出栏20头，养殖业收入26万元。经济总收入1600万元，比上年增长0.2%，村集体经济收入2.5万元。建大型铁矿采选厂1座，采矿企业3家。全村有70户用上自来水。拥有机动车101辆（大型运输车7辆，农用车90辆，出租车4辆）。有小学1所，学生15人，教师1人，学生入学率100%。村卫生室1所，床位2张。

村支部书记：窦生林

村委会主任：任秀峰

【方家沟村】 位于龙关镇正西部，距镇政府4公里。全村238户，798人。耕地面积207公顷，粮食总产量350吨，比上年增长2.2倍。羊存栏250只，出栏150只；牛存栏20头，出栏15头。拥有机动车39辆（农用三轮车35辆，出租车4辆）。经济总收入180万元。自来水入户100户，有线电视入户200户，儿童到李家窑中心小学读书，入学率达100%。

村支部书记：谢秋喜（兼）

村委会主任：赵金满

【尤家沟村】 位于龙关镇正南部，距镇政府3.5公里。全村100户，323口人。耕地面积75公顷，粮食总产量142吨，比上年减产1.4%；实现经济总收入160万元，比上年增长10%。自来水、有线电视入户率达100 %。境内铁矿储量丰富，建成铁精粉选厂6座，采矿企业8家。儿童到龙关中心小学读书，入学率达100%。

村支部书记：王秋生（兼）

村委会主任：杨永胜

【徐家窑村】 位于龙关镇西南部，距镇政府3公里。全村184户，605口人，劳动力287个。耕地面积144公顷，粮食总产量138吨，比上年减产20.2%。全村经济总收入370万元，村集体收入3.5万元。种植错季圆白菜、西葫芦40公顷，全部销往津京地区。日光温棚种植的西瓜、草莓、花卉等高效经济作物，实现棚均纯收入9000元以上。羊存栏300只，出栏200只；猪存栏30口，出栏20口，养殖业年收入20万元。兴办的农机维修、日用品批发零售、运输等个体经济摊点15家，收入30万元。建选矿厂两座，年营业额达2000万元，上交利税120万元，企业从业人员80人。有村级卫生室2所，医生2名。

村支部书记、村委会主任：王连贵

【沙家沟村】 位于龙关镇东南部，距镇政府2公里。全村46户，180口人。耕地面积42公顷，粮食总产量28吨，比上年减产39.1%。羊存栏300只，出栏200只，年收入12万元。经济总收入130万元，比上年增长8%，集体经济收入2.5万元。自来水、有线电视全部入户，安装固定电话19部。拥有农用车30辆。外出务工10人，年收入20万元。村境内有铁精粉选厂1座，从业人员30人。

村支部书记、村委会主任：王　柱

【三岔口村】 位于龙关镇东北部，距镇政府7公里。全村482户，1830口人。总面积16.6平方公里，耕地面积387公顷。粮食产量601吨，比上年增长9.3%。经济总收入190万元，村集体收入80万元。人均纯收入2230元，比上年减少5.1%。羊存栏550只，出栏450只；猪存栏230头，出栏170头，养殖业年收入40万元。自来水、有线电视全部入户，安装固定电话300部。拥有机动车52辆（农用车20辆，出租车20辆，轿车12辆）。有铁精粉选厂5家，企业从业人员350名。农机维修、日用品批发零售、运输等个体经济摊点13家，收入32万元。有占地3亩的高标准幼儿园1所，教师5人，学生35名。三岔口小学有教师7名，学生180名，学生入学率100%。有村级卫生室2所，医生5名，病房10间，B超机1台。

村支部书记、村委会主任：王永贵

【三义村】 位于龙关镇西北部，距镇政府5公里，辖1个自然村。全村131户，343口人。林地面积100公顷，森林覆盖率72%。耕地面积97公顷，粮食总产量111吨，比上年增长38.7%。羊存栏580只，出栏450只。经济总收入40万元，村集体经济收入3.6万元。拥有机动车34辆（农用车29辆，轿车5辆）。有蔬菜日光温室28栋，年可收入15万元。有铁精粉加工企业1家，从业人员90人。从事个体经营6人，年总收入10万元。

有卫生室1所。儿童到龙关小学和武家窑小学读书，入学率100%。

村支部书记：李玉祥（兼）

村委会主任：宋世升

【八里庄村】 位于龙关镇东北部，距镇政府4公里。全村635户，2120口人。耕地面积399公顷，粮食总产量826吨，比上年增长8.5%。经济总收入128万元，集体经济收入2万元。有个体采、选矿企业5家，企业从业人员210名。自来水入户600户，有线电视全部入户。有机动车47辆（农用车35辆，出租车6辆，轿车6辆）。有小学1所，学生153人，教师17名，儿童入学率100%；有卫生室4所，医生4人，床位10张。

村支部书记、村委会主任：吴慧帅

【椴木沟村】 位于龙关镇东北部，距镇政府10公里。全村182户，640口人，劳动力360个。耕地面积126公顷，粮食总产量196吨，比上年增长8.9%。全村经济总收入172万元，村集体收入6万元。有林坡333公顷。羊存栏20只，出栏15只；猪存栏15头，出栏12头；大牲畜存栏25头。从事个体经营10人，年收入16万元。自来水入户165户，安装固定电话10部。拥有农用车17辆，出租车4辆。有卫生室1所，医生1名。

村支部书记：李　明

村委会主任：范文宝

【武家窑村】 位于龙关镇西北部，距镇政府3.5公里。全村221户，680口人。耕地面积164公顷，粮食总产量210吨，比上年增长39%。经济总收入120万元，村集体收入6万元。自来水、有线电视全部入户，安装固定电话10部。拥有机动车36辆（农用车25辆，出租车6辆，轿车5辆）。大牲畜6头，羊存栏162只，出栏130只，养殖业收入5万元。从事个体经营4人，收入7万元；外出务工人员35人，收入85万元；在选矿企业务工100人，总收入20万元。有小学1所，教师2人，学生32人，儿童入学率达到100%。有卫生室1所，病房2间，医生1名。

村支部书记：王勤牧（兼）

村委会主任：李　东

【里口村】 位于龙关镇西北部，距镇政府7.5公里。全村81户，253口人，劳力115个。耕地面积115公顷，粮食总产量126吨，比上年增长38.5%。经济总收入28万元，集体收入2万元。有林坡面积133公顷。羊存栏210只，出栏150只；猪存栏20头，出栏13头；大牲畜存栏30头，养殖业收入15万元。外出务工15人，总收入40万元；从事个体经营6人，总收入20万元。自来水、有线电视全部入户。拥有农用车23辆，出租车2辆。

党支部书记、村委会主任：杨占山

【外口村】 位于龙关镇西北部，距镇政府8.5公里。全村120户，330人。林地面积67公顷。耕地面积119公顷，粮食总产量183吨，比上年增长28.9%。羊存栏230只，出栏200只；牛存栏40头，出栏30头；猪存栏10头，出栏8头；大牲畜存栏35头。全村经济总收入17万元。拥有机动车47辆（农用车45辆，出租车2辆）。外出打工15人，年收入20万元。有小学1所，教师1人；卫生室1所，医生1人。

村支部书记：李　蕾（兼）

村委会主任：田　云

【东水泉村】　位于龙关镇东北部，距镇政府5公里。全村314户，1054人，有林坡面积180公顷。耕地243公顷，粮食总产量364吨，比上年减产4.7%。经济总收入240万元。自来水入户292户，安装固定电话38部，有线电视入户250户。拥有机动车77辆（农用车70辆，出租车4辆，轿车3辆）。村集体收入10万元。外出务工38人，总收入80万元。有养鸡场1座，存栏5500只，出栏4500只，年收入5.5万元。全村羊存栏550只，出栏700只；猪存栏40头，出栏30头，养殖业年收入11万元。有幼儿园1所，幼儿25人，入学率80%。有村卫生室2所，医生3名。

村支部书记：张彬成（兼）

村委会主任：陈　军

【高家沟村】　位于龙关镇东北部，距镇政府5公里。全村110户，350口人。耕地面积63公顷，粮食总产量55吨，比上年增长7.8%。用材林面积达134公顷，经济林134公顷，荒山荒坡200公顷，森林覆盖率达78%。拥有农用车17辆。羊存栏200只，出栏130只，年收入6000元。经济总收入130万元。外出务工60人，年收入7万元。

村支部书记、村委会主任：张　云

【辛窑村】　位于龙关镇东南部，距镇政府5公里。全村212户， 540口人。有林坡40公顷。耕地132公顷，粮食总产量94吨，比上年减产2.5倍。全村经济总收入40万元。自来水入户156户，有线电视入户181户。拥有机动车48辆（农用车40辆，出租车5辆，轿车3辆）。村集体经济收入8万元。从事个体经营8人，总收入10万元。有养猪场1处，存栏90口，出栏80口，全年收入3.5万元。

村支部书记、村委会主任：薛建国

【段家沟村】　位于龙关镇东南部，距镇政府7.5公里。全村320口人。用材林面积267公顷，荒山荒坡200公顷，森林覆盖率达81%。拥有耕地96公顷，退耕还林69公顷。粮食总产量229吨，比上年增产99%。羊存栏60只，出栏50只；猪存栏8口，出栏5口。自来水入户50户，有线电视入户40户，有农用车18辆。全村经济总收入55万元，村集体经济收入3.5万元。外出务工35人，年收入35万元。

村支部书记、村委会主任：杨佃义

【李家窑村】　位于龙关镇西南部，距镇政府4公里。全村397户，1105口人。有耕地235公顷，粮食总产量478吨，比上年增长15.7%。自来水入户340户，安装固定电话52部。拥有机动车21辆（农用车7辆，出租车6辆，轿车8辆）。经济总收入470万元，村集体收入4.3万元。全村商品零售、餐饮、汽车修理摊点达22余家。从事个体经营50人，年总收入180万元。有蔬菜大棚8个，年收入3.5万元。外出务工35人，年总收入45万元。全村猪存栏260头，出栏200头；羊存栏400只，出栏300只，年收入27万元。村主街道全部硬化。有小学1所，幼儿园1所，小学生入学率100%，幼儿园入学率95%。有村卫生室3所，医生3名。辖区有铁矿选厂4座。

村支部书记、村委主任：梁金贵

【朱家营村】 位于龙关镇西南部，距镇政府2.5公里。全村138户， 493口人。有耕地46公顷，粮食总产量172吨，比上年增长56.4%。猪存栏55口，出栏50口；牛存栏5头，出栏3头。拥有机动车97辆（农用车90辆，出租车3辆，轿车4辆）。村内街道全部硬化。全村经济收入250万元，个体经营36收入万元。种植蔬菜20公顷，年收入25万元。外出务工35人，年收入36万元。辖区有选厂3座，从业人员55人，年创收1300万元。有村卫生室1所，医生1名。

村支部书记、村委会主任：张 君

【常家窑村】 位于龙关镇西北部，距镇政府7.5公里。全村144户， 472口人。耕地面积30公顷，粮食总产量210吨，比上年减少0.5%。有松树林10公顷，山楂1.4公顷，苹果园5公顷。猪存栏30头，出栏20头；羊存栏450只，出栏400只，养殖业年收入8万元。全村经济总收入135万元，村集体经济收入6万元。自来水入户130户，安装固定电话3户，有线电视入户110户。拥有农用车5辆，出租车7辆。矿山务工31人，年收入16万元。

村支部书记、村委会主任：米迎春

【老王沟村】 位于龙关镇西北部，距镇政府10公里。全村146户， 562口人，有耕地73公顷，粮食总产量183吨，比上年增长8.9%。有经济林21公顷，用材林100公顷，森林覆盖率达80%。羊存栏850只，出栏600只；猪存栏8口，出栏6口。全村经济总收入160万元，村集体收入5000元。自来水入户140户，有线电视入户100户；安装固定电话5部，手机100部。拥有农用车7辆；外出务工100人，年收入100万元。

村支部书记、村委会主任：刘彦林

【北栅子村】 位于龙关镇西北部，距镇政府10公里，辖1个自然村。全村184户， 523口人。有耕地152公顷，粮食总产量192吨，比上年增长15.6%。有用材林447公顷，经济林134公顷，荒山荒坡200公顷，森林覆盖率达85%以上。拥有农用车35辆。羊存栏550只，出栏450只；猪存栏15口，出栏13口，奶牛7头，养殖业年收入21万元。全村经济总收入125万元，外出务工160人，年收入160万元。

村支部书记：刘云峰（兼）

村委会主任：祁祝富

【西青羊沟村】 位于龙关镇西北部，距镇政府12.5公里。全村43户， 125口人。有耕地44公顷，粮食总产量87吨，比上年减产9.4%。有用材林134公顷，经济林134公顷，海棠67公顷，荒山134公顷，森林覆盖率达85%。猪存栏10口，出栏8口；羊存栏500只，出栏450只。年收入6万元。外出务工10人，年收入10万元。

村支部书记、村委会主任：韩 明

【窑湾村】 位于龙关镇西北部，距镇政府12.5公里。全村48户， 130口人。耕地面积48公顷，粮食总产量111吨，比上年增长18%。有用材林334公顷，经济林134公顷，荒山面积134公顷。羊存栏350只，出栏260只；猪存栏6头，出栏4头，养殖业年收入1.3万元。全村经济总收入25万元，外出务工人20人，年收入10万元。有线电视入户29户，拥有农用车4辆。

村支部书记、村委会主任：赵珍华

（李亚雄）

田家窑镇

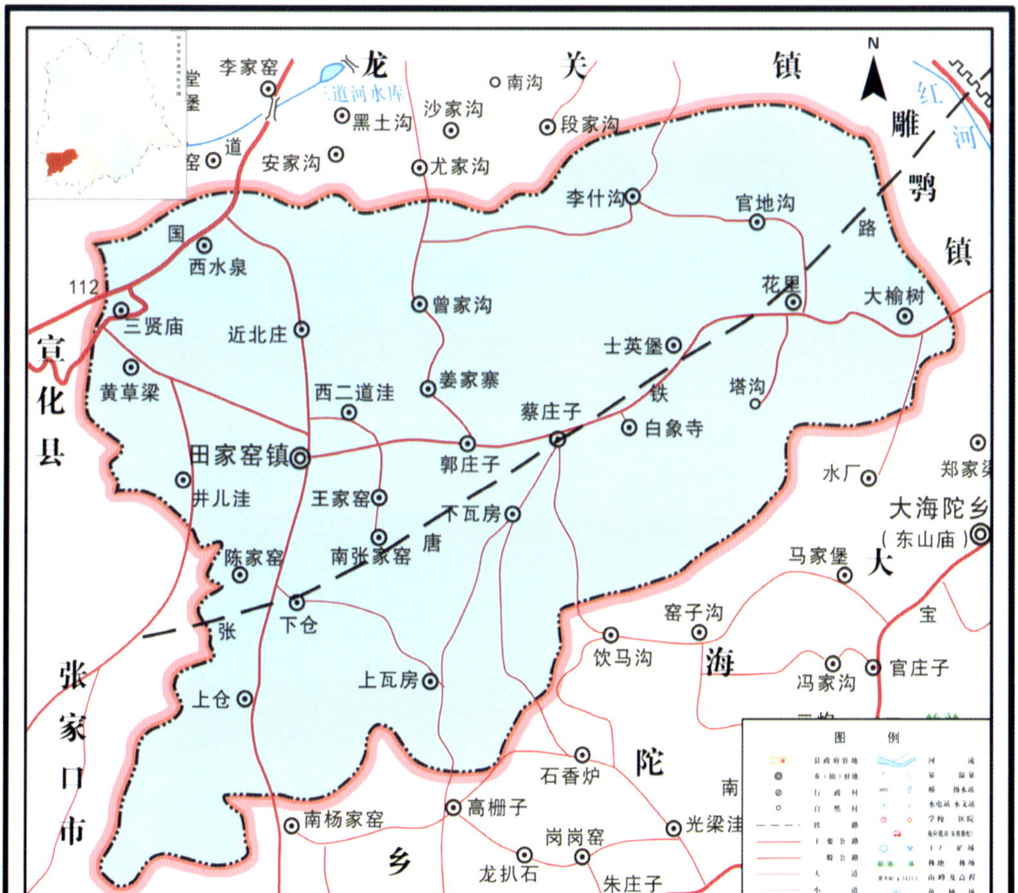
N
龙
关
镇
李家窑
三道河水库
南沟
沙家沟
黑土沟
段家沟
安家沟
尤家沟
红
河
雕
鹗
镇
路
李什沟
官地沟
国
西水泉
112
花果
大榆树
三贤庙
曾家沟
近北庄
宣
化
县
士英堡
黄草梁
姜家寨
西二道洼
铁
塔沟
蔡庄子
白象寺
田家窑镇
郭庄子
水厂
井儿洼
王家窑
不瓦房
大海陀乡
（东山庙）
唐
南张家窑
陈家窑
马家堡
大
下仓
张
窑子沟
宝
饮马沟
海
冯家沟
官庄子
上瓦房
张
家
口
市
上仓
石香炉
陀
高栅子
南杨家窑
岗岗窑
光梁洼
乡
龙扒石
朱庄子
刘家窑
图例

乡镇工作

【概况】田家窑镇位于赤城县西南部，距县城45公里。地处北纬40° 41′，东经115° 32′。东与雕鹗镇相连，西与宣化县交界，南与大海陀乡为邻，北与龙关镇接壤。镇政府所在地田家窑村海拔1060米，全镇平均海拔1098米。年平均气温3.4—4.8度，年平均降水量445—473毫米，无霜期116天。辖区总控面积194.49平方公里，有耕地总资源4688公顷，常用耕地2845公顷，林地面积6316公顷，有宜林荒山及草场面积4843公顷。全镇辖24个行政村，6960户，其中：农业户6660户，非农业300户；总人口18772口，其中：农业人口17827人，非农业人口945人，（出生98人，死亡45人），人口自然增长率3.74‰。境内矿产资源丰富，磁铁矿储量约6000万吨，赤铁矿储量约20万吨，白云岩储量约1000万吨，萤石矿储量约10万吨，石灰石矿储量在1亿吨以上。另外还有珍珠岩、方解石、膨润土、磷矿、石英矿等矿藏。有村村通公路29公里。建联通、移动建基站3座。全镇有中学1所、中心小学2所、幼儿园2所（其中集体1所、个体1所）。有中学教职员工64人，在校生232人，毕业生80人，升学率90%；小学教职员工72人，在校生879人，毕业生120人，升学率100%。有镇卫生院2所，医务人员16人，病床10张，设村级卫生室24所。有敬老院1所，服务人员1人，床位11个，收养“五保”老人5人。

年内，镇党委政府紧紧围绕年初既定的工作思路，以“保增长、调结构、强基础、惠民生”为目标，全面贯彻落实科学发展观，努力做好矿业规范开发、农业产业化、文明村镇建设三项重点工作，着力构建和谐乡镇，实现了全镇经济和社会各项事业又好又快发展。实现工农业生产总值79525万元，农业总值5100万元，比上年增长3.3%；农民人均纯收入2423元，比上年增长0.12%；居民存款余额7800万元。粮食总产量4673.5吨，比上年减产27%；实现种植业产值1479万元，比上年减少0.34%。植树造林602公顷，果品产量干鲜果24吨、山杏仁产量6吨。年产山羊绒1吨、羊毛13.4吨，禽蛋210吨，实现畜牧业产值3109万元，比上年增长15%。镇内有采矿企业18家，建铁精粉选厂30处，球团厂4处；企业从业人员1325人，企业营业收入76924万元，企业利润总额8900万元。有商业销售网点68个，商品销售额6379万元，利润额1276万元。加强了农村基础设施建设，投资250万元，兴建了田家窑至上仓、郭庄子至下瓦房等4条“村村通”水泥路14公里；投资40万元，完成了田家窑外环路征地；投资130万元为官地沟、田家窑等五个村新打机井5眼，并实现了配套；投资140万元，实施了危房改造工程，解决了282户危房，修缮101户，新建181户；白象寺村自筹资金，硬化街道900米；田家窑村投资12万元兴建小桥3座；二道洼村投资20万元，硬化村内街道2400米。全镇劳务输出1800人，收入1620万元。镇直单位有电信局、邮电局、信用社、卫生院、人寿保险5个单位。镇内设党政办，党务科，财经科，农业科，企业科，计生科，城镇办，在岗人员60人。财政供养人员35人，财务供养人员25人。

领导成员名单

书　　记：冯　俊

镇　　长：王　勇

人大主席：　陈永涛

副 书 记：靳卓伢（3月任）

组织委员：任志伟（3月免）

　　　　　姜　威（3月任）

宣传委员：程丽丽（女　3月任）

武装部长：刘文广

纪检副书记：许　兵

副 镇 长：靳卓伢（3月免）

　　　　　任志伟（3月任）

人大副主席：孙全东

地　址：田家窑镇田家窑村

邮　编：075543

电　话：6496210

【村委会换届工作】 1月，全镇农村两委换届选举结束。全镇24个行政村选举产生村两委委员41名，村支部书记、村主任26名，大专学历12名，其中连选连任11名，交叉任职9名。

【学习实践科学发展观活动】 3月，镇党委制定了深入学习实践科学发展观活动实施方案，要求全镇党员干部紧紧围绕全县经济建设大局，认真学习，深入分析检查，不断强化发展意识。号召全镇干部党员“双学、双带、双促”，即“学习科学理论、学习实用技术”；“带头科学致富、带着弘扬正气”；“促进‘五个好’村支部建设、促进新农村建设”。村干部中“双带”能力的达到了80%以上。

【农业产业结构调整促进会】 10月20日，市委组织部在田家窑镇召开全市落实科学发展观，促进农业产业结构调整推进现场会，市区8个县委组织部长参加会议。会上就以坚持科学发展观为基础，以人为本，全力推进全市农业产业结构调整工作作了安排部署，并现场观摩了全镇农业产业结构调整的规模和成功的模式。

【基层党组织建设】 年内，全镇各支部发展新党员58人，其中35岁以下青年党员34人，使全镇党员人数增加到1230人。有基层党支部32个，其中农村党支部24个，镇直单位、企业党支部8个。有17个农村党支部达到“五个好党支部”标准，有22个村实现农村民主制度建设达标。投入100元资金为下瓦房、张家窑、下仓、仕英堡、王家窑6年村新建了支部办公室和党员活动室，全镇有18个村支部达到了一类标准，占全部支部的75%。

【计划生育工作】 年内，与24个行政村负责人签订计划生育目标管理责任书，为各类符合计生奖励政策的独生子女户发放奖励扶持金14640元。人口自然增长率控制在3.74‰，计划生育率达到了94.17%，统计求实率达到100%。

【司法建设】 年内，镇司法所举办各类法制宣传活动6次，发放宣传材料3200份，受教育人数达到4300人次。

出法制宣传板报9起，刷写法律标语8条，接受群众法律咨询35余人次。在“148”维权周开展法律咨询服务活动，发放宣传资料600份，接受咨询10人次。24个行政村建立村级调委会，配备调解员398人。排查各类纠纷案件23起，调解23起，调解成功21起，调解成功率达91%。协助派出所处理治安案件4起。

【招商引资工作】 年内，引资200万元，新建万亩杂交谷子基地1处，引资100万元扩建500亩出口蔬菜基地1处。引资3000万元，扩建辉煌选厂，年生产精粉达到10万吨。引资5000万元，扩建源盛选厂，年产精粉15万吨。引资2000万元，建起宏鑫白云岩厂1处，年产涂料1万吨。

【安全生产检查】 年内，投入矿山治理经费45万元，出动行政执法850人次，车辆280台次，拉倒井架10个，封填非法竖井、斜井25个，清理非法露天采矿、干选、水选多处，拉闸停电3处，拆走变压器3台，拆除房屋、帐篷20间，整改消除安全隐患10处，化解矿业矛盾5起。

【兑现各项惠民政策】 年内，24个行政村全部进行了林权改革，涉及3600公顷。退耕还林1343公顷，发放退耕还林资金3506944元。粮食直补面积3296公顷，发放粮食综合直补资金145.2万元。全镇参加新农合人数16173人，收取参合金32346元。享受农村低保人数1940人，发放低保金91万元。为280名库区移民发放扶持资金9.835万元。

【农业产业化】 年内，建设了以大榆树、张家窑村为中心的食用菌基地，建食用菌大棚22个，累计达到124个。种植香菇、白灵菇、平菇100万棒；建设了以蔡庄子、郭庄子为中心的出口蔬菜基地，配套机井3眼，新增水浇地33.3公顷，种植蔬菜33.3公顷，辐射周边农户种植圆白菜、架豆346.6公顷，产蔬菜2.5万吨，种植户人均增收300元。建设以白象寺为中心的杂交谷子基地，推广张杂3号谷子533公顷，平均亩产700公斤，总产量达450吨，增收1500万元。

村情概况

【田家窑村】 是镇政府所在地，距县城45公里。总面积5.3平方公里，其中有林面积33.3公顷。年末耕地总资源405公顷，常用耕地173公顷。全村826户，1764口人（出生11人，死亡9人）。全村经济总收入1647万元，农民人均纯收入3514元，比上年增长0.77%；粮食总产量173吨，比上年减产67%。全村826户用上自来水。有彩电312台，电脑65台；安装电话205部，有手机579部；拥有机动车95辆（农用车29辆，出租车20辆，轿车34辆，欧曼卡车12辆）。全村个体企业57个，外出务工人数84人。有小学1所。在校生232名，学前班37人。有卫生室2所。参加新农合1588人，享受低保134人。属于县级文明生态村。

村支部书记：王　侠（兼）

村委会主任：王玉富

【近北庄村】 村位于镇政府正北部，距镇政府1公里。总面积3平方公里，其中有林面积133.3公顷。年末耕地总资源236公顷，常用耕地136公顷。全村424户，1068口人（出生5人，死亡7人）。经济总收入1067万元，农民人均纯收入3697元，比上年增长3%；粮食总产量109吨，比上年减产67%。全村424户用上自来水。有彩电385台，电脑24台；安装电话90部，有手机998部；拥有农用车69辆（农用车11辆，出租车9辆，轿车32辆，欧曼卡车17辆）。全村个体企业9个，外出务工人数21人。有小学1所，在校生68名。有卫生室1所。参加新农合961人，享受低保95人。

村支部书记、村委会主任：范正军

【二道洼村】 位于镇政府东北部，距镇政府1公里。总面积2平方公里，其中有林面积73.3公顷。年末耕地总资源129公顷，常用耕地92公顷。全村264户，716口人（出生2人，死亡3人）。经济总收入564万元，农民人均纯收入2979元，比上年减少0.7%；粮食总产量75吨，比上年减产65%。全村264户用上自来水。有彩电221台，电脑11台；安装电话175部，有手机690部。拥有机动车32辆（农用车11辆，出租车4辆，轿车17辆）。全村个体企业4个，外出务工人数20人。有卫生室1所。参加新农合644人，享受低保87人。属于市级文明生态村。

村支部书记、村委会主任：徐彦俊

【王家窑村】 位于镇政府东南部，距镇政府4.5公里。总面积4平方公里，其中有林面积33.3公顷。年末耕地总资源296公顷，常用耕地169公顷。全村366户，1054口人（出生5人，死亡4人）。经济总收入397万元，农民人均纯收入1519元，比上年减少40.1%；粮食总产量135吨，比上年减产66.6%。全村366户用上自来水。有彩电324台，电脑9台；安装电话41部，有手机900部；拥有机动车39辆（农用车27辆，出租车4辆，轿车8辆）。全村个体企业5个，收入9万元；外出务工人数45人。有卫生室1所。参加新农合968人，享受低保106人。

村支部书记：徐石岭（兼）

村委会主任：刘　俊

【南张家窑村】 位于镇政府东南部，距镇政府2公里。总面积0.9平方公里，其中有林面积40公顷。年末耕地总资源62公顷，常用耕地35公顷。全村133户，373口人（出生4人，死亡1人）。经济总收入110万元，农民人均纯收入1492元，比上年增长31.4%；粮食总产量31吨，比上年减产61%。全村104户用上自来水。有彩电104台，电脑2台；安装电话24部，有手机107部；拥有机动车11辆（农用车5辆，轿车6辆）。全村个体企业2个，收入5万元，外出务工17人。新建村委会10间。参加新农合366人，享受低保40人。

村支部书记、村委会主任：贾文林

【下仓村】 位于镇政府东南部，距镇政府3.5公里。总面积3.8平方公里，其中有林面积106.6公顷。年末耕地总资源259公顷，常用耕地147公顷。全村368户，980口人（出生6人，死亡3人）。经济总收入364万元，农民人均纯收入1491元，比上年增长37.2%；粮食总产量100吨，比上年减产68%。全村

368 户用上自来水。有彩电 307 台，电脑 8 台；安装电话 56 部，有手机 324 部；拥有机动车 38 辆（农用车 24 辆，出租车 6 辆，轿车 8 辆）。全村个体企业 3 个，收入 6 万元；外出务工人数 42 人，收入 53 万元，占全村经济总收入 3%。有小学 1 所，在校生 15 名。有卫生室 1 所。参加新农合 864 人，享受低保 98 人。

村支部书记：范君海（兼）

村委会主任：王　江

【上仓村】 位于镇政府西南部，距镇政府 3.5 公里。总面积 6 平方公里，其中有林面积 266.6 公顷。年末耕地总资源 270 公顷，常用耕地 154 公顷。全村 367 户，1006 口人（出生 4 人，死亡 3 人）。全村经济总收入 715 万元，农民人均纯收入 2637 元，比上年减少 1.3%；全年粮食总产量 366 吨，比上年减产 71%。本村 367 户用上自来水。有彩电 307 台，电脑 5 台；安装电话 27 部，有手机 980 部。有个体企业 7 个，外出务工 81 人。参加新农合 905 人，享受低保 90 人。

村支部书记、村委会主任：胡　成

【陈家窑村】 位于镇政府西南部，距镇政府 2.5 公里。总面积 4.3 平方公里，其中有林面积 6.7 公顷。年末耕地总资源 306 公顷，常用耕地 174 公顷。全村 434 户，1174 口人（出生 7 人，死亡 6 人）。经济总收入 1047 万元，农民人均纯收入 3205 元，比上年下降 0.4%；粮食总产量 173 吨，比上年减产 45%。全村 400 户用上自来水。有彩电 402 台，电脑 17 台；安装电话 84 部，有手机 428 部；拥有机动车 36 辆（农用车 7 辆，出租车 8 辆，轿车 21 辆）。有个体企业 12 个。外出务工 21 人。有小学 1 所，在校生 35 名，学前班 8 人。有卫生室 1 所。参加新农合 1057 人，享受低保 104 人。

村支部书记：郭　孝

村委会主任：李　军

【井儿洼村】 位于镇政府西南部，距镇政府 205 公里。总面积 4 平方公里，其中有林面积 133.3 公顷。年末耕地总资源 271 公顷，常用耕地 154 公顷。全村 348 户，1032 口人（出生 5 人，死亡 3 人）。粮食总产量 115 吨，比上年减产 73%。经济总收入 822 万元，农民人均纯收入 3011 元，比上年减少 0.36%；全村 348 户用上自来水。有彩电 301 台，电脑 6 台；安装电话 48 部，有手机 489 部；拥有机动车 23 辆（农用车 12 辆，出租车 3 辆，轿车 8 辆）。外出务工 35 人。有 1 所小学，在校生 35 名，学前班 6 人。有卫生室 1 所。参加新农合 929 人，享受低保 102 人。

村支部书记、村委员主任：梁德武

【黄草梁村】 位于镇政府西北部，距镇政府 5 公里。总面积 2.6 平方公里，其中有林面积 13.3 公顷。年末耕地总资源 181 公顷，常用耕地 103 公顷。全村 274 户，709 口人（出生 3 人，死亡 4 人）。全村经济总收入 664 万元，农民人均纯收入 3500 元，比上年增长 1.5%；粮食总产量 74 吨，比上年减产 64%。全村 274 户用上自来水。有彩电 260 台，电脑 10 台；安装电话 67 部，有手机 249 部；拥有机动车 13 辆（农用车 3 辆，出租车 2 辆，轿车 8 辆）。外出务工 18 人。有小学 1 所，在校生 27 名，学前班 4 人。有卫生室 1 所。参加新农合 638 人，享受低保 67 人。

村支部书记、村委员主任：何秀明

【三贤庙村】 位于镇政府西北部，距镇政府7.5公里。总面积2平方公里，其中有林面积266.6公顷。年末耕地总资源85公顷，常用耕地48公顷。全村186户，455口人（出生1人，死亡2人）。经济总收入371万元，农民人均纯收入3164元，比上年减少1.3%；粮食总产量45吨，比上年减产61%。全村150户用上自来水。有彩电146台，电脑4台；安装电话24部，有手机167部；拥有机动车37辆（农用车5辆，出租车8辆，轿车15辆，欧曼、红岩卡车9辆）。有个体企业24个，外出务工12人。有小学1所，在校生24名，学前班8人。有卫生室1所。参加新农合409人，享受低保46人。

村支部书记：董　芳

村委会主任：薛丙祥

【西水泉村】 位于镇政府西北部，距镇政府6公里。总面积2.6平方公里，其中有林面积12公顷。年末耕地总资源154公顷，常用耕地88公顷。全村290户，694口人。全村经济总收入638万元，农民人均纯收入3476元，比上年增长5%；粮食总产量60吨，比上年减产67%。全村290户用上自来水。有彩电280台，电脑12台；安装电话70部，有手机650部；拥有机动车52辆（农用车14辆，出租车6辆，轿车17辆，欧曼、红岩卡车15辆）。有个体企业13个，外出务工11人。有小学1所，在校生52名，学前班9人。有卫生室1个。参加新农合625人，享受低保86人。

村支部书记：高赵龙

村委会主任：张爱军

【蔡庄子村】 位于镇政府东北部，距镇政府5公里。总面积5.3平方公里，其中有林面积193.3公顷。年末耕地总资源372公顷，常用耕地240公顷。全村542户，1498口人（出生6人，死亡8人）。全村经济总收入718万元，农民人均纯收入1962元，比上年增长23.8%；粮食总产量572吨，比上年减产87%。全村488户用上自来水。有彩电462台，电脑26台；安装电话128部，有手机1500部；拥有机动车55辆（农用车25辆，出租车9辆，轿车21辆）。有个体企业36个，外出务工72人。有小学1所，在校生87名，学前班10人。有卫生室1所。参加新农合1348人，享受低保140人。

村支部书记：任志伟（兼）

村委会主任：和胜利

【郭庄子村】 位于镇政府东北部，距镇政府3.5公里。总面积4.6平方公里，其中有林面积40公顷。年末耕地总资源252公顷，常用耕地144公顷。全村322户，919口人（出生4人，死亡5人）。经济总收入526万元，农民人均纯收入2293元，比上年增长5.2%；粮食总产量74吨，比上年减产67%。全村322户用上自来水。有彩电300台，电脑4台；安装电话41部，有手机367部。拥有机动车27辆（农用车4辆，出租车6辆，轿车17辆）。有个体企业24个，外出务工52人。有小学1所，在校生49名，学前班6人。有卫生室1所。参加新农合827人，享受低保94人。

村支部书记、村委会主任：管　广

【上瓦房村】 位于镇政府东南部，距镇政府6公里。总面积3.3平方公里，其中有林面积173.3公顷。年末耕地总资源120公顷，常用耕地87公顷。全村175户，514口人（出生1人，死亡2人）。经济总收入172万元，农民人均纯收入1489元，比上年减少1.65%；粮食总产量203吨，与上年持平。全村175户用上自来水。有彩电150台，安装电话31部，有手机500部。拥有机动车16辆（农用车4辆，出租车2辆，轿车10辆）。外出务工20人。有小学1所，在校生34名，学前班3人。有卫生室1所。参加新农合472人，享受低保51人。

村支部书记、村委会主任：严　生

【下瓦房村】 位于镇政府东南部，距镇政府4公里。总面积4.7平方公里，其中有林面积220公顷。年末耕地总资源303公顷，常用耕地211公顷。全村318户，882口人（出生5人，死亡2人）。经济总收入290万元，农民人均纯收入1498元，比上年减少16.5%；粮食总产量421吨，比上年减产39%。全村260户用上自来水。有彩电276台，电脑4台；安装电话75部，有手机800部；拥有机动车25辆（农用车10辆，出租车3辆，轿车12辆）。外出务工81人。有小学1所，在校生35名，学前班4人。有卫生室1所。参加新农合794人，享受低保81人。

村支部书记、村委会主任：杨海燕

【仕英堡村】位于镇政府东北部，距镇政府8公里。总面积2.7平方公里，其中有林面积180公顷。年末耕地总资源173公顷，常用耕地99公顷。全村253户，688口人（出生2人，死亡3人）。经济总收入311万元，农民人均纯收入1951元，比上年减少1%；粮食总产量70吨，比上年减产55%。全村253户用上自来水。有彩电150台，安装电话27部，手机251部。拥有机动车18辆（农用车7辆，出租车5辆，轿车6辆）。外出务工17人。参加新农合620人，享受低保65人。

村支部书记：李　乾

村委会主任：王树海

【白象寺村】位于镇政府西北部，距镇政府6.5公里。总面积2平方公里，其中有林面积60公顷。年末耕地总资源68公顷，常用耕地39公顷。全村188户，529口人（出生2人，死亡5人）。经济总收入174万元，农民人均纯收入1854元，与上年持平；粮食总产量30吨，比上年减产70%。全村150户用上自来水。有彩电153台，电脑5台；安装电话35部，手机185部；拥有机动车23辆（农用车4辆，出租车7辆，轿车12辆）。外出务工20人。有小学1所，在校生28名，学前班3人。参加新农合476人，享受低保62人。

村支部书记：姜　威（兼）

村委会主任：庞　雨

【花里村】 位于镇政府东北部，距镇政府10公里。总面积2平方公里，其中有林面积53.3公顷。年末耕地总资源92公顷，常用耕地61公顷。全村126户，400口人（出生4人，死亡1人）。经济总收入135万元，农民人均纯收入1554元，比上年增长0..6%；粮食总产量109吨，比上年减产11%。全村100户用上自来水。安装电话20部，有手机350部；拥有机动车16辆（农用车4辆，出租车2辆，轿车10辆）。外出务工17人。参加新农合360人，享受低保52人。

村支部书记、村委员主任：张志虎

【官地沟村】 位于镇政府东北部，距镇政府15公里。总面积2平方公里，其中有林面积13.3公顷。年末耕地总资源92公顷，常用耕地71公顷。全村108户，287口人（出生2人）。粮食总产量65吨，比上年减产64%。经济总收入90万元，农民人均纯收入1500元，比上年增长32.9%；全村104户用上自来水。有彩电78台，安装电话12部，有手机98部；拥有机动车7辆（农用车2辆，轿车5辆）。外出务工15人。参加新农合259人，享受低保36人。

村支部书记：闫 有

村委会主任：杜 河

【大榆树村】 位于镇政府东北部，距镇政府12.5公里。总面积3.3平方公里，其中有林面积86.6公顷。年末耕地总资源223公顷，常用耕地173公顷。全村317户，959口人（出生6人，死亡3人）。经济总收入356万元，农民人均纯收入1613元，比上年减少0.74%；粮食总产量106吨，比上年减产74%。全村290户用上自来水。有彩电300台。安装电话41部，有手机325部；拥有机动车28辆（农用车17辆，出租车5辆，轿车6辆）。外出务工71人。有小学1所，在校生37名，学前班4人。有卫生室1所。参加新农合863人，享受低保97人。

村支部书记、村委会主任：宫文海

【李什沟村】 位于镇政府东北部，距镇政府15公里。总面积2平方公里，其中有林面积66.6公顷。年末耕地总资源110公顷，常用耕地80公顷。全村153户，399口人（死亡3人）。经济总收入127万元，农民人均纯收入1482元，比上年减少30.6%；粮食总产量34吨，比上年减产90%。全村153户用上自来水。有彩电125台。安装电话20部，有手机155部；拥有机动车9辆（农用车3辆，出租车4辆，轿车2辆）。外出务工11人。参加新农合360人，享受低保52人。

村支部书记、村委会主任：王 军

【增家沟村】 位于镇政府东南部，距镇政府6公里。总面积3.4平方公里，其中有林面积193.3公顷。年末耕地总资源92公顷，常用耕地53公顷。全村108户，289口人（出生2人）。经济总收入89万元，农民人均纯收入1502元，比上年减少39.4%；粮食总产量24吨，比上年减产62%。全村108户用上自来水。拥有彩电100台，电脑1台；安装电话17部，有手机103部；拥有机动车11辆（农用车3辆，出租车5辆，轿车3辆）。外出务工15人。参加新农合260人，享受低保43人。

村支部书记：叶聚宙（兼）

村委会主任：倪福贵

【姜家寨村】 位于镇政府东北部，距镇政府2.5公里。总面积2平方公里，其中有林面积33.3公顷。年末耕地总资源89公顷，常用耕地50公顷。全村120户，381口人。粮食总产量42吨，比上年减产66%。经济总收入224万元，农民人均纯收入2391元，比上年增长35.3%；拥有彩电110台，电脑3台；安装电话24部，有手机145部；拥有机动车24辆（农用车15辆，出租车4辆，轿车5辆）。外出务工14人。有卫生室1所。参加新农合343人，享受低保50人。

村支部书记：靳卓伢（兼）

村委会主任：袁世民

（杨玉娇）

雕鹗镇

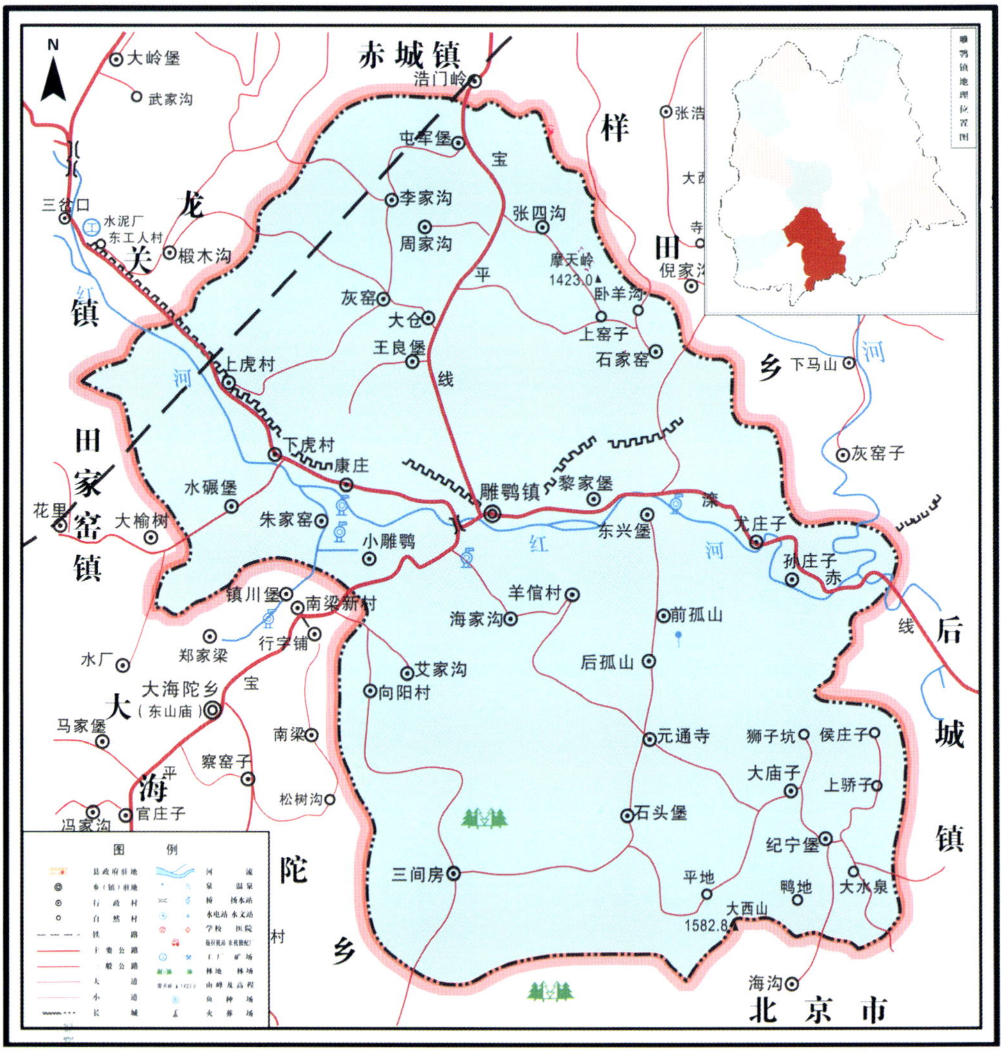
赤城镇
浩门岭
屯军堡
宝
李家沟
张四沟
周家沟
摩天岭
1423.0
平
卧羊沟
灰窑
大仓
上窑子
王良堡
石家窑
线
上虎村
下虎村
康庄
雕鹗镇
黎家堡
水碾堡
朱家窑
东兴堡
小雕鹗
红
河
滦
尤庄子
孙庄子
赤
线
镇川堡
南梁新村
羊信村
海家沟
前孤山
行字铺
后孤山
艾家沟
向阳村
元通寺
狮子坑
侯庄子
大庙子
上骄子
石头堡
纪宁堡
三间房
平地
鸭地
大水泉
大西山
1582.8
海沟
北京市
后城镇
样田乡
张浩
大西
寺
倪家沟
下马山
灰窑子
河
龙关镇
大岭堡
武家沟
三岔口
水泥厂
东工人村
椴木沟
红
河
田家窑镇
花果
大榆树
水厂
郑家梁
大海陀乡
（东山庙）
宝
马家堡
南梁
窑窑子
平
官庄子
冯家沟
松树沟
大海陀乡
图例

乡镇工作

【概况】 雕鹗镇位于赤城县西南部，距县城27公里。东接后城镇，西邻龙关镇、大海陀乡，南界与北京延庆，北连赤城镇。省道滦赤线、宝平线从境内纵横穿过。地处北纬40° 43′，东经115° 49′。乡政府所在地雕鹗村海拔835米，全镇平均海拔930米。为大陆性季风气候，年平均气温6.3 ℃，降水量498.2mm，无霜期114天。总面积335.56平方公里，其中耕地总资源3224公顷，常用耕地1842公顷。全镇辖30个行政村，5655户，15596人。其中农业人口5063户，13913人；非农业人口 592户，1683人（出生235人，死亡100人）。人口自然增长率为4.03‰。有劳动力6796人，其中从事一产的4918人，二产的717人，三产的1161人，分别占全镇劳动力的72.5%、10.6%和16.9%。全镇有村级公路10条，57.68公里，其中水泥路4条，13.488公里，沙石路6条，43.78公里，养护人员20名。移动基站8座，空中充值站9所，联通基站4座。驻镇单位有农村信用社，邮局支局、派出所、土地所、供电所、工商分局、移动公司营业厅、联通营业厅。有九年一贯制学校1所，下设幼儿园1所，在校生1221人，教师119名。下设村级小学15所，小学升学率98%毕业率100%。有乡镇卫生院1所，医生19人，病床30张。村卫生室21所，乡村医生23人。

年内，镇党委、镇政府全力做好招商引资工作，成功引进并签约北京二商集团大红门肉类食品有限公司生猪养殖项目，采取有力措施为企业落户创造良好的投资环境，并对现有企业给予进一步扶持。信和杏仁有限公司，绿泽源黄芩茶叶加工有限公司及黄芩基地项目蓬勃发展。益盛矿业有限公司、鸿成矿业有限公司、瑞鑫矿业有限公司、鑫盛贸易有限公司顺利投产。蔬菜、畜产品、林果业形成三大产业。其中，上、下虎村蔬菜种植面积达133.3公顷。以石头堡、石家夭为主的养殖基地，已初步形成规模；以屯军堡为主的果品基地，金红苹果种植面积达100公顷。以黄芩加工厂为依托，全镇实施黄芩间作666.6公顷。全年实现农业总产值6190万元(现价)，比上年增长5.9%；农村经济总收入4435万元，比上年减少3.5%；农村经济纯收入2276万元，比上年减少5.1%；农民人均收入1630元 ，比上年增长3.2%；居民存款余额7880万元，比上年增长17.6%。财政收入383万元，比上年减少30.2%；粮食总产量1390吨，比上年减产68.5%。全镇林地面积12820公顷，森林覆盖率42%。实现畜牧业总产值3684万元。其中：牛存栏392头，出栏1200头；羊存栏5700只，出栏1.2万只；猪存栏3200头，出栏9600头；鸡存栏8600只，出栏1.4万只。年产肉1173.8吨，牛奶92吨，羊毛、羊绒10.7吨。有个体企业413家，其中工业83家，从业人员4069人，企业营业总收入9582万元，总产值6000万元，利润总额536万元。主要产品有杏仁罐头、山野菜、黄芩保健茶。商业网点132家，总收入276万元，利润额总额165.6万元。全镇劳务输出799人，总收入1190万元。镇政府内设党政办公室、财经办公室、社会事务办公室、计划生育服务中心、农业综合服务中心、文化广播服务中心。行政编制14人，事业编制26人，在岗人员51人。

领导成员名单

书　　记：路太忠

镇　　长：戴冰岩

人大主席：朱晨志

副 书 记：程立冬（3月免）

　　　　　郭　河（3月任）

组织委员：韩龙海（9月免）

　　　　　万里城（9月任）

宣传委员：王华萍（女）

武装部长：田永生

纪检副书记：张满宝

副 镇 长：韩巨全

　　　　　苏建春（9月任）

人大副主席：和长城

地　址：雕鹗镇雕鹗村

邮　编：075545

电　话：6470010

【郑丽荣视察联系点】 3月28日，市委常委、宣传部长郑丽荣视察镇党委、政府学习实践科学发展观活动。并深入到常委联系点生态文明创建村下虎村就新农村建设进行调研。在调查研究的基础上，现场协调市扶贫办、教育局、财政局、国税局等部门对下虎村帮扶物资折合现金50万元。

【学习实践科学发展观活动】 从3月开始，在全镇开展深入学习实践科学发展观活动。共有997名干部和党员参加学习实践活动。在学习活动中，为部分村解决人畜饮水，修通村道路和护村坝等，共计解决涉及民生问题71件。

【庆祝建党88周年文体活动】 7月1日，镇、村两级干部在雕鹗镇进行以文体竞技为内容的建党88周年庆祝活动。全镇61名干部、职工参加了乒乓球、羽毛球、长跑等活动，丰富了干部、职工文化生活。

【国庆安全保卫】 9月17——10月10日，为圆满完成国庆安全保卫任务，共出动宣传车18辆，150余次，刷写标语37条。设1个进京检查站、7个集中路岗，检查车辆1.5万辆。组织群众护线队重点看护境内140基500kv电力铁塔，实行“一盯一”专人看护。成立6支巡逻队对重点区域的桥梁、路口进行动态巡查。镇党委、镇政府被市委、市政府授予“国庆安保先进单位”，被县委、县政府授予“建国60周年安全保卫突出贡献奖”荣誉称号。

【招商引资工作】 11月，北京二商集团生猪养殖加工项目正式签约。项目区位于黎家堡村，总投资1.2亿元，建设期为三年。总建筑面积26267平方米，年出栏优质商品猪3万头。采用生猪标准化生产技术，生产的生鲜肉制品全部供应北京肉食品市场，是供应北京菜篮子工程的又一条通道。

【信和杏仁加工有限公司】 年内，投资100万元，自制研发了全自动杏核加工、脱毒脱苦及包装设备。产品得到国家质量技术监督局的认证，是全国第一家拥有杏仁罐头生产许可证的杏仁加工企业。年加工杏核5000吨，生产杏仁和各类山野菜3000吨，实现利润50万元。该公司被命名为市级农业产业化龙头企业。

【绿泽源黄芩种植加工有限公司】 年内，投资100万元，购入杂粮杂豆生产线并投产。同时带动周边村发展黄芩种植1万亩。绿泽园黄芩种植加工有限公司由由个人投资兴建的，引进北京彩丰缘黄芩茶加工工艺。项目总投资400万元，占地面积0.6公顷，建筑面积1300平方米，年加工黄芩茎叶1500吨，生产黄芩茶15吨，实现利润60多万元，解决200多名农村劳动力就业。该企业被评为市级农业产业化龙头企业。

【针织毛衣加工项目】 年内，由下虎村妇代会自发组织，吸收280名农村妇女发展毛衣手工编织，年生产毛衣3万件，每人月收入400元，成为庭院经济示范项目。下虎村妇代会被省妇联评为"农村妇女基层组织先进集"荣誉称号。

【益盛矿业有限公司】 年内，共生产铁精粉40万吨，实现销售收入9000万元，上缴税金360万元，解决150多名农村劳动力就业。项目总投资1050万元，由承德创远工贸有限公司出资筹建。

【鸿成矿业有限公司】 年内，投资210万元完成土建工程。项目由石家庄客商投资兴建，计划投资300万元，占地14亩，建筑面积1500平方米，投产后年加工原矿50万吨，产铁精粉4万吨，实现销售收入3200万元，上缴税金420万元，解决40名农村劳动力就业。

【瑞鑫矿业股份有限公司】 年内，完成投资1200万元，土建工程已完工，尾矿库建设通过验收。项目建成后年可加工铁精粉10万吨，解决100名农村劳动力就业。

【生态文明村建设】 年内，生态文明村下虎村投资45万元，打机井一眼，铺设管道9800米，实现了全村自来水入户。筹资94万元，拓宽道路1100米，硬化村内主要街道2200米，建成占地2288平方米的文化广场1处。并完成文体器材的安装。栽植景观树2万株，安装路灯20盏。

【基层党建工作】 年内，培养入党积极分子210名，发展党员73名。其中发展新建企业支部党员1名，大学生村官党员1名。配备大学生村官4名。有11名村干部参加了素质工程培训，取得经济管理大专学历。为5名村干部办理养老保险。

【社会福利事业】 年内，完成九年一贯制学校"网络进校园"工程，建成多媒体室、微机室、图书馆（省级）等专用教室。投资95万元完成镇卫生院改扩建工程，建筑面积1151平方米，建设房屋43间，配备了污水处理和供暖设备。新购买了心电图、血球分析仪等医疗设备和1辆急救车。

【落实各项惠民政策】 年内，根据受灾情况入户调查，为受灾群众676户、1005人，发放救灾面粉3.83万公斤，救灾煤62.5吨，救灾款4.95万元。为1538名低保群众发放低保金76.848万元。发放复原军人补贴29.5093万元，伤残军人抚恤金10.107万元，军烈属补助1.9298万元。建国前老党员生活补贴17.34万元。发放粮食直补资金55.6985万元，退稻还旱补助资金56.266万元。新农合参保5730户，12522人，报销住院医药费15.6378万元，门诊医药费4.2179万元，慢性病医药费24.1818万元。

村情概况

【雕鹗村】 是镇政府所在地，距县城27公里。全村814户，2098人（出生29人，死亡9人）。耕地总资源203.5公顷，常用耕地114.5公顷。粮食总产量120吨，比上年减产55.6%。牛存栏30头，出栏54头；猪存栏270头，出栏616头；羊存栏531只，出栏480只；鸡存栏630只，出栏833只。全村总收入709万元，比上年增长13.8%；农民人纯收入1927元，比上年减少0.4%。拥有机动车232辆（大型汽车10辆，农用车89辆，出租车16辆，轿车32辆，摩托车85辆）。家用电器837台（冰箱107台，彩电565台，洗衣机132台，电脑23台，照相机7架，录像机3架）。有固定电话130部，手机790部。商业、服务业实现收入160万元。外出务工70人，年收入140万元，占总收入19.7%。有九年一贯制学校1所，在校生1221人，教师119名。有乡镇卫生院一所，医生19人，病床30张；村卫生室2所，医生2人。辖区内有信和杏仁有限公司、鸿成矿业等企业。

村支部书记：张志河（兼）

村委会主任：郭天宝

【黎家堡村】 位于雕鹗镇东北部，距镇政府3公里。全村249户，680口人（出生12人，死亡3人）。耕地总资源76.4公顷，常用耕地44.8公顷。粮食总产量52吨，比上年减少65.3%。牛出栏48头；猪存栏140头，出栏455头；羊存栏102只，出栏430只；鸡存栏315只，出栏556只。全村总收入158万元，比上年减少9.2%；人均纯收入1803元，比上年增长6.8%。拥有机动车61辆（大型汽车3辆，农用车4辆，出租车3辆，轿车1辆，摩托车50辆）。家用电器405台（冰箱100台，彩电190台，洗衣机110台，电脑3台，照相机2架）。有固定电话10部，手机460部。外出务工36人，年收入54万元，占总收入34.1%。有小学一所，教师1名，小学生13人。村卫生室1家，医生1名。

村支部书记：陈　伟（兼）

村委会主任：陈桂禄

【羊官村】 位于雕鹗镇东南部，距镇政府7公里。全村122户，273口人（出生8人，死亡3人）。耕地总资源102.7公顷，常用耕地54.2公顷。粮食总产量9吨，比上年减产88%。牛出栏42头，猪存栏60头，出栏344头；羊存栏287只，出栏497只；鸡存栏225只，出栏342只。全村总收入61万元，比上年减少10.3%；人均纯收入1538元，与上年持平。拥有机动车23辆（大型汽车2辆，农用车5辆，出租车1辆，摩托车15辆）。家用电器69台（冰箱2台，彩电62台，洗衣机5台）。有固定电话5部，手机71部。年外出务工10人，年收入15万元，占总收入24.6%。小学生到东兴堡小学读书。

村支部书记、村委会主任：季　有

【三间房村】　位于雕鹗镇东南部，距镇政府10公里。全村32户，107人（出生2人）。耕地总资源24.2公顷，常用耕地13.6公顷。粮食总产量10吨，比上年减产75%。牛存栏40头，出栏49头；猪存栏40头，出栏121头；羊存栏203只，出栏429只；鸡存栏270只，出栏524只。全村总收入19万元，比上年　减少48.9%；人均纯收入1600元，比上年增长3,1%。拥有机动车9辆（农用车2辆，摩托车7辆）。家用电器26台（彩电24台，洗衣机2台）。有固定电话3部，手机76部。外出务工7人，年收入10万元，占总收入52.6%。小学生到东兴堡小学读书。

村支部书记、村委会主任：乔万忠

【王良堡村】　位于雕鹗镇西北部，距镇政府5公里。全村222户，630口人（出生9人，死亡1人）。耕地总资源215.9公顷，常用耕地121.8公顷。粮食总产量55吨，比上年减产73.8%。牛存栏20头，出栏48头；猪存栏130头，出栏404头；羊存栏405只，出栏454只；鸡存栏360只，出栏566只。全村总收入157万元，比上年　减少20.3%；人均纯收入1636元，比上年增长75.7%。拥有机动车40辆（大型汽车6辆，出租车4辆，农用车12辆，轿车1辆，摩托车17辆）。家用电器230台（冰箱36台，彩电166台，洗衣机27台，电脑1台）。有固定电话32部，手机210部。外出务工23人，年收入34万元，占经济总收入21.7%。小学生到雕鹗九年一贯制学校读书，有村卫生室1所，医生1名。

村支部书记、村委会主任：崔　满

【大仓村】　位于雕鹗镇西北部，距镇政府7公里。全村165户，405口人（出生8人，死亡1人）。耕地总资源82.3公顷，常用耕地48.7公顷。粮食总产量35吨，比上年减少76.7%。牛出栏50头；猪存栏120头，出栏423头；羊存栏185只，出栏403只；鸡存栏248只，出栏513只。全村总收入90万元，比上年减少21.1%；人均纯收入1580元，与去年持平。拥有机动车52辆（出租车2辆，农用车13辆，轿车1辆，摩托车36辆）。家用电器121台（冰箱6台，彩电88台，洗衣机27台）。有固定电话5部，手机64部。外出务工18人，年收入27万元，占总收入30%。有小学1所，有教师1名，小学生21人。村卫生室1所，医生1名。有个体毛衣加工厂1家。

村支部书记、村委会主任：赵　国

【灰窑村】　位于雕鹗镇西北部，距镇政府9公里。全村108户，267口人（出生2人，死亡2人）。耕地总资源82.9公顷，常用耕地47.9公顷。粮食总产量24吨，比上年减产82.9%。牛存栏2头，出栏43头；猪存栏70头，出栏243头；羊存栏140只，出栏334只；鸡存栏189只，出栏470只。全村总收入61万元，比上年减少23.8%；人均纯收入1520元，比上年增长1%。拥有机动车22辆（出租车2辆，农用车4辆，摩托车16辆）。有彩电96台，手机90部。外出务工11人，年收入16万元，占总收入26.2%。有小卖部1家。

村支部书记、村委会主任：任正贵

【李家沟村】 位于雕鹗镇西北部，距镇政府9公里。全村68户，162人（出生1人，死亡8人）。耕地总资源46.4公顷，常用耕地27.5公顷。粮食总产量15吨，比上年减少78.6%。牛出栏28头，猪存栏56头，出栏101头；羊存栏50只，出栏163只；鸡存栏135只，出栏289只。全村总收入50万元，比上年减少13.8%；人均纯收入1562元，比上年增长1%。拥有机动车20辆（农用车4辆，摩托车16辆）。家用电器26台（冰箱5台，彩电20台，洗衣机1台）。有手机60部。外出务工7人，年收入10万元，占总收入20%。

村支部书记、村委会主任：闫桂平

【周家沟村】 位于雕鹗镇西北部，距镇政府8公里。全村49户，113口人。耕地总资源9.2公顷，常用耕地5.4公顷。粮食总产量5吨，比上年减产80%。牛出栏27头；猪存栏45头，出栏91头；羊存栏120只，出栏283只；鸡存栏140只，出栏299只。全村总收入43万元，比上年减少12.2%；人均纯收入1454元，比上年减少2%。有摩托车12辆。家用电器40台（冰箱2台，彩电30台，洗衣机8台）。有手机80部。外出务工5人，年收入8万元，占经济总收入18.6%。

村支部书记、村委会主任：李　富

【屯军堡村】 位于雕鹗镇西北部，距镇政府12公里。全村220户，526口人（出生12人，死亡2人）。耕地总资源173.3公顷，常用耕地101.3公顷。粮食总产量40吨，比上年减产77.8%。牛出栏480头；猪存栏127头，出栏394头；羊存栏190只，出栏454只；鸡存栏225只，出栏460只。全村总收入145万元，比上年减少5.8%。人均纯收入1520元；比上年增长64.8%。拥有机动车26辆（出租车3辆，农用车4辆，轿车1辆，摩托车18辆）。家用电器170台（冰箱46台，彩电82台，洗衣机42台）。有手机211部。外出务工24人，年收入36万元，占总收入24.8%。有小学1所，教师1名，小学生13人。是县级生态文明村。该村金红苹果种植面积达500亩，销往周边县市及北京、天津等地。

村支部书记、村委会主任：朱宝清

【张四沟村】 位于雕鹗镇西南部，距镇政府10公里。全村157户，444口人（出生9人，死亡2人）。耕地总资源85.5公顷，常用耕地50.7公顷。粮食总产量30吨，比上年减产80%。牛出栏49头；猪存栏110头，出栏333头；羊存栏310只，出栏480只；鸡存栏180只，出栏246只。全村总收入82万元，比上年减少21.9%；人均纯收入1550元，与上年持平。机动车34辆（出租车3辆，农用车8辆，摩托车23辆）。家用电器147台（冰箱3台，彩电142台，洗衣机2台）。有固定电话4部，手机265部。外出务工20人，年收入30万元，占总收入36.6%。小学1所，教师1名，小学生9人。新建村卫生室1所。年内修村村通道路1公里。

村支部书记、村委会主任：张继龙

【海家沟村】 位于雕鹗镇西南部，距镇政府9公里。全村26户，48人（出生1人，死亡1人）。耕地总资源85.5公顷，常用耕地50.7公顷。粮食总产量3吨，比上年减少91.4%。牛出栏14头；猪存栏10头，出栏10头；羊存栏30只，出栏291只；鸡存栏54只，出栏85只。全村总收入15万元，比上年增长15.4%；人均纯收入1590元，比上年减少6.9%。有彩电13台，固定电话3部，手机19部。外出务工5人，年收入8万元，占总收入53.3%。

村支部书记、村委会主任：奚淑萍（女）

【水碾堡村】 位于雕鹗镇西北部，距镇政府7公里。全村153户，476口（出生4人）。耕地总资源124.8公顷，常用耕地82.7公顷。粮食总产量40吨，比上年减少74.2%。牛出栏44头，猪存栏120头，出栏354头；羊存栏40只，出栏429只；鸡存栏239只，出栏374只。全村总收入90万元，比上年减少10.9%；人均纯收入1476元，比上年增长60.1%。拥有机动车85辆（出租车2辆，农用车18辆，轿车5辆，摩托车60辆）。家用电器147台（冰箱20台，彩电86台，洗衣机35台，电脑4台，照相机2架）。有固定电话5部，手机156部。外出务工38人，年收入57万元，占总收入63.3%。小学生到距离3公里的下虎村小学读书。有村卫生室1所。

村支部书记、村委会主任：耿占军

【上虎村】 位于雕鹗镇西北部，距镇政府8公里。全村522户，1525人（出生25人，死亡4人）。耕地总资源311.8公顷，常用耕地150.3公顷。粮食总产量220吨，比上年减少59.3%。牛存栏18头，出栏52头；猪存栏220头，出栏657头；羊存栏300只，出栏497只；鸡存栏540只，出栏791只。全村总收入448万元，比上年增长29.1%；人均纯收入1875元，比上年减少4.9%。拥有机动车580辆（大型汽车19辆，农用车246辆，轿车5辆，出租车6辆，摩托车304辆）。家用电器1040台（冰箱139台，彩电524台，洗衣机307台，电脑20台，照相机24架）。有固定电话50部，手机900部。外出务工92人，年收入138万元，占总收入的30.8%。有小学1所，教师1名，小学生35人。村卫生室1所，医生1名。益盛矿业有限公司占地30亩，年处理铁精粉40万吨，实现销售收入9000万元，上缴税金360万元，解决150名劳动力就业。

村支部书记：任会生

村委会主任：任学斌

【下虎村】 位于雕鹗镇西北部，距镇政府7公里。全村449户，1351口人（出生25人，死亡7人）。耕地总资源268.3公顷，常用耕地155.4公顷。粮食产量125吨，比上年减少65.8%。牛出栏46头；猪存栏200头，出栏616头；羊存栏290只，出栏523只；鸡存栏675只，出栏767只。全村总收入303万元，比上年减少6.5%；人均纯收入926元，比上年减少0.4%。拥有机动车223辆（大型汽车20辆，农用车120辆，轿车3辆，摩托车80辆）。

家用电器500台（冰箱30台，彩电380台，洗衣机60台，电脑20台，照相机10架）。有固定电话200部，手机820部。外出务工70人，年收入105万元，占总收入的34.7%。有小学1所，教师2名，小学生47人。卫生室2所，医生2人。个体企业绿泽源黄芩种植有限公司生产的保健功能"黄金茶"，打入北京市场，年销售额达3000万元，实现纯收入140万元，解决剩余劳动力150名。有毛衣加工厂1家，吸纳280名农村妇女进行毛衣手工编织，每人每月可收入400元。是市级文明生态村和扶贫开发村，年内新建蔬菜大棚30栋，硬化街道2200米，建文化广场1处，占地3500平方米，安装路灯20盏，栽观赏树2万株。

村支部书记、村委会主任：丰玉林

【康庄村】 位于雕鹗镇西北部，距镇政府4公里，辖1个自然村。全村325户，914口人（出生18人，死亡2人）。耕地总资源138.7公顷，常用耕地79.3公顷。粮食总产量115吨，比上年减产51.1%。牛存栏30头，出栏31头；猪存栏240头，出栏566头；羊存栏500只，出栏514只；鸡存栏639只，出栏640只。全村总收入198万元，比上年减少8.3%；人均纯收入1954元，比上年增长0.3%。拥有机动车112辆（大型汽车8辆，农用车40辆，轿车4辆，出租车3辆，摩托车57辆）。家用电器366台（冰箱68台，彩电180台，洗衣机90台，电脑20台，照相机8架）。有固定电话30部，手机619部。外出务工44人，年收入66万元，占总收入的33.3%。有小学1所，教师1名，学生23人。村卫生室1所，医生1名。

村支部书记、村委会主任：胡志军

【朱家窑村】 位于雕鹗镇西南部，距镇政府5公里。全村79户，224口人（出生5人，死亡2人）。耕地总资源36.2公顷，常用耕地21.4公顷。粮食总产量15吨，比上年减少70%。牛出栏28头；猪存栏63头，出栏101头；羊存栏100只，出栏394只；鸡存栏104只，出栏151只。全村总收入65万元，比上年减少13.3%；人均纯收入1700元，比上年减少1.1%。拥有机动车15辆（大型汽车2辆，农用车6辆，摩托车7辆）。家用电器95台（冰箱11台，彩电76台，洗衣机8台）。有手机120部。外出务工15人，年收入22万元，占总收入的33.8%。小学生到距离2公里的康庄村小学读书。

村支部书记、村委会主任：朱秀峰

【艾家沟村】 位于雕鹗镇西南部，距镇政府4公里。全村171户，544口人（出生10人）。耕地总资源156公顷，常用耕地90.7公顷。粮食总产量60吨，比上年减产76.5%。牛存栏105头，出栏50头；猪存栏120头，出栏515头；羊存栏170只，出栏480只；鸡存栏198只，出栏278只。全村总收入118万元，比上年减少12.6%；人均纯收入1770元，比上年减少1%。拥有机动车137辆（大型汽车3辆，农用车76辆，轿车10辆，摩托车48辆）。家用电器217台（冰箱39台，彩电142台，洗衣机30台，照相机3架，录像机3架）。有固定电话27部，手机188部。外出务工26人，年收入39万元，占总收入的33%。小学1所，教师

1名，小学生12人。

村支部书记、村委会主任：艾春旺

【小雕鹗村】 位于雕鹗镇西南部，距镇政府4公里。全村307户，960口人（出生14人，死亡3人）。耕地总资源122.3公顷，常用耕地65.8公顷。粮食总产量50吨，比上年减少66.5%。牛存栏10头，出栏48头；猪存栏167头，出栏606头；羊存栏35只，出栏591只；鸡存栏297只，出栏663只。全村总收入381万元，比上年减少11.8%；人均纯收入1920元，比上年增长3%。拥有机动车163辆（大型汽车15辆，农用车23辆，轿车5辆，出租车4辆，摩托车116辆）。家用电器483台（冰箱89台，彩电290台，洗衣机93台，照相机9架，录像机2架）。有固定电话30部，手机370部。外出务工19人，年收入38万元，占总收入的10%。有小学1所，教师1名，小学生27人。有村办企业小雕鹗砖厂1家。

村支部书记：王　明

村委会主任：王忠义

【向阳村】 位于雕鹗镇西南部，距镇政府5公里。全村305户，880口人（出生13人，死亡21人）。耕地总资源332公顷，常用耕地195.3公顷。粮食总产量150吨，比上年减少71.1%。牛存栏40头，出栏52头；猪存栏170头，出栏586头；羊存栏400只，出栏583只；鸡存栏378只，出栏834只。全村总收入360万元，比上年减少79.1%；人均纯收入1904元，比上年减少0.3%。拥有机动车167辆（大型汽车10辆，农用车50辆，轿车1辆，出租车8辆，摩托车98辆）。家用电器262台（冰箱29台，彩电187台，洗衣机46台）。固定电话48部，手机229部。外出务工30人，年收入45万元，占总收入的12.5%。村小学1所，教师1名，小学生25人。有村办企业向阳砖厂1家。

村支部书记、村委会主任：吕长贵

【东兴堡村】 位于雕鹗镇东部，距镇政府5公里。全村289户，833人（出生12人，死亡2人）。耕地总资源155.1公顷，常用耕地90.3公顷。粮食总产量60吨，比上年减少65.7%。牛存栏54头，出栏52头；猪存栏160头，出栏514头；羊存栏220只，出栏533只；鸡存栏392只，出栏652只。全村总收入219万元，比上年增长1.3%；人均纯收入933元，比上年减少0.2%。拥有机动车126辆（大型汽车3辆，农用车21辆，轿车2辆，出租车4辆，摩托车96辆）。家用电器317台（冰箱18台，彩电279台，洗衣机17台，电脑3台）。固定电话37部，手机480部。外出务工68人，年收入102万元，占总收入的46.6%。村小学1所，教师4名，小学生57人。村卫生室2所。

村支部书记：田永生（兼）

村委会主任：王金龙

【前孤山村】 位于雕鹗镇东南部，距镇政府10公里。全村225户，572口人（出生8人，死亡5人）。耕地总资源157公顷，常用耕地90.6公顷。粮食总产量33吨，比上年减产81.1%。牛存栏8头，出栏39头；猪存栏120头，出栏431头；羊存栏150只，出栏411只；鸡存栏540只，出栏598只。全村总收入129万元，比上年减少59.4%；人均纯收入1735元，比上年减少0.6%。拥有机动车147辆(大型汽车3辆，农用车31辆，轿车4辆，出租车2辆，摩托车107辆）。家用电器169台（冰箱8台，彩电96台，洗衣机49台，电脑10台，照相机6架）。固定电话16部，手机209部。外出务工12人，年收入18万元，占总收入的14%。有小学1所，教师1名，小学生12人。

村支部书记、村委会主任：李　向

【后孤山村】 位于雕鹗镇东南部，距镇政府12公里。全村69户，170人（死亡5人）。耕地总资源48.4公顷，常用耕地28.6公顷。粮食总产量20吨，比上年减少60%。牛出栏37头；猪存栏65头，出栏211头；羊存栏45只，出栏274只；鸡存栏189只，出栏289只。全村总收入54万元，比上年减少14.3%；人均纯收入1529元，比上年减少1.2%。拥有机动车20辆（大型汽车2辆，农用车6辆，摩托车12辆）。家用电器63台（彩电61台，洗衣机2台）。固定电话3部，手机93部。外出务工15人，年收入22万元，占总收入的40.7%。小学生到前孤山小学读书。

村支部书记、村委会主任：杨孝祖

【元通寺村】 位于雕鹗镇东南部，距镇政府14公里。全村57户，137人（出生1人，死亡8人）。耕地总资源28.8公顷，常用耕地17.3公顷。粮食总产量15吨，比上年减少62.5%。牛存栏16头，出栏18头；猪存栏30头，出栏103头；羊存栏100只，出栏249只；鸡存栏171只，出栏235只。全村总收入49万元，比上年减少14%；人均纯收入1571元，比上年增长0.8%。拥有机动车16辆(农用车6辆，摩托车10辆）。家用电器31台（冰箱6台，彩电20台，洗衣机3台，电脑2台）。固定电话3部，手机26部。外出务工9人，年收入13万元，占总收入的26.5%。

村支部书记、村委会主任：丁　荣

【石头堡村】 位于雕鹗镇东南部，距镇政府16公里。全村69户，1748人（出生1人，死亡1人）。耕地总资源34.6公顷，常用耕地20.7公顷。粮食总产量10吨，比上年减少71.4%。牛出栏28头；猪存栏57头，出栏128头；羊存栏40只，出栏240只；鸡存栏150只，出栏246只。全村总收入61万元，比上年减少7.6%；人均纯收入1588元，比上年减少1.1%。拥有机动车13辆（大型汽车1辆，农用车2辆，轿车1辆，摩托车9辆）。家用电器47台（冰箱6台，彩电30台，洗衣机9台，照相机2架）。有手机60部。外出务工9人，年收入13万元 ，占总收入的21.3%。

村支部书记、村委会主任：王　忠

【纪宁堡村】 位于雕鹗镇东南部，距镇政府20公里，辖3个自然村。全村109户，272人（死亡5人）。耕地总资源36.8公顷，常用耕地21.8公顷。粮食总产量11吨，比上年减少68.6%。牛存栏14头，出栏47头；猪存栏70头，出栏193头；羊存栏197只，出栏403只；鸡存栏360只，出栏769只。全村总收入104万元，比上年增长7.2%；人均纯收入1808元，比上年减少1.7%。拥有机动车3辆（农用车1辆，摩托车2辆）。家用电器32台（彩电30台，洗衣机2台）。有固定电话1部，手机19部。外出务工45人，年收入68万元，占总收入的65.4%。通村公路为沙石路，交通不便。

村支部书记、村委会主任：丁立平

【大庙村】 位于雕鹗镇东南部，距镇政府18公里。辖5个自然村。全村39户，105人（死亡1人）。耕地总资源14.2公顷，常用耕地8.4公顷。粮食总产量7吨，比上年减少76.7%。牛出栏37头；猪存栏30头，出栏122头；羊存栏203只，出栏420只；鸡存栏324只，出栏705只。全村总收入47万元，比上年减少7.8%。人均纯收入1600元，比上年增长1.3%。拥有机动车7辆（农用车2辆，摩托车5辆）。有彩电27台，有固定电话3部。外出务工9人，年收入13万元，占总收入的27.7%。村通沙石路，交通不便。

村支部书记、村委会主任：王文斌

【孙庄村】 位于雕鹗镇东南部，距镇政府10公里。全村114户，340人（出生5人，死亡1人）。耕地总资源74.5公顷，常用耕地41.6公顷。粮食总产量32吨，比上年减少36%。牛出栏40头；猪存栏60头，出栏140头；羊存栏180只，出栏231只；鸡存栏135只，出栏289只。全村总收入103万元，比上年减少0.9%；人均纯收入938元，比上年减少41.7%。拥有机动车80辆（大型汽车5辆，农用车5辆，出租车3辆，轿车7辆，摩托车60辆）。家用电器240台（冰箱65台，彩电110台，洗衣机40台，电脑15台，照相机8架，录像机2架）。有固定电话10部，手机190部。外出务工12人，年收入18万元，占总收入的17.5%。有小学1所，教师1名，小学生15人。

村支部书记、村委会主任：梁 星

【尤庄村】 位于雕鹗镇东南部，距镇政府9公里。全村79户，234人（出生3人，死亡1人）。耕地总资源32.3公顷，常用耕地16.6公顷。粮食总产量20吨，比上年减少33.3%。牛出栏30头，猪存栏74头，出栏116头；羊存栏160只，出栏223只；鸡存栏158只，出栏250只。全村总收入71万元，比上年减少1.4%；人均纯收入1598元，比上年减少0.81%。拥有机动车71辆（大型汽车2辆，农用车30辆，出租车2辆，轿车1辆，摩托车36辆）。家用电器99台（冰箱14台，彩电60台，洗衣机18台，电脑2台，照相机3架，录像机2架）。有固定电话1部，手机108部。村内有鱼场1个。外出务工11人，年收入17万元，占总收入的23.9%。

村支部书记、村委会主任：尤 孝

【石家窑村】 位于雕鹗镇东北部，距镇政府10公里。全村62户，128口人。耕地总资源28.4公顷，常用耕地16.3公顷。粮食总产量9吨，比上年减少80%。牛出栏21头；猪存栏56头，出栏105头；羊存栏120只，出栏317只；鸡存栏140只，出栏280只。全村总收入45万元，比上年减少8.2%；人均纯收入1623元，比上年增长1.6%。拥有摩托车12辆。家用电器22台（冰箱3台，彩电13台，洗衣机6台）。有固定电话1部，手机30部。外出务工5人，年收入8万元，占总收入的17.8%。通沙石路，交通不便。

村支部书记、村委会主任：张宝星

（李 丹）

后城镇

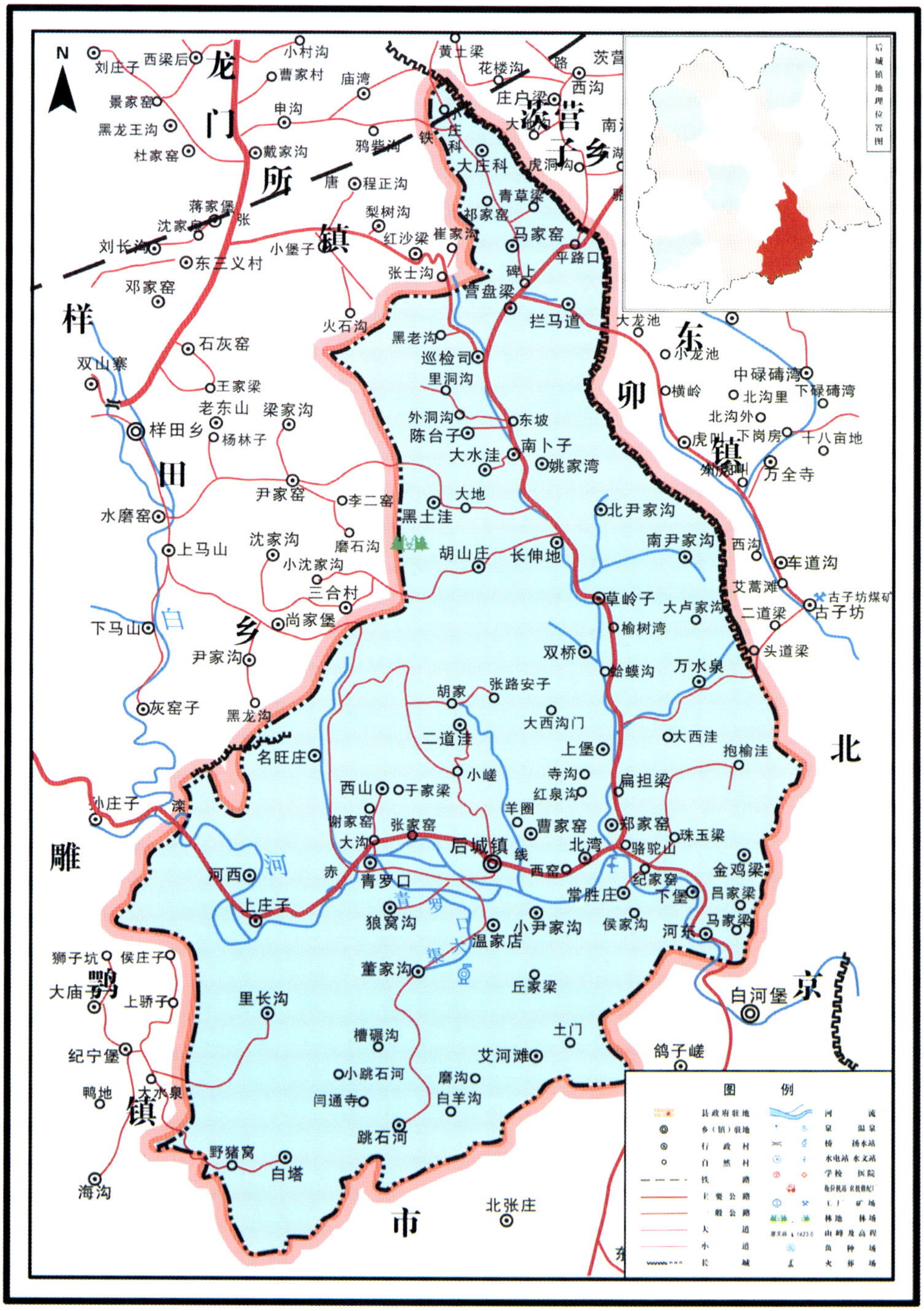
N
龙
门
所
镇
样
田
乡
茨营子乡
东
卯
镇
北
京
市
雕
鹗
镇
刘庄子
西梁后
小村沟
曹家村
庙湾
黄土梁
花楼沟
庄户梁
西沟
景家窑
黑龙王沟
杜家窑
申沟
戴家沟
鸦髻沟
大庄科
虎洞沟
唐
程正沟
青草梁
蒋家堡
沈家庄
刘长沟
东三义村
邓家窑
梨树沟
红沙梁
崔家沟
小堡子
郝家窑
马家窑
平路口
张士沟
碑上
营盘梁
拦马道
火石沟
大龙池
小龙池
石灰窑
黑老沟
巡检司
中碌碡湾
下碌碡湾
双山寨
王家梁
里洞沟
横岭
北沟里
老东山
梁家沟
外洞沟
东坡
北沟外
样田乡
杨林子
陈台子
南卜子
下岗房
十八亩地
大水洼
姚家湾
万全寺
尹家窑
李二窑
大地
水磨窑
黑土洼
北尹家沟
上马山
沈家沟
磨石沟
胡山庄
长伸地
南尹家沟
车道沟
小沈家沟
艾蒿滩
古子坊煤矿
三合村
草岭子
大卢家沟
二道梁
古子坊
下马山
尚家堡
榆树湾
白
乡
尹家沟
双桥
蛤蟆沟
万水泉
头道梁
灰窑子
胡家
张路安子
黑龙沟
大西沟门
二道洼
大西洼
抱榆洼
名旺庄
上堡
小嵯
寺沟
西山
于家梁
红泉沟
扁担梁
小庄子
滦
羊圈
曹家窑
郑家窑
谢家窑
张家窑
珠玉梁
大沟
后城镇
北湾
骆驼山
河西
河
赤
线
青罗口
西窑
金鸡梁
纪家窑
上庄子
常胜庄
下堡
吕家梁
狼窝沟
青
罗
口
小尹家沟
侯家沟
马家梁
河东
狮子坑
侯庄子
渠
温家店
大庙
董家沟
白河堡
上骄子
丘家梁
里长沟
槽碾沟
土门
纪宁堡
鸽子嵯
艾河滩
小跳石河
磨沟
鸭地
大水泉
闫通寺
白羊沟
跳石河
野猪窝
白塔
海沟
北张庄
后城镇地理位置图
图例

乡镇工作

【概况】 后城镇位于赤城县东南部，距县城55公里。北靠龙门所乡，南界北京市延庆县，西邻样田乡、雕鹗镇，东连东卯镇。地处北纬40° 41′，东经116º 04′。镇政府所在地后城村海拔640米，全镇平均海拔821米。属东亚大陆性季风气候。年平均降水量475毫米，年平均气温7.2℃，无霜期140天。全镇总面积374.68平方公里，辖38个行政村，126个自然村，7609户，21829口人，其中：农业人口21021人，城镇居民 809人（出生340人，死亡86人），人口自然增长率为11.7‰。有劳动力9050人，其中从事一产5850人，从事二产950人，从事三产2250人，分别占从业人员的64.64%、10.5%和24.86%。全镇有中学1所，小学15所，幼儿园1所。教职工199人，在校生1490人，适龄儿童入学率、升学率均为100%，中学入学率为99.6%。设卫生院1所，医护人员15名；镇村卫生室18所，乡村医生34名。病床位21张。

年内，镇党委、镇政府认真贯彻落实科学发展观，全力抓好基层组织建设，基础设施建设，努力做好奥运安保工作。全镇实现农业总产值8200万元，比上年增长14%；农村经济总收入8433万元，比上年下降0.85%；农村经济纯收入3384万元，比上年下降3%；农民人均收入1610元，比上年下降4.2%；粮食总产量2444吨，比上年减产60.62%。油料、蔬菜、肉类总产量分别为16吨、3294吨、1239吨。实现畜牧业总产值4773万元，猪出栏8300头，存栏4000头；羊出栏1.3万只，存栏6840只；牛出栏2000头，存栏900头；鸡出栏1.92万只，存栏1万只。渔业养殖面积204亩。全镇有工业企业1个，从业人员320人，营业总收入4900万元。驻镇单位有供电分公司、网通分公司、邮政支局、派出所、信用社、卫生院、动检站。镇政府内设办公室、财政所、社会事务办、农业综合服务中心、计划生育服务中心。镇政府财政供养人员36人，事业编制33人，在岗干部、职工48人。

领导成员名单

党委书记：马献忠（2月免）
苑建石（2月任）
镇　　长：苑建石（2月免）
谢春力（2月任）
人大主席：李汉瑞
副 书 记：陈永军
组织委员：孙文英（女　10月免）
宋尚宇（女　10月任）
宣传委员：徐庆国
武装部长：张保钟
纪检副书记：郝彦兵
副 镇 长：孙海明
郭富贵（2月免）
冯子川（2月任）

人大副主席：曹明刚
地　址：后城镇后城村
邮　编：075539
电　话：6450013

【村级两委换届】 1月6日，后城镇第八届村两委换届选举工作正式启动，通过广大村民直选的方式进行村委班子和村主任选举，全镇共选出村委委员46名，村党支部书记3 2名，村主任37名，其中村支部书记连任21人，村主任连任24人，村委员连任25人。

【庆祝“三八”妇女节】 3月8日，由20多人组成的的太极拳队，近100人组成的秧歌队走上街头在广场举行“三八”妇女节庆祝活动。借此机会，镇妇联会发放“三新”宣传手册182册，张贴标语30条，发放传单150份，广泛宣传广大妇女维权知识。

【十五次人代会】 4月28日，召开后城镇第十五届人民代表大会第十五次会议，应参加代表53人，实到代表53人，在代表会上，代镇长谢春力代表镇政府做了工作报告，并采取无记名投票的方法选举谢春力为后城镇政府镇长。

【国庆安保工作】 从7月1日开始，镇党委、政府就动手安排、部署国庆安保工作。成立了后城镇国庆安保指挥部，制定了《后城镇建国60周年庆典活动安全保卫工作实施方案》，发放《致全镇人民的一封信》400份。除配合做好骆驼山县级检查站的工作外，成立艾河滩、白塔两个镇级检查站，及39个村级哨卡和检查站，增设下堡、金鸡梁2个哨卡，成立3个巡逻队。设置国庆安保期间信访信息员255名，村级志愿者207名，邻近北京的行政村设安全信息员19名。由于国庆安保工作突出，后城镇被授予县“国庆安保突出贡献奖”，党委书记苑建石被授予市“国庆安保先进个人”。

【抗旱救灾】 7月，镇党委、政府筹措资金10万元，修护村护地坝2.5公里，购置柴油机、水泵、管道50多套，投入劳动力2万个，引水和抽水浇地666.67公顷，挽回经济损失40万元。

【基层组织建设】 年内，与新任村干部签订任期目标责任状，建立了工作目标台帐、流动党员台帐。在原来2个远程教育站点的基础上，新建28个。完成党员教育电视片1部。村干部大专毕业4人，大学4人。全年发展新党员53人，高中以上学历、35岁以下均保持在85%以上。为后进支部万水泉村投资6.5万元，打机井1眼，完成配套入户工程，解决了南北沟两个自然村饮水问题。投资15万元建蓄水池2个，铺设管道2050米，部分农田实施管灌工程。按照“地域相邻、产业相近、资源共享、便于管理”减少干部职数和开支的原则，将董家沟村、狼窝沟村、温家店村党支部合并为董家沟村联合支部，进一步加强了基层党建工作。

【文明生态村建设】 年内，双桥村被列为文明生态创建村。投资4.8万元硬化街道300米，投资6.4万元修通村公路400米。建垃圾池2个，垃圾专埋点1处，改厕3个，改圈2个。栽环村林5000株，路旁植树100株。发展林果3.33公顷，发展养牛大户2户，养牛40头。

【基础设施建设】 年内，村村通工程涉及7个行政村，硬化水泥路面18.8公里，修建铅丝笼坝3公里。艾河滩、河西村安装路灯70盏。完成后城村、狼窝沟村等7个村自来水改造和安装工程，修建朝阳观风景区千佛洞方向道路1.5公里。

【河西水城项目】 年内，投资2000万元，完成项目选址、土地转租、环评、项目核准等前期工作。对场地内需清理的鱼池、房屋、树木以及土地进行登记。

【京北建材基地项目】 年内，投资140万元完成电力线路改造3.5公里。完成项目选址、环评、通电、采矿证办理等工作，整个项目累计投资700万元。

【长伸地鹿场】 年内，增加收入15万元，全场共有建筑面积4100平方米，办公房屋16间，鹿圈24栋，并配备了鹿绒加工设备，已存栏梅花鹿480头。

【常胜肉鸡养殖场】 年内，投资260万元，一期工程占地2公顷，建成场房，办公用房16间，高标准鸡舍9间，年存栏肉鸡可达1.8万只。

【计划生育工作】 年内，开展宣传活动9次，张贴宣传标语78条，印发宣传单6054份。发放避孕药具2352盒，采取避孕措施451人。全镇已婚育龄妇女4417人，出生率8.99‰，死亡率3.39‰，人口自然增长率5.60‰。计生率93.24‰，综合避孕率达到87.07%。帮扶户达到38户。发放独生子女费213人，2.56万元，发放独生子女户奖励扶助款1.66万元，特扶款2400元。

【落实各项惠民政策】 年内，发放抚恤金和社会救济款77.56万元，救灾粮3.28万公斤，过冬取暖煤81吨。办理城镇低保56户，82人，发放低保金12.73万元；农村低保1959户，2087人，发放低保金130.23万元。发放“五保户”生活保障金32.76万元。为老复员军人发放生活补贴6.6万元。慰问“五保户”、特困户356户，发放送温暖资金10.68万元。为1.86万名参合农民报销医药费14.51万元。发放良种补贴20.2万元，粮食直补资金83.6万元，退耕还林补助11.7万元，水库移民补贴5400元。

村情概况

【后城村】 是后城镇政府所在地，距县城55公里。辖5个自然村，1559户，3931人，其中非农业人口802人。耕地面积265公顷，水田33公顷。粮食总产量344吨，比上年增产61.9%。蔬菜总产量1584吨，肉类总产量245吨，禽蛋总产量17吨，干鲜果总产量1350吨。猪出栏1330头，存栏610头；羊出栏1400只，存栏745只；牛出栏350头，存栏68头；鸡出栏5309只，存栏1650只。经济总收入1470万元，农民人均纯收入1589元，比上年减少20.6%。中学1所，小学1所，幼儿园1所。有卫生院1所，门诊8所。个体户55户。拥有机动车67辆（客运车2辆，出租车15辆，农用车50辆）。家用电器1071台（彩电757台，电脑110台，照相机159架，摄像机45架）。电话640部，手机1542部。参加新农合2720人，享受最低生活保障850人。有特色凯特杏种植20亩。

村支部书记：温林春

村委会主任：郑虎成

【曹家窑村】 位于后城镇东北部，距镇政府1.5公里。辖4个自然村，511户，161人。耕地面积30公顷，水田10公顷。粮食总产量40吨，比上年减产51.8%。蔬菜总产量285吨，肉类总产量20吨，禽蛋总产量2吨，水产品总产量10吨，干鲜果总产量105吨。猪出栏152头，存栏75头；羊出栏210只，存栏120只；牛出栏30头，存栏15头；鸡出栏330只，存栏227只。全村经济总收入132万元，农民人均纯收入1957元，比上年增长3%。拥有机动车5辆（农用车4辆，轿车1辆）。家用电器39台（彩电113台，电脑5台，照相机12架，摄像机9架）。电话103部，手机79部。有中学1所，小学1所；有诊所1所，医生1人。个体豆腐坊2个，门市部2个，加工厂2个。参加新农合460人，享受最低生活保障50人。种植晚秋黄梨450亩。

村支部书记：王建宇

【二道洼村】 位于后城镇西北部，距镇政府北偏西4.5公里。辖6个自然村，102户，286人。耕地面积64公顷，粮食总产量58吨，比上年减产34.8%。肉类总产量23吨，禽蛋总产量2吨，干鲜果总产量75吨。猪出栏170头，存栏80头；羊出栏281只，存栏165只；牛出栏35头，存栏47头；鸡出栏450只，存栏315只。全村经济总收入100万元，农民人均纯收入1399元，比上年减少6.7%。拥有机动车4辆（农用车3辆，出租车1辆）。家用电器43台（彩电42台，电脑1台）。电话34部，手机172部。参加新农合258人，享受最低生活保障20人。

村支部书记、村委会主任：张　友

【西山村】 位于后城镇西北部，距镇政府2.5公里。辖11个自然村，492户，1433人。耕地面积113公顷，水田10公顷。粮食总产量138吨，比上年减产2.6倍。蔬菜总产量215吨，肉类总产量65吨，禽蛋总产量5吨，干鲜果总产量150吨。猪出栏400头，存栏160头；羊出栏600只，存栏283只；牛出栏86头，存栏5头；鸡出栏1120只，存栏258只。全村经济总收入620万元，农民人均纯收入1745元，比上年减少3%。拥有机动车87辆（出租车6辆，农用车78辆，轿车3辆）。家用电器327台（彩电303台，电脑12台，照相机10部，摄像机12部）。电话260部，手机1023部。有学校1所，老师3名；诊所2所，医生2人。参加新农合1206人，享受最低生活保障142人。

村支部书记：张永军

村委会主任：于全孝

【名旺庄村】 位于后城镇西北部，距镇政府6.5公里。辖3个自然村，69户，189人。耕地面积33公顷，粮食总产量32吨，比上年减产50%。肉类总产量8吨，鲜果总产量30吨。猪出栏68头，存栏30头；羊出栏105只，存栏60只；牛出栏10头，存栏5头；鸡出栏150只，存栏185只。全村经济总收入70万元，农民人均纯收入1534元，比上年增长0.9%。拥有农用车2辆。有彩电35台，电脑1台。电话28部，手机91部。有诊所1所，医生1名。参加新农合160人，享受最低生活保障30人。

村支部书记、村委会主任：郑　友

【青罗口村】 位于后城镇西北部，距镇政府3.5公里。辖2个自然村，295户，1026人。耕地面积107公顷，水田20公顷。粮食总产量122吨，比上年减产67.4%。蔬菜总产量100吨，肉类总产量50吨，禽蛋总产量2吨，干鲜果总产量180吨。猪出栏330头，存栏175头；羊出栏450只，存栏262只；牛出栏81头，存栏25头；鸡出栏702只，存栏316只。全村经济总收入456万元，农民人均纯收入1774元，比上年减少1.4%。拥有机动车15辆（农用车7辆，出租车5辆，轿车3辆）。家用电器262台（彩电230台，电脑9台，照相机15架，摄像机8架）。电话191部，手机792部。小学1所，老师2名；有诊所2个，医生2名。个体私营8户，参加新农合926人，享受最低生活保障55人。

村支部书记：强　会

村委会主任：侯占山

【上庄子村】 位于后城镇西南部，距镇政府7.5公里。辖2个自然村，298户，966人。耕地面积101公顷，水田20公顷。粮食总产量103吨，比上年减产68.3%。蔬菜总产量579吨，肉类总产量51吨，禽蛋总产量2吨，干鲜果总产量135吨。猪出栏335头，存栏197头；羊出栏500只，存栏293只；牛出栏83头，存栏20头；鸡出栏650只，存栏186只。全村经济总收入421万元，农民人均纯收入1760元，比上年减少4.9%。拥有机动车13辆（农用车6辆，出租车4辆，轿车3辆）。家用电器268台（彩电239台，电脑7台，照相机13架，摄像机9架）。电话195部，手机573部。小学1所，教师1人；有诊所3个，医生3人。参加新农合869人，享受最低生活保障40人。

村支部书记：施卫彬

村委会主任：路占林

【河西村】 位于后城镇西南部，距镇政府7.5公里。辖3个自然村，294户，927人。耕地面积96公顷，水田20公顷。粮食总产量106吨，比上年减产56.7%。蔬菜总产量228吨，肉类总产量48吨，禽蛋总产量3吨，水产品总产量174吨，干鲜果总产量30吨。猪出栏310头，存栏98头；羊出栏550只，存栏276只；牛出栏85头，存栏40头；鸡出栏650只，存栏321只。全村经济总收入395万元，农民人均纯收入1726元，比上年减少4.1%。拥有机动车8辆（农用车4辆，出租车2辆，轿车2辆）。家用电器227台（彩电200台，电脑9台，照相机7架，摄像机11部）。电话168部，手机679部。小学1所，教师1人；有诊所1个，医生1名。参加新农合834人，享受最低生活保障42人。硬化通村道路1.5公里。

村委会主任：王 建

【里长沟村】 位于后城镇西南部，距镇政府8.5公里。辖6个自然村，222户，579人。耕地面积107公顷，粮食总产量107吨，比上年减产58%。肉类总产量32吨，禽蛋总产量2吨，干鲜果总产量120吨。猪出栏200头，存栏85头；羊出栏235只，存栏198只；牛出栏55头，存栏15头；鸡出栏403只，存栏284只。全村经济总收入200万元，农民人均纯收入1313元，比上年减少12.5%。拥有农用车2辆。有家用电器125台（彩电122台，电脑1台，摄像机2架）。电话103部，手机421部。有诊所1所，医生1人。参加新农合521人，享受最低生活保障35人。

村支部书记、村委会主任：郑永来

【白塔村】 位于后城镇西南部，距镇政府11.5公里。辖5个自然村，59户，140人。耕地面积16公顷，粮食总产量16吨，比上年减产58.9%。肉类总产量5吨，干鲜果总产量10吨。猪出栏44头，存栏28头；羊出栏85只，存栏38只；牛出栏10头，存栏5头；鸡出栏78只，存栏80只。全村经济总收入56万元，农民人均纯收入1643元，比上年增长2.7%。拥有农用车2辆。有家用电器17台（彩电16台，电脑1台）。电话15部，手机71部。参加新农合126人，享受最低生活保障29人。

村支部书记、村委会主任：林 森

【跳石河村】 位于后城镇西南部，距镇政府9公里。辖6个自然村，140户，387人。耕地面积57公顷，粮食总产量63吨，比上年减产53.3%。肉类总产量21吨，禽蛋总产量4吨，鲜果总产量4吨。猪出栏150头，存栏85头；羊出栏208只，存栏137只；牛出栏42头，存栏20头；鸡出栏365只，存栏104只。全村经济总收入140万元，农民人均纯收入1421元。拥有农用车1辆。有家用电器80台（彩电76台，电脑1台，照相机3架）。电话61部，手机205部。学校1所，教师1人；诊所1所，医生1人。参加新农合349人，享受最低生活保障15人。

村支部书记：白银德

村委会主任：卢富元

【艾河滩村】 位于后城镇南部，距镇政府6.4公里。辖2个自然村，142户，397人。耕地面积64公顷，粮食总产量74吨，比上年减产49.3%。肉类总产量15吨，禽蛋总产量3吨，干鲜果品总产量6吨。猪出栏130头，存栏82头；羊出栏210只，存栏118只；牛出栏33头，存栏5头；鸡出栏332只，存栏210只。全村经济总收入145万元，农民人均纯收入1410元，比上年减少6%。拥有农用车1辆，轿车1辆。有家用电器140台（彩电133台，电脑1台，照相机6架）。电话106部，手机203部。参加新农合338人，享受最低生活保障28人。

村委会主任：崔永生

【董家沟村】 位于后城镇西南部，距镇政府3.8公里。辖7个自然村，372户，1115人。耕地面积138公顷，粮食总产量165吨，比上年增长13%。肉类总产量70吨，禽蛋总产量6吨，干鲜果总产量5吨。猪出栏462头，存栏210头；羊出栏510只，存栏312只；牛出栏56头，存栏17头；鸡出栏1055只，存栏220只。全村经济总收入450万元，农民人均纯收入1614元，比上年增长9.4%。拥有农用车4辆，出租车6辆。有家用电器325台（彩电289台，电脑13台，照相机14架，摄像机9架）。电话231部，手机854部。有诊所1个，医生1人；门市部3个，毛衣加工厂1个。参加新农合1004人，享受最低生活保障56人。种植凯特杏40亩。

村支部书记：周　玉

村委会主任：岳文贵

【温家店村】 位于后城镇南部，距镇政府1.9公里。辖3个自然村，104户，343人。耕地面积44公顷，粮食总产量54吨，比上年减产46.5%。蔬菜总产量41吨，肉类总产量16吨，禽蛋总产量3吨，干鲜果总产量5吨。猪出栏134头，存栏75头；羊出栏160只，存栏105只；牛出栏31头，存栏15头；鸡出栏241只，存栏215只。全村经济总收入117万元，农民人均纯收入1399元，比上年减少1.5%。拥有农用车4辆，出租车3辆。有彩电81台，电脑1台。电话65部，手机77部。学校1所，教师1人。参加新农合309人，享受最低生活保障15人。

村委会主任：郭桂军

【狼窝沟村】 位于后城镇西南部，距镇政府3.25公里。辖2个自然村，72户，232人。耕地面积34公顷，水田3公顷。粮食总产量44吨，比上年减产49.4%。蔬菜总产量26吨，肉类总产量13吨，禽蛋总产量2吨，干鲜果总产量5吨。猪出栏90头，存栏42头；羊出栏176只，存栏80只；牛出栏24头，存栏5头；鸡出栏162只，存栏132只。全村经济总收入80万元，农民人均纯收入1420元，比上年增长1.4%。拥有农用车2辆；有彩电55台，电脑1台；电话44部，手机151部。参加新农合209人，享受最低生活保障13人。

村委会主任：郑　兵

【小尹家沟村】 位于后城镇东南部，距镇政府2公里。辖1个自然村，42户，103人。耕地面积11公顷，水田3公顷。粮食总产量11吨，比上年减产66.6%。蔬菜总产量88吨，肉类总产量6吨，禽蛋总产量1吨，干鲜果总产量5吨。猪出栏44头，存栏21头；羊出栏87只，存栏38只；牛出栏13头，存栏5头；鸡出栏79只，存栏89只。全村经济总收入40万元，农民人均纯收入1650元，比上年增长3.1%。有彩电30台，电脑1台；电话28部，手机52部。参加新农合93人，享受最低生活保障18人。

村支部书记、村委会主任：刘通恩

【北湾村】 位于后城镇东北部，距镇政府3公里。辖3个自然村，108户，346人。耕地面积26公顷，水田11公顷。粮食总产量34吨，比上年减产63%。肉类总产量15吨，禽蛋总产量3吨，干鲜果总产量4吨。猪出栏134头，存栏70头；羊出栏230只，存栏80只；牛出栏25头，存栏10头；鸡出栏240只，存栏251只。全村经济总收入132万元，农民人均纯收入1503元，比上年减少6.1%。

拥有农用车2辆。有家用电器96台（彩电89台，电脑2台，照相机5架）。电话71部，手机146部。参加新农合317人，享受最低生活保障55人。

村支部书记、村委会主任：王　荣

【常胜庄村】 位于后城镇东南部，距镇政府4公里。辖4个自然村，400户，1217人。耕地面积131公顷，水田17公顷。粮食总产量130吨，比上年减产75%。蔬菜总产量42吨，肉类总产量48吨，禽蛋总产量6吨，干鲜果总产量8吨。猪出栏313头，存栏143头；羊出栏510只，存栏276只；牛出栏66头，存栏8头；鸡出栏562只，存栏315只。全村经济总收入520万元，农民人均纯收入1693元，比上年减少4.9%。拥有机动车24辆（农用车10辆，出租车10辆，轿车4辆）。有家用电器307台（彩电291台，电脑7台，照相机6架，摄像机3架）。电话233部，手机752部。小学1所，教师5名；有门诊2所，医生2人。参加新农合1095人，享受最低生活保障30人。

村支部书记：胡占国

村委会主任：孙德友

【郑家窑村】 位于后城镇东北部，距镇政府4公里。辖4个自然村，258户，770人。耕地面积88公顷，水田12公顷。粮食总产量87吨，比上年减产72.8%。蔬菜总产量41吨，肉类总产量36吨，禽蛋总产量8吨，干鲜果总产量6吨。猪出栏246头，存栏134头；羊出栏330只，存栏217只；牛出栏65头，存栏30头；鸡出栏441只，存栏265只。全村经济总收入330万元，农民人均纯收入1714元，比上年减少4.2%。拥有农用车8辆，出租车6辆。有家用电器200台（彩电181台，电脑8台，照相机8部，摄像机3部）。电话145部，手机211部。参加新农合693人，享受最低生活保障41人。

村支部书记、村委会主任：刘殿丰

【下堡村】 位于后城镇东南部，距镇政府6.5公里。辖1个自然村，266户，676人。耕地面积66公顷，水田37公顷。粮食总产量65吨，比上年减产72.8%。蔬菜总产量40吨，肉类总产量60吨，禽蛋总产量10吨，水产品10吨，干鲜果总产量9吨。猪出栏381头，存栏212头；羊出栏650只，存栏338只；牛出栏83头，存栏45头；鸡出栏685只，存栏321只。全村经济总收入295万元，农民人均纯收入1716元，比上年减少4.7%。动车22辆（农用车12辆，出租车5辆，轿车5辆）。有家用电器192台（彩电181台，电脑8台，照相机3架）。电话145部，手机143部。小学1所，教师2名；有诊所1所，医生1人。参加新农合608人，享受最低生活保障41人。

村委会主任：赵　铜

【金鸡梁村】 位于后城镇东北部，距镇政府7.7公里。辖2个自然村，216户，607人。耕地面积27公顷，粮食总产量27吨，比上年减产59%。肉类总产量15吨，禽蛋总产量4吨，干鲜果总产量5吨。猪出栏155头，存栏99头；羊出栏303只，存栏136只；牛出栏41头，存栏41头；鸡出栏281只，存栏260只。全村经济总收入247万元，农民人均纯收入1631元，比上年减少3.5%。拥有农用车4辆。有家用电器147台（彩电144台，电脑2台，照相机1架）。电话122部，手机257部。参加新农合366人，享受最低生活保障26人。

村支部书记、村委会主任：金仲贵

【上堡村】 位于后城镇东北部，距镇政府5.25公里。辖1个自然村，299户，934人。耕地面积82公顷，粮食总产量81吨，比上年减产57.7%。肉类总产量52吨，禽蛋总产量16吨，干鲜果总产量70吨。猪出栏375头，存栏201头；羊出栏650只，存栏251只；牛出栏85头，存栏35头；鸡出栏688只，存栏320只。全村经济总收入362万元，农民人均纯收入1531元，比上年减少3.7%。拥有农用车4辆，出租车3辆。有家用电器227台（彩电216台，电脑6台，照相机5架）。电话173部，手机483部。有小学1所，教师1名；诊所1所，医生1人。参加新农合841人，享受最低生活保障42人。

村支部书记、村委会主任：王仲裕

【双桥村】 位于后城镇东北部，距镇政府7.2公里。辖3个自然村，107户，315人。耕地面积42公顷，粮食总产量46吨，比上年减产48.8%。肉类总产量15吨，禽蛋总产量3吨，干鲜果总产量170吨。猪出栏112头，存栏71头；羊出栏217只，存栏98只；牛出栏29头，存栏15头；鸡出栏203只，存栏180只。全村经济总收入118万元，农民人均纯收入1523元，比上年减少2.4%。拥有农用车3辆，出租车3辆。有家用电器48台（彩电64台，电脑3台，照相机1架）。电话51部，手机85部。参加新农合284人，享受最低生活保障43人。

村支部书记：王树财

村委会主任：王双成

【万水泉村】 位于后城镇东北部，距镇政府7.25公里。辖3个自然村，174户，493人。耕地面积881公顷，林地333公顷。粮食总产量 64吨，比上年减产64.4%。蔬菜总产量25吨，肉类总产量32吨，禽蛋总产量3吨，干鲜果总产量50吨。猪出栏201头，存栏82头；羊出栏390只，存栏175只；牛出栏55头，存栏22头；鸡出栏361只，存栏321只。全村经济总收入96万元，农民人均纯收入730元，比上年减少8.7%。有出租车1辆，有家用电器108台（彩电102台，电脑3台，照相机2架，摄像机1架）。电话83部，手机214部。有小学1所，教师1人；诊所1个，医生1人。参加新农合413人，享受最低生活保障21人。

村支部书记、村委会主任：武德义

【大庄科村】 位于后城镇东北部，距镇政府40公里。辖5个自然村，139户，359人。耕地面积18公顷，粮食总产量19吨，比上年减产45.7%。肉类总产量28吨，禽蛋总产量4吨，干鲜果总产量12吨。猪出栏178头，存栏80头；羊出栏348只，存栏159只；牛出栏48头，存栏35头；鸡出栏323只，存栏260只。全村经济总收入122万元，农民人均纯收入1309元，比上年减少11.5%。拥有农用车4辆；有彩电52台，电脑1台；电话42部，手机49部。参加新农合266人，享受最低生活保障25人。

村支部书记、村委会主任：刘　义

【马家窑村】 位于后城镇东北部，距镇政府35公里。辖2个自然村，81户，203人。耕地面积30公顷，粮食总产量30吨，比上年减产44.4%。肉类总产量15吨，禽蛋总产量2吨，干鲜果总产量5吨。猪出栏112头，存栏56头；羊出栏216只，存栏98只；牛出栏31头，存栏30头；鸡出栏201只，存栏190只。全村经济总收入70万元，农民人均纯收入1872元，比上年增长29.1%。拥有农用车1辆，出租车2辆；有彩电44台，电脑1台；电话42部，手机62部。参加新农合177人，享受最低生活保障30人。

村支部书记、村委会主任：赵　金

【拦马道村】 位于后城镇东北部，距镇政府30公里。辖3个自然村，101户，279人。耕地面积40公顷，粮食总产量37吨，比上年减产32.7%。肉类总产量16吨，禽蛋总产量3吨，干鲜果总产量4吨。猪出栏134头，存栏84头；羊出栏262只，存栏117只；牛出栏37头，存栏34头；鸡出栏243只，存栏254只。全村经济总收入94万元，农民人均纯收入1290元，比上年减少13.1%。拥有农用车1辆，出租车1辆；彩电41台，电脑1台；电话33部，手机67部。参加新农合251人，享受最低生活保障27人。

村支部书记、村委会主任：李　银

【营盘梁村】 位于后城镇东北部，距镇政府32公里。辖1个自然村，88户，248人。耕地面积33公顷，粮食总产量30吨，比上年减产33%。肉类总产量18吨，禽蛋总产量3吨，干鲜果总产量3吨。猪出栏113头，存栏70头；羊出栏215只，存栏96只；牛出栏29头，存栏28头；鸡出栏204只，存栏135只。全村经济总收入80万元，农民人均纯收入1250元，比上年减少10.7%。拥有农用车1辆，出租车2辆；有彩电52台，电脑1台；电话42部，手机52部。小学1所，教师1人；诊所1个，医生1人。参加新农合223人，享受最低生活保障1人。

村支部书记、村委会主任：王进礼

【巡检司村】 位于后城镇东北部，距镇政府30公里。辖2个自然村，166户，497人。耕地面积48公顷，粮食总产量49吨，比上年减产37.9%。肉类总产量33吨，禽蛋总产量3吨，干鲜果总产量5吨。猪出栏246头，存栏92头；羊出栏476只，存栏150只；牛出栏67头，存栏45头；鸡出栏440只，存栏420只。全村经济总收入180万元，农民人均纯收入1428元，比上年减少3.5%。有诊所1个，医生1人。拥有农用车2辆，出租车2辆；有彩电101台，电脑2台，摄像机1架；电话81部，手机251部。参加新农合447人，享受最低生活保障30人。

村支部书记、村委会主任：郭尚明

【陈台子村】 位于后城镇正北部，距镇政府25公里。辖4个自然村，93户，251人。耕地面积45公顷，粮食总产量45吨，比上年减产45.8%。肉类总产量25吨，禽蛋总产量4吨，干鲜果总产量2吨。猪出栏156头，存栏98头；羊出栏301只，存栏138只；牛出栏41头，存栏43头；鸡出栏280只，存栏180只。全村经济总收入82万元，农民人均纯收入1274元，比上年减少9%。拥有农用车1辆，彩电61台，电脑1台，照相机2架；电话49部，手机91部。参加新农合225人，享受最低生活保障22人。

村支部书记、村委会主任：王义海

【南卜子村】 位于后城镇东北部，距镇政府23公里。辖4个自然村，204户，650人。耕地面积31公顷，粮食总产量25吨，比上年减产56.1%。肉类总产量42吨，禽蛋总产量4吨，干鲜果总产量3吨。猪出栏312头，存栏124头；羊出栏606只，存栏275只；牛出栏70头，存栏35头，奶牛存栏3头；鸡出栏562只，存栏252只。全村经济总收入230万元，农民人均纯收入1384元，比上年减少5.9%。拥有农用车3辆，出租车2辆。有家用电器172台（彩电151台，电脑3台，照相机11架，摄像机7架）。电话125部，手机321部。有学校1所，教师1人；诊所2所，医生2人。参加新农合585人，享受最低生活保障41人。

村支部书记、村委会主任：冯　洪

【大水洼村】 位于后城镇东北部，距镇政府22公里。辖3个自然村，61户，205人。耕地面积26公顷，粮食总产量32吨，比上年减产34.7%。肉类总产量13吨，禽蛋总产量3吨，干鲜果总产量5吨。猪出栏113头，存栏50头；羊出栏207只，存栏98只；牛出栏42头，存栏21头；鸡出栏203只，存栏183只。全村经济总收入70万元，农民人均纯收入1317元，比上年减少9.6%。拥有农用车1辆，彩电47台，电脑1台；电话38部，手机54部。参加新农合177人，享受最低生活保障30人。

村支部书记、村委会主任：郭洪金

【黑土洼村】 位于后城镇西北部，距镇政府23公里。辖3个自然村，71户，201人。耕地面积33公顷，粮食总产量36吨，比上年减产36.8%。肉类总产量15吨，禽蛋总产量3吨，干鲜果总产量3吨。猪出栏112头，存栏65头；羊出栏237只，存栏96只；牛出栏32头，存栏25头；鸡出栏201只，存栏170只。全村经济总收入68万元，农民人均纯收入1293元，比上年减少12.5%。拥有农用车2辆；彩电50台，电脑1台；电话45部，手机23部。参加新农合179人，享受最低生活保障17人。

村支部书记、村委会主任：赵瑞金

【胡山庄村】 位于后城镇正北部，距镇政府18公里。辖1个自然村，46户，127人。耕地面积21公顷，粮食总产量21吨，比上年减产43.2%。肉类总产量18吨，禽蛋总产量3吨，干鲜果总产量4吨。猪出栏111头，存栏53头；羊出栏217只，存栏95只；牛出栏29头，存栏18头；鸡出栏202只，存栏201只。全村经济总收入43万元，农民人均纯收入1260元，比上年减少14.9%。拥有农用车1辆，彩电24台，电脑1台；电话19部，手机65部。参加新农合114人，享受最低生活保障20人。

村支部书记、村委会主任：岳桂林

【长伸地村】 位于后城镇东北部，距镇政府15公里。辖1个自然村，92户，

245人。耕地面积23公顷，粮食总产量23吨，比上年减产34.3%。肉类总产量16吨，禽蛋总产量3吨，干鲜果总产量5吨。猪出栏134头，存栏30头；羊出栏261只，存栏80只；牛出栏34头，存栏20头；鸡出栏242只，存栏265只。全村经济总收入88万元，农民人均纯收入1429元，比上年减少3.4%。拥有农用车2辆，出租车1辆；拥有家用电器74台（彩电70台，电脑1台；照相机2架，摄像机1架）；电话61部，手机81部。有诊所1个，医生1人。参加新农合221人，享受最低生活保障33人。建梅花鹿养殖场1个，养鹿480头。

村支部书记、村委会主任：郭玉明

【北尹家沟村】 位于后城镇东北部，距镇政府17公里。辖2个自然村，50户，150人。耕地面积28公顷，粮食总产量27吨，比上年减产35.7%。肉类总产量10吨，禽蛋总产量2吨，干鲜果总产量5吨。猪出栏68头，存栏28头；羊出栏132只，存栏61只；牛出栏15头，存栏19头；鸡出栏122只，存栏150只。全村经济总收入50万元，农民人均纯收入1333元，比上年下降8%。拥有机动车6辆（农用车2辆，出租车2辆，轿车2辆）。有家用电器30台（彩电27台，电脑1台，摄像机2部）。电话22部，手机74部。参加新农合126人，享受最低生活保障25人。

村委会主任：张树军

【南尹家沟村】 位于后城镇东北部，距镇政府18公里。辖1个自然村，106户，310人。耕地面积43公顷，粮食总产量43吨，比上年减产54.3%。肉类总产量18吨，禽蛋总产量2吨，水产品总产量10吨，干鲜果总产量4吨。猪出栏155头，存栏75头；羊出栏301只，存栏134只；牛出栏35头，存栏14头；鸡出栏279只，存栏155只。全村经济总收入106万元，农民人均纯收入1378元，比上年减少4.9%。拥有农用车1辆，出租车2辆；拥有家用电器59台（彩电53台，电脑1台；照相机4架，摄像机1架）；电话42部，手机155部。参加新农合279人，享受最低生活保障28人。养殖梅花鹿20只。

村支部书记、村委会主任：王建义

【草岭子村】 位于后城镇东北部，距镇政府10公里。辖3个自然村，59户，180人。耕地面积29公顷，粮食总产量16吨，比上年减产63.6%。肉类总产量11吨，禽蛋总产量2吨，干鲜果总产量3吨。猪出栏90头，存栏30头；羊出栏174只，存栏82只；牛出栏22头，存栏15头；鸡出栏162只，存栏160只。全村经济总收入58万元，农民人均纯收入1277元，比上年减少8.8%。拥有农用车2辆，出租车2辆；彩电45台，电脑1台，照相机2架；电话37部，手机84部。参加新农合155人，享受最低生活保障15人。

村支部书记、村委会主任：李殿瑛

（朱海英　王　华）

东卯镇

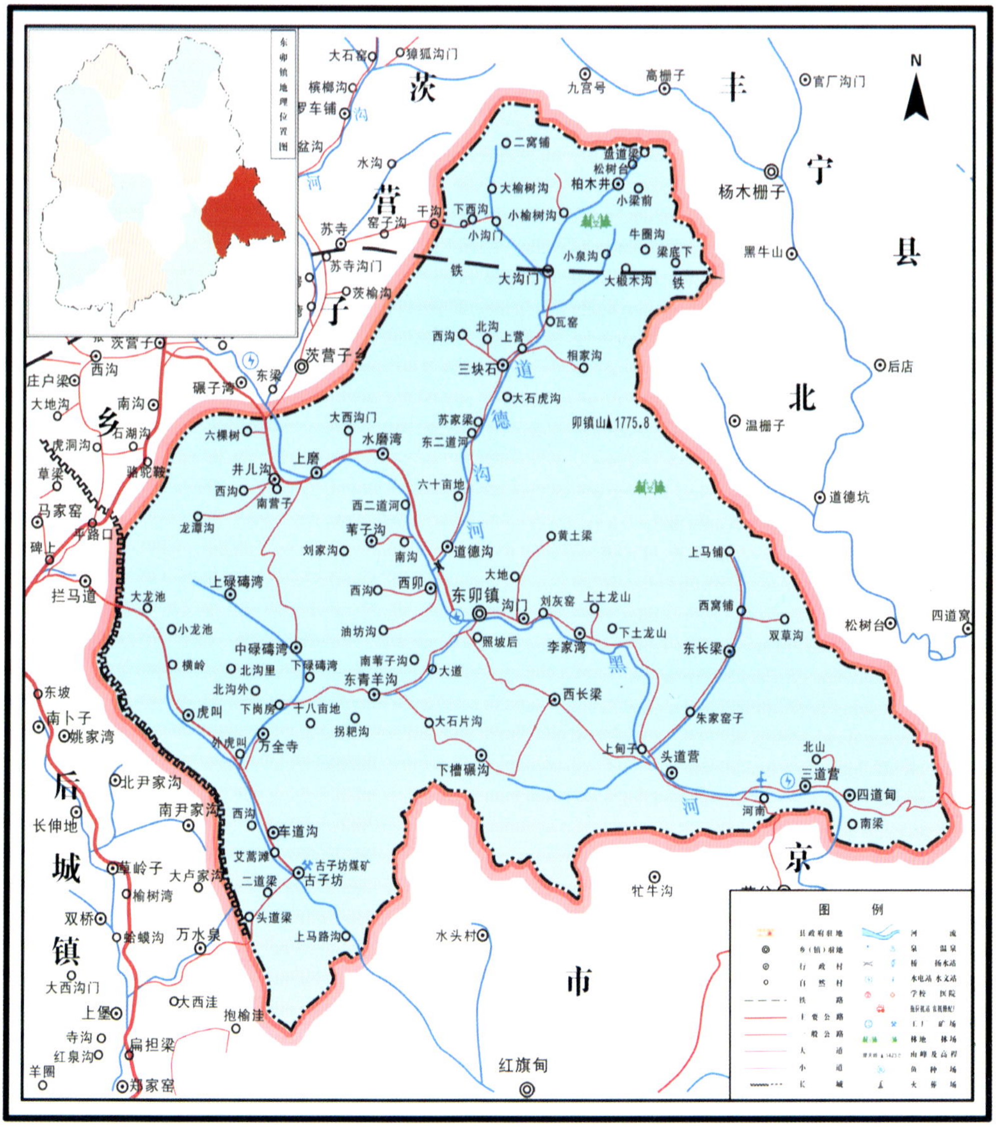
东卯镇地理位置图
N
茨
营
子
乡
丰
宁
县
北
京
市
后
城
镇
大石窑
獐狐沟门
槟榔沟
罗车铺
盆沟
水沟
苏寺
苏寺沟门
茨榆沟
茨营子
茨营子乡
西沟
庄户梁
大地沟
南沟
石湖沟
虎洞沟
骆驼鞍
草梁
马家窑
平路口
碑上
拦马道
东梁
碾子湾
九宫号
高栅子
官厂沟门
杨木栅子
黑牛山
后店
温栅子
道德坑
松树台
四道窝
二窝铺
盘道梁
松树台
柏木井
大榆树沟
小梁前
干沟
下西沟
小榆树沟
窑子沟
小沟门
牛圈沟
小泉沟
梁底下
铁
大沟门
大椴木沟
瓦窑
西沟
北沟
上营
相家沟
三块石
大石虎沟
道
德
沟
河
卯镇山▲1775.8
大西沟门
苏家梁
六棵树
水磨湾
东二道河
上磨
井儿沟
西沟
南营子
六十亩地
西二道河
龙潭沟
苇子沟
刘家沟
南沟
道德沟
黄土梁
上马铺
上碌碡湾
大龙池
西沟
西卯
大地
东卯镇
沟门
刘灰窑
上土龙山
下土龙山
西窝铺
双草沟
小龙池
油坊沟
照坡后
李家湾
中碌碡湾
南苇子沟
东长梁
横岭
北沟里
下碌碡湾
大道
黑
东青羊沟
北沟外
西长梁
下岗房
十八亩地
朱家窑子
虎叫
大石片沟
拐耙沟
外虎叫
万全寺
上甸子
头道营
下槽碾沟
北山
三道营
四道甸
河
河南
南梁
西沟
车道沟
艾蒿滩
古子坊煤矿
二道梁
古子坊
头道梁
上马路沟
牤牛沟
水头村
东坡
南卜子
姚家湾
北尹家沟
长伸地
南尹家沟
靛岭子
大卢家沟
榆树湾
双桥
蛤蟆沟
万水泉
大西沟门
大西洼
上堡
抱榆洼
寺沟
扁担梁
红泉沟
羊圈
郑家窑
红旗甸
图例
县政府驻地
乡（镇）驻地
行政村
自然村
铁路
主要公路
一般公路
大道
小道
长城
河流
泉 温泉
桥 扬水站
水电站 水文站
学校 医院
工厂 矿场
林地 林场
山峰及高程
鱼种场
大寨场

乡镇工作

【概况】 东卯镇位于赤城县东南部，属深山区，距县城65公里。东邻怀柔县，西接茨营子乡，北靠丰宁县，南连延庆县。属四县交汇地。地处北纬40° 50′，东经116° 15′。镇所在地东卯村海拔625米，全镇平均海拔729米，是全县海拔最低的乡镇。年平均气温7℃，无霜期132天，属中温、半湿润季风气候区。黑河水流经全镇11个行政村后，入北京密云水库，每年流量1.2亿立方米。全镇总面积446.86平方公里，耕地总资源2465公顷，常用耕地1506公顷。辖25个行政村，164个自然村，7472户，其中：农业户口6898户，非农业户口574户。总人口23662人，其中：农业人口22883人，非农业人口779人，（出生192人，死亡50人）。人口自然增长率为8.84‰。是多民族乡镇，满族、蒙古族、苗族、侗族、黎族、朝鲜族、土家族、回族少数民族人口1321人，占总人口的5.6%。全镇有中学1所，小学8所，幼儿园6所（其中私立3所）。有中学教职员工37人，在校生370人，毕业生130人，毕业率达100%，升学率达81%；小学教职员工106人，在校生1031人，毕业生202人，毕业率达100%，入学、升学率达100%，幼儿园幼儿171人（其中私立幼儿园幼儿74人）。有镇卫生院1所，医护人员12人，病床35张，设村卫生室32所。

年内，镇党委、政府认真贯彻落实科学发展观，全力抓好基层党建和阳光政务。依托优势，积极发展农业经济园区，狠抓基础设施建设，努力抓好惠民工程。联防联动，抓好国庆安保工作。全年实现农业总产值7871.1万元（现价），比上年增长7.48%；农村经济总收入16038万元，比上年增长5.4%；农村经济纯收入3673万元，比上年增长11.4%；农民人均收入1605元，比上年增长6.7%；镇财政收入325.72万元，比上年减少14.1%。镇域经济以农业为主，由于严重旱灾影响，全镇粮食总产量仅达1608吨，比上年减产70%；实现种植业产值1167万元，比上年减少56.7%。在井儿沟村建起农业循环经济园区，完成投资5500万元。建成占地60亩农贸市场1处、环保建材场1处、与北京大发正大公司合作建肉鸡养殖小区1处，启动了华誉黑兔基地建设项目一期工程，建大型节能日光温室有机蔬菜大棚20栋。高标准实施了21世纪首都水资源保护工程，造林200多万株。实现畜牧业产值5267万元，比上年增长34.2%。牛存栏4400头，出栏3900头；羊存栏6000只，出栏15500只；鸡存栏15.6万只，出栏31.5万只；猪存栏3500头，出栏9100头。镇村企业得到了发展。镇域内建金、银、铁、白灰等采选企业4家，企业从业人员300人，企业营业收入达5600万元。全镇萨务输出3228人，收入1614万元。农村基础设施建设不断改善。投资2400万元，实施完成白—四线东卯至北京界公路建设工程，新修三级油路19.5公里。投资230万元，实施完成万泉寺至北京界村村通公路建设工程，硬化路面4.1公里，硬化西长梁村级公路5.4公里，苇子沟村级公路1.9公里，古子坊至北京界水泥路3.8公里。率先成为全县村村通公路的乡镇。驻镇单位有供电分公司、网通分公司、邮政支局、土地所、派出所、信用社、卫生院、动检站。镇内设党政办、财经办、社会事务办、农业综合服务中心、广播电视服务中心、计划生育服务中心。财政供养人员51人，在岗干部职工46人。

领导成员名单

书　　记：田晓利

镇　　长：李　飞

人大主席：郭　万

副 书 记：田世学（3月免）

乔　龙（3月任）

组织委员：范恒军

宣传委员：高桂林

武装部长：宋金宇

纪检副书记：郑丽霞（女、3月任）

副 镇 长：乔　龙（3月免）

郭正华

王军喜（3月任）

人大副主席：郭兴富

地　址：东卯镇东卯村

邮　编：075535

电　话：6420049

【村委会换届工作】 1月，全镇第八届村委会换届选举工作正式启动，通过广大村民直选的方式进行村委班子和村主任选举。全镇共选出村委班子成员78名，其中选出村主任25名，全部实行交叉任职，实行村书记、主任一人兼。

【学习实践科学发展观活动】 3月，镇党委制定了学习实践科学发展观活动方案，结合本镇具体实际，提出了在学习实践中实现“四个一”的目标。即：“副科级以上领导每人作一次宣讲报告；全镇干部每人联系一个贫困户，至少帮助解决一个实际问题；全体干部每人至少谋划一个发展项目；分科室结合自身实际进行一次科学发展观大讨论”。在学习实践活动期间，全镇共为群众解决实际问题137件，为村里谋划发展项目32个，取得了明显的效果。

【成立和谐东卯秧歌队】 3月，由镇妇联牵头，组织东卯村40多名妇女，成立起“和谐东卯秧歌队”。在农闲时节的晚上和节假日，秧歌队用扭秧歌的形式开展活动，活跃了农村文化生活。在“和谐东卯秧歌队”的带动下，12月，西卯村也成立了妇女秧歌队。

【尹亚力到扶贫村调研】 3月16日，省长助理、省政府秘书长尹亚力一行到省政府办公厅扶贫点古子坊村进行帮扶工作调研。市政府秘书长白龙、县长申全民、组织部长杨春霞、县委常委欧阳文捷、副县长王秀冬陪同调研。尹亚力秘书长现场察看了古子坊村基础设施建设，了解养殖业发展情况后召开了党员群众座谈会，对群众关心的制约经济发展的热点、难点问题，提出了指导意见。同时，带来了省政府办公厅捐赠的帮扶资金10万元，县政府配套捐赠帮扶资金10万元，用于古子坊小学和村委会修缮。

【镇十五届二次会议】 3月20日，东卯镇第十五届人民代表大会第二次会议胜利召开，共出席代表55名。大会在圆满完成各项议程后胜利闭幕。李飞当选为东卯镇人民政府镇长。

【农业循环经济园区奠基】 6月8日，为东卯镇井儿沟农业循环经济园区举行奠基仪式。市委常委、统战部长周林、副市长杨玉成、县人大常委会主任郭万忠、政协主席蒋瑞海、县委副书记王波、副县长王秀冬、李春坡等领导出席奠基仪式。这是全县当年开工的22个重点项目之一。

【“卯—四”段道路开工典礼】 6月14日，隆重举行县道白—四线东卯至冀京界三级公路改建工程开工典礼。县政府副县长李春波，县发改局、财政局、审计局、监察局、国土局、环保局等单位负责人，县交通局领导班子全体成员，东卯镇的主要领导及全体干部，公路沿线的村干部和群众代表，施工单位和监理单位的代表，张家口市公路工程质量监督站负责人李雪涛，谷露霞、王建莉、刘志忠工程师、市路桥监理公司董事长程志明参加了开工仪式。县道白—四线东卯至北京界段改建工程，全长19.5公里，按三级公路标准设计，路基宽7.5米，路面宽6.5米，是全县通往境外的又一条柏油公路。

【国庆安保工作】 7月至10月，历时3个多月时间，镇党委、政府采取多项有力措施，全力做好国庆安保工作。在古子坊、四道甸村建立2个县级国庆安保检查站，在柏木井村建立1个镇级国庆安保检查站。全镇成立10个治安巡防队，每个巡防队有9名基干民兵值勤。设14个村级哨卡，每哨卡安排3人值勤，严格检查过往车辆和人员。由于措施得力，制度严密，在国庆安保期间，没有发生一例进京赴省上访事件，为建国60周年大庆做出了应有的贡献。东卯镇被市委、市政府授予“国庆安保先进单位”，被县委、县政府授予“建国60周年安全保卫突出贡献奖”荣誉称号。

【赵占华督导国庆安保工作】 9月17日，县委书记赵占华到东卯镇督导国庆安保工作，同时对农业循环经济园区项目建设、“白—四”线东卯至北京界段道路建设进行了视察。县委常委、县政法委书记郭献林、县委常委、办公室主任白凤鸣、副县长王秀冬、张晓燕、县政府党组成员苏有、政协副主席包志忠、李珍及相关部门领导陪同督导视察。赵书记对东卯镇产业化发展，井儿沟农业循环经济园区建设，“卯—四”线道路建设，国庆安保工作，给予了充分肯定。

【五个项目竣工剪彩】 10月26日，对井儿沟农业循环经济园区、“白—四线”东卯至北京界段公路通车、镇政府综合服务大楼落成、万泉寺至北京界村级公路建设、华誉黑兔养殖项目落户园区、通惠大桥通车五个项目进行竣工剪彩。县委书记赵占华、县人大主任郭万忠、县长申全民、县政协主席蒋瑞海、市交通局、华誉黑兔（大连）发展有限公司、中国农科院有关领导、专家出席竣工剪彩仪式。各乡镇、县直各单位的主要领导参加了仪式。与东卯镇相邻的北京和承德市的友好乡镇领导、本镇在京创业的优秀企业家部分代表应邀参加了剪彩仪式。在剪彩仪式上，北京市京北润祥煤炭贸易公司董事长梁登山先生代表东卯籍在京创业企业家，县委常委、县政府常务副县长王崇辉代表县委、县政府分别在剪彩仪式上发表了热情洋溢的讲话。

【基层党组织建设】 年内，镇党委不断加强党的基层组织建设，创新工作思路，使基层党建工作取得了新成绩。在北京成立流动党员党支部，对外出打工的120名流动党员进行管理。投资80万元为古子坊、水磨湾、柏木井村新建党支部办公室、党员活动室、文化室33间。对25个村级理财小组和议事小组进行了调整。全镇发展农村党员72名。为22名现任村书记办理了养老保险。

【井儿沟农业循环经济园区建设】 年内，园区完成投资5500万元，建成占地60亩的农贸市场1处，环保建材厂1处，与北京大发正大公司合作建肉鸡场1处，华誉黑兔基地养殖场1处，大型节能日光温室有机蔬菜大棚20栋。农业循环经济园区是东卯籍在京企业家、北京市元亨利贞科技有限公司董事长王孝凯投资建设的综合农业产业集聚项目。园区以租赁承包形式，从农户手中流转土地1100亩，计划五年总投资1.5亿元，综合发展畜禽养殖、水产养殖、温室有机蔬菜、农贸流通、农业观光和环保建材等六大产业。园区建成后，可为当地新增1000多个就业岗位。

【文明生态村建设】 年内，井儿沟村、三块石、虎叫村为县级文明生态村。井儿沟村，硬化街道1500米、文化广场500平方米、村委会大院300平方米；铺自来水管道2000米，修建护村、护地坝300米。三块石村，硬化路面600米，栽环村林3000株。

【21世纪首水工程】 年内，镇政府实施完成了21世纪首都水资源保护工程任务，栽植杨树6.6万株，山杏苗121.77万株、山杏直播1901.3公顷，坑播杏核2.2万公斤，栽容器杯油松156.09万株、容器杯侧柏14.85万株，裸根侧柏13.2万株、大侧柏4.44万株，修堤坝534.5米，谷坊坝37道。

【改善教育、卫生设施条件】 年内，为改善办学条件和住校生的住宿条件，投资170万元，为东卯中学新建两层宿舍楼1幢，宿舍楼建筑面积400㎡，能容纳200名学生住宿，同时建教学用房40间，建筑面积800㎡。东卯镇卫生院投资97万元，建业务用房31间。

【通惠大桥通车】 10月26日，李家湾村通惠大桥建成通车。通惠大桥是李家湾村梁登城个人投资36万元资金兴建的。他从外地请来20多人的工程队，从4月动工，10月竣工。桥长80米，宽3.5米，护坝50米，是3孔大桥。通惠大桥的通车，解决了本村1000多口人的过河、行路难问题。

【落实各项惠民政策】 年内，按着入户灾情调查统计，发放救灾面粉73275公斤，救灾煤103吨，救灾款

4.77万元。新增农村低保户1621户，发放农村低保资金4.95万元。新型合作医疗参合人数达16507人，报销医药费41.9万元。发放粮食直补资金58万元，退耕还林补助金240万元，退稻还旱补助资金142.7万元，老党员生活补助资金11.38万元，家电下乡补贴资金12万元，水库移民补贴1600元。

村情概况

【东卯村】 是镇政府所在地，距县城65公里。全村有2个自然村，260户，845口人（出生11人、死亡1人），满族、蒙古族少数民族58人，占总人口6.8%。年末耕地总资源107公顷，常用耕地62公顷，粮食总产量69吨，比上年减产49.6%。牛存栏172头，出栏 152头；猪存栏114头，出栏255头；羊存栏202只，出栏 553只。全村经济总收入589万元，比上年增长5.9 %；农民人均纯收入1860元，比上年增长26.2 %。拥有机动车85辆（大型汽车7辆、农用车8辆、出租车6辆、卧车20辆、摩托车40辆，电动自行车4辆）。家用电器462台（冰箱79台、彩电201台、洗衣机110台、电脑50台、照相机21架、录像机1架）。固定电话186部、手机300部。个体营业摊点13个，分别是小卖部、药房、饭馆，收入25万元；外出务工100人，收入50万元，占经济总收入8.5 %。本村有1所小学，在校生564人，有1所幼儿园，幼儿46人。有2所卫生室。该村是文明生态村，荣获县级国庆安保先进集体。

村支部书记、村委会主任：刘春发

【井儿沟村】 位于东卯镇西北部，距镇政府11公里。全村有12个自然村，508户，1710口人（出生14人），满族、苗族、蒙古族15人，占总人口0.9%。年末耕地总资源156公顷，常用耕地96公顷。粮食总产量84吨，比上年减产70.3%。牛存栏219头，出栏199头；羊存栏 422只，出栏 1007只；猪存栏570头，出栏526头。经济总收入1191万元，比上年同期增长2.7 %；农民人均纯收入1330元，比上年同期减少17.4 %。硬化街道3条，1500米，维修自来水管道2500米，打机井6眼，建水塔1座，修护地坝300米，硬化村委会大院200平方米。拥有机动车461辆（大型汽车28辆、农用车38辆、出租车7辆、卧车28辆、摩托车360辆）。家用电器878台（冰箱230台、彩电406台、洗衣机200台、电脑16台、照相机23架、录相机3架）。固定电话24部、手机486部。修建文化广场1处、修缮图书馆1处。由个体老板王孝凯投资建设井儿沟农业循环经济园区，已完成投资5500万元，建肉鸡养殖小区1处，发展口蘑大棚加盟户40个，建有机蔬菜阳光温室大棚16栋，在建34栋，建非粘土混合材料砖厂1座，占地50亩农贸市场1座，华誉黑兔养殖厂1座。外出务工108人，收入54万元，占经济总收入的 4.5%。本村有

1所幼儿园，幼儿25人；有1所小学，在校生69名，学前班13人。有卫生室3所。属县级文明生态村，被县委、县政府评为农业农村工作先进村、国庆安保先进集体、平安赤城创建工作先进集体。

村支部书记、村委会主任：李世江

【上磨村】 位于东卯镇西北部，距镇政府10公里。全村240户，850口人（出生8人），蒙古族2人，占总人口0.2%。年末耕地总资源85公顷，常用耕地53公顷。粮食总产量65吨，比上年减产67.7%。牛存栏109头，出栏 89头；羊存栏192只，出栏532只；猪存栏121头，出栏342头。经济总收入604万元，比上年增长5.6 %，农民人均纯收入1788元，比上年增长12.5 %。外出务工110人，年收入55万元，占经济总收入9.1 %。拥有机动车251辆（大型汽车28辆、农用车4辆、出租车5辆、卧车25辆、摩托车189辆）。家用电器427台（冰箱52台、彩电190台、洗衣机163台、电脑10台、照相机12架）。固定电话24部，手机60部。修村村通道路2.5公里，桥1座，护村护地坝500米。有小卖部4个，年收入3.5万元。村内学生到距村1公里的井儿沟村小学上学，大西沟、小西沟自然村的学生到距村2公里的水磨湾村上学；5年级以上的学生到距村10公里的东卯中、小学就读，学生入学率100 %。

村支部书记、村委会主任：程云山

【水磨湾村】 位于东卯镇西北部，距镇政府6.5公里。全村390户，1300口人（出生15人），蒙古族、满族少数民族40人，占总人口3%。年末耕地总资源110公顷，常用耕地66公顷。粮食产量82吨，比上年减产80.3%。牛存栏139头，出栏109头；猪存栏173头，出栏395头；羊存栏267只，出栏788只。经济总收入927万元，比上年增长3.7 %；农民人均纯收入1803元，比上年增长6.2 %。修街巷100米，建文化广场1处，安路灯25盏。拥有机动车59辆（大型汽车1辆、农用车20辆、出租车7辆、卧车10辆、摩托车21辆）。家用电器436台（冰箱150台、彩电201台、电脑4台、洗衣机80台、录相机1架）。固定电话80部、手机106部。有小卖部4个，药店3个，米面加工厂2个，木材加工厂1个。外出务工250人，年收入125万元，占经济总收入13.5 %。有卫生室3所，小学1所，幼儿园1所，在校生79人，入学率100 %。5年级以上的学生，到距村13华里东卯中心小学、中学就读。

村支部书记、村委会主任：李书明

【苇子沟村】 位于东卯镇西北部，距镇政府3公里。全村4个自然村，133户，445口人（出生6人），满族4人，占总人口0.9%。年末耕地总资源66公顷，常用耕地40公顷。粮食总产量为42吨，比上年减产78%。牛存栏173头，出栏 153头；猪存栏77头，出栏229头；羊存栏62只，出栏342只。经济总收入284万元，比上年增长13.1 %；农民人均纯收入1762元，比上年增长25.85 %。外出务工50人，年收入25万元，占经济总收入8.8%。修村村通道路2公里，建护村护地坝300米。拥有机动车51辆（农用车1辆、摩托车50辆），家用电器166台（冰箱50台、彩电80台、洗衣机36台）。固定电话13部，手机30部。

村支部书记、村委会主任：张　怀

【道德沟村】 位于东卯镇西北部，距镇政府2.5公里。全村有7个自然村，500户，2032口人（出生15人，死亡2人），满族149人，占总人口7.3%。年末耕地总资源152公顷，常用耕地105公顷。粮食总产量104吨，比上年减产75.1%。牛存栏204头，出栏184头；猪存栏155头，出栏 604头；羊存栏512只，出栏1140只。经济总收入1479万元，比上年增长2.3％；农民人均纯收入1350元，比上年减少18.2％。硬化道路0.5公里，修自来水管道5000米，建水池3座。拥有机动车391辆（大型汽车11辆、农用车25辆、卧车20辆、摩托车352辆、电动自行车3辆）。家用电器550台（冰箱46台、彩电406台、洗衣机83台、电脑3台、照相机12架）。固定电话152部、手机653部。个体私营企业9 个，其中小卖部6个，加工厂2个，电焊厂1个，年收入5万元。外出务工人数210人，收入105万元，占经济总收入7.1％。有1所私立幼儿园，幼儿24人。小学学生到距村2.5公里的东卯中心小学上学。本村有卫生室3所。

村支部书记、村委会主任：王文全

【三块石村】 位于东卯镇西北部，距镇政府12公里。全村8个自然村，328户，1063口人（出生9人，死亡8人），满族25人，占总人口2.4%。年末耕地总资源81公顷，常用耕地57公顷。粮食总产量64吨，比上年减产74.9%。牛存栏236头，出栏 226头；猪存栏166头，出栏424头；羊存栏282只，出栏668只。经济总收入790万元，比上年增长4.4％；农民人均纯收入1601元，比上年增长6.4％。硬化道路3条，1.5公里，修桥1座，维修村委会办公室4间。拥有机动车164辆（大型汽车1辆，农用车5辆、出租车1辆、卧车25辆、摩托车132辆）。家用电器320台（冰箱43台、彩电246台、洗衣机23台、照相机8架）。固定电话46部、手机214部。个体私营企业5个，年收入5万元；外出务工140人，收入70万元，占全村经济总收入8.8％。有1所小学， 25名学生，入学率100％，4年级以上的学生到距村6公里的东卯中心小学就读。有卫生室1所。年底，被镇党委评为先进党支部。

村支部书记、村委会主任：李春祥

【大沟门村】 位于东卯镇东北部，距镇政府12公里。全村13个自然村，228户，700口人（出生9人、死亡5人），满族33人，占总人口4.7%。年末耕地总资源64公顷，常用耕地37公顷。粮食年产量38吨，比上年减产80.8%。牛存栏214头，出栏194头；猪存栏169头，出栏331头；羊存栏177只，出栏513只。经济总收入451万元，比上年增长7.9％；农民人均纯收入1543元，比上年增长10.2％。拥有机动车80辆（大型汽车8辆、卧车21辆、摩托车51辆）。家用电器196台（冰箱20台、彩电166台、洗衣机10台）。固定电话36部、手机106部。外出务工300人，收入达150万元，占经济总收入33.3％。

村支部书记、村委会主任：卢正堂

【柏木井村】 位于东卯镇东北部，距镇政府15公里。全村6个自然村，150户，530口人（出生3人），蒙古族2人，占总人口0.4%。年末耕地总资源60公顷，常用耕地35公顷。粮食产量38吨，比上年减产78.9％。牛存栏185头，出栏165头；猪存栏66头，出栏269头；羊存栏112只，出栏410只。经济总收入351万元，比上年增加10.4％；农民人均纯收入930元，比上年增加4.97％。修护村护地坝60米。拥有机动车89辆（大型汽车5辆、农用车1辆、卧车15辆、摩托车68辆）。家用电器131台（冰箱5台、彩电120台、洗衣机6台），固定电话10部、手机64部。外出务工110人，收入55万元，占经济总收入15.7％。

村支部书记、村委会主任：王自儒

【西卯村】 位于东卯镇西北部，距镇政府1.5公里。全村有5个自然村，360户，1025口人（出生10人、死亡2人）、蒙古族32人，占总人口3.1%。年末耕地总资源146公顷，常用耕地90公顷。粮食产量 112吨，比上年减产73.8%。牛存栏216头，出栏196头；猪存栏125头，出栏374头；羊存栏342只，出栏753只。经济总收入777万元，比上年同期增长4.4％；农民人均纯收入1811元，比上年增长15.5％。硬化街道1公里，文化广场620平方米，安路灯13盏。拥有机动车102辆（大型汽车6辆、农用车1辆、卧车20辆、摩托车71辆、电动自行车4辆）。家用电器347台（冰箱30台、彩电281台、洗衣机25台、电脑1台、照相机10架）。固定电话18部、手机503部。有小卖部5个、米面加工2个，年收入2万元。外出务工200人，年收入100万元，占经济总收入12.9％。学生到距村1.5公里的东卯中心小学就读。本村有2所卫生室。

村支部书记：高全洪

村委会主任：张 海

【沟门村】 位于东卯镇东部，距镇政府1公里。全村有7个自然村，303户，892口人（出生9人），满族5人，占总人口0.6%。年末耕地总资源121公顷，常用耕地73公顷。粮食总产量 87吨，比上年减产51.1％。牛存栏148头，出栏 128头；猪存栏118头，出栏355头；羊存栏202只，出栏550只。经济总收入616万元，比上年增长5.7％；农民人均纯收入1722元，比上年增长15.9％。修村村通公路3条，6公里，护村护地坝450米，建水塔1座。拥有机动车38辆（农用车3辆、卧车9辆、摩托车23辆、电动自行车3辆）。家用电器266台（冰箱12台、彩电244台、洗衣机10台）。固定电话49部、手机132部。外出务工35人，收入达17.5万元，占经济总收入2.8％。学生上学到距村1公里的东卯中心小学就读。

村支部书记、村委会主任：李凤双

【李家湾村】 位于东卯镇东南部，距镇政府6公里。全村14个自然村，380户，1300口人（出生9人，死亡9人），满族13人，占总人口1%。年末耕地总资源168公顷，常用耕地105公顷；粮食总产量98吨，比上年减产55.4%。牛存栏230头，出栏210头；猪存栏133

头，出栏448头；羊存栏428只，出栏876只。经济总收入893万元，比上年增长3.8％；农民人均纯收入1776元，比上年增长8.6％。拥有机动车146辆（大型汽车13辆、农用车3辆、出租车2辆、卧车38辆、摩托车90辆）。家用电器424台（冰箱29台、彩电240台、洗衣机150台、照相机4架、录相机1架）。固定电话70部、手机285部。米面加工厂2个，小卖部5个，年收入3万元。外出务工120人，年收入60万元，占经济总收入6.7％。李江成在建养鸡场1处。学生到距村6公里的东卯中心小学就读。有2所卫生室，乡村医生2名。

村支部书记、村委会主任：张有财

【东长梁村】 位于东卯镇东北部，距镇政府20公里。全村12个自然村，247户，825口人（出生5人），满族4人，占总人口0.5%。年末耕地总资源109公顷，常用耕地43公顷。粮食产量38吨，比上年减产88.3%。牛存栏194头，出栏 174头；猪存栏158头，出栏384头；羊存栏242只，出栏604只。经济总收入451万元，比上年增长7.9％；农民人均纯收入1656元，比上年增长18.2％。硬化道路5公里。拥有机动车 63辆（农用车6辆、卧车12辆、摩托车45辆）。家用电器169台（彩电166台、洗衣机3台）。手机180部。村集体经济收入5000元。有小卖部2个，加工厂1个，年收入2万元。外出务工140人，收入70万元，占经济总收入15.5％。有1所卫生室，乡村医生1名。

村支部书记、村委会主任：崔占礼

【头道营村】 位于东卯镇东南部，距镇政府10公里。14个自然村，567户，1700口人（出生20人、死亡7人）。满族281人，占总人口16.5%。年末耕地总资源206公顷，常用耕地134公顷；粮食总产量136吨，比上年减产34.9％。牛存栏221头，出栏201头；猪存栏144头，出栏624头；羊存栏632只，出栏1170只。经济总收入1164万元，比上年增长2.9％；农民人均纯收入1770元，比上年增长7.1％。拥有机动车213辆（大型汽车4辆、农用车15辆、出租车3辆、摩托车156辆、卧车35辆）。家用电器702台（冰箱82台、彩电470台、洗衣机150台）。固定电话150部、手机823部。小卖部8个、米面加工厂1个，年收入10万元。外出务工150人，年收入75万元，占经济总收入6.4％。有小学1所，在校生32人，学前班13人，入学率100％。卫生室4所，医生4人。

村支部书记、村委会主任：张世桐

【三道营村】 位于东卯镇东南部，距镇政府15公里。全村424户，1558口人（出生12人、死亡6人），满族497人，占总人口的31.9%。年末耕地总资源144公顷，常用耕地84公顷。粮食总产量86吨，比上年减产76.4%。牛存栏204头，出栏184头；猪存栏92头，出栏 456头；羊存栏437只，出栏880只。经济总收入1075万元，比上年增长3.2％；农民人均纯收入1790元，比上年增长9.7％。有机动车111辆（大型汽车7辆、农用车25辆、出租车7辆、摩托车72辆）。家用电器484台（冰箱70台、彩电362台、洗衣机52台）。固定电话147部、手机253部。

村集体经济收入1万元。小卖部4个，药店3个，粮食加工厂2个，木材加工厂1个。外出务工120人，年收入60万元，占全村经济总收入5.6％。有私立幼儿园1所，幼儿24人。小学1所，在校生30人，学前班10人，学生入学率100％。有卫生室3所。荣获县级国庆安保先进集体、平安赤城创建工作先进集体。

村支部书记、村委会主任：李桂存

【四道甸村】 位于东卯镇东南部，距镇政府17公里。全村10个自然村，190户，592口人（出生6人），满族45人，占总人口7.6%。年末耕地总资源83公顷，常用耕地48公顷。粮食产量44吨，比上年减产41.3％。牛存栏215头，出栏195头；猪存栏81头，出栏325头；羊存栏172只，出栏 500只。经济总收入432万元，比上年增长8.3％；农民人均纯收入1694元，比上年增长6.1％。拥有机动车70辆（农用车4辆、出租车4辆、卧车12辆、摩托车50辆）。家用电器290台（冰箱98台、彩电164台、洗衣机31台、电脑1台）。固定电话28部，手机384部。村集体经济收入8000元。有小卖部2个，药铺1个，年收入6000元。外出务工70人，收入35万元，占经济总收入8.1％。学生到距村2公里的三道营村小学读书。村有卫生室1所。

村支部书记、村委会主任：李树忠

【青羊沟村】 位于东卯镇西南部，距镇政府5公里。全村6个自然村，142户，464口人（出生3人），满族3人，占总人口0.6%。年末耕地总资源70公顷，常用耕地45公顷。粮食总产量49吨，比上年减产62.6%。牛存栏162头，出栏142头；猪存栏179头，出栏281头；羊存栏122只，出栏430只。经济总收入323万元，比上年增长11.4％；农民人均纯收入944元，比上年增长3.6％。拥有机动车63辆（大型汽车1辆、农用车3辆、出租车6辆、卧车18辆、摩托车34辆、电动自行车1辆）。家用电器123台（冰箱12台、彩电101台、洗衣机7台、电脑1台、照相机2架）。固定电话24部，手机78部。投入2.5万元，修1座小桥，打1眼机井。有1个小卖部，年收入2000元。外出务工40人，收入20万元，占经济总收入6.2％。学生到距村5公里的东卯中心小学就读。

村支部书记、村委会主任：高士昌

【槽碾沟村】 位于东卯镇西南部，距镇政府12.5公里。有4个自然村，80户，300口人（出生1人），回族1人，占总人口0.3%。年末耕地总资源32公顷，常用耕地20公顷。粮食总产量20吨，比上年减产83%。牛存栏136头，出栏116头；猪存栏150头，出栏194头。经济总收入228万元，比上年增长16.9％；农民人均纯收入1710元，比上年增长31.6％。拥有机动车21辆（农用车1辆、出租车3辆、卧车3辆、摩托车16辆）。家用电器68台（冰箱3台、彩电62台、洗衣机3台）。手机130部。外出务工20人，年收入10万元，占经济总收入4.4％。学生到距村12.5公里的东卯中心小学就读。

村支部书记、村委会主任：曹殿江

【西长梁村】 位于东卯镇东南部，距镇政府5公里。全村3个自然村，141

户，370口人（出生3人），苗族9人，占总人口2.4%。年末耕地总资源35公顷，常用耕地22公顷。粮食总产量22吨，比上年减产70.2％。牛存栏156头，出栏136头；猪存栏179头，出栏224头；羊存栏54只，出栏335只。经济总收入244万元，比上年增长15.6％；农民人均纯收入1692元，比上年增长26.5％。拥有摩托车11辆。家用电器115台（冰箱23台、彩电87台、洗衣机5台）。手机75部。外出务工60人，年收入30万元，占全村经济总收入12.3％。学生上学到距村5公里的东卯中心小学就读。

村支部书记、村委会主任：王树发

【上碌碡湾村】 位于东卯镇西北部，距镇政府18.5公里。全村167户，508口人（出生1人、死亡1人），满族3人，占总人口0.6%。年末耕地总资源39公顷，常用耕地34公顷。粮食总产量38吨，比上年减产78.8%。牛存栏152头，出栏 132头；猪存栏83头，出栏244头；羊存栏72只，出栏365只。经济总收入371万元，比上年增长9.8％；农民人均纯收入1876元，比上年增长24.9％。拥有机动车72辆（大型汽车1辆、农用车25辆、卧车15辆、摩托车31辆）。家用电器197台（冰箱35台、彩电120台、洗衣机40台、电脑2台）。固定电话40部，手机130部。村集体经济收入3万元，有小卖部 3个，年收入3万元。外出务工25人，收入12.5万元，占经济总收入3.4％。有卫生室1所，医生1人。

村支部书记、村委会主任：闫克兴

【中碌碡湾村】 位于东卯镇西部，距镇政府10公里。全村有2个自然村，163户，540口人（出生4人、死亡1人），满族27人，占总人口0.05%。年末耕地总资源78公顷，常用耕地45公顷。粮食产量51吨，比上年减产71.5%。牛存栏154头，出栏134头；猪存栏105头，出栏267头；羊存栏102只，出栏406只。经济总收入435万元，比上年增长8.2％；农民人均纯收入1811元，比上年增长15.5％。拥有机动车71辆（大型汽车6辆、出租车3辆、班车1辆、卧车10辆、摩托车49辆、电动自行车2辆）。家用电器137台（冰箱16台、彩电101台、洗衣机15台、电脑3台、照相机2架）。固定电话27部，手机376部。村集体经济收入4万元，有小卖部3个，年收入3万元。外出务工20人，收入10万元，占经济总收入2.3％。有卫生室1所。本年度荣获县级国庆安保先进集体、平安赤城创建工作先进集体。

村支部书记、村委会主任：柳　有

【万泉寺村】 位于东卯镇西南部，距镇政府12公里。全村5个自然村，286户，988口人（出生2人），满族4人，占总人口0.4%。年末耕地总资源135公顷，常用耕地84公顷。粮食总产量96吨，比上年减产66%。牛存栏147头，出栏127头；猪存栏106头，出栏417头；羊存栏277只，出栏660只。经济总收入701万元，比上年增长4.9％；农民人均纯收入1655元，比上年增长7.7％。拥有机动车175辆（农用车4辆、班车1辆、卧车20辆、摩托车150辆）。家用电器452台（冰箱100台、彩电232台、洗衣机120台、电脑5台、照相机30架）。固定电话54部、手机421部。有6个小卖部，收入2.8万元。外出务工300人，收入150万元，占经济总收入21.4％。有幼儿园1所，幼儿26人；小学1所，在校生205人，学前班20人，入学率100％。有卫生室1所，医生1人。

村支部书记、村委会主任：王广成

【虎叫村】 位于东卯镇西南部，距镇政府16公里。全村6个自然村，240户，750口人（出生8人、死亡3人），满族2人，占总人口0.2%。年末耕地总资源90公顷，常用耕地52公顷。粮食总产量53吨，比上年减产67.9%。牛存栏137头，出栏117头；猪存栏93头，出栏367头；羊存栏217只，出栏570只。经济总收入551万元，比上年增长6.4％；农民人均纯收入1783元，比上年增长22.4％。拥有机动车101辆（农用车4辆、出租车7辆、卧车30辆、摩托车60辆）。家用电器360台（冰箱90台、彩电187台、洗衣机83台）。固定电话41部，手机162部。有小卖部3个，加工厂2个，年收入2万元。外出务工140人，年收入70万元，占全村经济总收入12.7％。学生到距村4公里的万泉寺中心校上学。村有卫生室1所，医生1人。

村支部书记、村委会主任：张殿有

【车道沟村】 位于东卯镇西南部，距镇政府17.5公里。全村5个自然村，141户，460口人（出生1人）。年末耕地总资源42公顷，常用耕地24公顷。粮食总产量23吨，比上年减产68％。牛存栏125头，出栏105头；猪存栏74头，出栏256头；羊存栏92只，出栏390只。经济总收入万377元，比上年增长9.6％；农民人均纯收入1722元，比上年增长15.9％。拥有机动车23辆（大型汽车6辆、农用车5辆、摩托车11辆、电动自行车1辆）。家用电器158台（冰箱30台、彩电112台、洗衣机15台、电脑1台）。固定电话48部，手机201部。小卖部2个，年收入3万元。外出务工300人，收入150万元，占全村经济总收入39.8％。村有卫生室1所，医生1人。

村支部书记、村委会主任：赵怀虎

【古子坊村】 位于东卯镇西南部，距镇政府23公里。全村9个自然村，330户，1136口人（出生6人、死亡5人），满族6人，占总人口0.5%。年末耕地总资源86公顷，常用耕地52公顷。粮食总产量69吨，比上年减产63%。牛存栏152头，出栏132头；猪存栏69头，出栏509头；羊存栏361只，出栏778只。经济总收入734万元，比上年增长4.7％；农民人均纯收入985元，比上年增长9.4％。硬化道路2公里。拥有机动车56辆（大型汽车4辆、农用车1辆、出租车4辆、卧车16辆、摩托车31辆）。家用电器319台（冰箱19台、彩电277台、洗衣机20台、电脑3台）。固定电话37部，手机322部。个体石灰厂2个，收入2万元。外出务工110人，收入55万元，占经济总收入7.5％。有私立幼儿园1所，幼儿26人，小学1所，在校生27人，入学率100％。村有卫生室2所，医生2人。

村支部书记、村委会主任：宫永贵

（师丽平、孔祥胜）

白草镇

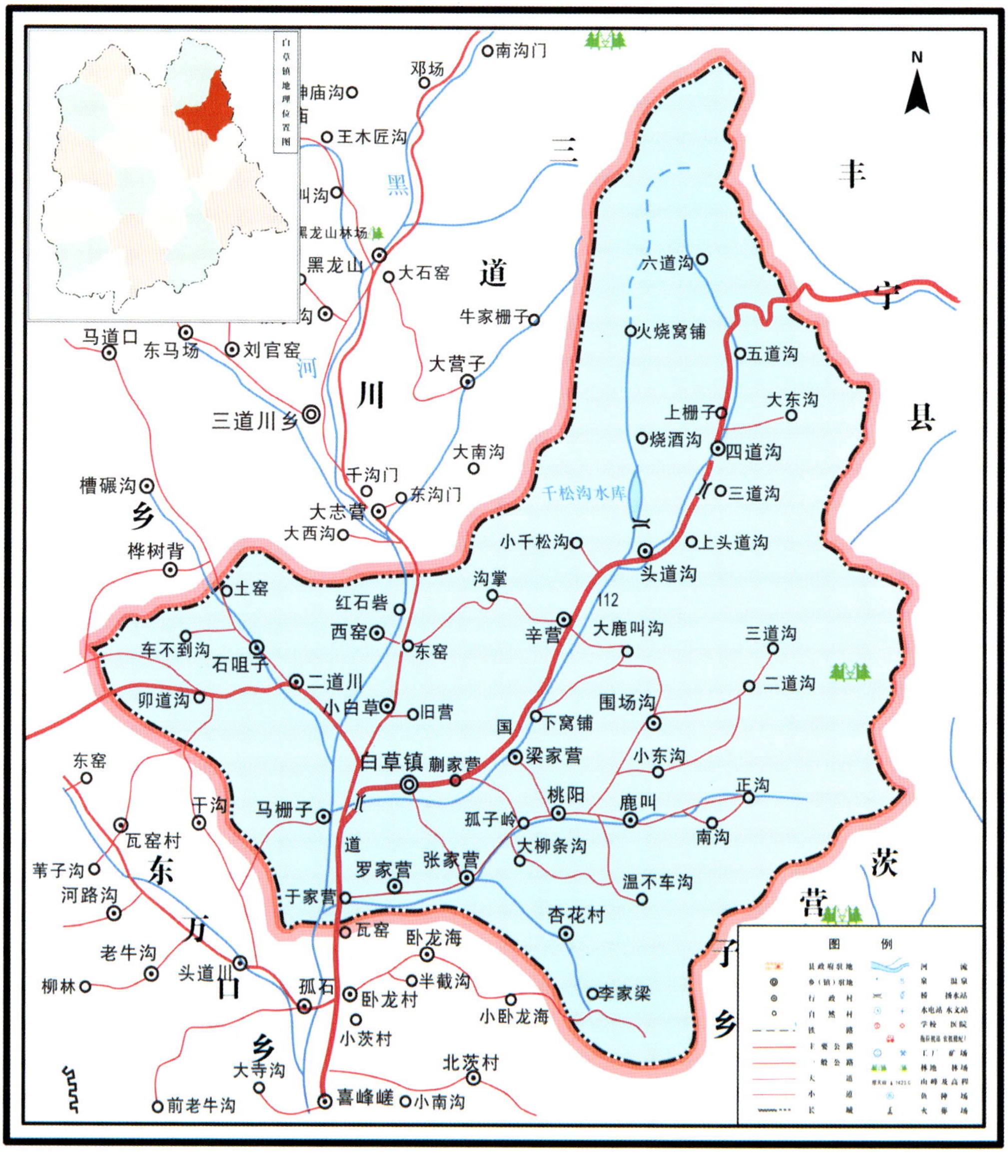

白草镇地理位置图
N
南沟门
邓场
神庙沟
王木匠沟
三
黑
道
川
乡
河
丰
宁
县
黑龙山林场
黑龙山
大石窑
牛家栅子
马道口
东马场
刘官窑
大营子
三道川乡
大南沟
千沟门
东沟门
大志营
大西沟
槽碾沟
桦树背
六道沟
火烧窝铺
五道沟
上栅子
大东沟
烧酒沟
四道沟
三道沟
千松沟水库
上头道沟
小千松沟
头道沟
112
土窑
红石砦
沟掌
西窑
东窑
辛营
大鹿叫沟
车不到沟
石咀子
二道川
三道沟
二道沟
卯道沟
小白草
旧营
国
下窝铺
围场沟
白草镇
蒯家营
梁家营
小东沟
东窑
干沟
马栅子
桃阳
鹿叫
正沟
孤子岭
南沟
瓦窑村
道
大柳条沟
苇子沟
东
罗家营
张家营
温不车沟
河路沟
于家营
杏花村
万
瓦窑
卧龙海
营
茨
子
乡
老牛沟
头道川
半截沟
柳林
口
孤石
卧龙村
小卧龙海
李家梁
小茨村
乡
大寺沟
北茨村
前老牛沟
喜峰嵯
小南沟
图例

乡镇工作

【概况】 白草镇位于赤城县东北部，距县城60公里。东与承德丰宁满族自治县接壤，西与东万口乡毗邻，北靠三道乡，南连东万口乡。是黑河流域政治、经济、文化中心。地处北纬41° 07′，东经116° 05′，镇政府所在地海拔1000米，全镇平均海拔1075米。属大陆性季风气候，平均温度2.4℃－4.7℃，无霜期99天—115天，是生态宜居的乡镇之一。全镇总面积244.79平方公里，耕地总资源2145公顷，常用耕地1646公顷。有林地面积7479公顷，其中生态林2911公顷，荒山草坡1.2万公顷，有水库1座。全镇辖16个行政村，47个自然村，1个移民管理区。4036户（农业户口4124户，非农业户口230户）。12393口人（农业人口12080人，非农业人口313人，流动人口476人）。（出生120人，死亡22人）。人口自然增长率2.52‰。镇内有九年一贯制寄宿制学校1所，教学点4个，教职工81人，在校生830人。有25个教学班，毕业生61人，入学率达100%，中学毕业率为89%。幼儿园3所，在园幼儿156人。镇级卫生院1所，医护人员33名，床位60张。村级卫生室12所，大药房7所，个人诊所1所。

年内，镇党委、镇政府认真贯彻落实科学发展观，认真抓基层党建和素质工程，招商引资工作有新的突破，小城镇建设进一步加快，经济和社会事业协调发展。全镇实现农业总产值5968.7万元，比上年下降8.4%；农村经济总收入7092.3万元；同比下降5%；农民人均收入1780元，同比增长7.23%；镇财政收入324万元，同比增长2.2%。粮食总产量3637吨，比上年减产54.3%。。全镇有规模养殖小区4个，大牲畜存栏4000只，出栏4800只；猪存栏3500头，出栏7000头；羊存栏4670只，出栏15000只；鸡存栏1.4万只，出栏1.3万只，产蛋220吨。劳务输出3200人，收入1600万元。有镇、村企业单位12家，个体工商户86家，企业从业人员146人。工业企业2家，主要生产莹石矿。工业企业总产值1123.6万元。镇域内有乡级公路20公里。驻镇单位有供电分公司、联通公司、工商分局、邮政支局、信用社、派出所、动检站、驻军93630部队。镇政府在职人员40人。另有文物古迹1处，其中古庙3座，古树3棵，石狮2尊。

领导成员名单

书　　记：郑　炜
镇　　长：李树新
人大主席：张全福
副 书 记：刘金鹏
组织委员：靳卓佳（9月免）
　　　　　赵　军（10月任）
宣传委员：吕　霞（女　5月免）
　　　　　郭建平（女　10月任）
武装部长：闫玉海

纪检副书记：郭　森（3月任）
副　镇　长：闫克珍
　　　　　　罗金海（3月任）
人大副主席：贾春生（3月免）
　　　　　　刘建国（10月任）
地　　址：白草镇白草村
邮　　编：075533
电　　话：6460086

【护林防火工作】 3月，成立镇村两级森林草原防火领导小组，各村成立巡逻队和火灾扑救队，镇成立30人应急分队，与镇、村、护林员层层签订责任状。在重点村发放防火明白纸3000份，张贴标语100条。配备消防车1辆、扑火工具60套。在防火期内，全面落实“六看”措施，对重点地带、重点人群（痴、呆、傻等智障人员和儿童）实行死看死守。年内没有发生一起火灾事故。

【镇政府办公楼落成典礼】 7月29日，镇政府办公楼落成剪彩。办公楼共投资325.12万元(包括附属配套工程)，占地1686.36㎡。改善了办公条件，提升了小城镇形象。县委副书记王波、县人大常委会主任郭万忠等参加了剪彩仪式。

【欢迎演练部队】 9月4日，沈阳军分区演练部队途经白草镇，镇党委、政府组织60名中小学生手举鲜花、花环，列队欢迎演练部队。组织40多人的村民秧歌队为演练部队进行秧歌表演，鼓舞了演练部队的士气。

【领导视察】 9月9日，省民政厅厅长古怀璞在市委常委、副市长唐树森，市民政局长梁登峰，县长申全民、县委常委、常务副县长王崇辉陪同下，到马栅子、罗家营两个旱情严重村视察灾情。并慰问受灾群众。

【情系教育爱心捐赠】 12月29日，团县委牵头，爱心企业中国烟草杂志社为白草中心小学捐赠28套电脑及桌椅，价值12.5万元。并举行了情系山区的捐赠仪式。

【基础设施建设】 年内，筹措60万元资金为镇政府办公楼周围新建了停车场、草坪、花坛、水池、假山、凉亭，铺设了花砖，安装了草坪灯和旗杆。投资1.6万元，建垃圾池4个。投资60万元在原垃圾场建商业用房24间。投资50万元改善卫生院医疗设施建设。投资100万元硬化通村道路4.2公里，修砂石路15公里。

【基层党组织建设】 年内，全镇两室建设全部达到二类标准，有8个达到一类两室。共培养入党积极分子32人，发展党员27名，其中发展致富能手党员18名。2名镇干部和3名村干部参加了东北大学本科班的素质工程培训。全镇12名村干部达到大专以上学历，提高了村干部的整体素质。

【招商引资工作】 年内，万亩滩养殖区个体户郑勇的肥仔牧业养殖有限公司，二期投资50万元新建牛舍20间，仓库12间。目前建圈舍60间，1200m^2，占地20亩，存栏肉牛200头。世纪宝典有限公司养猪厂投资500万元，以公司加农户的形式发展养猪300余口。孝启商贸有限公司养鹿场，完成投资100万元，装修办公用房20间、植树1万株，修建鹿舍4排，购梅花鹿150只，狍子50只。北京吉奥圣典文化有限公司开发千松沟自然风景区项目投资50万元修路6公里，完成了112国道至景区20公里道路勘测工作。

【妇联工作】 年内，镇妇联组织60名妇女参加元宵节（扭秧歌）文化活动。对妇女干部组织业务培训2次，发放健康宣传资料1000多份。利用中国母亲援助“复明12号”工程组织患者在县医院为12名白内障患者进行了初检，对5人实施了手术，节约了手术等费用1.5万元，使她们重见了光明。

【计生工作】 年内，为独生子女户发放独生子女费15120元，计划生育奖励扶助金37440元，特殊奖励扶助4800元。对2502位妇女进行了育龄妇女优质服务，综合避孕率达90.28%。年底镇政府被评为市级计生先进单位。

【新民居建设】 年内，罗家营村被列为新民居建设示范村。总计投资26.4万元，硬化街道4000平米，新建街面墙1100平方米，美化墙体1100平方米，安装路灯14盏，建公厕一座，垃圾池两个，绿化植树500株。

【文明生态村建设】 年内，头道沟、二道川、马栅子村被列为文明生态创建村。为二道川村投资10万元装修村委会13间，投资20万元硬化村内街道1000米。为头道沟村投资50万元硬化街道6000平方米。为马栅子投资4万元整修村委会5间，修砂石路1公里。

【落实各项惠农政策】 年内，新增低保909户，1016人。共发放最低生活保障金99.47万元，五保户养老金77.38万元，救灾款12.36万元，救灾面粉48.5吨，优抚金43.4万元。全镇良种补贴面积1229.63公顷，补贴金额18.44万元。粮食直补、农资综合补贴3114户，补贴金额56.8万元。家电下乡补贴278户，补贴金额5.77万元。为万亩滩86户移民发放移民补偿款4.3万元。镇卫生院为790名参加新农合住院患者报销医药费66.48万元。

村情概况

【白草村】 是镇政府所在地，距县城60公里。辖1个自然村，344户，1180口人。112国道穿村而过。实有耕地面积176公顷，退耕还林面积30.62公顷。粮食总产量180吨，比上年减产72.4%。牛存栏220头，羊存栏380只，猪存栏260头，鸡存栏1910只。经济总收入318.6万元，同比增长28%；农民人均纯收入2450元，同比增长2.1%。拥有机动车106辆（大型汽车3辆、农用车5辆、出租车11辆、卧车7辆、摩托车70辆、电动自行车10辆）。有家用电器715台（冰箱180台、彩电320台、洗衣机120台、电脑65台、照相机24架、录像机6架）。有固定电话162部，手机135部，宽带入网106户。有线电视入户率达95%。有个体工商户35家，年收入55万元；外出务工70人，收入21万元。有村卫生室一所。有幼儿园1所，在园幼儿124人，入学率达100%。硬化街道1.5公里，属文明生态村。

村支部书记、村委会主任：姚文玉

【梁家营村】 位于白草镇东北部，距镇政府2.5公里，辖1个自然村。全村260户，825口人。有耕地面积84公顷，退耕还林30.8公顷，粮食总产量75.6吨，比上年减产85.5%。国家重点防护林73.93公顷。有大牲畜240只（牛、马、骡、驴），羊存栏270只，猪存栏150头。经济总收入224.7万元，同比增长20%；农民人均纯收入1800元，同比增长12.5%。拥有机动车56辆（农用车2辆、出租车1辆、卧车3辆、摩托车50辆）。有家用电器226台（冰箱45台、彩电150台、洗衣机30台、照相机1架）。有固定电话21部，手机46部。有个体工商户2家，年收入3.5万元；外出务工人员80名，收入18万元。有村卫生室2所，硬化街道0.5公里，属文明生态村。

村支部书记、村委会主任：王占兴

【辛营村】 位于白草镇东北部，距镇政府7公里，辖1个自然村。全村323户，1130口人。总面积8.13平方公里，有国家重点防护林172.56公顷，耕地面积167公顷，其中退耕还林46.84公顷。粮食总产量153吨，比上年减产78%。牛存栏259头，羊存栏86只。经济总收入321.6万元，同比增长86%；农民人均纯收入1800元，与去年持平。拥有机动车111辆（农用车15辆、出租车4辆、卧车12辆、摩托车80辆）。有家用电器417台（冰箱65台、彩电300台、洗衣机50台、照相机2架）。硬化道路2.6公里；投资26万元，硬化街道6条，2000米；投资21万元，美化公路沿线院墙3000米，修建护村护堤坝1000米；投资10万元，新打深水井1眼并配套。新建公厕1栋；安装路灯20盏；建文化广场1处，2000平方米。安装固定电话35部，手机58部。有个体工商户8家，年收入8万元；外出务工人员45名，总收入30万元。有卫生室1所，幼儿园1所，在园幼儿18名，入学率100%。

村支部书记、村委会主任：张　树

【头道沟村】 位于白草镇东北部，距镇政府9公里，辖3个自然村。全村252户，895口人。总面积26.7平方公里。耕地面积133.2公顷，退耕还林40.3公顷；国家重点防护林863公顷。有水库1座，最大水面360亩，最大蓄水量480万立方。粮食产量117.1吨，比上年减产79%。牛存栏414头，羊存栏443只。全村经济总收入232.4万元，同比增长48%；农民人均纯收入1800元，同比增长60%。拥有机动车66辆（农用车10辆、出租车2辆、卧车2辆、摩托车52辆）。有家用电器275台（冰箱35台、彩电220台、洗衣机20台）。有固定电话6部，手机40部。有个体工商户3家，年收入5万元；外出务工人员60人，收入25万元。有村卫生室1所。

村支部书记、村委会主任：高　义

【四道沟村】 位于白草镇东北部，

距镇政府15公里，辖5个自然村。全村278户，884口人。耕地面积234公顷，粮食产量165吨，比上年减产67.7%。牛存栏748头，羊存栏400只。经济总收入222万元，同比增长65%；农民人均纯收入1800元，同比增长9.7%。拥有机动车96辆（农用车20辆、出租车3辆、卧车3辆、摩托车70辆）。有家用电器315台（冰箱45台、彩电240台、洗衣机30台）。安装固定电话15部，有手机35部。个体工商户2家，年收入2万元；外出务工人员80名，总收入38万元。有村级卫生室1所。获得“先进党支部”荣誉称号。

村支部书记、村委会主任：刘祥永

【围场沟村】 位于白草镇东南部，距镇政府8公里，辖4个自然村。全村237户，767口人。耕地面积153公顷，退耕还林面积58.94公顷。粮食总产量123.8吨，比上年减产74.7%。牛存栏643头，羊存栏318只。经济总收入230万元，同比增长125%；农民人均纯收入1950元，同比增长10.8%。拥有机动车94辆（农用车1辆、出租车2辆、卧车1辆、摩托车90辆）。有家用电器417台（冰箱55台、彩电190台、洗衣机34台）。安装固定电话3部。有个体工商户3家，收入3万元；外出务工人员50名，总收入20万元。道路硬化305公里。

村支部书记、村委会主任：刘常海

【鹿叫村】 位于白草镇东南部，距镇政府8公里，辖2个自然村。全村210户，690口人。耕地面积48公顷，粮食产量35.6吨，比上年减产93.3%。牛存栏257头，羊存栏92只。经济总收入201万元，同比增长85%；农民人均纯收入1900元，同比增长22.6%。拥有机动车85辆（农用车3辆、出租车2辆、卧车5辆、摩托车75辆）。有家用电器255台（冰箱35台、彩电180台、洗衣机40台）。有固定电话3部，手机18部。有村卫生室1所；有个体工商户3家，年收入3万元；外出务工25名，总收入18万元。道路硬化1.5公里，街道硬化1公里。

村支部书记、村委会主任：刘　军

【桃阳村】 位于白草镇东南部，距镇政府7公里，辖3个自然村。全村296户，1030口人。耕地面积149公顷，其中退耕还林21.07公顷。粮食总产量140吨，比上年减产76.1%。国家重点防护林202.96公顷。大牲畜存栏368头，羊存栏137只。经济总收入260万元，同比增长20%；农民人均纯收入1860元，同比增长21.6%。拥有机动车97辆（农用车5辆、出租车3辆、卧车4辆、摩托车85辆）。有家用电器360台（冰箱60台、彩电260台、洗衣机40台）。有固定电话5部，手机48部。村内有卫生室2所，幼儿园1所，在校生14名，入学率达100%。有个体工商户6家，平均年收入6万元；外出务工人员45名，年收入20万元。道路硬化4公里，街道硬化1公里。

村支部书记：郑海清（兼）

村委会主任：贺　军

【张家营村】 位于白草镇东南部，距镇政府7公里，辖1个自然村。全村

155户，447口人。耕地面积83公顷，退耕还林面积24.83公顷。粮食产量75吨，比上年减产80.6%。大牲畜存栏187头，羊存栏50只。经济总收入171万元，同比增长66%；农民人均纯收入1850元，同比增长2.7%。拥有机动车70辆（农用车4辆、出租车2辆、卧车4辆、摩托车60辆）。有家用电器251台（冰箱60台、彩电150台、洗衣机40台、照相机1架）。有固定电话6部，手机40部。有个体工商户3家，年收入3万元，外出务工人员25名，年收入15万元。道路硬化2.1公里，街道硬化1公里。属文明生态村。

村支部书记：张建国

村委会主任：张永利

【杏花村】 位于白草镇东南部，距镇镇政府9公里，辖1个自然村。全村160户，470口人。耕地面积90公顷，其中退耕面积13.61公顷。粮食产量86吨，比上年减产76.7%。国家重点防护林235.94公顷。牛存栏220头，羊存栏235只。全村经济总收入178万元，同比增长136%；农民人均纯收入1860元，同比增长5.9%。拥有机动车79辆（农用车4辆、出租车2辆、卧车3辆、摩托车70辆）。有家用电器417台（冰箱35台、彩电140台、洗衣机30台）。有固定电话8部，手机15部。有个体工商户3家，年收入3万元；外出务工人员25名，总收入15万元。硬化道路3公里。

村支部书记：李　跃（兼）

村委会主任：张桂富

【罗家营村】 位于白草镇东南部，距镇政府5公里，辖1个自然村。全村230户，798口人。耕地面积95公顷，其中退耕还林30.2公顷。粮食总产量80.9吨，比上年减产82.7%。大牲畜存栏314头，羊存栏105只。经济总收入230万元，同比增长60%；农民人均纯收入1700元，同比增长17.6%。拥有机动车82辆（农用车15辆、出租车3辆、卧车4辆、摩托车50辆、电动自行车10辆）。有家用电器306台（冰箱65台、彩电200台、洗衣机40台、照相机1架）。有固定电话6部，手机56部。有个体工商户2家，年收入2万元，外出务工人员40名，年收入25万元。投资26万元，硬化村内主街道4000平方米，新建街墙1100平方米，美化墙体1100平方米，安装路灯14盏，建公厕1座，垃圾池2个，绿化植树500株。是新民居建设示范村。

村支部书记、村委会主任　赵明广

【马栅子村】 位于白草镇西南部，距镇政府1公里。全村211户，790口人。耕地面积38公顷，粮食产量32.6吨，比上年减产93.5%。牛存栏279头，羊存栏219只。全村经济总收入135万元，同比增长16%；农民人均纯收入900元，同比增长0.2%。拥有机动车80辆（农用车5辆、出租车3辆、卧车4辆、摩托车60辆、电动自行车8辆）。有家用电器301台（冰箱55台、彩电200台、洗衣机40台、电脑4台、照相机2架）。有固定电话46部，手机54部。有个体工商户2家，年收入2万元；外出务工人员30名，年收入30万元。村卫生室1所。

村支部书记、村委会主任：贯　涛

【石嘴村】 位于白草镇西北部，

距镇镇政府5公里，辖2个自然村。全村98户，314口人。耕地面积68公顷，其中退耕还林18.25公顷。粮食总产量65吨，比上年减产79.4%。牛存栏100头，羊存栏170只。全村经济总收入110万元，同比增长55%；农民人均纯收入1754元，同比减少19.1%。拥有机动车36辆（农用车6辆、摩托车30辆）。有家用电器76台（冰箱10台、彩电60台、洗衣机6台）。有固定电话3部，手机25部。有个体工商户2家，年收入1.5万元；外出务工人员30名，年收入15万元。硬化道路1公里。

村支部书记、村委会主任：刘进海

【二道川村】 位于白草镇西北部，距镇政府3公里，辖1个自然村。全村206户，730口人。耕地面积73公顷，其中退耕面积31公顷。粮食总产量64吨，比上年减产82.4%。有大牲畜340头。全村经济总收入179万元，同比增长60%；农民人均纯收入1650元，同比增长3.1%。拥有机动车81辆（农用车8辆、出租车1辆、卧车2辆、摩托车70辆）。有家用电器300台（冰箱60台、彩电200台、洗衣机40台）。有固定电话3部，手机36部。有个体工商户2家，年收入2万元。外出务工人员30名，年收入17万元。硬化道路4.7公里，村内主要街道0.5公里。属文明生态村。

村支部书记、村委会主任：杨文成

【小白草村】 位于白草镇西北部，距镇政府2.5公里，辖2个自然村。全村205户，673口人。耕地面积116公顷，其中退耕面积43.4公顷。粮食总产量89.6吨，比上年减产81.9%。国家重点防护林76.96公顷。牛存栏240头，羊存栏304只。全村经济总收入215万元，农民人均纯收入1840元，同比增长5.7%。拥有机动车79辆（农用车5辆、出租车2辆、卧车2辆、摩托车70辆）。有家用电器235台（冰箱35台、彩电180台、洗衣机20台）。有固定电话5部，手机49部。有个体工商户1家，年收入1万元；外出务工80名，年收入50万元。

村支部书记、村委会主任 刘满永

【西窑村】 位于白草镇西北部，距镇政府3.5公里，辖2个自然村。全村215户，735口人。耕地面积115公顷，其中退耕面积10.63公顷。粮食总产量116.6吨，比上年减产77.4%。牛存栏240头，羊存栏652只。柴鸡230只，产蛋1000多公斤。全村经济总收入130万元，同比增长15%；农民人均纯收入930元，同比减少43.6%。拥有机动车75辆（农用车2辆、出租车2辆、卧车1辆、摩托车70辆）。有家用电器417台（冰箱45台、彩电200台、洗衣机25台）。有固定电话1部，手机56部。有个体工商户2家，年收入2万元；外出务工人员40名，年收入25万元。

村支部书记：张耀武（兼）

村委会主任：栗明太

（安桂凤）

独石口镇

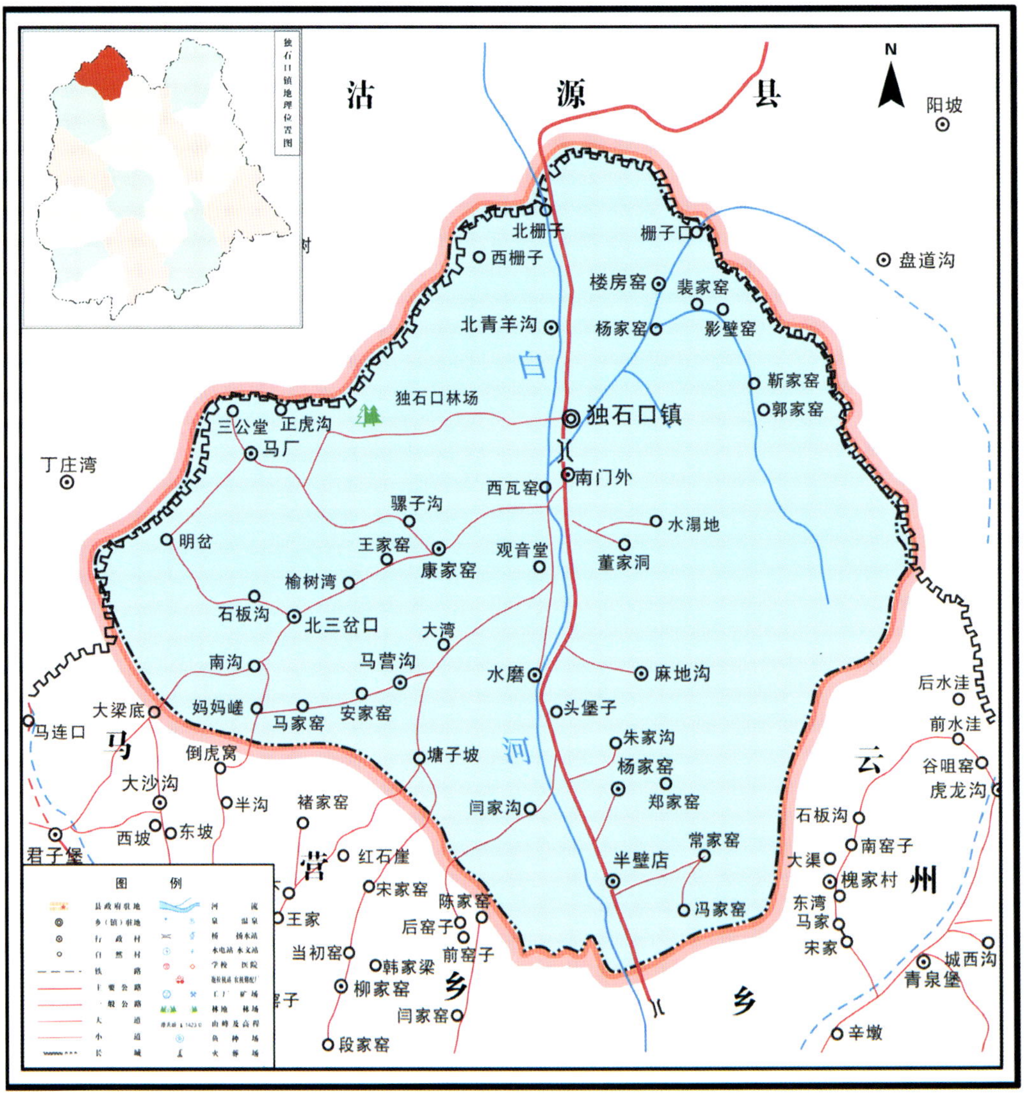
独石口镇地理位置图
沽
源
县
N
阳坡
盘道沟
北栅子
栅子口
西栅子
楼房窑
裴家窑
北青羊沟
杨家窑
影壁窑
白
靳家窑
郭家窑
独石口林场
独石口镇
三公堂
正虎沟
马厂
丁庄湾
南门外
西瓦窑
骡子沟
水溻地
明岔
王家窑
康家窑
观音堂
董家洞
榆树湾
石板沟
北三岔口
大湾
南沟
马营沟
水磨
麻地沟
后水洼
大梁底
妈妈崍
马家窑
安家窑
头堡子
前水洼
马连口
马
倒虎窝
塘子坡
朱家沟
河
云
谷咀窑
杨家窑
虎龙沟
大沙沟
半沟
褚家窑
闫家沟
郑家窑
石板沟
西坡
东坡
红石崖
常家窑
南窑子
君子堡
营
半壁店
大渠
槐家村
州
宋家窑
陈家窑
王家
后窑子
冯家窑
东湾
马家
宋家
当初窑
前窑子
韩家梁
城西沟
柳家窑
乡
青泉堡
闫家窑
乡
段家窑
辛墩
图例

乡镇工作

【概况】 独石口镇位于赤城县西北部，白河上游，距县城45公里。北靠沽源县，南邻云州乡，西接马营乡，东连沽源县和云州乡。地处北纬40° 19′，东经115° 43′。镇政府所在地独石口村海拔1265米，全镇平均海拔1314米。属于干旱季风气候区，最高气温30℃，最低气温零下28℃。年降水量320毫米，无霜期90—110天。全镇有12个行政村，48个自然村，2525户，6602口人，其中农业人口6308人，非农业人口294人（出生79人，死亡14人）。人口增长率为10‰。有满、回、苗、蒙四个少数民族。其中青羊沟村满族人口426口人，杨家窑村回族人口228人，满、回两个少数民族人口654人，占全镇总人口的9.9%。年流动人口2.1万人。男女劳动力3341人，第一产业从业人员1390人，第二产业从业人员485人，第三产业从业人员529人。全镇总面积271.06平方公里，耕地总资源2830公顷，常用耕地992公顷，退耕地1253公顷，林地面积800公顷，草场面积5333公顷，宜林荒山4666公顷，森林覆盖率37%。有工业企业17家，商业企业57家。拥有汽车28辆，拖拉机96辆，出租车17辆。安装固定电话261部，手机2530部。有九年一贯制学校1所，有教师73名，学生550人。设卫生院1所，办公楼10间，医务人员6人，病床位9张。医生7人。

年内，镇党委、政府坚持贯彻落实科学发展观，依托国华、攀宝两大公司，实施工业立镇、农业富镇、旅游强镇三大战略，夯实党建工作基础，加强基础设施和城镇建设，使各项工作都有新的发展。全镇农作物播种面积810公顷，粮食总产量691吨，比上年减产61.2%；蔬菜产量2582吨，减产8.9%。大牲畜年出栏2480头，存栏3000头；羊出栏1.8万只，存栏1万只。全镇实现农业总产值2015万元，比上年增长22.7%；农民人均纯收入1888元，比上年增长7.3%。农村信用社存款余额3200万元，比上年增长6%。驻镇单位：矿山检查站、供电分公司、移动公司营业厅、邮政支局、派出所、信用社、动检站、卫生院。镇政府内设：办公室、农业、社会事务、企业、城建5个科室，在编人员19人，其中公务员11人，在岗人员33人。

领导成员名单

党委书记：程　勇

镇　　长：王方友

人大主席：杨　青

副 书 记：王进才（12月任）

组织委员：梁占军

宣传委员：扈忠义

武装部长：樊成彪

纪检副书记：李智涛

副 镇 长：师景东

赵东洋

人大副主席：张晓玲（女　10月任）
地　址：独石口村西大街
邮　编：075525
电　话：5445006

【攀宝科技有限公司】　1月，投资500万元，建年产20万吨的矿物质有机肥（钾肥）生产线。采用沸石有机肥种植蔬菜300亩，建食用菌、蔬菜大棚19栋。

【赵占华到联系点调研】　3月31日，县委书记赵占华率县委常委、常务副县长王崇辉，县委常委、县委办主任白凤鸣以及信用联社、县宾馆、扶贫办、统计局等部门负责人，来学习实践科学发展观联系点独石口村进行实地调研，对该村进行科学发展中的困难和面临的问题进行了指导。现场决定，由县委常委、常务副县长王崇辉同志牵头，协调交通局、城乡建设局等部门为独石口村硬化村内街道3000平方米。

【冰山梁风电】　年内，协助国华·赤城公司完成冰山梁5万千瓦风电项目修上山道路13.7公里，建升压站一座。完成83个风电机座的基础工程，安装风机52台。

【小城镇建设】　年内，投资35万元，在独石口村西门口建牌楼一座；投资25万元，修独石口环村路1000米；投资20万元，在独石口东西大街两侧铺设人行面砖1500平方米，硬化路面1000米；投资5万元，对主要街道和环村路进行了绿化；投资20万元修建了文化浮雕墙。

【基础设施建设】　年内，为马营沟村打深井1眼，铺引水主管道5000米，解决了5个自然村，280口人的人畜引水问题。为水磨村争取水库移民后期扶持资金15万元，修护村坝80米，过水桥1座。投资20万元为东栅子村修护村护地坝1500米，过水桥3座。投资50万元，为北栅子村建五孔桥1座；筹资5万元，为青羊沟村硬化街道2100平方米。投资142.8万元为独石口、东栅子、青羊沟、水磨、麻地沟和杨家窑6个村硬化通村道路 8.4公里。为麻地沟、北栅子、西栅子新打机井3眼，并完成配套。

【基层组织建设】　年内，发展党员39名，其中35岁以下的青年党员21名。突出加强“三资”（资金、资产、资源）管理，即充分发挥村级财务管理服务中心作用，经济往来由镇财务服务中心统一管理，形成了“决策民主化、管理制度化、审批程序化、监督全程化”的管理模式。该做法被县纪检委在全县推广。新分配的4名大学生村官分别担任北青羊沟村、水磨村、南门外村、半壁店村支部书记、村主任助理。

【关注民生】　年内，发放粮食直补资金18025.06元，综合直补资金159540.93元。粮种补贴资金55801元。退耕还林补助资金2099136元。

村情概况

【独石口村】　是镇政府所在地，距县城45公里。辖4个自然村，553户，

924口人（出生1人、死亡3人）。总面积11.3平方公里，耕地总资源260公顷，常用耕地55公顷。经济总收入799万元，人均纯收入2060元，比上年增长14.4%。全村户均一眼小井。有工业企业10家，商业企业62家，运输业27家，户均纯收入2万元。粮食总产量50.8吨，比上年减产45%。大牲畜出栏74头，存栏96头；羊出栏1330只，存栏748只。外出务工155人，收入80万元，占经济总收入的10%。集体经济收入7000元。

村支部书记、村委会主任：汪有忠

【南门外村】 位于独石口镇城南，辖5个自然村，314户，816口人。总面积19平方公里，耕地总资源290公顷，常用耕地64公顷，退耕还林172公顷。粮食产量51.4吨，比上年减产36%。大牲畜出栏168头，存栏204头；羊出栏1330只，存栏748只。有汽车15辆，拖拉机13辆，三轮车15辆。外出打工134人，纯收入26.7万元。有诊所1家。修路边排水沟3000米，修防渗区4000米。

村支部书记、村委会主任：史金有

【东栅子】 位于独石口镇东北部，距镇政府5公里，辖8个自然村。总面积39.2平方公里，耕地总资源315公顷，常用耕地104公顷，有林地93公顷。全村256户，787口人，大牲畜出栏400头，存栏564头；羊出栏964只，存栏484只。人均纯收入1975元，比上年增长10.1%。外出打工280人，总收入50万元。投资20万元修护村护地坝1500米，过水桥3座。从事磁铁矿开采1家，村集体收入管理费1万元，为本村解决劳动力1200人次。

村支部书记、村委会主任：程宝贵

【北青羊沟村】 位于独石口镇西北部，距镇政府1.5公里，辖3个自然村，是满族聚居村。总面积14.6平方公里，全村185户，494口人，满族人口426人，占全村总人口的86.2%。大牲畜出栏200头，存栏259头，羊出栏2864只，存栏1503。人均纯收入2001元，比上年增长16.5%。外出打工156人，收入38万元。完成北栅子自然村小机井及配套工程。投资50万元，修五孔桥1座。筹资5万元，硬化街道2100平方米。

村支部书记、村委会主任：赵启福

【马厂村】 位于独石口镇西南部，距镇政府10公里。辖5个自然村，159户，423口人。总面积13.5平方公里，有林地457公顷，草场面积466公顷。耕地总资源367公顷，常用耕地205公顷，退耕还林135公顷。大牲畜出栏114头，存栏133头；羊出栏1554只，存栏875只。人均纯收入1093元，比上年减少32.2%。集体纯收入3万元。外出打工120人，年收入30万元。修通村路2公里，投资5万元25户用上自来水。

村支部书记、村委会主任：王喜林

【北三岔口村】 位于独石口镇西南部，距镇政府10公里。辖4个自然村，153户，428口人。总面积11.5平方公里，有林地544公顷，耕地总资源209公顷，常用耕地73公顷，退耕地74公顷。粮食总产量42.9吨，比上年减产63.6%。大牲畜出栏1129头，存栏156头；羊出栏2069只，存栏1134只。人均纯收入2125元，比上年增长15.7%。外出打工112人，总收入38万元。

村支部书记、村委会主任：董喜成

【康家窑村】 位于独石口镇西南部，距镇政府 4 公里。辖 3 个自然村，86 户，211 口人。总控面积 10.2 平方公里，林地 68 公顷。耕地总资源 207 公顷，常用耕地 39 公顷，退耕地 66 公顷。大牲畜出栏 59 头，存栏 67 头；羊出栏 1021 只，存栏 609 只。人均纯收入 2009 元，比上年增长 5.9%。外出打工 93 人，总收入 21 万元。推广大白花山药 210 亩，修路 6 华里。

村支部书记、村委会主任：王贵本

【马营沟村】 位于独石口镇西南部，距镇政府 12.5 公里。辖 5 个自然村，123 户，312 口人。总面积 16.7 平方公里，有林地 697 公顷，耕地总资源 191 公顷，常用耕地 43 公顷，退耕地 99 公顷。大牲畜出栏 187 头，存栏 228 头；羊出栏 1218 只，存栏 966 只。人均纯收入 1096 元，比上年减少 20.5%。年外出打工 80 人，总收入 48 万元。柴鸡养殖场存栏鸡 2 万只，日产鲜蛋 300 公斤。打机井 1 眼，铺引水主管道 5000 米，覆盖 5 个自然村，280 口人。

村支部书记、村委会主任：史正旺

【水磨村】 位于独石口镇西南部，距镇政府 5 公里。辖 4 个自然村，241 户，718 口人。全村总面积 18.4 平方公里，林地 489 公顷，耕地总资源 224 公顷，常用耕地 147 公顷，退耕还林 127 公顷。大牲畜出栏 363 头，存栏 417 头；羊出栏 1929 只，存栏 1052 只。人均纯收入 1942 元，比上年增长 5.9%。外出打工 260 人，总收入 60 万元。金鑫发鹿场存栏梅花鹿 86 只，鹿茸产值 12 元。用水库移民后期扶持资金 15 万元，修护村坝 80 米，过水桥面一座；修通村道路 80 米。

村支部书记、村委会主任：张美亮

【麻地沟村】 位于独石口镇西南部，距镇政府 7 公里。辖 1 个自然村，全村 90 户，246 口人。总面积 11.2 平方公里，林地 702 公顷。耕地总资源 58 公顷，常用耕地 40 公顷，退耕还林 87 公顷。大牲畜出栏 271 头，存栏 294 头；羊出栏 745 只，存栏 469 只。人均纯收入 1996 元，比上年增长 8.9%。外出打工 92 人，总收入 27 万元。村村通道路硬化 4 华里。打机井 1 眼并配套。

村支部书记、村委会主任：吴玉亮

【杨家窑村】 位于独石口镇东南部，距镇政府 9 公里。辖 3 个自然村，119 户，293 口人，是回族村，回民人口 228 人，占总人口 77.8%。全村总面积 11.8 平方公里，林地 692 公顷，耕地总资源 104 公顷，常用耕地 52 公顷，退耕还林 94 公顷。大牲畜出栏 301 头，存栏 355 头；羊出栏 1576 只，存栏 879 只。人均纯收入 1903 元，比上年增长 6%。为郑家窑自然村修蓄水池 1 座，为杨家窑行政村修护地坝 80 米，为朱家沟自然村修通村道路 3 公里。

村支部书记、村委会主任：郑太录

【半壁店村】 位于独石口镇东南部，距镇政府 10 公里。辖 3 个自然村，226 户，638 口人。总面积 24.9 平方公里，林地面积 628 公顷。耕地总资源 362 公顷，常用耕地 54 公顷，退耕还林 67 公顷。大牲畜出栏 214 头，存栏 263 头；羊出栏 1977 只，存栏 963 只。人均纯收入 1732 元，与持续平。外出打工 270 人，总收入 62 万元。

村支部书记、村委会主任：刘正东

（何守悦）

龙门所镇

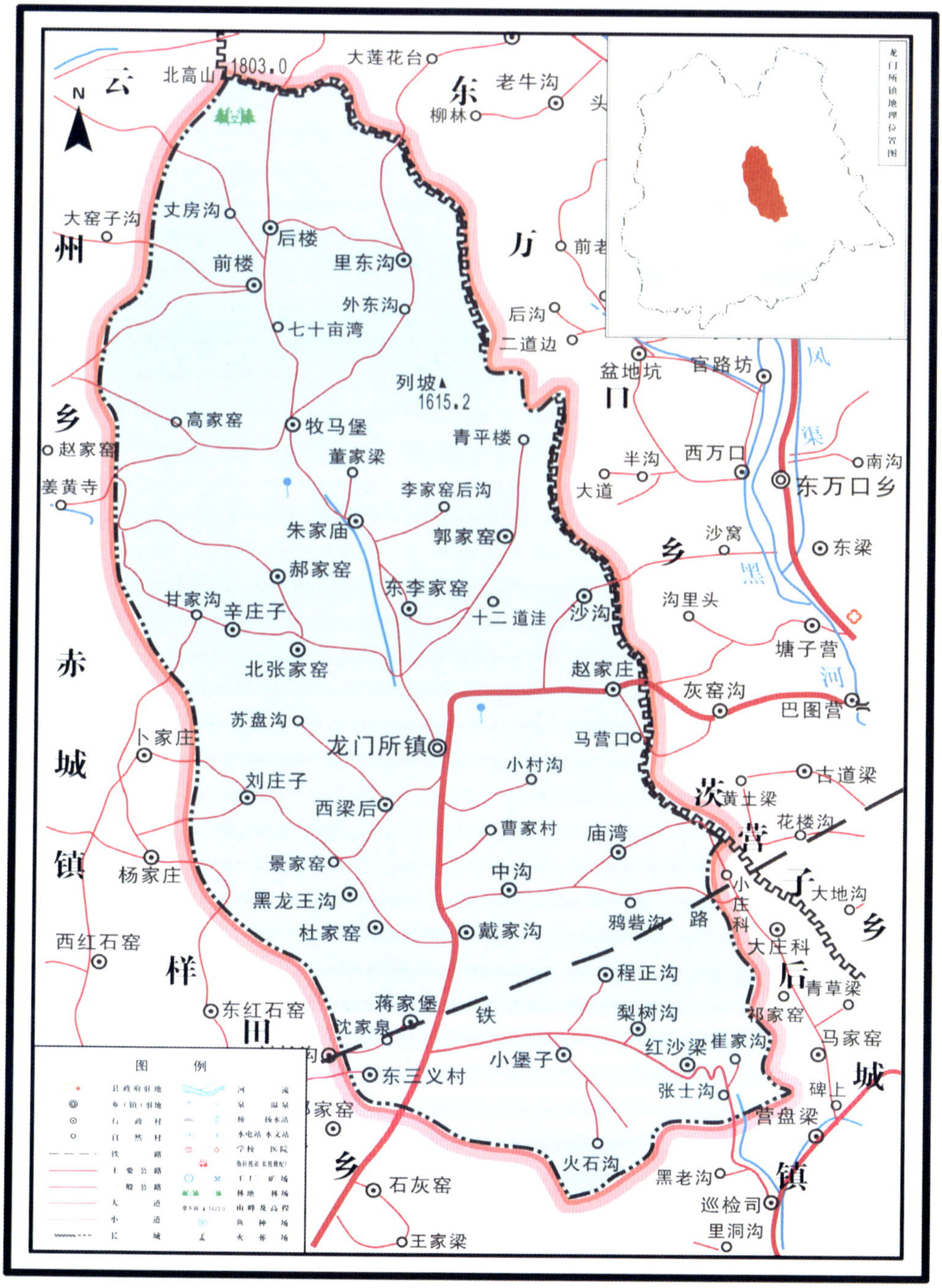
北高山
1803.0
大莲花台
老牛沟
柳林
大窑子沟
丈房沟
后楼
前楼
里东沟
外东沟
七十亩湾
列坡
1615.2
高家窑
牧马堡
青平楼
赵家窑
董家梁
姜黄寺
李家窑后沟
朱家庙
郭家窑
郝家窑
东李家窑
十二道洼
甘家沟
辛庄子
沙沟
北张家窑
赵家庄
苏盘沟
龙门所镇
马营口
卜家庄
刘庄子
小村沟
西梁后
曹家村
庙湾
杨家庄
景家窑
中沟
黑龙王沟
杜家窑
戴家沟
鸦岂沟
西红石窑
程正沟
东红石窑
蒋家堡
梨树沟
沈家泉
小堡子
红沙梁
崔家沟
东三义村
张士沟
火石沟
石灰窑
王家梁
黑老沟
巡检司
里洞沟
营盘梁
碑上
马家窑
祁家窑
青草梁
大庄科
小庄科
大地沟
花楼沟
黄土梁
古道梁
巴图营
灰窑沟
塘子营
沟里头
沙窝
东梁
东万口乡
南沟
西万口
半沟
大道
盆地坑
官路坊
二道边
后沟
前老
云州乡
赤城镇
样田乡
东万口乡
茨营子乡
后城镇
黑河
风渠
图例
龙门所镇地理位置图

乡镇工作

【概况】 龙门所镇位于赤城县东北部，距县城30公里。东邻东万口乡，西接赤城镇，北靠云州乡，南连样田乡。地处北纬40° 49′，东经 115° 56′。镇所在地南村海拔925米，全镇平均海拔998米。年平均气温5.2℃，无霜期119天，属中温、半湿润季风气候区。全镇总面积235.35平方公里，耕地总资源2387公顷，常用耕地1736公顷。辖28个行政村，52个自然村，5360户，其中：农业户5150户，非农业户210户；总人口14599人，农业人口14159人，非农业人口440人，(出生186人，死亡49人)，人口自然增率5.05‰。全镇有中学1所，小学6所，幼儿园2所，有中学教职员工38人，在校生230人，毕业生72人，升学率达到85%，毕业率92%；小学教职员工58人，在校生615人，毕业生96人，入学、升学率100%，毕业率100%，幼儿园幼儿 87人。有镇卫生院1所，医护人员12人，病床13张，设村卫生室15个。

年内，镇党委、政府认真贯彻落实科学发展观，狠抓项目建设，大力发展农业产业化，扎实基础设施建设，努力抓好惠民工程和农民培训工作。全年实现农业总产值4110万元，比上年减少47.9%；农村经济总收入12510万元，比上年减少5%；农村经济纯收入2447万元，比上年减少3.3%；农民人均纯收入1720元，比上年增长6%；镇财政收入720万元，与去年持平。镇域经济以农业为主，由于严重旱灾影响，全镇粮食总产量仅达2850吨，比上年减产62.9%；实现种植业产值1739万元，比上年减少32.3%。有一个蔬菜专业村，蔬菜种植面积416公顷，年产蔬菜19080吨，比上年增长2%。全镇林地面积16860公顷，其中生态林5267.3公顷，生态林护林员28名，禁牧督察员5名，森林覆盖率达39%。全镇牛存栏982头，出栏3500头；羊存栏6500只，出栏18000只；鸡存栏2.3万只，出栏2万只；猪存栏1200头，出栏8600头。于2008年12月份在戴家沟村建起华田牧业有限公司，注册资金1000万元，计划投资1.2亿元，建设高标准良种牛示范场。全镇劳务输出2800人，收入870万元。农村基础设施建设不断改善，投资171.36万元，完成后楼至牧马堡5.4公里，程正沟1.7公里，郭家窑3.7公里的村村通公路硬化工程。在戴家沟村投资35万元建3孔7米长漫水桥1座。住镇单位有供电分公司、移动分公司、邮政支局、派出所、信用社、卫生院、动检站。镇政府内设办公室、财经办、社会事务办、农业综合服务中心、广播电视服务中心、计划生育服务中心。财政供养人员36人，在岗干部职工50人。

领导成员名单

书　　记：王志宏

镇　　长：李晓利

人大主席：林顺河
副 书 记：赵建忠
组织委员：张建东
宣传委员：苏建萍（女）
武装部长：赵春斌（3月免）
王华兵（3月任）
纪检副书记：任淑兰（女）
副 镇 长：郭　龙（3月免）
王金录（8月任）
张有军
人大副主席：张永瑞
地　址：龙门所镇南村
邮　编：075529
电　话：6430005

【村委会换届工作】　1月，全镇第八届村委会换届选举工作正式启动，通过广大村民直选的方式进行村委班子和村主任选举。全镇共选出村委班子人员84名，其中选出村主任28名，全部实行交叉任职，实行村书记、村主任一人兼。

【华田牧业有限公司奠基】　6月8日，为位于戴家沟村的华田牧业有限公司举行奠基仪式。市委副市长杨玉成、县委副书记王波、副县长王秀冬等领导出席奠基仪式。这是全县当年开工的22个重点项目之一。该项目总投资1.2亿元，从2009年实施，分三年完成建设任务。年内，建办公用房45间，1000平方米；牛舍1.1万平方米，青储池4500立方米，11月份购基础母牛300头。

【龙源山猪养殖场】　年内，投资150万元，完成了二期续建工程。共计总投资400万元，占地20亩，建办公用房、圈舍、储藏室60多间，养山猪200头。

【基层组织建设】　年内共发展党员26人，其中35岁以下的青年党员22人（全部为高中以上学历，其中大专学历4人）。镇前楼村新建两室5间，展版制度上墙；戴家沟、南村、中村、北村、小堡子五个村党员远程教育入网。加强了南中北联合支部的办公设施建设。为28名现任村书记办理了养老保险。全年查处违纪违规案件1起，对广大党员、干部起到了警示作用。

【文明生态村建设】　年内，对市文明生态村前楼村投资53万元，用于修建村村通公路、街道硬化、公路绿化，并建村委会5间。为申沟投资53万元完成乡村公路硬化及公路两侧绿化工程，并建公厕1座。

【计划生育工作】　年内，本镇计划生育技术员入户普查四次，入户率90%，对85%的村进行生殖健康免费服务。年底共出生186人，死亡49人，计划生育率为95.19%，自然增长人数为52人，人口自然增长率为5.05‰。奖励扶助2人，每人500元。

【农业产业化】　本年，在龙门所镇北片推广种植“张杂3号”谷子700公顷，每亩增收600元；种植大白花土豆200公顷。与北京益农公司签定种销合同，种植生菜、西兰花1000亩。在后楼村栽培猪苓5000箱。在前楼、朱家庙、梨树沟建养猪场，发展肉猪1500头。

【清理镇所在地“五乱”】　四月，组织三个村劳动力和1000名中、小学生对镇所在地南、中、北三村的脏乱差进行彻底清理。清扫大街小巷30条，清运垃圾600车，粪坑40处，粉刷墙壁4530米，刷农标语20条，拆除违章建筑14处。

【落实各项惠民政策】 年内，全镇共有低保户1844户，1868人，五保户187户，共发放低保金156.918万元，发放农村五保金20.16万元。新型合作医疗参合人数达10514人，为538名农民报销医疗费24.052万元。全镇共有退耕还林面积577.39公顷，享受国家补贴138.5728万元。全镇共有下岗就业人员9名，全年发放就业金3.24万元；共有粮食直补面积1741.7公顷，发放粮食直补款72.5777万元。

村情概况

【南村】 是镇政府所在地，距县城30公里。全村401户，1220人（出生9人，死亡4人）。耕地面积167公顷，粮食总产量234吨，比上年减产63.4%。全村经济总收入1176万元，同比减少5%；农民人均纯收入1612元，同比减少13.4%。拥有机动车18辆（农用车6辆，出租车5辆，轿车7辆）。有电视210部，电话342部。外出务工73人，个体经营户5户。牛存栏52头，出栏121头；羊存栏73只，出栏599只；猪存栏87头，出栏400头。享受最低生活保障人数116人，参加农村新型合作医疗人数978人。

村支部书记、村委会主任：赵志忠

【北村】 位于镇政府中心。辖2个自然村，405户，1244人（出生3人，死亡5人）。粮食总产量240吨，比上年减产61.8%。全村经济总收入1285万元，同比减少6%，农民人均纯收入2260元，同比减少11%。拥有机动车12辆（农用车4辆，轿车4辆，出租车4辆）。有电视机255台，电话326部。外出务工61人，个体经营户4户。牛存栏136头，出栏108头；羊存栏804只，出栏659只；猪存栏734头，出栏659头。现有各级在校生50人。享受最低生活保障人数119人，参加农村新型合作医疗人数1047人。

村支部书记、村委会主任：姜殿金

【程正沟村】 位于镇政府东南部，距镇政府10公里。全村162户，494人。耕地面积63公顷，粮食总产量67吨，比上年减产65.9%。全村经济总收入414万元，同比减少6.1%；农民人均纯收入1886元，同比增长7.5%。拥有机动车8辆（农用车2辆，轿车6辆）。外出务工37人，个体私营户1户。牛存栏17头，出栏101；羊存栏253只，出栏462只；猪存栏33头，出栏308头。投资34万元修村村通公路1.7公里。有电话81部。享受最低生活保障人数60人，参加农村新型合作医疗人数395人。

村支部书记、村委会主任：闫克智

【戴家沟村】 位于镇政府东南部，距镇政府3.5公里。全村164户，536人（出生3人）。耕地面积58公顷，粮食总产量68吨，比上年减产66.2%。全村经济总收入334万元，同比减少16%；农民人均纯收入1763元，同比增长6%。拥有机动车13辆（农用车8辆，轿车4辆，出租车1辆）。有电话131部。外出务工38人，个体经营户2户。牛存栏25头，出栏100头；羊存栏183只，出栏445只；猪存栏33头，出栏298头。享受最低生活保障人数65人，参加农村新型合作医疗人数446人。

村支部书记、村委会主任：尤久富

【东沟村】 位于镇政府西北部，距镇政府13公里，辖两个自然村。全村173户，506人（出生5人，死亡1人）。耕地面积102公顷，粮食总产量156吨，比上年减产51.6%。全村经济总收入414万元，同比减少6.3%，农民人均纯收入1710元，同比增长2.5%。拥有轿车10辆。有电话49部。从事个体经营1户，外出务工36人。牛存栏73头，出栏132头；羊存栏363只，出栏1032只；猪存栏57头，出栏341头。投资17万元打机井一眼，解决了人畜饮水问题。享受最低生活保障人数57人，参加农村新型合作医疗人数444人。

村支部书记、村主任：辛建军

【杜家窑村】 位于镇政府西南部，距镇政府4.5公里。全村134户，435人（出生7人）。耕地面积52公顷，粮食总产量50吨，比上年减产62.1%。全村经济总收入352万元，同比减少6.1%；农民人均纯收入2285元，同比增长11.7%。拥有农用车12辆。有电话79部。外出务工32人。牛存栏45头，出栏94头；羊存栏194只，出栏458只；猪存栏30头，出栏289头。享受最低生活保障人数56人，参加农村新型合作医疗人数371人。

村支部书记、村委会主任：卜仲林

【郭家窑村】 位于镇政府东北部，距镇政府5公里。全村283户，865人（出生3人，死亡7人）。耕地面积144公顷，粮食总产量194吨，比上年减产61%。全村经济总收入742万元，同比减少5.5%；农民人均纯收入1835元，同比增长5.7%。拥有机动车18辆（出租车5辆，农用车10辆，轿车3辆）。有电话138部。外出务工54人。牛存栏72头，出栏165头；羊存栏504只，出栏1211只；猪存栏86头，出栏386头。享受最低生活保障人数85人，参加农村新型合作医疗人数738人。

村支部书记、村委会主任：陈　兵

【郝家窑村】 位于镇政府西北部，距镇政府5公里。全村117户，325人。（出生4人）。耕地面积71公顷，粮食总产量103吨，比上年减产62.8%。全村经济总收入233万元，同比减少7%；农民人均纯收入1886元，同比增长11.7%。有电话54部。外出务工30人。牛存栏14头，出栏92头；羊存栏467只，出栏658只；猪存栏32头，出栏248头。享受最低生活保障人数60人，参加农村新型合作医疗人数254人。

村支部书记、村委会主任：赵步成

【黑龙王沟村】 位于镇政府西南部，距镇政府6公里。全村111户，290人（出生2人）。耕地面积42公顷，粮食总产量40吨，比上年减产60.7%。全村经济总收249万元，同比减少5.3%；农民人均纯收入2085元，同比增长19.4%。拥有机动车4辆（农用车2辆，轿车1辆，出租车1辆）。有电话79部。外出务工34人。牛存栏12头，出栏96头；

羊存栏126只，出栏566只；猪存栏24头，出栏277头。享受最低生活保障人数57人，参加农村新型合作医疗人数193人。

村支部书记、村委会主任：刘廷连

【红沙梁村】 位于镇政府东南部，距镇政府12.5公里。全村121户，321人（出生1人，死亡1人）。耕地面积14公顷，粮食总产量42吨，比上年减产67.9%。全村经济总收入284万元，同比减少5%；农民人均纯收入1844元，同比增长9%。拥有机动车6辆（农用车3辆，轿车2辆，出租车1辆）。有电话45部。外出务工46人，个体私营户1户。牛存栏15头，出栏73头；羊存栏164只，出栏437只；猪存栏40头，出栏365头。高生养猪场养猪400头，出栏100头。享受最低生活保障人数44人，参加农村新型合作医疗人数270人。

村支部书记、村委会主任：刘珍武

【后楼村】 位于镇政府西北部，距镇政府13公里，辖两个自然村。全村149户，480人（出生3人，死亡5人）。耕地面积84公顷，粮食总产量128吨，比上年减产57%。全村经济总收入206万元，同比减少6%；农民人均纯收入1182元，同比增长13.3%。拥有机动车5辆（农用车4辆，出租车1辆）。有电话68部。全村种植猪苓500箱。外出务工26人，个体经营户1户。牛存栏82头，出栏201头；羊存栏431只，出栏781只；猪存栏51头，出栏346头。享受最低生活保障人数53人，参加农村新型合作医疗人数425人。共投资34万元修村村通公路2公里。

村支部书记、村委会主任：陈占有

【蒋家堡村】 位于镇政府西南部，距镇政府7公里。全村262户，756人（出生6人，死亡1人）。耕地面积129公顷，粮食总产量105吨，比上年减产75.7%。全村经济总收入737万元，同比减少4.3%；农民人均纯收入1871元，同比增长10.8%。拥有机动车8辆（农用车1辆，出租车4辆，轿车3辆）。有电话211部。外出务工49人，个体私营户5户。牛存栏63头，出栏394头；羊存栏289只，出栏565只；猪存栏68头，出栏372头。有养鸡场1处，鸡存栏8541只，出栏2465只。享受最低生活保障人数85人，参加农村新型合作医疗人数630人。

村支部书记、村委会主任：郭建兵

【梨树沟村】 位于镇政府东南部，距镇政府11公里。全村99户，279人（出生1人）。耕地面积48公顷，粮食总产量56吨，比上年减产65.4%。全村经济总收入261万元，同比减少5.4%；农民人均纯收入1480元，同比减少9%。拥有机动车7辆（农用车5辆，轿车1辆），出租车1辆。有电话71部。外出务工18人，个体私营户1户。牛存栏14头，出栏59头；羊存栏149只，出栏386只；猪存栏21头，出栏263头。享受最低生活保障人数47人，参加农村新型合作医疗人数244人。

村支部书记、村委会主任：王　永

【东李家窑村】 位于镇政府西北部，距镇政府2.5公里，辖两个自然村。全村，221户，613人（出生12人，死亡6人）。耕地面积84公顷，粮食总产量111吨，比上年减产58.3%。全村经济总收入466万元，同比减少5.9%；农民人均纯收入1963元，同比增长15.7%。拥有机动车13辆（农用车8辆，出租车1辆，轿车4辆）。有电话173部。外出务工人员有38人。牛存栏51头，出栏142；羊存栏267只，出栏810只；猪存栏39头，出栏354头。全村种植西瓜80亩。享受最低生活保障人数91人，参加农村新型合作医疗人数504人。

村支部书记、村委会主任：武 河

【刘庄子村】 位于镇政府西南部，距镇政府8.5公里。全村81户，227人。耕地面积20公顷，粮食总产量23吨，比上年减产72%。全村经济总收入222万元，同比减少3.9%；农民人均纯收入2041元，同比增长10.3%。拥有农用车3辆，轿车4辆。有电话46部。外出务工21人。牛存栏13头，出栏65头；羊存栏129只，出栏557只；猪存栏21头，出栏256头。享受最低生活保障人数44人，参加农村新型合作医疗人数186人。

村支部书记、村委会主任：杨秀强

【庙湾村】 位于镇政府东南部，距镇政府6公里，辖两个自然村。全村132户，385人。耕地面积100公顷，粮食总产量133吨，比上年减产67.2%。全村经济总收入365万元，同比减少5.9%；农民人均纯收入1739元，同比增长8.8%。拥有机动车20辆（农用车5辆，轿车10辆，出租车5辆）。有电话74部。外出务工30人，个体经营户1户。牛存栏24头，出栏92头；羊存栏204只，出栏636只；猪存栏26头，出栏297头。享受最低生活保障人数65人。参加农村新型合作医疗人数327人。

村支部书记、村委会主任：郭殿忠

【牧马堡村】 位于镇政府西北部，距镇政府10公里，辖两个自然村。全村323户，925人（出生6人，死亡2人）。耕地面积130公顷。粮食总产量170吨，比上年减产59.6%。全村经济总收入747万元，同比减少5.8%；农民人均纯收入1891元，同比增长15.7%。拥有机动车10辆（农用车3辆，出租车3辆，轿车4辆）。有电话218部。从事个体经营1户，外出务工51人。牛存栏81头，出栏249头；羊存栏590只，出栏1723只；猪存栏81头，出栏372头。投资91.8万元修村村通公路5.4公里。享受最低生活保障人数89人，参加农村新型合作医疗人数774人。

村支部书记、村委会主任：张光亮

【前楼村】 位于镇政府西北部，距镇政府12公里，辖2个自然村。全村171户，480人（出生2人，死亡4人）。耕地面积72公顷，粮食总产量109吨，比上年减产56%。全村经济总收入174万元，同比增长21%；农民人均纯收入1018元，同比增长16%。拥有农用车2辆，出租车1辆。有电话61部。从事个体经营1户，外出务工24人。牛存栏75头，出栏196头；羊存栏407只，出栏793只；猪存栏47头，出栏347头。属市文明生态村，共投资53万元，修乡村公路3.4公里，村内街道全部硬化，对街道进行绿化，新盖两委办公室五间。享受最低生活保障人数60人，参加农村新型合作医疗人数427人。

村支部书记、村委会主任：唐 云

【东三义村】 位于镇政府西南部，距镇政府8公里，辖三个自然村。全村

170户，581人（出生7人）。耕地面积26公顷，粮食总产量39吨，比上年减产58.5%。全村经济总收入506万元，同比减少5.2%；农民人均纯收入1692元，同比减少1.2%。拥有机动车7辆（农用车2辆，出租车3辆，轿车2辆）。有电话130部。外出务工42人，个体私营户1户，年收入1万元。牛存栏22头，出栏112头；羊存栏191只，出栏487只；猪存栏32头，出栏328头。享受最低生活保障人数74人，参加农村新型合作医疗人数504人。

村支部书记、村委会主任：李焕爱

【沙沟村】 位于镇政府东北部，距镇政府2.5公里。全村53户，141人。耕地面积27公顷，粮食总产量32吨，比上年减产16.9%。全村经济总收入137万元，同比减少4.9%；农民人均纯收入1293元，同比减少33%。拥有轿车3辆。有电话36部。外出务工11人。牛存栏8头，出栏46头；羊存栏168只，出栏398只；猪存栏15头，出栏18头。龙源山猪养殖场年内投资150万元，完成二期续建工程，存栏野猪150头，出栏100头。享受最低生活保障人数26人，参加农村新型合作医疗人数114人。

村支部书记、村委会主任：赵　明

【申沟村】 位于镇政府东南部，距镇政府3.5公里，辖2个自然村。全村171户，480口人（出生4人，死亡1人）。耕地面积62公顷，粮食总产量74吨，比上年减产68.8%。全村经济总收入386万元，同比减少4%；农民人均纯收入1820元，同比增加9%。拥有机动车10辆（农用车3辆，轿车4辆，出租车3辆）。有电话121部。外出务工40人，个体经营户2户，收入1.9万。牛存栏23头，出栏98头；羊存栏176只，出栏594只；猪存栏33头，出栏268头。享受最低生活保障人数47人，参加农村新型合作医疗人数400人。是县文明生态村，投资50万元完成村级道路硬化以及路旁绿化工程，建公厕一座。

村支部书记、村委会主任：郝金刚

【西梁后村】 位于镇政府西南部，距镇政府1.5公里。全村141户，448人（出生2人）。耕地面积49公顷，粮食总产量61吨，比上年减少64%。全村经济总收入350万元，同比减少5%；农民人均纯收入1732元，同比增长9%。拥有机动车12辆（农用车3辆，轿车8辆，出租车1辆）。有电话85部。外出务工31人，个体经营户1户。牛存栏17头，出栏110头；羊存栏178只，出栏649只；猪存栏28头，出栏284头。现有各级在校生28人，其中大专以上学历5人。享受最低生活保障人数55人，参加农村新型合作医疗人数365人。

村支部书记、村委会主任：李付春

【小堡子村】 位于镇政府东南部，距镇政府9.5公里。全村147户，403人（出生3人）。耕地面积61公顷，粮食总产量60吨，比上年减产68%。全村经济总收入192万元，同比减少5.4%；农民人均纯收入1069元，同比增长11.5%。拥有机动车12辆（农用车1辆，轿车10辆，出租车1辆）。有电话108部。外出务工59人，个体私营户1户。牛存栏16头，出栏76头；羊存栏150只，出栏419只；猪存栏28头，出栏253头。修沙石路1.5公里，修坝1.5公里。享受最低生活保障人数50

人，参加农村新型合作医疗人数332人。

村支部书记、村委会主任：王继忠

【辛庄子村】 位于镇政府西北部，距镇政府5公里。全村117户，325人（出生1人，死亡1人）。耕地面积71公顷，各种粮食总产量81吨，比上年减少63.7%。全村经济总收入241万元，同比减少7%；农民人均纯收入1796元，同比增长10%。外出务工22人。牛存栏24头，出栏93头；羊存栏145只，出栏599只；猪存栏33头，出栏249头。有电话61部。享受最低生活保障人数46人，参加农村新型合作医疗人数269人。

村支部书记、村委会主任：李进厚

【北张家窑村】 位于镇政府西北部，距镇政府4公里。全村120户，375人（出生4人，死亡7人）。耕地面积76公顷，粮食总产量92吨，比上年减产62.3%。全村经济总收入296万元，同比减少6%；农民人均纯收入1682元，同比减少2%。拥有农用车3辆。有电话59部。外出务工22人。牛存栏18头，出栏91头；羊存栏110头，出栏495头；猪存栏32头，出栏242头。享受最低生活保障51人，参加农村新型合作医疗人数310人。

村支部书记、村委会主任：黄金明

【赵家庄村】 位于镇政府东北部，距镇政府4公里。全村130户，392人（出生2人）。耕地面积87公顷，粮食总产量105吨，比上年减产64.7%。全村经济总收入246万元，同比减少7%；农民人均纯收入1761元，同比增长9%。拥有轿车3辆。有电话95部。外出务工28人。牛存栏20头，出栏100头；羊存栏216只，出栏596只；猪存栏31头，出栏225头。享受最低生活保障人数50人，参加农村新型合作医疗人数333人。

村支部书记、村委会主任：赵音海

【中村】 位于镇政府中心，是南中北联合支部所在地。全村420户，1253人（出生12人，死亡6人）。耕地面积150公顷，粮食总产量219吨，比上年减产62.3%。全村经济总收入1204万元，同比减少77%；农民人均纯收入1838元，同比增长1.6%。拥有拥有机动车25辆（农用车5辆、出租车7辆、轿车15辆）。有卫生室1所。有电视300部，电话343部。外出务工70人，个体经营户30户。牛存栏54头，出栏115头；羊存栏60只，出栏427只；猪存栏81头，出栏407头。有蔬菜大棚5个。对南中北联合支部的设施进一步配套完善。享受最低生活保障人数142人，参加农村新型合作医疗人数1077人。

村支部书记、村委会主任：李　祥

【朱家庙村】 位于镇政府西北部，距镇政府5公里，辖2个自然村。全村160户，499人（出生2人）。耕地面积40公顷，粮食总产量58吨，比上年减产56.4%。全村经济总收入291万元，同比减少19.3%；农民人均纯收入1461元，同比增长18.2%。拥有出租车1辆，轿车5辆。有电话110部。外出务工30人。牛存栏24头，出栏79头；羊存栏168只，出栏557只；猪存栏33头，出栏285头。享受最低生活保障人数74人，参加农村新型合作医疗人数423人。

村支部书记、村委会主任：倪文全

（田喜凤、田凤平）

三道川乡

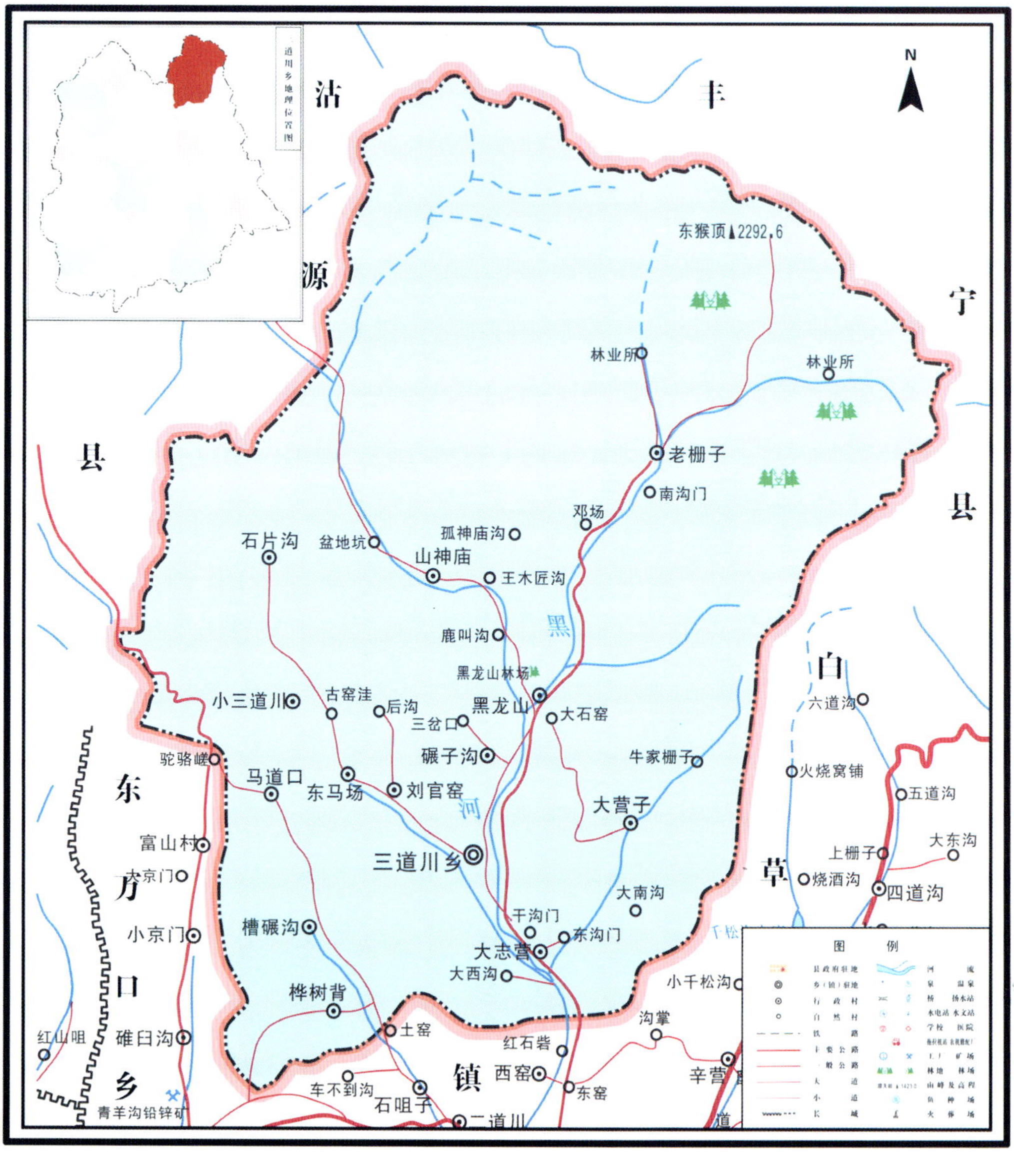
三道川乡地理位置图
N
沽
源
县
丰
宁
县
东猴顶2292.6
林业所
林业所
老栅子
南沟门
邓场
孤神庙沟
石片沟
盆地坑
山神庙
王木匠沟
黑
鹿叫沟
黑龙山林场
小三道川
古窑洼
后沟
黑龙山
三岔口
大石窑
碾子沟
牛家栅子
驼骆峰
马道口
东马场
刘官窑
河
大营子
三道川乡
东
富山村
大京门
方
小京门
口
雕日沟
乡
红山咀
青羊沟铅锌矿
槽碾沟
大南沟
干沟门
东沟门
大志营
大西沟
桦树背
土窑
车不到沟
石咀子
二道川
镇
西窑
东窑
红石砦
沟掌
辛营
小千松沟
白
六道沟
火烧窝铺
五道沟
上栅子
大东沟
草
烧酒沟
四道沟
图例

乡镇工作

【概况】 三道川乡位于赤城县东北部，黑河上游，属深山区，距县城75公里。东接丰宁满族自治县，西临东万口乡，北靠沽源县，南连白草镇，，属三县交汇地。县道白四线贯穿全境。乡所在地三道川村海拔1120米，全乡平均海拔1190米。境内京北第一高峰——猴顶山海拔2292.6米。属东亚大陆性季风气候，年均降水量567mm，年均气温3.6℃，无霜期95-108天。全乡总面积337.58平方公里，其中耕地总资源1720公顷，常用耕地面积976公顷，有林地21万公顷，占总面积的63%。辖14个行政村，36个自然村，2930户，8853口人。其中农业人口8591人，非农业人口262人，（出生94人，死亡41人）。人口自然增长率为6.03‰。有汉、蒙、满、回四个民族，满、蒙、回族人口65人，占总人口的7.34%。全乡有九年一贯制寄宿学校一所，幼儿园一所，村级教学点8个。有在校生541人，教职工53人，其中高级职称2人，中级职称29人，初级职称18人。小学入学58人，幼儿62人。适龄儿童入学率达到100% ，初中毕业39人，升学率95%。有乡农技校1所，村农技校14所，专职教师1名，聘请教师5名。举办农村致富能手、回乡青年、下岗职工等人员培训班8期，培训学员500人次。有乡卫生院1所，医务人员9名，其中医师1人、医士4名，有病床10张。开设内科、外科、妇科、儿科、防疫，化验、B超、心电图、X光等项目。村卫生室15所，从业人员15人。

年内，乡党委、政府认真贯彻落实科学发展观，狠抓基础设施建设，努力抓好惠民工程，开创了名项工作的新局面。全乡实现农业总产值7441.66万元（现价），比上年增长4.8%；农村经济总收入3060万元，比上年减少67.9%；农民人均纯收入1791元，比上年增长6.60%。乡财政收入206万元，比上年增长0.98%。农业主要以种植小日期玉米为主，由于严重旱灾影响，全乡粮食总产量1127吨，比上年减产26.5%。实现种植业产值400万元，比上年减少81.5%。畜牧业以肉牛养殖为主，肉牛存栏6240头，出栏8200头；猪存栏7500头，出栏10300头；羊存栏11900只，出栏5400只，家禽存栏18600只。有矿山企业1家，经营萤石矿开采、加工，企业从业人数53名，经营收入52万元。全乡劳务输出1948人，收入451万元。基础设施建设不断完善，硬化了波浪湾至黑龙山、达志营至大营子，白四线至碾子沟3条通村公路4公里。全乡有商业网点43家，全年商品营业额69万元，同比增长1%；实现利润6万元，与上年持平。乡域内建网通基站3座，移动基站4座，联通基站1座，通讯信号覆盖全乡14个行政村。驻乡单位有供电所、派出所、卫生院。乡政府内设办公室、财政所、农业科、社会事务科、计划生育服务站、文化活动站。财政供养人员26人。在岗干部职工24人。

领导成员名单

党委书记：周成宝

乡　　长：李春玲（女）

人大主席：杨　春

副 书 记：曹志国

组织委员：王　涛（3月免）

　　　　　刘森明（3月任）

宣传委员：高　德（3月任）

武装部长：邹晨辉（3月任）

纪检副书记：赵永红（女）

副 乡 长：刘　桐

　　　　　王进才（3月免）

　　　　　王　涛（3月任）

人大副主席：侯正彪

地　址：三道川乡三道川村

邮　编：075533

电　话：6469016

【村委会换届选举】　1月，全乡14个村党支部（村委会）进行换届选举。登记选民6624人，实际参加选举5986人，参选率90.3%。选举村委员28名，村主任14名。连选连任的13人。13个村实行书记、主任一人兼。

【爱心人士倾情教育】　9月，LP学员投资23万，举办“爱心手拉手、成长心连心活动”，通过活动招引爱心企业家为九年一贯制学校捐款9万元，更换70间学生宿舍门窗。

【农业重点项目】　年内，金川肉鸡合作社联手华都集团投资230万元建设华都肉鸡养殖基地。一期工程8月底正式完工，建成养殖鸡舍4座，年底产出肉鸡4万只。国土资源局投资420万元对三道川村的滩涂进行治理改造，治理造地1400亩。9月底正式完工。投资125万元（上级扶贫资金50万元，自筹75万元）扩大猪苓种植规模。其中105万元栽培猪苓3.5万箱，20万元建设猪苓种植日光温室15座。

【文明生态村建设】　年内，投资29.7万元为文明生态村黑龙山村修缮村委会办公室9间，购置办公桌椅6套。投资46.8万元修建通村水泥路1.4公里，硬化村内街道1238米，建900平方米文化广场1处，修自然村沙石路500米，建主街外围墙224米，安装路灯9盏，修防洪排水渠1100米，加固小桥2座，挖水泉两眼。

【禁毒铲毒】　年内，出动宣传车辆15车次，发放宣传资料2000份，办宣传板报20多期，广播、讲座18次。全乡组织200人次，利用14天时间对辖区的地毯式踏查，铲除罂粟4.5亩。根据群众举报，抓获种植毒品犯罪人员4人，毒品种植行为得以有效打击。

【基础设施建设】　年内，投资100万元完成波浪湾至黑龙山段、达志营至大营子段、碾子沟村至白四线段的通村道路硬化工程，通行政村硬化率达到50%。为马道口村、桦树背村、小三道川村新打机井各1眼，配套小水井542眼。

【改善教育、卫生基础条件】　年内，投资12万元对九年一贯制学校食堂和院墙进行改造。升级改造食堂4间，加固院墙500米。乡卫生院新配置了X光机、B超机、洗胃仪、心电图医疗诊治器械。

【基层党组织建设】 年内，全乡共发展新党员21名，其中35岁以下青年18名，使全乡党员人数增加到670人。有8个支部被评选为“五个好支部”，占全部支部的57.1%。

【落实惠民政策】 年内，按照入户灾情调查统计，为灾民发放救灾面粉39175公斤，救灾煤82.3吨，救灾款2.01万元。新增低保户570户，发放低保资金102万元。合作医疗参合人数6361人，参合率73.56%，为住院村民报销医疗费28.4万元。发放退耕还林补贴资金96万元，粮食直补资金37.14万元，良种补贴资金6.6万元，汽车下乡补助资金1.6万元。家电下乡补助资金4.7万元。老党员生活补助资金9.2万元。

村情概况

【三道川村】 是乡政府所在地，距县城75公里。218户，746人（出生5人，死亡4人）。年末耕地总资源139公顷，常用耕地79公顷，有林地面积213公顷，荒山、荒地面积200公顷。粮食总产75吨，比上年减产44.4%；经济总收入271万元，比上年增长1倍；农民人均纯收入1829元，比上年增长28.4%。牛存栏206头，出栏210头；羊存栏500只，出栏2900只；猪存栏320头，出栏436头；鸡出栏10680只、存栏10600只；奶牛存栏3头。拥有机动车198辆（农用车38辆、出租车8辆、摩托车152辆）。家用电器364台（电视225部、洗衣机55部、电冰箱70部、电脑5台、照相机6架、录像机3架）。有手机260部，固定电话96部。从事个体经营22人，收入25万元；外出务工12人，收入19万元，占经济总收入的7.0%。有九年一贯制学校一所，本村在校生80人，入学率达到98%。幼儿园一所，幼儿20人。

村支部书记、村委会主任：赵　军

【黑龙山村】 位于乡政府东北部，距乡政府4公里。辖2个自然村，276户，810人（出生4人，死亡5人）。年末耕地总资源123公顷，常用耕地68公顷，有林地面积1886公顷，荒山、荒地面积866公顷。是林业大村。粮食产量128吨，比上年增产8.47%；牛存栏598头、出栏495头；羊存栏1500只、出栏2500只；猪存栏800头、出栏689头；鸡存栏685只、出栏490只，奶牛存栏4头。经济总收入267万元，比上年下降55.5%；农民人均收入1808元，比上年增长1.01%。硬化街道1238米，维修村委会9间。拥有机动车244辆（农用车15辆、小轿车9辆、出租车10辆、摩托车210辆）。家用电器367台（电视240台、洗衣机26台、电冰箱100台、电脑1台）。手机180部，固定电话86部。从事个体经营4人，收入5万元；外出务工132人，收入47万元。小学1所，在校生35人；村级卫生室1所，医务人员2人。获县级文明生态村称号。

村支部书记：杨　春（兼）

村委会主任：田　秀

【大营子村】 位于乡政府东南部，距乡政府4公里。辖4个自然村，225户，666人（出生3人，死亡4人）。年末耕地总资源141公顷，常用耕地77公顷。有林地面积1163公顷。粮食总产量86吨，比上年减产29.5%；经济总收入283万元，比上年下降60.9%；农民人均纯收入1827元，比上年增长6.72%。牛存栏958头，出栏1520头；羊存栏2400只，出栏4800只；猪存栏600头，出栏1586头，鸡存栏342只，出栏420只，奶牛存栏9头。拥有机动车213辆（农用车29辆、小轿车2辆、摩托车182辆）。家用电器285台（电视225台、电冰箱13台、洗衣机45台、电脑2台）。手机220部，固定电话93部。从事个体经营6人，收入12万元；外出务工132人，收入27万元，占全村总收入的9.54%。小学1所，在校生12人，入学率达到100%。村级卫生室1所，医护人员1人。

村支部书记、村委会主任：冯志明

【山神庙村】 位于乡政府西北部，距乡政府8公里。辖4个自然村，273户、982人（出生8人，死亡6人）。年末耕地总资源耕165公顷，常用耕地91公顷。有林地面积1019公顷，荒山、荒地面积1743公顷，是林业大村。粮食总产量150吨，比上年增产2.04%；经济总收入363万元，比上年增长81.5%；农民人均纯收入1837元，比上年增长6.68%。牛存栏948头，出栏1412头；羊存栏1800只，出栏2800只，猪存栏880头，出栏1386头。拥有机动车243辆（农用车10辆、小轿车10辆、出租车8辆、摩托车215辆）。家用电器296台（洗衣机25台、电冰箱23台、电视248台）。固定电话41部，手机50部。从事个体企业6人，收入7万元；外出务工348人，收入57万元。小学1所，在校生17人。村级卫生室1所，医护人员1人。

村支部书记、村委会主任：张立军

【碾子沟村】 位于乡政府北部，距乡政府2.5公里。辖2个自然村，160户，635人（出生2人、死亡2人）。年末耕地总资源108公顷，常用耕地59公顷。有林地面积689.6公顷。粮食总产量98吨，与上年持平；经济总收入249万元，比上年翻一番；农民人均纯收入1821元，比上年下降13.6%。牛存栏420头，出栏280头，猪存栏560头，出栏532头；鸡存栏642只，出栏350只，奶牛存栏8头。拥有机动车116辆（农用车10辆、小轿车3辆 、出租车7辆、摩托车96辆）。家用电器251台（电视185台，洗衣机20台，电冰箱40台，电脑6台，）。固定电话38部，手机110部。修建铅丝笼坝100米，河道180米。从事个体经营3人，收入4万元；外出务工146人，收入27万元，占总收入的10.8%。

村支部书记、村委会主任：赵玉林

【达志营村】 位于乡政府东西南部，距乡政府2.5公里。辖4个自然村，

250户，912人（出生8人，死亡4人）。年末耕地总资源145公顷，常用耕地79公顷。有林地面积499公顷，荒山、荒地面积669.2公顷。粮食总产量96吨，比上年减产26.7%；经济总收入329万元，比上年增长10.0%；农民人均纯收入1829元，比上年增长20.4%。牛存栏956头，出栏1440头；羊存栏2500只，出栏4200只；猪存栏640头，出栏1592头；鸡存栏504只，出栏490只，奶牛存栏15头。拥有机动车236辆（农用车35辆、小轿车10辆、出租车6辆、摩托车185辆）。家用电器342台（洗衣机50台，电冰箱45台、电视245台、电脑2台）。固定电话90部，手机600部。从事个体经营10人，收入18万元；外出务工312人，收入57万元，占总收入的17.3%。小学1所，在校生20人。村级卫生室1所，医生1人。

村支部书记、村委会主任：孟全义

【马道口村】 位于乡政府西北部，距乡政府9公里。全村200户，606人（出生2人，死亡3人）。年末耕地总资源174公顷，常用耕地99公顷。有林地面积699.3公顷，粮食总产量82吨。比上年减产42.3%；经济总收入238万元，比上年增长85.9%；农民人均纯收入1842元，比上年增长72.6%。牛存栏258头，出栏251头；猪存栏750头，出栏634头；鸡存栏649只，出栏230只，奶牛存栏3头。年内打机井2眼。村境内萤石矿资源丰富，明珠矿业投资50万进行矿山技术改造。拥有机动车179辆（农用车15辆、小轿车2辆、出租车4辆、摩托车158辆）。有家用电器211台（电视182台、洗衣机10台、电冰箱15台、电脑2台、照相机2架）。固定电话35部，手机210部。从事个体经营15人，收入20万元；外出务工96人，收入27万元，占总收入的11.3%；有村级卫生室1所，医务人员1人。

村支部书记、村委会主任：彭建亮

【东马厂村】 位于乡政府西北部，辖1个自然村，距乡政府3.5公里。全村126户，641人（出生3人，死亡2人）。年末耕地总资源96公顷，常用耕地55公顷。有林地面积286.6公顷，荒山、荒地面积200公顷。粮食总产量77吨，比上年减产12.5%；经济总收入120万元，比上年下降63.6%；农民人均纯收入1795元，比上年增长4.60%。牛存栏268头，出栏281头；猪存栏380头，出栏485头；奶牛存栏2头，鸡存栏478只，出栏250只。拥有机动车107辆（农用车15辆、小轿车4辆 、出租车10辆、摩托车78辆）。家用电器164台（电视120台、洗衣机21台、电冰箱20台、电脑3台）。固定电话35部，手机100部。从事个体经营12人，收入23万元；外出务工120人，收入26万元。小学1所，在校生24人，有村级卫生室1所，医务人员1人。

村支部书记、村委会主任：王永全

【小三道川村】 位于乡政府西北部，距乡政府6公里。全村72户262人（出生1人，死亡1人）。年末耕地总资源72公顷，常用耕地42公顷。有林地面积271公顷。粮食总产量35吨，比上年减产 53.3%；经济总收入 79 万元，比上年增长 1 倍；农民人均纯收入 1842 元，比上年增长 18.4%。牛存栏 224 头，出栏 282 头；猪存栏 350 头，出栏 453 头；羊出栏 1400 只，奶牛存栏 2 头，鸡存栏 295 只，出栏 200 只。拥有机动车 67 辆（农用车 10 辆、小轿车 3 辆、摩托车 51 辆、出租车 3 辆）。有家用电器 113 台（电视机 72 台、洗衣机 7 台、电冰箱 28 台、电脑 2 台、照相机 4 架）。固定电话 21 部，手机 60 部。打机井 2 眼，修铅丝笼坝 100 米，整理河道 120 米。从事个体经营 1 人，收入 2 万元；外出务工 40 人，收入 18 万元，占经济总量的 22.8%。有村级卫生室 1 所，医务人员 1 人。

村支部书记、村委会主任：王登成

【槽碾沟村】 位于乡政府西南部，距乡政府 5 公里。205 户，670 人（出生 4 人，死亡 2 人）。年末耕地总资源 191 公顷，常用耕地 109 公顷。有林地面积 689.6 公顷。粮食总产量 40 吨，比上年减产 74.7%；经济总收入 247 万元，比上年增长 3 倍；农民人均纯收入 1780 元，比上年增长 3.19%。牛存栏 263 头，出栏 359 头；羊出栏 600 只，猪存栏 250 头，出栏 617 头；奶牛存栏 2 头，鸡存栏 219 只，出栏 270 只。拥有机动车 188 辆（农用车 6 辆、小轿车 1 辆、摩托车 176 辆、出租车 5 辆）。家用电器 209 台（电视 169 台、洗衣机 15 台、电冰箱 25 台）。固定电话 42 部，手机 75 部。从事个体经营 3 人，收入 4 万元；外出务工 85 人，收入 31 万元。有小学 1 所，在校生 24 人；村级卫生室 2 所，医务人员 2 人。

村支部书记、村委会主任：肖玉河

【刘官窑村】 位于乡政府西北部，辖 1 个自然村，距乡政府 2.5 公里。全村 205 户 668 人（出生 2 人，死亡 2 人）。年末耕地总资源 107 公顷，常用耕地 58 公顷。有林地面积 137 公顷。粮食总产量 78 吨，比上年减产 20.4%；经济总收入 170 万元，与上年持平；农民人均纯收入 1890 元，比上年增长 5.76%。牛存栏 256 头，出栏 304 头；羊存栏 1600 只，出栏 2600 只；猪存栏 530 头，出栏 516 头；奶牛存栏 2 头，鸡存栏 500 只，出栏 270 只。拥有机动车 164 辆（农用车 6 辆、小轿车 1 辆、摩托车 157 辆）。家用电器 160 台（电视 123 台、洗衣机 12 台、电冰箱 20 台、电脑 5 台）。固定电话 40 部，手机 78 部。从事个体经营 3 人，收入 5 万元；外出务工 180 人，收入 30 万元。有小学 1 所，在校生 20 人；有村级卫生室 2 所，医务人员 2 人。

村支部书记、村委会主任：李常荣

【石片沟村】 位于乡政府西北部，距乡政府 12 公里。87 户，278 人（出生 2 人，死亡 2 人）。年末耕地总资源 84 公顷，常用耕地面积 49 公顷。有林地面积 428.6 公顷，荒山、荒地面积 467.9 公顷。全年粮食总产 20 吨，比上年减产 75.0%；经济总收入 250 万元，比上年增长 6 倍；农民人均纯收入 840 元，比上年减少 0.71%。牛存栏 287 头，出栏 286 头；羊出栏 500 只，猪存栏 400 头，出栏 468 头；奶牛存栏 2 头，鸡存栏 378 只，出栏 260 只。拥有机动车 60 辆（农用车 5 辆、小轿车 1 辆，出租车 2 辆、摩托车

52辆）。家用电器108台（电视87台、洗衣机10台、电冰箱8台、电脑2台、照相机1架）。固定电话30部，手机50部。从事个体经营经济2人，收入50万元；外出务工35人，收入6万元。有小学1所，在校生5人。

村支部书记、村委会主任：代文会

【老栅子村】 位于乡政府东北部，辖1个自然村，距乡政府12公里。黑龙山森林公园位于辖区内，紧邻沽源县金莲山庄、丰宁县军马场旅游区，旅游资源极其丰富。全村232户，721人（出生5人，死亡4人）。年末耕地总资源144公顷，常用耕地79公顷。有林地面积641.6公顷，荒山、荒地面积331.7公顷。粮食总产137吨，比上年增长7.87%；经济总收入250万元，比上年增长5倍；农民人均纯收入1818元，比上年增长1.17%。牛存栏456头，出栏476头；羊存栏2900只，出栏1100只；猪存栏860头，出栏648头；鸡存栏1900只，出栏570只，奶牛存栏3头。拥有机动车218辆（农用车25辆、小轿车10辆、出租车4辆、摩托车179辆）。有家用电器285台（电视213台、洗衣机40台、电冰箱16台、电脑5台、照相机5架、录像机6架）。有手机160部，固定电话23部。建农家院餐饮服务4家。从事个体经营4人，收入4万元；外出务工132人，收入53元，占经济总量的21.2%。有小学1所，在校生27人；村级卫生室2所，医务人员2人。

村支部书记、村委会主任：乔　慧

【桦树背村】 位于乡政府西南部，距乡政府8.5公里。辖2个自然村，全村121户，430人（出生5人，死亡4人）。年末耕地总资源58公顷，常用耕地32公顷。有林地面积800公顷，荒山、荒地面积200公顷。粮食总产量25吨，比上年减少37.5%；经济总收入147万元，比上年翻一番；农民人均纯收入1767元，比上年减少31.0%。牛存栏142头，出栏104头；羊存栏500只，出栏200只；猪存栏180头，出栏258头；鸡存栏408只，出栏320只。拥有机动车106辆（农用车15辆、小轿车3辆、出租车8辆、摩托车80辆）。家用电器126台（电视102台，洗衣机12台，电冰箱12台）。固定电话29部，手机65部。打机井2眼。从事个体经营5人，收入5万元；外出务工人员106人，收入25万元。有村级卫生室1所，医务人员1人。

村支部书记、村委会主任：肖金生

（翟瑞兵）

东万口乡

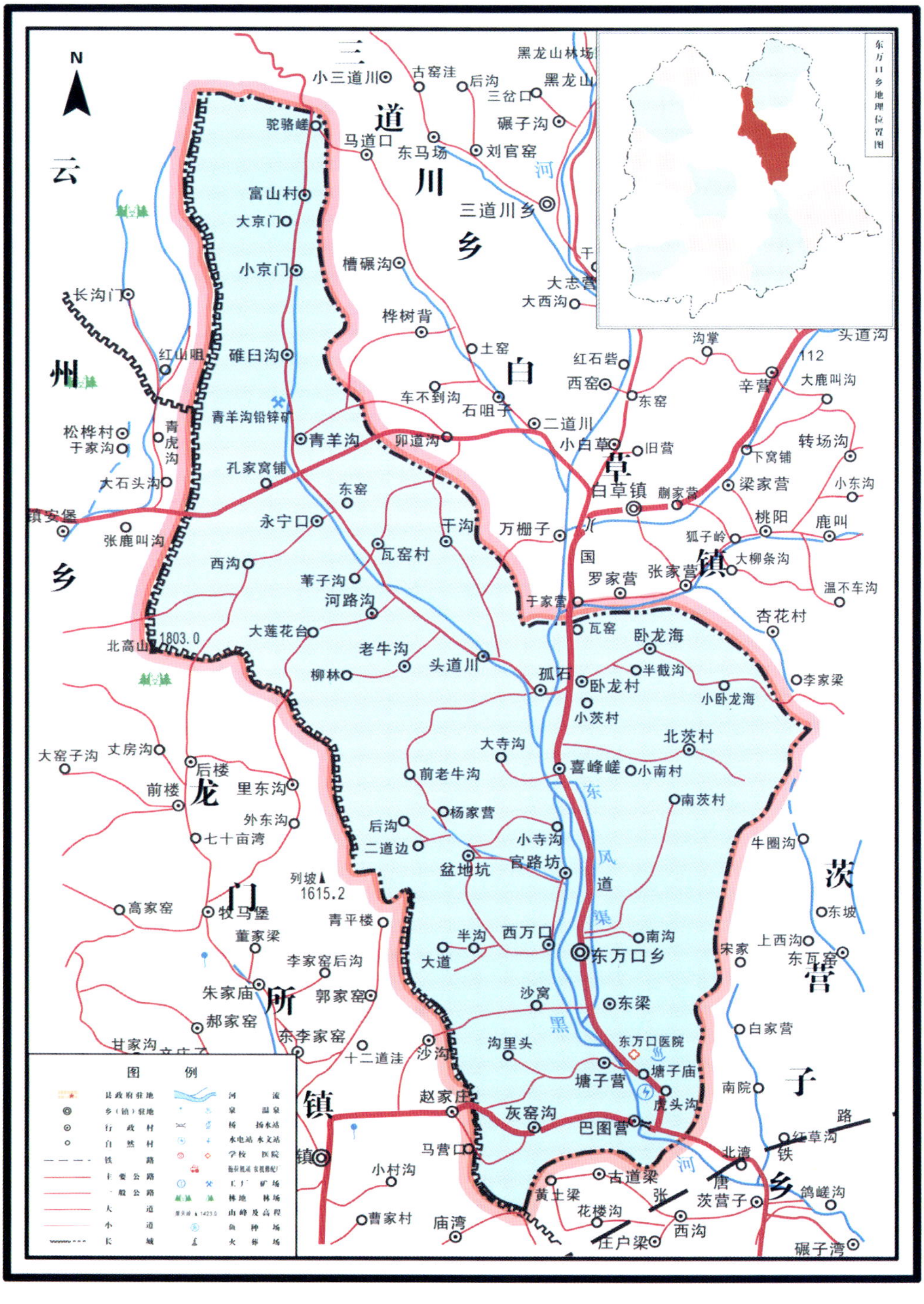

乡镇工作

【概况】 东万口乡位于赤城县东北部，距县城45公里。东邻三道川乡、白草镇，西接龙门所镇、云州乡，北靠沽源县，南连茨营子乡。地处北纬40° 59′，东经116° 04′。属黑河中游地区，地势东西狭窄，南北较长。乡政府所在地东万口村海拔830米，全乡平均海拔972.5米。属东亚大陆季风气候，年均气温8.8℃，常年降雨量459毫米，无霜期122天，日照2678小时。全乡总面积282.46平方公里，辖22个行政村，36个自然村，5273户，16930口人，其中农业人口16569人，非农业人口361人，（出生175人，死亡78人），人口自然增长率为5.59‰。少数民族有蒙古族，占全乡总人口5%，满族占全乡总人口1%。耕地总资源2974公顷，退耕地412.4公顷，宜林荒山5666公顷，草场8000公顷，森林覆盖率32.7%。全乡有13个行政村通水泥路，3个村通沙石路。有中学1所，在校生196名，教职工37人，毕业生71人，升学率60%。中心小学1所，完全小学2所，村级教学点10个，在校生952名，教职工54人，毕业生110人，升学率100%，入学率100%。有卫生院二所，病床200张，设22个村级卫生室。

年内，乡党委、政府立足乡情，坚持以市场为导向，以经济建设为中心，以培育新的经济增长点为目标，积极调整产业结构，形成了以酿酒、育肥牛、大棚蔬菜三大主导产业。全乡实现农业总产值6516万元，比上年增长7.6%；农村经济总收入2956万元，比上半年增长12.7%；农民人均纯收入1845万元，比上年增长12.3%。粮食总产量3274吨，比上年减产0.7%。蔬菜大棚发展到225栋，蔬菜产量119吨。年度造林250公顷。畜牧业总产值3154万元，牛存栏2000头，出栏3700头；羊存栏1200只，出栏19500只；猪存栏4800口，出栏7800口。有工商业网点389家，商品销售额1500万元，利润390万元。驻乡单位有信用社、供电所、土地所、派出所、卫生院、法庭、网通公司营业部。乡政府内设三个服务中心，即农业服务中心，计划生育服务中心，文化广播服务中心。在岗人员40人。

领导成员名单

党委书记：薛智凯

乡　　长：王贵海

人大主席：王　荣（3月免）

冯桂军（3月任）

副 书 记：张宏彪（3月免）

田世学（3月任）

组织委员：罗金海（3月免）

贾春生（3月任）

宣传委员：陈海龙

武装部长：郭建林（3月免）

黄文军（3月任）

纪委副书记：张丽萍（女）

副 乡 长：孙占军

郭建林（3月任）
人大副主席：祁桂荣（女　10月免）
乔小宇（10月任）
地　址：东万口乡东万口村
邮　编：075531
电　话：6410051

【十五届人大三次会议】 4月16日，召开东万口乡十五届人大三次会议，本届人代会共有代表54名，出席代表45名。会议通过了《政府工作报告》、《人大工作报告》两个报告并形成了决议。通过了农业产业化、村村通工程、卧龙海新民居建设、招商引资四个规划方案并形成了决议。

【新民居建设现场会】 8月5日，县委、县政府在乡政府召开新民居建设现场调度会。县委书记、赵占华、副书记王波、县委常委办公室主任白凤鸣出席会议，有关科局和乡镇参加会议。全体参会人员到卧龙海村现场参观了新民居建设工程，乡政府介绍了新民居建设情况。会上，县委、县政府对全县新民居建设工作进行了调度。

【基层组织建设】 年内，党委班子学历结构发生了重大变化本科学历以上占75%。有21名支部书记取得了或正在接受大专学历教育，支部成员达到大专学历的42名。书记、主任“一人兼”比例达到94.6%，大学生村官到达5名。培养入党积极份子209名，重点发展61名，其中35岁以下、高中文化以上达到90%。自筹15万元资金作为农村“两室”改善专项经费，新建了卧龙海、东梁高标准“两委”办公室，配齐了全部办公设备，“两室”达标率达97%。全年共查处2件党员违纪案件。

【中药材种植】 年内，全乡新增加中药材种植面积500亩，累计达到1200亩，其中黄芩达到950亩，贝母250亩。官路坊村种植贝母达到160亩，人均达0.5亩，形成一村一品产业。

【防汛工作】 年内，乡政府成立了以书记任政委，乡长任指挥长，各有关部门负责人参加的防汛指挥部和以基干民兵为主的40人防汛抢险队，各村成立了20—50人的抢险队伍。备尼龙编织袋2400条，铁锹2000把，绳索500条，铅丝10吨。疏通河道2500米，加固河床、河坝1700米。对村委会、学校、矿山企业、尾矿库、施工现场等公共场所进行了检查。对靠近山体、河道的村民住户确定了险情群众撤离地点。共召开广播会24次，张贴书写标语120条，发放防汛抢险资料4000多份，做到家喻户晓，人人皆知。

【落实惠民政策】 年内，农村低保扩面1160人，总数达2817人，发放低保金169万元。落实五保户266人，发五保金34.58万元。新农合参保14206人，参保率81%，报销医药费29.9万元。粮食直补面积25007亩，受补农户5273户，发放粮食直补金70万元。

【计划生育】 年内，全乡出生175人，死亡78人，计划外生育9人，征收社会抚养费2.8万元，计划生育率99.7%，出生率10.19‰，自然增长率5.59‰，综合节育率90.46%，长效避孕率97.12%，全面完成了市县年度考核目标。

【农业重点项目】 年内，总投资200万元，发展蔬菜产业，建中小拱棚100个，种植面积80亩。全乡蔬菜大棚累计发展到300栋，日光温室19栋，种植面积310亩。露天蔬菜800亩。育肥牛出栏2300头，存栏600头。种植黄芩、贝母中药材800亩，粮草兼用型玉米600亩。栽培猪苓100箱，灵芝3000箱。建野猪养殖场1处，饲养37头，野鸡养殖场4家，饲养1.5万只。

【文明生态村建设】 年内，完成瓦窑村文明生态村建设。硬化街道1000米，安装路灯12盏，新建村委会办公室5间。全乡累计有瓦窑村、炭夭沟村、西万口村、东万口村、卧龙海村、巴图营村6个村达到文明生态村标准。

【村村通工程】 年内，完成盆地坑、碓臼沟、小京门、富山村4个村通村工程，修水泥路10公里，完成卧龙海村修砂石路2.9公里。解决了5个村2600口人行路难问题。全乡到年底共完成12个村村通工程，总计修水泥路32公里。

【重点工程建设】 年内，投资15万元建设乡司法所7间。乡政府办公楼完成扫尾工程并搬迁，建设面积1700平方米，总投资240万元。两项工程均为续建项目，8月23日竣工，9月12日入住。

【自然灾害】 年内，发生暴雨洪水灾害3起，东梁、北茨、小京门、盆地坑、孤石、富山村6个村受灾。冲毁护村、护地坝1400米，耕地80亩。受灾农户1039户，3728口人。同时发生特大旱灾，旱灾受灾面积25507亩，涉及到全乡22个行政村，直接经济损失250多万元。

【塘子庙温泉开发】 年内，完成了项目核准、立项、土地环评等工作。总体规划通过审定，对土地及树木进行补偿，1250平方米办公楼入住。围院墙1600米，修建道路1000米。人工湖挖掘土石方10万立方米。完成了深水井工程，施工图设计，施工单位招标，确定了宾馆、个人温泉汤屋等，到位资金6000万元。

【世纪宝典酒业分公司】 年内，年生产能力达500吨，已成为产、供、销一体化中等规模专业酿酒公司。现生产高、中、低档等世纪宝典系列酒4个系列，18个品种。公司位于塘子营村，引进贵州省茅台镇资金和技术兴建，固定资产达700多万元。

【卧龙海新民居建设】 年内，完成村内主要街道绿化，修建花池34个，墙体美化1万多平方米，街道配套垃圾箱6个。建村民淋浴室1处，太阳能灶90个。共完成了8间村委会及村民文化活动中心装修，院面硬化250平方米，配置党员活动中心桌椅25套，以及村民文化活动中心全部设备。配置篮球架、乒乓球案及文体建身器材5件。完成农户沼气池35户，饮水井配套57眼。

村情概况

【东万口村】 是乡政府所在地，距县城45公里。辖1个自然村。全村

332户，1276口人（当年出生15人，死亡6人）。总面积15.4平方公里，耕地面积110公顷，全年粮食产量187吨，比上年减产14.9%。大牲畜存栏144头，出栏195头；猪存栏400口，出栏500口；羊存栏600只，出栏2600只。全村经济总收入415.4元，比上年增长6.1%；农民人均纯收入3400元，比上年增长8.7%。有固定电话138部。拥有机动车72辆（农用车36辆，出租车8辆，轿车28辆）。有个体摊点83个，收入120万元；外出务工370人，收入440万元。村内有卫生室1所。

村支部书记、村委员主任：孙富国

【富山村】 位于乡政府北部，距乡政府30公里，辖1个自然村。全村122户，358口人（当年出生4人，死亡1人）。总面积11.5平方公里，耕地面积49公顷。大牲畜存栏137头，出栏140头；猪存栏100口，出栏400口；羊存栏700只，出栏2020只。全村经济总收入60.5万元，比上年增长3%；农民人均纯收入1481元，比上年增长12%。拥有机动车6辆（农用车5辆，轿车1辆）。有个体摊点3个，收入6万元；年内外出务工56人，收入120万元。有卫生室1所。

村支部书记、村委员主任：张守兵

【小京门村】 位于乡政府西北部，距乡政府27公里，辖1个自然村。全村111户，394口人（当年出生3人，死亡2人）。总面积12.2平方公里，耕地面积35公顷，全年粮食产量53.5吨，比上年减产26.7%。大牲畜存栏201头，出栏113头；猪存栏200口，出栏300口；羊存栏600只，出栏2220只。全村经济总收入68.2万元，比上年增长3.1%；农民人均纯收入1386元，比上年增长14.9%。拥有机动车16辆（农用车11辆，出租车1辆，轿车5辆）。村有个体摊点4个，收入6万元；年内外出务工36人，收入79万元，有卫生室1所。

村支部书记、村委员主任：康　举

【碓臼沟村】 位于乡政府西北部，距乡政府25公里。全村171户，563人（当年出生2人，死亡4人）。总面积17.9平方公里，耕地面积61公顷，粮食产量116.3吨，比上年增长19.9%。大牲畜存栏154头，出栏219头；猪存栏100口，出栏200口；羊存栏1200只，出栏1700只。全村经济总收入91.9万元，比上年增长1%；农民人均纯收入1541元，比上年增长12.6%。拥有机动车12辆（农用车8辆，轿车4辆）。有个体摊点2个，收入5万元；外出务工56人，收入118万元。有卫生室1所。

村支部书记、村委员主任：王兴玉

【中青羊沟村】 位于东万口乡西北部，距乡政府23公里，辖1个自然村。全村221户，732口人（当年出生9人，死亡7人）。总面积9.6平方公里，耕地面积63公顷。粮食产量123吨，比上年增长35.1%。大牲畜存栏133头，出栏210头；猪存栏200口，出栏400口；羊存栏500只，出栏500只。全村经济总收入208.1万元，比上年增长3.4%；农民人均纯收入2980元，比上年增长13.9%。村街道硬化2500米。拥有机动车21辆（农用车16辆，出租车4辆，轿车1辆）。有个体摊点24个，收入53万元；外出务工136人，收入280万元，集体收入4.5万元。有卫生院1所，卫生室1所。

村支部书记、村委员主任：唐桂生

【永宁口村】 位于乡政府西北部，距乡政府21公里，辖2个自然村。全村303户，965口人（当年出生6人，死亡7人）。总面积14平方公里，耕地面积112公顷。粮食产量229.3吨，比上年增产11.8%。大牲畜存栏152头，出栏215头；猪存栏100口，出栏300口；羊存栏300只，出栏1780只。全村经济总收入160.9万元，比上年增长5.3 %；农民人均纯收入1670元，比上年增长14.3%。硬化道路2500米。拥有机动车15辆（农用车9辆，出租车1辆，轿车5辆）。有个体摊点14个，收入18万元；外出务工139人，收入230万元。有卫生室1所。

村支部书记、村委员主任：路桂林

【瓦窑村】 位于乡政府西北部，距乡政府18公里，辖1个自然村。全村162户，491口人（当年出生4，死亡2人）。总面积7.7平方公里，耕地面积54公顷，全年粮食产量94.3吨，比上年增长15.3%。大牲畜存栏150头，出栏212头；猪存栏200口，出栏200口；羊存栏700只。全村经济总收入80.9万元，比上年增长4.4%；农民人均纯收入1555元，比上年增长14%。拥有机动车17辆（农用车10辆，出租车1辆，轿车6辆）。有个体摊点5个，收入9万元；外出务工80人，收入130万元。有卫生室1所。被列为文明生态村，安装路灯12盏，硬化街道1000米，新建村委会办公室5间。

村支部书记、村委员主任：张文学

【河路沟村】 位于乡政府西北部，距乡政府17公里，辖1个自然村，全村232户，761口人（当年出生10人，死亡6人）。总面积18.7平方公里，耕地面积80公顷。粮食产量155.7吨，比上年增长41.5%。大牲畜存栏135头，出栏198头；猪存栏100口，出栏100口；羊存栏600口，出栏1140只。全村经济总收入127.6万元，比上年增长 4.9%；农民人均纯收入1700元，比上年增长14.3%。硬化道路2300米。拥有机动车28辆（农用车23辆，轿车5辆）。有个体摊点13个，收入18万元；外出务工130人，收入180万元。有卫生室1所。

村支部书记、村委员主任：杜　涛

【老牛沟村】 位于乡政府西北部，距乡政府15公里，辖1个自然村。全村151户，498口人（当年出生2人，死亡6人）。总面积9.9平方公里，耕地面积34公顷。粮食产量45.4吨，比上年减产9.2%。大牲畜存栏166头，出栏119头；猪存栏200口，出栏300口；羊存栏700只，出栏1180只。全村经济总收入90万元，比上年增长14%；农民人均纯收入1601元，比上年增长15.7%。拥有机动车21辆（农用车15辆，轿车6辆）。有个体摊点24个，收入34万元；外出务工98人，收入133万元。有卫生室1所。

村支部书记、村委员主任：任树亮

【头道川村】 位于乡政府西北部，距乡政府12公里。全村148户，496口人（当年出生4人，死亡4人）。总面积7.2平方公里，耕地面积34公顷。粮食产量122.8吨，比上年增长19.2%。大牲畜存栏131头，出栏124头；猪存栏100口，出栏500口；羊存栏500只，出栏520只。全村经济总收入78.2万元，比上年增长4.3%；农民人均纯收入1470元，比上年增长14.3 %。拥有机动车34辆(农用车19辆，出租车3辆，轿车12辆)。有个体摊点6个，收入10万元；外出务工60人，收入120万元。有卫生室1所。

村支部书记、村委员主任：冯庆东

【甘沟村】 位于乡政府西北部，距乡政府24公里，辖1个自然村。全村80户，218口人（死亡1人）。总面积6.7平方公里，耕地面积39公顷。全年粮食产量62.6吨，比上年减产63.8%。大牲畜存栏139头，出栏124头；猪存栏200口，出栏200口；羊存栏400只，出栏780只。全村经济总收入37.5万元，农民人均纯收入1044元，比上年增长12.2%。拥有农用车8辆。有个体摊点3个，收入4万元；外出务工49人，收入60万元。有卫生室1所。

村支部书记、村委员主任：赵存富

【孤石村】 位于乡政府西北部，距乡政府10公里。辖2个自然村，全村309户，1093口人（当年出生18人，死亡1人）。总面积12.2平方公里，耕地面积113公顷。粮食产量242.3吨，比上年增长12.6%。大牲畜存栏139头，出栏209头；猪存栏100口，出栏300口；羊存栏400只，出栏780只。全村经济总收入199.7万元，比上年增长1.3%；农民人均纯收入1980元，比上年增长13.1%。有固定电话22部。拥有农用车28辆，出租车3辆，轿车11辆。有个体摊点24个，收入31万元；外出务工265人，收入320万元。有卫生室1所。

村支部书记、村委员主任：常玉前

【卧龙海村】 位于乡政府东北部，距乡政府12公里，辖2个自然村，全村162户，470口人（当年出生5人，死亡2人）。总控制面积10.7平方公里，耕地面积73公顷。粮食产量145.7吨，比上年减产28.2%。大牲畜存栏129头，出栏168头；猪存栏200口，出栏400口；羊存栏500只，出栏1040只。全村经济总收入69.2万元，比上年增长29.7%；农民人均纯收入1110元，比上年增长11.3%。有固定电话23部。拥有机动车35辆（农用车17辆，出租车3辆，轿车15辆）。有个体摊点4个，收入8万元；外出务工110人，收入130万元。有卫生室1所。年内实施了新民居建设，共完成村委会及村民文化活动中心装修8间，院内硬化250平方米。配置村两委办公桌椅4套，党员活动中心桌欖25套，以及村民文化活动中心全部设备。配置篮球架、乒乓球案及文体建身器材5件。建农户沼气池35户，饮水井配套57眼。村内主要街道绿化，修建花池34个，墙体美化1万平方米，街道配套垃圾箱 6个。建村民淋浴室一处，太阳能灶90个。农户房屋装修37户。

村支部书记、村委员主任：张树亮

【北茨村】 位于乡政府东北部，距乡政府10公里，辖3个自然村，全村258户，845口人（当年出生6人，死亡7人）。总面积20.41平方公里，耕地面积109公顷。粮食产量235.6吨，比上年增产9%。大牲畜存栏214头，出栏136头；猪存栏300口，出栏400口；羊出栏800只，出栏1040只。全村经济总收入132.3元，比上年增长11.8%；农民人均纯收入1599元，比上年增长14.9%。拥有机动车31辆（农用车19辆，出租车2辆，轿车10辆）。有个体摊点9个，收入16万元；外出务工156人，收入210万元。有卫生室1所。

村支部书记、村委员主任：邢树杰

【喜峰碴村】 位于乡政府北部，距乡政府6公里，辖1个自然村，全村254户，848口人（当年出生6人，死亡2人）。总面积12.3平方公里，耕地面积93公顷。粮食产量186.7吨，比上年减产15.9%。大牲畜存栏138头，出栏200头；猪存栏100口，出栏400口；羊存栏900只，出栏520只。全村经济总收入146.3万元，比上年增长10.6%；农民人均纯收入1801元，比上年增长14.3%。有固定电话21部。拥有机动车40辆（农用车28辆，出租车1辆，轿车11辆）。有个体摊点24个，收入34万元；外出务工214人，收入330万元。有卫生室1所。

村支部书记、村委员主任：白　林

【官路坊村】 位于乡政府西安北部，距乡政府2.5公里，辖1个自然村。全村306户，1076口人（当年出生13人，死亡3人）。总面积7.6平方公里，耕地面积102公顷。粮食产量220.9吨，比上年减产13.8%。大牲畜存栏129头，出栏222头；猪存栏300口，出栏200口；羊存栏500只，出栏520只。全村经济总收入171.4万元，比上年增长8.9%；农民人均纯收入1700元，比上年增长15.2%。有固定电话32部。拥有机动车53辆（农用车29辆，出租车1辆，轿车23辆）。有个体摊点28个，收入41万元；外出务工280人，收入360万元。有卫生室1所。

村支部书记、村委员主任：郝瑞俭

【盆地坑村】 位于乡政府西北部，距乡政府5公里，辖5个自然村，全村290户，887口人（当年出生8人，死亡2人）。总面积21.6平方公里，耕地面积176公顷。粮食产量276吨，比上年增长27.7%。大牲畜存栏154头，出栏218头；猪存栏300口，出栏500口；羊存栏400只，出栏1300只。全村经济总收入110元，比上年增长27.9%；农民人均纯收入1100元，比上年增长13.2%。硬化道路3.5公里。有固定电话23部。拥有农用车21辆，轿车8辆。有个体摊点14个，收入30万元；外出务工156人，收入200万元。有卫生室1所。

村支部书记、村委员主任：闫志强

【西万口村】 位于乡政府西部，距乡政府1公里，辖6个自然村。全村348户，1281口人（当年出生10人，死亡4人）。总面积20.3平方公里，耕地面积97公顷。粮食产量186.1吨，比上年减产15%。大牲畜存栏112头，出栏195头；猪存栏300口，出栏520口；羊存栏400只，出栏280只。全村经济总收入160.3元，比上年增长9.6%；农民人均纯收入1550元，比上年增长14.2%。硬化道路500米。有固定电话23部。拥有机动车44辆（出租车4辆，农用车18辆，轿车32辆）。有个体摊点28个，收入40万元；外出务工180人，收入220万元。有卫生室1所。

村支部书记、村委员主任：张翠莲（女）

【东梁村】 位于乡政府东南部，距乡政府1.5公里。全村206户，635口人（当年出生4人，死亡3人）。总面积4.4平方公里，耕地面积59公顷。粮食产量101.1吨，比上年减产26.9%。大牲畜存栏110头，出栏162头；猪存栏500口，出栏480口；羊存栏300只，出栏480只。全村经济总收入96元，比上年增长17%；农民人均纯收入1471元，比上年增长12.3%。有固定电话21部。拥有机动车52辆（农用车18辆，出租车1辆，轿车33辆）。有个体摊点22个，收入33万元；外出务工97人，收入140万元。有卫生室1所。

村支部书记、村委员主任：狄治禄

【塘子营村】 位于乡政府南部，距乡政府4公里。辖2个自然村。全村337户，968口人（当年出生7人，死亡4人）。总面积17平方公里，耕地面积51公顷。粮食产量92.7吨，比上年减产12.5%。大牲畜存栏44头，猪存栏300口，出栏4300口；羊存栏300只，出栏260只。全村经济总收入190.3元，比上年增长7.9%；农民人均纯收入2041元，比上年增长11.9%。有固定电话32部。拥有机动车37辆（农用车16辆，轿车21辆）。有个体摊点16个，收入18万元；外出务工187人，收入260万元。有卫生室1所。

村支部书记、村委员主任：白玉成

【巴图营村】 位于乡政府东南部，距乡政府6公里。辖4个自然村。全村312户，1012口人（当年出生7人，死亡2人）。总面积9.3平方公里，耕地面积106公顷。粮食产量245.5吨，比上年增长9.6%。大牲畜存栏132头，出栏151头；猪存栏300口，出栏400口；羊存栏500只，出栏260只。全村经济总收入200.1元，比上年增长7.5%；农民人均纯收入2121元，比上年增长12.3%。有固定电话25部。拥有机动车56辆（农用车31辆，轿车25辆）。有个体摊点26个，收入34万元；外出务工160人，收入310万元。有卫生室1所。

村支部书记、村委员主任：段长垠

【炭窑沟村】 位于乡政府西南部，距乡政府12公里，全村158户，438口人（当年出生4人，死亡4人）。总面积7.6平方公里，耕地面积31公顷。粮食产量66.5吨，比上年减产23.5%。大牲畜存栏117头，猪存栏300口，出栏400口；羊存栏500只，出栏260只。全村经济总收入69.2元，比上年增长24.4%；农民人均纯收入1430元，比上年增长12.2%。拥有机动车37辆（农用车14辆，轿车23辆）。有个体摊点8个，收入19万元；外出务工98人，收入210万元。有卫生室1所。

村支部书记、村委员主任：李　广

（李建海）

莜营子乡

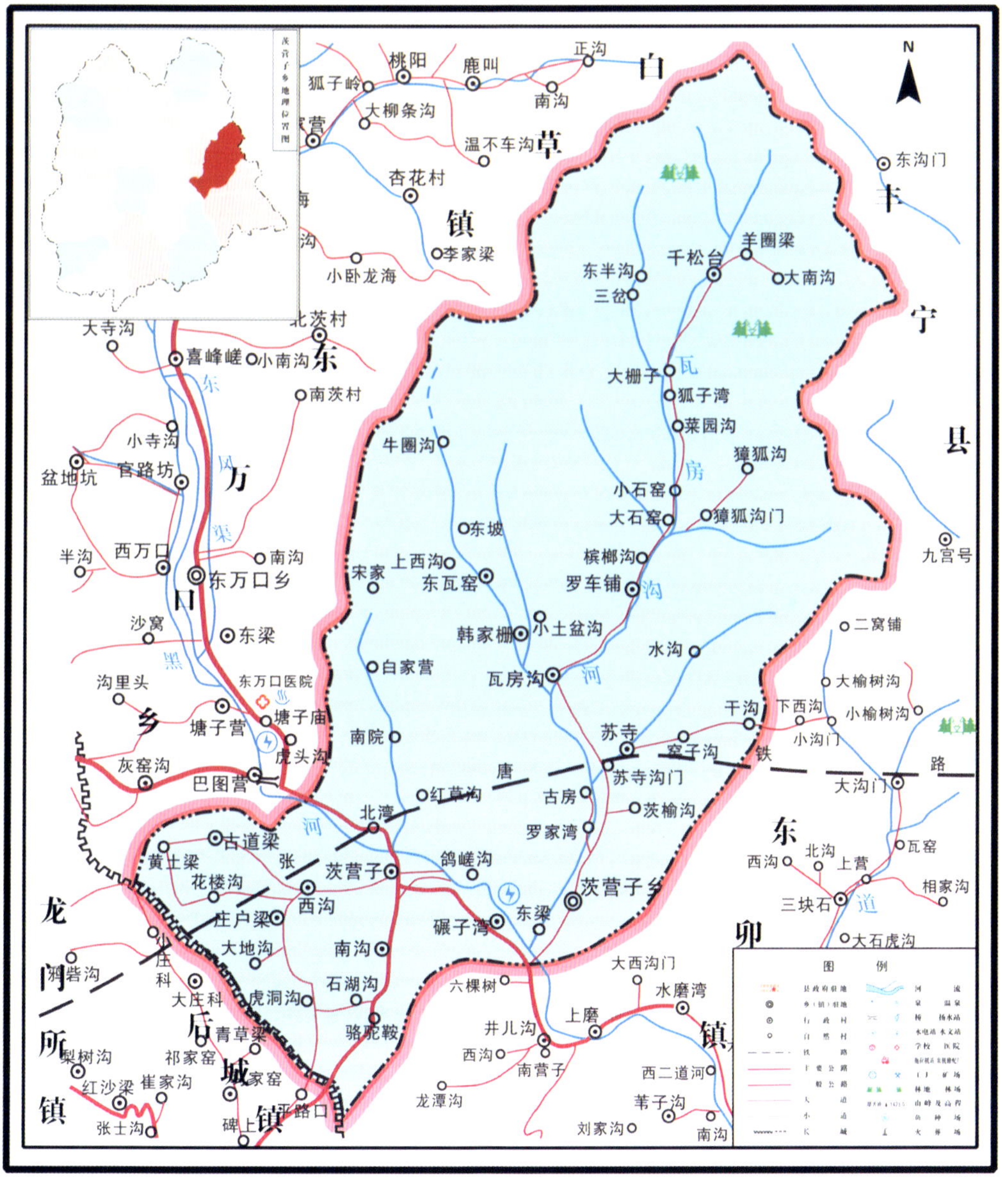
莜营子乡地理位置图
白
草
镇
丰
宁
县
东
万
口
乡
龙
门
所
镇
后
城
镇
东
卯
镇
桃阳
鹿叫
正沟
狐子岭
南沟
大柳条沟
温不车沟
杏花村
李家梁
小卧龙海
东沟门
羊圈梁
千松台
大南沟
东半沟
三岔
大栅子
狐子湾
莱园沟
獐狐沟
小石窑
大石窑
獐狐沟门
九宫号
槟榔沟
罗车铺
牛圈沟
东坡
上西沟
宋家
东瓦窑
韩家棚
小土盆沟
水沟
二窝铺
白家营
瓦房沟
大榆树沟
干沟
下西沟
小榆树沟
小沟门
苏寺
窑子沟
苏寺沟门
大沟门
南院
红草沟
古房
莜榆沟
罗家湾
北湾
古道梁
黄土梁
鸽嵯沟
莜营子
花楼沟
西沟
莜营子乡
东梁
碾子湾
庄户梁
大地沟
南沟
石湖沟
骆驼鞍
虎洞沟
六棵树
大西沟门
水磨湾
上磨
井儿沟
西沟
南营子
西二道河
龙潭沟
苇子沟
刘家沟
南沟
西沟
北沟
上营
瓦窑
三块石
相家沟
大石虎沟
大寺沟
北茨村
喜峰嵯
小南沟
南茨村
小寺沟
盆地坑
官路坊
半沟
西万口
东万口乡
南沟
沙窝
东梁
沟里头
东万口医院
塘子营
塘子庙
虎头沟
灰窑沟
巴图营
大庄科
青草梁
祁家窑
梨树沟
红沙梁
崔家沟
张士沟
碑上
平路口
瓦
房
沟
河
东
风
渠
黑
河
唐
张
铁
路
道
N
图例

乡镇工作

【概况】 茨营子乡位于赤城县东南部，属深山区，距县城50公里。东连丰宁县，西接后城镇、龙门所镇，北靠东万口乡、白草镇，南邻东卯镇。地处北纬40º55´，东经116º11´。乡政府所在地河口村海拔735米，全乡平均海拔1130米。年平均气温3.3—6.4℃，降水量470—606毫米，无霜期120—130天。辖13个行政村，60个自然村，总户数3235户，其中：农业户口3120户，非农业户口115户。总人口10956人，其中：农业人口10821人，非农业人口135人，（出生100人，死亡34人）人口自然增长率为5.53‰。有九年一贯制学校1所，茨营子、瓦房沟2个学区。教职工77名，在校生673名，幼儿园1所，有幼儿82名，学生入学率100%。有乡办卫生院1所，医务人员8名，病床26张，村医疗室17所。

年内，乡党委、乡政府认真贯彻落实科学发展观，全力抓好基层组织建设和精神文明建设。积极推进招引资工作，狠抓重点项目和基础设施建设。实现工农业总产值11767万元，比上年增长29.8%，其中：农业总产值6267万元，比上年增长6.6%；农村经济总收入11767万元，比上年增长42.5%；农村经济纯收入1973万元，比上年增长7.5%；农民人均纯收入1802元，比上年增长2.5%。乡域经济以农业为主，由于严重旱灾，全乡粮食总产量965吨，比上年减产71.18%。有草场14.5万亩，林间草地10万亩。建乡村企业2家，从业人员100人，营业收入760万元，个体户112户。劳务输出1574人，收入1038万元。通油路村3个，10.3公里；通水泥路村9个，38.1公里；通沙石路村1个，3公里。有手机1000部，固定电话732部。完成30公里高压线路的全部整改任务。住乡单位有供电所、邮政支局、派出所、信用社、卫生院。乡政府内设：党政办公室、财经办公室、社会事务办公室、农业综合服务中心、计划生育服务中心、文化广播服务中心。编制41名，在岗32名。

领导成员名单

党委书记：武耀锐

乡　　长：王海忠

人大主席：师建英（女）

副 书 记：田占军

组织委员：王　东

宣传委员：孙庆峰（女、9月任）

武装部长：闫　贵

纪委副书记：韩云飞（3月任）

副 乡 长：王进河

　　　　　张贵亮

人大副主席：尹晓辉

地　址：茨营子乡河口村

邮　编：075531

电　话：6429018

【岳照瑞到碾子湾村调研】 3月

18日，市扶贫办主任岳照瑞与县扶贫办负责人到碾子湾村进行调研，召开了村民代表座谈会，代表们对本村的发展提出意见和建议，岳照瑞提出了先发展生产，后解决生活问题的扶贫政策，并对建立互助资金合作社情况进行了讲解。

【禁毒铲毒】 4月，制定了《进一步加强禁种铲毒工作的安排意见》、《乡村干部承包的责任制》，成立了禁种铲毒领导小组，对两级干部签订了责任状。抽调12名乡干部成立禁种铲毒工作队，出动乡村铲毒人员320人次，车辆60台次，发现毒品原植物2.1万株，全部进行铲除。

【基层党组织建设】 年内，乡党委创新工作思路，成立了茨营子乡驻京流动党员通州支部委员会，管理茨营子乡33名在北京打工的流动党员。按照形势发展的要求，落实"坚持标准，改善结构，提高质量，慎重发展"的工作方针，全年发展党员34名，其中35岁以下32名，高中文化以上31名，党员总数达到534名。为10名村干部和2名离职村干部交纳了养老保险金。

【彩票扶贫项目规划】 年内，确定瓦房沟村为中央福利彩票扶贫项目村，项目总投资265万元，其中：彩票公益金项目资金145万元。实施基础设施项目5项：建防护坝1500米；引水工程1处；河道整理3000米；打浅水井50眼及配套；硬化街道2000米。环境改善项目3项："一建三改"60户，建文化广场2处，安路灯29盏。拨付村级互助金15万元。农业产业化项目1个。家庭养猪186户。

【道路硬化工程】 年内，完成苏寺村2000米通村水泥路工程，硬化罗车铺村村内街道1500米、茨营子村街道1100米。

【农业综合开发工程】 年内，引进北京军润发设备租赁中心在庄户梁村进行农业综合开发工程，完成耕地流转500亩，山坡、荒滩1000公顷，流转期均为20年，栽植油松1万株。计划到2020年总投资5000万元，流转耕地766公顷，流转山坡、荒滩1000公顷，滩涂开发造地66.6公顷，种植韩国苟杞833公顷，建存栏肉驴、肉牛养殖场1座，蓄水量1万立方米水库两座，狩猎场1家，避暑别墅20栋，苟杞饮料加工厂1座。

【鸿发、顺利养猪厂建设和扩建】 年内，投资120万在元苏寺村建鸿发养猪场1处，场区占地12亩，总建筑面积2700平米，出栏商品猪1600头，存栏600头，其中种猪48头。投资40万元扩建了碾子湾村顺利养猪厂。占地面积由原来1.2亩扩大到6亩，新建猪舍2100平方米。

【兑现各项惠民政策】 年内，发放优抚金293211元，救灾粮1.6万斤，救灾款1.9万元，两节慰问资金6.72万元，"五保户"生活保障款10.14万元，农村低保资金63.526万元，城镇低保资金16万元。粮食直补、综合直补涉及全乡2741户，12861.17亩，发放粮食直补资金3.6268万元，综合直补资金3.2014万元，为50名建国前老党员发放生活补贴款4.1万元。

村情概况

【河口村】 是茨营子乡政府所在地，距县城50公里。全村4个自然村，344户，1118人（出生17人，死亡2人）。耕地面积67.9公顷，粮食产量700吨，比上年增长2.3倍；经济总收入370万元，比上年增长9%；农民人均纯收入912元，比上年增长3.1%。安装固定电话114部，电视130台。拥有农用车70辆，轿车21辆。村内主街道硬化4400米，安装路灯41盏，固定垃圾池9个。村集体有门面房20间，年收入2万元。从事个体私营103户，总收入110万元；外出务工60人，纯收入60万元。有九年一贯制学校1所，村卫生室2所。

村支部书记、村委会主任：于　忠

【千松台村】 位于茨营子乡东北部，距乡政府16公里，辖6个自然村。全村302户，1026人（出生9人，死亡2人）。经济总收入280万元，同比增长6.6%；农民人均纯收入1925元，同比增长2.6%。安装固定电话115部。拥有农用车8辆，轿车42辆。外出务工140人，纯收入78万元。学生到离村12公里的瓦房沟村读书，学生入学率100%，有村卫生室2所。

村支部书记、村委会主任：卢金祥

【罗车铺村】 位于茨营子乡东北部，距乡政府9公里，辖12个自然村。全村432户，1485人（出生12人，死亡3人）。经济总收入482万元，同比增长5%；农民人均纯收入1990元，同比增长6.2%。安装固定电话86部。拥有农用车11辆，轿车8辆。从事个体私营103户，总收入110万元；外出务工265人，纯收入210万元。学生到距村3公里的瓦房沟村读书。学生入学率100%，有村卫生室3所。

村支部书记、村委会主任：刘东山

【东瓦窑村】 位于茨营子乡西北部，距乡政府8.5公里，辖8个自然村。全村271户，768人（出生7人，死亡5人）。经济总收入260万元，同比增长8%；农民人均纯收入2168元，同比增长3.9%。安装固定电话18部。拥有农用车8辆，轿车6辆。外出务工96人，纯收入74万元。学生到距村3.5公里的瓦房沟村上学，有卫生室1所。

村支部书记、村委会主任：董世生

【韩家栅村】 位于茨营子乡西北部，距乡政府10.5公里，辖4个自然村。全村205户，724人（出生9人，死亡5人）。经济总收入290万元，同比增长3.4%；农民人均纯收入2178元，同比增长6.2%。安装固定电话50部。拥有农用车32辆，轿车19辆。外出务工160人，纯收入85万元。学生到距村5公里的瓦房沟村上学，有村卫生室2所。

村支部书记、村委会主任：乔献文

【瓦房沟村】 位于茨营子乡西北部，距乡政府6公里，辖2个自然村。全村236户，775人（出生3人，死亡4人）。经济总收入330万元，同比增长9%；农民人均纯收入899元，同比增长

2.1%。安装固定电话130部。拥有农用车25辆，轿车17辆。村内主街道硬化1400米。外出务工103人，纯收入66万元。有小学1所，在校生110名，学生入学率100%。有村卫生室2所。

村支部书记、村委会主任：李 军

【苏寺村】 位于茨营子乡东北部，距乡政府3公里，辖5个自然村。全村279户，1033人（出生14人，死亡3人）。经济总收入370万元，同比增长11%；农民人均纯收入1970元，同比增长9%。安装固定电话42部。拥有农用车40辆，轿车9辆。外出务工186人，纯收入105万元。学生到距村3公里的河口村上学。

村支部书记、村委会主任：高庆和

【碾子湾村】 位于茨营子乡西南部，距乡政府2.5公里，辖2个自然村。全村220户，751人（出生7人，死亡1人）。经济总收入320万元，同比增长9.6%；农民人均纯收入911元，同比增长0.6%。安装固定电话36部。拥有农用车18辆，轿车6辆。村内主街道硬化1700米。外出务工85人，纯收入62万元。学生到距村2.5公里的河口村读书。有村卫生室2所。

村支部书记、村主任：李华品

【茨营子村】 位于茨营子乡西北部，距乡政府5公里，辖8个自然村。全村657户，2038人（出生14人，死亡3人）。经济总收入480万元，同比增长10.1%；农民人均纯收入2369元，同比增长8.1%。安装固定电话80部。拥有农用车28辆，轿车16辆。村内主街道硬化1100米。外出务工210人，纯收入115万元。有学校1所，单面两层教学楼1幢。在校生128名，有村卫生室3所。

村支部书记、村委会主任：卜向明

【南沟村】 位于茨营子乡西南部，距乡政府7.5公里，辖3个自然村。全村111户，418人（出生3人，死亡1人）。经济总收入170万元，同比增长8.6%；农民人均纯收入1933元，同比增长10.2%。安装固定电话6部。拥有农用车11辆，轿车4辆。外出务工57人，纯收入43万元。学生到距村2.5公里的茨营子村上学。

村支部书记、村委会主任：恒 德

【西沟村】 位于茨营子乡西北部，距乡政府7.5公里。全村78户，241人。经济总收入130万元，同比增长7.4%；农民人均纯收入1959元，同比增长9.5%。安装固定电话11部。拥有农用车17辆，轿车4辆。外出务工71人，纯收入55万元。学生到距村2.5公里的茨营子村上学。

村支部书记：樊玉华

村委会主任：焦玉江

【庄户梁村】 位于茨营子乡西南部，距乡政府9公里，辖5个自然村。全村107户，346人（出生2人，死亡1人）。经济总收入190万元，同比增长7.2%；农民人均纯收入1860元，同比增长4.9%。安装固定电话7部。拥有农用车4辆，轿车1辆。外出务工141人，纯收入85万元。学生到距村4公里的茨营子村上学。

村支部书记、村委会主任：郑 连

【古道梁村】 位于茨营子乡西北

部，距乡政府16.5公里，辖2个自然村。全村56户，190人（死亡4人）。全村经济总收入140万元，同比增长7.1%；农民人均纯收入894元，同比增长4.2%。安装固定电话4部。拥有农用车6辆，轿车1辆。外出务工98人，纯收入65万元。学生到距村11.5公里的茨营子村上学。

村支部书记、村委会主任：明　贵

（王　东）

云州乡

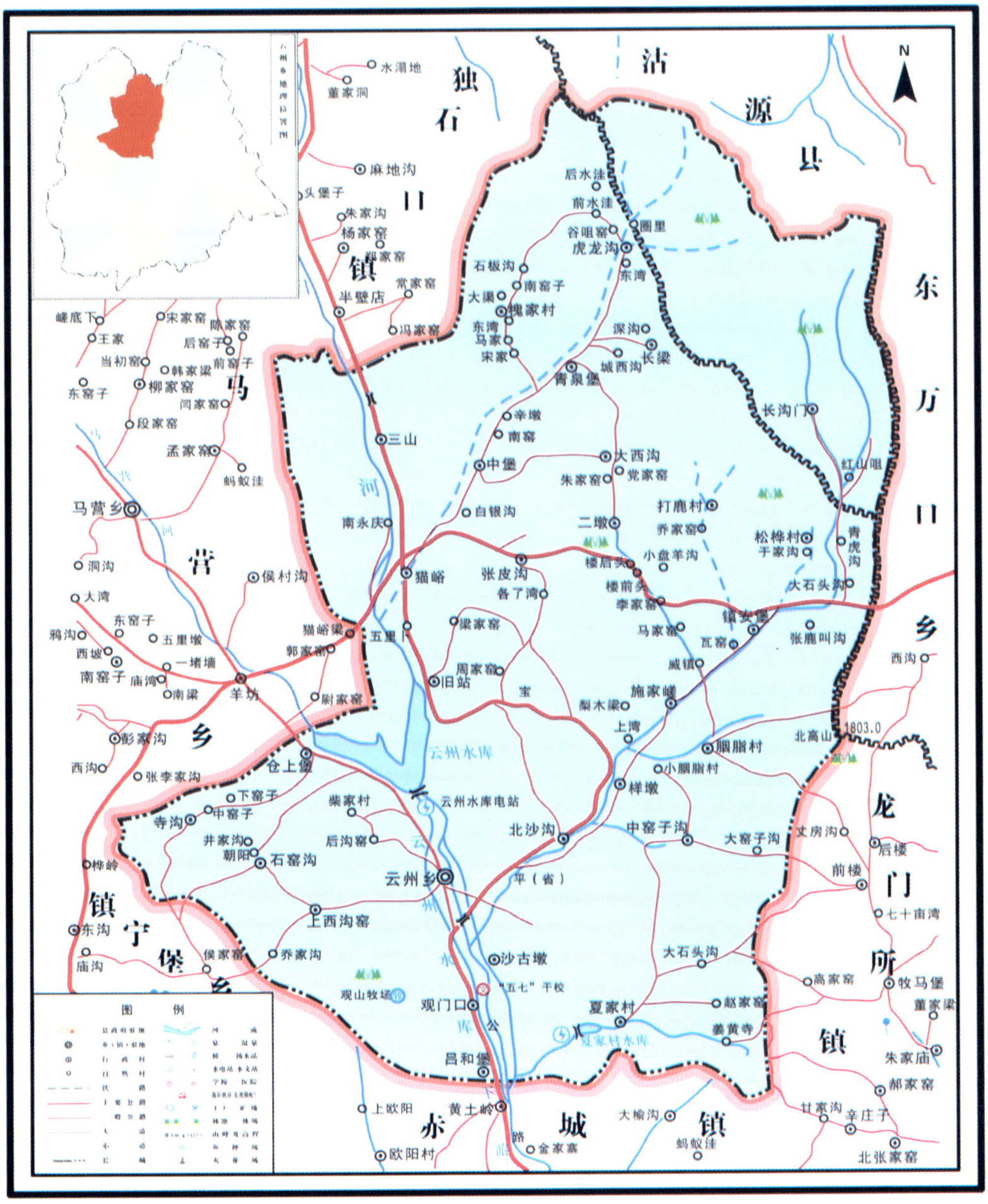
独石口镇
沽源县
东万口乡
马营乡
龙门所镇
宁堡乡
赤城镇
云州水库
云州乡
三山
南永庆
猫峪
张皮沟
青泉堡
中堡
大西沟
二墩
镇安堡
旧站
施家嵯
胭脂村
北沙沟
沙古墩
观门口
吕和堡
夏家村
上西沟窑
石窑沟
仓上堡
寺沟
长沟门
云州水库电站
夏家村水库
观山牧场
“五七”干校
1803.0
北高山
图例

乡镇工作

【概况】 云州乡位于赤城县西北部，乡政府距离县城20公里。南邻赤城镇，北靠独石口镇，东接东万口乡、龙门所镇，西连镇宁堡乡和马营乡。省道宝平线从境内通过。境内水资源丰富，云州水库存水总量为1.02亿立方米，是首都北京主要饮用水源地之一。地处北纬41° 02′，东经115° 46′。乡政府所在地北沙沟村海拔1030米，全乡平均海拔1199米。年均气温5.5℃，年均降水量450毫米，无霜期124天。全镇总面积520.34平方公里，是赤城县面积最大的乡镇。耕地面积3127公顷，其中水浇地1200公顷，林地2万公顷，草场1.33万公顷。辖29个行政村，70个自然村，5360户，18716万口人，8000个劳动力（出生185人，死亡21人），人口自然增长率为9.79‰。其中从事第一产业5000人，第二产业2000人，第三产业1000人。全乡设猫峪、云州2个校区，3个教学点（虎龙沟、旧站、沙古墩）。小学教学班23个，在校学生596名。中心幼儿园一所，幼儿46名。猫峪中学全部并到云州中心小学办公。云州中心小学新建1936平方米教学楼一幢。云州卫生院有职工8名，担负着辖区内1万多人口预防保健、计划免疫、临床医学、急诊急救等综合性服务。猫峪卫生院有医护人员6人，业务用房16间。驻乡单位：云州卫生院、猫峪卫生院、派出所、国土资源所、法庭、养路工区、新联通支局、邮政支局、电管站、信用社、水文站。乡内设综合办公室、党群科、农业科、企业科、计生科、财税民政科。行政、事业在岗人员42人。

年内，乡党委、乡政府认真落实科学发展观，努力抓好基层组织建设，矿山专项治理整顿，重点项目建设，铲毒禁毒等项工作，开创了工作新局面。全乡实现农业总产值6211万元，比上年减少0.95%；农村经济总收入12578万元，比上年增长3%。其中农业总收入6548万元，工业总收入3640万元，建筑业收入320万元，交通运输业收入1300万元，商业、餐饮业收入630万元，服务业收入250万元，其他收入130万元。农村经济纯收入3831万元，比上年增长4.8%；。农民人均纯收入1780元，比上年增长3.5%。粮食总产量1599吨，比上年减产65.1%，蔬菜总产量3175吨。全年植树造林387公顷，育苗10公顷，山杏仁116吨。实现畜牧业产值4162万元，肉类总产量1281吨，禽蛋产量155吨。

领导成员名单

党委书记：郭光所（3月免）
　　　　　杜笑飞（3月任）
乡　　长：杜笑飞（3月免）
　　　　　陈海军（3月任）
人大主席：陈海军（3月免）
　　　　　张润清（3月任）
副 书 记：张润清（3月免）
　　　　　李　盛（3月任）
组织委员：郭志刚（6月病世）
　　　　　汤　燕（女　10月任）
宣传委员：张海霞（女）

武装部长：张建峰（5月任）
纪委副书记：方正卫
副 乡 长：肖玉军
张升平（10月任）
人大副主席：任文辉
地 址：北沙沟村兵营
邮 编：075521
电 话：6443006

【党建工作】 1月，29个行政村顺利完成两委换届工作。全部实行书记、主任一人兼和“两委”成员交叉任职。“两委”成员文化程度整体达到高中以上。通过素质工程学习的“两委”干部达到55人。对新任村干部进行了警示教育培训。筹集资金15万元，为3个村新建了“两室”。从新分配的大学生“村官”中为沙古墩、二墩、吕和堡、寺沟村配备了村书记、村主任助理。

【禁、铲毒工作】 3月1日—4月30日，对禁毒工作进行了广泛宣传，乡党委、乡政府分别召开3次乡村干部大会，研究部署全乡禁毒工作，将禁毒工作纳入年终考核，直接与包村干部经费、村干部工资挂钩。云州小学开设了禁毒知识课程，进行了禁毒讲座，并发动学生走进家庭开展面对面的宣传教育。全乡共张贴禁毒宣传挂图50份，宣传通告120份，宣传标语650条，书写标语30条。组建起30人铲毒专业队伍，历时80天，共出动人员802人次，车辆223车次，支出费用24.66万元。共抓获违法人员5名，刑拘2人，治安处罚3人。

【国庆安保】 从8月开始，由各村支部书记或村主任任检查站站长，实行昼夜24小时在岗轮流值勤制度，对出入村人员进行检查。成立村级联防队对村内重点人员进行监控，并排查空闲房、出租房共计856户，3095间，各种机动车482辆，全部登记在册。成立水库安全保卫巡查小组，以水库周边旧站、云州、苍上堡三个村为主，组建了包村干部、村干部参加的20人河流看护队伍，确保水源安全。

【矿山专项治理整顿】 年内，乡政府成立乡矿管办公室，并联合国土所、派出所等有关部门开展了为期15天的矿山治理整顿。关停非法盗采矿点3个，遣散所有从业人员。国庆安保期间，乡矿山管理办公室、国土所、派出所又联合开展了矿山安全生产大检查，对辖区内所有矿山企业尤其是尾矿库进行了彻底排查，对发现存在的安全生产隐患问题的企业进行了处罚，责令限期整改，确保在国庆期间不出现任何安全生产事故，使矿山资源合理、有序开采。

【公益事业】 年内，投资24万元为云州村新建文化大院1处。投资18万元改建了乡计划生育服务中心。投资20万元改建了乡卫生院。

【计生工作】 年内，全乡已婚育龄妇女3681人，采取各种节育措施3303人，综合节育率89.73%。落实节育手术217例，其中女扎9例，上环208例，取环60例，人工流产13例。一孩育龄妇女1499人，采取节育措施1333人，其中放置节育器1271人，节育率达到89.73%。

村情概况

【北沙沟村】 是乡政府所在地。总面积14.5平方公里，林坡200公顷，其中经济林17.43公顷。全村206户，674口人（出生7人，死亡2人）。有耕地面积79.4公顷，粮食总产量53.2吨，比上年减产75.6%。牛存栏127头，出栏100头；马存栏7头；骡存栏25头；猪存栏33口，出栏205口；羊存栏206只，出栏240只；家禽存栏483只，出栏380只。肉类总产量40吨，禽蛋产量4吨。经济总收入546万元，农民人均纯收入1110元，比上年减少39.6%。安装固定电话5部，有手机180部。。拥有机动车10辆（农用车8辆，出租车2辆）。外出务工200人。有党员37名，建国前老党员3名。

村支部书记：赵艳艳（兼）

村委会主任：代　河

【云州村】 位于云州乡中部，距乡政府2.5公里，辖2个自然村。全村850户，2262口人（出生38人，死亡3人）。共有耕地94公顷，粮食总产量50.5吨，比上年减产92.7%。蔬菜作物面积30公顷，蔬菜总产量732.7吨。经济总收入966万元，人均纯收入2085元，比上年增长5%。牛存栏130头，出栏160头；猪存栏140口，出栏800口；羊存栏569只，出栏220只；家禽存栏833只，出栏730只。肉类总产量97吨，禽蛋产量5吨，水产品产量150吨。安装固定电话300部，有手机1100部。拥有机动车48辆（农用车30辆，出租车10辆，轿车8辆）。外出务工270人。有中心小学1所，幼儿园1所，在校生322名。有党员111名，建国前老党员2名。云州水库大锅鱼形成了一条街，独具特色。

村支部书记、村委会主任：甄桂兵

【样墩村】 位于云州乡东北部，距乡政府2.5公里。全村辖2个自然村，250户，679口人（出生5人）。总面积16.3平方公里，耕地面积126.6公顷，林坡800公顷，草场273公顷。粮食总产量47.9吨，比上年减产61.9%。蔬菜播种面积10公顷，蔬菜产量244吨。牛存栏137头，出栏110头；猪存栏32口，出栏220口；羊存栏209只，出栏420只；家禽存栏513只，出栏410只。肉类总产量45吨，禽蛋产量4吨。经济总收入662万元，农民人均纯收入1230元，比上年减少36.9%。安装固定电话4部，有手机200部。拥有机动车12辆（农用车7辆，出租车5辆）。有小卖部、电焊，年收入4万元。外出务工90人，占村总劳动力40%，年总收入20万元。食用菌、养殖业收入5万元。有学校1所，在校生28名。卫生室1所。有党员37名，建国前老党员2名。修通村公路1000米。

村支部书记、村委会主任：曹秀萍（女）

【观门口村】 位于乡政府东南部，宝平公路沿线。全村75户，455口人（出生6人，死亡2人）。有耕地70公顷，粮食总产量44.3吨，比上年减产

11.4%。蔬菜面积10公顷，总产量244吨。牛存栏237头，出栏170头；猪存栏57口，出栏160口；羊存栏149只，出栏160只；家禽存栏463只，出栏660只。禽蛋产量3吨。经济总收入246万元，人均纯收入1550元，与去年持平。安装固定电话4部，有手机100部。拥有农用车5辆。外出务工60人。

村支部书记：张剑峰

村委会主任：代　江

【三山村】 位于乡政府西北部。全村170户，524口人（出生4人，死亡1人）。有耕地面积48公顷，粮食总产量20.6吨，比上年减产77%。经济总收入508万元，人均纯收入1830元，与去年持平。牛存栏137头，出栏120头；猪存栏40口，出栏251口；羊存栏189只，出栏502只；家禽存栏433只，出栏330只。肉类总产量50吨，禽蛋产量3吨。安装固定电话10部，有手机70部，拥有农用车5辆。外出务工251人。有党员45名，建国前老党员3名。

村支部书记、村委会主任：温俊梅（女）

【吕和堡村】 位于乡政府东南部。总面积10.4平方公里，辖2个自然村。全村150户，584口人（出生3人）。耕地面积50.6公顷，林坡93公顷，其中经济林36公顷，草场308公顷。是蔬菜产业示范村，全村80%以上耕地种植甘兰。鱼池面积近5.4万平方米，成为全县最大的特种鱼养殖基地。粮食总产量60.9吨，比上年减产36.5%。蔬菜播种面积40公顷，蔬菜产量976.9吨。牛存栏97头，出栏90头；猪存栏30口，出栏240口；羊存栏119只，出栏280只；家禽存栏323只，出栏220只。肉类总产量40吨，禽蛋产量3吨，水产总产量148吨。农民人均纯收入1700元。比上年减少12.8%。安装固定电话10部。拥有机动车15辆（农用车13辆，出租车2辆）。有小卖部2个，年收入3万元。外出务工45人，占村总劳动力20%，总收入12万元。有小学1所，在校生35名。有卫生室1所。有党员34名。年内被列为文明生态村。

村支部书记、村委会主任：侯　文

【沙古墩村】 位于乡政府东南部。总面积7.1平方公里，辖2个自然村。全村131户，416口人（出生2人，死亡4人），耕地面积70公顷，林坡48公顷，其中经济林36.6公顷，草场286.6公顷。粮食总产量81.5吨，比上年增产4.5%。蔬菜播种面积30公顷，蔬菜产量732.7吨。牛存栏107头，出栏80头；猪存栏31口，出栏200口；羊存栏119只，出栏200只；家禽存栏393只，出栏290只。肉类总产量36吨，禽蛋产量3吨。经济总收入1273万元，人均纯收入1870元，比上年增长1.1%。安装固定电话30部有手机160部。拥有机动车5辆（农用车4辆，出租车1辆）。外出务工30人。有党员35名。

村支部书记、村委会主任：乔桂芳（女）

【夏家村】 位于云州乡东南部。总面积36.9平方公里，辖3个自然村。全村200户，767口人（出生3人）。耕地面积106公顷，林坡620公顷，其中经济林153公顷，草场1266公顷。粮食总产量38.6吨，比上年减产81.5%。牛存栏107头，出栏100头；猪存栏42口，出栏300口；羊存栏81只，出栏180只；家禽存栏503只，出栏400只。肉类总产量45吨，禽蛋产量5吨。经济总收入553万元，人均纯收入1650元，比上年增长1.9%。安装固定电话20部，有手机220部。拥有机动车6辆（农用车2辆，出租车3辆，轿车1辆）。外出务工100人。有党员33名。

村支部书记：肖玉军（兼）

村委会主任：胡全贵

【二墩村】 位于云州乡东北部，辖4个自然村。全村150户，583人，（出生3人）。耕地面积59.2公顷，粮食总产量54.8吨，比上年减产23.8%。牛存栏87头，出栏50头；猪存栏23口，出栏150口；羊存栏79只，出栏120只；家禽存栏203只，出栏100只。肉类总产量25吨，禽蛋产量4吨。经济总收入326万元，人均纯收入1400元，与上年持平。安装固定电话20部。外出务工150人，占村总劳动力75%。有党员30名，建国前老党员2名。

村支部书记、村委会主任：马占龙

【中窑子沟村】 位于云州乡东南部，辖3个自然村。全村150户，502口人（出生3人，死亡1人）。有耕地71公顷，粮食总产量66.9吨，比上年增产9.7%。牛存栏147头，出栏130头；猪存栏40口，出栏230口；羊存栏194只，出栏360只；家禽存栏523只，出栏420只。肉类总产量48吨，禽蛋产量4吨。经济总收入444万元，人均纯收入1330元，比上年增长2.3%。安装固定电话60部。外出务工111人，占村总劳动力50%；年收入50万元，占村总经济收入的11.3%。

村支部书记：狄守珍（兼）

村委会主任：刘桂忠

【镇安堡村】 位于云州乡东北部，辖2个自然村。全村310户，1046口人（出生10人，死亡1人）。总面积18.38平方公里，耕地面积160公顷，林坡1173公顷，其中经济林866.6公顷，草场306.4公顷。粮食总产量39.8吨，比上年减产77%。牛存栏77头，出栏60头；猪存栏38口，出栏390口；羊存栏169只，出栏238只；家禽存栏443，出栏340只。肉类总产量53吨，禽蛋产量4吨。经济总收入404万元，农民人均纯收入1050元，比上年减少41%。安装固定电话15部，有手机130部。拥有农用车4辆。个体商业、运输业年收入4万元。外出务工70人，年总收入60万元。有小学1所，在校生10名，教师1名。有卫生室1所。有党员76名，建国前老党员2名。硬化通村公路2500米。

村支部书记、村委会主任：王　飞

【张皮沟村】 位于云州乡东北部，辖2个自然村。全村52户，270口人（出生1人，死亡1人）。总面积7.3平方公里，耕地面积41.6公顷，林坡100公顷，其中经济林26.6公顷，草场146.6公顷。粮食总产量32.7吨，比上年增产2.2%。牛存栏97头，出栏80头；猪存栏12口，出栏360口；羊存栏24只，出栏100只；家禽存栏373只，出栏270只。肉类总产量45吨，禽蛋产量2吨。经济总收入456万元，农民人均纯收入1300元，比上年减少7.1%。拥有农用车1辆。外出务工34人，占村总劳动力50%，年总收入8.6万元。有卫生室1所。有党员27名。

村支部书记、村委会主任：杨　浦

【松桦村】　位于云州乡东北部。全村35户，171人（出生1人）。总面积6.96平方公里，耕地面积21公顷，林坡333公顷，其中经济林13.3公顷，草场20公顷。粮食总产量97.9吨，比上年增长2.1倍。牛存栏97头，出栏120头；猪存栏19口，出栏61口；羊存栏99只，出栏160只；家禽存栏613只，出栏510只。肉类总产量35吨，禽蛋产量3吨。经济总收入262万元，农民人均纯收入625元，比上年减少51.9%。安装固定电话1部，有手机25部。拥有农用车1辆。外出务工70人，占村总劳动力50%，总收入14万元。有党员11名。

村支部书记：王　飞

村委会主任：姚志斌

【槐家村】　位于云州乡东北部，辖18个自然村。全村110户，435人（出生1人，死亡1人）。耕地面积101.8公顷，林坡216公顷，其中经济林46.6公顷，草场66.6公顷。粮食总产量61.4吨，比上年增长4%。牛存栏87头，出栏90头；猪存栏13口，出栏200口；羊存栏29只，出栏520只；家禽存栏353只，出栏250只。肉类总产量40吨，禽蛋产量5吨。经济总收入314万元，农民人均纯收入1400元，比上年减少6.6%。安装固定电话18部。拥有机动车7辆（农用车2辆，出租车3辆，轿车2辆）。外出务工30人，年总收入7万元。有党员30名。

村支部书记、村委会主任：宋　涛

【猫峪村】　位于云州乡西北部，距乡政府10公里，辖3个自然村。全村410户，1202人（出生18人，死亡1人）。总面积21.1平方公里，耕地面积200公顷，林坡200公顷，其中经济林33.3公顷，草场13.3公顷。粮食总产量154.5吨，比上年减产28.4%。牛存栏177头，出栏160头；猪存栏52口，出栏652口；羊存栏269只，出栏200只；家禽存栏513只，出栏410只。肉类总产量81吨，禽蛋产量5吨。经济总收入793万元，农民人均纯收入1500元，比上年减少21%。安装固定电话35部。拥有机动车6辆（农用车3辆，出租车3辆）。外出务工150人，总收入45万元。有小学1所，在校生150名，教师12名；幼儿园1所，在园幼儿40名，教师1名。有村卫生室3所。

村支部书记：侯正刚

村委会主任：赵明海

【长沟门村】　位于云州乡东北部，辖4个自然村。全村140户，656口人（出生2人）。总面积40.3平方公里，耕地面积72.6公顷，林坡4333公顷，其中草场1200公顷。粮食总产量16.1吨，比上年减产91.7%。牛存栏67头，出栏70头；猪存栏22口，出栏200口；羊存栏159只，出栏340只；家禽存栏293只，出栏190只。肉类总产量40吨，禽蛋产量4吨。经济总收入538万元，农民人均纯收入1830元，比上年增长7.6%。安装固定电话110部。拥有机动车15辆（农用车12辆，出租车3辆）。外出务工260人，总收入20万元。辖区内有双吉矿业有限公司、赤城铅锌集团从事矿业开发。有党员29名。

村支部书记、村委会主任：王　胜

【胭脂村】 位于云州乡东北部，辖2个自然村。全村95户，365人（出生2人）。耕地面积48.5公顷，林坡266.6公顷，其中经济林20公顷，草场333公顷。粮食总产量50.2吨，比上年减产3.5%。牛存栏157头，出栏140头；猪存栏50口，出栏180口；羊存栏114只，出栏460只；家禽存栏593只，出栏490只。肉类总产量46吨，禽蛋产量5吨。安装固定电话50部。拥有机动车13辆（农用车10辆，出租车3辆）。外出务工40人，总收入42万元。

村支部书记、村委会主任：石凤海

【上西沟窑村】 位于云州乡西南部。全村100户，425人（出生1人）。总面积11.8平方公里，耕地面积150公顷，林坡514公顷，其中经济林200公顷，草场66.6公顷。粮食总产量44.6吨，比上年减产12.5%。牛存栏87头，出栏70头；猪存栏22口，出栏180口；羊存栏34只，出栏340只；家禽存栏383只，出栏280只。肉类总产量33吨，禽蛋产量4吨。经济总收入178万元。安装固定电话16部。拥有农用车30辆。外出务工100人，年总收入6万元。辖区内有双吉矿业有限公司、铅锌集团从事矿业开发。有党员30名，建国前老党员1名。

村支部书记、村委会主任：王永恒

【寺沟村】 位于云州乡西北部，辖2个自然村。全村138户444人（出生2人，死亡1人）。总面积9.77平方公里，耕地面积26.6公顷，林坡200公顷，其中经济林93.3公顷，草场333公顷。粮食总产量29.8吨，比上年减产50.3%。牛存栏107头，出栏90头；猪存栏37口，出栏195口；羊存栏84只，出栏180只；家禽存栏453只，出栏350只。肉类总产量36吨，禽蛋产量3吨。经济总收入391万元，农民人均纯收入1020元，比上年减少30.1%。安装固定电话5部。外出务工25人，总收入10万元。有党员38名，建国前老党员5名。

村支部书记、村委会主任：许　润

【虎龙沟村】 位于云州乡东北部，辖7个自然村。全村256户，956人（出生12人，死亡1人）。总面积34.5平方公里，耕地面积86.6公顷，林坡2000公顷，其中经济林333公顷，草场400公顷。粮食总产量65.8吨，比上年减产59.1%。牛存栏134头，出栏90头；猪存栏20口，出栏420口；羊存栏189只，出栏520只；家禽存栏300只，出栏170只。肉类总产量58吨，禽蛋产量4吨。经济总收入563万元，农民人均纯收入1350元，比上年减少23.3%。安装固定电话10部。拥有机动车8辆（农用车2辆，出租车1辆，轿车5辆）。有小学1所，学生19名，教师1名。有党员21名。

村支部书记：赵　龙

村委会主任：李富海

【清泉堡村】 位于云州乡东北部。

全村150户，630人（出生6人）。耕地面积113.3公顷，林坡400公顷，其中草场100公顷。粮食总产量86吨，比上年减产14%。牛存栏67头，出栏50头；猪存栏32口，出栏100口；羊存栏79只，出栏160只；家禽存栏313只，出栏210只。肉类总产量23吨，禽蛋产量4吨。经济总收入308万元，农民人均纯收入1000元，比上年减少41.2%。安装固定电话8部，有手机100部。拥有农用车10辆。有小学1所，学生14名，教师1名。有党员43名，建国前老党员6名。

村支部书记、村委会主任：赵万云

【石窑沟村】 位于云州乡西北部，辖3个自然村。全村164户，506人（本年出生8人，死亡1人）。总面积13平方公里，耕地面积53.3公顷，林坡200公顷，其中经济林66.6公顷，草场333.3公顷。粮食总产量52吨，比上年增产2%。牛存栏87头，出栏80头；猪存栏24口，出栏240口；羊存栏129只，出栏140只；家禽存栏343只，出栏240只。肉类总产量35吨，禽蛋产量4吨。经济总收入367万元，农民人均纯收入1040元，比上年减少30.6%。安装固定电话28部。拥有农用车1辆。有党员23名。

村支部书记、村委会主任：陈歧录

【旧站村】 位于云州乡正北部，辖2个自然村。全村310户，1022人（出生20人）。总面积24.3平方公里，耕地面积109.6公顷，林坡933公顷，其中经济林33.3公顷，草场117公顷。粮食总产量76.3吨，比上年减产73.5%。牛存栏127头，出栏100头；猪存栏34口，出栏330口；羊存栏134只，出栏420只；家禽存栏393只，出栏290只。肉类总产量47吨，禽蛋产量3吨。经济总收入422万元。安装固定电话20部。拥有机动车32辆（农用车27辆，出租车2辆，轿车3辆）。有小学1所，学生38名，教师1名。有党员44名。

村支部书记：张润清

村委会主任：郭万全

【打鹿村】 位于云州乡东北部。全村110户，486人（出生3人）。总面积18.13平方公里，耕地面积42.3公顷，林坡66.6公顷，其中草场133.3公顷。粮食总产量28.8吨，比上年减产54.3%。牛存栏87头，出栏80头；猪存栏22口，出栏210口；羊存栏69只，出栏320只；家禽存栏263只，出栏160只。肉类总产量42吨，禽蛋产量4吨。经济总收入378万元，农民人均纯收入560元，比上年减少62.6%。安装固定电话10部。拥有农用车4辆。有党员6名，建国前老党员2名。

村支部书记、村委会主任：吴建成

【施家嵯村】 位于云州乡东北部。全村130户，446人（出生3人）。耕地面积70.6公顷，草场100公顷。粮食总产量38.7吨，比上年减产41.4%。牛存栏107头，出栏80头；猪存栏34口，出栏231口；羊存栏129只，出栏160只；家禽存栏373只，出栏270只。肉类总产量35吨，禽蛋产量4吨。经济总收入377万元，农民人均纯收入1150元，比上年减少28.1%。安装固定电话7部。拥有农用车3辆，出租车1辆。有党员27名。

村支部书记、村委会主任：郭孝城

【长梁村】 位于云州乡东北部，辖3个自然村。全村102户，460人（出生5人）。总面积11.2平方公里，耕地面积41公顷，林坡230公顷，其中经济林25.3公顷，草场113.3公顷。粮食总产量 46.9吨，比上年减产30%。牛存栏97头，出栏30头；猪存栏16口，出栏420口；羊存栏79只，出栏120只；家禽存栏323只，出栏220只。肉类总产量55吨，禽蛋产量4吨。经济总收入267万元，农民人均纯收入1100元，比上年减少31.3%。安装固定电话12部。有轿车4辆。外出务工20人，占村总劳动力5%；年总收入10万元，占村总经济收入30%。有党员30名。

村支部书记、村委会主任：白占斌

【中堡村】 位于云州乡东北部，辖3个自然村。全村230户，911人（本年出生8人）。总面积19.12平方公里，耕地面积66.6公顷，林坡266公顷，其中经济林66.6公顷，草场133.3公顷。粮食总产量95.3吨，比上年减产67.9%。牛存栏67头，出栏40头；猪存栏24口，出栏205口；羊存栏69只，出栏280只；家禽存栏433只，出栏330只。肉类总产量32吨，禽蛋产量4吨。经济总收入216万元，农民人均纯收入1100元，比上年减少34.5%。安装固定电话7部，手机252部。拥有农用车3辆，出租车3辆。外出务工 56 人，占村总劳动力30%；年总收入25万元，占村总经济收入51%。有党员40名。硬化通村公路3500米。

村支部书记、村委会主任：范登成

【大西沟村】 位于云州乡东北部。全村54户，296人（出生1人）。总面积6.8平方公里，耕地面积35.3公顷，林坡103公顷，其中经济林36.6公顷，草场68公顷。粮食总产量40.8吨，比上年增产7.4%。牛存栏107头，出栏100头；猪存栏32口，出栏120口；羊存栏99只，出栏260只；家禽存栏313只，出栏210只。肉类总产量38吨，禽蛋产量3吨。全村经济总收入263万元，农民人均纯收入550元，比上年减少61.8%。安装固定电话10部。拥有农用车3辆。外出务工10人，总收入6万元。有党员20名，建国前老党员1名。

村支部书记、村委会主任：赵志兵

【苍上堡村】 位于云州乡西北部。全村165户，504人（出生7人，死亡1人）。总面积14.4平方公里，耕地面积32.5公顷，林坡20公顷，其中经济林6.6公顷，草场333公顷。粮食总产量22.4吨，比上年减产70.9%。牛存栏117头，出栏80头；猪存栏29口，出栏190口；羊存栏129只，出栏100只；家禽存栏270只，出栏270只。肉类总产量35吨，禽蛋产量3吨。全村经济总收入346万元，农民人均纯收入995元，比上年减少40.8%。安装固定电话10部。外出务工有25人，总收入10万元。有党员38名，建国前老党员5名。

村支部书记、村委会主任：杜玉福

（吴建利）

样田乡

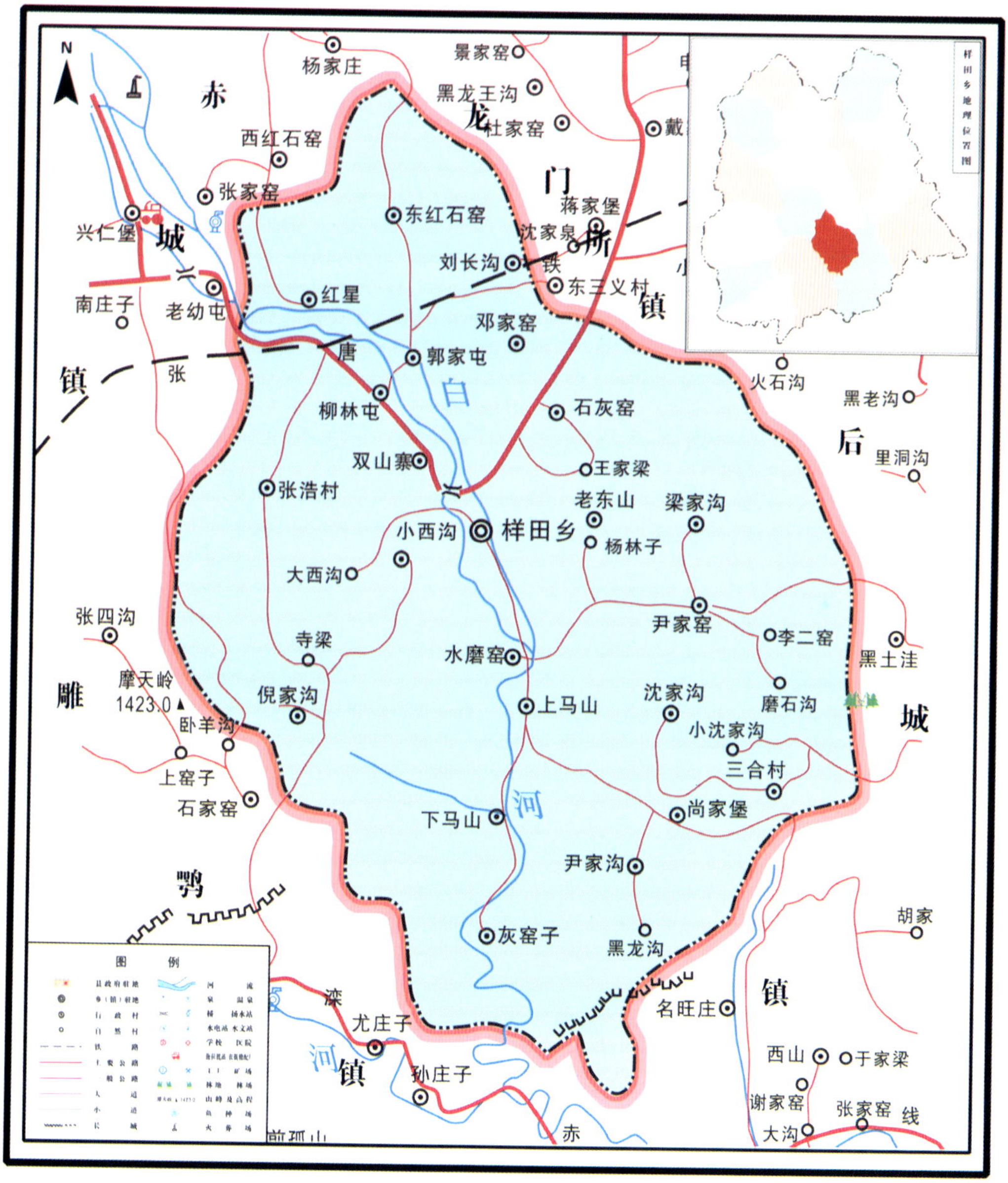
赤
城
镇
龙
门
所
镇
后
城
雕
鹗
镇
滦
河
镇
白
河
杨家庄
景家窑
黑龙王沟
杜家窑
西红石窑
张家窑
兴仁堡
南庄子
老幼屯
东红石窑
蒋家堡
沈家泉
刘长沟
东三义村
红星
邓家窑
郭家屯
柳林屯
双山寨
石灰窑
王家梁
张浩村
老东山
梁家沟
小西沟
样田乡
杨林子
大西沟
尹家窑
李二窑
黑土洼
寺梁
水磨窑
张四沟
摩天岭
1423.0
倪家沟
上马山
沈家沟
磨石沟
卧羊沟
小沈家沟
上窑子
三合村
石家窑
尚家堡
下马山
尹家沟
灰窑子
黑龙沟
名旺庄
尤庄子
孙庄子
火石沟
黑老沟
里洞沟
胡家
西山
于家梁
谢家窑
张家窑
大沟
图例

乡镇工作

【概况】 样田乡位于赤城县东南部，距县城15公里，白河水流经全乡9个行政村。东与龙门所镇接壤，南与后城镇毗邻，西与雕鹗镇交界，北与赤城镇相连。地处北纬40° 49′，东经115° 56′，乡所在地样田村海拔800米，全乡平均海拔885米。为大陆季风气候，年平均气温6.2℃。全乡总面积189.78平方公里，年末有耕地总资源1809公顷，常用耕地940公顷。全乡辖23个行政村，10个自然村，3922户，其中：农业户口3740户，非农业户口182户。总人口8909人，其中：农业人口8665人，非农业人口244人，（出生169人，死亡30人）人口自然增长率为10.26‰。全乡有男女劳动力3210人，其中从事第一产业的2930人，从事第二产业的190人，从事第三产业的90人。乡内设农村信用社1处，邮局设点1处。有小学校7所，在校生455名，教师44名，入学、升学率达95%。中学校1所，学生73名，教师34名。入学、升学率达84%。有特殊教育学校1所，招收残疾学生24名，教师13名。幼儿园1所，幼儿20人。设乡镇卫生院1所，医生10人，有病床8张。有村文化广场2处。敬老院1处，收养“五保”老人28人。乡域内建移动基站23座，联通基站1座。

年内，乡党委、政府坚持科学发展理念，以突出发展为第一要务和富民为第一责任；以发展高效农业、加快新农村建设、构建和谐社会为突破口和切入点，依托土地和水利条件的优势，加大种植业招商力度，加快蔬菜产业的步伐，促进了各项社会事业健康发展，加快了富民强乡步伐。实现农业总产值2352.4万元，比上年增长32.5%；农村经济总收入3230万元（现价），比上年增长0.51%；农民人均收入2098元，比去年增长6.7%；居民存款余额3500万元，比上年同比增长118.75%；乡财政收入280万元，比上年增长30.48%；粮食总产量1267吨，比上年减产32.7%。其中蔬菜产值1114.6万元，现有利农集团下马山蔬菜基地、鑫科公司柳林屯蔬菜基地、昌平区原种厂双山寨草莓基地、香港百利高食品公司柳林屯蔬菜基地、北京阳光沐禾科技公司养生菜基地5个蔬菜基地搞蔬菜种植。完成了县政府年初安排的一村、一园、一路、一山的绿化任务。明晰产权210227亩，完成总数的98%，全乡16个村已完成登记申请林权证。年存栏大牲畜2100头，其中牛1600头。存栏猪2700头，羊1.1万只，家禽1.35万只。年产肉976.5吨，羊毛羊绒95吨。全乡有联营、个体企业70个，其中工业企业1个，企业从业人员180人。企业营业收入2780万元。零售业网点15家，总收入133万元，利润额59万元。全乡劳务输出1032人，收入1448万元。农村基础设施不断改善。修建护村坝2000米，硬化村级街道5公里，修砂石路16公里，维修饮水机井5处，新装50KVA变压器1台，完成了石灰窑村自来水入户工程，郭家屯、样田村两个村文化活动广场现已开工建设。驻镇单位有供电分公司、派出所、信用社、卫生院。乡内设党政办公室、财经办公室、农业综合服务中心、文化广播服务中心、社会事务办公室。在岗人员51人，其中行政编14人，事业编25人。

领导成员名单

党委书记：宫　敬

乡　　长：杨卫清

人大主席：赵　辉

副 书 记：徐秉宇

组织委员：梁　恒

宣传委员：陶爱霞（女）

武装部长：曹雪华

纪委副书记：吴献功

副 乡 长：王秀成

许晓明

人大副主席：丁竞选

地　址：样田乡样田村

邮　编：075527

电　话：6459004

【村委会换届工作】　1月，全乡第八届村委会换届选举工作正式启动，通过广大村民直选的方式进行村委班子和村主任选举。全乡共选出村委班子成员69名，其中选出村主任23名，其中20个村实行书记、主任一人兼。

【利农蔬菜基地】　年内，利农集团蔬菜种植规模发展到200公顷，带动灰窑、上马山、水磨窑、样田等周边村发展133公顷，建成333公顷出口、供京蔬菜标准化种植园区，实现产值6000万元，带动农民增收1500万元。下马山蔬菜园区是利农集团建设的绿色蔬菜标准化种植基地，建于2008年，当年规模达到800亩。园区采用膜下滴灌，穴盘无土机质育苗技术，两茬轮种，品种以西兰花、黄心小白菜、生菜为主，试验推广黄瓜、西红柿、豆角等新品种。园区当年产地价收入1200万元，利润600万元。解决农村劳动力就业180人。集团通过逐步推行龙头企业＋基地＋农户的种植模式，有效促进了当地产业结构调整。

【鑫科蔬菜基地】　年内，公司种植规模达到133公顷，辐射周边杨家坟、郭家屯、双山寨、样田等村农户发展200公顷，园区年产值5000万元，带动农民增收1000万元。柳林屯园区是鑫科公司建设的供京、出口蔬菜标准化种植基地，建于2008年，当年规模达到66公顷。园区实行公司化管理，采用喷灌、滴灌节水技术，春秋两茬轮种，籽种全部进口，品种以萝卜为主，轮种尖椒、五彩椒、西兰花等新优特菜，当年产值750万元，利润200万元，解决农村劳动力就业200人。

【双山寨草莓基地】　年内，种植面积达36公顷，种植草莓10公顷，万寿菊26公顷。2009年，昌平原种场与北京华耐种业公司合作在双山寨、柳林屯试验种植草莓种苗13公顷，种植童子1

号和红颜两个品种。

【百利高蔬菜基地】 年内，种植面积33公顷，种植荷兰土豆13公顷，生菜6.6公顷，小甘蓝6.6公顷，萝卜6.6公顷。

【阳光沐禾养生菜基地】 年内，基地种苗繁育基地1.3公顷，以养心安神菜为主要产品的标准化有机养生蔬菜示范基地3.3公顷，各类养生蔬菜种苗繁育能力达到50万株/年，有机养生蔬菜生产能力达到200吨/年。

【农业开发工程】 年内，农业开发设计面积533公顷，项目总投资740万，其中财政投资550万，自筹资金190万元。新打机井14眼，修旧机井10眼，完成24眼，盖机井房14间。新装变压器2台，增容变压器3台，铺设输电线路（地埋线4.4公里）。安装管道4.7万米，建立水口940个。修路16.5公里，其中砂石硬化路8公里。修建桥3座，涵洞20座，蓄水池1座。栽植防护林33公顷，杏树300亩。完成科技培训500人次，示范推广面积73公顷。

【21世纪首水工程】 年内，完成治理面积3平方公里，其中挖坑2.87万个，水平带8万米，沟头防护8000米。样田村建护村坝地坝700米，补植油松20万株，山杏苗10万株，新植油松20万株，沙棘180万株，山杏30万株，建节水灌溉工程15处。

【基层组织建设】 年内，从乡直机关下派4人兼任村支部书记，外出优秀务工青年中引进5人担任村党支部书记。为18名村党支部书记办理了养老保险，乡出资2万元做为村干部的绩效补贴。成立了生态农业园党总支，下设六禾、利农、鑫科三个党支部。投资21.8万元修缮“两室”26间，新建4间。大力改善党员队伍结构，新发展党员68名。选派6名优秀村干部参加了素质工程本科班学历教育，80%村支部书记达到大专以上学历。

【学习落实科学发展观】 年内，将学习实践科学发展观和作风建设年活动统筹安排，针对农村党员年龄偏高、文化偏低、接受能力偏差的实际，在完成规定动作的基础上，不断丰富学习内容，创新学习形式，编辑了通俗易懂的《科学发展三句半、四字歌、五字诀》、《科学发展漫画册》等资料，作为学习的补充内容。聘请文体局专业人员，排练了党员群众喜闻乐见的快板书、三句半等节目，组成文艺宣传队到各村巡回演出43场次，既丰富了业余文化生活，又加深了党员群众对科学发展观的理解。

【文明生态村建设】 年内，为确定为市级文明生态村的郭家屯村硬化街道1500米，修建文化广场1处，1200平方米，硬化1000平方米。栽环村林1500株，通过了市级达标验收。

【树立了一批带头创业的致富典型】 年内，全乡选树各类农民致富典型19个。石灰窑村孙胜智夫妇，建立蝇蛆生态柴鸡养殖场，养殖柴鸡15000只，实现销售收入100万元。样田村徐世奎投资150万元建起了金源有限公司，年梳洗羊绒达10多吨，产值达800多万元，实现利润120多万元，解决30多人就业，带动周边12个村舍饲养殖绒山羊3000多只。

【计划生育工作】 年内，计划内出生121人，符合政策生育率93.39 %，出生率15.52 %，死亡率5.26 %，人口自增率10.26 %。三结合帮扶25户，奖励扶助21人，发放斯利安81人，关爱女孩捐款1000元。

【落实各项惠民政策】 年内，发放救济粮1.65万斤，救灾款4.1万元。办结城镇低保34户50人，农村低保达到1045人。五保户增加到77人。全乡新农合参合人数达7454人，参合率达86.3 %，报销医药费20.2万元。发放粮食直补面积14642亩，直补款40.67万元。完成粮种补贴92118亩，补助款236406元。退耕还林8570亩，打卡发放补助金133.44万元。家电下乡补贴资金37984.96元，汽车、摩托车下乡补贴54196元，总计92180.96元。

村情概况

【样田村】 是样田乡政府所在地，距县城15公里。全村832户，1888人，(出生32人，死亡4人）。有耕地92公顷，粮食产量213吨，比上年增产78.9%；蔬菜产量234吨，比上年减少89.7%。牲畜存栏：牛116头、羊1754只、猪 159头。全村经济总收入610万元，比上年增长3.57%；农民人均纯收入1921元，比上年增长3.28%。硬化通村公路0.5公里，装修村民活动中心7间，完成机井维修4眼。自来水入户832户，固定电话入户262户，有线电视入户568户。有彩电568台、电脑20台。拥有机动车23辆（农用车12辆，出租车6辆，轿车5辆）。村集体经济收入1万元。有饭馆2个，商店5个，机动车修理点1个。砖厂一个，金源梳绒厂1个，秀斌猪场1个。有小学校1 所，教职员工37人，学生400人，有中学一所，教职员工34人，学生100人。村级卫生室1所 ，医务人员10人。外出务工160人，收入390万元，占总收入63.9%。有大学生村官1名。

村支部书记：韩永生

村委会主任：霍艳辉

【张浩村】 位于乡政府西北部，距乡政府6公里，辖1个自然村。全村158户，512人，（出生10人，死亡2人）。有耕地36公顷，粮食产量85吨，比上年减产1.2%；蔬菜产量117吨，是上年的2.3倍。牲畜存栏：牛、羊、猪存栏分别为70头、200只、200头。全村经济总收入153万元，比上年增长0.66%；农民人均纯收入1157元，比上年增长3.3%。该村恐龙足迹化石是珍贵的地质资料。新打机井1眼并完成配套，自来水全部入户。有固定电话20部，彩电172台。拥有农用车5辆。有小卖部1个。外出务工105人，收入105万元，占总收入68.6%。

村支部书记：闫永雨

村委会主任：王　军

【杨家坟村】 位于乡政府西北部，

距乡政府4公里。全村203户，503人（出生5人，死亡2人）。牛、羊、猪存栏分别为20头、300只、200头，全村经济总收入201万元，比上年增长0.5%，人均纯收入2003元，比上年增长78.8%。拥有农用车13辆。自来水入户196户，占总户数的96.5%。有固定电话60部，彩电142台。外出务工14人，收入11万元，占经济总收5.5%。明代大将杨洪墓为该村旅游景点。

村支部书记、村委会主任：张沛荣

【东红石窑村】 位于乡政府东北6.5公里。全村59户，104人。有耕地41公顷，粮食产量16吨，比上年减产73.7%；蔬菜产量30吨，比上年增加20%。牲畜存栏：牛、羊、猪存栏分别为40头、500只、200头。全村经济总收入37万元，农民人均纯收入3115元，与上年持平。新打机井1眼，实现自来水入户。有固定电话10部，彩电34台。拥有农用车1辆。村集体收入3.1万元。有小卖部1个。外出务工25人，收入26万元，占总收入70%。

村支部书记、村委会主任：王　仲

【郭家屯村】 位于乡政府西北部，距乡政府4公里。有耕地102公顷，299户，650人（出生23人，死亡4人）。粮食产量95吨，比上年增产2.2%；蔬菜产量290吨，比上年增产45%。牲畜存栏：牛、羊、猪存栏分别为20头、300只、200头。全村经济总收入347万元，比上年增长6.1%；农民人均纯收入2845元，比上年增长10.36%。修沙石路7.8公里，打机井5眼并完成配套，自来水全部入户，有线电视入户率达69%。有固定电话54部，彩电209台。拥有农用车15辆，出租车1辆。村集体收入2万元。有小卖部1个。外出务工14人，收入12万元，占总收入3.5%。选派大学生村官1名。

村支部书记、村委会主任：张沛清

【柳林屯村】 位于乡政府西北部，距乡政府4公里。全村155户，359人（出生15人，死亡2人）。有耕地56公顷，粮食产量47吨，比上年减产35.6%；蔬菜产量274700吨，比上年增长15.2倍。全村经济总收入221 万元，比上年增长30%，；农民人均纯收入 3462元，比上年增长64.47%。新打机井5眼并完成配套。有固定电话54部，彩电209台。拥有农用车13辆，出租车2辆。村集体经济收入2万元。是农业产业化种植基地之一，引进河北鑫科公司、六禾生态农业观光园，建温室大棚30栋，蔬菜大棚12栋。有小卖部2个。外出务工28人，收入60万元，占总收入28.4%。选派大学生村官1名。

村支部书记、村委会主任：张文泉

【双山寨村】 位于乡政府西北部，距乡政府3公里，辖1个自然村。全村191户，448人（出生8人，死亡1人）。耕地120公顷，粮食产量88吨，比上年增长1.14%；蔬菜产量45150吨，比上年增长45倍。牛、羊、猪存栏分别为20头、200只、200头。全村经济总收入309万元，比上年增长74.58%；农民人均纯收入1917元，比上年增长4.02%。自来水入户191户，有线电视入户161户，固定电话入户38户。有彩电161台，电脑

7台。拥有机动车12辆（农用车10辆，出租车1辆，轿车1辆）。村集体经济收入1万元。有小卖部2个。外出务工24人，收入70万元，占总收入22.7%。选派大学生村官1名。

村支部书记、村委会主任：李志梅（女）

【石灰窑村】 位于样田东北部，距乡政府3.5公里。全村379户，934人（出生26人，死亡3人）。有耕地172公顷，粮食产量240吨，比上年增长58.9%；蔬菜产量234吨，比上年增长17%。牛、羊、猪存栏分别为60头、500只、300头。全村经济总收入309万元，比上年增长0.32%；农民人均纯收入1717元，比上年减少1.89%。有希望小学1所，有线电视入户226户，自来水全部入户，固定电话入户98户。有彩电226台，电脑9台。拥有农用车12辆，出租车1辆。村集体经济收入3万元。有小卖部4个。外出务工96人，收入102万元，占总收入33%。选派大学生村官1名。

村支部书记：杨士谦

村委会主任：王占成

【邓家窑村】 位于乡政府东北部，距乡政府4.5公里。全村67户，158人（出生2人），有耕地57公顷，牛、羊、猪存栏分别为60头、300只、200头。全村经济总收入50.3万元，比上年增长0.6%；人均纯收入1971元，比上年增长4.67%。有线电视入户45户，固定电话入户18户，有彩电45台。自来水全部入户。外出务工31人，收入35万元，占总收入69.6%。

村支部书记、村委会主任：杨卫东

【刘长沟村】 位于乡政府东北部，距乡政府5公里。全村86户，227口人（出生9人，死亡2人），有耕地975亩。牛、羊、猪存栏分别为50头、300只、200头。全村经济总收入26.4万元，比上年增长1.54%。人均纯收入1050元，比上年增长1.16%。有线电视入户56户，固定电话入户20户，有彩电56台。外出务工160人，收入26万元，占总收入98.5%。

村支部书记、村委会主任：崔　林

【老东山村】 位于乡政府东北部，距乡政府1.5公里。全村82户，177人（死亡1人），劳动力88人，耕地72公顷。牛、羊、猪存栏分别为20头、300只、200头。全村经济总收入57万元，比上年增长1.79%；人均纯收入1545元，比上年增长8.57%。有线电视入户56户，固定电话入户19户，有彩电56台。自来水全部入户。外出务工160人，收入390万元，占总收入63.9%。

村支部书记、村委会主任：徐凤英（女）

【梁家沟村】 位于乡政府东北部，距乡政府5公里。全村118户，287人（出生1人）。有耕地1020亩。全村经济总收入90万元，农民人均纯收入2399元，比上年增长1.74%。有线电视入户79户，固定电话入户30户，有彩电79台，电脑5台。拥有农用车5辆，小轿车6辆。有银矿1处，投资360万元，年产值300万元，安排劳动力150人。外出务工63人，收入56万元，占总收入98%。

村支部书记、村委会主任：邱宪文

【尹家窑村】 位于乡政府东南部，距乡政府7公里。全村73户，146人（出生3人，死亡1人），有耕地50公顷，牛、羊、猪存栏分别为50头、500只、100头。全村经济总收入46.1万元，比上年增长0.22%；农民人均纯收入2386元，比上年增长2.14%。有线电视入户50户，固定电话入户18户，有彩电50台。外出务工28人，收入34万元，占总收入73.8%。

村支部书记、村委会主任：王玉贵

【三合村】 位于乡政府东南部，距乡政府所在地12公里。全村82户，164人（出生2人），有2个自然村。有耕地54公顷。牛、羊、猪存栏分别为90头、500只、200头。全村经济收入45.3万元，比上年增长1.74%；农民人均纯收入1713元，比上年增长1.74%。有线电视入户58户，固定电话入户21户，有彩电58台。拥有农用车1辆。外出务工39人，收入41万元，占总收入90.5%。

村支部书记、村委会主任：赵连军

【沈家沟村】位于乡政府东南部，距乡政府10公里。全村61户，123人（出生1人）。有耕地48公顷。牛、羊、猪存栏分别为70头、400只、200头。全村经济总收入36万元，比上年增长2.86%；人均纯收入2116元，比上年增长5.64%。有线电视入户46户，固定电话入户19户。有彩电46台，电脑2台。外出务工36人，收入35万元，占总收入97.2%。

村支部书记、村委会主任：丁建军

【尚家堡村】位于乡东南部，距乡政府10公里。全村89户，211人（出生1人）。有2个自然村，耕地825亩。牛、羊、猪存栏分别为80头、200只、300头。全村经济总收入64万元，比上年增长1.12%；人均纯收入1923元，比上年增长2.83%。有线电视入户54户，固定电话入户21户，有彩电54台，电脑3台。拥有农用车2辆。村内外主街道硬化，村容整洁。外出务工4人，收入12万元，占总收入18.8%。白云山九莲洞旅游景区是该村一大亮点。

村支部书记、村委会主任：张海清

【尹家沟村】 位于乡政府东南部，距乡政府12公里。全村104户，248人（出生2人，死亡1人）。有2个自然村，耕地62公顷。牛、羊、猪存栏分别为100头、600只、300头。全村经济总收入62万元，比上年增长1.64%，农民人均纯收入1891元，比上年增长1.18%。有线电视入户79户，固定电话入户30户，有彩电79台。外出务工89人，收入60万元，占总收入96.8%。

村支部书记、村委会主任：卢成贵

【水磨窑村】 位于乡政府东南部，距乡政府2.5公里。全村177户，454人（出生1人），耕地77公顷。全村经济总收入115.4万元，比上年增长0.35%；农民人均纯收入1701元，比上年增长2.9%。有线电视入户126户，固定电话入户48户。有彩电126台，电脑2台。拥有农用车12辆。以蔬菜种植为主，是全乡主要蔬菜种植基地。有小学一所。外出务工11人，收入31万元，占总收入26.9%。

村支部书记、村委会主任：赵万明

【上马山村】 位于乡政府东南部，距乡政府3.5公里。全村164户，367人（出生9人，死亡2人）。有耕地57公顷。全村经济总收入116万元，比上年增长0.87%；农民人均纯收入1966元，比上年增长1.08%。牛、羊、猪存栏分别为25头、300只、300头。有线电视入户126户，固定电话入户40户。有彩电126台，电脑2台。拥有农用车8辆。村内两株千年古榆树是该村一大景观。外出务工30人，收入64万元，占总收入55.17%。

村支部书记、村委会主任：于建军

【下马山村】 位于乡政府西南部，距乡政府6公里。全村244户，547人（出生14人，死亡4人）。有耕地95公顷。全村经济总收入265万元，比上年增长18.3%；农民人均纯收入3059元，比上年增长23.6%。牛、羊、猪存栏分别为30头、200只、300头。有线电视入户169户，固定电话入户68户。有彩电169台，电脑3台。拥有农用车10辆。有小学一所。以种植蔬菜为主，是蔬菜种植基地。引进北京利农公司投资100万元，试验蔬菜品种有西兰花、黄心小白菜、西红柿等。外出务工68人，收入137万元，占总收入51.7%。

村支部书记、村委会主任：刘占军

【灰窑村】位于乡政府东南部，距乡政府8公里。全村58户，117人（出生3人）。有耕地56公顷。牛、羊、猪存栏分别为30头、300只、200头。全村经济收入46.5万元，比上年增长1.08%；农民人均纯收入2041元，比上年减少1.7%。有线电视入户37户，固定电话入户16户，有彩电37台。外出务工21人，收入30万元，占总收入64.5%。

村支部书记、村委会主任：郭占永

【倪家沟村】 位于乡政府西南部，距乡政府6公里。全村57户，102人。有2个自然村，耕地47公顷。牛、羊、猪存栏分别为110头、800只、100头。全村经济总收入42.2万元，比上年增长0.48%；农民人均纯收入2310元，比上年增长14.2%。有线电视入户47户，固定电话入户14户，有彩电47台。外出务工30人，收入31万元，占总收入73.5%。

村支部书记、村委会主任：李文生

【小西沟村】位于乡政府西南部，距乡政府1.5公里。全村101户，225人（出生2人，死亡1人），有1个自然村，有耕地63公顷。全村经济总收入81.6万元，比上年增长0.74%；农民人均纯收入1781元，比上年增长0.39%。牛、羊、猪存栏分别为60头、700只、100头。有线电视入户79户，固定电话入户30户，有彩电79台。外出务工70人，收入80万元，占总收入98%。

村支部书记、村委会主任：何海军

（夏燕飞 刘珊珊）

马营乡

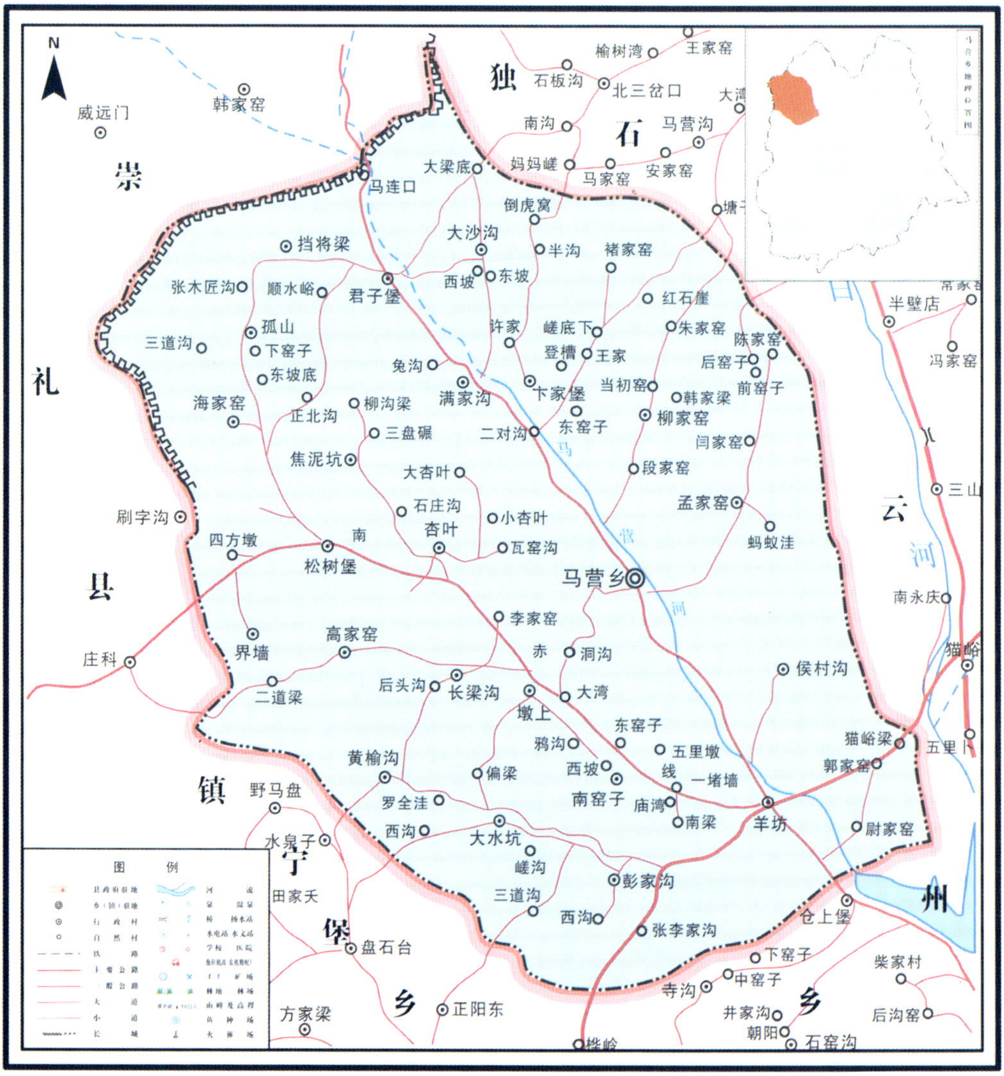
N
威远门
韩家窑
崇
礼
县
镇
独
石
云
州
宁
堡
乡
榆树湾
王家窑
石板沟
北三岔口
大湾
南沟
马营沟
妈妈嵖
马家窑
安家窑
大梁底
马连口
倒虎窝
大沙沟
半沟
褚家窑
挡将梁
张木匠沟
顺水峪
君子堡
西坡
东坡
红石崖
半壁店
冯家窑
孤山
许家
嵖底下
朱家窑
陈家窑
三道沟
下窑子
登槽
王家
后窑子
东坡底
兔沟
满家沟
下家堡
当初窑
韩家梁
前窑子
海家窑
柳沟梁
正北沟
东窑子
柳家窑
三盘碾
二对沟
闫家窑
焦泥坑
大杏叶
段家窑
三山
孟家窑
石庄沟
小杏叶
刷字沟
四方墩
南
杏叶
瓦窑沟
蚂蚁洼
松树堡
马营乡
南永庆
李家窑
高家窑
庄科
界墙
赤
洞沟
侯村沟
猫峪
二道梁
后头沟
长梁沟
大湾
墩上
东窑子
鸦沟
五里墩
猫峪梁
五里
黄榆沟
偏梁
西坡
线
一堵墙
郭家窑
野马盘
罗全洼
南窑子
庙湾
南梁
羊坊
西沟
大水坑
尉家窑
水泉子
嵖沟
彭家沟
田家夭
三道沟
西沟
张李家沟
仓上堡
盘石台
下窑子
柴家村
中窑子
寺沟
方家梁
正阳东
井家沟
后沟窑
朝阳
石窑沟
马
营
河
图 例

乡镇工作

【概况】 马营乡位于赤城县西北部，距县城35公里，东接云州乡，西界崇礼县，北靠沽源县，南邻镇宁堡、云州乡。地处北纬41° 09′，东经115° 38′，辖区总面积315.42平方公里，耕地总资源3256公顷，常用耕地2318 公顷，退耕地2347公顷。乡政府所在地马营村海拔1130米，全乡平均海拔1238米。属大陆性季风气候，年平均气温4.6℃，降水量213.6 mm，无霜期109天。辖23个行政村，84个自然村，4569户，其中：农业户口4395户，非农业户口174户，11676人，其中农业人口11451人；非农业人口225人。（出生113人，死亡 71人）。人口自然增长率3.6‰。有男女劳动力5000人，其中从事一产4790人，从事二产140人，从事三产70人，分别占劳动力总数的95.8%，2.8%，1.4%。有林地面积10733公顷，其中用材林3333公顷，防护林80公顷，水保经济林（山杏）6666公顷，灌木林653公顷，森林覆盖率34%。有草场1.5万公顷。境内探明矿藏主要有磁铁矿、石墨、石英、金矿、银矿等，已开发建设银矿、磁铁矿、石英矿选场各1处。有乡级柏油路1条，24公里；村级道路12条，99公里。全乡有1所中学、7所小学和1所幼儿园，教职工68人，在校生195人。小学升学率达到99%，毕业率达100%；中学升学率89%，毕业率95%。有乡级卫生院1所，医务人员6名，床位7张。

年内，乡党委、乡政府以贯彻落实科学发展观为统领，全力抓基层党组织建设，关注“三农”工作，发展特色产业，强化基础设施建设和社会事业。实现农业总产值5836.3万元（现价），比上年增加6.7%；种植业产值1495.9万元，比上年减少25.8%。粮食总产量981吨，比上年减少71.7%。农村经济总收入6456万元，比上年增长95%；农村经济纯收入1518万元，比上年增长18.8%。农民人均纯收入1300 元，比上年减少1.5%；财政收入354万元，比上年增加55.9%。实现畜牧产值3115.2万元，比上年减少18.6%，大牲畜存栏1900头，出栏780头；羊存栏4500只，出栏5000只；猪存栏3500头，出栏5500头，鸡存栏2.2万只，出栏6000只。年产肉616吨，奶6吨，禽蛋88吨。有个体企业28家，从业人员160人，企业营业总收入5000万元。全乡劳务输出1200人，劳务总收入1800万元。驻乡单位有农村信用社、派出所、供电所。乡政府内设：党政办公室、财经办公室、社会事务办公室、计划生育服务中心、农业综合服务中心、文化广播服务中心。财政供养人员26人，在岗干部职工40人。

领导成员名单

党委书记：武俊杰

乡　　长：王爱国
人大主席：郭建军
副 书 记：陈友谊
组织委员：任汉东（3月任）
宣传委员：荣爱峰（女、3月任）
武装部长：曹殿华（3月任）
纪检副书记：孙　胜
副 乡 长：张秀军
　　　　　朱尚军
人大副主席：张春利
地　址：马营乡马营村
邮　编：075523
电　话：6449013

【乡政府办公楼建设】 4月，动工兴建乡政府办公大楼，总投资260万元，占地面积4500平方米，楼体三层，9月份投入使用，进一步改善了乡政府和部分乡直单位办公条件。

【万寿菊种植、加工项目】 年内，累计完成投资5000万元，种植万寿菊333公顷，松树堡加工厂建成并投入使用，给农民带来200多万元的经济效益。该项目是引进北京美尔特达生物工程有限公司的种植加工项目，总投资1.5亿元，项目建设分三期实施。

【种植优质品种西瓜】 年内，在羊坊、侯村沟、南窑等5个村发展种植优质品种西瓜167公顷，为农户增加收入250多万元。

【沙沟村肉牛养殖场建设】 年内，完成投资40万元，进行项目一期工程建设，带动12名农村劳动力就业。养殖场建设项目总投资100万元，占地面积10公顷，存栏肉牛200头。

【生态文明村建设】 年内，在县级文明生态村侯村沟村硬化通村公路3公里，建文化广场700平方米，安装路灯10盏，建垃圾池3个，公厕1所，沼气池3个，栽植路旁树4000株。

【基层党组织建设】 年内，新建、修缮村两委办公室32间。发展农村新党员54名。3名大学生村官，分别担任羊坊村、侯村沟村、沙沟村村书记、村主任助理职务。有6名村干部参加了素质工程培训，取得大专学历。为16名村干部办理养老保险。在抓松树堡后进支部转化工作中，帮助发展万寿菊种植37.4公顷，改良优质品种马铃薯33公顷，造林133公顷，修复通村道路3公里。

【农村基础设施建设】 年内，投资30万元为马营村建高位蓄水池1座，接饮水管道3600多米；投资15万元，铺设管道1500米，使33公顷土地实现了节水灌溉；硬化街道980米，安装路灯12盏。在3个村修筑防护坝2500米。

【退耕还林、塞北林场工程】 年内，对全乡3.6万亩退耕地进行了全面抚育和补植补造。并在海家窑、孤山、君子堡等4个村实施塞北造林工程1666公顷。

【落实各项惠民政策】 年内，乡政府为受灾群众发放救灾粮50吨，救灾煤65吨，救灾款3.8万元。全年新增低保户414人，“五保户”29人，为1718名低保对象发放低保金106万元，为117名“五保”对象发放生活保障金15.2万元，为59名城镇低保对象发放低保金14.4

万元，为82名建国前老党员发放生活补贴6.72万元。发放粮食直补和农资补贴资金 71万元，退耕还林资金600万元。新农合参保人数10508人，报销医药费94231元。家电下乡财政补贴2.5万元，水库移民补贴30600元。

村情概况

【马营村】 是马营乡人民政府所在地，距县城35公里。全村547户，1167人（出生6人，死亡4人）。耕地总资源197公顷，常用耕地65公顷。粮食产量42吨，比上年减少72.5%。牛存栏140头，出栏74头；猪存栏270头，出栏370头；羊存栏327只，出栏367只；鸡存栏800只，出栏390只。经济总收入615万元，比上年增长94.9%；人均纯收入1200元，比上年减少17.24 %。外出务工312人，收入204万元，占全村总收入的33.2%。拥有机动车155辆（大型汽车4辆、农用车18辆、出租车3辆、轿车6辆、摩托车124辆）。家用电器674台（冰箱86台、彩电507台、洗衣机42台、电脑29台、照相机8架、录像机2架）。安装固定电话32部，有手机402部。有商业、餐饮摊点30家。设中心小学1所，教师58人，学生165名；幼儿园1所，教师2人，幼儿30人。乡卫生院1所，医生6名，床位7张；村医疗室1所，医生1名。年内，投资30余万元建高位蓄水池1座，投资15万元铺设管道1500米，节水灌溉土地33公顷，硬化街道980米，安装节能路灯12盏。被县委、县政府评为国庆安保先进集体。

村支部书记、村委会主任：孙桂清

【柳家窑村】 位于马营乡东北部，距乡政府2公里，辖3个自然村。全村89户，254人（出生1人）。耕地总资源97公顷，常用耕地51公顷。粮食产量33吨，比上年减少73.4%，牛存栏51头，出栏17头；猪存栏120头，出栏220头；羊存栏157只，出栏168只；鸡存栏400只，出栏240只。经济总收入147万元，比上年增长96%；人均纯收入1350元，比上年减少3.6%。外出务工38人，收入45万元，占全村总收入的30.6%。拥有机动车22辆（大型汽车2辆、摩托车20辆）。家用电器49台（冰箱12台、彩电32台、洗衣机5台）。安装固定电话18部，有手机26部。村通砂石路。

村支部书记、村委会主任：柳万福

【孟家窑村】 位于马营乡东南部，距乡政府2公里，辖4个自然村。全村156户，438人（出生2人）。耕地总资源97公顷，常用耕地83 公顷。粮食产量57吨，比上年减少60.4%。牛存栏130头，出栏16头；猪存栏130头，出栏 220头；羊存栏167只，出栏 157只；鸡存栏350只，出栏 220只。经济总收入220万元，比上年增长94.7%；人均纯收入1350元，比上年增长0.07%。外出务工150人，收入180万元，占全村总收入的81.8%。拥有机动车13辆（农用车3辆、出租车2辆、摩托车8辆）。家用电器78台（冰箱12台、彩电60台、洗衣机5台、电脑1台）。安装固定电话3部，有手机20部。新打机井1眼，完成配套。主村孟家窑村通自来水，其余3个自然村吃水困难。学龄儿童到2公里外的马营中心校就读。

村支部书记：武　铎（兼）

村委会主任：孟庆峰

【候村沟村】 位于马营乡东南部，距乡政府1.5公里，辖6个自然村。全村243户，670人（出生11人）。耕地总资源127公顷，常用耕地112公顷。粮食产量51吨，比上年减产65.5%。牛存栏110头，出栏23头；猪存栏180头，出栏270头；羊存栏227只，出栏227只；鸡存栏 450只，出栏290只。经济总收入398万元，比上年增加95%；人均纯收入1300元，比上年减少7.1%。外出务工212人，收入198万元，占全村总收入的49.7%。拥有机动车50辆（大型汽车4辆、农用车12辆、轿车2辆、摩托车32辆）。家用电器231台（冰箱12台、彩电205台、洗衣机12台、照相机2架）。安装固定电话9部，有手机302部。拥有农用车22辆。村内有小学1所，教师1人，学生24名。是文明生态村，年内建700平方米文化广场一处，安装路灯10盏。建垃圾点3个、公厕1所、沼气池3个。村内路况较差，吃水困难。

村支部书记、村委会主任：石金富

【羊坊村】 位于马营乡东南部，距乡政府5公里，辖4个自然村。全村404户，1256人（出生9人，死亡1人）。耕地总资源297公顷，常用耕地97公顷。粮食产量50吨，比上年减产72.4%。牛存栏95头，出栏36头；猪存栏270头，出栏360头；羊存栏327只，出栏367只；鸡存栏800只，出栏380只。经济总收入742万元，比上年增长94.9%；人均纯收入1300元，与上年持平。外出务工278人，收入194万元，占全村总收入的26.1%。有小学1所，教师4人，学生45名。村医疗室1处，医生1名。拥有机动车149辆（大型汽车3辆、农用车39辆、轿车2辆、摩托车105辆）。家用电器421台（冰箱24台、彩电380台、洗衣机8台、电脑4台、照相机5架）。安装固定电话12部，有手机542部。种植西瓜1000亩，收入150万元。3个自然村交通不便，吃水困难。有超贫赤铁矿1处。

村支部书记、村委会主任：许桂珍（女）

【彭家沟村】 位于马营乡西南部，距乡政府11公里，辖4个自然村。全村184户，508人（出生5人），耕地总资源145公顷，常用耕地56公顷。粮食产量39吨，比上年减产66.9%。牛存栏140头，出栏25头；猪存栏160头，出栏240头；羊存栏207只，出栏247只；鸡存栏 500只，出栏260只。经济总收入296万元，比上年增加94.7%；人均纯收入1325元，比上年减少3.99%。外出务工145人，收入133万元，占全村总收入的44.9%。拥有农用车2辆、摩托车78辆。有冰箱2台，彩电103台，安装固定电话2部，有手机107部。交通不便，3个自然村吃水困难。有银矿1处。

村支部书记、村委员主任：连正兵

【大水坑村】 位于马营乡西南部，距乡政府15公里，辖3个自然村。全村195户，536人（出生2人）。耕地总资源124公顷，常用耕地42公顷。粮食产量30吨，比上年减产78.1%。牛存栏100头，出栏16头；猪存栏130头，出栏210头；羊存栏167只，出栏166只；鸡存栏 450只，出栏230只。经济总收入327万元，比上年增长94.6%；人均纯收入1400元，比上年增长0.7%。外出务工230人，收入230万元，占全村总收入的70.3%。拥有机动车27辆（大型汽车3辆、农用车5辆、出租车4辆、摩托车15辆）。家用电器82台（冰箱5台、彩电75台、洗衣机2台）。安装固定电话1部，有手机56部。小卖部2家，年收入1.4万元。交通不便，2个自然村吃水困难。

村支部书记、村委员主任：冯 绪

【黄榆沟村】 位于马营乡西南部，距乡政府19公里，辖2个自然村。全村164户，453人（出生3人）。耕地总资源89公顷，常用耕地33公顷。粮食产量23吨，比上年减产79.6%。牛存栏120头，出栏12头；猪存栏40头，出栏130头；羊存栏87只，出栏127只；鸡存栏 350只，出栏150只。经济总收入269万元，比上年增长94.9%；人均纯收入1300元，比上年减少7.1%。外出务工200人，收入200万元，占全村总收入的74.3%。拥有机动车17辆（大型汽车5辆、农用车7辆、摩托车5辆）。家用电器47台（冰箱12台、彩电35台）。安装固定电话2部，有手机35部。交通不便，2个自然村吃水困难。

村支部书记、村委会主任：李增雨

【南窑村】 位于马营乡西南部，距乡政府6公里，辖3个自然村。全村137户，317人（出生4人）。耕地总资源130公顷，常用耕地54公顷。粮食产量54吨，比上年减产69.1%。牛存栏90头，出栏8头；猪存栏20头，出栏70头；羊存栏33只，出栏73只；鸡存栏500只，出栏90只。经济总收入131万元，比上年增长94.4%；人均纯收入800元，与上年持平。外出务工83人，收入94万元，占全村经济总收入71.8 %。拥有农用车3辆，摩托车74辆。彩电105台，照相机2架。安装固定电话7部，有手机121部。全村种植西瓜300亩。

村支部书记、村委会主任：赵玉明

【墩上村】 位于马营乡西南部，距乡政府4公里，辖4个自然村。全村217户，506人（出生2人，死亡1人）。耕地总资源142公顷，常用耕地128公顷。粮食产量70吨，比上年减产58.3%。牛存栏140头，出栏40头；猪存栏360头，出栏450头；羊存栏418只，出栏408只；鸡存栏800只，出栏470只。经济总收入226万元，比上年增加94.8%；人均纯收入800元，比去年减少5.9%。外出务工112人，收入98万元，占全村总收入43.4%。有小学1所，教师1人，学生13名。拥有农用车11辆，摩托车78辆。有冰箱3台，彩电198台。安装固定电话2部，有手机165部。

村支部书记、村委会主任：田　军

【长梁沟村】 位于马营乡西南部，距乡政府4公里，辖3个自然村。全村166户，335人（出生4人）。耕地总资源97公顷，常用耕地124公顷。粮食产量40吨，比上年减产84.9%。牛存栏100头，出栏20头；猪存栏100头，出栏200头；羊存栏137只，出栏197只；鸡存栏400只，出栏220只。经济总收入161万元，比上年增长94.9%；人均纯收入1380元，比上年增长6.2%。外出务工118人，收入105万元，占全村总收入的65.2%。拥有农用车2辆，摩托车78辆。有彩电112台，安装固定电话4部，有手机123部。交通不便，严重缺水。

村支部书记、村委会主任：张　宪

【高家窑村】 位于马营乡西南部，距乡政府6公里，辖1个自然村。全村72户，193人（出生2人）。耕地总资源87公顷，常用耕地48公顷。粮食产量38吨，比上年减产74.7%。牛存栏70头，出栏28头；猪存栏180头，出栏280头；羊存栏237只，出栏277只；鸡存栏550只，出栏300只。经济总收入88万元，比上年增长93.8%，人均纯收入1400元，比上年增长7.6%。外出务工100人，收入8万元，占全村总收入的9%。拥有农用车4辆，摩托车5辆。家用电器39台（冰箱7台、彩电26台、洗衣机2台）。安装固定电话10部，有手机10部。

村支部书记、村委会主任：郭　清

【杏叶村】 位于马营乡西北部，距乡政府6公里，辖4个自然村。全村135户，366人（出生4人）。耕地总资源112公顷，常用耕地95公顷。粮食产量51吨，比上年减产64.6%。牛存栏135头，出栏15头；猪存栏60头，出栏150头；羊存栏112只，出栏152只；鸡存栏350只，出栏170只。经济总收入219万元，比上年增长94.7%；人均纯收入1350元，比上年减少6.9%。外出务工120人，收入132万元，占全村总收入的60.2%。拥有机动车18辆（农用车5辆、出租车5辆、摩托车8辆）。家用电器52台（冰箱9台、彩电40台、洗衣机3台）。安装固定电话1部，有手机28部。通砂石路，交通不便。

村支部书记、村委会主任：聂　荣

【胶泥坑村】 位于马营乡西北部，距乡政府7公里，辖3个自然村。全村167户，388人（出生3人）。耕地总资源124公顷，常用耕地82公顷。粮食产量38吨，比上年减产74.1%。牛存栏70头，出栏20头；猪存栏110头，出栏210头；羊存栏167只，出栏207只；鸡存栏450只，出栏230只。经济总收入225万元，比上年增长97.4%；人均纯收入1350元，比上年减少3.6%。外出务工136人，收入104万元，占全村总收入46.2%。拥有农用车4辆，轿车2辆，摩托车67辆。有彩电134台，手机78部。交通不便，自然村严重缺水。

村支部书记、村委会主任：池文忠

【松树堡村】 位于马营乡西北部，距乡政府8公里，辖3个自然村。全村347户，922人（出生6人，死亡4人）。耕地总资源298公顷，常用耕地137公顷。粮食产量64吨，比上年减产58.2%。牛存栏80头，出栏15头；猪存栏120头，出栏200头；羊存栏147只，出栏147只；鸡存栏600只，出栏220只。经济总收入434万元，比上年增长96.1%；人均纯收入1400元，与上年持平。外出务工352人，收入160万元，占全村总收入的36.9%。村内有小学1所，教师2名，学生28名。有村医疗点1所，医生1名。拥有机动车63辆（农用车10辆、出租车2辆、轿车1辆、摩托车50辆）。家用电器238台（冰箱20台、彩电165台、洗衣机50台、照相机2架、录像机1架）。安装固定电话15部，有手机170部。发展万寿菊种植37.4公顷，村内建起万寿菊初级加工厂1座，成为全乡的种植示范基地。

村支部书记、村委会主任：裴占金

【界墙村】 位于马营乡西北部，距乡政府11公里，辖2个自然村。全村88户，211人（出生2人）。耕地总资源116公顷，常用耕地111公顷。粮食产量56吨，比上年减产65%。牛存栏150头，出栏40头；猪存栏330头，出栏420头；羊存栏376只，出栏416只；鸡存栏800只，出栏440只。经济总收入143万元，比上年增加95.4%；人均纯收入1500元，比上年增加11.1%。外出务工68人，收入58万元，占全村总收入的40.6%。拥有农用车2辆，摩托车24辆。有彩电69台，安装固定电话4部，有手机64部。

村支部书记、村委会主任：徐忠选

【海家窑村】 位于马营乡西北部，距乡政府13公里，辖3个自然村。全村241户，593人（出生10人，死亡2人）。耕地总资源178公顷，常用耕地105公顷。粮食产量46吨，比上年减产72.8%。牛存栏100头，出栏18头；猪存栏90头，出栏180头；羊存栏137只，出栏187只；鸡存栏400只，出栏200只。经济总收入289万元，比上年增长95.3%；人均纯收入1300元，比上年减少7.1%。外出务工230人，收入252万元，占全村经济总收入的 88%。有小学1所，学生8名，教师1名。拥有机动车21辆（农用车5辆、摩托车16辆）。家用电器119台（冰箱32台、彩电82台、洗衣机5台）。安装固定电话13部，有手机8部。小卖部1家，年收入1.1万元。

村支部书记、村委会主任：曹 龙

【孤山村】 位于马营乡西北部，距乡政府14公里，辖4个自然村。全村247户，582人（出生10人，死亡3人）。耕地总资源201公顷，常用耕地102公顷。粮食产量40吨，比上年减产72.6%。牛存栏90头，出栏13头；猪存栏80头，出栏190头；羊存栏137只，出栏137只；鸡存栏600只，出栏210只。经济总收入359万元，比上年增长95.1%；人均纯收入1400元，比上年增长16.7%。外出务工300人，收入300万元，占全村总收入的83.6%。拥有摩托车5辆，农用车3辆。有冰箱16台，彩电60台，固定电话2部，手机50部。小卖部3家，收入1.6万元。村内吃水困难，三道沟村到1.5公里外拉水。

村支部书记、村委会主任：张生贵

【挡将梁村】 位于马营乡西北部，

距乡政府12.5公里，辖2个自然村。全村54户，122人（出生1人）。耕地总资源79公顷，常用耕地33公顷。粮食产量21吨，比上年减产83.7%。牛存栏40头，出栏17头；猪存栏120头，出栏210头；羊存栏167只，出栏167只；鸡存栏300只，出栏230只。经济总收入83万元，比上年增长95.3%；人均纯收入1350元，比上年增长0.7%。外出务工45人，收入35万元，占全村总收入的42.2%。拥有摩托车12辆，有彩电36台，手机14部。

村支部书记、村委会主任：马占亮

【君子堡村】 位于马营乡正北部，距乡政府10公里，辖2个自然村。全村255户，670人（出生6人，死亡4人）。耕地总资源178公顷，常用耕地81公顷。粮食产量39吨，比上年减产72.5%。牛存栏100头，出栏19头；猪存栏100头，出栏180头；羊存栏145只，出栏185只；鸡存栏400只，出栏200只。经济总收入390万元，比上年增长95%；人均纯收入1400元，比上年增长3.7%。外出务工136人，收入162万元，占全村总收入的41.5%。拥有机动车32辆（农用车2辆，轿车4辆，摩托车30辆）。家用电器231台（冰箱70台、彩电96台、洗衣机60台、电脑2台、照相机3架）。安装固定电话2部，有手机110部。有小卖部3家，年收入4万元。

村支部书记、村委会主任：冀玉军

【沙沟村】 位于马营乡东北部，距乡政府8公里，辖6个自然村。全村143户，368人（出生3人）。耕地总资源98公顷，常用耕地70公顷。粮食产量44吨，比上年减产65.9%。牛存栏80头，出栏14头；猪存栏60头，出栏160头；羊存栏255只，出栏255只；鸡存栏300只，出栏220只。经济总收入216万元，比上年增长94.6%；人均纯收入1326元，比上年增长10.5%。外出务工176人，收入102万元，占全村总收入的47.2%。拥有机动车92辆（农用车3辆，轿车2辆，摩托车87辆）。有彩电102台，电话5部，手机75部。建肉牛养殖场1处，完成投资40万元，带动12名农村劳动力就业。交通不便，饮水困难。

村支部书记、村委会主任：郑　斌

【满家沟村】 位于马营乡西北部，距乡政府4公里，辖3个自然村。全村114户，295人（出生3人）。耕地总资源94公顷，常用耕地52公顷。粮食产量30吨，比上年减产77%。牛存栏120头，出栏25头；猪存栏210头，出栏300头；羊存栏259只，出栏259只；鸡存栏800只，出栏320只。经济总收入180万元，比上年增长95.7%；人均纯收入1400元，比上年增长25%。外出务工122人，收入97万元，占全村总收入的53.9%。有肉鸡养殖场一处，养殖规模达到8800只，年收入4.2万元。拥有农用车3辆，摩托车33辆。有彩电102台，电话3部，手机104部。

村支部书记、村委会主任：陈广太

【卞家堡村】 位于马营乡东北部，距乡政府6公里，辖7个自然村。全村204户，526人（出生8人，死亡3人）。耕地总资源149公顷，常用耕地42公顷。

粮食产量25吨，比上年减产82.1%。牛存栏80头，出栏26头；猪存栏180头，出栏270头；羊存栏227只，出栏227只；鸡存栏650只，出栏320只。经济总收入298万元，比上年增长94.8%；人均纯收入1350元，比上年减少3.6%。外出务工128人，收入99万元，占全村经济总收入的33.2%。拥有机动车45辆（农用车3辆、轿车2辆、摩托车40 辆）。有彩电189台，电话5部，手机297部。

村支部书记、村委会主任：郭　科

（武　铎）

镇宁堡乡

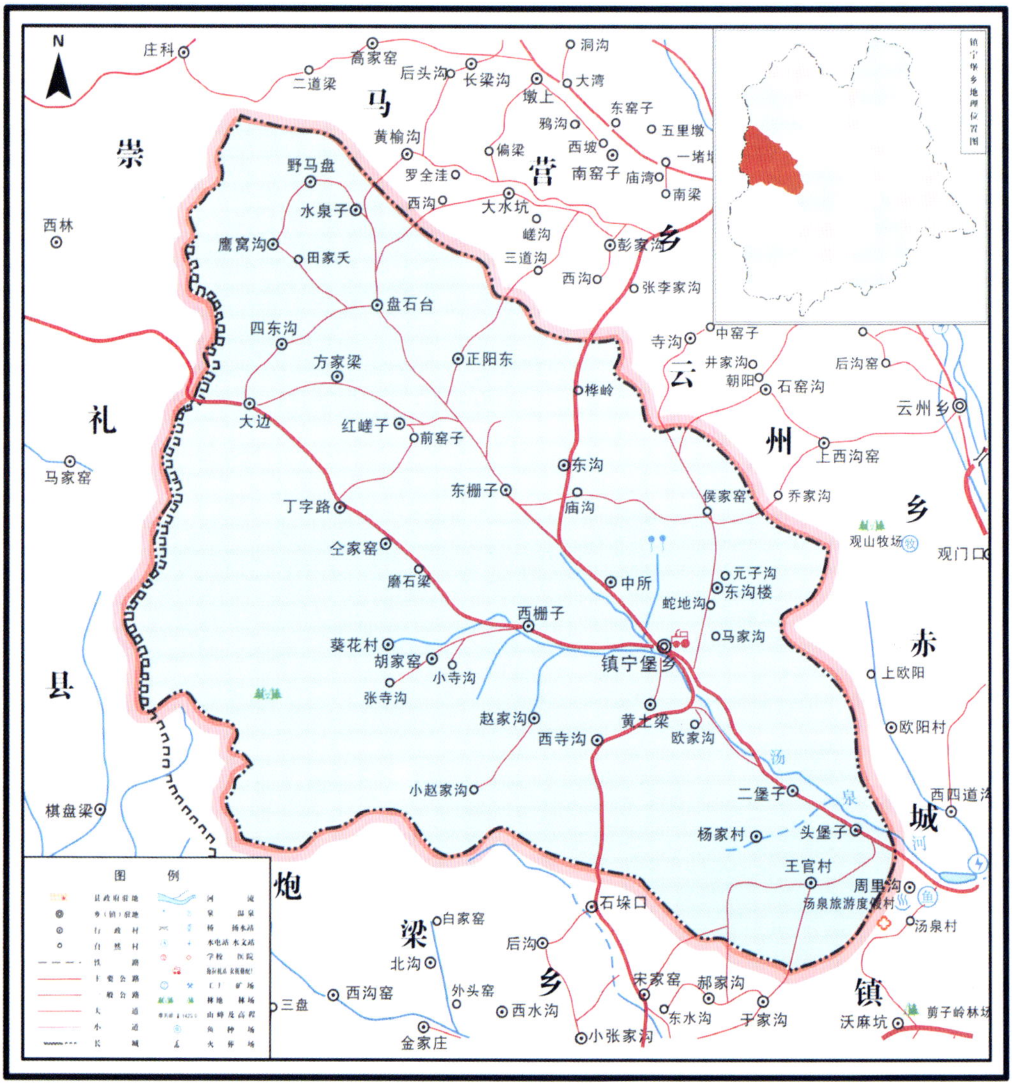
N
庄科
高家窑
二道梁
后头沟
长梁沟
墩上
洞沟
大湾
马
营
乡
黄榆沟
野马盘
偏梁
鸦沟
西坡
东窑子
五里墩
一堵墙
南窑子
庙湾
南梁
罗全洼
水泉子
西沟
大水坑
嵯沟
三道沟
彭家沟
崇
西林
鹰窝沟
田家夭
西沟
张李家沟
盘石台
四东沟
方家梁
正阳东
寺沟
中窑子
井家沟
朝阳
石窑沟
后沟窑
云
州
乡
云州乡
桦岭
礼
马家窑
大边
红嵯子
前窑子
东沟
上西沟窑
东栅子
庙沟
侯家窑
乔家沟
丁字路
观山牧场
观门口
仝家窑
中所
磨石梁
元子沟
东沟楼
蛇地沟
西栅子
马家沟
赤
葵花村
胡家窑
镇宁堡乡
县
小寺沟
上欧阳
张寺沟
黄土梁
赵家沟
西寺沟
欧家沟
欧阳村
汤
泉
河
小赵家沟
二堡子
西四道沟
城
棋盘梁
杨家村
头堡子
王官村
周里沟
汤泉旅游度假村
汤泉村
炮
石垛口
白家窑
梁
后沟
北沟
乡
宋家窑
郝家沟
镇
三盘
西沟窑
外头窑
西水沟
东水沟
于家沟
沃麻坑
剪子岭林场
金家庄
小张家沟
图例
镇宁堡乡地理位置图

乡镇工作

【概况】 镇宁堡乡位于赤城县城西北部，距县城18公里。东邻云州乡，西接炮梁乡，北靠崇礼县，南连赤城镇。地处北纬40° 58′，东经115° 39′。乡政府所在地镇宁堡村海拔1071米，全乡平均海拔1218米。属大陆性季风气候，年平均气温4.5℃，平均降水量438.5厘米，无霜期113天。全乡总控面积329.67平方公里。耕地总资源4693公顷，常用耕地3525公顷，林地面积8800公顷，草场面积8533公顷。辖26个行政村，42个自然村，4651户，其中：农业户口4561户，非农业户口90户。总人口13603人，其中：农业人口13425人，非农业人口178人，（出生159人，死亡36人），人口自然增长率8.46‰。有九年一贯制学校1所，幼儿园1所。教职员工77人，在校生280人，毕业生95人，升学率达86%；幼儿园幼儿62人，教师2名。有乡卫生院1所，医护人员7人，病床8张，设村卫生室14个，医生14人。境内有弘基、明玉、鑫富等股份、个体、私营矿山企业3家，年实现产值1.3亿元。

年内，乡党委、乡政府认真贯彻落实科学发展观，全力抓好基层党组织建设，文明生态村建设和基础设施建设，建设惠民工程，兑现惠民政策，使全乡工作顺利开展。全年实现农业总产值6599.42万元（现价），比上年增长9%；农村经济总收入42041万元，比上年增长3.2%；农村经济纯收入3211万元，比上年增长2.9%；乡财政收入319.35万元，比上年减少6.9%。乡域经济以农业为主，由于受旱灾影响，粮食总产量4240吨，比上年减产35%；实现种植业产值2800万元，比上年减少15%。牛存栏4900头，出栏3200头；羊存栏9000只，出栏5000只；鸡存栏4000只，出栏3500只；猪存栏3000头，出栏2600头。实现畜牧业产值3400万元，比上年增长21.6%。农村基础设施建设不断改善。投资150万元，硬化村级道路15公里，修护村坝3000米。驻乡单位有供电分公司、邮政支局、土地所、派出所、信用社、移动分公司、卫生院。乡政府内设综合办公室、财政所、劳动保障站、民事调解中心、农业服务中心、计划生育服务中心。财政供养人员52人，在岗干部职工40人。

领导成员名单

书　　记：李贵忠（2月免）
　　　　　张　波（2月任）
乡　　长：张　波（2月免）
　　　　　郝　荣（2月任）
人大主席：郝　荣（2月免）
　　　　　程立冬（2月任）
副 书 记：姬中峰
组织委员：温建芳（女）
宣传委员：卜永祥
武装部长：谢明亮
纪委副书记：李万成（2月任）

副　乡　长：张升平（10月免）
　　　　　　马继刚（3月病逝）
　　　　　　赵东洋（10月任）
　　　　　　韩龙海（10月任）
人大副主席：祁　昊
地　址：镇宁堡乡镇宁堡村
邮　编：075541
电　话：6489063

【村委会换届】 1月，完成了村委会换届选举工作。全乡登记选民11090人，实际参加选举人数9150人，参选率82.5%。共选举产生村委会委员56名，村委会主任26名。在新当选的班子成员中，党员48人，占委员总数的92.3%；村委会主任中，党员20人，占村主任总数的76.9%；其中45岁以下9人，占35%；高中、中专以上文化程度的24人，占92%。

【基层组织建设】 年内，乡党委不断加强党的基层组织建设，创新党建工作思路，使基层党建工作扎实开展。全年发展新党员50名，其中35岁以下35名，占70%，党员总数达到1086名。开展了村党支部书记党建工作述职。投资28万元，为黄土梁村新建“两室”10间，建文化广场1000平方米。

【计划生育工作】 年内，全乡已婚育龄妇女达到2628人，出生159人，符合政策生育率93.71%、出生率10.59‰、人口自然增长率8.46‰、综合避孕率90.08%。对全乡42个自然村进行两次生殖健康免费服务。计划生育家庭奖励扶助对象11人，发放资金7920元，发放独生子女父母奖金9360元。人口和计划生育工作连续12年被市县评为先进工作单位。

【长江绿色综合养殖场】 年内，投资500万元建集餐饮、住宿、狩猎为一体的扩建工程，总计2000平方米，建地下暖棚26座。 长江绿色综合养殖基地是集山野菜、珍稀野禽、珍稀动物、种猪培育和育肥猪生产为一体的绿色综合公司。

【滑雪场建设】 年内，滑雪场建设投资9000万元，完成了征地、租赁林坡、雪道伐树林业手续和滑雪场整体规划等工作。是由北京桥山天健管理有限公司投资，在葵花村岔沟与蕨菜沟及两沟结合部建设为冬季滑雪、春夏秋三季观光、休闲、运动、度假的四季旅游度假区。该项目总投资3亿元，建设期为8年。

【文明生态村建设】 年内，乡政府筹集资金28万元为文明生态村黄土梁村建文化广场1300平方米，其中硬化面积1000平方米，草坪占地200平方米，安装健身器材10组，栽植景观树20株。投资5万元建村委会4间。为葵花村硬化主街道2000米，维修村两室10间，硬化文化广场300平方米，安装路灯20盏，建厕所2座，垃圾池2个，绿化主街道2500米。

【基础设施建设】 年内，投资150万元，完成硬化村级道路15公里，修护村坝3000米，涉及盘石台等8个行政村。

【落实各项惠民政策】 年内，发放救灾面粉20000公斤，救灾煤130吨，救灾款6.2万元。新增农村低保户841户，发放农村低保金115万元。新型合作医疗参合人数达8828人，参合率71.9%，报销医药费55.3万元。发放粮食直补资金81万元，退耕还林补助金323万元，老党员生活补助资金6.23万元，家电下乡补贴资金8.12万元。安置10名“4050”下岗职工走上了公益性岗位，为9人办理了养老保险手续。

村情概况

【镇宁堡村】 是乡政府所在地，距县城25公里。全村349户，931口人（出生25人、死亡5人）。耕地总资源209公顷，常用耕地143.6公顷，退耕还林36.9公顷。粮食总产量365吨，比上年减产25%。牲畜存栏：牛500头，出栏400头；羊存栏200只，出栏150只；猪存栏612头，出栏506头；鸡存栏1000只，出栏900只。经济总收入295万元，比上年增长12.17%；农民人均纯收入2200元，比上年增长13.40%。安装固定电话60部，有手机150部。拥有机动车181辆（农用车41辆、面包车10辆、卧车10辆、摩托车120辆）。有家用电器613台（冰箱150台、彩电266台、洗衣机168台、电脑19台、照相机6架、录像机2架）。个体经营户21户，收入45万元；外出务工130人，收入98万元。设九年一贯制学校1所，有学生360人，教师67人。有卫生室1所。是文明生态村。

村支部书记、村委会主任：王　军

【东沟村】 位于镇宁堡乡西北部，距乡政府23公里，辖2个自然村。全村205户，519口人（出生5人、死亡3人）。耕地总资源168公顷，常用耕地102公顷，退耕还林15公顷。粮食总产量204吨，比上年减产35%。牛存栏50头，出栏30头；羊存栏60只，出栏45只；猪存栏106头，出栏98头；鸡存栏400只，出栏250只。畜牧业收入50万元。经济总收入164万元，比上年减少0.67%；农民人均纯收入1400元，比上年减少25.90%。安装固定电话10部，有手机100部。拥有机动车65辆（农用车12辆、面包车2辆、卧车1辆、摩托车50辆）。有家用电器124台（冰箱23台、彩电56台、洗衣机34台、电脑1台、照相机1架）。全村个体经营户1个，收入2万元。

村支部书记、村委会主任：曹清明

【东栅子村】 位于镇宁堡乡西北部。距乡政府20公里。全村379户，990口人（出生17人、死亡4人）。耕地总资源206公顷，常用耕地112公顷，退耕还林60公顷。粮食总产量202吨，比上年减产23%。牛存栏380头，出栏310头；羊存栏260只，出栏208只；猪存栏206头，出栏198头；鸡存栏300只，出栏250只。经济总收入313万元，比上年减产5.2%；农民人均纯收入1920元，比上年增长1%。安装固定电话60部，有手机200部。拥有机动车201辆（农用车40辆、面包车8辆、卧车3辆、摩托车150辆）。有家用电器316台（冰箱123台、彩电156台、洗衣机34台、电脑2台、照相机1架）。个体经营户2户，收入5万元；劳务输出300人，收入305万元。

村委会主任：翟　飞

【方家梁村】 位于镇宁堡乡西北部。距乡政府32公里。全村119户，321口人（出生4人、死亡4人）。耕地总资源125公顷，常用耕地96公顷，退耕还林38公顷。粮食总产量126吨，比上年减产45%。牛存栏150头，出栏130头；羊存栏260只，出栏145只；猪存栏96头，出栏78头；鸡存栏300只，出栏250只。经济总收入102万元，比上年减少15%；农民人均纯收入1350元，比上年减少29%。安装固定电话20部，有手机70部。拥有机动车111辆（农用车10辆、面包车2辆、卧车1辆、摩托车98辆）。有家用电器95台（冰箱13台、彩电56台、洗衣机24台、电脑1台、照相机1架）。劳务输出40人，收入60万元。

村支部书记、村委会主任：赵永才

【鹰窝沟村】 位于镇宁堡乡西北部，距乡政府34公里，辖2个自然村。全村67户，183口人（出生3人、死亡1人）。年末耕地总资源96公顷，常用耕地66.1公顷，退耕还林45公顷。粮食总产量86吨，比上年减产35%。牛存栏150头，出栏130头；羊存栏560只，出栏445只；猪存栏56头，出栏48头。经济总收入58万元，比上年减少3.3%；农民人均纯收入1360元，比上年增长28.3%。安装固定电话6部，有手机80部。拥有农用车9辆、面包车1辆。劳务输出55人，收入27.5万元。年内列入扶贫村，帮助20户发展育肥牛120头。打机井一眼，修整土地100亩，水利配套50亩，建大棚50个。

村支部书记、村委会主任：李　翠

【东沟楼村】 位于镇宁堡乡东北部，距乡政府4公里。辖5个自然村。全村240户，608口人（出生4人、死亡2人）。耕地总资源196公顷，常用耕地155.8公顷，退耕还林15公顷。粮食总产量276吨，比上年减产15%。牛存栏305头，出栏260头；羊存栏1438只，出栏1059只；猪存栏56头，出栏48头。全村经济总收入164万元，比上年减少18%；农民人均纯收入2000元，比上年增长4.17%。安装固定电话23部，有手机170部。拥有拥有机动车144辆（农用车6辆、面包车2辆、摩托车136辆）。有家用电器106台（冰箱23台、彩电49台、洗衣机34台）。外出务工60人，年收入80万元。

村支部书记、村委会主任：魏　永

【赵家沟村】 位于镇宁堡乡西北部，距乡政府14公里，辖2个自然村。全村211户，617口人（出生9人、死亡6人）。耕地总资源203公顷，常用耕地134.6公顷，退耕还林15公顷。粮食总产量203吨，比上年减产35%。牛存栏205头，出栏160头；羊存栏1038只，出栏859只。经济总收入195万元，比上年减少2.5%；农民人均纯收入1320元，比上年减少31.9%。安装固定电话20部，有手机150部。拥有机动车142辆（农用车1辆、面包车5辆、摩托车136辆）。有家用电器206台（冰箱53台、彩电

119台、洗衣机34台）。劳务输出251人，收入282万元。

村支部书记、村委会主任：赵海军

【丁字路村】 位于镇宁堡乡西北部，距乡政府24公里。全村222户，655口人（出生3人）。耕地总资源196公顷，常用耕地110公顷，退耕还林20公顷。粮食总产量205吨，比上年减产35%。牛存栏350头，出栏230头；羊存栏1560只，出栏945只；猪存栏156头，出栏148头。经济总收入207万元，比上年减少10%；农民人均纯收入1950元，比上年增长1.04%。安装固定电话30部，有手机165部。拥有机动车169辆（农用车40辆、面包车3辆、摩托车126辆）。有家用电器181台（冰箱33台、彩电124台、洗衣机24台）。劳务输出150人，收入153万元。

村委会主任：韩 林

【红嵯子村】 位于镇宁堡乡西北部，距乡政府30公里。辖2个自然村。全村99户，256口人（出生3人）。耕地总资源296公顷，常用耕地149.8公顷，退耕还林16公顷。粮食总产量203吨，比上年减产35%。牛存栏50头，出栏30头；羊存栏260只，出栏145只；猪存栏856头，出栏748头。全村经济总收入81万元，比上年减少10%；农民人均纯收入1300元，比上年减少32.30%。安装固定电话25部，有手机150部。拥有农用车10辆、面包车3辆。建现代化养猪场一座，存栏猪600头，年收入25万元。

村支部书记、村委会主任：刘文奎

【全家窑村】 位于镇宁堡乡西北部，距乡政府24公里，辖3自然村。全村154户，456口人（出生5人、死亡3人）。耕地总资源100公顷，常用耕地80公顷，退耕还林18公顷。粮食总产量90吨，比上年减产45%。牛存栏50头，出栏27头；羊存栏760只，出栏645只；猪存栏36头，出栏28头。经济总收入144万元，比上年减少6.5%；农民人均纯收入1380元，比上年减少28.9%。安装固定电话10部，有手机100部。拥有农用车12辆、面包车5辆。劳务输出110人，收入105万元。

村支部书记、村委会主任：王 云

【正阳墩村】 村位于镇宁堡乡西北部，距乡政府41公里。全村134户，360口人（出生7人、死亡7人）。耕地总资源208公顷，常用耕地134.2公顷，退耕还林36公顷。粮食总产量169吨，比上年减产45%。牛存栏56头，出栏28头；羊存栏1056只，出栏800只；猪存栏156头，出栏140头。经济总收入113万元，比上年减少5.8%；农民人均纯收入1880元，比上年减少0.53%。安装固定电话2部，有手机30部。拥有机动车102辆（农用车5辆、面包车1辆、摩托车96辆）。有家用电器76台（冰箱23台、彩电39台、洗衣机14台）。劳务输出50人，收入51万元。

村支部书记、村委会主任：孙全林

【胡家窑村】 位于镇宁堡乡西北部，距乡政府15公里，辖3个自然村。全村200户，573口人（出生1人、死亡1人）。年末耕地总资源206公顷，常用耕地162.5公顷，退耕还林25公顷。粮食总产量201吨。比上年减产45%。牛存栏650头，出栏430头；羊存栏860只，出栏705只。经济总收入181万元，比上年增长0.6%；农民人均纯收入1980元，比上年增长1.5%。安装固定电话25部，有手机130部。拥有机动车164辆（农用车25辆、面包车3辆、摩托车136辆）。有家用电器166台（冰箱43台、彩电89台、洗衣机34台）。劳务输出80人，收入100万元。

村支部书记、村委会主任：王明福

【盘石台村】 位于镇宁堡乡西北部，距乡政府36公里。全村275户，769口人（出生5人、死亡3人）。耕地总资源198公顷，常用耕地133.6公顷，退耕还林10公顷。粮食总产量112吨，比上年减产35%。牛存栏50头，出栏20头；羊存栏1260只，出栏980只；猪存栏46头，出栏28头。经济总收入243万元，比上年增长6.5%；农民人均纯收入1940元，比上年增长0.52%。安装固定电话10部，有手机130部。拥有农用车15辆、面包车3辆。劳务输出220人，收入200万元。

村支部书记、村委会主任：古明军

【葵花村】 位于镇宁堡乡西北部，距乡政府24公里。全村185户，528口人（出生16人、死亡1人）。年末耕地总资源86公顷，常用耕地58公顷。粮食总产量76吨，比上年减产45%。牛存栏1110头，出栏605。经济总收入167万元，比上年减少6.5%；农民人均纯收入1250元，比上年减少7.41%。安装固定电话入户30部，有手机100部。拥有机动车172辆（农用车20辆、面包车8辆、轿车8辆、摩托车136辆）。有家用电器126台（冰箱23台、彩电89台、洗衣机14台）。个有小型铁矿2座。投资3亿元在该村建滑雪场一处。

村支部书记：张仲山

【杨家村】 位于镇宁堡乡西南部，距乡政府24公里。全村74户，228口人（出生3人）。耕地总资源96公顷，常用耕地30公顷，退耕还林8公顷。粮食总产量57吨，比上年减产45%。牛存栏50头，出栏31头；羊存栏560只，出栏445只。硬化道路4000米。经济总收入72万元，比上年减少8.8%；农民人均纯收入1340元，比上年减少29.4%。安装固定电话10部，有手机100部。拥有农用车5辆，面包车2辆。劳务输出50人，收入60万元。

村支部书记、村委会主任：郭建兵

【水泉村】 位于镇宁堡乡西北部，距乡政府37公里。全村73户，221口人（出生3人、死亡1人）。耕地总资源98公顷，常用耕地77.6公顷，退耕还林25公顷。粮食总产量79吨，比上年减产45%。牛存栏50头，出栏38头；羊存栏1021只，出栏805只。经济总收入70万元，比上年减少12.5%；农民人均纯收入1850元，比上年减少2.11%。安装固定电话5部，有手机90部。拥有农用车6辆、面包车1辆。劳务输出50人，收入60万元。是电影《一个不能少》拍摄地。

村支部书记、村委会主任：李　爱

【西寺沟村】 位于镇宁堡乡西南部，距乡政府22公里，辖7个自然村。全村158户，447口人（出生11人、死亡1人）。耕地总资源196公顷，常用耕地134公顷，退耕还林16公顷。粮食总产量126吨，比上年减产55%。牛存栏246头，出栏120头；羊存栏1360只，出栏985只；猪存栏156头，出栏148头。经济总收入142万元，比上年减少7.8%；农民人均纯收入1980元，比上年减少1%。安装固定电话30部，有手机150部。拥有机动车109辆（农用车15辆、面包车8辆、摩托车86辆）。有家用电器106台（冰箱33台、彩电69台、洗衣机24台）。劳务输出90人，收入110万元。

村支部书记、村委会主任：祁　友

【野马盘村】 位于镇宁堡乡西北部，距乡政府43公里。全村111户，284口人（出生4人、死亡4人）。耕地总资源76公顷，常用耕地46.6公顷，退耕还林55公顷。粮食总产量58吨，比上年减产45%。牛存栏50头，出栏30头；羊存栏1160只，出栏785只；猪存栏156头，出栏148头。经济总收入90万元，比上年减少11.7%；农民人均纯收入1950元，比上年增长2.6%。安装固定电话5部，有手机80部。拥有机动车97辆（农用车10辆、面包车1辆、摩托车86辆）。有家用电器114台（冰箱24台、彩电66台、洗衣机24台）。劳务输出105人，收入120万元。

村委会主任：裴光权

【西栅子村】 位于镇宁堡乡西北部，距乡政府16公里。全村271户，759口人（出生15人、死亡3人）。耕地总资源235公顷，常用耕地177.6公顷，退耕还林45公顷。粮食总产量205吨，比上年减产35%。牛存栏350头，出栏220头；羊存栏560只，出栏305只；猪存栏356头，出栏299头。经济总收入240万元，比上年增长4.4%；农民人均纯收入1450元，比上年减少25.2%。安装固定电话30部，有手机190部。拥有机动车29辆（农用车16辆、面包车8辆、轿车5辆）。劳务输出110人，收入120万元。

村支部书记、村委会主任：石　华

【中所村】 位于镇宁堡乡西北部，距乡政府5公里。全村295户，853口人（出生16人、死亡11人）。耕地总资源189公顷，常用耕地160公顷，退耕还林25公顷。粮食总产量179吨，比上年减产35%。牛存栏50头，出栏20头；羊存栏460只，出栏305只；猪存栏456头，出栏348头。经济总收入270万元，比上年增长28.6%；农民人均纯收入1380元，比上年减少27.2%。安装固定电话20部，有手机200部。拥有机动车156辆（农用车26辆、面包车8辆、轿车2辆、摩托车130辆）。有家用电器135台（冰箱44台、彩电62台、洗衣机29台）。劳务输出110人，收入150万元。

村支部书记、村委会主任：曹继生

【四墩沟村】 位于镇宁堡乡西北部，距乡政府26公里。全村38户，94口人（出生2人、死亡1人）。耕地总资源52公顷，常用耕地40.3公顷，退耕还林25公顷。粮食总产量32吨，比上年减产45%。牛存栏20头，出栏15头；羊存栏760只，出栏525只；猪存栏36头，出栏28头。经济总收入30万元，比上年减少14.0%；农民人均纯收入1860元，比上年减少 2.1%。安装固定电话 8 部，有手机 20 部。拥有农用车 5 辆、面包车 1 辆、摩托车 20 辆。有家用电器 16 台（冰箱 4 台、彩电 9 台、洗衣机 3 台）。劳务输出 55 人，收入 60 万元。

村支部书记、村委会主任：李树本

【大边村】 位于镇宁堡乡西北部，距乡政府 34 公里。全村 82 户，227 口人。耕地总资源 76 公顷，常用耕地 46.1 公顷，退耕还林 35 公顷。粮食总产量 65 吨，比上年减产 45%。牛存栏 30 头，出栏 15 头；羊存栏 1360 只，出栏 925 只；猪存栏 36 头，出栏 28 头。经济总收入 72 万元，比上年减少 4.0%；农民人均纯收入 1920 元，比上年减少 1.0%。安装固定电话 10 部，有手机 80 部。拥有机动车 42 辆（农用车 6 辆、面包车 1 辆、摩托车 35 辆）。有家用电器 56 台（冰箱 14 台、彩电 126 台、洗衣机 16 台）。劳务输出 100 人，收入 102 万元。硬化道路 2000 米。

村支部书记、村委会主任：李文瑞

【王官村】 位于镇宁堡乡西北部，距乡政府 14 公里．全村 86 户，220 口人（出生 4 人、死亡 4 人）。耕地总资源 56 公顷，常用耕地 33.3 公顷，退耕还林 8 公顷。粮食总产量 55 吨，比上年减产 15%。牛存栏 50 头，出栏 20 头；羊存栏 560 只，出栏 445 只。经济总收入 70 万元，比上年增长 2.9%；农民人均纯收入 1932 元，比上年减少 1.5%。安装固定电话入户 10 部，有手机 100 部。拥有农用车 16 辆、面包车 5 辆、摩托车 79 辆。有家用电器 82 台（冰箱 34 台、彩电 36 台、洗衣机 12 台）。有小型铁矿一座。劳务输出 70 人，收入 84 万元。

村支部书记、村委会主任：郭树军

【黄土梁村】 位于镇宁堡乡西南部，距乡政府 4 公里，辖 2 个自然村。全村 227 户，595 口人（出生 15 人、死亡 3 人）。耕地总资源 186 公顷，常用耕地 126 公顷，退耕还林 9 公顷。粮食总产量 196 吨，比上年减产 25%。牛存栏 50 头，出栏 30 头；羊存栏 560 只，出栏 445 只；猪存栏 756 头，出栏 648 头经济总收入 188 万元，比上年增长 4.4%；农民人均纯收入 2400 元，比上年增加 3.4%。安装固定电话 35 部，有手机 300 部。拥有农用车 30 辆、面包车 8 辆、轿车 6 辆、摩托车 140 辆。有家用电器 124 台（冰箱 34 台、彩电 56 台、洗衣机 34 台）。村内有中型金矿一座。劳务输出 50 人，收入 60 万元。。建小型养猪场一座，出栏生猪 300 口。硬化道路 3000 米。

村委会主任：崔万贵

【二堡子村】 位于镇宁堡乡西南部，距乡政府 10 公里。全村 373 户，1024 口人（出生 14 人、死亡 1 人）。耕地总资源 296 公顷，常用耕地 233 公顷，退耕还林 65 公顷。粮食总产量 391 吨，比上年减产 15%。牛存栏 62 头，出栏 50 头；羊存栏 560 只，出栏 445 只；猪存栏 256 头，出栏 448 头。硬化道路 1500 米。经济总收入 324 万元，比上年增长 8.0%；农民人均纯收入 2100 元，比上年增长 9.5%。安装固定电话 50 部，有手机 300 部。拥有机动车 297 辆（农用车 30 辆、面包车 7 辆、轿车 10 辆、摩托车 250 辆）。有家用电器 254 台（冰箱 64 台、彩电 156 台、洗衣机34台）。有小型砂石场一座。劳务输出400人，收入450万元。

村委会主任：贾奋勇

【头堡子村】 位于镇宁堡乡西南部，距乡政府12.5公里。全村221户，682口人（出生11人、死亡2人）。耕地总资源186公顷，常用耕地147公顷，退耕还林35公顷。粮食总产量289吨，比上年减产15%。牛存栏50头，出栏30头；羊存栏460只，出栏345只；猪存栏556头，出栏548头。经济总收入216万元，比上年减少6.1%；农民人均纯收入1980元，比上年增长3.1%。安装固定电话30部，有手机200部。拥有机动车183辆（农用车28辆、面包车2辆、卧车3辆、摩托车150辆）。有家用电器224台（冰箱34台、彩电156台、洗衣机34台）。劳务输出162人，收入198万元。

村支部书记、村委会主任：赵志明

（马继伟）

炮梁乡

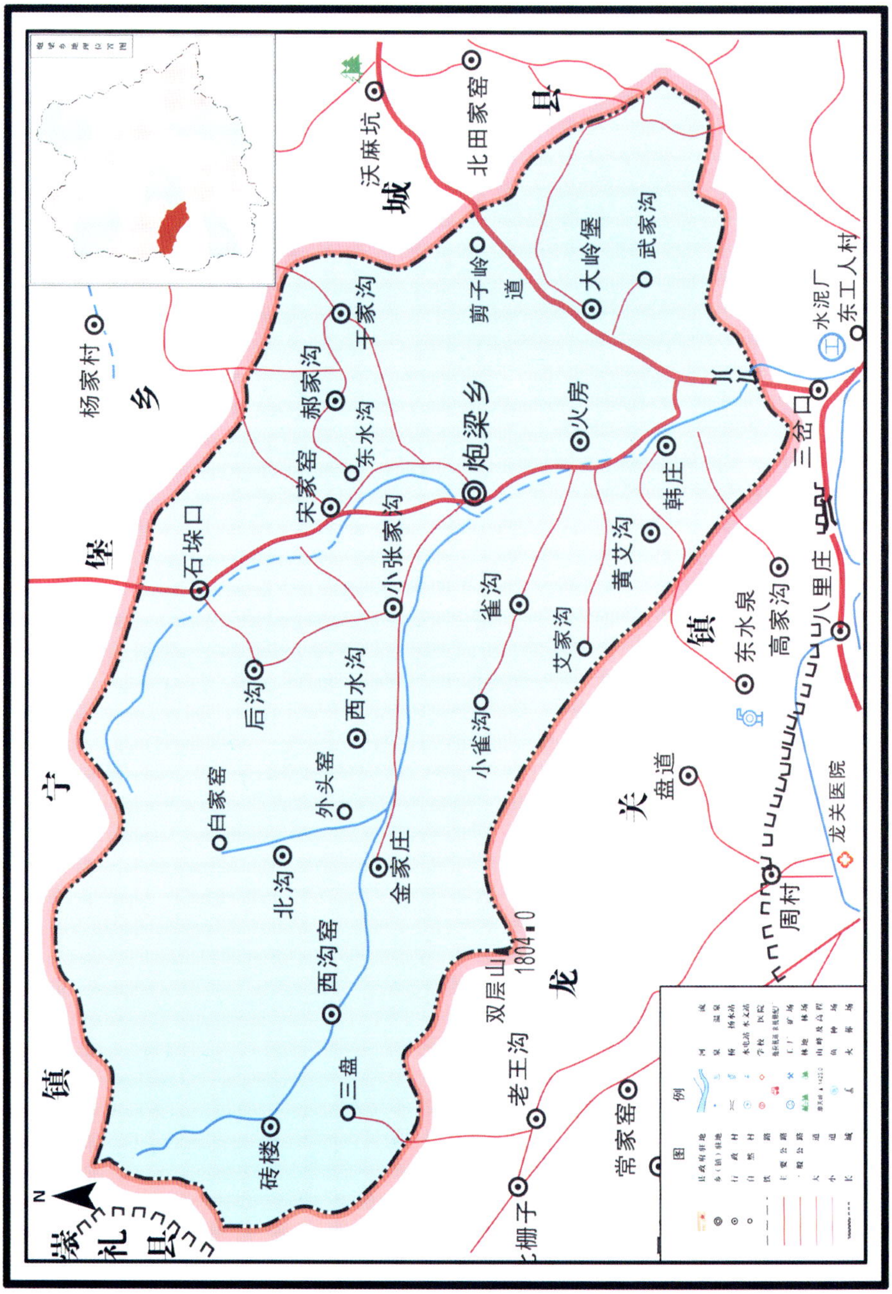
炮梁乡
沃麻坑
北田家窖
城
县
杨家村
乡
于家沟
剪子岭
道
大岭堡
武家沟
郝家沟
东水沟
宋家窖
石垛口
堡
小张家沟
火房
韩庄
黄艾沟
雀沟
艾家沟
后沟
西水沟
白家窖
外头窖
小雀沟
北沟
金家庄
西沟窖
三盘
砖楼
宁
镇
崇礼县
双层山
1804.0
龙
关
盘道
周村
龙关医院
老王沟
常家窖
栅子
镇
东水泉
高家沟
八里庄
三岔口
水泥厂
东工人村
N
图例

乡镇工作

【概况】 炮梁乡位于赤城县西南部，距县城30公里。东临赤城镇，西连崇礼县，南接龙关镇，北靠镇宁堡乡。地处北纬40° 51′，东经115° 39′。镇所在地炮梁村海拔1080米，全乡平均海拔1207米。属冷凉半干旱气候区，年平均气温4.4℃，无霜期113天。全乡总面积156.7平方公里，耕地总资源1871公顷，常用耕941公顷。辖17个行政村，24个自然村，2427户、6536口人（出生67人，死亡36人），人口自然增长率为4.37‰。乡内有中心小学1所，教学班6个，教学点1个，在校生219名，教职工30人，学前班1个。乡办卫生院1所，医护人员5名，病床6张，村医疗室7所。

年内，乡党委、乡政府立足本地资源，继续抓矿业开发不放松，为全县财政增收做出贡献。同时，不断完善基层组织建设，落实惠民政策，使各项工作都取得了新成绩。全乡实现工业总产值108036万元，农业总产值1890万元。农村经济总收入完成77213万元，农民人均收入2589元，同比分别增长46.8%、-43.3%、0.06%和0.9%。粮食总产量3261吨，比上年减产40.8%。森林覆盖率30%。饲养梅花鹿58只，收入12万元。全乡共有29个私营矿产品开发企业，其中超贫磁铁矿选厂13个，赤铁矿采厂10个，石墨矿2个，金矿4个，企业从业人员2707人，铁精粉产量136万吨，创税费1.8亿元。有乡村公路37.5公里，其中柏油路12.5公里，水泥路5.8公里。乡内设卫生院、信用社、兽医站、电管站。乡政府设党政办公室、家业科、计生科、企业科、项目办、财政办，共有干部、职工29名。

领导成员名单
党委书记：路桂成
乡　　长：李　辉（4月免）
乡　　长：刘志强（4月任）
人大主席：王继明
副 书 记：王东升
组织委员：郑有玲（女）
宣传委员：郝　有
武装部长：卢志利
纪检副书记：马凯俊
副 乡 长：冯志斌
　　　　　赵永明
人大副主席：杜　志（4月任）
地　址：炮梁乡炮梁村
邮　编：075511
电　话：6499137

【人大工作】 4月22日，召开炮梁乡第十五届人大二次会议，代理乡长刘志强作了政府工作报告，会上，选举刘志强为炮梁乡政府乡长，杜志为炮梁乡人大副主席。

【基层组织建设】 年内，发展新党员31名，全部为高中以上学历，其中

16人为致富能手，5人为优秀外出务工青年，25人为共青团组织推荐的优秀团员。

【信访工作】 年内，全乡共受理信访案件59件，接待信访人345人次，其中已成功化解54件，其余5件正在化解中，调处率达92%。

【计划生育】 年内，全乡出生67人，其中：一孩出生44人，二孩出生23人，符合政策生育63人，计划外生育4人，计划生育率94.03%。全乡已婚育龄妇女1414人，综合避孕育率90.66%，累计领取独生子女证53人。人口自然增长率为4.37‰。

【共青团、妇联工作】 年内，发展团员50名，向同级党组织推荐优秀团员25名，全部被发展为共产党员。乡妇联下辖17个妇代会，建立妇女禁赌会17个，红白理事会17个。

【落实惠民政策】 年内，共下拨救灾粮28850斤，救灾款5000元，取暖用煤59吨。农村低保户达到503户，595人，发放农村低保金3.09万元，为33名城保对象发放城镇低保金6.53万元。为93名“五保”对象发放养老金12.09万元。家电下乡电器类补贴110户，110台（件），补贴资金29830.32元。汽车类下乡补贴9户，9辆，补贴资金29210元。发放粮食直补、综合直补资金51.03万元。补贴退耕还林资金61.9万元。发放建国前老党员生活补助金34320元。

村情概况

【炮梁村】 是乡政府所在地，距县城30公里。全村232户，568口人，有耕地100公顷，粮食产量274吨，比上年减产25.5%。羊存栏250只，猪存栏135口，牛存栏9头，鸡存栏70只。农村经济总收入5064万元，比上年减少0.1%；农民人均收入2412元，比上年增长3.3%。拥有机动车30辆（轿车10辆，农用车17台，出租车3辆）。村内有戏台1座，文化活动广场1200平方米。投资2万元治理河道1000米，投资10万元修缮戏台和文化广场，投资1万元建漫水桥2座，投资43万元新建25户联合体养牛基地1处，投资32万元硬化街道4条2180米。有中心小学1所，幼儿班1个，个体卫生室1所。

村支部书记、村委会主任：代桂芳

【大岭堡村】 位于炮梁乡东南部，辖2个自然村。全村119户，467口人。耕地120公顷，粮食产量295吨，比上年减产42.7%。羊存栏300只，猪存栏110口，牛存栏18头，鸡存栏60只。全村经济收入4596万元，与上年持平；农民人均纯收入1991元，与上年持平。拥有机动车7辆（轿车2辆，农用车5台）。

村支部书记、村委会主任：康金生

【韩庄村】 位于炮梁乡东南部，距乡政府4公里。全村433户，1179口人，有耕地146公顷，粮食产量265吨，比上年减产56%。羊存栏120只，猪存栏550口，牛存栏17头，鸡存栏2200只。农村经济总收入7997万元，同比增长14.2%；农民人均纯收入2621元，比上年减少10.3%。村集体总收入6万元。新建梅花鹿养殖基地1处，存栏梅花鹿60只。拥有机动车31辆（轿车10辆，出租车6辆，农用车15辆）。有小学1所，在校生29人，教师2人。有卫生室2所。

村支部书记：王凤雨

村委会主任：王　亮

【伙房村】　位于炮梁乡西南部，距乡政府2.5公里。全村134户，365口人。有耕地52公顷，粮食产量107吨，比上年减产47.5%。羊存栏80只，猪存栏42口，牛存栏16头，鸡存栏40只。农村经济总收入5113万元，比上年减少0.1%；农民人均收入2493元，比上年增长0.3%。

村支部书记、村委会主任：孙进玉

【黄艾沟村】　位于炮梁乡西南部，距乡政府2.5公里，辖2个自然村。全村112户，291口人。有耕地14公顷，粮食产量30吨，比上年减产45.5%。羊存栏110只，猪存栏37口，牛存栏13头，鸡存栏30只。农村经济总收入4854万元，比上年减少0.1%；农民人均纯收入2027元，与上年持平。自然村艾家沟村饮用泉水，路况较差。

村支部书记、村委会主任：宋春亮

【雀沟村】　位于炮梁乡西南部，距乡政府2.5公里，辖2个自然村。全村70户，162口人。有耕地74公顷，粮食产量173吨，比上年减产42.3%。羊存栏170只，猪存栏39口，牛存栏5头，鸡存栏30只。农村经济总收入3815万元，比上年减少0.2%，农民人均收入1111元，比上年增长17.3%。

村支部书记、村委会主任：郑天兴

【于家沟村】　位于炮梁乡东北部，距乡政府3.5公里。全村122户，256口人。有耕地69公顷，粮食产量136吨，比上年减产51.4%。羊存栏60只，猪存栏22口，牛存栏3头，鸡存栏20只。农村经济总收入4200万元，比上年减少0.2%；农民人均收入3516元，比上年增长9%。

村支部书记、村委会主任：崔生喜

【郝家沟村】　位于炮梁乡东北部，距乡政府2.5公里。全村57户，124口人。有耕地37公顷，粮食产量72吨，比上年减产52%。猪存栏21口，牛存栏2头，鸡存栏20只。农村经济总收入3659万元，比上年减少0.2%；农民人均纯收入3408元，比上年增长12.2%。

村支部书记、村委会主任：郝　勇

【宋家窑村】　位于炮梁乡东北部，距乡政府3.5公里，辖2个自然村。全村212户，476口人。有耕地84公顷，粮食产量180吨，比上年减产41.9%。羊存栏90只，猪存栏38口，牛存栏11头，鸡存栏40只。农村经济总收入4649万元，比上年增长0.9%；农民人均纯收入1092元，比上年增长14.3%。是本年度扶贫村。

村支部书记、村委会主任：薛金武

【石垛口村】　位于炮梁乡东北部，距乡政府7.5公里。全村95户，239口人。有耕地63公顷，粮食产量118吨，比上年减产47.6%。羊存栏240只，猪存栏40口，牛存栏10头，鸡存栏50只。农村经济总收入4630万元，比上年减少0.1%；农民人均纯收入1757元，比上年减少2.1%。

村支部书记、村委会主任：智有财

【后沟村】 位于炮梁乡西北部，距乡政府5公里。全村99户，251口人。有耕地65公顷，粮食产量132吨，比上年减产43.6%。羊存栏130只，猪存栏32口，牛存栏18头，鸡存栏20只。农村经济总收入4357万元，比上年减少0.4%；农民人均纯收入3028元，比上年增长3.8%。

村支部书记、村委会主任：刘　财

【小张家口村】 位于炮梁乡西北部，距乡政府2.5公里。全村224户，603口人。有耕地136公顷，粮食产量389吨，比上年减产32.9%。羊存栏150只，猪存栏99口，牛存栏9头，鸡存栏60只。农村经济总收入5508万元，比上年减少0.2%；农民人均纯收入3516元，比上年增长14.7%。拥有机动车6辆（出租车1辆，农用车5辆）。有村卫生室1所，戏台1座。

村支部书记、村委会主任：刘进义

【西水沟村】 位于炮梁乡西北部，距乡政府5公里。全村161户，437口人。有耕地123公顷，粮食产量363吨，比上年减产32.5%。羊存栏110只，猪存栏23口，牛存栏12头，鸡存栏20只。农村经济总收入3911万元，比上年增长0.8%；农民人均纯收入3753元，比上年增长0.9%。拥有机动车13辆（出租车1辆，轿车12辆）。有卫生室1所，戏台1座。

村支部书记、村委会主任：石有亮

【北沟村】 位于炮梁乡西北部，距乡政府7.5公里，辖3个自然村。全村164户，435口人。有耕地51公顷，粮食产量115吨，比上年减产42.5%。羊存栏570只，猪存栏219口，牛存栏65头，鸡存栏160只。农村经济总收入4471万元，比上年增长28.6%；农民人均纯收入3402元，比上年减少3%。

村支部书记、村委会主任：何　绪

【金家庄村】 位于炮梁乡西北部，距乡政府7.5公里。全村128户，356口人。有耕地121公顷，粮食产量333吨，比上年减产29.1%。羊存栏250只，猪存栏24口，牛存栏10头，鸡存栏30只。农村经济总收入4908万元，比上年减少1.2%；农民人均纯收入3118元，比上年增长8%。有班车1辆。有村卫生室1所，戏台1座，文化广场1200平方米，金秀英梳装台1处。

村支部书记、村委会主任：施尚云

【西沟窑村】 位于炮梁乡西北部，距乡政府10公里，辖2个自然村。全村129户，317口人。有耕地90公顷，粮食产量196吨，比上年减产41.5%。羊存栏760只，猪存栏35口，牛存栏28头，鸡存栏130只。农村经济总收入3167万元，比上年减少1.2%；农民人均纯收入1924元，比上年减少2.8%。

村支部书记、村委会主任：董　富

【砖楼村】 位于炮梁乡西北部，距乡政府12.5公里。全村54户，117口人。有耕地38公顷，粮食产量74吨，比上年减产50%。羊存栏90只，猪存栏14口，牛存栏54头，鸡存栏20只。农村经济总收入2314万元，比上年减少44.2%；农民人均纯收入1197元，比上年减少1.2%。

村支部书记、村委会主任：谢忠成

（苏连军）

大海陀乡

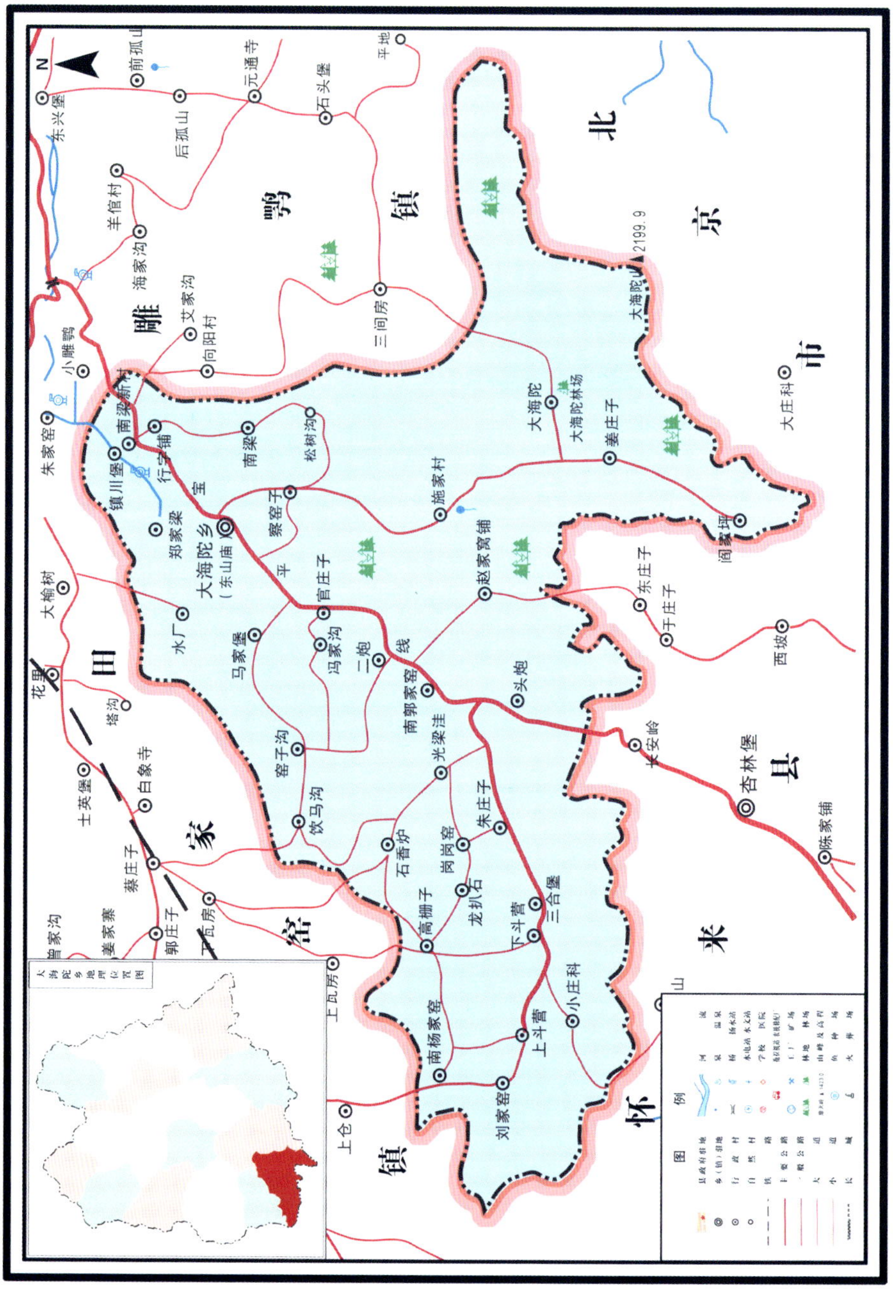
N
东兴堡
前孤山
后孤山
元通寺
石头堡
平地
羊倌村
海家沟
雕
鹗
镇
北
京
市
艾家沟
向阳村
三间房
2199.9
大海陀山
小雕鹗
朱家窑
南梁新村
镇川堡
行宇铺
南梁
松树沟
大海陀
大海陀林场
姜庄子
大庄科
郑家梁
宝
大海陀乡
（东山庙）
窑子
施家村
阎家坪
平
官庄子
赵家窑铺
东庄子
于庄子
西坡
大榆树
水厂
马家堡
冯家沟
二炮
线
南郭家窑
头炮
田
花果
塔沟
长安岭
杏林堡
县
陈家铺
窑子沟
光梁洼
土英堡
白象寺
家
饮马沟
朱庄子
石香炉
岗岗窑
蔡庄子
龙扒石
三合堡
高栅子
下斗营
郭庄子
姜家寨
曾家沟
下瓦房
窑
上瓦房
小庄科
来
南杨家窑
上斗营
刘家窑
上仓
怀
镇
山
图
例
大海陀乡地理位置图

乡镇工作

【概况】 大海陀乡位于赤城县东南部，属深山区，距县城35公里。东界延庆县，西连田家窑镇，南邻怀来县，北靠雕鹗镇。地处北纬40° 40′，东经115° 43′。乡政府所在地东山庙村海拔945米，全乡平均海拔1151米。年平均气温5.5℃，无霜期120天。全乡总面积290.44平方公里，年末耕地总资源3250公顷，常用耕地1469公顷。辖32个行政村，34个自然村，3376户，9899人（农业户口9729人，非农业户口273人）。人口自然增长率为8.82‰。有汉、回、蒙、满、藏5个民族居住。大海陀乡是革命老区，战争年代为平北抗日根据地中心。省道宝平线贯穿乡境，乡村公路总长度为58.88公里。以大海陀村为中心的旅游业已初具规模，发展农家院16家，年接待游客1.3万多人，收入31万元。有中心小学1所，教职员工33人，学生289人；村级教学点4个，教职员工8人，学生108人；幼儿园2所，教职员工4人，学龄前儿童86人，儿童入学率达98%以上。有卫生院1所，医务人员8名，病床7张。村级卫生室5所，医务人员7名。有乡级文化站1处，活动用房13间，篮球场1处。村级文化广场面积1365平米。

年内，全乡实现农村经济总收入15217万元，比上年增长32.2%。人均纯收入1480元，比上年增长3.7%。耕地面积2400公顷，无公害蔬菜种植是全乡的主导产业，以架豆、小甘兰、脱毒薯和西瓜为主的无公害瓜菜、马铃薯种植面积达到1323公顷，农民年增收610万元。其中无公害蔬菜930公顷、脱毒薯、杂粮杂豆606公顷。粮食总产量1211吨，比上年减产33.6%；蔬菜总产量6.5万吨，比上年增长42.4%。全乡林业总面积2.9万公顷，其中林地面积1.2万公顷，自然保护区林地面积1733公顷，草场3800公顷，宜林荒山3026公顷，森林覆盖率41.77%。林果产量256吨，较上年218吨，增长17.4%。牛出栏2200头，存栏311头；羊出栏1.61万只，存栏6000只；猪出栏7300口，存栏300口；禽类出栏8万只，存栏3000只。乡内有私营企业和个体商业网点28家，（其中砖厂2家，白云加工厂2家，机车修理站3家，饭店11家，商店13家），年从业人员67人，较上年24家增加4家。乡内辖信用社、电力分公司、乡卫生院。乡政府内设党政办公室、社会事务办公室、财经办公室、文化广播服务中心、农业综合服务中心、计划生育服务中心、实有人员37人，其中在编人员30人，大学生村官5人。

领导成员名单

书　　记：邵德良（3月病逝）
　　　　　马王海（4月任）

乡　　长：马王海　（4月免）
　　　　　李继章（4月任）

人大主席：贾万成

副　书　记：只桂武
组织委员：韩晓利
宣传委员：李东平（女）
武装部长：赵树伟（4月任）
纪委副书记：王建忠
副　乡　长：刘　宇
　　　　　　吴振方（4月任）
人大副主席：范荣武（4月任）
地　址：大海陀乡东山庙村
邮　编：075545
电　话：6479001

【捐资助教】　6月，北京克劳沃集团刘自学先生为大海陀乡姜庄子村捐资8万元，建学校6间。

【国庆安保】　8月，乡党委成立了国庆安保领导小组，下设矛盾调处、电力保护、邪教监控、突发事故应急处理、巡逻检查、重点人员监控、信访接待7个工作小组。全乡共抽调乡村干部120名，组织自愿者230名。期间，共解决各类社会矛盾13起，调解村级债务30254元，接待群众来信来访13件，实现了零刑事案件和零上访。圆满完成国庆安保工作。全乡有14个单位和部分个人受到市、县表彰。

【基层组织建设】　年内，投资15万元新建党员干部培训室200平米，配齐了远程教育网、电社、VCD等电教设备；在东山庙和官庄子村安装了远程教育网点；为镇川堡、南梁、行字铺3个村配齐了“两室”的办公设施。发展年轻党员65名。调整了窑子沟、闫家坪两个村支部班子。深入推行村干部“一定三有”管理机制，与32个行政村党组织书记签订“一定三有”责任状，为全乡36名村干部办理了养老保险。

【立春农贸公司项目】　年内，投入资金4800万元，完成恒温库、养殖场、场房加工车间、晾晒场、办公室、仓库的建设，安装了杂粮生产线2条，建综合交易大厅2300平方米。

【白云岩综合加工项目】　年内，兆龙建筑装饰材料有限公司总投资3500万元的白云岩加工项目，完成投资1700万元，建成加工车间1500平方米，库房30间，办公室10间，原料堆放场地2000平方米。上生产线一条，并进行试生产。

【海陀山生态旅游项目】　年内，投资1200万元，完成了地热勘探、开发调研、项目开发规划。铺设引水管道3000米，种植五味子观光园40顷。

【发展特色种植】　年内，种植优质白花马铃薯293公顷，推广“张杂三号”优质谷子210公顷。三合堡村推广嫁接晚熟杏310株。郭家窑村发展猪苓种植7000箱。通过三年培育，镇川堡村32公顷树莓挂果采收，亩收入7000元。

【优质蔬菜种植】　年内，马铃薯、蔬菜、西瓜等新品种、无公害蔬菜种植面积1323公顷。其中优质架豆633公顷，脱毒薯393公顷，小甘蓝、西瓜等297公顷，占农业种植面积的50%，种植面积同比增长12%，农民增收610万元。

【规模养殖】　年内，在镇川堡村发展蓝狐，貂养殖4000只；在郑家梁村建生猪养殖区1处，出栏生猪500头；

在马家堡建年出栏20万只肉鸡养殖小区1处，出栏肉鸡22万只；全乡引进夏洛来等优质肉牛2000头，为农民年增收300万元。

【林下经济项目】 年内，投入资金120万元，进行林下野生物种保护80公顷，嫁接美国榛子45公顷，进行中草药野生抚育30公顷，取得200公顷项目用地使用权。

【基础设施建设】 年内，投资97.6万元，硬化东山庙至水厂、241线至赵村、241线至镇川堡7.3公里通村公路；投资29万元维修东山庙村机井1眼，在行字铺、马家堡两村各新打机井1眼并完成配套；投资19万元在乡政府院内新建文化活动室13间；投资9万元，在东山庙村中心小学新建教室6间。

【私营经济发展】 年内，新建商业网点4个，餐饮餐馆5个，机动车维修点2个，私人卫生所2个，粮食加工厂1座。

【落实各项惠民政策】 年内，为低保户、五保户、优抚对象发放低保、五保、优抚资金681560元。发放退耕还林补偿款104.864万元，发放粮食直补资金72万元。

村情概况

【东山庙村】 是乡政府所在地，辖1个自然村。全村497户，1092人（出生12人、死亡4人），汉、回民杂居。耕地面积154公顷，粮食产量93吨，比上年减产38%。蔬菜产量1900吨。牲畜存栏：牛100头、羊754只、猪 159头。村经济总收入1208万元，比上年减少20.1%；农民人均纯收入1700元，比上年减少1.5%。自来水入户497户，固定电话入户256户，有线电视入户235户。有家用电器632台（彩电503台、冰箱117台、电脑12台）。拥有机动车35辆（农用车25辆，出租车5辆，轿车5辆）。硬化通村公路0.5公里，装修村民活动中心7间，完成机井维修2眼。村集体经济收入4.1万元。有饭馆11家，商店9家，机动车修理点3家，砖厂2家，摊点收入31.1万元。外出务工12人，收入11万元。有九年一贯制学校1所，教职员工43人，学生280人，学生入学率100%。有村级卫生室3所，医务人员4人。

村支部书记：赵海华

村委会主任：张　全

【施家村】 位于大海陀乡东南部，距乡政府10公里，辖1个自然村。全村3 2户，109人（出生4人）。耕地面积32公顷，粮食产量15吨，比上年减产46.4%。蔬菜产量387吨。牲畜存栏：牛16头、羊60只、猪40头、禽类300只。经济总收入113万元，比上年减少62.1%；农民人均纯收入1593元，比上年减少8.6%。安装固定电话1部。有家用电器30台（彩电26台、冰箱4台）。拥有农用车5辆。有小卖部1个，收入

1800元。外出务工6人，收入4.3万元。

村支部书记、村委会主任：李祥忠

【马家堡村】 位于大海陀乡西南部，距乡政府4公里，辖1个自然村。全村81户，250人（出生2人、死亡4人）。耕地面积68公顷，粮食产量37吨，比上年减产56.7%。蔬菜产量529吨。牲畜存栏：牛85头、羊200只、猪100头。经济总收入410万元，比上年增长13.2%；农民人均纯收入1515元，比上年增长0.13%。自来水入户81户，安装固定电话26部。有家用电器68台（彩电47台、冰箱8台、洗衣机13台）。拥有机动车10辆（农用车9辆、出租车1辆）。村集体荒山承包收入0.8万元。外出务工8人，收入7.6万元。肉鸡养殖大户5户，年出栏22万只，收入23万元。

村支部书记、村委会主任：安洪成

【窑子沟村】 位于大海陀乡西南部，距乡政府6.5公里，辖1个自然村。全村77户，207人（出生2人、死亡4人）。耕地73.8公顷，粮食产量23吨，比上年减产57.4%。蔬菜产量1000吨。牲畜存栏：牛24头、羊180只、猪110头、鸡100只。经济总收入210万元，比上年减少11.0%；农民人均纯收入1336元，比上年减少7.4%。有线电视入户60户，安装固定电话27部。有家用电器83台（彩电80台，冰箱3台）。拥有机动车7辆（农用车6辆，出租车1辆）。村集体收入（矿山承包）0.8万元。引资3500万元，建白云岩加工厂1座，年产白云岩30万吨，现安装生产线一条，进入试生产阶段。有小卖部1个，收入1200元。

村支部书记、村委会主任：周义庆

【饮马沟村】 位于大海陀乡西南部，距乡政府9公里，辖1个自然村。全村54户，142人（出生2人、死亡2人）。耕地面积47公顷，粮食产量23吨，与上年持平。蔬菜产量500吨。牲畜存栏：牛62头、羊73只、猪18头、鸡310只。经济总收入232万元，比上年增长10.5%；农民人均纯收入1311元，比上年减少13.4%。有线电视入户40户，安装固定电话31部。有家用电器44台（彩电38台、冰箱4台、洗衣机2台）。拥有机动车8辆（农用车7辆，出租车1辆）。村集体收入1.2万元。有小卖部1个，收入 2400元。

村支部书记、村委会主任：孟生林

【闫家坪村】 位于大海陀乡东南部，距乡政府19.5公里，辖1个自然村。全村107户，374人，（出生4人、死亡2人）。耕地面积69.4公顷，粮食产量40吨，比上年减产28.5%。蔬菜产量900吨。牲畜存栏：牛70头、羊262只、猪100头、奶牛19头。经济总收入507 万元，比上年增长65.7%；农民人均纯收入1565元，比上年减少15.7%。有固定电话13部，彩电98台。拥有机动车5辆（农用车3辆，出租车2辆）。村集体经济收入76万元。有小卖部1个，收入1.1万元。外出务工10人，收入7.5万元。总投资1.81亿元的海陀山生态旅游度假村项目完成投资1200万元，取得了9208亩荒山土地使用权，完成了项目论证及公司注册，野生抚育五味子600亩。

村支部书记、村委会主任：孙怀银

【官庄子村】 位于大海陀乡西南部，距乡政府4公里，辖1个自然村。全村187户，616人，（出生8人、死亡2人）。耕地面积121公顷，粮食产量51吨，比上年减产44.6%。蔬菜产量1200吨。牲畜存栏：牛130头、羊1462只、猪200头、鸡700只。经济总收入631万元，比上年减少18.5%；农民人均纯收入1493元，比上年比增长1.7%。有线电视入户139户，固定电话入户72户，有家用电器210台（彩电206台，冰箱4台）。拥有机动车19辆（农用车13辆，出租车2辆，轿车4辆）。村集体经济收入6万元。有小卖部2个，豆腐坊1个，收入1.31万元。外出务工15人，收入9.6万元。种植张杂谷子300亩。有幼儿园1所，幼儿教师3人，幼儿32人，入学率100%。

村支部书记：张全民

村委会主任：赵海生

【冯家沟村】 位于大海陀乡西南部，距乡政府6.5公里，辖1个自然村。全村60户，170人，（出生2人、死亡3人）。耕地面积44.5公顷，粮食产量20吨，比上年减产56.2%。蔬菜产量189吨。牲畜存栏：牛38头、羊90只、猪92头、鸡200只。经济总收入273万元，比上年增长6.6%；农民人均纯收入1386元，比上年减少4.1%。安装固定电话入户27部。有家用电器54台（彩电44台、冰箱7台、洗衣机3台）。拥有机动车10辆（农用车8辆，出租车2辆）。村集体经济收入1.8万元。有小卖部1个，收入3000元。外出务工10人，收入9.7万元。

村支部书记、村委会主任：冯政智

【大海陀村】 位于大海陀乡东南部，距乡政府15公里，辖1个自然村。全村82户，218人，（出生1人、死亡1人）。耕地面积48.8公顷，粮食产量24吨，比上年减产44.2%。蔬菜产量800吨。牲畜存栏：牛16头、羊60只、禽类300只。经济总收入320万元，比上年增长7.4%；农民人均纯收入1525元，比上年减少12.5%。固定电话入户15部，有线电视入户52户。有家用电器115台（彩电80台、冰箱35台）。拥有机动车8辆（农用车6辆，出租车2辆）。新建篮球场1处，解放军某部为村民改建房屋87间。村集体经济收入3.6万元。有农家院16家，收入31万元。外出务工11人，收入11.5万元。

村支部书记、村委会主任：崔文海

【蔡窑子村】 位于大海陀乡东南部，距乡政府2公里，辖1个自然村。全村134户，370人，（出生1人、死亡3人）。耕地面积108公顷，粮食产量41吨，比上年减产32.9%。蔬菜产量1700吨。牲畜存栏：牛104头、羊1228只、猪108头、禽类620只。经济总收入570万元，比上年增长3.6%；农民人均纯收入1771元，比上年减少0.7%。安装固定电话2部，有线电视入户69户。有家用电器134台（彩电130台，冰箱4台）。拥有机动车8辆（农用车7辆，出租车1辆）。村集体经济收入3万元。有小卖部1个，收入3200元。外出务工6人，收入7.6万元。

村支部书记、村委会主任：奚 成

【姜庄子村】 位于大海陀乡东南

部，距乡政府14.8 公里，辖1个自然村。全村129户，415人（出生2人、死亡2人）。耕地面积73.9公顷，粮食产量 40吨，比上年减产28.6%。蔬菜产量1000吨。牲畜存栏：牛82头、羊202只、猪 100头、禽类580只。经济总收入354万元，比上年增长7.9%；农民人均纯收入1415元，比上年减少2.1%。固定电话入户28部。有家用电器127台（彩电121台、冰箱6台）。拥有机动车22辆（农用车21辆，出租车1辆）。村集体经济收入3.1万元。有小卖部1个，收入3100元。外出务工8人，收入6.5万元。

村支部书记、村委会主任：蔡万海

【水厂村】 位于大海陀乡西北部，距乡政府3.5公里，辖1个自然村。全村106 户，256 人（死亡1人）。耕地面积110公顷，粮食产量40吨，与上年持平。蔬菜1960吨。牲畜存栏：羊60只、猪 21头、禽类103只，优质肉牛50头。投资92.8万元修水泥路3.4公里。经济总收入434万元，比上年增长7.4%；农民人均纯收入772元，比上年减少4.7%。自来水入户75户，固定电话入户3部。有家用电器56台（彩电44台、冰箱6台、洗衣机6台）。拥有农用车1辆。外出务工13人，收入11.3万元。

村支部书记、村委会主任：刘建军

【南梁村】 位于大海陀乡东南部，距乡政府4.5 公里，辖3个自然村。全村71户，221人（出生3人、死亡1人）。耕地面积118公顷，粮食产量86吨，比上年减产32.3%。蔬菜产量900吨。牲畜存栏：牛99头、羊1250只、猪139口、禽类700只。经济总收入340万元，比上年增长3.65%；农民人均纯收入1467元，比上年减少7.3%。安装固定电话4部。有彩电65台。建文化广场1处，占地960平米，安装健身器材8套。拥有农用车6辆。村集体经济收入3.6万元。外出务工8人，收入8.6万元。有小学1所，教职员工3人，学生42人，入学率100%。

村支部书记、村委会主任：刘全福

【镇川堡村】 位于大海陀乡东北部，距乡政府5公里，辖1个自然村。全村242户，805人（出生10人、死亡6人）。耕地面积105公顷，粮食产量90吨，比上年减产36.6%。蔬菜产量529吨。牲畜存栏：牛113头、羊1302只、猪 171头、禽类1007只。经济总收入1132万元，比上年增长7.4%；农民人均纯收入1581元，比上年减少2.1%。有线电视入户112户，安装固定电话15部。有家用电器232台（彩电209台、冰箱21台、电脑2台）。拥有机动车14辆（农用车12辆，出租车1辆，轿车1辆）。村集体经济收入5.6万元。建年出栏10万只肉鸡养殖场1座。有商业门店2个，收入2.6万元；外出务工9人，收入10.1万元；种植树莓15公顷，收入10.6万元。

村支部书记、村委会主任：曹尚满

【郑家梁村】 位于大海陀乡西北部，距乡政府2.5 公里，辖1个自然村。全村169户，52人。耕地面积119公顷，粮食产量74吨，比上年减产29.5%。蔬菜产量1000吨。牲畜存栏：牛65头、羊152只、猪150头、鸡 800只。经济总收入678万元，比上年增长5.1%；农民人均纯收入1583元，比上年减少0.6%。有线电视入户34户，安装固定电话6部。有家用电器236台（彩电172台，冰箱64台）。拥有机动车10辆（农用车8辆，出租车1辆，轿车1辆）。村集体经济收入3.6万元。有商业门店2个，收入1.6万元；外出务工6人，收入5.7万元；种植树莓9.5公顷，收入3.1万元。建年出栏230头的小型养猪场3座。

村支部书记、村委会主任：李　战

【行字铺村】 位于大海陀乡东北部，距乡政府4公里，辖1个自然村。全村180户，637人（出生13人、死亡4人）。耕地面积191公顷，粮食产量90吨，比上年减产40.3%。蔬菜产量1600吨。牲畜存栏：牛63头、羊162只、猪215头。经济总收入783万元，同比增长1.29%；农民人均纯收入1514元同比减少0.6%。有线电视入户36户，有固定电话13部。有家用电器204台（彩电132台、冰箱69台、电脑3台）。拥有机动车15辆（农用车14辆，出租车1辆）。村集体经济收入3.1万元。有商业门店3家，维修点1家，收入 5万元。外出务工7人，收入8.3万元。种植树莓6.3公顷，收入10.6万元。有村级卫生室2所，医务人员2人。

村支部书记、村委会主任：王金富

【二炮村】 位于大海陀乡西南部，距乡政府7公里，辖1个自然村。全村190户，494人（出生2人、死亡3人）。耕地85公顷，粮食产量64吨，比上年减产24.7%。蔬菜产量900吨。牲畜存栏：牛66头、羊1230只、猪160头、禽类450只。经济总收入603万元，比上年增长6.9%；农民人均纯收入1283元，比上年减少2.5%。有线电视入户39户，安装固定电话14部。有家用电器194台（彩电175台，冰箱18台，电脑1台）。拥有机动车16辆（农用车13辆，出租车2辆，轿车1辆）。村集体经济收入11万元。有商业门店2家，收入1.3万元；外出务工5人，收入6.3万元。有村级卫生室1所，医务人员1人。

村支部书记、村委会主任：赵启河

【南郭家窑村】 位于大海陀乡西南部，距乡政府8.5公里，辖1个自然村。全村54户，95人。耕地面积27.6公顷，粮食产量17吨，比上年减产39.3%。蔬菜产量400吨。牲畜存栏：牛22头、羊78只、猪40头、禽类300只。经济总收入186万元，比上年增长9.41%；农民人均纯收入1053元，比上年减少9.1%。安装固定电话1部。有家用电器47台（彩电44台、冰箱3台）。拥有农用车6辆。外出务工6人，收入6.5万元。

村支部书记、村委会主任：郭长奎

【赵家窝铺村】 位于大海陀乡西南部，距乡政府15公里，辖1个自然村。全村54户，165人（出生2人，死亡1人）。耕地57.3公顷，粮食产量23吨，比上年减产41%。蔬菜产量835吨。牲畜存栏：牛68头，羊166只，猪140头，禽类402只。经济总收入296万元，比上年增长3.86%；农民人均纯收入1437元，比上年减少5.1%。安装固定电话6部。有家用电器53台（彩电49台，冰箱4台）。拥有农用车4辆。村集体经济收入6万元。外出务工10人，收入10.6万元。

村支部书记：赵启明

村委会主任：赵启胜

【头炮村】 位于大海陀乡西南部，距乡政府12.5公里，辖1个自然村。全村85户，237人（出生2人、死亡3人）。耕地71.7公顷，粮食产量22吨，比上年减产21.4%。蔬菜产量920吨。牲畜存栏：牛60头，羊1182只，猪95头，禽类397只。经济总收入230万元，比上年增长15%；农民人均纯收入1447元，比上年减少2.03%。安装固定电话11部。有家用电器93台（彩电78台，冰箱15台）。拥有机动车10辆（农用车9辆，出租车1辆）。村集体经济收入7万元。有商业门店2家，机动车修理点1家，收入3.8万元。外出务工6人，收入4.5万元。

村支部书记、村委会主任：代有龙

【南杨家窑村】 位于大海陀乡西南部，距乡政府26公里，辖1个自然村。全村68户，193人（出生2人、死亡1人）。耕地面积33公顷，粮食产量18吨，比上年减产50%。蔬菜产量400吨。牲畜存栏：牛20头、羊70只、猪85头、禽类400只。经济总收入296万元，比上年增长5.7%；农民人均纯收入1465元，比上年减少2.5%。安装固定电话6部。有彩电55台。拥有机动车8辆（农用车7辆，出租车1辆）。村集体经济收入6000元。有商业门店1家，收入3200元；外出务工6人，收入5.6万元。

村支部书记、村委会主任：只尚生

【刘家窑村】 位于大海陀乡西南部，距乡政府25公里，辖1个自然村。全村57户，163人（出生4人）。耕地面积47公顷，粮食产量16吨，比上年减产48.4%。蔬菜产量830吨。牲畜存栏：牛31头、羊 70只、猪 50头、禽类 380只。经济总收入 200万元，比上年增长11.7%；农民人均纯收入1446元，比上年减少5.7%。有家用电器49台（彩电46台，冰箱3台）。拥有机动车12辆（农用车11辆，出租车1辆）。修水泥路2.5公里，打机井1眼并完成配套。村集体林权改革收入100万元。外出务工2人，收入1.3万元。

村支部书记、村委会主任：只海贵

【上斗营村】 位于大海陀乡西南部，距乡政府22.5公里，辖1个自然村。全村173户，488人（出生7人、死亡2人）。耕地面积122公顷，粮食产量16吨，比上年减产60.2%。蔬菜产量3002吨。牲畜存栏：牛80头、羊 1300只、猪205头、禽类 600只。经济总收入386万元，比上年增长17.32%；农民人均纯收入1347元，比上年减少4.7%。安装固定电话17部。有家用电器194台（彩电165台，冰箱29台）。拥有机动车33辆（农用车29辆，出租车3辆，轿车1辆）。村集体收入3.2万元。有商业门店3家，收入5.1万元；外出务工7人，收入13.2万元。有学校1所，教师3人，学生33人，入学率100%。村级卫生室1所，医务人员1人。

村支部书记、村委会主任：牛　喜

【小庄科村】　位于大海陀乡西南部，距乡政府23公里，辖1个自然村。全村37户，94人（出生2人）。耕地面积37公顷，粮食产量18吨，比上年减产50%。蔬菜产量为490吨。牲畜存栏：牛38头、羊70只、猪50头、禽类233只。经济总收入286万元，比上年增长4%；农民人均纯收入808元，比上年减少1.5%。安装固定电话3部，有家用电器37台（彩电35台，冰箱2台）。拥有农用车6辆。村集体经济收入7000元。外出务工9人，收入8.6万元。有村级卫生室1所，医务人员1人。

村支部书记、村委会主任：李　胜

【下斗营村】　位于大海陀乡西南部，距乡政府21公里，辖1个自然村。全村48户，140人，汉民和回民杂居。耕地42公顷，粮食产量13吨，比上年减产48.5%。蔬菜产量600吨。牲畜存栏：牛21头、羊154只、禽类320只。经济总收入350万元，比上年增长18.24%；农民人均纯收入1563元，比上年增长9.4%。安装有固定电话7部。有家用电器49台（彩电44台，冰箱5台）。拥有机动车11辆（农用车10辆，出租车1辆）。村集体经济收入6500元。有商业门店1家，收入3800元；外出务工10人，收入11.3万元。

村支部书记、村委会主任：何廷祥

【三合堡村】　位于大海陀乡西南部，距乡政府18.5公里，辖1个自然村。全村49户，133人。耕地面积46公顷，粮食产量16吨，比上年减产48.4%。蔬菜产量500吨。牲畜存栏：牛15头、羊90只、猪50头、禽类280只。经济总收入386万元，比上年增长6.9%；农民人均纯收入1343元，比上年减少7.4%。安装固定电话3部。有家用电器47台（彩电44台，冰箱3台）。拥有农用车11辆。村集体经济收入1.6万元。有商业门店1个，收入4200元；外出务工5人，收入6.8万元。

村支部书记、村委会主任：梁献银

【朱庄子村】　位于大海陀乡西南部，距乡政府16公里，辖1个自然村。全村60户，187人（死亡1人）。耕地面积35公顷，粮食产量19吨，比上年减产17.4%。蔬菜产量390吨。牲畜存栏：牛12头、羊94只、猪70头、禽类320只。经济总收入295万元，比上年增长40.48%；农民人均纯收入1351元，比上增长1.05%。安装固定电话7部。有家用电器61台（彩电56台，冰箱5台）。拥有农用车9辆。村集体经济收入7800元。有商业门店1家，收入3600元；外出务工7人，收入8.25万元。

村支部书记、村委会主任：朱桂林

【光梁洼村】　位于大海陀乡西南部，距乡政府17.5公里，辖1个自然村。全村30户，103人（出生1人、死亡1人）。耕地面积30公顷，粮食产量14吨，比上年减产30%。蔬菜产量700吨。牲畜存栏：牛14头、羊86只、猪30头、禽类390只。经济总收入210万元，比上年增长5%；农民人均纯收入1485元，比上年增长2%。安装固定电话4部。有家用电器27台（彩电25台，冰箱2台）。

拥有农用车7 辆。村集体经济收入6900元。外出务工8人，收入9.6万元。

村支部书记、村委会主任：任万富

【石香炉村】 位于大海陀乡西南部，距乡政府20公里，辖1个自然村。全村68户，176人（出生4人、死亡1人）。耕地面积67公顷，粮食产量20吨，比上年减产58.7%。蔬菜产量990吨。牲畜存栏：牛20头、羊90只、猪50头、禽类290只。经济总收入280万元，比上增长19.1%；农民人均纯收入1389元，比上年减少6%。安装固定电话5部。有家用电器72台（彩电67台，冰箱5台）。拥有机动车11辆（农用车10辆，出租车1辆）。村集体经济收入9600元。商业门店1家，收入7500元；外出务工7人，收入8.2万元。

村支部书记、村委会主任：孟长生

【岗岗窑村】 位于大海陀乡西南部，距乡政府18公里，辖1个自然村。全村32户，88人（出生2人），汉民和回民杂居。耕地33公顷，粮食产量17吨，比上年减产26%。蔬菜产量300吨。牲畜存栏：牛15头、羊50只、猪 30头、禽类 350只。经济总收入231万元，比上年增长15.5%；农民人均纯收入1364元，比上年减少7.7%。安装固定电话4部，彩电29台。拥有农用车4辆。外出务工10人，收入9.8万元。

村支部书记、村委会主任：王春生

【龙扒石村】 位于大海陀乡西南部，距乡政府19公里，辖1个自然村。全村59户，149人（出生2人）。耕地面积65公顷，粮食产量14吨，比上年减产64.1%。蔬菜产量980吨，其他3吨。牲畜存栏：牛16头、羊90只、猪48头、禽类100只。经济总收入312万元，比上年增长5.4%；农民人均纯收入1591元，比上年增长7.7%。安装固定电话5部。有家用电器42台（彩电39台，冰箱3台）。拥有农用车9辆。有商业门店1家，收入7200元；外出务工7人，收入8.6万元。

村支部书记、村委会主任：只桂云

【高栅子村】 位于大海陀乡西南部，距乡政府21.5公里，辖1个自然村。全村160户，480人（出生4人、死亡1人），汉民和回民杂居。耕地面积118.3公顷，粮食产量51吨，比上年减产19%。蔬菜产量1000吨。牲畜存栏：牛68头、羊1126只、猪120头、禽类560只。经济总收入450万元，比上年增长6.4%；农民人均纯收入1558元，比上年减少0.3%。安装固定电话24部。有家用电器190台（彩电155台，冰箱33台，电脑2台）。拥有机动车76辆（农用车69 辆，出租车4辆，轿车3辆）。村集体经济收入3.5万元。有商业门店3家，收入3.1万元；外出务工16人，收入12.5万元。有小学1所，教师1人，学生16人，入学率100%。

村支部书记、村委会主任：张金刚

（郭 庆）

人 物

先进模范人物、先进集体

县级先进人物

姓名	单位及职务	称号	授予单位	授予时间
魏恒	发展改革局局长	优秀共产党员	中共赤城县委	2009.06
王志强	交通局党总支书记、局长	优秀共产党员	中共赤城县委	2009.06
王孝凯	东卯镇井儿沟村返乡创业流动党员	优秀共产党员	中共赤城县委	2009.06
张海	弘基矿业有限责任公司党委书记、董事长	优秀共产党员	中共赤城县委	2009.06
王志宏	龙门所镇党委书记	优秀共产党员	中共赤城县委	2009.06
米丰	林业局副局长、塞北林场场长	优秀共产党员	中共赤城县委	2009.06
田树海	司法局局长	优秀共产党员	中共赤城县委	2009.06
冯玉清	信用联社理事长	优秀共产党员	中共赤城县委	2009.06
王爱国	马营乡乡长	优秀共产党员	中共赤城县委	2009.06
左进明	商务局副局长	优秀共产党员	中共赤城县委	2009.06
刘宇	大海陀乡副乡长	优秀共产党员	中共赤城县委	2009.06
刘润旭	宣传部办公室副主任	优秀共产党员	中共赤城县委	2009.06
董世军	农牧局干部	优秀共产党员	中共赤城县委	2009.06
王清亮	地税局干部	优秀共产党员	中共赤城县委	2009.06
赵文山	民政局干部	优秀共产党员	中共赤城县委	2009.06
熊晓芹	水务局干部	优秀共产党员	中共赤城县委	2009.06
范敬丽	赤城镇干部	优秀共产党员	中共赤城县委	2009.06
邢建梅	第一中学教师	优秀共产党员	中共赤城县委	2009.06
柯青	疾控中心干部	优秀共产党员	中共赤城县委	2009.06
张运才	赤城县鑫宇磁铁矿采选有限责任公司董事长	优秀共产党员	中共赤城县委	2009.06
宫敬	样田乡党委书记	优秀党务工作者	中共赤城县委	2009.06
程勇	独石口镇党委书记	优秀党务工作者	中共赤城县委	2009.06
路太忠	雕鹗镇党委书记	优秀党务工作者	中共赤城县委	2009.06
路桂成	炮梁乡党委书记	优秀党务工作者	中共赤城县委	2009.06
张景昱	环保局支部书记、副局长	优秀党务工作者	中共赤城县委	2009.06
穆春	公安局党委书记、局长	优秀党务工作者	中共赤城县委	2009.06
李建成	纪委副书记	优秀党务工作者	中共赤城县委	2009.06

续表一

姓名	单位及职务	称号	授予单位	授予时间
田成贵	工业促进局党委书记、局长	优秀党务工作者	中共赤城县委	2009.06
李景泰	工商局党总支书记、副局长	优秀党务工作者	中共赤城县委	2009.06
郭树春	龙关镇党委书记	优秀党务工作者	中共赤城县委	2009.06
马军	赤城镇党委书记	优秀党务工作者	中共赤城县委	2009.06
田晓利	东卯镇党委书记	优秀党务工作者	中共赤城县委	2009.06
郑炜	白草镇党委书记	优秀党务工作者	中共赤城县委	2009.06
刘宝	县委办副主任	优秀党务工作者	中共赤城县委	2009.06
马献玉	矿管局副书记、副局长	优秀党务工作者	中共赤城县委	2009.06
姬中锋	镇宁堡乡党委副书记	优秀党务工作者	中共赤城县委	2009.06
曹志国	三道川乡党委副书记	优秀党务工作者	中共赤城县委	2009.06
王金录	龙关镇党委组织委员	优秀党务工作者	中共赤城县委	2009.06
韩晓利	大海陀乡党委组织委员	优秀党务工作者	中共赤城县委	2009.06
常瑞军	中国联通公司赤城分公司党支部书记、经理	优秀党务工作者	中共赤城县委	2009.06
郝瑞俭	东万口官路坊村支部书记	优秀农村党组织书记	中共赤城县委	2009.06
丰玉林	雕鹗镇下虎村党支部书记	优秀农村党组织书记	中共赤城县委	2009.06
张庆元	赤城镇宪法民村支部书记	优秀农村党组织书记	中共赤城县委	2009.06
刘林	赤城镇东龙村党支部书记	优秀农村党组织书记	中共赤城县委	2009.06
康茂堂	龙关镇四街村党支部书记	优秀农村党组织书记	中共赤城县委	2009.06
王永贵	龙关镇三岔口村支部书记	优秀农村党组织书记	中共赤城县委	2009.06
周玉	后城镇董家沟村支部书记	优秀农村党组织书记	中共赤城县委	2009.06
李世江	东卯镇井儿沟村支部书记	优秀农村党组织书记	中共赤城县委	2009.06
张树	白草镇辛营村党支部书记	优秀农村党组织书记	中共赤城县委	2009.06
张光亮	龙门所牧马堡村支部书记	优秀农村党组织书记	中共赤城县委	2009.06
范正军	田家窑镇近北庄村书记	优秀农村党组织书记	中共赤城县委	2009.06
汪有忠	独石口镇独石口村书记	优秀农村党组织书记	中共赤城县委	2009.06
李文瑞	镇宁堡乡大边村支部书记	优秀农村党组织书记	中共赤城县委	2009.06
甄桂兵	云州乡云州村党支部书记	优秀农村党组织书记	中共赤城县委	2009.06
石金富	马营侯村沟村党支部书记	优秀农村党组织书记	中共赤城县委	2009.06
赵军	三道川乡三道川村书记	优秀农村党组织书记	中共赤城县委	2009.06
于忠	茨营子乡河口村支部书记	优秀农村党组织书记	中共赤城县委	2009.06
赵海花	大海陀乡东山庙村书记	优秀农村党组织书记	中共赤城县委	2009.06
薛金武	炮梁乡宋家窑村支部书记	优秀农村党组织书记	中共赤城县委	2009.06
张文泉	样田乡柳林屯村支部书记	优秀农村党组织书记	中共赤城县委	2009.06

续表二

姓名	单位及职务	称号	授予单位	授予时间
贾秋阳	检察院政治部主任	先进党务工作者	中共赤城县委	2009.06
秦占军	第一中学校长	先进教育工作者	县委、县政府	2009.06
林占山	职教中心校长	先进教育工作者	县委、县政府	2009.06
张存	第二中学校长	先进教育工作者	县委、县政府	2009.06
施常亮	雕鹗九年一贯制学校 校长	先进教育工作者	县委、县政府	2009.06
肖正中	第一小学 校长	先进教育工作者	县委、县政府	2009.06
李凤军	龙关小学 校长	先进教育工作者	县委、县政府	2009.06
李畅海	龙门所小学校长	先进教育工作者	县委、县政府	2009.06
崔继新	白草九年一贯制学校校长	先进教育工作者	县委、县政府	2009.06
韩凤启	东卯小学校长	先进教育工作者	县委、县政府	2009.06
张耀宗	炮梁小学校长	先进教育工作者	县委、县政府	2009.06
陈秀梅	第一中学教师	师德标兵	县委、县政府	2009.06
武春芸	第二中学教师	师德标兵	县委、县政府	2009.06
王秀花	白草九年一贯制学校教师	师德标兵	县委、县政府	2009.06
梁富国	职教中心教师	师德标兵	县委、县政府	2009.06
冀春菊	三道川小学教师	师德标兵	县委、县政府	2009.06
安进义	马营九年一贯制学校教师	师德标兵	县委、县政府	2009.06
乔树宝	龙门所小学教师	师德标兵	县委、县政府	2009.06
李桂娥	后城小学教师	师德标兵	县委、县政府	2009.06
刘金香	大海陀小学教师	师德标兵	县委、县政府	2009.06
徐淑琴	独石口九年一贯制学校教师	师德标兵	县委、县政府	2009.06
宗东峰	第一中学	优秀教师	县委、县政府	2009.06
郭文江	第一中学	优秀教师	县委、县政府	2009.06
刘德昌	第一中学	优秀教师	县委、县政府	2009.06
许爱军	第一中学	优秀教师	县委、县政府	2009.06
杜桂兰	第一中学	优秀教师	县委、县政府	2009.06
卜文平	第一中学	优秀教师	县委、县政府	2009.06
张桂英	雕鹗九年一贯制学校	优秀教师	县委、县政府	2009.06
卜树河	第二中学	优秀教师	县委、县政府	2009.06
韩桂梅	第三中学	优秀教师	县委、县政府	2009.06
刘贵海	职教中心	优秀教师	县委、县政府	2009.06
闫云飞	幼儿园	优秀教师	县委、县政府	2009.06
张宏	第三小学	优秀教师	县委、县政府	2009.06

续表三

姓名	单位及职务	称号	授予单位	授予时间
贾正梅	玉辉小学	优秀教师	县委、县政府	2009.06
杨占林	兴仁堡小学	优秀教师	县委、县政府	2009.06
刘海满	白草九年一贯制学校	优秀教师	县委、县政府	2009.06
冯志永	东万口中学	优秀教师	县委、县政府	2009.06
韩万宇	东万口小学	优秀教师	县委、县政府	2009.06
罗金保	茨营子小学	优秀教师	县委、县政府	2009.06
苏成琴	东卯中学	优秀教师	县委、县政府	2009.06
梁俊	东卯小学	优秀教师	县委、县政府	2009.06
冯儒	云州小学	优秀教师	县委、县政府	2009.06
马金平	镇宁堡九年一贯制学校	优秀教师	县委、县政府	2009.06
崔祥	样田中学	优秀教师	县委、县政府	2009.06
李志勇	样田小学	优秀教师	县委、县政府	2009.06
张岚	龙门所中学	优秀教师	县委、县政府	2009.06
侯宝军	后城中学	优秀教师	县委、县政府	2009.06
任志莲	龙关小学	优秀教师	县委、县政府	2009.06
李于峰	炮梁小学	优秀教师	县委、县政府	2009.06
郭瑞清	田家窑中学	优秀教师	县委、县政府	2009.06
高伟伟	田家窑中学	优秀教师	县委、县政府	2009.06
李鹏峰	宣传部	“彩色周末”文化活动先进个人	县委、县政府	2009.11
王秋香	文体办	“彩色周末”文化活动先进个人	县委、县政府	2009.11
荣瑞峰	教育局	“彩色周末”文化活动先进个人	县委、县政府	2009.11
张莉	国土局	“彩色周末”文化活动先进个人	县委、县政府	2009.11
孟建军	财政局	“彩色周末”文化活动先进个人	县委、县政府	2009.11
师景霞	林业局	“彩色周末”文化活动先进个人	县委、县政府	2009.11
施展文	赤城镇	“彩色周末”文化活动先进个人	县委、县政府	2009.11
孙志敏	矿管局	“彩色周末”文化活动先进个人	县委、县政府	2009.11
王树锦	公安局	“彩色周末”文化活动先进个人	县委、县政府	2009.11
于龙	广电局	“彩色周末”文化活动先进个人	县委、县政府	2009.11
李飞	东卯镇镇长	国庆安保工作三等功	县委、县政府	2009.10
乔龙	东卯镇副书记	国庆安保工作三等功	县委、县政府	2009.10

续表四

姓名	单位及职务	称号	授予单位	授予时间
戴冰岩	雕鹗镇镇长	国庆安保工作三等功	县委、县政府	2009.10
郭河	雕鹗镇党委副书记	国庆安保工作三等功	县委、县政府	2009.10
谢春力	后城镇镇长	国庆安保工作三等功	县委、县政府	2009.10
陈永军	后城镇党委副书记	国庆安保工作三等功	县委、县政府	2009.10
李继章	大海陀乡政府乡长	国庆安保工作三等功	县委、县政府	2009.10
只桂武	大海陀乡党委副书记	国庆安保工作三等功	县委、县政府	2009.10
范正军	赤城镇镇长	国庆安保工作三等功	县委、县政府	2009.10
靳卓伢	田家窑镇党委副书记	国庆安保工作三等功	县委、县政府	2009.10
王东升	炮梁乡党委副书记	国庆安保工作三等功	县委、县政府	2009.10
郭树春	龙关镇党委书记	国庆安保工作三等功	县委、县政府	2009.10
姬中锋	镇宁堡乡党委副书记	国庆安保工作三等功	县委、县政府	2009.10
李盛	云州乡党委副书记	国庆安保工作三等功	县委、县政府	2009.10
曹志国	三道川党委副书记	国庆安保工作三等功	县委、县政府	2009.10
刘金鹏	白草镇党委副书记	国庆安保工作三等功	县委、县政府	2009.10
田世学	东万口乡党委副书记	国庆安保工作三等功	县委、县政府	2009.10
宫敬	样田乡党委书记	国庆安保工作三等功	县委、县政府	2009.10
赵建忠	龙门所镇党委副书记	国庆安保工作三等功	县委、县政府	2009.10
王进才	独石口镇党委副书记	国庆安保工作三等功	县委、县政府	2009.10
张贵亮	茨营子乡副乡长	国庆安保工作三等功	县委、县政府	2009.10
陈友谊	马营乡党委副书记	国庆安保工作三等功	县委、县政府	2009.10
张富林	政协办公室主任	国庆安保工作三等功	县委、县政府	2009.10
刘长利	交通局干部	国庆安保工作三等功	县委、县政府	2009.10
张运刚	政府办副主任	国庆安保工作三等功	县委、县政府	2009.10
张春杰	第六纪工委书记	国庆安保工作三等功	县委、县政府	2009.10
白永丽	赤城镇干部	国庆安保工作三等功	县委、县政府	2009.10
王江	田家窑镇派出所教导员	国庆安保工作三等功	县委、县政府	2009.10
闫存金	炮梁乡干部	国庆安保工作三等功	县委、县政府	2009.10
董文林	县委机要局局长	国庆安保工作三等功	县委、县政府	2009.10
武桂宝	县检察院干部	国庆安保工作三等功	县委、县政府	2009.10
董卫国	计生局干部	国庆安保工作三等功	县委、县政府	2009.10
张新国	县农工部副部长	国庆安保工作三等功	县委、县政府	2009.10
刘涌	发改局重点办副主任	国庆安保工作三等功	县委、县政府	2009.10
宋兆祥	精神文明办副主任	国庆安保工作三等功	县委、县政府	2009.10

续表五

姓名	单位及职务	称号	授予单位	授予时间
范荣骏	龙关镇干部	国庆安保工作三等功	县委、县政府	2009.10
徐建福	供销合作社干部	国庆安保工作三等功	县委、县政府	2009.10
于清潭	文化教育局干部	国庆安保工作三等功	县委、县政府	2009.10
闫光明	水务局干部	国庆安保工作三等功	县委、县政府	2009.10
刘存友	马营乡派出所所长	国庆安保工作三等功	县委、县政府	2009.10
张金	公安局政委	国庆安保工作三等功	县委、县政府	2009.10
李景	县交警大队大队长	国庆安保工作三等功	县委、县政府	2009.10
张桂明	城关派出所所长	国庆安保工作三等功	县委、县政府	2009.10
张永新	公安局国保大队大队长	国庆安保工作三等功	县委、县政府	2009.10
董志孝	东卯派出所所长	国庆安保工作三等功	县委、县政府	2009.10
张艳梅	县法院干部	国庆安保工作三等功	县委、县政府	2009.10
成占国	县检察院干部	国庆安保工作三等功	县委、县政府	2009.10
尉清录	政法委干部	国庆安保工作三等功	县委、县政府	2009.10
李森	司法局副局长	国庆安保工作三等功	县委、县政府	2009.10
肖振德	政法委综治办副主任	国庆安保工作三等功	县委、县政府	2009.10
张文岗	政法委稳定办副主任	国庆安保工作三等功	县委、县政府	2009.10
崔小聪	政法委干部	国庆安保工作三等功	县委、县政府	2009.10
郭莉	公安局干部	国庆安保工作三等功	县委、县政府	2009.10
白树海	水务局局长	国庆安保工作三等功	县委、县政府	2009.10
陈海	信访局副局长	国庆安保工作三等功	县委、县政府	2009.10
陈森	安检局副局长	国庆安保工作三等功	县委、县政府	2009.10
郭博	县环保局干部	国庆安保工作三等功	县委、县政府	2009.10
程卫东	国土资源局干部	国庆安保工作三等功	县委、县政府	2009.10
董志刚	赤城供电公司干部	国庆安保工作三等功	县委、县政府	2009.10
张春晓	县交通局副局长	国庆安保工作三等功	县委、县政府	2009.10
孟建军	县财政局局长	国庆安保工作三等功	县委、县政府	2009.10
田成贵	县工业促进局局长	国庆安保工作三等功	县委、县政府	2009.10
荣瑞峰	县教育局副书记	国庆安保工作三等功	县委、县政府	2009.10
朱海生	卫生局副局长	国庆安保工作三等功	县委、县政府	2009.10
刘万彪	政法委综治办副主任	国庆安保工作三等功	县委、县政府	2009.10
冀秀军	广电局干部	国庆安保工作三等功	县委、县政府	2009.10
张克俊	云州水库管理处主任	国庆安保工作三等功	县委、县政府	2009.10
李岩钟	矿业管理局副局长	国庆安保工作三等功	县委、县政府	2009.10

续表六

姓名	单位及职务	称号	授予单位	授予时间
柯义友	矿山治安大队副大队长	国庆安保工作三等功	县委、县政府	2009.10
徐海涛	矿山治安大队副大队长	国庆安保工作三等功	县委、县政府	2009.10
孙全斌	头炮交易所所长	国庆安保工作三等功	县委、县政府	2009.10
郝向伟	骆驼山交易所副所长	国庆安保工作三等功	县委、县政府	2009.10
李建成	县纪检委副书记	国庆安保工作三等功	县委、县政府	2009.10
何占军	县委督查室副主任	国庆安保工作三等功	县委、县政府	2009.10
闫凤林	纪检委宣教室主任	国庆安保工作三等功	县委、县政府	2009.10
刘爱民	公安局看守所所长	国庆安保工作三等功	县委、县政府	2009.10
李桂存	三道营村支部书记	国庆安保工作先进个人	县委、县政府	2009.10
郭正华	东卯镇副镇长	国庆安保工作先进个人	县委、县政府	2009.10
乔光普	东卯镇干部	国庆安保工作先进个人	县委、县政府	2009.10
明晓静	东卯镇干部	国庆安保工作先进个人	县委、县政府	2009.10
程卫东	镇宁堡人大主席	国庆安保工作先进个人	县委、县政府	2009.10
和长城	雕鹗镇人大副主席	国庆安保工作先进个人	县委、县政府	2009.10
庞晓红	雕鹗镇干部	国庆安保工作先进个人	县委、县政府	2009.10
李龙	雕鹗镇干部	国庆安保工作先进个人	县委、县政府	2009.10
陈振海	雕鹗镇干部	国庆安保工作先进个人	县委、县政府	2009.10
李贵龙	交通局干部	国庆安保工作先进个人	县委、县政府	2009.10
郝彦兵	后城镇纪检副书记	国庆安保工作先进个人	县委、县政府	2009.10
曹明刚	后城镇人大副主席	国庆安保工作先进个人	县委、县政府	2009.10
赵海利	后城镇干部	国庆安保工作先进个人	县委、县政府	2009.10
马德贤	后城镇干部	国庆安保工作先进个人	县委、县政府	2009.10
王健	后城镇河西村村主任	国庆安保工作先进个人	县委、县政府	2009.10
韩晓利	大海陀组织委员	国庆安保工作先进个人	县委、县政府	2009.10
赵海生	大海陀官庄子村书记	国庆安保工作先进个人	县委、县政府	2009.10
田彪	大海陀乡干部	国庆安保工作先进个人	县委、县政府	2009.10
杜占京	大海陀乡干部	国庆安保工作先进个人	县委、县政府	2009.10
王炳志	林业局干部	国庆安保工作先进个人	县委、县政府	2009.10
魏金龙	赤城镇信访办副科长	国庆安保工作先进个人	县委、县政府	2009.10
任晨刚	赤城镇干部	国庆安保工作先进个人	县委、县政府	2009.10
郭庆	城关镇干部	国庆安保工作先进个人	县委、县政府	2009.10
李金龙	城关镇干部	国庆安保工作先进个人	县委、县政府	2009.10
李向明	赤城镇干部	国庆安保工作先进个人	县委、县政府	2009.10

续表七

姓名	单位及职务	称号	授予单位	授予时间
刘荣杰	赤城镇干部	国庆安保工作先进个人	县委、县政府	2009.10
赵存梅	档案史志局干部	国庆安保工作先进个人	县委、县政府	2009.10
冯俊	田家窑镇党委书记	国庆安保工作先进个人	县委、县政府	2009.10
王勇	田家窑镇镇长	国庆安保工作先进个人	县委、县政府	2009.10
孙全东	田家窑镇人大副主席	国庆安保工作先进个人	县委、县政府	2009.10
卜海忠	田家窑镇干部	国庆安保工作先进个人	县委、县政府	2009.10
王玉富	田家窑村书记	国庆安保工作先进个人	县委、县政府	2009.10
冯玉彪	司法局干部	国庆安保工作先进个人	县委、县政府	2009.10
杨明铎	炮梁乡干部	国庆安保工作先进个人	县委、县政府	2009.10
张力	炮梁乡干部	国庆安保工作先进个人	县委、县政府	2009.10
高海龙	炮梁乡干部	国庆安保工作先进个人	县委、县政府	2009.10
苏联军	炮梁乡干部	国庆安保工作先进个人	县委、县政府	2009.10
孙进义	炮梁乡伙房村村书记	国庆安保工作先进个人	县委、县政府	2009.10
郭富贵	龙关镇副书记	国庆安保工作先进个人	县委、县政府	2009.10
康为	龙关镇武装部长	国庆安保工作先进个人	县委、县政府	2009.10
刘云峰	龙关镇干部	国庆安保工作先进个人	县委、县政府	2009.10
郝生军	龙关镇干部	国庆安保工作先进个人	县委、县政府	2009.10
薛永胜	龙关镇周村书记	国庆安保工作先进个人	县委、县政府	2009.10
刘笑羽	环保局干部	国庆安保工作先进个人	县委、县政府	2009.10
李万成	镇宁堡乡纪委副书记	国庆安保工作先进个人	县委、县政府	2009.10
祁昊	镇宁堡乡人大副主席	国庆安保工作先进个人	县委、县政府	2009.10
申明春	镇宁堡乡干部	国庆安保工作先进个人	县委、县政府	2009.10
贾凤永	镇宁堡乡二堡子村主任	国庆安保工作先进个人	县委、县政府	2009.10
张占冯	镇宁堡乡财政所所长	国庆安保工作先进个人	县委、县政府	2009.10
冀秀华	镇宁堡乡派出所教导员	国庆安保工作先进个人	县委、县政府	2009.10
张润清	云州乡人大主席	国庆安保工作先进个人	县委、县政府	2009.10
肖玉军	云州乡副乡长	国庆安保工作先进个人	县委、县政府	2009.10
张建峰	云州乡武装部长	国庆安保工作先进个人	县委、县政府	2009.10
赵国瑞	云州乡林业协助员	国庆安保工作先进个人	县委、县政府	2009.10
甄贵兵	云州村村书记	国庆安保工作先进个人	县委、县政府	2009.10
吴玉彬	粮食局副局长	国庆安保工作先进个人	县委、县政府	2009.10
刘建国	广播局干部	国庆安保工作先进个人	县委、县政府	2009.10
赵伟	三道川财政所所长	国庆安保工作先进个人	县委、县政府	2009.10

续表八

姓名	单位及职务	称号	授予单位	授予时间
赵玉林	三道川乡碾子沟村书记	国庆安保工作先进个人	县委、县政府	2009.10
赵永红	三道川乡纪委副书记	国庆安保工作先进个人	县委、县政府	2009.10
赵军	白草镇组织委员	国庆安保工作先进个人	县委、县政府	2009.10
李树新	白草镇镇长	国庆安保工作先进个人	县委、县政府	2009.10
罗金海	白草镇副镇长	国庆安保工作先进个人	县委、县政府	2009.10
安桂凤	白草镇干部	国庆安保工作先进个人	县委、县政府	2009.10
刘常海	法院干部	国庆安保工作先进个人	县委、县政府	2009.10
田江	水务局干部	国庆安保工作先进个人	县委、县政府	2009.10
李建海	东万口乡干部	国庆安保工作先进个人	县委、县政府	2009.10
王继忠	东万口乡干部	国庆安保工作先进个人	县委、县政府	2009.10
梁智	东万口乡干部	国庆安保工作先进个人	县委、县政府	2009.10
陈海龙	东万口乡副乡长	国庆安保工作先进个人	县委、县政府	2009.10
李鹏峰	宣传部干部	国庆安保工作先进个人	县委、县政府	2009.10
许小明	赤城镇副镇长	国庆安保工作先进个人	县委、县政府	2009.10
李胜	样田乡干部	国庆安保工作先进个人	县委、县政府	2009.10
张景生	样田乡干部	国庆安保工作先进个人	县委、县政府	2009.10
王占成	样田乡石灰窑村主任	国庆安保工作先进个人	县委、县政府	2009.10
郭中正	水务局干部	国庆安保工作先进个人	县委、县政府	2009.10
林顺河	龙门所镇人大主席	国庆安保工作先进个人	县委、县政府	2009.10
苏建萍	龙门所镇宣传委员	国庆安保工作先进个人	县委、县政府	2009.10
王占军	龙门所镇干部	国庆安保工作先进个人	县委、县政府	2009.10
赵治忠	龙门所南村村书记	国庆安保工作先进个人	县委、县政府	2009.10
李强	农牧局干部	国庆安保工作先进个人	县委、县政府	2009.10
杨青	独石口镇人大主席	国庆安保工作先进个人	县委、县政府	2009.10
樊成彪	独石口镇武装部长	国庆安保工作先进个人	县委、县政府	2009.10
梁占军	独石口镇组织委员	国庆安保工作先进个人	县委、县政府	2009.10
张美亮	独石口镇干部	国庆安保工作先进个人	县委、县政府	2009.10
李万林	独石口镇干部	国庆安保工作先进个人	县委、县政府	2009.10
田占军	茨营子乡副书记	国庆安保工作先进个人	县委、县政府	2009.10
王东	茨营子乡组织委员	国庆安保工作先进个人	县委、县政府	2009.10
闫贵	茨营子乡武装部长	国庆安保工作先进个人	县委、县政府	2009.10
师建英	茨营子乡人大主席	国庆安保工作先进个人	县委、县政府	2009.10
卜明贵	人大干部	国庆安保工作先进个人	县委、县政府	2009.10

续表九

姓名	单位及职务	称号	授予单位	授予时间
郭树兵	马营乡干部	国庆安保工作先进个人	县委、县政府	2009.10
郭建军	马营乡人大主席	国庆安保工作先进个人	县委、县政府	2009.10
王世力	马营乡干部	国庆安保工作先进个人	县委、县政府	2009.10
孟智	马营乡干部	国庆安保工作先进个人	县委、县政府	2009.10
张巍	林业局干部	国庆安保工作先进个人	县委、县政府	2009.10
王权栋	团县委干部	国庆安保工作先进个人	县委、县政府	2009.10
王喜军	政府法制办副主任	国庆安保工作先进个人	县委、县政府	2009.10
王锦	第三纪工委书记	国庆安保工作先进个人	县委、县政府	2009.10
尤扬	组织部干部	国庆安保工作先进个人	县委、县政府	2009.10
刘建志	宣传部干部	国庆安保工作先进个人	县委、县政府	2009.10
杨文亮	人大干部	国庆安保工作先进个人	县委、县政府	2009.10
薛树松	政协秘书长	国庆安保工作先进个人	县委、县政府	2009.10
王保周	武装部干部	国庆安保工作先进个人	县委、县政府	2009.10
杨义东	大海陀保护区干部	国庆安保工作先进个人	县委、县政府	2009.10
杨国庆	公安局巡警大队教导员	国庆安保工作先进个人	县委、县政府	2009.10
赵志君	公安局干部	国庆安保工作先进个人	县委、县政府	2009.10
胡永胜	公安局干部	国庆安保工作先进个人	县委、县政府	2009.10
贾正胜	公安局干部	国庆安保工作先进个人	县委、县政府	2009.10
陈爱生	缉毒大队教导员	国庆安保工作先进个人	县委、县政府	2009.10
薛志强	治安管理大队教导员	国庆安保工作先进个人	县委、县政府	2009.10
苏龙生	公安局消防队队长	国庆安保工作先进个人	县委、县政府	2009.10
张海军	大海陀自然保护区干部	国庆安保工作先进个人	县委、县政府	2009.10
王方升	雕鹗派出所所长	国庆安保工作先进个人	县委、县政府	2009.10
刘建峰	龙关派出所所长	国庆安保工作先进个人	县委、县政府	2009.10
李伟	镇宁堡派出所所长	国庆安保工作先进个人	县委、县政府	2009.10
郝胜利	云州派出所所长	国庆安保工作先进个人	县委、县政府	2009.10
杨晓光	公安局干部	国庆安保工作先进个人	县委、县政府	2009.10
张根	大海陀派出所教导员	国庆安保工作先进个人	县委、县政府	2009.10
温海枝	法院副院长	国庆安保工作先进个人	县委、县政府	2009.10
许凤龙	法院干部	国庆安保工作先进个人	县委、县政府	2009.10
李树艳	法院干部	国庆安保工作先进个人	县委、县政府	2009.10
高玉荷	县法院干部	国庆安保工作先进个人	县委、县政府	2009.10
陈锐	检察院干部	国庆安保工作先进个人	县委、县政府	2009.10

续表十

姓名	单位及职务	称号	授予单位	授予时间
于光华	检察院干部	国庆安保工作先进个人	县委、县政府	2009.10
裴金昶	检察院干部	国庆安保工作先进个人	县委、县政府	2009.10
武刚	检察院干部	国庆安保工作先进个人	县委、县政府	2009.10
武宝华	司法局干部	国庆安保工作先进个人	县委、县政府	2009.10
闫金花	司法局干部	国庆安保工作先进个人	县委、县政府	2009.10
宋志国	司法局干部	国庆安保工作先进个人	县委、县政府	2009.10
王义勇	公安局干部	国庆安保工作先进个人	县委、县政府	2009.10
郑义	矿管局干部	国庆安保工作先进个人	县委、县政府	2009.10
张永贵	三贤庙交易所所长	国庆安保工作先进个人	县委、县政府	2009.10
雷苏臣	白草交易所所长	国庆安保工作先进个人	县委、县政府	2009.10
韩文利	独石口交易所所长	国庆安保工作先进个人	县委、县政府	2009.10
张素生	东卯交易所所长	国庆安保工作先进个人	县委、县政府	2009.10
赵永强	古子坊交易所所长	国庆安保工作先进个人	县委、县政府	2009.10
张玉才	闫家坪交易所副所长	国庆安保工作先进个人	县委、县政府	2009.10
赵存海	矿管局干部	国庆安保工作先进个人	县委、县政府	2009.10
李力	矿管局干部	国庆安保工作先进个人	县委、县政府	2009.10
高德宏	矿管局干部	国庆安保工作先进个人	县委、县政府	2009.10
李鹏	矿管局干部	国庆安保工作先进个人	县委、县政府	2009.10
苏海峰	头炮交易所副所长	国庆安保工作先进个人	县委、县政府	2009.10
张玉成	矿业管理局副局长	国庆安保工作先进个人	县委、县政府	2009.10
王耀东	矿管局干部	国庆安保工作先进个人	县委、县政府	2009.10
张树栋	组织部常务副部长	国庆安保工作先进个人	县委、县政府	2009.10
李江	宣传部常务副部长	国庆安保工作先进个人	县委、县政府	2009.10
崔献民	民政局副局长	国庆安保工作先进个人	县委、县政府	2009.10
郭永	检察院副检察长	国庆安保工作先进个人	县委、县政府	2009.10
李茂平	法院副院长	国庆安保工作先进个人	县委、县政府	2009.10
王宝	政府法制办主任	国庆安保工作先进个人	县委、县政府	2009.10
武建平	财政局副局长	国庆安保工作先进个人	县委、县政府	2009.10
张新明	第三中学教师	教学评估工作先进个人	赤城县人民政府	2009.02
戴海滨	第三中学教师	教学评估工作先进个人	赤城县人民政府	2009.02
王凤宇	第二中学教师	教学评估工作先进个人	赤城县人民政府	2009.02
万美珍	第二中学教师	教学评估工作先进个人	赤城县人民政府	2009.02
王建华	第二中学教师	教学评估工作先进个人	赤城县人民政府	2009.02

续表十一

姓名	单位及职务	称号	授予单位	授予时间
武万胜	东卯中学教师	教学评估工作先进个人	赤城县人民政府	2009.02
肖玉卫	白草中学教师	教学评估工作先进个人	赤城县人民政府	2009.02
王建光	职教中心教师	教学评估工作先进个人	赤城县人民政府	2009.02
张晶	职教中心教师	教学评估工作先进个人	赤城县人民政府	2009.02
郭万峰	样田中学教师	教学评估工作先进个人	赤城县人民政府	2009.02
张守勇	后城中学教师	教学评估工作先进个人	赤城县人民政府	2009.02
张晓燕	龙门所中学教师	教学评估工作先进个人	赤城县人民政府	2009.02
雷有军	田家窑中学教师	教学评估工作先进个人	赤城县人民政府	2009.02
刘永生	东万口中学教师	教学评估工作先进个人	赤城县人民政府	2009.02
李宝军	独石口中学教师	教学评估工作先进个人	赤城县人民政府	2009.02
王江	雕鹗九年一贯制学校教师	教学评估工作先进个人	赤城县人民政府	2009.02
闫生瑞	雕鹗九年一贯制学校教师	教学评估工作先进个人	赤城县人民政府	2009.02
高宏清	雕鹗九年一贯制学校教师	教学评估工作先进个人	赤城县人民政府	2009.02
马占山	马营九年一贯制学校教师	教学评估工作先进个人	赤城县人民政府	2009.02
岑素平	镇宁堡九年一贯制学校教师	教学评估工作先进个人	赤城县人民政府	2009.02
董华太	茨营子九年一贯制学校教师	教学评估工作先进个人	赤城县人民政府	2009.02
赵军	三道川九年一贯制学校教师	教学评估工作先进个人	赤城县人民政府	2009.02
程东华	玉辉小学教师	教学评估工作先进个人	赤城县人民政府	2009.02
李智梅	玉辉小学教师	教学评估工作先进个人	赤城县人民政府	2009.02
张霞	第三小学教师	教学评估工作先进个人	赤城县人民政府	2009.02
刘燕非	第三小学教师	教学评估工作先进个人	赤城县人民政府	2009.02
范玉海	第一小学教师	教学评估工作先进个人	赤城县人民政府	2009.02
周清	兴仁堡小学教师	教学评估工作先进个人	赤城县人民政府	2009.02
李素文	后城中心小学教师	教学评估工作先进个人	赤城县人民政府	2009.02
张海英	白草中心小学教师	教学评估工作先进个人	赤城县人民政府	2009.02
冯占洋	炮梁中心小学教师	教学评估工作先进个人	赤城县人民政府	2009.02
褚秀梅	样田中心小学教师	教学评估工作先进个人	赤城县人民政府	2009.02
孙峰海	东卯中心小学教师	教学评估工作先进个人	赤城县人民政府	2009.02
刘安龙	龙关中心小学教师	教学评估工作先进个人	赤城县人民政府	2009.02
刘玉明	龙关中心小学教师	教学评估工作先进个人	赤城县人民政府	2009.02
温广河	云州中心小学教师	教学评估工作先进个人	赤城县人民政府	2009.02
马宝山	云州中心小学教师	教学评估工作先进个人	赤城县人民政府	2009.02
褚正娥	龙门所中心小学教师	教学评估工作先进个人	赤城县人民政府	2009.02

续表十二

姓名	单位及职务	称号	授予单位	授予时间
宫海燕	田家窑中心小学教师	教学评估工作先进个人	赤城县人民政府	2009.02
赵玺银	独石口中心小学教师	教学评估工作先进个人	赤城县人民政府	2009.02
朱庆丰	大海陀中心小学教师	教学评估工作先进个人	赤城县人民政府	2009.02
李清	东万口中心小学教师	教学评估工作先进个人	赤城县人民政府	2009.02
李秀春	新世纪学校教师	教学评估工作先进个人	赤城县人民政府	2009.02
秦占军	第一中学校长	教育工作督导评估工作先进个人	赤城县人民政府	2009.02
张永广	第一中学教师	教育工作督导评估工作先进个人	赤城县人民政府	2009.02
郑万明	第一中学教师	教育工作督导评估工作先进个人	赤城县人民政府	2009.02
刘玉霞	第一中学教师	教育工作督导评估工作先进个人	赤城县人民政府	2009.02
乔亚国	第一中学教师	教育工作督导评估工作先进个人	赤城县人民政府	2009.02
张存	第二中学校长	教育工作督导评估工作先进个人	赤城县人民政府	2009.02
贾凤仙	第二中学教师	教育工作督导评估工作先进个人	赤城县人民政府	2009.02
韩登举	第二中学教师	教育工作督导评估工作先进个人	赤城县人民政府	2009.02
周永军	第二中学教师	教育工作督导评估工作先进个人	赤城县人民政府	2009.02
祁树伟	第二中学教师	教育工作督导评估工作先进个人	赤城县人民政府	2009.02
田日升	第三中学校长	教育工作督导评估工作先进个人	赤城县人民政府	2009.02
郭春	第三中学教师	教育工作督导评估工作先进个人	赤城县人民政府	2009.02
石磊	第三中学教师	教育工作督导评估工作先进个人	赤城县人民政府	2009.02
张小云	第三中学教师	教育工作督导评估工作先进个人	赤城县人民政府	2009.02
郭文全	第三中学教师	教育工作督导评估工作先进个人	赤城县人民政府	2009.02
田福林	第三中学教师	教育工作督导评估工作先进个人	赤城县人民政府	2009.02
林占山	职教中心校长	教育工作督导评估工作先进个人	赤城县人民政府	2009.02
冶治江	职教中心教师	教育工作督导评估工作先进个人	赤城县人民政府	2009.02
郑东斌	职教中心教师	教育工作督导评估工作先进个人	赤城县人民政府	2009.02
刘贵海	职教中心教师	教育工作督导评估工作先进个人	赤城县人民政府	2009.02
韩素平	职教中心教师	教育工作督导评估工作先进个人	赤城县人民政府	2009.02

续表十三

姓名	单位及职务	称号	授予单位	授予时间
董志君	职教中心教师	教育工作督导评估工作先进个人	赤城县人民政府	2009.02
张翠荣	第一幼儿园教师	教育工作督导评估工作先进个人	赤城县人民政府	2009.02
朱淑芬	第一幼儿园教师	教育工作督导评估工作先进个人	赤城县人民政府	2009.02
刘梅	第一幼儿园教师	教育工作督导评估工作先进个人	赤城县人民政府	2009.02
董振跃	三道川九年一贯制学校教师	教育工作督导评估工作先进个人	赤城县人民政府	2009.02
田玉龙	三道川九年一贯制学校教师	教育工作督导评估工作先进个人	赤城县人民政府	2009.02
赵军	三道川九年一贯制学校教师	教育工作督导评估工作先进个人	赤城县人民政府	2009.02
郑仕林	三道川九年一贯制学校教师	教育工作督导评估工作先进个人	赤城县人民政府	2009.02
万峰	白草镇中心小学教师	教育工作督导评估工作先进个人	赤城县人民政府	2009.02
杨立军	白草镇中心小学教师	教育工作督导评估工作先进个人	赤城县人民政府	2009.02
肖志平	白草镇中心小学教师	教育工作督导评估工作先进个人	赤城县人民政府	2009.02
马英	白草镇中心小学教师	教育工作督导评估工作先进个人	赤城县人民政府	2009.02
崔继新	白草镇中学教师	教育工作督导评估工作先进个人	赤城县人民政府	2009.02
冯军国	白草镇中学教师	教育工作督导评估工作先进个人	赤城县人民政府	2009.02
郭凤军	白草镇中学教师	教育工作督导评估工作先进个人	赤城县人民政府	2009.02
王向东	白草镇中学教师	教育工作督导评估工作先进个人	赤城县人民政府	2009.02
张守臣	东万口乡中心小学教师	教育工作督导评估工作先进个人	赤城县人民政府	2009.02
李清	东万口乡中心小学教师	教育工作督导评估工作先进个人	赤城县人民政府	2009.02
张利	东万口乡中心小学教师	教育工作督导评估工作先进个人	赤城县人民政府	2009.02
郝文广	东万口乡中心小学教师	教育工作督导评估工作先进个人	赤城县人民政府	2009.02
赵亚生	东万口乡中学教师	教育工作督导评估工作先进个人	赤城县人民政府	2009.02
张树明	东万口乡中学教师	教育工作督导评估工作先进个人	赤城县人民政府	2009.02
杨占川	东万口乡中学教师	教育工作督导评估工作先进个人	赤城县人民政府	2009.02
张立标	东万口乡中学教师	教育工作督导评估工作先进个人	赤城县人民政府	2009.02
于克勤	茨营子九年一贯制学校教师	教育工作督导评估工作先进个人	赤城县人民政府	2009.02

续表十四

姓名	单位及职务	称号	授予单位	授予时间
郑军	茨营子九年一贯制学校教师	教育工作督导评估工作先进个人	赤城县人民政府	2009.02
赵芝安	茨营子九年一贯制学校教师	教育工作督导评估工作先进个人	赤城县人民政府	2009.02
韩凤启	东卯镇中心小学教师	教育工作督导评估工作先进个人	赤城县人民政府	2009.02
田笑云	东卯镇中心小学教师	教育工作督导评估工作先进个人	赤城县人民政府	2009.02
肖艳明	东卯镇中心小学教师	教育工作督导评估工作先进个人	赤城县人民政府	2009.02
曹书君	东卯镇中学教师	教育工作督导评估工作先进个人	赤城县人民政府	2009.02
张倡	东卯镇中学教师	教育工作督导评估工作先进个人	赤城县人民政府	2009.02
刘汉元	东卯镇中学教师	教育工作督导评估工作先进个人	赤城县人民政府	2009.02
程全福	独石口镇中心小学教师	教育工作督导评估工作先进个人	赤城县人民政府	2009.02
赵树生	独石口镇中心小学教师	教育工作督导评估工作先进个人	赤城县人民政府	2009.02
李汉峰	独石口镇中心小学教师	教育工作督导评估工作先进个人	赤城县人民政府	2009.02
何守悦	独石口镇中心小学教师	教育工作督导评估工作先进个人	赤城县人民政府	2009.02
张建森	独石口镇中学教师	教育工作督导评估工作先进个人	赤城县人民政府	2009.02
王桂忠	独石口镇中学教师	教育工作督导评估工作先进个人	赤城县人民政府	2009.02
李宝军	独石口镇中学教师	教育工作督导评估工作先进个人	赤城县人民政府	2009.02
郜会宾	独石口镇中学教师	教育工作督导评估工作先进个人	赤城县人民政府	2009.02
赵卫福	云州乡中心小学教师	教育工作督导评估工作先进个人	赤城县人民政府	2009.02
马宝山	云州乡中心小学教师	教育工作督导评估工作先进个人	赤城县人民政府	2009.02
温广河	云州乡中心小学教师	教育工作督导评估工作先进个人	赤城县人民政府	2009.02
闫永金	云州乡中心小学教师	教育工作督导评估工作先进个人	赤城县人民政府	2009.02
郑伟	云州乡中心小学教师	教育工作督导评估工作先进个人	赤城县人民政府	2009.02
李森	马营乡中心小学教师	教育工作督导评估工作先进个人	赤城县人民政府	2009.02
马占山	马营乡中心小学教师	教育工作督导评估工作先进个人	赤城县人民政府	2009.02
寇清	马营乡中心小学教师	教育工作督导评估工作先进个人	赤城县人民政府	2009.02
李秀玲	马营乡中心小学教师	教育工作督导评估工作先进个人	赤城县人民政府	2009.02

续表十五

姓名	单位及职务	称号	授予单位	授予时间
孟伟	马营乡中心小学教师	教育工作督导评估工作先进个人	赤城县人民政府	2009.02
王义	镇宁堡九年一贯制学校教师	教育工作督导评估工作先进个人	赤城县人民政府	2009.02
岑树平	镇宁堡九年一贯制学校教师	教育工作督导评估工作先进个人	赤城县人民政府	2009.02
司禹	镇宁堡九年一贯制学校教师	教育工作督导评估工作先进个人	赤城县人民政府	2009.02
王海霞	镇宁堡九年一贯制学校教师	教育工作督导评估工作先进个人	赤城县人民政府	2009.02
李畅海	龙门所镇中心小学教师	教育工作督导评估工作先进个人	赤城县人民政府	2009.02
董正升	龙门所镇中心小学教师	教育工作督导评估工作先进个人	赤城县人民政府	2009.02
褚正娥	龙门所镇中心小学教师	教育工作督导评估工作先进个人	赤城县人民政府	2009.02
李银	龙门所镇中学教师	教育工作督导评估工作先进个人	赤城县人民政府	2009.02
姜成	龙门所镇中学教师	教育工作督导评估工作先进个人	赤城县人民政府	2009.02
王美英	龙门所镇中学教师	教育工作督导评估工作先进个人	赤城县人民政府	2009.02
孙占甫	样田乡中心小学教师	教育工作督导评估工作先进个人	赤城县人民政府	2009.02
褚秀梅	样田乡中心小学教师	教育工作督导评估工作先进个人	赤城县人民政府	2009.02
戴成勇	样田乡中学教师	教育工作督导评估工作先进个人	赤城县人民政府	2009.02
李祥	样田乡中学教师	教育工作督导评估工作先进个人	赤城县人民政府	2009.02
王清林	后城镇中心小学教师	教育工作督导评估工作先进个人	赤城县人民政府	2009.02
乔凤霞	后城镇中心小学教师	教育工作督导评估工作先进个人	赤城县人民政府	2009.02
赵树军	后城镇中学教师	教育工作督导评估工作先进个人	赤城县人民政府	2009.02
陈桂芬	后城镇中学教师	教育工作督导评估工作先进个人	赤城县人民政府	2009.02
李凤军	龙关镇中心小学教师	教育工作督导评估工作先进个人	赤城县人民政府	2009.02
刘玉明	龙关镇中心小学教师	教育工作督导评估工作先进个人	赤城县人民政府	2009.02
高德山	龙关镇中心小学教师	教育工作督导评估工作先进个人	赤城县人民政府	2009.02
郑建军	龙关镇中心小学教师	教育工作督导评估工作先进个人	赤城县人民政府	2009.02
张耀忠	炮梁乡中心小学教师	教育工作督导评估工作先进个人	赤城县人民政府	2009.02
马泉	炮梁乡中心小学教师	教育工作督导评估工作先进个人	赤城县人民政府	2009.02

续表十六

姓名	单位及职务	称号	授予单位	授予时间
何振斌	田家窑镇中心小学教师	教育工作督导评估工作先进个人	赤城县人民政府	2009.02
宫海燕	田家窑镇中心小学教师	教育工作督导评估工作先进个人	赤城县人民政府	2009.02
康维玲	田家窑镇中心小学教师	教育工作督导评估工作先进个人	赤城县人民政府	2009.02
李仕林	田家窑镇中心小学教师	教育工作督导评估工作先进个人	赤城县人民政府	2009.02
李少文	田家窑镇中心小学教师	教育工作督导评估工作先进个人	赤城县人民政府	2009.02
赵海明	田家窑镇中学教师	教育工作督导评估工作先进个人	赤城县人民政府	2009.02
李玉亭	田家窑镇中学教师	教育工作督导评估工作先进个人	赤城县人民政府	2009.02
王宝林	田家窑镇中学教师	教育工作督导评估工作先进个人	赤城县人民政府	2009.02
杨杰	田家窑镇中学教师	教育工作督导评估工作先进个人	赤城县人民政府	2009.02
严可龙	田家窑镇中学教师	教育工作督导评估工作先进个人	赤城县人民政府	2009.02
施常亮	雕鹗镇九年一贯制学校教师	教育工作督导评估工作先进个人	赤城县人民政府	2009.02
游新宇	雕鹗镇九年一贯制学校教师	教育工作督导评估工作先进个人	赤城县人民政府	2009.02
郭素英	雕鹗镇九年一贯制学校教师	教育工作督导评估工作先进个人	赤城县人民政府	2009.02
王嗣勇	雕鹗镇九年一贯制学校教师	教育工作督导评估工作先进个人	赤城县人民政府	2009.02
李昶	雕鹗镇九年一贯制学校教师	教育工作督导评估工作先进个人	赤城县人民政府	2009.02
韩廷杰	大海陀中心小学教师	教育工作督导评估工作先进个人	赤城县人民政府	2009.02
李勇	大海陀中心小学教师	教育工作督导评估工作先进个人	赤城县人民政府	2009.02
只海生	大海陀中心小学教师	教育工作督导评估工作先进个人	赤城县人民政府	2009.02
白秀忠	大海陀中心小学教师	教育工作督导评估工作先进个人	赤城县人民政府	2009.02
王军民	赤城镇中心小学教师	教育工作督导评估工作先进个人	赤城县人民政府	2009.02
肖正中	赤城镇中心小学教师	教育工作督导评估工作先进个人	赤城县人民政府	2009.02
张存金	赤城镇中心小学教师	教育工作督导评估工作先进个人	赤城县人民政府	2009.02
岳树林	赤城镇中心小学教师	教育工作督导评估工作先进个人	赤城县人民政府	2009.02
闻长杰	赤城镇中心小学教师	教育工作督导评估工作先进个人	赤城县人民政府	2009.02

续表十七

姓名	单位及职务	称号	授予单位	授予时间
苏文雨	赤城镇中心小学教师	教育工作督导评估工作先进个人	赤城县人民政府	2009.02
赵志鸿	赤城镇中心小学教师	教育工作督导评估工作先进个人	赤城县人民政府	2009.02
张霞	赤城镇中心小学教师	教育工作督导评估工作先进个人	赤城县人民政府	2009.02
刘燕飞	赤城镇中心小学教师	教育工作督导评估工作先进个人	赤城县人民政府	2009.02
郝跃军	新世纪学校教师	教育工作督导评估工作先进个人	赤城县人民政府	2009.02
李少锋	新世纪学校教师	教育工作督导评估工作先进个人	赤城县人民政府	2009.02
刘贵富	供销合作社联合社干部	赤城县职工劳动模范	赤城县人民政府	2009.04
郝金萍	供销商厦干部	赤城县职工劳动模范	赤城县人民政府	2009.04
王志雄	盐业专营公司干部	赤城县职工劳动模范	赤城县人民政府	2009.04
张再强	白草镇人民政府职工	赤城县职工劳动模范	赤城县人民政府	2009.04
高晓峰	交通局运管所所长	赤城县职工劳动模范	赤城县人民政府	2009.04
张春晓	交通局副局长	赤城县职工劳动模范	赤城县人民政府	2009.04
张何	交通局龙关养护中心主任	赤城县职工劳动模范	赤城县人民政府	2009.04
冯涛	交通局干部	赤城县职工劳动模范	赤城县人民政府	2009.04
董玉清	卫生局干部	赤城县职工劳动模范	赤城县人民政府	2009.04
张志强	交通局职工	赤城县职工劳动模范	赤城县人民政府	2009.04
郑爱英	县医院医生	赤城县职工劳动模范	赤城县人民政府	2009.04
白秀兰	妇幼保健院医生	赤城县职工劳动模范	赤城县人民政府	2009.04
白东峰	第二医院医生	赤城县职工劳动模范	赤城县人民政府	2009.04
郭正东	白草中心卫生院医生	赤城县职工劳动模范	赤城县人民政府	2009.04
郝文龙	忠信矿业公司职工	赤城县职工劳动模范	赤城县人民政府	2009.04
吴献文	赤城镇干部	赤城县职工劳动模范	赤城县人民政府	2009.04
任强	非凡矿业公司职工	赤城县职工劳动模范	赤城县人民政府	2009.04
雷福明	炮梁乡干部	赤城县职工劳动模范	赤城县人民政府	2009.04
师丽平	东卯镇干部	赤城县职工劳动模范	赤城县人民政府	2009.04
佟清	大海陀乡干部	赤城县职工劳动模范	赤城县人民政府	2009.04
王继胜	碳素总厂工会主席	赤城县职工劳动模范	赤城县人民政府	2009.04
刘玉	健龙福利化工厂干部	赤城县职工劳动模范	赤城县人民政府	2009.04
卢晓辉	工业促进局干部	赤城县职工劳动模范	赤城县人民政府	2009.04

续表十八

姓名	单位及职务	称号	授予单位	授予时间
盛爱红	工业促进局干部	赤城县职工劳动模范	赤城县人民政府	2009.04
郝志国	三道川九年一贯制学校教师	赤城县职工劳动模范	赤城县人民政府	2009.04
闫永金	云州乡中心小学　教师	赤城县职工劳动模范	赤城县人民政府	2009.04
丁竞选	样田乡人大副主席	赤城县职工劳动模范	赤城县人民政府	2009.04
赵永亮	后城镇干部	赤城县职工劳动模范	赤城县人民政府	2009.04
刘云峰	龙关镇干部	赤城县职工劳动模范	赤城县人民政府	2009.04
王晓霞	龙关镇干部	赤城县职工劳动模范	赤城县人民政府	2009.04
李果	公安局刑警大队长	赤城县职工劳动模范	赤城县人民政府	2009.04
杨健	样田乡派出所所长	赤城县职工劳动模范	赤城县人民政府	2009.04
王君	公安局副局长	赤城县职工劳动模范	赤城县人民政府	2009.04
赵伟明	国华（赤城）风电有限公司职工	赤城县职工劳动模范	赤城县人民政府	2009.04
白献兵	东万口乡干部	赤城县职工劳动模范	赤城县人民政府	2009.04
郭成荣	粮食局干部	赤城县职工劳动模范	赤城县人民政府	2009.04
赵特奇	粮食局干部	赤城县职工劳动模范	赤城县人民政府	2009.04
杨玉花	田家窑镇干部	赤城县职工劳动模范	赤城县人民政府	2009.04
陈春明	恒泰矿业有限责任公司职工	赤城县职工劳动模范	赤城县人民政府	2009.04
房爱民	三建副总经理	赤城县职工劳动模范	赤城县人民政府	2009.04
杨宝成	建筑工程公司干部	赤城县职工劳动模范	赤城县人民政府	2009.04
乔文海	二建项目经理	赤城县职工劳动模范	赤城县人民政府	2009.04
刘福	城建局市政工程管理处职工	赤城县职工劳动模范	赤城县人民政府	2009.04
王广海	城区环境卫生管理处副主任	赤城县职工劳动模范	赤城县人民政府	2009.04
申明春	镇宁堡乡干部	赤城县职工劳动模范	赤城县人民政府	2009.04
刘录	畜禽屠宰加工厂厂长	赤城县职工劳动模范	赤城县人民政府	2009.04
陈玉印	商贸大厦承包柜组经理	赤城县职工劳动模范	赤城县人民政府	2009.04
赵凤兰	商贸办劳资干部	赤城县职工劳动模范	赤城县人民政府	2009.04
郭万义	林业局副局长	赤城县职工劳动模范	赤城县人民政府	2009.04
程诗惠	林业局干部	赤城县职工劳动模范	赤城县人民政府	2009.04
孙林	林业局干部	赤城县职工劳动模范	赤城县人民政府	2009.04
郭明	黑龙山林场干部	赤城县职工劳动模范	赤城县人民政府	2009.04
张汉俊	剪子岭林场职工	赤城县职工劳动模范	赤城县人民政府	2009.04

续表十九

姓名	单位及职务	称号	授予单位	授予时间
李建平	龙宇铁矿信远选厂职工	赤城县职工劳动模范	赤城县人民政府	2009.04
吴树海	茨营子乡干部	赤城县职工劳动模范	赤城县人民政府	2009.04
许正峰	雕鹗镇干部	赤城县职工劳动模范	赤城县人民政府	2009.04
刘普	龙门所镇干部	赤城县职工劳动模范	赤城县人民政府	2009.04
刘桂文	茂源矿业有限责任公司职工	赤城县职工劳动模范	赤城县人民政府	2009.04
殷建平	农牧局农业办干部	赤城县职工劳动模范	赤城县人民政府	2009.04
郭磊	农牧局农业办职工	赤城县职工劳动模范	赤城县人民政府	2009.04
赵树森	农牧局干部	赤城县职工劳动模范	赤城县人民政府	2009.04
王义廷	农牧局干部	赤城县职工劳动模范	赤城县人民政府	2009.04
李胜德	鑫宇磁铁矿采选公司职工	赤城县职工劳动模范	赤城县人民政府	2009.04
张新兵	自来水管理所所长	赤城县职工劳动模范	赤城县人民政府	2009.04
闫锐	水务局干部	赤城县职工劳动模范	赤城县人民政府	2009.04
熊晓芹	水务局干部	赤城县职工劳动模范	赤城县人民政府	2009.04
赵智广	水务局干部	赤城县职工劳动模范	赤城县人民政府	2009.04
杜峰	水库管理处副主任	赤城县职工劳动模范	赤城县人民政府	2009.04
张奎旺	后城镇中学教师	赤城县职工劳动模范	赤城县人民政府	2009.04
孟伟	马营九年一贯制学校教师	赤城县职工劳动模范	赤城县人民政府	2009.04
席艳君	白草镇九年一贯制学校教师	赤城县职工劳动模范	赤城县人民政府	2009.04
张翠荣	第一幼儿园园长	赤城县职工劳动模范	赤城县人民政府	2009.04
贾翠平	第二中学教师	赤城县职工劳动模范	赤城县人民政府	2009.04
柳杨凤	玉辉小学教师	赤城县职工劳动模范	赤城县人民政府	2009.04
褚正娥	龙门所小学教师	赤城县职工劳动模范	赤城县人民政府	2009.04
郭忠	田家窑中心小学教师	赤城县职工劳动模范	赤城县人民政府	2009.04
冀兰霞	东卯镇中心小学教师	赤城县职工劳动模范	赤城县人民政府	2009.04
王义梅	职教中心教师	赤城县职工劳动模范	赤城县人民政府	2009.04
冯德锁	样田小学教师	赤城县职工劳动模范	赤城县人民政府	2009.04
饶世荣	镇宁堡九年一贯制学校教师	赤城县职工劳动模范	赤城县人民政府	2009.04
王桂忠	独石口中学教师	赤城县职工劳动模范	赤城县人民政府	2009.04
宋步新	第三中学教师	赤城县职工劳动模范	赤城县人民政府	2009.04
张永广	第一中学教师	赤城县职工劳动模范	赤城县人民政府	2009.04
郑万明	第一中学教师	赤城县职工劳动模范	赤城县人民政府	2009.04
秦占军	第一中学校长	赤城县职工劳动模范	赤城县人民政府	2009.04

续表二十

姓名	单位及职务	称号	授予单位	授予时间
尤桂全	雕鹗九年一贯制学校教师	赤城县职工劳动模范	赤城县人民政府	2009.04
施常亮	雕鹗九年一贯制学校校长	赤城县职工劳动模范	赤城县人民政府	2009.04
张海琴	茨营子九年一贯制学校教师	赤城县职工劳动模范	赤城县人民政府	2009.04
李世聪	县委农工部干部	赤城县职工劳动模范	赤城县人民政府	2009.04
刘延顺	统计局局长	赤城县职工劳动模范	赤城县人民政府	2009.04
昝金龙	人大干部	赤城县职工劳动模范	赤城县人民政府	2009.04
武海波	审计局干部	赤城县职工劳动模范	赤城县人民政府	2009.04
马兴义	商务局干部	赤城县职工劳动模范	赤城县人民政府	2009.04
张运富	宣传部干部	赤城县职工劳动模范	赤城县人民政府	2009.04
李树艳	法院庭长	赤城县职工劳动模范	赤城县人民政府	2009.04
李森	司法局副局长	赤城县职工劳动模范	赤城县人民政府	2009.04
田淑平	妇联主席	赤城县职工劳动模范	赤城县人民政府	2009.04
韩松	供电公司赤城分公司干部	赤城县职工劳动模范	赤城县人民政府	2009.04
杨万珍	民政局殡葬所所长	赤城县职工劳动模范	赤城县人民政府	2009.04
李子民	发展改革局职工	赤城县职工劳动模范	赤城县人民政府	2009.04
陈锐	检察院干部	赤城县职工劳动模范	赤城县人民政府	2009.04
程建军	工商局职工	赤城县职工劳动模范	赤城县人民政府	2009.04
岳维治	组织部干部	赤城县职工劳动模范	赤城县人民政府	2009.04
李翔宇	政协干部	赤城县职工劳动模范	赤城县人民政府	2009.04
宋学新	国税局干部	赤城县职工劳动模范	赤城县人民政府	2009.04
陈森	安监局副局长	赤城县职工劳动模范	赤城县人民政府	2009.04
刘汉丰	卷烟营销部干部	赤城县职工劳动模范	赤城县人民政府	2009.04
王晓梅	广播电视局干部	赤城县职工劳动模范	赤城县人民政府	2009.04
张清	环保局副局长	赤城县职工劳动模范	赤城县人民政府	2009.04
王维平	县委党校干部	赤城县职工劳动模范	赤城县人民政府	2009.04
乔晓宇	国土资源局干部	赤城县职工劳动模范	赤城县人民政府	2009.04
任秀琴	计生局干部	赤城县职工劳动模范	赤城县人民政府	2009.04
薛建武	纪委干部	赤城县职工劳动模范	赤城县人民政府	2009.04
石翠红	机关党委副书记	赤城县职工劳动模范	赤城县人民政府	2009.04
顾大忠	扶贫办干部	赤城县职工劳动模范	赤城县人民政府	2009.04
牛玉凤	第三中学教师	赤城县职工劳动模范	赤城县人民政府	2009.04
刘海霞	县委办干部	赤城县职工劳动模范	赤城县人民政府	2009.04
师铁路	政府办干部	赤城县职工劳动模范	赤城县人民政府	2009.04

续表二十一

姓名	单位及职务	称号	授予单位	授予时间
程勇	独石口镇党委书记	赤城县职工劳动模范	赤城县人民政府	2009.04
王志宏	龙门所镇党委书记	赤城县职工劳动模范	赤城县人民政府	2009.04
路桂成	炮梁乡党委书记	赤城县职工劳动模范	赤城县人民政府	2009.04
路太忠	雕鹗镇党委书记	赤城县职工劳动模范	赤城县人民政府	2009.04
冯俊	田家窑镇党委书记	赤城县职工劳动模范	赤城县人民政府	2009.04
田晓利	东卯镇党委书记	赤城县职工劳动模范	赤城县人民政府	2009.04
宫敬	样田乡党委书记	赤城县职工劳动模范	赤城县人民政府	2009.04
刘宝	县委办副主任	赤城县职工劳动模范	赤城县人民政府	2009.04
田树海	信访局局长	赤城县职工劳动模范	赤城县人民政府	2009.04
王四海	政府办主任	赤城县职工劳动模范	赤城县人民政府	2009.04
魏恒	发展改革局局长	赤城县职工劳动模范	赤城县人民政府	2009.04
刘德升	人民医院院长	赤城县职工劳动模范	赤城县人民政府	2009.04
郑永	白草镇白草村村民	赤城县农民劳动模范	赤城县人民政府	2009.04
贾殿英	赤城镇西大村书记	赤城县农民劳动模范	赤城县人民政府	2009.04
张新明	赤城镇西大村主任	赤城县农民劳动模范	赤城县人民政府	2009.04
薛金武	炮梁乡宋家窑村书记	赤城县农民劳动模范	赤城县人民政府	2009.04
李世江	东卯镇井儿沟村书记	赤城县农民劳动模范	赤城县人民政府	2009.04
赵海生	大海陀乡官庄子村主任	赤城县农民劳动模范	赤城县人民政府	2009.04
赵军	三道川乡三道川村村支部书记	赤城县农民劳动模范	赤城县人民政府	2009.04
侯文	云州乡吕和堡村村民	赤城县农民劳动模范	赤城县人民政府	2009.04
张文泉	样田乡柳林屯村村民	赤城县农民劳动模范	赤城县人民政府	2009.04
郭宝珍	后城镇后城村村民	赤城县农民劳动模范	赤城县人民政府	2009.04
杜河	龙关镇八里庄村村民	赤城县农民劳动模范	赤城县人民政府	2009.04
史正旺	独石口镇马营沟村村民	赤城县农民劳动模范	赤城县人民政府	2009.04
张文学	东万口乡瓦窑村村民	赤城县农民劳动模范	赤城县人民政府	2009.04
李永财	田家窑镇大榆树村村民	赤城县农民劳动模范	赤城县人民政府	2009.04
王玉富	田家窑村支部书记	赤城县农民劳动模范	赤城县人民政府	2009.04
沈海军	马营村村民	赤城县农民劳动模范	赤城县人民政府	2009.04
王军	镇宁堡乡镇宁堡村村民	赤城县农民劳动模范	赤城县人民政府	2009.04
于忠	茨营子乡河口村书记	赤城县农民劳动模范	赤城县人民政府	2009.04
丰玉林	雕鹗镇下虎村支部书记	赤城县农民劳动模范	赤城县人民政府	2009.04
倪文全	龙门所镇朱家庙村书记	赤城县农民劳动模范	赤城县人民政府	2009.04
韩晓华	林业局干部	科技先进工作者	赤城县人民政府	2009.07

县级先进集体

单位名称	称号	授予单位	授予时间
样田乡党委	优秀基层党委	中共赤城县委	2009.06
雕鹗镇党委	优秀基层党委	中共赤城县委	2009.06
独石口镇党委	优秀基层党委	中共赤城县委	2009.06
东万口乡党委	优秀基层党委	中共赤城县委	2009.06
田家窑镇党委	优秀基层党委	中共赤城县委	2009.06
龙门所镇党委	优秀基层党委	中共赤城县委	2009.06
水务局党委	优秀基层党委	中共赤城县委	2009.06
县直属机关党委	优秀基层党委	中共赤城县委	2009.06
发展改革局党支部	先进基层党组织	中共赤城县委	2009.06
建设局党总支	先进基层党组织	中共赤城县委	2009.06
人事劳动和社会保障局党总支	先进基层党组织	中共赤城县委	2009.06
交通局党总支	先进基层党组织	中共赤城县委	2009.06
林业局党支部	先进基层党组织	中共赤城县委	2009.06
广播电视局党支部	先进基层党组织	中共赤城县委	2009.06
环保局党支部	先进基层党组织	中共赤城县委	2009.06
公安局巡警特警大队党支部	先进基层党组织	中共赤城县委	2009.06
张家口供电公司赤城分公司党支部	先进基层党组织	中共赤城县委	2009.06
财政局党支部	先进基层党组织	中共赤城县委	2009.06
东万口乡官路坊村党支部	优秀农村党组织	中共赤城县委	2009.06
雕鹗镇下虎村党支部	优秀农村党组织	中共赤城县委	2009.06
赤城镇宪民村党支部	优秀农村党组织	中共赤城县委	2009.06
赤城镇东龙村党支部	优秀农村党组织	中共赤城县委	2009.06
龙关镇四街村党支部	优秀农村党组织	中共赤城县委	2009.06
后城镇董家沟村党支部	优秀农村党组织	中共赤城县委	2009.06
东卯镇井儿沟村党支部	优秀农村党组织	中共赤城县委	2009.06
白草镇辛营村党支部	优秀农村党组织	中共赤城县委	2009.06
龙门所镇牧马堡村党支部	优秀农村党组织	中共赤城县委	2009.06
独石口镇独石口村党支部	优秀农村党组织	中共赤城县委	2009.06
镇宁堡乡大边村党支部	优秀农村党组织	中共赤城县委	2009.06
云州乡云州村党支部	优秀农村党组织	中共赤城县委	2009.06
马营乡侯村沟村党支部	优秀农村党组织	中共赤城县委	2009.06

续表一

单位名称	称号	授予单位	授予时间
三道川乡三道川村党支部	优秀农村党组织	中共赤城县委	2009.06
炮梁乡宋家窑村党支部	优秀农村党组织	中共赤城县委	2009.06
样田乡柳林屯村党支部	优秀农村党组织	中共赤城县委	2009.06
第一中学	教学工作先进单位	县委、县政府	2009.09
职教中心	教学工作先进单位	县委、县政府	2009.09
第二中学	教学工作先进单位	县委、县政府	2009.09
雕鹗九年一贯制学校初中部	教学工作先进单位	县委、县政府	2009.09
赤城镇第一小学	教学工作先进单位	县委、县政府	2009.09
龙关中心小学	教学工作先进单位	县委、县政府	2009.09
龙门所中心小学	教学工作先进单位	县委、县政府	2009.09
白草九年一贯制学校小学部	教学工作先进单位	县委、县政府	2009.09
东卯中心小学	教学工作先进单位	县委、县政府	2009.09
县教育局	“彩色周末”文化活动一等奖	县委、县政府	2009.11
县财政局	“彩色周末”文化活动二等奖	县委、县政府	2009.11
县矿管局和工业促进局	“彩色周末”文化活动二等奖	县委、县政府	2009.11
林业局	“彩色周末”文化活动二等奖	县委、县政府	2009.11
县国土资源局	“彩色周末”文化活动三等奖	县委、县政府	2009.11
工商局和国税地税	“彩色周末”文化活动三等奖	县委、县政府	2009.11
县建设局	“彩色周末”文化活动三等奖	县委、县政府	2009.11
赤城镇	“彩色周末”文化活动三等奖	县委、县政府	2009.11
县交通局	“彩色周末”文化活动优秀奖	县委、县政府	2009.11
县水务局	“彩色周末”文化活动优秀奖	县委、县政府	2009.11
县环保局	“彩色周末”文化活动优秀奖	县委、县政府	2009.11
县农业办和畜牧办	“彩色周末”文化活动优秀奖	县委、县政府	2009.11
供电公司	“彩色周末”文化活动优秀奖	县委、县政府	2009.11
县卫生局和计生局	“彩色周末”文化活动优秀奖	县委、县政府	2009.11
金融系统	“彩色周末”文化活动优秀奖	县委、县政府	2009.11
县文体办	“彩色周末”文化活动组织奖	县委、县政府	2009.11
县公安局	“彩色周末”文化活动组织奖	县委、县政府	2009.11
县广电局	“彩色周末”文化活动组织奖	县委、县政府	2009.11
百福乐文化活动中心	“彩色周末”文化活动参与奖	县委、县政府	2009.11
赤城镇	人口和计划生育先进乡镇	县委、县政府	2009.04
茨营子乡	人口和计划生育先进乡镇	县委、县政府	2009.04

续表二

单位名称	称号	授予单位	授予时间
龙门所镇	人口和计划生育先进乡镇	县委、县政府	2009. 04
云州乡	人口和计划生育先进乡镇	县委、县政府	2009. 04
三道川乡	人口和计划生育先进乡镇	县委、县政府	2009. 04
雕鹗镇	人口和计划生育先进乡镇	县委、县政府	2009. 04
东卯镇	人口和计划生育先进乡镇	县委、县政府	2009. 04
马营乡	人口和计划生育先进乡镇	县委、县政府	2009. 04
样田乡	人口和计划生育成绩突出乡镇	县委、县政府	2009. 04
炮梁乡	人口和计划生育成绩突出乡镇	县委、县政府	2009. 04
大海陀	人口和计划生育成绩突出乡镇	县委、县政府	2009. 04
东万口乡	人口和计划生育成绩突出乡镇	县委、县政府	2009. 04
独石口镇	人口和计划生育成绩突出乡镇	县委、县政府	2009. 04
后城镇	人口和计划生育成绩突出乡镇	县委、县政府	2009. 04
白草镇	人口和计划生育成绩突出乡镇	县委、县政府	2009. 04
龙关镇	人口和计划生育成绩突出乡镇	县委、县政府	2009. 04
后城镇党委、镇政府	国庆安保突出贡献先进集体	县委、县政府	2009. 10
东卯镇党委、镇政府	国庆安保突出贡献先进集体	县委、县政府	2009. 10
雕鹗镇党委、镇政府	国庆安保突出贡献先进集体	县委、县政府	2009. 10
大海陀乡党委、乡政府	国庆安保突出贡献先进集体	县委、县政府	2009. 10
县公安局	国庆安保突出贡献先进集体	县委、县政府	2009. 10
县矿管局、县国庆安保指挥办公室	国庆安保突出贡献先进集体	县委、县政府	2009. 10
县委防范办	国庆安保突出贡献先进集体	县委、县政府	2009. 10
进京值勤工作组	国庆安保突出贡献先进集体	县委、县政府	2009. 10
赤城镇党委、镇政府	国庆安保工作先进集体	县委、县政府	2009. 10
赤城镇兴仁堡村	国庆安保工作先进集体	县委、县政府	2009. 10
赤城镇东关村	国庆安保工作先进集体	县委、县政府	2009. 10
龙关镇党委、镇政府	国庆安保工作先进集体	县委、县政府	2009. 10
龙关镇一街村	国庆安保工作先进集体	县委、县政府	2009. 10
龙关镇八里庄村	国庆安保工作先进集体	县委、县政府	2009. 10
三道川乡党委、乡政府	国庆安保工作先进集体	县委、县政府	2009. 10
三道川乡达志营村	国庆安保工作先进集体	县委、县政府	2009. 10
三道川乡老栅子村	国庆安保工作先进集体	县委、县政府	2009. 10
东万口乡党委、乡政府	国庆安保工作先进集体	县委、县政府	2009. 10
东万口乡巴图营村	国庆安保工作先进集体	县委、县政府	2009. 10

续表三

单位名称	称号	授予单位	授予时间
东万口乡炭窑沟村	国庆安保工作先进集体	县委、县政府	2009.10
白草镇党委、镇政府	国庆安保工作先进集体	县委、县政府	2009.10
白草镇辛营村	国庆安保工作先进集体	县委、县政府	2009.10
白草镇白草村	国庆安保工作先进集体	县委、县政府	2009.10
样田乡党委、乡政府	国庆安保工作先进集体	县委、县政府	2009.10
样田乡样田村	国庆安保工作先进集体	县委、县政府	2009.10
样田乡双山寨村	国庆安保工作先进集体	县委、县政府	2009.10
炮梁乡党委、乡政府	国庆安保工作先进集体	县委、县政府	2009.10
茨营子乡茨营子村	国庆安保工作先进集体	县委、县政府	2009.10
茨营子乡河口村	国庆安保工作先进集体	县委、县政府	2009.10
田家窑镇党委、镇政府	国庆安保工作先进集体	县委、县政府	2009.10
田家窑镇二道洼村	国庆安保工作先进集体	县委、县政府	2009.10
田家窑镇西水泉村	国庆安保工作先进集体	县委、县政府	2009.10
云州乡党委、乡政府	国庆安保工作先进集体	县委、县政府	2009.10
云州乡云州村	国庆安保工作先进集体	县委、县政府	2009.10
云州乡吕和堡村	国庆安保工作先进集体	县委、县政府	2009.10
镇宁堡乡党委、乡政府	国庆安保工作先进集体	县委、县政府	2009.10
镇宁堡乡镇宁堡村	国庆安保工作先进集体	县委、县政府	2009.10
镇宁堡黄土梁村	国庆安保工作先进集体	县委、县政府	2009.10
独石口镇党委、镇政府	国庆安保工作先进集体	县委、县政府	2009.10
独石口镇水磨村	国庆安保工作先进集体	县委、县政府	2009.10
独石口镇南门外村	国庆安保工作先进集体	县委、县政府	2009.10
龙门所镇党委、镇政府	国庆安保工作先进集体	县委、县政府	2009.10
龙门镇蒋家堡村	国庆安保工作先进集体	县委、县政府	2009.10
龙门所镇沙沟村	国庆安保工作先进集体	县委、县政府	2009.10
马营乡党委、乡政府	国庆安保工作先进集体	县委、县政府	2009.10
马营乡马营村	国庆安保工作先进集体	县委、县政府	2009.10
马营乡君子堡村	国庆安保工作先进集体	县委、县政府	2009.10
后城镇艾河滩村	国庆安保工作先进集体	县委、县政府	2009.10
后城镇下堡村	国庆安保工作先进集体	县委、县政府	2009.10
后城镇后城村	国庆安保工作先进集体	县委、县政府	2009.10
大海陀乡郑家梁村	国庆安保工作先进集体	县委、县政府	2009.10
大海陀乡赵村	国庆安保工作先进集体	县委、县政府	2009.10

续表四

单位名称	称号	授予单位	授予时间
大海陀乡镇川堡村	国庆安保工作先进集体	县委、县政府	2009.10
雕鹗镇小雕鹗村	国庆安保工作先进集体	县委、县政府	2009.10
雕鹗镇王良堡村	国庆安保工作先进集体	县委、县政府	2009.10
雕鹗镇上虎村	国庆安保工作先进集体	县委、县政府	2009.10
东卯镇井儿沟村	国庆安保工作先进集体	县委、县政府	2009.10
东卯镇三道营村	国庆安保工作先进集体	县委、县政府	2009.10
东卯镇中碌碡湾村	国庆安保工作先进集体	县委、县政府	2009.10
县信访局	国庆安保工作先进集体	县委、县政府	2009.10
县水务局	国庆安保工作先进集体	县委、县政府	2009.10
县交通局	国庆安保工作先进集体	县委、县政府	2009.10
县安监局	国庆安保工作先进集体	县委、县政府	2009.10
县供电公司	国庆安保工作先进集体	县委、县政府	2009.10
县财政局	国庆安保工作先进集体	县委、县政府	2009.10
云州水库管理处	国庆安保工作先进集体	县委、县政府	2009.10
头炮检查站	国庆安保工作先进集体	县委、县政府	2009.10
骆驼山检查站	国庆安保工作先进集体	县委、县政府	2009.10
公安巡警大队	国庆安保工作先进集体	县委、县政府	2009.10
东卯镇	优秀领导班子	县委、县政府	2009.07
县财政局	民主评议测评满意度第一	县委、县政府	2009.12
第二中学	教学评估工作先进单位	赤城县人民政府	2009.02
雕鹗九年一贯制学校	教学评估工作先进单位	赤城县人民政府	2009.02
第三中学	教学评估工作先进单位	赤城县人民政府	2009.02
玉辉小学	教学评估工作先进单位	赤城县人民政府	2009.02
第三小学	教学评估工作先进单位	赤城县人民政府	2009.02
云州中心小学	教学评估工作先进单位	赤城县人民政府	2009.02
龙关中心小学	教学评估工作先进单位	赤城县人民政府	2009.02
东卯中学	教学评估工作先进单位	赤城县人民政府	2009.02
白草中心小学	教学评估工作先进单位	赤城县人民政府	2009.02
后城中心小学	教学评估工作先进单位	赤城县人民政府	2009.02
龙门所中心小学	教学评估工作先进单位	赤城县人民政府	2009.02
第一中学	教育工作督导评估工作先进单位	赤城县人民政府	2009.02
第二中学	教育工作督导评估工作先进单位	赤城县人民政府	2009.02
第三中学	教育工作督导评估工作先进单位	赤城县人民政府	2009.02

续表五

单位名称	称号	授予单位	授予时间
赤城县职教中心	教育工作督导评估工作先进单位	赤城县人民政府	2009.02
雕鹗九年一贯制学校	教育工作督导评估工作先进单位	赤城县人民政府	2009.02
田家窑镇中心小学	教育工作督导评估工作先进单位	赤城县人民政府	2009.02
田家窑镇中学	教育工作督导评估工作先进单位	赤城县人民政府	2009.02
云州乡中心小学	教育工作督导评估工作先进单位	赤城县人民政府	2009.02
马营乡中心小学	教育工作督导评估工作先进单位	赤城县人民政府	2009.02
白草镇中学	教育工作督导评估工作先进单位	赤城县人民政府	2009.02
白草镇中心小学	教育工作督导评估工作先进单位	赤城县人民政府	2009.02
三道川九年一贯制学校	教育工作督导评估工作先进单位	赤城县人民政府	2009.02
大海陀乡中心小学	教育工作督导评估工作先进单位	赤城县人民政府	2009.02
镇宁堡九年一贯制学校	教育工作督导评估工作先进单位	赤城县人民政府	2009.02
独石口镇中学	教育工作督导评估工作先进单位	赤城县人民政府	2009.02
独石口镇中心小学	教育工作督导评估工作先进单位	赤城县人民政府	2009.02
赤城镇中心校	教育工作督导评估工作先进单位	赤城县人民政府	2009.02
龙关镇中心小学	教育工作督导评估工作先进单位	赤城县人民政府	2009.02
茨营子乡九年一贯制学校	教育工作督导评估工作先进单位	赤城县人民政府	2009.02
东万口乡中心小学	教育工作督导评估工作先进单位	赤城县人民政府	2009.02
东万口中学	教育工作督导评估工作先进单位	赤城县人民政府	2009.02
龙门所镇中心小学	教育工作督导评估工作先进单位	赤城县人民政府	2009.02
龙门所镇中学	教育工作督导评估工作先进单位	赤城县人民政府	2009.02
东卯镇中心小学	教育工作督导评估工作先进单位	赤城县人民政府	2009.02
东卯镇中学	教育工作督导评估工作先进单位	赤城县人民政府	2009.02
第一幼儿园	教育工作督导评估工作先进单位	赤城县人民政府	2009.02
文教局	“博爱一日捐”先进单位	赤城县人民政府	2009.04
水务局	“博爱一日捐”先进单位	赤城县人民政府	2009.04
公安局	“博爱一日捐”先进单位	赤城县人民政府	2009.04
国税局	“博爱一日捐”先进单位	赤城县人民政府	2009.04
畜牧水产办	“博爱一日捐”先进单位	赤城县人民政府	2009.04
龙关镇人民政府	“博爱一日捐”先进单位	赤城县人民政府	2009.04
东卯镇人民政府	“博爱一日捐”先进单位	赤城县人民政府	2009.04
龙门所镇人民政府	“博爱一日捐”先进单位	赤城县人民政府	2009.04
东万口乡人民政府	“博爱一日捐”先进单位	赤城县人民政府	2009.04
云州中心小学	“博爱一日捐”先进单位	赤城县人民政府	2009.04

续表六

单位名称	称号	授予单位	授予时间
交通局	赤城县模范集体	赤城县人民政府	2009.04
集中供热管理中心	赤城县模范集体	赤城县人民政府	2009.04
商贸大厦	赤城县模范集体	赤城县人民政府	2009.04
第一中学	赤城县模范集体	赤城县人民政府	2009.04
雕鹗九年一贯制学校	赤城县模范集体	赤城县人民政府	2009.04
财政局	赤城县模范集体	赤城县人民政府	2009.04
发展改革局	赤城县模范集体	赤城县人民政府	2009.04
中国联通有限公司赤城县分公司	赤城县模范集体	赤城县人民政府	2009.04
人事劳动和社会保障局	赤城县模范集体	赤城县人民政府	2009.04
矿业管理局	赤城县模范集体	赤城县人民政府	2009.04

市级（含系统）先进人物

姓名	单位及职务	称号	授予单位	授予时间
魏恒	赤城县发展改革局局长	全市优秀共产党员	中共张家口市委	2009.06
王志强	交通局党总支书记、局长	全市优秀共产党员	中共张家口市委	2009.06
五孝凯	赤城县战友农工商科技开发有限公司董事长	全市优秀共产党员	中共张家口市委	2009.06
张海	张市弘基实业集团总裁	全市优秀共产党员	中共张家口市委	2009.06
王志宏	龙门所镇党委书记	全市优秀共产党员	中共张家口市委	2009.06
宫敬	样田乡党委书记	全市优秀党务工作者	中共张家口市委	2009.06
程勇	独石口镇党委书记	全市优秀党务工作者	中共张家口市委	2009.06
路太忠	雕鹗镇党委书记	全市优秀党务工作者	中共张家口市委	2009.06
路桂成	炮梁乡党委书记	全市优秀党务工作者	中共张家口市委	2009.06
张景昱	环保局党支部书记、副局长	全市优秀党务工作者	中共张家口市委	2009.06
穆春	公安局党委书记、局长	全市优秀党务工作者	中共张家口市委	2009.06
冯俊	田家窑镇党委书记	思想政治工作先进个人	中共张家口市委	2009.12
秦占军	第一中学校长	思想政治工作先进个人	中共张家口市委	2009.12
李建海	东万口乡干部	全市优秀农村党员干部	中共张家口市委	2009.12
杨海燕	田家窑镇下瓦房村书记	全市优秀农村党员干部	中共张家口市委	2009.12
赵海花	大海陀乡东山庙村书记	全市优秀农村党员干部	中共张家口市委	2009.12

续表一

姓 名	单位及职务	称 号	授予单位	授予时间
王文慧	赤城镇建国路社区党员	全市优秀农村党员干部	中共张家口市委	2009.12
白占斌	云州乡长梁村书记	全市优秀农村党员干部	中共张家口市委	2009.12
王永全	三道川乡马厂村书记	全市优秀农村党员干部	中共张家口市委	2009.12
陈桂禄	雕鹗镇黎家堡村书记	全市优秀农村党员干部	中共张家口市委	2009.12
裴占金	马营乡松树堡村书记	全市优秀农村党员干部	中共张家口市委	2009.12
唐 云	龙门所镇前楼村书记	全市优秀农村党员干部	中共张家口市委	2009.12
梁登城	赤城县流动党员	全市优秀农村党员干部	中共张家口市委	2009.12
胡庆成	赤城县流动党员	全市优秀农村党员干部	中共张家口市委	2009.12
梁 生	赤城县流动党员	全市优秀农村党员干部	中共张家口市委	2009.12
李 蕾	龙关镇干部	全市优秀农村党员干部	中共张家口市委	2009.12
王进财	人口和计划生育局干部	计生工作先进个人	市委、市政府	2009.01
赵永丽	人口和计划生育局干部	计生工作先进个人	市委、市政府	2009.01
张云武	人口和计划生育局干部	计生工作先进个人	市委、市政府	2009.01
吴秀兰	人口和计划生育局干部	计生工作先进个人	市委、市政府	2009.01
蔡有君	人口和计划生育局干部	计生工作先进个人	市委、市政府	2009.01
王志强	交通局局长	三年大变样工作二等功	市委、市政府	2009.02
韩 友	建设局副局长	三年大变样工作二等功	市委、市政府	2009.02
熊晓芹	水务局干部	三年大变样工作二等功	市委、市政府	2009.02
孟建军	财政局局长	全民创业先进个人	市委、市政府	2009.04
马王海	大海陀乡党委书记	国庆安保工作三等功	市委、市政府	2009.10
田晓利	东卯镇党委书记	国庆安保工作三等功	市委、市政府	2009.10
苑建石	后城镇党委书记	国庆安保先进个人	市委、市政府	2009.10
郭献林	县委常委、政法委书记	国庆安保 “二等功”	市委、市政府	2009.01
王新慧	政法委专职副书记	国庆安保 “二等功”	市委、市政府	2009.01
武志明	政法委副书记、综治办主任	国庆安保 “二等功”	市委、市政府	2009.01
刘 成	政法委副书记	国庆安保“三等功”	市委、市政府	2009.01
郭 富	综治办副主任	国庆安保“三等功”	市委、市政府	2009.01
朱 铁	县民族宗教事务局股长	第五次民族团结进步模范个人	张家口市政府	2009.11
闫 锐	水务局干部	水利工作先进个人	张家口市政府	2009.03
熊晓芹	水务局干部	水利工作先进个人	张家口市政府	2009.03
乔仲河	城关镇派出所副所长	消防工作先进工作者	张家口市政府	2009.02
王 宝	政府办公室副主任	消防工作先进工作者	张家口市政府	2009.02

续表二

姓 名	单位及职务	称 号	授予单位	授予时间
陈有富	温泉疗养服务中心经理	消防工作先进工作者	张家口市政府	2009.02
闫永胜	怡园宾馆经理	消防工作先进工作者	张家口市政府	2009.02
王世良	县委办干部	信息工作先进个人	市委办公室	2009.04
李植虎	建筑工程公司职工	职工五一劳动奖章	张家口市总工会	2009.04
张淑花	总工会职工	先进女职工工作者	张家口市总工会	2009.03
田晓霞	人事劳动和社会保障局干部	张市宣传文化系统（政研会）先进个人	市委宣传部	2009
赵文河	统计局干部	统计工作先进个人	市政府办公室	2009.03
陈碧兰	后城镇干部	统计工作先进个人	市政府办公室	2009.03
王继军	统计局干部	统计工作先进个人	市政府办公室	2009.03
赵文芝	雕鹗镇干部	统计工作先进个人	市政府办公室	2009.03
康桂先	统计局干部	统计工作先进个人	市政府办公室	2009.03
石建中	地税局干部	地税系统先进个人	市政府办公室	2009.03
崔惠敏	地税局干部	地税系统先进个人	市政府办公室	2009.03
刘建平	地税局干部	地税系统先进个人	市政府办公室	2009.03
韩 刚	地税局干部	地税系统先进个人	市政府办公室	2009.03
李剑虹	地税局干部	地税系统先进个人	市政府办公室	2009.03
郝俊峰	国税局干部	先进基层税务工作者	市政府办公室	2009.02
杨 永	国税局干部	先进基层税务工作者	市政府办公室	2009.02
周桂兰	国税局干部	先进基层税务工作者	市政府办公室	2009.02
孟利静	国税局干部	先进基层税务工作者	市政府办公室	2009.02
赵新梅	国税局干部	先进基层税务工作者	市政府办公室	2009.02
解喜勇	县交通局干部	财务工作先进工作者	张家口市交通局	2009.12
沙永	供销合作社副主任	基层工作先进个人	市供销合作总社	2009.10
赵连彪	供销合作社干部	基层工作先进个人	市供销合作总社	2009.10
刘鹏飞	政府办干部	全市优秀信息工作者	市政府办公室	2009.11
郭建华	政府办干部	全市优秀信息工作者	市政府办公室	2009.11
路太忠	雕鹗镇党委书记	国庆安保工作三等功	市政法委	2009
周 玉	董家沟村联合支部书记	农村文化先进工作者	市文体局	2009
路太忠	雕鹗镇党委书记	优秀党委工作者	市委组织部	2009
裴占金	松树堡村党支部书记	壮大集体经济奖	市委组织部	2009
李世聪	农工部干部	新型农民培训先进个人	市委办、市政府办	2009.06
赵姝兰	农牧局农业办农广校	新型农民培训先进个人	市委办、市政府办	2009.06

续表三

姓名	单位及职务	称号	授予单位	授予时间
田永旺	就业服务局干部	新型农民培训先进个人	市委办、市政府办	2009.06
田树海	信访局局长	国庆安保工作二等功	市人事局	2009.10
王瑞霞	信访局副局长	国庆安保工作三等功	市人事局	2009.10
王　伟	检查院干部	荣记三等功	市检查院	2009
卜建军	检查院干部	荣记三等功	市检查院	2009
刘向东	检查院干部	荣记三等功	市检查院	2009
王　伟	检查院干部	十佳作风建设标兵	市检查院	2009
李树艳	法院干部	国庆安保工作三等功	市法院	2009
司　平	法院干部	国庆安保工作三等功	市法院	2009
倪　健	法院干部	国庆安保工作三等功	市法院	2009
李树艳	法院干部	国庆安保工作三等功	市法院	2009
温海枝	法院副院长	全市法院个人嘉奖	市法院	2009
温海枝	法院副院长	国庆安保先进个人	市法院	2009
汤　俊	法院干部	全市法院办案能手	市法院	2009
刘　宝	法院干部	全市法院服务标兵	市法院	2009
李树艳	法院干部	法院立案工作先进个人	市法院	2009
王景云	法院干部	法院宣传工作先进个人	市法院	2009
郑文英	法院干部	法院党风廉政建设先进个人	市法院	2009
韩有花	龙关镇四街村	十佳好婆媳	市委宣传部	2009.11
卢海霞	东卯镇道德沟	十佳好婆媳	市委宣传部	2009.11
郑乐平	鼓楼东社区	十佳热心公益事业标兵	市委宣传部	2009.11
刘晓燕	赤城镇西大村	十佳文明和谐家庭	市委宣传部	2009.11
王晓梅	广电局干部	十佳新闻工作者	市委宣传部	2009.11
王满龙	宣传部干部	十佳新闻通迅员	市委宣传部	2009.11

市级（含系统）先进集体

单位名称	称号	授予单位	授予时间
样田乡党委	全市先进基层党组织	中共张家口市委	2009.06
雕鹗镇党委	全市先进基层党组织	中共张家口市委	2009.06
独石口镇党委	全市先进基层党组织	中共张家口市委	2009.06
东万口乡党委	全市先进基层党组织	中共张家口市委	2009.06

续表一

单位名称	称　号	授予单位	授予时间
发改局党支部	全市先进基层党组织	中共张家口市委	2009.06
建设局党总支	全市先进基层党组织	中共张家口市委	2009.06
国税局	思想政治工作先进集体	中共张家口市委	2009.12
赤城县	人口和计划生育先进县	市委、市政府	2009.01
田家窑镇	人口和计生工作先进乡镇	市委、市政府	2009.01
镇宁堡乡	人口和计生工作先进乡镇	市委、市政府	2009.01
赤城县	三年大变样工作先进集体	市委、市政府	2009.02
建设局	三年大变样工作先进集体	市委、市政府	2009.02
农业局	蔬菜运销“绿色通道”工作先进单位	市委、市政府	2009.03
扶贫办	扶贫开发工作先进单位	市委、市政府	2009.03
建设局	扶贫开发工作先进单位	市委、市政府	2009.03
矿管局	扶贫开发工作先进单位	市委、市政府	2009.03
赤城县	民营经济发展先进县区	市委、市政府	2009.04
龙宇矿业有限责任公司	张家口市先进民营企业	市委、市政府	2009.04
龙兴矿业有限公司	张家口市先进民营企业	市委、市政府	2009.04
鑫宇磁铁矿采选有限公司	张家口市先进民营企业	市委、市政府	2009.04
赤城县县委、县政府	市国庆安保工作先进集体	市委、市政府	2009.10
公安局	市国庆安保工作先进集体	市委、市政府	2009.10
信访局	市国庆安保工作先进集体	市委、市政府	2009.10
矿管局	市国庆安保工作先进集体	市委、市政府	2009.10
东卯乡党委、乡政府	市国庆安保工作先进集体	市委、市政府	2009.10
后城镇党委、镇政府	市国庆安保工作先进集体	市委、市政府	2009.10
雕鹗镇党委、镇政府	市国庆安保工作先进集体	市委、市政府	2009.10
大海陀乡党委、乡政府	市国庆安保工作先进集体	市委、市政府	2009.10
防范办	市国庆安保工作先进集体	市委、市政府	2009.10
广电局	市国庆安保工作先进集体	市委、市政府	2009.10
计生局	先进人口计生局	市委、市政府	2009.10
独石口镇青羊沟村党支部	民族团结进步模范集体	张家口市人民政府	2009.11
水务局	水土保持生态治理先进集体	张家口市人民政府	2009.03
赤城县	张家口市体育工作先进县区	张家口市人民政府	2009.03
文化体育局	张家口市体育工作先进单位	张家口市人民政府	2009.03

续表二

单位名称	称　号	授予单位	授予时间
赤城县人民政府	全市消防工作先进县	张家口市人民政府	2009.02
赤城县城关镇派出所	全市消防工作先进单位	张家口市人民政府	2009.02
温泉疗养服务中心	全市消防工作先进单位	张家口市人民政府	2009.02
天池休闲会馆	全市消防工作先进单位	张家口市人民政府	2009.02
县安监局	安全生产目标管理先进单位	张家口市人民政府	2009
就业服务局	新型农民培训工作先进单位	市委办、市政府办	2009.06
农牧局农业办	新型农民培训工作先进单位	市委办、市政府办	2009.06
县委办公室	信息工作先进单位	张家口市委办公室	2009.04
后城镇统计站	张家口市统计工作先进集体	市政府办公室	2009.03
雕鹗镇统计站	张家口市统计工作先进集体	市政府办公室	2009.03
地方税务局龙关税务分局	地税系统先进基层单位	市政府办公室	2009.03
国税局第一税务分局	国税系统先进基层单位	市政府办公室	2009.02
县安监局	安全监管先进单位	张家口市安监局	2009
县人民检察院	“青少年维权岗”创建活动先进集体	团市委	2009
检查院法警队	检察系统岗位练兵优胜单位	市检查院	2009
雕鹗镇统计站	第二次全国经济普查先进集体	市第二次全国经济普查领导小组	2009

省级（含系统）先进个人

姓名	单位及职务	称号	授予单位	授予时间
闫宪	赤城县民政局干部	河北省拥军优属先进个人	中共河北省委、省政府、省军区	2009.11
郝瑞俭	东万口乡官路坊村党支部书记	优秀村党组织书记	中共河北省委	2009.06
丰玉林	雕鹗镇下虎村党支部书记	优秀村党组织书记	中共河北省委	2009.06
孙贵玉	龙宇矿业发展有限责任公司工程师	职工劳动模范	省人民政府	2009.04
张海峰	建筑工程公司项目经理	职工劳动模范	省人民政府	2009.04
赵文芝	雕鹗镇统计站站长	第二次全国经济普查先进个人	河北省人民政府、第二次全国经济普查领导小组	2009
宋建军	林业局	全省容器苗育苗造林工作先进个人	省林业局	2009.07

续表一

姓名	单位及职务	称号	授予单位	授予时间
郭军	林业局	全省容器苗育苗造林工作先进个人	省林业局	2009.07
白丽红	县交通局运管所统计员	全国公路水路运输量专项调查省级先进个人	河北省交通厅	2009.12

省级（含系统）先进集体

单位名称	称　号	授予单位	授予时间
赤城县政府办公室	上报省政府信息工作先进单位	省人民政府办公厅	2009.12
后城镇计划生育协会	全省计划生育协会工作先进单位	省计划生育协会	2009
雕鹗镇下虎村	基层妇女组织建设示范村	河北省妇女联合会	2009

国家级（含部）先进集体

单位名称	称　号	授予单位	授予时间
赤城县	全国群众体育先进单位	国家体育总局	2009.12
永进路社区居委会	全国基层低保规范化建设典型单位	国家民政部	2009.04

技术职称

2009年取得中级技术职称一览表

姓名	性别	工作单位	专业	最高学历	资格名称	评定时间
薛向利	男	职教中心	语文	大专	中学一级教师	2009.12
王嗣勇	男	雕鹗一贯制学校	语文	本科	中学一级教师	2009.12
武爱荣	女	茨营子一贯制学校	语文	本科	中学一级教师	2009.12
刘全富	男	三道川中学	语文	本科	中学一级教师	2009.12
顾建军	男	东万口中学	语文	本科	中学一级教师	2009.12
赵玉花	女	田家窑中学	语文	本科	中学一级教师	2009.12
马学珍	女	白草一贯制学校	政治	大专	中学一级教师	2009.12
王向东	男	白草一贯制学校	政治	大专	中学一级教师	2009.12
严可龙	男	田家窑中学	政治	大专	中学一级教师	2009.12
杨桂龙	男	东万口中学	历史	本科	中学一级教师	2009.12
郑仕林	男	三道川一贯制学校	历史	大专	中学一级教师	2009.12
周雪敏	女	第一中学	英语	本科	中学一级教师	2009.12
黄艳飞	女	龙门所中学	英语	大专	中学一级教师	2009.12
张旭国	男	教育局	电教	大专	中学一级教师	2009.12
郭文芳	女	第一中学	信息技术	本科	中学一级教师	2009.12
王丽丽	女	雕鹗一贯制学校	音乐	本科	中学一级教师	2009.12
胡晓娟	女	第一中学	数学	本科	中学一级教师	2009.12
侯秀清	女	第一中学	数学	本科	中学一级教师	2009.12
韩金梅	女	第一中学	数学	本科	中学一级教师	2009.12
郑娅楠	女	第一中学	生物	本科	中学一级教师	2009.12
郭文虎	男	农牧局	农机推广	本科	工程师	2009.12
王有军	男	农业局	农机推广	大专	工程师	2009.12
王永强	男	京津风沙源治理办公室	水利工程	本科	工程师	2009.12
冯冠英	男	水务局云州水库管理处	水利工程	大专	工程师	2009.12
王新英	女	水务局	水利工程	大专	工程师	2009.12
郝永华	女	交通局	交通运输	大专	工程师	2009.12

续表一

姓名	性别	工作单位	专业	最高学历	资格名称	评定时间
崔小军	男	交通局	交通运输	大专	工程师	2009.12
裴永生	男	交通局	公路工程	大专	工程师	2009.12
王维平	男	党校	其他教学	本科	讲师	2009.12
宋　伟	女	畜牧局	畜牧技术	本科	畜牧师	2009.12
张仲良	男	京津风沙源治理办公室	畜牧	本科	畜牧师	2009.12

2009年取得副高级技术职称一览表

姓名	性别	工作单位	专业	最高学历	资格名称	评定时间
王荣华	男	第三中学	历史	大专	中学高级教师	2009.12
杜　海	男	第一中学	外语	本科	中学高级教师	2009.12
张　钟	男	职教中心	语文	本科	中学高级教师	2009.12
何水清	女	第三中学	数学	大专	中学高级教师	2009.12
陈福宝	男	第一中学	数学	本科	中学高级教师	2009.12
穆宏厚	男	党校	教育理论	本科	高级讲师	2009.12
曹凤义	女	独石口中学	外语	大专	中学高级教师	2009.12
董富金	男	第三中学	政治	大专	中学高级教师	2009.12
李生河	男	田家窑中学	政治	大专	中学高级教师	2009.12
于文海	男	马营一贯制学校	语文	大专	中学高级教师	2009.12
李玉娥	女	马营一贯制学校	数学	大专	中学高级教师	2009.12
付卫平	女	东万口中学	英语	大专	中学高级教师	2009.12
石桂山	男	马营一贯制学校	物理	大专	中学高级教师	2009.12
孟万江	男	马营一贯制学校	数学	大专	中学高级教师	2009.12
徐淑琴	女	独石口中学	美术	大专	中学高级教师	2009.12
王宝林	男	田家窑中学	政治	大专	中学高级教师	2009.12
郭　营	男	雕鹗一贯制学校	语文	大专	中学高级教师	2009.12
孙润珍	女	教师进修学校	其他教学	大专	中学高级教师	2009.12
雷有军	男	田家窑中学	物理	大专	中学高级教师	2009.12
宋步新	男	第三中学	数学	大专	中学高级教师	2009.12

续表一

姓名	性别	工作单位	专业	最高学历	资格名称	评定时间
李　海	男	雕鹗一贯制学校	政治	大专	中学高级教师	2009.12
郑树明	男	镇宁堡一贯制学校	语文	大专	中学高级教师	2009.12
赵姝兰	女	农牧局	农业技术	本科	高级工程师	2009.12
徐建军	男	东卯中学	语文	本科	中学高级教师	2009.12
王建英	女	第一中学	生物	本科	中学高级教师	2009.12
刘贵海	男	职教中心	职业教育	本科	中学高级教师	2009.12
张锦丽	女	第一中学	历史	本科	中学高级教师	2009.12
许万珍	女	第三中学	历史	本科	中学高级教师	2009.12
王海涛	女	水务局	经济业务	本科	高级经济师	2009.12
王振丽	女	镇宁堡一贯制学校	语文	本科	中学高级教师	2009.12
李秀鹏	男	第一中学	语文	本科	中学高级教师	2009.12
王丽平	女	第三中学	语文	本科	中学高级教师	2009.12
许爱军	男	第一中学	语文	本科	中学高级教师	2009.12
王震坤	男	第三中学	历史	本科	中学高级教师	2009.12
王秀花	女	第三中学	语文	大专	中学高级教师	2009.12
马兆红	女	第一中学	化学	本科	中学高级教师	2009.12
杜淑云	女	东卯中学	语文	本科	中学高级教师	2009.12
李畅丽	女	第一中学	外语	本科	中学高级教师	2009.12
冀文清	男	东卯中学	语文	本科	中学高级教师	2009.12
赵淑清	女	第一中学	语文	本科	中学高级教师	2009.12
马建华	女	第一中学	历史	大专	中学高级教师	2009.12
王春贵	男	田家窑中学	语文	本科	中学高级教师	2009.12
郝文艳	女	后城中学	语文	大专	中学高级教师	2009.12
徐亚莉	女	东卯中学	历史	大专	中学高级教师	2009.12
曹万明	男	雕鹗一贯制学校	数学	大专	中学高级教师	2009.12
范　增	男	独石口中学	历史	大专	中学高级教师	2009.12
郑德明	男	后城中学	数学	大专	中学高级教师	2009.12
范登祥	男	云州中心小学	语文	大专	中学高级教师	2009.12
宫明亮	男	镇宁堡一贯制学校	语文	大专	中学高级教师	2009.12
赵海明	男	田家窑中学	物理	大专	中学高级教师	2009.12
严树英	女	第三中学	外语	双大专	中学高级教师	2009.12

续表二

姓名	性别	工作单位	专业	最高学历	资格名称	评定时间
倪　瑞	男	雕鹗一贯制学校	外语	本科	中学高级教师	2009.12
张春莲	女	第三中学	外语	大专	中学高级教师	2009.12
李玉亭	男	田家窑中学	化学	大专	中学高级教师	2009.12
席艳君	女	白草中学	数学	大专	中学高级教师	2009.12
郭　春	男	第三中学	历史	大专	中学高级教师	2009.12
韩廷杰	男	东卯中学	语文	大专	中学高级教师	2009.12
董桂花	女	样田中学	外语	大专	中学高级教师	2009.12
裴爱军	男	镇宁堡一贯制学校	历史	大专	中学高级教师	2009.12
崔　祥	男	样田中学	历史	大专	中学高级教师	2009.12
张存金	男	三道川中学	历史	大专	中学高级教师	2009.12
郜会宾	男	独石口中学	政治	大专	中学高级教师	2009.12
刘海满	男	白草中学	语文	大专	中学高级教师	2009.12
赵　军	男	三道川中学	语文	大专	中学高级教师	2009.12

逝世人物

宋凤宽

宋凤宽，男，汉族，中共党员，1924年11月出生，1945年8月参加工作。赤城县工商局干部，享受副处级待遇，1986年10月离休。2009年10月病逝，终年85岁。

赵生辉

赵生辉，男，汉族，1930年1月5日出生，龙门所镇南村人。初师学历，1947年6月至1954年6月任龙门所镇朱家庙村教师；1954年7月加入中国共产党；1954年至1989年8月任云州粮站会计，龙关粮站党支部书记，粮食局业务股长；1980年9月任粮食局副局长、副书记；1990年1月12日离休。2009年8月13日因病逝世，终年79岁。

李玉枝

李玉枝，男，汉族，1929年8月26日出生，田家窑镇上仓村人。高小文化。1946年6月参加工作，任县大队战士；1947年6月加入共产党。1946年6月至1963年6月先后任地方八师二营四连战士，68军203师炮营司务长，74师220团后勤处军需股长；1963年6月至1978年9月任县粮食局保管股副股长，独石口公社副书记；1978年10月任粮食局副局长，调研员；1989年9月8日离休。2009年1月22日因病逝世，终年80岁。

刘建邦

刘建邦，男，1939年1月15日出生，张家口市桥西区后街人。1946年至1958年在张家口读书；1959年至1963年在河北北京师范学院（现河北师大）读书；1958年参加工作，历任县第一中学教师，马营乡中学教师，龙关镇中学教导主任，县文教局教育股股长，县师范学校校长，县教委副主任，县教师进修学校校长。中国人民政治协商会议赤城县委员会第二、三、四届委员，中国人民政治协商会议赤城县委员会第五届（不驻会）副主席。2009年2月8日病逝，终年70岁。

张运德

张运德，男，汉族，1949年11月8日出生，1966年7月参加工作。先后在学校、部队、工厂工作。1968年10月加入中国共产党。1982年10月调入赤城工商局，任赤城县工商局市场股副主任科员（副科级）。2009年12月病逝，终年60岁。

邵德良

邵德良，男，汉族。1968年10月出生，东卯镇西长梁村人。中国共产党员。1991年10月至1998年4月任县农业局技术员、办公室副主任、原种场场长；1998年4月至2004年7月任马营乡副乡长、党委副书记、纪委书记；2004年7月至2004年8月任龙关镇党委副书记。2004年8月至2009年3月任大海陀乡党委副书记、乡长、党委书记职务。2008年10月被张家口市委、市政府授予三等功奖励。2009年3月病逝，终年41岁。

马继刚

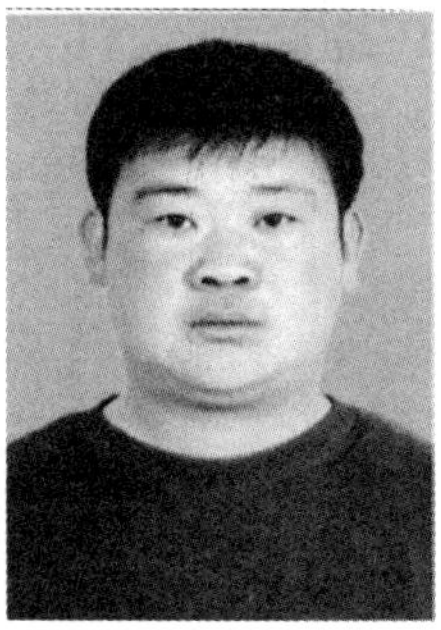

马继刚，男，1976年生，镇宁堡二堡子村人。1996年6月至1998年8月任大海陀乡团委书记；1998年9月至2002年5月任共表团赤城县委科员；2002年6月至2003年12月任东卯镇宣传委员；2003年12月至2007年4月任镇宁堡乡组织委员；2007年4月至2009年3月任镇宁堡乡副乡长；2009年3月19日病逝，终年33岁。

郭志刚

郭志刚，男，汉族，中共党员，赤城镇长富村人。1981年12月28日出生，2002年12月10日参加工作。2002年12月～2008年6月任独石口镇科员；2008年7月～2009年1月任独石口镇社会保障站站长；2009年2月任云州乡组织委员。2009年8月18日病逝，终年28岁。

百岁老人

王玉，男，东卯镇万全寺村人。生于1905年4月10日，卒于2009年10月29日，享年104岁。是一位健康长寿的百岁老人。

老人一生经历了清朝、中华民国、中华人民共和国，尝尽了人间的甜酸苦辣。出生在万全寺村一户普通农民家庭，没上过学，从小参加劳动。解放前，一家过着糠菜半年粮的贫穷生活。新中国成立后，从初级社、高级社到人民公社一直过着日出而做，日落而归的乡村生活，直到改革开放后，儿孙众多，少辈对他孝顺有加，幸福生活伴他度过后半生。他常磨叨："同龄人都去了，没享过福，我赶上了好时代"。

他20岁娶妻，是一位典型的小脚农家姑娘，虽然比他小12岁，但由于受夫为妻纲的影响，对丈夫百依百顺，夫妻从年轻到老年从不吵架伴嘴。由于王玉性格内向，有不顺心的事存在心里，表现在面部，爱生短时间闷气。妻子见他不高兴时不惹他发火，而是采取回避或安慰的办法化解矛盾。他生了3个女儿，大女儿和小女儿先后嫁到后城镇巡检司村，二女儿嫁到后城镇大边村。到中年，受不孝有三，无后为大观念的影响，从本家弟弟家过继侄儿为子。4个儿女对老人都很孝顺，知道老人不善言谈，有时爱生闷气，从来都很听话，不让老人烦心。

老人一生语言很少，性格较孤僻，不愿到人多的地方，经常自己溜达或上山独身干活。但性格又很随和，在遇人交往中都能和睦相处，没有因为语言交流或某些不顺心的事情与村里人吵闹。他虽然属于内向性格，但对什么事都能看得开。改革开放以后，村里的年轻人和自己的孙子、外孙等在穿着打扮上都很讲究，跟改革开放前相比，发生了很大的变化，但老人从来没发表看不惯，不顺眼的言论，什么事情他都能容得下。老人虽然没有文化，但在村里办事很公道，与人交往或者与他人发生经济关系时，不爱占便宜。说话办事都让人心服口服，村里大人小孩都很尊重他。

他出生在农村，吃惯了粗茶淡饭，平时以吃粗粮为主，从不挑食。年轻时不喜欢吃肉，仅吃猪肉，从来不吃鸡、鱼、羊肉等。进入80岁后，什么肉都吃，甚至孩子们从外地买回海鲜他都吃的很香。他喜欢抽烟，年轻时家里穷，一直抽旱烟袋，老年后儿女们经常给他买香烟，他也照抽不误。但他从不饮酒，尤其是不饮白酒，逢年过节少喝一点红酒。老年后，儿女们让他多喝饲料，他喝惯了“露露”饮料，每天喝2～3瓶，增加了身体需要的营养。

老伴于1979年因病去世，当时62岁。老人当年74岁，对他的打击不言而喻。但老人非常想得开，痛苦一段后，情绪慢慢调整过来，恢复了往常的平静生活。老伴去世后，在家感到孤独寂寞，经常到女儿家居住。80岁后基本住在巡检寺三女儿家，能和女儿全家人和睦相处。吃罢饭和一些老年人坐坐街，或者一人蹓跶，还帮女儿家做一些杂活。

老人年轻时身体不太好，经常患感冒，伴有腰腿疼，在农村不是太棒的劳动力。进入80岁后，身体反而更加硬朗，精神矍铄，感冒次数明显减少，腰腿疼病自然消失，有时还要上树捅柴禾。对他的危险活动，家里人都为他担心，他却满不在乎，这样的健康身体一直延续到90岁。90岁后体力渐衰，但没有疾病。到100岁时，眼睛患轻度白内障。103岁出现耳背，但头脑清醒，不糊涂。直到去世前半年内，腿脚不太利索，出入靠人搀扶，但大小便能够自理。2009年10月患一场重感冒，于29日寿终。

统计资料

2009 年赤城县国民经济主要指标统计表

项　目	单位	2008 年	2009 年	2009 年为 2008 年
综 合				
地区生产总值（现价）	万元	343360	362661	105.6%
第一产业	万元	89999	101050	112.3%
第二产业	万元	156332	156138	99.9%
第三产业	万元	97029	105473	108.7%
全部财政收入	万元	58369	46208	79.2%
地方一般预算收入	万元	21049	24662	117.2%
财政支出	万元	68052	75418	110.8%
户数　人口　劳动力				
年末总户数	户	106423	111278	104.6%
年末总人口	人	290309	293483	101.1%
男	人	154844	156326	101.0%
女	人	135465	137157	101.2%
出生人口	人	2923	4794	164.0%
死亡人口	人	1297	1554	119.8%
非农业人口	人	44626	47943	107.4%
乡村劳动力	人	111605	112188	100.5%
男劳力	人	68665	68219	99.4%
女劳力	人	42940	43969	102.4%
第一产业劳力	人	79443	79161	99.6%
第二产业劳力	人	16339	16381	100.3%
第三产业劳力	人	15833	16646	105.1%
土地面积				
年末总资源	公顷	53418	59304	111.0%
常用耕地	公顷	28644	29179	101.9%
临时耕地	公顷	24771	30125	121.6%
农村经济				
农业总产值	万元	153536	170645	111.1%
农村经济总收入	万元	286246	228090	79.7%
农村经济总费用	万元	234587	174178	74.2%
农村经济纯收入	万元	51659	53912	104.4%
农民人均纯收入	元	2496	2645	106.0%
播种面积				

续表一

项　目	单位	2008 年	2009 年	2009 年为 2008 年
粮食作物播种面积	公顷	28666	28445	99.2%
经济作物播种面积	公顷	2696	2586	95.9%
蔬菜播种面积	公顷	6719	6489	96.6%
总产量				
粮食作物总产量	吨	77812	42667	54.8%
经济作物总产量	吨	4742	1407	29.7%
蔬菜总产量	吨	290060	220818	76.1%
林业				
当年造林面积	公顷	12081	7364	61.0%
封山育林面积	公顷	4667	36000	771.4%
育苗	公顷	133	200	150.4%
年末实有林地面积	公顷	189481	196845	103.9%
干鲜果产量	吨	7471	7186	96.2%
畜牧业				
大牲畜存栏	百头	602.2	557.26	92.5%
羊存栏	百只	1259	1387.8	110.2%
猪存栏	百头	551	594.1	107.8%
大牲畜出栏	百头	397	438	110.3%
羊出栏	百只	2377	2633	110.8%
猪出栏	百头	1231	1420.5	115.4%
牛肉产量	吨	6631	6810	102.7%
羊肉产量	吨	3546	3699	104.3%
猪肉产量	吨	11323.8	10799	95.4%
禽肉产量	吨	548	865	157.8%
兔肉产量	吨	254	263	103.5%
灾情				
受灾面积	公顷	10578	31332	296.2%
粮食作物成灾面积	公顷	7107	24907	350.5%
成灾人口	人	54480	176486	323.9%
工业				
规模以上工业总产值（现价）	千元	2493443	2041834	81.9%
规模以上轻工业总产值（现价）	千元	8852	9595	108.4%
规模以上重工业总产值（现价）	千元	2484591	1690229	68.0%
规模以上工业主营业务收入	千元	2155353	1772853	82.3%
规模以上工业利润总额	千元	118600	24476	20.6%

续表二

项　目	单位	2008年	2009年	2009年为2008年
规模以上工业流动资产	千元	1185271	1379169	116.4%
规模以上工业固定资产	千元	525770	647965	123.2%
规模以上工业年平均从业人数	人	6276	6655	106.0%
规模以下工业从业人数	人	7936	7936	100.0%
劳动工资				
在岗职工人数	人	8634	12348	143.0%
在岗职工工资总额	千元	171118	268231	156.8%
不在岗职工人数	人	404	343	84.9%
不在岗职工平均生活费	千元	4692	3881	82.7%
固定资产投资				
全社会固定资产投资	万元	182063	278496	153.0%
城镇固定资产投资	万元	153146	23306	15.2%
农村固定资产投资	万元	28917	41836	144.7%
房地产开发投资	万元	33939	37851	111.5%
建筑业				
建筑业总产值	千元	121323	168840	139.2%
建筑工程产值	千元	110611	156425	141.4%
竣工产值	千元	74753	128440	171.8%
施工面积	m2	261534	211020	80.7%
竣工面积	m2	65628	159946	243.7%
利润总额	千元	4066	8902	218.9%
商业				
社会消费品零售额	万元	82332	97151.2	118.0%
批发零售贸易业	万元	68395.3	88306.6	129.1%
住宿餐饮业	万元	11541.7	15443.5	133.8%
服务业				
法人单位	个	628	682	108.6%
从业人员	人	11220	11145	99.3%
营业收入	万元	70819	98042	138.4%
营业支出	万元	35302	52710	149.3%
民营经济				
企业个数	个	10303	10754	104.4%
从业人员	人	27089	27109	100.1%
营业收入	万元	472727	432237	91.4%
利润总额	万元	117441	142219	121.1%

续表三

项　目	单位	2008 年	2009 年	2009 年为 2008 年
缴纳税金	万元	50000	26545	53.1%
教育				
高中	所	2	1	50.0%
招生	人	614	784	127.7%
毕业	人	866	712	82.2%
在校	人	2118	2055	97.0%
教职工	人	267	226	84.6%
专任教师	人	216	177	81.9%
职业高中	所	1	1	100.0%
招生	人	409	405	99.0%
毕业	人	152	178	117.1%
在校	人	811	915	112.8%
教职工	人	92	74	80.4%
专任教师	人	65	57	87.7%
初中	所	18	18	100.0%
招生	人	3009	2564	85.2%
毕业	人	2376	2582	108.7%
在校	人	8073	7873	97.5%
教职工	人	876	1035	118.2%
专任教师	人	766	893	116.6%
小学	所	42	33	78.6%
教学点	所	58	55	94.8%
招生	人	3032	2907	95.9%
毕业	人	3088	2808	90.9%
在校	人	16075	16164	100.6%
教职工	人	1368	1310	95.8%
专任教师	人	1224	1169	95.5%
幼儿园				
公办	所	2	2	100.0%
民办	所	7	6	85.7%
入园数	人	2569	768	29.9%
离园数	人	1270	443	34.9%
在园数	人	2852	1301	45.6%
专任教师	人	62	94	151.6%

续表四

项　目	单位	2008年	2009年	2009年为2008年
卫生				
机构数	个	92	93	101.1%
实有床位数	张	708	830	117.2%
人员数	人	636	637	100.2%
卫生技术人员	人	505	486	96.2%
执业医师	人	158	168	106.3%
执业助理医师	人	82	100	122.0%
注册护士	人	61	77	126.2%
药剂师（士）	人	24	19	79.2%
检验师	人	13	17	130.8%
总诊疗人次	人	577207	429402	74.4%
门诊人次	人	430299	291346	67.7%
入院人数	人	23184	23416	101.0%
出院人数	人	22995	23258	101.1%
金融				
金融机构各项存款余额	万元	331989	381788	115.0%
城乡居民储蓄存款余额	万元	243656	281421	115.5%
金融机构贷款余额	万元	138732	184012	132.6%
邮政业务				
邮政业务总量	万元	637	767	120.4%
订阅报纸累计份数	万份	218.72	221.52	101.3%
订阅杂志累计份数	万份	3.52	4.16	118.2%
移动通信				
移动通信业务量	万元	5767.6	8798	152.5%
移动电话用户	户	53410	113285	212.1%
广播电视				
广播综合覆盖人口	万人	27.79	27.58	99.2%
电视综合覆盖人口	万人	26.35	26.15	99.2%
通广播电视行政村	个	440	440	100.0%
电视频道	套	36	96	266.7%
社会用电量				
合计	万度	55614	49351	88.7%
工业用电	万度	43197	37416	86.6%
农业用电	万度	102	166	162.7%
居民生活用电	万度	4192	4816	114.9%

注：2008年部分数字来自于2009年统计报表更正数。

附 录

地方文献

书 名	出版字数	主 编	作者单位及职务	出版社	印刷册数	出版时间
青春的回忆		周永军	第二中学	内部资料		2009.06
赤城奇石	1.25 万	王清林	雕鹗学区主任	中国环球文化出版社	2500	2009.10
赤城县领导干部发言汇编		白凤鸣 王四海	县委办主任 政府办主任	内部资料		2009.12
赤城年鉴	60 万	张世喜	档案史志局局长	内部资料	3000	2009.12

新闻稿件

2009 年发表报刊要目

标 题	报刊名称	日期	作 者
赤城承接京津产业培强发展后劲	张家口日报头版	1.4	刘润旭
碾子湾：趟出民族村扶贫新路子	张家口日报五版	1.5	王满龙
神秘的观山	张家口晚报十五版	1.5	
赤城县森林覆盖率两年提高进 10 个百分点	河北日报七版	1.6	南新印
赤城：620 万元新建两所区域性中心敬老院	张家口日报三版	1.6	王满龙
赤城县水利工程惠泽数万群众	张家口日报	1.7	刘润旭
碧水青山萃锦绣 霞城婀娜展靓容 ——赤城县建设京北生态宜居城市纪事	河北经济日报专版	1.8	王星 王满龙
关外第一泉（组诗）	张家口晚报	1.12	韩仰熙
舍身崖（组诗）	张家口晚报	1.12	韩仰熙
马怀清代表 不把“包袱”推向社会	河北经济日报	1.13	
三道川乡建成猪苓种植基地	张家口日报二版	1.14	徐金山
赤城筹资 18 万元救助灾区群众	张家口日报三版	1.14	刘润旭
申全民当选赤城县县长	张家口日报头版	1.17	赤宣传部
过年了！	张家口日报四版	1.17	踏雪无痕
赤城县“两节”文化活动丰富多彩	张家口日报七版	1.21	刘润旭
赤城 1.25 亿元财政支出改善民生	张家口日报头版	1.24	王满龙

续表一

标　　题	报刊名称	日期	作　者
用品质做健康住宅的领跑者　用诚信做责任地产的践行者——访省人大代表　张家口龙兴集团董事长马怀清	张家口日报专版	2.3	丁广平
是谁让山寨春晚九死一生	中国青年报九版	2..3	张魁兴
弗莱维赫牛种群基地落户赤城	农民日报	2..4	周建军
统筹城乡发展　力维新农村建设——访市人大代表、赤城县雕鹗镇党委书记路太忠	张家口晚报二版	2.5	路太忠
赤城县助116名返乡农民工再就业	张家口日报三版	2.10	王满龙
赤城县做好生态文章涵养北京水源	张家口日报三版	2.13	王满龙
赤城县法院执结委托执行案	张家口日报二版	2.17	米录 王景云
5.7亿元农村危房改造项目落户赤城	张家口日报头版头条	2.18	刘润旭
赤城县一年投资3224万元改善办学条件	张家口日报三版	2.19	刘润旭
鑫宇公司倾情回报赤城	张家口日报	2.21	王满龙
赤城县农民工家门口就业	张家口日报三版	2.24	王满龙
赤城：土地流转　促农民增收	张家口日报五版	2.24	王满龙
赤城对接北京发展“互惠经济“	张家口日报头版	2.25	王星
赤城县“村村通”工程通到百姓心坎上	张家口日报二版	2.27	王满龙
赤城调优产业结构报增长	张家口日报头版	3.6	王满龙
赤城查获冰毒73.17克	张家口晚报四版	3.9	唐汉华
赤城县依托项目打造经济增长极	张家口日报二版	3.10	刘润旭
赤城倾力打造生态保护屏障	北京晚报	3.11	王尧
赤城对接北京县域项目结“良缘”	张家口日报头版头条	3.12	魏洁 王满龙
赤城对接北京发展“互惠经济”	河北经济日报二版	3.12	王满龙
赤城引来京企投资热	张家口晚报头版头条	3.12	梁静
赤城县简化审批程序优化发展环境	张家口日报二版	3.13	王满龙
扶贫济困伸援手　心系群众献真情	河北经济日报B4版	3.16	振华
赤城倾力打造京企投资洼地	中华工商时报	3.17	胡静波
赤城地税局引导干部上好廉洁课	张家口日报五版	3.18	张志强
赤城打造行政审批“服务超市”	张家口日报头版	3.20	王满龙
文明生态创建让河口村变了样	张家口日报四版	3.24	王满龙
赤城生态旅游成为对接北京项目	张家口日报四版	3.24	王满龙
赤城12个亿元项目拉动经济增长	张家口日报头版	3.25	王满龙

续表二

标　　题	报刊名称	日期	作　者
河北赤城县做好生态文章涵养北京水源	光明日报七版	3.26	王满龙
企业养老金应向高水平看齐	河北经济日报三版	3.28	张魁兴
市领导到学习实践活动联系点调研	张家口日报头版	3.30	张玉亮
赤城县开创基层党建新局面	张家口日报二版	4.2	刘润旭
赤城县全面打响“春耕备播战”	张家口日报二版	4.3	刘润旭
赤城树生态念建“碧水霞城”	张家口日报头版	4.8	刘润旭
赤城样田法庭上门开庭审案	张家口日报三版	4.8	海啸
赤城县规范村干部管理有“新招”	张家口日报二版	4.20	刘润旭
赤城13项“民生工程”便民利民	张家口日报头版	4.21	王满龙
赤城法院院长入村宣讲科学发展观	张家口日报二版	4.24	米录
赤城县荣获“全民健身先进县”称号	张家口日报三版	4.24	张铜锋
京北明珠——赤城	经济日报专版	4.21	王满龙
京北明珠——赤城	经济日报专版	4.23	王满龙
赤城5万亩设施蔬菜提升农业效益	河北经济日报二版	4.24	王满龙
墨香也醉人	张家口日报二版	4.29	蒲润洲
赤城县破获毒品交易“黑吃黑”案	张家口晚报四版整版	5.2	唐汉华
京北明珠——赤城旅游资源介绍之四	经济日报八版	5.2	王满龙
京北明珠——赤城旅游资源介绍之五	经济日报八版	5.4	王满龙
独石口创建文明生态小城镇	张家口日报四版	5.4	王满龙
赤城法院警钟长鸣唱廉歌	张家口日报二版	5.6	米录 王景云
赤城县稳步推进农业产业化进程	张家口日报二版头条	5.6	刘润旭
下虎村依托帮扶走上持续发展路	张家口日报头版	5.7	冯海啸 刘润旭
赤城县5万亩设施蔬菜提升农业效益	张家口日报二版	5.7	王满龙
赤城打造京企投资洼地	经济日报九版	5.7	买国强
京北明珠——赤城旅游资源介绍之六	经济日报八版	5.19	王满龙
怀来赤城两县与北京四区合作打击传销	张家口日报二版		尹冬梅
赤城县实施节能减污项目建设	张家口日报二版		刘润旭
县委书记大接访工作机制应完善	河北日报六版	5.14	赵占华
赤城县产业扶贫致富32个村	张家口日报二版	5.18	王满龙
魏尚清：担当秀美山川守护神	张家口日报二版	5.18	康宏
赤城县2009年彩色周末文化活动拉开大幕	张家口日报八版	5.18	谢岩
赤城投资3000万元植绿县城	张家口日报头版	5.19	刘润旭
京北明珠——赤城旅游资源介绍之七	经济日报十二版	5.19	王满龙

续表三

标　　题	报刊名称	日期	作　者
村民李江成：为荒山穿绿装	张家口日报二版	5.22	康宏 王满龙
河北赤城县建设京津生态防护屏障	光明日报五版	5.24	耿建扩 王满龙
省级森林公园——赤城县黑龙山森林公园	经济日报十二版	5.27	王星
冯玉祥与抗日同盟军在赤城	人民政协报历史栏	5.27	
省级森林公园——赤城县黑龙山森林公园	经济日报八版	5.30	王星
赤城县创优县域特色推进产业升级	张家口日报二版头条	6.1	王满龙
独石口镇主打古镇文化品牌	张家口日报二版	6.2	王满龙
赤城县将基层作为锻造干部主阵地	张家口日报五版	6.2	王满龙
发挥新优势 共谋新发展—赤城县招商项目推介之一	经济日报十二版	6.2	王满龙
发挥新优势 共谋新发展—赤城县招商项目推介之二	经济日报十六版	6.3	王满龙
赤城纳税人在行政审批中心“一站办税”	河北工人日报四版	6.3	张春元
“和谐赤城·科学发展——2009之夏大型文艺晚会”侧记	张家口日报八版	6.5	谢岩
赤城22个重点项目同日开工奠基	张家口日报头版头条	6.9	闫振寰
赤城22个重点项目开工建设	河北日报二版	6.9	张进宝
赤城县总投资67亿元22个项目昨日集中开工	河北经济日报头版	6.9	常世荣
张家口市“十佳热心公益事业标兵”主要事迹简介（郑乐平）	张家口日报三版	6.10	
赤城县产业扶贫扶富32个村	张家口日报二版头条	6.15	王满龙
东万口大棚蔬菜图片	张家口日报二版	6.15	王满龙
赤城县社会保障体系暖民心	张家口日报三版头条	6.16	刘润旭
贫困农民的利益高于一切—记赤城县原扶贫办主任连续	张家口日报二版	6.17	李芳
赤城县实施水利工程保障饮水安全	张家口日报四版	6.17	刘润旭
赤城县文体活动丰富多彩	张家口日报八版	6.17	刘润旭
赤城斥巨资打造“京北水城”	张家口日报头版	6.18	王满龙
关外第一泉·河北赤城	张家口日报四版整版	6.19	王满龙 王星
赤城“政务超市”创优发展环境	张家口日报头版头条	6.20	王满龙
赤城县致力发展多元生态经济	张家口日报二版头条	6.20	刘润旭
赤城“马栅子调”列入省非物质文化遗产	张家口日报八版	6.22	荣洁
赤城县促大学生村官早成才	张家口日报二版	6.23	王满龙
赤城县第一中学喜报	张家口日报四版	6.25	
三道川乡明珠矿业抓住时机开展技术改造	张家口日报二版	6.26	刘润旭
优秀村书记（郝瑞俭 丰玉林）	河北经济日报二版	6.27	

续表四

标题	报刊名称	日期	作者
准确把握工作着力点为科学发展夯实基础	河北经济日报八版	6.30	赵占华
东万口大棚蔬菜图片	河北经济日报二版	7.1	常世荣 王满龙
赤城县全力筑造投资洼地	张家口日报二版头条	7.3	刘润旭
学习实践科学发展观坚持发展稳定两手抓	张家口日报三版	7.4	程勇
赤城农民家门口打工也挣钱	河北经济日报二版	7.6	常世荣 王满龙
赤城生态兴县战略催热绿色产业	张家口日报头版报眼	7.11	刘润旭
赤城建起我市第一家县级便民服务中心	张家口日报三版	7.15	刘润旭
赤城8家民企捐资578万元力助城市建设	张家口日报头版	7.16	闫振寰
艺术源于真爱——中国美术院书画家走进赤城掠影	张家口日报八版	7.17	王满龙
张家口市十佳好婆媳主要事迹简介（韩有花、卢海霞）	张家口日报五版	7.20	
赤城5万居民共享靓丽美景	张家口日报头版报眼	7.21	刘润旭
赤城县2万农民工家门口就业	张家口日报二版	8.2	王满龙
赤城县促进城乡经济融合	张家口日报二版头条	8.6	王满龙
赤城：“软环境”提升城市“硬实力”	张家口日报三版	8.6	王满龙
高站位规划 大手笔运作—赴天津学习考察城市建设的体会	张家口日报三版	8.8	赵占华
转战察东	张家口日报四版	8.8	刘英志
赤城县崛起多元化特色农业	张家口日报二版	8.11	刘润旭
平均每月两个上千万元项目落地—解读赤城“项目速度”	张家口日报头版头条	8.14	马成江 刘润旭
赤城县打通蔬菜销售“绿色通道”	张家口日报二版	8.24	刘润旭
赤城县投资22亿打造京北靓城	河北日报头版	8.29	王星 王满龙
赤城：北京水源地的旅游梦	中国旅游报四版整版	8.14	班若川
赤城县多措并举确保受灾群众渡难关	张家口晚报二版	9.1	王满龙
赤城12万人投入抗旱攻坚战	张家口日报二版	9.2	闫振寰 刘润旭
赤城投入22亿元创建省级卫生县城	张家口日报头版头条	9.5	王满龙
赤城稳步推进农村新民居建设	张家口日报二版	9.8	申贵飞
海陀巍巍记录奋进史诗 汤泉河舞奏响和谐颂歌——赤城县经济社会发展掠影	张家口日报四个整版	9.9	王星 王满龙 刘润旭
培强优势产业 做活北京文章——访中共赤城县委书记赵占华	张家口日报头版	9.9	冯海啸 荣洁
创建省级卫生城市 提升区域发展竞争力——赤城县创建省级卫生城市纪实	河北日报七版整版	9.9	王满龙 王星
1201万元资金助力六县节水	张家口日报头版	9.14	李鹏飞

续表五

标　　　　题	报刊名称	日期	作　者
赤城 13 家民营企业捐资助学 74 万元	张家口日报二版	9.15	荣洁
本地游之赤城篇	张家口晚报七版	9.21	王满龙
秋醉黑龙山	张家口日报三版	10.1	冯海啸
赤城县塞北林场完成造林 8.1 万亩	张家口日报二版	10.12	刘润旭
赤城县“中国美术院黑龙山森林公园美术创作基地”建成揭牌	张家口日报八版	10.13	谢岩
赤城县粮食减产农民不减收	张家口日报二版	10.14	王满龙
我市首个流动党员党总支在京成立	张家口晚报三版	10.14	王超
赤城县公路建设筑起富民通途	张家口日报二版	10.15	刘润旭
阳光普照暖人心—赤城县残疾人事业发展纪实	张家口日报四版整版	10.15	荣洁
我市首个流动党员党总支在京成立	张家口日报头版	10.15	张润锋 王星
赤城：小财政构建大民生	张家口日报三版头条	10.19	王满龙
小村主任有大作为	张家口日报二版	10.29	李鹏飞
一位大学教师眼中的“县长弟子”	人民日报十版头条	10.30	贾玉亭
市领导深入县区就相关工作进行调研	张家口日报头版	10.31	刘润旭
赤城接洽台商签约三亿元项目	张家口日报二版	11.2	王满龙
他的基层之路，通往群众心坎（王永利）	人民日报十版	11.4	彭波
赤城千名返乡农民工再就业	张家口日报三版	11.6	王满龙
赤城开辟培训干部新途径	张家口日报二版	11.6	赵春伟
龙关镇亿元项目扛起发展大梁	张家口日报四版	11.6	王满龙
张家口市十佳新闻工作者事迹介绍（王晓梅）	张家口日报三版	11.10	
张家口市十佳新闻通讯员事迹介绍（王满龙）	张家口日报三版	11.17	
赤城县科普中心惠民有实招	张家口日报二版	11.18	王满龙
赤城筑牢生态经济新体系	张家口日报头版	11.23	王满龙
赤城在北京建立党总支	河北日报二版	11.24	刘润旭
我市拟实施云州水库调水工程	张家口日报头版	11.24	石少华
赤城县走活项目建设一盘棋	张家口日报二版头条	11.27	刘润旭
市委宣传部举办全市理论骨干培训班	张家口日报二版	11.27	
赤城县华田牧业公司图片	张家口日报头版	12.1	王满龙
用实际行动诠释先进性	张家口日报二版	12.1	赵占华
六禾生态园设施蔬菜图片	张家口日报二版	12.2	王满龙
赤城夯项目基石壮优势产业	张家口日报头版头条	12.3	王满龙

续表六

标　　题	报刊名称	日期	作　者
龙兴集团获全国就业与社会保障先进民营企业殊荣	张家口日报头版	12.3	张胜举
河北赤城大力发展生态旅游	经济日报五版	12.7	王满龙
最古恐爪龙类足迹“现身”赤城	河北日报头版转二版	12.12	吴晶晶（新华社）
赤城发现世界上最古老的恐爪龙类足迹	张家口日报二版	12.12	新华社
最古恐爪龙类足迹“现身”我市赤城	张家口晚报五版	12.12	新华社
全省首个林权流转服务机构在赤城成立	河北经济日报二版	12.14	姚伟强
赤城三措并举保民生确保受灾农民安全过冬	张家口日报三版	12.14	刘润旭
赤城农村党风廉政建设结硕果	张家口日报二版	12.15	刘润旭
引进“带项目、带技术”型人才　推进县域经济更好更快发展 ——访中共赤城县委书记赵占华	张家口日报二版	12.16	焦磊立
25年扎根家乡的一棵白杨——再记赤城县原县长王永利	河北日报头版	12.17	霍晓丽
25年扎根家乡的一棵白杨——再记赤城县原县长王永利	张家口日报头版头条	12.16	霍晓丽
便民服务中心图片	张家口日报头版	12.18	王满龙
赤城37亿打造“碧水霞城”	张家口日报头版	12.19	王满龙
赤城切实帮群众解难题	张家口日报三版	12.23	赵春伟
样田主动力对接国际化农业公司	张家口日报二版	12.26	刘润旭
赤城成立全省第一家林权流转服务中心	张家口日报二版	12.29	申贵飞

地方戏曲

马栅子调

早在上世纪40年代初，白草镇马栅子村曾请过一位“串班”的评剧艺人教“社火戏”，后来又请了当地三道川乡刘官窑唱“半班戏”（又称“蹦蹦戏”）的艺人李宽教蹦蹦戏。40年代中期村内戏曲爱好者：贾万广、贾万厚、郭義、刘成连、郭举、贾润等人凑在一起，将原来学的评剧和“蹦蹦戏”曲揉合在一起，逐步创出了独树一帜的“马栅子调”。

50年代初“马栅子”调形成了较完整的定格，以“马栅子调”为曲牌自导自演了不少传统戏：《梁山伯与祝英台》、《劈山救母》、《刘公案》、《九件衣》、《千里送京娘》、《走雪山》等。根据民间故事自编自演剧目《刘宝庆喊冤》、《杨二社投亲》、《王定宝借当》、《杀子报》、《后继母打孩子》、《黄爱玉上坟》，这些自编自演的剧目在当时都起到了很好的教育作用。本村四十40多人的“马栅子调”剧团到外地巡回演出，东至丰宁，西到龙关、宣化，北到沽源及内蒙古，南到延庆等地，吸引了很多观众。1958年“马栅子调”演唱水平进一步提高，自编自演了《四姐妹夸夫》、《说唱农村新人新事》等。

由于“马栅子调”的独特性，多年来受到各级领导和文化部门的关注，曾多次派人指导排练。并参加省、地区（市）、县汇演、比赛。1952年老演员贾润赴河北省会天津汇报演出；1958年老演员郭举参加张家口地区汇演并获奖。同年，老演员王桂林参加省会石家庄演唱比赛并获奖，同时又连续参加张家口专区比赛并获奖。1958年秋组织了22人的演唱队参加龙关县文艺比赛，参加剧目《四姐妹夸夫》荣获二等奖（锦旗一面，乐器五件）。1990年在我县拍摄的电影《二嫫》中选录了老演员贾润的一段“马栅子调”。2007年参加了赤城县庆“七一”“迎奥运”文艺汇演，参加节目为自编自演的小剧《生男生女都一样》，并录制了专题片在赤城电视台播出，深受广大观众喜爱。

近年来马栅子调培养了不少后继人才，村内大人、小孩都会哼“马栅子调”。每年春节要组织一台以唱马栅子调为主的“文艺晚会”，深受群众欢迎。2009年6月8日，马栅子调被列为河北省非物质文化遗产。

中所秧歌剧

镇宁堡乡中所村的秧歌剧（亦称秧歌戏），源于明末清初，已有上百年的历史。明朝末年，一场从山西大槐树的逃荒移民大迁徙，部分移民落户到了中所村。有几位会唱戏的移民在农闲时撮和在一起，办起了戏班子，并创建了秧歌剧，此剧种风格优美独特，音乐层次丰富，曲调委婉动听，民歌风味浓郁，深受广大群众喜爱，口里口外（坝上坝下）远近传扬。又经过几代人的不懈努力和创新改编，以及与其它剧种如山西中路梆子，北路梆子和河北梆子等唱腔曲牌的移植揉合，使秧歌剧愈加成熟，形成了独具特色的民间剧种。

秧歌剧分为生末旦丑四大行当，唱腔种类分为头性，二性，三性，尖板，夹板，溜板，滚白以及花腔等调式，主奏乐器有高音板胡，笛子，二胡等，打击乐器有板鼓，铙钹，马锣，手锣，梆子等。早年间，每年的正月十五，二月二，六月六都要唱秧歌。秧歌剧团还经常到外村外县参加社火演出，如果同时还有其它剧种也参加社火演出，都要先由秧歌剧开台演出。秧歌剧剧目有：《捧神》、《真武爷出家》、《赶三关》、《列女传》、《九件衣》、《姜巧云》、《龙佛寺》、《打金堂》、《忆长梦》、《王宝宝盗墓》、《火焰驹》、《武松杀嫂》、《杀山》、《讨吃打棒》、《牧羊圈打碗》、《过江》、《陈林抱盒》《狸猫换太子》、《真假李逵》、《李鬼断路》、《走雪山》、《马前认夫》、《大劈官》、《刘全进瓜》、《芦花记》、《猴上官采花》、《小放牛》、《婆婆送米》、《狐狸缘》、《引魂扇》、《秦雪梅吊孝》、《夜宿花亭》、《四劝》、《杨寡妇打架》、《刘唐下书》、《钉缸》等。

在“文革”期间，秧歌剧被列为四旧禁止演出，戏装行头道具全部焚毁，秧歌剧从此再也没有登台演出。因为秧歌剧深受百姓爱戴，赤城镇四道沟村，镇宁堡乡野马盘村，马营乡黄榆沟村，历史上也曾排练演出过秧歌剧。四道沟村在上世纪70年代曾经培养了几位年轻演员排练了几部秧歌剧。《红灯记》，《智取威虎山》，《沙家浜》，《改婚期》，《白老三算账》等，并参加过县文化馆举办的文艺汇演，并获得文艺汇演比赛第一名。2009年5月13日，县文体办公室副主任温广智及工作人员张旭 、王秋香深入到中所村考察了秧歌剧。11月，县文体办公室委托县委农工部干部李世聪编写出反映改革开放以来家乡面貌巨大变化的秧歌剧本《聊聊家常事》，最后定稿为《家乡气象新》。于2010年元宵节参加了群众文艺汇演。7月30日，秧歌剧《家乡气象新》参加了县彩色周末表演。8月2日，参加了在康保县举办的张家口市农民文化艺术节汇演。

文物保护单位名录

省级重点文物保护单位

名 称	时 代	详 细 位 置	公布时间
城境内各代长城	北魏、唐、明代	县境内各乡镇	1989
东沟壁画墓	辽代	镇宁堡乡东沟村西梁	1993.7.15
龙门崖磨崖石刻	辽、明	云州乡云州村北	1993.7.15
灵真观遗址	元—清	云州乡观门口村西	1993.7.15
重光塔	明正统十一年建	龙关镇城内	1993.7.15
赤城鼓楼	明正德四年	赤城镇城内	1993.7.15
朝阳观石窟	明嘉靖三十五年	后城镇后城村	1993.7.15
朝阳洞塔	明代	雕鹗镇艾家沟村东南	1993.7.15
长春沟塔群	明—清	大海陀乡施家村长春沟	1993.7.15
杨洪家族墓	明代	样田乡杨家坟村北	1993.7.15
平北抗日根据地纪念地	1937—1945年	大海陀乡大海陀村中	2001.2.7
独石口城堡	明代	独石口镇	2008
护国寺石窟	明代	云州乡云州村东北	2008
温泉塔	明代	赤城镇温泉渡假村	2008
温泉碑刻	明、清	赤城镇温泉渡假村	2008
独石口砖瓦窑遗址群	明——清代	独石口镇城西瓦窑沟村和东瓦窑村	2008

县级重点文物保护单位

名 称	时 代	详 细 位 置	公布时间
黎家堡遗址	仰韶、夏家店下层、西周、战国、汉、辽	雕鹗镇黎家堡村西100米	1987.11.20
向阳村遗址	龙山文化、夏家店下、夏家店上层文化	雕鹗镇向阳村中	1987.11.20
长畛地遗址	春秋—金	龙关镇四街村西南	1987.11.20
近南堡遗址	夏家店下层文化——商	田家窑镇上仓村正南50米	1987.11.20

续表一

名　称	时　代	详 细 位 置	公布时间
南梁遗址	夏家店下层文化——汉	赤城镇西南1500米	1987.11.20
黄土梁遗址	夏家店上层、战国时期	东万口乡东万口村东20米	1987.11.20
柳林屯遗址	战国—汉	样田乡柳林屯村西北1500米	1987.11.20
水厂遗址	战—辽	大海陀乡水厂村	1987.11.20
古城遗址（御夷镇遗址）	战国、北魏、辽	云州乡猫峪村西南500米	1987.11.20
近北庄遗址	战国、辽	田家窑镇近北庄村正东375米处	1987.11.20
八里庄遗址	辽代	龙关镇八里庄村	1987.11.20
小龙王嵯遗址	辽、金、元	雕鹗镇东兴堡村东10米	1987.11.20
闫家沟遗址	辽、金	独石口镇水磨村闫家沟自然村	1987.11.20
千家店遗址	辽——金	镇宁堡乡仝家窑村西北500米	1987.11.20
墩地遗址	辽——元	镇宁堡乡红嵯子村东1000米	1987.11.20
望云县遗址	辽代	云州乡北沙沟村西500米	1987.11.20
悉县文真言坟幢	金代	雕鹗镇东兴堡村北（现存赤城博物馆）	1987.11.20
王家坟墓群	明万历四十六年	龙关镇徐家窑村西2750米	1987.11.20
镇国将军黄氏墓群	明代	龙关镇周村东北1公里处	1987.11.20
东水泉张大夫墓群	明代	龙关镇东水泉西北900米处	1987.11.20
镇国将军汪氏墓	明代	龙关镇三岔口村东1000米	1987.11.20
老王沟戏台	明代	龙关镇老王沟村	1987.11.20
申将军家族墓	明代	雕鹗镇黎家堡村西350米	1987.11.20
向阳村白蛇庙	明代	雕鹗镇向阳村村中	1987.11.20
沈总兵墓群	明代	田家窑蔡庄子村东北3500米	1987.11.20
南北楼院	明代	马营乡松树堡	1987.11.20
苗家坟古墓	明代	马营乡马营村北1250米	1987.11.20
张守愚墓	明代	独石口镇水磨村观音堂自然村	1987.11.20
独石庙遗址	明代	独石口村南0.5公里处	1987.11.20
张家坟神道碑	明代	龙门所镇戴家沟村东南200米	1987.11.20
重修虔化寺碑记	明代	龙门所镇中学	1987.11.20
镇安堡真武庙	明代	云州乡镇安堡村中	1987.11.20
二炮石窟	明代	大海陀乡二炮村东北1.5公里处	1987.11.20
塘坊镇国将军墓	明代	赤城镇塘坊村西南	1987.11.20
悬空山灵真观石窟	明代	龙关椴木沟村东十里	1987.11.20
钱鲲墓志碑	明代	博物馆	1987.11.20

续表二

名 称	时 代	详 细 位 置	公布时间
《故黄母汪夫人墓表》碑	明代	龙关镇周村（现在灵真观遗址碑林）	1987.11.20
《重建西关社学记》碑	明代	龙关镇粮库院（现在灵真观遗址碑林）	1987.11.20
《勅赐普济寺重修记》碑	明代	龙关镇文化站院内（现在灵真观遗址碑林）	1987.11.20
《重建石佛寺记》碑	明代	灵真观遗址碑林	1987.11.20
董家坟	明代	龙门所镇龙门所村西北2000米处	1987.11.20
东水泉观音庙	清代	龙关镇东水泉村东南隅	1987.11.20
小张家口戏台	清代	炮梁乡小张家口村	1987.11.20
前所戏台	清代	龙关镇前所村中	1987.11.20
灰窑子戏台	清代	雕鹗镇灰窑村中	1987.11.20
“驱寇安边”碑	近现代	独石口镇独石口村（现存赤城博物馆）	1987.11.20
龙崇赤联合县政府驻地旧址	抗日战争时期	镇宁堡乡葵花村西8华里	1987.11.20
冀热察区党委所在地旧址	解放战争时期	白草镇桃阳村中吴胜义家	1987.11.20
龙关烈士亭	近现代	龙关镇城南	1987.11.20
曹一川烈士墓	近现代（创建于1950年）	后城镇村北108米	1987.11.20
龙门所烈士亭	近现代（1954建）	龙门所镇城东80米处的黄土台地上	1987.11.20
赤城烈士陵园	近现代（2007年迁建）	赤城镇长富村纸坊沟卧虎岭	1987.11.20

中共赤城县委文件目录

文件编号	题 名	成文日期	保管期限
赤发［2009］1号	关于印发《赤城县开展第二批深入学习实践科学发展观活动的实施方案》的通知	2009-3-4	永久
赤发［2009］2号	关于进一步优化发展环境的意见	2009-3-11	永久
赤发［2009］4号	关于候补委员谢春力同志递补为县委委员的决定	2009-1-9	永久
赤呈发［2009］5号	关于二00八年党风廉政建设和反腐败工作的总结报告	2009-1-13	永久
赤发［2009］6号	关于加强农村基层组织建设的决定	2009-2-5	永久
赤发［2009］7号	关于开展“作风建设年”活动的实施意见	2009-2-14	永久

续表一

文件编号	题 名	成文日期	保管期限
赤发 [2009]8 号	关于加强项目工作的意见	2009-2-19	永久
赤发 [2009]9 号	关于 2009 年创建文明生态村活动的实施意见	2009-3-18	永久
赤发 [2009]10 号	关于推进行政权力运行临近机制建设暨深化行政权力公开透明运行工作的意见	2009-4-8	永久
赤发 [2009]14 号	关于进一步加强 2009 年禁种铲毒工作的实施意见	2009-5-15	永久
赤发 [2009]15 号	关于开展农村党组织书记集中教育培训的实施意见	2009-5-19	永久
赤发 [2009]19 号	关于表彰先进基层党组织和优秀个人的决定	2009-6-26	永久
赤发 [2009]20 号	关于建立和完善信访工作长效机制的意见	2009-7-25	永久
赤字 [2009]2 号	关于张晓燕等同志当选赤城县人民政府副县长的选举报告	2009-1-6	永久
赤字 [2009]3 号	关于调整县委常委工作分工的通知	2009-1-8	永久
赤字 [2009]6 号	关于成立赤城县第十四届人民代表大会第三次会议临时党委的通知	2009-1-12	永久
赤字 [2009]7 号	关于申全民同志当选赤城县人民政府县长的选举报告	2009-1-15	永久
赤字 [2009]10 号	关于调整赤城县地方志编纂委员会及编委办公室人员的通知	2009-1-10	永久
赤字 [2009]11 号	关于成立《赤城年鉴》编纂委员会的通知	2009-2-4	永久
赤字 [2009]12 号	关于调整县机构编制委员会成员的通知	2009-2-28	永久
赤字 [2009]13 号	关于调整赤城县党风廉政建设责任制领导小组成员的通知	2009-2-26	永久
赤字 [2009]14 号	关于申报县档案史志局列入参照公务员法管理范围的会议纪要	2009-2-25	永久
赤字 [2009]15 号	关于严格执行信访工作制度和责任追究制度的实施办法的通知	2009-2-27	永久
赤字 [2009]16 号	关于成立深入学习实践科学发展观活动领导小组的通知	2009-3-4	永久
赤字 [2009]17 号	关于印发《赤城县创建文明城市活动实施方案》的通知	2009-3-5	永久
赤字 [2009]18 号	关于调整扶贫开发领导小组成员的通知	2009-3-13	永久
赤呈字 [2009]19 号	关于欧阳文捷同志拟任职务的请示	2009-3-19	永久
赤字 [2009]21 号	关于印发《张家口市党风廉政建设责任制实施细则》的通知	2009-3-24	永久
赤字 [2009]25 号	2009 年县绿化工作安排意见	2009-4-2	永久
赤字 [2009]26 号	关于加强乡镇、村屯绿化工作安排意见	2009-4-2	永久
赤字 [2009]27 号	关于调整县委政法委员会成员的通知	2009-4-7	永久
赤字 [2009]28 号	关于调整县禁毒委员会的通知	2009-4-8	永久
赤字 [2009]30 号	关于调整县防范和处理邪教问题领导小组的通知	2009-4-9	永久
赤字 [2009]31 号	关于印发《赤城县重点项目工作考核办法》的通知	2009-4-21	永久

续表二

文件编号	题　　名	成文日期	保管期限
赤呈字 [2009]32 号	关于《赤城县人民政府机构改革方案》的请示	2009-4-27	永久
赤字 [2009]33 号	关于成立《后城镇河西水城综合开发项目》领导小组的通知	2009-4-23	永久
赤字 [2009]36 号	关于印发《赤城县农村新民居示范工程实施方案》的通知	2009-4-20	永久
赤字 [2009]38 号	关于印发县委、县政府领导班子及其成员 09 年党风廉政建设责任制及反腐败工作分解情况的通知	2009-5-6	永久
赤字 [2009]39 号	关于印发《推进农村新民居建设的若干政策》的通知	2009-5-13	永久
赤字 [2009]40 号	关于印发《赤城县 2009 年民主评议工作方案》的通知	2009-6-5	永久
赤字 [2009]41 号	关于调整城镇面貌“三年大变样”工作指挥部的通知	2009-5-30	永久
赤字 [2009]42 号	关于调整第四届老区建设促进会组成人员的通知	2009-7-30	永久
赤字 [2009]43 号	关于建立县级党政领导接访制度和“一岗双责”责任制的意见	2009-7-25	永久
赤字 [2009]44 号	关于进一步强化信访工作责任制和责任追究制的意见	2009-7-25	永久
赤字 [2009]46 号	关于成立赤城县民族事务委员会的通知	2009-8-8	永久
赤字 [2009]48 号	关于赤城县农业生产救灾领导小组更名为赤城县减灾委员会的通知	2009-9-1	永久
赤字 [2009]49 号	关于调整深入学习实践科学发展观活动领导小组成员的通知	2009-9-11	永久
赤呈字 [2009]52 号	关于赵占华等 7 名同志调整工资的请示	2009-9-24	永久
赤字 [2009]53 号	关于成立利用中央专项彩票公益金支持贫困革命老区整村推进项目试点县领导小组的通知	2009-9-11	永久
赤字 [2009]54 号	关于成立赤城县驻京流动党总支的通知	2009-10-10	永久
赤字 [2009]57 号	关于成立大海陀国家级自然保护区管理处党委的请示	2009-11-4	永久
赤字 [2009]60 号	关于白凤鸣同志赴新西兰考察的请示	2009-11-26	永久
赤字 [2009]61 号	关于推进乡镇总工会建设的实施意见	2009-11-12	永久
赤干字 [2009]1 号	关于马军等同志任免职务的通知	2009-3-5	永久
赤干字 [2009]3 号	关于薛建武等同志任免职务的通知	2009-9-30	永久
赤干字 [2009]2 号	关于马王海等同志任免职务的通知	2009-4-16	永久
赤干字 [2009]4 号	关于蔡金良等同志享受正科非领导职务待遇的通知	2009-9-30	永久
赤办发 [2009]4 号	关于对县广播电视局予以表扬的通报	2009-1-14	永久
赤办发 [2009]5 号	关于成立赤城县道路交通安全协调领导小组的通知	2009-1-15	永久
赤办发 [2009]8 号	关于对县公安局予以表扬的通报	2009-1-20	永久
赤办发 [2009]9 号	关于调整县集中处理信访突出问题及群体性事件联席会议成员的通知	2009-1-20	永久

续表三

文件编号	题　　名	成文日期	保管期限
赤办发 [2009]13 号	关于调整摩天岭国际滑雪项目开发领导小组的通知	2009-2-9	永久
赤办发 [2009]14 号	关于调整县委反腐协调小组成员的通知	2009-2-11	永久
赤办发 [2009]15 号	关于调整塘子庙温泉旅游开发工作领导小组的通知	2009-2-19	永久
赤办发 [2009]16 号	关于成立大海陀旅游综合开发项目领导小组的通知	2009-2-19	永久
赤办发 [2009]18 号	关于成立赤城县清理规范评比达标表彰工作联席会议的通知	2009-2-20	永久
赤办发 [2009]26 号	关于全县 2009 年两节文化活动先进单位和先进文艺工作者的表彰决定	2009-2-24	永久
赤办发 [2009]36 号	关于成立赤城县农村新民居建设工作领导小组的通知	2009-3-26	永久
赤办发 [2009]38 号	关于调整全县殡葬改革工作领导小组成员的通知	2009-3-10	永久
赤办发 [2009]48 号	关于成立赤城县行政审批服务中心运行领导小组的通知	2009-4-13	永久
赤办发 [2009]55 号	关于成立白河综合治理领导小组的通知	2009-5-6	永久
赤办发 [2009]58 号	关于调整赤城县重大动物疫病防治工作领导小组和赤城县防治重大动物疫病指挥部成员的通知	2009-5-6	永久
赤办发 [2009]63 号	关于调整县农村基层党风廉政建设工作联席会议成员的通知	2009-5-19	永久
赤办发 [2009]72 号	关于调整赤城县机关效能建设领导小组的通知	2009-6-5	永久
赤办发 [2009]74 号	关于全县庆祝建党 88 周年暨建国 60 周年歌咏比赛获奖单位的表彰决定	2009-6-10	永久
赤办发 [2009]78 号	关于对县公安局予以表扬的通报	2009-6-24	永久
赤办发 [2009]79 号	关于调整县对台工作领导小组的通知	2009-6-29	永久
赤办发 [2009]94 号	关于对县气象局予以表扬的通报	2009-8-10	永久
赤办发 [2009]101 号	关于调整白河综合治理领导小组的通知	2009-8-14	永久
赤办发 [2009]103 号	关于调整白河综合治理领导小组部分成员的通知	2009-8-25	永久
赤办发 [2009]112 号	关于成立尤家沟塌陷区整体搬迁工作领导小组的通知	2009-9-3	永久
赤办发 [2009]117 号	关于成立“赤城县防控甲型 H1N1 流感指挥部”的通知	2009-9-16	永久
赤办发 [2009]129 号	关于成立赤城县治理工程建设领域突出问题工作领导小组的通知	2009-10-10	永久
赤办发 [2009]131 号	关于调入冯强等四位同志的请示	2009-10-10	永久
赤办发 [2009]132 号	关于调整县委办主任、副主作分工和科室职能的通知	2009-10-14	永久
赤办发 [2009]133 号	关于调整赤城县防控甲型 H1N1 流感指挥部成员的通知	2009-11-9	永久
办公室通报第一期	县委书记赵占华同志在县委常委（扩大）会上的讲话	2009-1-6	永久
办公室通报第二期	县委书记赵占华同志在离退休老干部迎春茶话会上的讲话	2009-1-16	永久

续表四

文件编号	题　　名	成文日期	保管期限
办公室通报第三期	县委书记赵占华同志在全县信访工作会议上的讲话	2009-1-21	永久
办公室通报第四期	县委书记赵占华同志在全县恳谈会上的讲话	2009-2-19	永久
办公室通报第五期	赤城县 2009 年 1 月份大事记	2009-3-5	永久
办公室通报第六期	赤城县 2009 年 2 月份大事记	2009-3-5	永久
办公室通报第七期	认真学习实践科学发展观促进我县社会经济全面和谐发展	2009-4-2	永久
办公室通报第八期	赤城县 2009 年 3 月份大事记	2009-4-3	永久
办公室通报第九期	赤城县 2009 年 4 月份大事记	2009-5-8	永久
办公室通报第十期	县委书记赵占华同志在全县半年经济运行分析会上的讲话	2009-7-29	永久
办公室通报第十一期	赤城县 2009 年 6 月份大事记	2009-8-5	永久
办公室通报第十二期	赤城县 2009 年 7 月份大事记	2009-8-5	永久
办公室通报第十三期	县委书记赵占华同志在县委常委（扩大）会上的讲话	2009-8-8	永久
办公室通报第十四期	县委书记赵占华同志在全县“清洁城乡、保护健康”活动暨努力创建省级卫生县城再动员大会上的讲话	2009-8-30	永久
办公室通报第十五期	学先进　讲科学　求发展	2009-9-15	永久
办公室通报第十六期	县委书记赵占华同志在全县庆祝第二十五个教师节暨表彰大会上的讲话	2009-9-16	永久
办公室通报第十七期	关于赴张北、怀来等九县区参观考察的报告	2009-11-7	永久
办公室通报第十八期	解放思想　打造优势　创新发展	2009-12-29	永久
赤字［2009］29	关于调整赤城县社会治安综合治理委员会成员的通知	2009-4-9	永久
赤办发［2009］114 号	关于成立棋九线道路建设领导小组的通知	2009-9-12	永久
赤发［2009］3 号	关于匿名反映东大村主任挪用集资款致使开发商不交房村民不能入住问题的调查报告	2009-1-7	30 年
赤发［2009］11 号	关于东卯镇吴生反映村委会克扣粮食直补问题的调查报告	2009-4-21	30 年
赤呈发［2009］12 号	关于匿名反映赤城县赤城镇南大村村主任苟美宝问题的调查报告	2009-4-29	30 年
赤发［2009］13 号	关于 2008 年度党政机关、企事业单位领导班子、领导干部考核结果的通报	2009-5-14	30 年
赤发［2009］17 号	关于镇宁堡乡西寺沟王海亮上访反映问题的调查报告	2009-6-10	30 年
赤发［2009］18 号	关于大海陀乡斐延江上访问题的调查报告	2009-6-23	30 年
赤发［2009］21 号	关于 2008—2009 学年度教育系统先进单位和先进个人的表彰决定	2009-9-7	30 年
赤发［2009］23 号	关于加强县纪检监察机关建设的实施意见	2009-12-2	30 年
赤字［2009］22 号	关于对 2009 年“彩色周末”文化活动获奖单位和先进工作者的表彰决定	2009-11-16	30 年
赤字［2009］1 号	关于 2008 年度民主评议工作的通报	2009-1-5	30 年

续表五

文件编号	题　　名	成文日期	保管期限
赤字［2009］8号	关于调整县级领导包企业尾矿库的通知	2009-1-14	30年
赤字［2009］9号	关于进一步落实县级领导包信访案件责任制的通知的通知	2009-1-16	30年
赤字［2009］20号	关于进一步加强安全生产工作的意见	2009-3-3	30年
赤字［2009］34号	关于表彰2008年度人口和计划生育工作先进乡镇的决定	2009-4-27	30年
赤字［2009］35号	关于新民居建设工作实行领导包村责任制的通知	2009-4-15	30年
赤字［2009］45号	关于建国60周年安全保卫县级领导包乡镇及重点部位的通知	2009-8-3	30年
赤字［2009］51号	关于对县政府办公室信息工作的表扬通报	2009-9-23	30年
赤字［2009］55号	关于表彰全县国庆安保工作先进集体和先进个人的决定	2009-10-22	30年
赤字［2009］58号	关于杨春霞同志赴韩国探亲的请示	2009-11-20	30年
赤字［2009］62号	关于对2009年乡镇、县直单位领导班子和领导干部进行考核的通知	2009-12-23	30年
赤办发［2009］1号	关于调整县级领导包乡镇及实行县委常委、人大主任、政协主席包片的通告	2009-1-8	30年
赤办发［2009］3号	关于2008年度优化发展环境考核情况的通报	2009-1-13	30年
赤办发［2009］10号	关于印发《赤城县信访事项复查工作方案(试行)》的通知	2009-1-20	30年
赤办发［2009］17号	关于印发《白凤鸣同志在全县信访稳定工作会议上的讲话》的通知	2009-2-20	30年
赤办发［2009］20号	关于印发《乾坤伟业大海陀旅游开发项目座谈会会议纪要》的通知	2009-2-20	30年
赤办发［2009］21号	关于印发《全县旅游工作领导小组会议纪要》的通知	2009-2-20	30年
赤办发［2009］22号	关于印发《赤城县全国“两会”期间安全保卫工作实施方案》的通知	2009-2-26	30年
赤办发［2009］23号	关于印发《赤城县集中处理信访突出问题及群体性事件联席会议关于处置大规模集体上访异常上访非正常上访工作	2009-2-27	30年
赤办发［2009］24号	关于印发《2009年信访工作要点》的通知	2009-2-27	30年
赤办发［2009］25号	关于认真学习贯彻《县委书记赵占华同志关于信访工作的重要批示》的通知	2009-2-27	30年
赤办发［2009］28号	关于印发《书记在茨营子乡现场办公会会议纪要》的通知	2009-3-6	30年
赤办发［2009］29号	印发安全生产“党政同责”工作制度的通知	2009-3-9	30年
赤办发［2009］30号	关于印发赴铁岭、迁安城市建设考察报告的通知	2009-3-17	30年
赤办发［2009］31号	关于印发《赤城县开展创建文明城市十项活动的方案》的通知	2009-3-24	30年
赤办发［2009］32号	关于印发省长助理、省政府秘书长尹亚力同志在赤城调研期间讲话的通知	2009-3-20	30年
赤办发［2009］33号	转发县纪委监察局《关于对县直部门行政审批制度改革和行政事业性收费管理情况实施综合监督检查工作方案》通知	2009-3-23	30年

续表六

文件编号	题　　名	成文日期	保管期限
赤办发 [2009]34 号	关于转发《张家口市党风廉政建设责任制追究办法》的通知	2009-3-24	30 年
赤办发 [2009]35 号	关于印发《赤城县党风廉政建设责任制考核办法》的通知	2009-3-23	30 年
赤办发 [2009]37 号	关于进一步加强殡葬改革工作的通知	2009-3-10	30 年
赤办发 [2009]39 号	关于印发《规范县委、县政府办公场所信访秩序的规定》的通知	2009-4-1	30 年
赤办发 [2009]40 号	关于改进会风文风等项工作的通知	2009-3-21	30 年
赤办发 [2009]41 号	关于印发《书记在独石口村调研的会议纪要》的通知	2009-4-2	30 年
赤办发 [2009]42 号	关于印发《塘子庙温泉开发项目会议纪要》的通知	2009-3-25	30 年
赤办发 [2009]43 号	关于转发中共张家口市委办公室通报第 9 期的通知	2009-4-2	30 年
赤办发 [2009]44 号	关于转发《张家口市粮食高产和蔬菜优质“百村示范行动”实施方案》的通知	2009-4-7	30 年
赤办发 [2009]45 号	关于转发《张家口市畜牧高效“百村示范行动”实施方案》的通知	2009-4-7	30 年
赤办发 [2009]45 号	关于转发赤城县专项资金综合治理工作领导小组《关于 2009 年专项资金综合治理工作方案》的通知	2009-4-9	30 年
赤办发 [2009]49 号	关于印发《赤城县摩天岭滑雪项目建设工作调度会会议纪要》的通知	2009-4-24	30 年
赤办发 [2009]50 号	关于印发《龙关镇周村现场办公会会议纪要》的通知	2009-4-18	30 年
赤办发 [2009]51 号	印发县机关效能建设小组《关于 2009 年机关效能建设工作实施意见》的通知	2009-4-27	30 年
赤办发 [2009]52 号	关于印发《后城镇河西水城综合开发项目现场办公会会议纪要》的通知	2009-4-23	30 年
赤办发 [2009]53 号	关于印发《省长助理、省政府尹亚力秘书长协办项目及全县重点基础设施建设项目调度会会议纪要》的通知	2009-4-27	30 年
赤办发 [2009]54 号	关于印发《全县重点项目及与京对接项目调度会会议纪要》的通知	2009-4-27	30 年
赤办发 [2009]56 号	关于转发张办发 [2009]12 号文件的通知	2009-5-7	30 年
赤办发 [2009]62 号	关于印发《云州乡镇安堡村现场办公会会议纪要》的通知	2009-5-13	30 年
赤办发 [2009]64 号	关于加强农村党风廉政建设的实施意见	2009-5-19	30 年
赤办发 [2009]66 号	关于印发《城建重点工程调度会会议纪要》的通知	2009-5-27	30 年
赤办发 [2009]67 号	关于印发《关于促进企业恢复生产的实施方案》的通知	2009-5-27	30 年
赤办发 [2009]68 号	关于印发《书记在大海陀乡调研座谈会会议纪要》的通知	2009-5-26	30 年
赤办发 [2009]69 号	关于切实做好“小金库”治理工作的通知	2009-5-15	30 年
赤办发 [2009]70 号	关于转发赵占华书记对赤联字 [2009]3 号文件重要批示的通知	2009-5-29	30 年

续表七

文件编号	题　　名	成文日期	保管期限
赤办发 [2009]73 号	关于转发《张家口市推进廉政风险评估预警防范机制建设实施办法》的通知	2009-6-5	30 年
赤办发 [2009]75 号	关于印发 2009 年县级领导包重点项目情况的通知	2009-6-12	30 年
赤办发 [2009]76 号	关于印发《县委副书记王波在全县殡葬改革调度会议上讲话》的通知	2009-6-9	30 年
赤办发 [2009]77 号	关于印发《赤城县处理突出信访问题及群体性事件联席会会议纪要》的通知	2009-6-23	30 年
赤办发 [2009]80 号	关于印发《赤城县涉台突发事件　应急预案》的通知	2009-6-29	30 年
赤办发 [2009]81 号	关于转发赵占华书记对赤人常 [2009]6 号文件重要批示的通知	2009-6-29	30 年
赤办发 [2009]82 号	关于印发《县长申全民在县四大班子联席会上的讲话》的通知	2009-7-6	30 年
赤办发 [2009]83 号	关于转发《许宁、郑雪碧同志在张家口市警示教育大会上的讲话》的通知	2009-7-7	30 年
赤办发 [2009]84 号	关于在全县开展大调研活动的通知	2009-7-13	30 年
赤办发 [2009]85 号	关于印发《赤城县建国 60 周年安全保卫“百日会战”实施方案》的通知	2009-7-15	30 年
赤办发 [2009]86 号	关于印发《赤城县蔬菜运销“绿色通道”工作实施方案》的通知	2009-7-1	30 年
赤办发 [2009]89 号	关于印发《赤城县建国 60 周年安全保卫“百日会战”督查工作方案》的通知	2009-7-15	30 年
赤办发 [2009]90 号	关于印发《赤城县新中国成立 60 周年庆典活动安全保卫工作实施方案》的通知	2009-8-3	30 年
赤办发 [2009]92 号	关于印发《书记在镇宁堡乡调研的会议纪要》的通知	2009-8-5	30 年
赤办发 [2009]93 号	关于印发《在全县干部群众中开展城镇面貌“三年大变样有我有你”大讨论活动实施方案》的通知	2009-7-30	30 年
赤办发 [2009]95 号	关于印发《赤城县开展“清洁城乡、保护健康”爱国卫生运动的实施方案》的通知	2009-8-10	30 年
赤办发 [2009]96 号	关于抽调县直机关副科级领导干部到信访局轮流值班的通知	2009-8-17	30 年
赤办发 [2009]98 号	关于印发《赤城县“清洁城乡、保护健康”暨创建省级卫生城市的整改方案》的通知	2009-8-19	30 年
赤办发 [2009]99 号	关于印发赤城县《村务公开民主管理“难点村”治理工作台帐》的通知	2009-8-20	30 年
赤办发 [2009]100 号	关于明确县直单位做好村务公开民主管理“难点村”治理工作的通知	2009-8-20	30 年
赤办发 [2009]102 号	关于印发《白凤鸣主任到赤城镇西大村新民居建设调研的会议纪要》的通知	2009-8-22	30 年
赤办发 [2009]104 号	关于印发《白河综合治理工程拆迁实施方案》的通知	2009-8-28	30 年
赤办发 [2009]106 号	关于印发《国庆安保工作片会的会议纪要》的通知	2009-9-1	30 年
赤办发 [2009]107 号	关于转发冀办发 [2009]32 号文件的通知	2009-8-30	30 年
赤办发 [2009]108 号	关于转发县政协《发展替代产业，促进经济转型调研文章的通知	2009-8-29	30 年

续表八

文件编号	题　　名	成文日期	保管期限
赤办发［2009］109 号	关于转发市委办公室〈综合与调研〉第 10 期的通知	2009-8-30	30 年
赤办发［2009］110 号	关于组织 2009 年上半年党风廉政建设责任制述职的通知	2009-9-2	30 年
赤办发［2009］111 号	关于在全县开展向旱灾区困难群众“送温暖、献爱心”社会捐助活动的通知	2009-9-2	30 年
赤办发［2009］113 号	关于印发《全县大规模集中开展干部下访接访活动的实施方案》的通知	2009-9-7	30 年
赤办发［2009］116 号	关于印发《赤城县国庆安保期间信访专项接访活动实施方案》的通知	2009-9-14	30 年
赤办发［2009］121 号	关于印发县委书记赵占华同志《国庆安保专题会议上的讲话要点》的通知	2009-9-17	30 年
赤办发［2009］123 号	关于印发《全县深入开展民族团结宣传教育活动的实施方案》的通知	2009-9-20	30 年
赤办发［2009］125 号	关于做好重大活动档案管理工作的通知	2009-9-27	30 年
赤办发［2009］128 号	关于印发《赤城县历代碑刻集录出版工作实施方案》的通知	2009-9-29	30 年
赤办发［2009］130 号	关于转发《赤城县治理工程建设领域突出问题工作领导小组及工程建设专项治理工作的实施方案》的通知	2009-10-10	30 年
赤办发［2009］134 号	关于印发《彩票公益金扶贫项目第一次领导小组会议纪要》的通知	2009-11-10	30 年
赤办发［2009］135 号	关于印发县广播电视局等四部门《关于对卫星电视转播秩序进行集中整治的工作方案》的通知	2009-11-12	30 年
赤办发［2009］138 号	关于印发《赤城县 2010 年新型农村合作医疗实施方案》的通知	2009-11-19	30 年
赤办发［2009］140 号	关于印发《井儿沟农业循环经济园区项目建设现场调度会会议纪要》的通知	2009-12-8	30 年
赤办发［2009］142 号	关于开展全县公共机构能源资源消耗统计工作的通知	2009-12-28	30 年
赤办发［2009］105 号	关于庆祝 2009 年教师节的通知	2009-8-31	10 年
赤办发［2009］118 号	关于对国庆安保等重点工作进行督查的通知	2009-9-17	10 年
赤办发［2009］119 号	关于做好国庆安保工作有关事宜的紧急通知	2009-9-17	10 年
赤办发［2009］144 号	关于“双节”期间严格遵守廉洁自律规定坚决禁止奢侈浪费行为的通知	2009-12-29	10 年
赤办发［2009］120 号	关于做好《综合与调研》文稿报送工作的通知	2009-9-17	10 年
赤办发［2009］137 号	关于严格控制各项考核评比表彰活动的通知	2009-11-30	10 年
赤办发［2009］126 号	关于乡镇督查组驻乡镇开展国庆安保督查工作的通知	2009-9-28	10 年
赤办发［2009］124 号	关于国庆安保期间有关要求的通知	2009-9-24	10 年
赤办发［2009］122 号	关于切实做好国庆期间全县网络与信息安全工作的通知	2009-9-21	10 年
赤办发［2009］29 号	关于赴京洽谈对接项目情况的报告	2009-3-14	10 年
赤办发［2009］27 号	关于做好信访苗头和群体性事件隐患排查化解工作的通知	2009-3-4	10 年
赤办发［2009］2 号	关于县级领导深入基层走访慰问的通知	2009-1-10	10 年

续表九

文件编号	题　　名	成文日期	保管期限
赤办发 [2009]71 号	关于调整党政领导接待群众来访日的通知	2009-5-31	10 年
赤办发 [2009]61 号	关于举行国庆 60 周年有关活动的通知	2009-5-15	10 年
赤办发 [2009]57 号	关于转发张机传 582 号文件的通知	2009-5-5	10 年
赤办发 [2009]47 号	关于对 2009 年全县绿化工作会未参会单位的通报	2009-4-8	10 年
赤办发 [2009]19 号	关于全国“两会”期间调整党政领导接待群众来访日的通知	2009-2-20	10 年
赤办发 [2009]6 号	关于在全县开展“送温暖、献爱心”捐助活动的通知	2009-1-16	10 年
赤办发 [2009]11 号	关于进一步加强党政领导群众来访工作的通知	2009-1-20	10 年

赤城县人民政府主要文件目录

文件编号	题　名	成文日期	保管期限
赤政要 [2009]1 号	常务会议记要	2009-1-6	永久
赤政要 [2009]2 号	常务会议记要	2009-2-5	永久
赤政要 [2009]3 号	关于医药公司改制后期有关问题的会议纪要	2009-3-4	永久
赤政要 [2009]4 号	关于开展全县安全生产大检查工作的县长办公会议纪要	2009-3-8	永久
赤政要 [2009]5 号	常务会议纪要	2009-3-19	永久
赤政要 [2009]6 号	县长办公会议纪要	2009-4-10	永久
赤政要 [2009]7 号	县长办公会议纪要	2009-4-17	永久
赤政要 [2009]8 号	专题会议纪要	2009-4-15	永久
赤政要 [2009]9 号	关于全县教育工作的会议纪要	2009-4-17	永久
赤政要 [2009]10 号	关于新民居建设的县长办公会议纪要	2009-4-30	永久
赤政要 [2009]11 号	关于北京二商集团有限公司赴赤城投资建设养猪基地的会议纪要	2009-4-25	永久
赤政要 [2009]12 号	关于全县卫生、计生、药监工作的会议纪要	2009-4-27	永久
赤政要 [2009]13 号	关于对北京正恒信达投资公司在我县建设老年公寓项目需解决问题的会议纪要	2009-4-30	永久
赤政要 [2009]14 号	协调调度塘子庙温泉开发项目	2009-5-15	永久
赤政要 [2009]15 号	关于规范县城城区及主要道路两侧土地及建设的会议纪要	2009-5-19	永久
赤政要 [2009]16 号	关于独石口镇城镇建设、安全稳定等有关事宜	2009-5-11	永久
赤政要 [2009]16 号	关于工业企业改制的县长办公会议纪要	2009-5-12	永久

续表一

文件编号	题 名	成文日期	保管期限
赤政要［2009］17 号	关于县医药药材公司改制房屋产权过户问题的会议纪要	2009-5-12	永久
赤政要［2009］18 号	关于工业企业改制的县长办公会议纪要	2009-5-12	永久
赤政要［2009］19 号	听取后城镇京北水城旅游综合开发项目汇报、听取后城镇建材基础项目汇报等	2009-5-13	永久
赤政要［2009］20 号	研究工业企业复产相关事宜、研究商贸流通口改制相关事宜、	2009-5-21	永久
赤政要［2009］21 号	关于县一小、幼儿园及一中工作的现场办公会议纪要	2009-5-27	永久
赤政要［2009］22 号	关于万寿菊种植项目相关问题的县长办公会议纪要	2009-6-3	永久
赤政要［2009］23 号	关于东卯镇农业循环经济园区建设的专题会议纪要	2009-6-12	永久
赤政要［2009］24 号	关于马营乡万寿菊种植及加工项目建设的县长办公会议纪要	2009-6-12	永久
赤政要［2009］25 号	云州水库除险加固工程协调会会议纪要	2009-5-26	永久
赤政要［2009］26 号	县政府领导班子学习实践科学发展观活动专题民主生活会	2009-6-2	永久
赤政要［2009］27 号	北京桥山天健投资管理有限责任公司关于摩天岭滑雪度假村工程建设的会议纪要	2009-6-18	永久
赤政要［2009］28 号	关于云州水库除险加固工程的县长办公会议纪要	2009-6-25	永久
赤政要［2009］29 号	关于县文化广场移交的会议纪要	2009-6-24	永久
赤政要［2009］30 号	关于加强全县堆浸企业安全生产和危险化学品管理的县长办公会议纪要	2009-6-25	永久
赤政要［2009］31 号	关于赤城县华田牧业有限公司项目建设的县长办公会议纪要	2009-7-7	永久
赤政要［2009］32 号	关于研究原防疫站职工郭晓明上访问题的会议纪要	2009-7-13	永久
赤政要［2009］33 号	关于全县旅游发展规划研讨会会议纪要	2009-7-8	永久
赤政要［2009］34 号	关于县医药药材公司改制相关问题的会议纪要	2009-7-13	永久
赤政要［2009］35 号	关于对危爆物品管理和矿山企业用电审批等问题的县长办公会议纪要	2009-7-21	永久
赤政要［2009］36 号	关于云州水库除险加固工程影响云州村人畜饮水等问题的会议纪要	2009-7-24	永久
赤政要［2009］37 号	研究各位副县长分管口信访突出问题、关于样田乡农业示范园区建设、关于安全生产问题	2009-7-22	永久
赤政要［2009］38 号	炮梁乡棋九线地方道路建设协调会议纪要	2009-7-6	永久
赤政要［2009］39 号	关于成立县低速车辆管理中队有关事宜的会议纪要	2009-7-27	永久
赤政要［2009］40 号	关于调整县公交车运行线路的会议纪要	2009-7-30	永久
赤政要［2009］41 号	安全生产执法检查工作县长办公会议纪要	2009-8-4	永久
赤政要［2009］42 号	关于万寿菊项目发展的会议纪要	2009-7-23	永久
赤政要［2009］43 号	关于加强全县重点项目谋划工作有关问题的会议纪要	2009-8-12	永久

续表二

文件编号	题　名	成文日期	保管期限
赤政要 [2009]44 号	关于禁止在县城及其周边举办物资交流大会的会议纪要	2009-8-17	永久
赤政要 [2009]45 号	关于赤城镇育才路 14 户居民因自来水管跑水导致房屋受损上访问题的专题会议纪要	2009-8-19	永久
赤政要 [2009]46 号	常务会议纪要	2009-9-9	永久
赤政要 [2009]47 号	关于支持北京二商集团赤城县雕鹗养猪基地建设项目专题会议纪要	2009-9-11	永久
赤政要 [2009]48 号	关于县城集中供热中心改制的县长办公会议纪要	2009-9-17	永久
赤政要 [2009]49 号	听取后城镇京北水城旅游综合开发项目汇报等	2009-5-13	永久
赤政要 [2009]50 号	关于防控甲型 H1N1 流感工作会议纪要	2009-9-10	永久
赤政要 [2009]51 号	听取专项资金检查情况汇报，研究专项资金整改意见等	2009-9-28	永久
赤政要 [2009]52 号	关于开展全县矿山企业安全生产大检查的县长办公会议纪要	2009-10-9	永久
赤政要 [2009]53 号	项目工作调度会会议纪要	2009-10-14	永久
赤政要 [2009]54 号	关于大海陀乡东山庙村跨河大桥工程建设资金问题	2009-10-19	永久
赤政要 [2009]55 号	关于解决原商业家属楼供暖问题的会议纪要	2009-11-3	永久
赤政要 [2009]57 号	企业改制县长办公室会议纪要	2009-11-27	永久
赤政要 [2009]56 号	关于商贸总公司所属糖酒蔬菜公司破产后职工安置有关事宜的会议纪要	2009-8-5	永久
赤政要 [2009]58 号	2010 年城建交通土地工作座谈会会议纪要	2009-12-23	永久
赤政要 [2009]59 号	2010 年重点项目和工业工作座谈会会议纪要	2009-12-24	永久
赤政要 [2009]60 号	2010 年加快现代物流业发展和对接京津工作研讨会会议纪要	2009-12-28	永久
赤政要 [2009]61 号	2010 年农业产业化工作谋划研讨会会议纪要	2009-12-29	永久
赤政要 [2009]62 号	2010 旅游工作谋划研讨会会议纪要	2009-12-28	永久
赤政 [2009]64 号	关于《赤城县 2009 年探矿权设置方案》的意见	2009-7-17	永久
赤政 [2009]36 号	关于赤城县事业单位岗位设置管理实施方案	2009-5-8	永久
赤政 [2009]31 号	关于做好 2009 年黑、白河流域退稻还旱工程的实施意见	2009-4-24	永久
赤政 [2009]30 号	关于 2008 年度退稻还旱项目的工作总结	2009-4-24	永久
赤政 [2009]12 号	关于原赤城县铁矿职工王玉贵同志因计划生育超生被开除公职的调查报告	2009-2-26	永久
赤政 [2009]9 号	关于表彰迎接省政府对县人民政府教育工作督导评估先进单位和先进个的决定	2009-2-18	永久
赤政 [2009]8 号	关于表彰教学评估工作先进单位和先进个人的决定	2009-2-18	永久
赤政 [2009]6 号	关于报送 2008 年赤城县财政总决算的报告	2009-2-8	永久
赤政 [2009]4 号	2008 年工作总结报告	2009-1-14	永久
赤政知 [2009]5 号	关于印发 2009 年目标任务分解方案的通知	2009-2-19	永久

续表三

文件编号	题　名	成文日期	保管期限
赤政知 [2009]7 号	关于成立赤城县行政审批服务中心领导小级的通知	2009-2-19	永久
赤政知 [2009]8 号	关于成立赤城县农村新民居建设领导小组的通知	2009-2-27	永久
赤政知 [2009]9 号	关于印发《赤城县城镇居民基本医疗保险实施办法（试行）》的通知	2009-2-24	永久
赤政知 [2009]11 号	关于宋永峰等同志任免职务的通知	2009-3-6	永久
赤政知 [2009]14 号	赤城县人民武装部关于调整赤城县民兵整组工作领导小组的通知	2009-2-23	永久
赤政知 [2009]15 号	关于王荣等同志任免职务的通知	2009-3-12	永久
赤政知 [2009]18 号	关于成立赤城县军事设施保护委员会的通知	2009-3-12	永久
赤政知 [2009]19 号	关于印发《赤城县行政审批收费管理办法》的通知	2009-3-21	永久
赤政知 [2009]20 号	关于印发《赤城县行政审批服务中心实施细则》的通知	2009-3-21	永久
赤政知 [2009]21 号	关于批转县行政审批服务中心县财政局《关于进行政审批中心行政审批项目收费管理办法》的通知	2009-3-21	永久
赤政知 [2009]22 号	关于批转《赤城县退伍军人安置办公室 2007 年冬季退役士兵接收安置方案》的通知	2009-3-10	永久
赤政知 [2009]24 号	关于调整赤城县退伍军人和军队离退休干部安置工作领导小组成员的通知	2009-3-10	永久
赤政知 [2009]25 号	关于印发《赤城县殡葬管理实施细则》的通知	2009-3-9	永久
赤政知 [2009]27 号	关于曹奋翔同志聘任职务的通知	2009-3-4	永久
赤政知 [2009]28 号	关于印发《赤城县财政专项资金管理暂行办法》的通知	2009-3-24	永久
赤政知 [2009]29 号	关于印发《赤城县整合涉农项目资金管理办法》的通知	2009-3-24	永久
赤政知 [2009]31 号	关于委派孟建军、高宏斌等同志任职的通知	2009-3-25	永久
赤政知 [2009]30 号	关于成立涉农资金整合领导小组的通知	2009-3-24	永久
赤政知 [2009]32 号	关于印发《赤城县招标投标管理办法》的通知	2009-3-20	永久
赤政知 [2009]33 号	关于印发《赤城县结合民用建筑修建防空地下室管理规定》的通知	2009-4-7	永久
赤政知 [2009]34 号	关于做好 2009 年县劳动模范和模范集体评选表彰工作的通知	2009-4-17	永久
赤政知 [2009]38 号	关于在独石口镇设立临时动物防疫监督检查站的通知	2009-4-30	永久
赤政知 [2009]40 号	关于成立赤城县甲型 H1N1 疫情防控工作领导小组的通知	2009-5-4	永久
赤政知 [2009]41 号	关于马拥军等同志任免职务的通知	2009-4-17	永久
赤政知 [2009]44 号	关于调整中央补助地方专项资金赤城县子宫颈癌早诊早治项目工作领导小组的通知	2009-5-12	永久
赤政知 [2009]45 号	关于加强非煤矿山安全生产许可证延续必备安全生产条件整改工作的通知	2009-5-19	永久
赤政知 [2009]47 号	关于成立云州水库除险加固工程建设协调工作领导小组的通知	2009-5-13	永久

续表四

文件编号	题　名	成文日期	保管期限
赤政知 [2009]48 号	关于调整语言文字工作委员会的通知	2009-5-15	永久
赤政知 [2009]49 号	关于变更赤城县渔种场用地的通知	2009-5-21	永久
赤政知 [2009]51 号	关于印发《赤城县重点优抚对象医疗保障办法》的通知	2009-5-12	永久
赤政知 [2009]57 号	关于成立赤城县推进铁路项目建设领导小组的通知	2009-5-26	永久
赤政知 [2009]64 号	关于印发《赤城县城市建设房屋拆迁补偿办法》的通知	2009-6-8	永久
赤政知 [2009]66 号	关于成立赤城县农产品市场准入领导小组的通知	2009-6-22	永久
赤政知 [2009]67 号	关于成立赤城县规划委员会的通知	2009-6-29	永久
赤政知 [2009]80 号	关于成立赤城县铁路建设指挥部的通知	2009-8-10	永久
赤政知 [2009]82 号	关于成立赤城县防控甲型 H1N1 流感工作领导小组的通知	2009-9-11	永久
赤政知 [2009]83 号	关于张智等同志任免职务的通知	2009-9-14	永久
赤政知 [2009]91 号	关于印发《赤城县 2009 年开展农村危房改造试点实施方案》的通知	2009-9-20	永久
赤政知 [2009]94 号	关于武占军等同志任免职务的通知	2009-10-12	永久
赤政知 [2009]95 号	关于调整征兵工作领导小组组成人员的通知	2009-10-16	永久
赤政知 [2009]96 号	关于成立 2010-2013 年农村饮水安全工程规划和建设领导小组的通知	2009-10-19	永久
赤政知 [2009]98 号	关于成立固定资产投资项目审批制度改革领导小组的通知	2009-10-23	永久
赤政知 [2009]99 号	关于成立禁牧工作领导小组的通知	2009-11-2	永久
赤政知 [2009]100 号	关于印发赤城县禁牧实施办法的通知	2009-11-12	永久
赤政知 [2009]103 号	关于印发《赤城县城市低收入家庭认定实施办法》的通知	2009-10-26	永久
赤政知 [2009]106 号	关于调整赤城县残疾人工作委员会组成人员的通知	2009-11-30	永久
赤政知 [2009]109 号	关于调整固定资产投资项目审批制度改革领导小组的通知	2009-12-9	永久
赤政知 [2009]111 号	关于许占军等同志任免职务的通知	2009-11-28	永久
赤政知 [2009]112 号	关于调整赤城县扩大内需项目建设领导小组的通知	2009-8-10	永久
赤政知 [2009]113 号	关于调整赤城县土地储备管理委员会成员的通知	2009-12-28	永久
赤政字 [2009]17 号	对县财政局关于成立赤城县国有资产公司的请示的批复	2009-3-25	永久
赤政字 [2009]22 号	关于表彰 2009 年度劳动模范和模范集体的决定	2009-4-27	永久
赤政字 [2009]26 号	关于给予张贵亮行政记过处分的批复	2009-4-27	永久
赤政字 [2009]36 号	关于云州水库管理处呈报水库防洪抢险、大坝安全管理应急预案请示的批复	2009-6-4	永久

续表五

文件编号	题　名	成文日期	保管期限
赤政字 [2009]37 号	关于县商贸办所属企业商贸大厦进行改制的批复	2009-6-10	永久
赤政字 [2009]38 号	关于对赤城县山洪灾害防御、河道防洪等预案请示批复	2009-6-13	永久
赤政字 [2009]39 号	关于对县商贸办所属企业粮酒公司进行破产的批复	2009-5-30	永久
赤政字 [2009]42 号	关于《赤城县国土资源局简化部分土地报批程序提高办事效率的请示》的批复	2009-6-23	永久
赤政字 [2009]50 号	关于《县商贸办成立赤城县商务综合执法大队请示》的批复	2009-7-2	永久
赤政字 [2009]51 号	关于对《赤城供电分公司开发中心 2009 年有序用电方案的请示》的批复	2009-7-1	永久
赤政字 [2009]52 号	关于县供销社所属企业处置资产筹集改制资金继续执行税费减免优惠政策请示的批复	2009-7-9	永久
赤政字 [2009]66 号	关于龙关镇三岔口工业园区及部分村民住宅搬迁的批复	2009-8-31	永久
赤政字 [2009]75 号	关于对《县发展改革局将新建 2010 年廉租住房项目列入年度投资计划的请示》的批复	2009-11-16	永久
赤政字 [2009]79 号	关于成立赤城县教育服务中心请示的批复	2009-12-7	永久
赤政办 [2009]7 号	关于印发县长申全民在全县企业家恳谈会上讲话的通知	2009-2-21	永久
赤政办 [2009]10 号	关于启用新防伪印章的通知	2009-2-28	永久
赤政办 [2009]11 号	关于成立深入学习实践科学发展观活动和“作风建设年”活动领导小组的通知	2009-2-20	永久
赤政办 [2009]18 号	关于印发《赤城县安全生产隐患排查治理制度》等五项制度（试行）的通知	2009-3-3	永久
赤政办 [2009]19 号	关于启用赤城县行政审批服务中心收费专章和进驻“中心”工作部门行政审批专用章的通知	2009-3-17	永久
赤政办 [2009]24 号	关于成立市容市貌整治领导小组的通知	2009-3-18	永久
赤政办 [2009]33 号	关于调整生态移民工程等四十二个领导小组的通知	2009-4-7	永久
赤政办 [2009]34 号	关于成立赤城县奶业监管领导小组的通知	2009-4-7	永久
赤政办 [2009]35 号	关于成立温泉升级改造领导小组的通知	2009-4-8	永久
赤政办 [2009]39 号	关于印发常务副县长王崇辉在全县殡葬改革工作会议上讲话的通知	2009-4-15	永久
赤政办 [2009]51 号	关于调整赤城县降低孕产妇死亡率和消除新生儿破伤风项目工作领导小组成员的通知	2009-5-12	永久
赤政办 [2009]58 号	关于调整赤城县县城污水及再生水处理工程项目建设领导小组的通知	2009-5-25	永久
赤政办 [2009]59 号	关于成立我县开展限制生产销售使用塑料购物袋专项整治工作领导小组的通知	2009-5-27	永久
赤政办 [2009]61 号	关于成立赤城县土地利用总体规划修编领导小组的通知	2009-6-18	永久
赤政办 [2009]62 号	关于印发《赤城县公众聚集场所消防安全联合监管制度》的通知	2009-1-16	永久
赤政办 [2009]63 号	关于印发《赤城县消防工作信息互通制度和联合执法制度》的通知	2009-1-16	永久

续表六

文件编号	题　名	成文日期	保管期限
赤政办 [2009]69 号	关于建立赤城县查处取缔无证无照经营办公联席会议的通知	2009-6-15	永久
赤政办 [2009]87 号	关于印发《赤城县云州水库向北京输水实施方案》的通知	2009-10-22	永久
赤政办 [2009]95 号	关于县公安交警大队属赤城县公安局下设职能机构的通知	2009-11-30	永久
赤办发 [2009]2 号	关于调整赤城县小额贷款试点工作领导小组的通知	2009-1-12	永久
赤政 [2009]1 号	关于 2008 年安全生产目标管理运行情况的报告	2009-1-10	30 年
赤政 [2009]2 号	关于开展小额贷款公司试点工作的请示	2009-1-12	30 年
赤政 [2009]3 号	关于 1 家小额贷款公司申报重新审核的请示	2009-1-12	30 年
赤政 [2009]5 号	关于我县新建地方铁路项目开展前期工作的请示	2009-1-20	30 年
赤政 [2009]11 号	关于利用国家开发银行抗旱救灾应急贷款的申请	2009-3-2	30 年
赤政 [2009]14 号	关于白四线、棋九线省道、县道建设的请示	2009-3-13	30 年
赤政 [2009]13 号	关于长梁沟村民张龙上访要求主张承包地问题的调查报告	2009-3-11	30 年
赤政 [2009]15 号	关于县道白四线升为省道的请示	2009-3-12	30 年
赤政 [2009]16 号	关于赤城镇初级中学新建所需资金的请示	2009-3-13	30 年
赤政 [2009]17 号	关于 2008 年度教育督导评估工作的请示	2009-3-23	30 年
赤政 [2009]19 号	关于赤城县城镇居民医疗保险实施办法的请示	2009-3-25	30 年
赤政 [2009]18 号	关于异地新建第二中学所需资金的请示	2009-3-20	30 年
赤政 [2009]20 号	关于程秀英上访反映问题的调查报告	2009-3-20	30 年
赤政 [2009]21 号	关于《赤城县 2009 年京津风沙源治理工程作业设计》的审查意见	2009-3-31	30 年
赤政 [2009]23 号	关于王志绪要求补调工资和津贴问题的调查报告	2009-3-27	30 年
赤政 [2009]24 号	关于落实白河河道治理建设项目资金有关问题的决定	2009-4-27	30 年
赤政字 [2009]25 号	关于白河河道治理项目建设资金有关问题的报告	2009-4-11	30 年
赤政 [2009]26 号	关于表彰 2008 年“博爱一日捐”募捐活动先进单位的决定	2009-4-21	30 年
赤政 [2009]27 号	关于土地的征收、收购、整理开发资金有关问题的报告	2009-4-22	30 年
赤政 [2009]28 号	关于落实河道治理建设项目资金有关问题的报告	2009-4-22	30 年
赤政 [2009]29 号	关于市政工程项目建设资金有关问题的报告	2009-4-22	30 年
赤政 [2009]33 号	关于落实河道治理建设项目资金有关问题的决定	2009-4-28	30 年
赤政 [2009]34 号	关于市政工程项目建设资金有关问题的决定	2009-4-28	30 年
赤政 [2009]35 号	关于土地的征收、收购、整理开发资金有关问题的决定	2009-4-28	30 年

续表七

文件编号	题 名	成文日期	保管期限
赤政 [2009]37 号	关于机关、事业单位工作人员申报二等功的请示	2009-4-12	30 年
赤政 [2009]38 号	关于赤城县应急求援指挥中心建设资金的请示	2009-4-28	30 年
赤政 [2009]39 号	关于帮助解决县乡镇安监站办公启动经费的请示	2009-4-28	30 年
赤政 [2009]40 号	关于建设县监测执法业务用房所需资金的请示	2009-4-28	30 年
赤政 [2009]41 号	关于我县交通建设有关问题的请示	2009-4-28	30 年
赤政 [2009]42 号	关于赤城雕鹗 110 千伏输变电新建工程需调整县土地利用总体规划的请示	2009-5-4	30 年
赤政 [2009]43 号	关于长富村村民上访人造板厂占地一案的调查报告	2009-5-11	30 年
赤政 [2009]44 号	关于扶贫开发基础设施及产业化项目建设资金的请示	2009-5-11	30 年
赤政 [2009]45 号	关于建设五保供养服务机构所需资金的申请	2009-5-11	30 年
赤政 [2009]46 号	关于增加林业资金投入的请示	2009-5-11	30 年
赤政 [2009]47 号	关于东卯镇水磨湾村耕地用水问题的调查报告	2009-5-11	30 年
赤政 [2009]48 号	关于我县部分乡遭受自然灾害的报告	2009-5-18	30 年
赤政 [2009]49 号	关于云州乡猫峪村急需修建护村、护地坝情况的报告	2009-5-27	30 年
赤政 [2009]50 号	关于申报 2010 年度省级环境保护专项资金的报告	2009-7-15	30 年
赤政 [2009]51 号	关于举办饮水思源“京水源头”公益大行动 2009 年首都市民赤城公益旅游活动的报告	2009-6-12	30 年
赤政 [2009]53 号	关于对实施土地利用总体规划调整方案结果予以备案的说明	2009-6-15	30 年
赤政 [2009]52 号	关于开展限制生产销售使用塑料购物袋专项融洽工作实施方案	2009-5-27	30 年
赤政 [2009]54 号	关于规划 2009 年第一批次用地需调整全县土地利用总体规划的请示	2009-6-10	30 年
赤政 [2009]55 号	关于举报县煤矿私自生产情况的调查报告	2009-6-18	30 年
赤政 [2009]57 号	关于赤城县煤矿要求重新安排整合的请示	2009-7-8	30 年
赤政 [2009]56 号	关于大海陀乡天子沟村闫海兵上访反映问题的调查报告	2009-6-23	30 年
赤政 [2009]58 号	关于开展创建食盐安全村活动的实施意见	2009-7-10	30 年
赤政 [2009]59 号	赤城县新民居建设半年工作总结	2009-7-13	30 年
赤政 [2009]60 号	关于白四线、棋九线公路改建项目建设资金有有关问题的报告	2009-7-2	30 年
赤政 [2009]62 号	关于落实白四线、棋九公路改建项目资金有关问题的决定	2009-7-20	30 年
赤政 [2009]61 号	关于规划 2009 年第二批次用地需调整全县土地利用总体规划的请示	2009-7-20	30 年
赤政 [2009]63 号	2009 年上半年节能工作自查报告	2009-7-15	30 年
赤政 [2009]65 号	关于呈报京津风沙源治理工程塞北林场赤城分场人工造林遭受特大旱灾损失情况的申报	2009-7-17	30 年

续表八

文件编号	题　名	成文日期	保管期限
赤政［2009］66号	关于黑河灌区水磨湾渠节水灌溉治理工程所需资金的请示	2009-7-27	30年
赤政［2009］67号	关于在非煤矿山企业实行分级分类监管的实施意见	2009-7-28	30年
赤政［2009］68号	关于对我县实施矿产资源总体规划调整方案结果予以备案的说明	2009-8-3	30年
赤政［2009］69号	关于炮梁乡伙房村窦勇等人上访反映土地租赁问题的调查报告	2009-8-10	30年
赤政［2009］70号	关于头顶库专项治理情况的报告	2009-8-14	30年
赤政［2009］71号	关于裴金明反映赵明生违反有关规定新建加油站问题的调查报告	2009-8-12	30年
赤政［2009］72号	关于土地征收、收购、整理开发所需资金有关问题的报告	2009-8-14	30年
赤政［2009］73号	关于清洁城乡保护健康创建省级卫生城市的情况报告	2009-8-24	30年
赤政［2009］74号	关于张唐铁路穿越赤城地质公园有关问题的请示	2009-8-29	30年
赤政［2009］75号	关于2009年度三河水污染防治财政专项补助资金项目的请示	2009-9-3	30年
赤政［2009］76号	关于我县2009年遭受严重旱灾情况的报告	2009-9-4	30年
赤政［2009］77号	关于规划2009年第三批次用地需调整全县土地利用总体规划的请示	2009-9-3	30年
赤政［2009］78号	关于拟向县内矿山企业和水利工程供应民爆物品的请示	2009-9-7	30年
赤政［2009］79号	关于报送《张唐铁路穿越赤城侏罗纪地质公园路段影响评估报告》的请示	2009-9-7	30年
赤政［2009］80号	关于龙关镇周村任玉林反映问题的调查报告	2009-8-15	30年
赤政［2009］81号	关于京津风沙源治理工程区人工造林遭受特大旱灾损失面积情况的报告	2009-9-10	30年
赤政［2009］82号	关于把赤城县列入国家支持革命老区国家级扶贫开发重点县整村推进项目的请示	2009-9-10	30年
赤政［2009］83号	关于关停赤城县水泥制造有限责任公司10万吨机立窑水泥生产线的决定	2009-9-24	30年
赤政［2009］84号	关于二00九年农业遭受严重自然灾害情况的报告	2009-9-24	30年
赤政［2009］85号	关于对实施土地利用总体规划调整方案结果予以备案的说明	2009-9-28	30年
赤政［2009］86号	关于对实施土地利用总体规划调整方案结果予以备案的说明	2009-9-28	30年
赤政［2009］87号	关于绿泽源黄芩种植加工有限公司扩大规模所需资金支持的请示	2009-10-15	30年
赤政［2009］88号	关于云州乡云州村陈建斌重复上访的复查报告	2009-10-19	30年
赤政［2009］89号	关于组团赴台湾招商考察的请示	2009-10-26	30年
赤政［2009］90号	关于对实施土地利用总体规划调整方案结果予以备案的说明	2009-10-22	30年
赤政［2009］91号	关于田家窑镇姜家寨村村民袁荣贵网上投诉问题的调查报告	2009-10-27	30年

续表九

文件编号	题　名	成文日期	保管期限
赤政 [2009]92 号	关于申请拨付 2009 年农村危房改造补助资金的请示	2009-10-26	30 年
赤政 [2009]93 号	关于解决云州水库除险加固工程县级配套资金的请示	2009-10-26	30 年
赤政 [2009]94 号	关于赤城县双瑞道路建设投资有限公司与张家口通泰高速公路集团公司合作建设京尚高速公路的决定	2009-5-25	30 年
赤政 [2009]95 号	关于调整土地利用总体规划计划指标的请示	2009-11-5	30 年
赤政 [2009]100 号	关于协调解决 0 八六一军事工程建设影响大海陀国家级自然保护区发展问题的请示	2009-10-30	30 年
赤政 [2009]101 号	关于张秀珍等 4 人反映土地补偿问题的调查报告	2009-10-30	30 年
赤政 [2009]102 号	关于赤城地震台拆迁工作的报告	2009-11-25	30 年
赤政 [2009]103 号	关于关停赤城县富民造纸厂 8 千吨生产线的决定	2009-6-29	30 年
赤政 [2009]104 号	关于污水处理厂延期建成投运的请示	2009-12-4	30 年
赤政 [2009]105 号	关于取缔小型烧结和小型竖炉球团企业的决定	2009-9-26	30 年
赤政 [2009]105 号	关于云州乡旧站村周爱国等 3 人上访要求按有关规定享受移民待遇问题的调查报告	2009-12-11	30 年
赤政 [2009]106 号	关于向市财政局借款的请示	2009-12-11	30 年
赤政 [2009]107 号	关于赤城县白河综合治理工程建设项目资金有关问题的报告	2009-12-15	30 年
赤政 [2009]108 号	关于划分火化区暂缓火化区的请示	2009-12-18	30 年
赤政 [2009]109 号	关于取消摩天岭滑雪场内赵家沟航磁验证探矿项目的请示	2009-12-18	30 年
赤政 [2009]109 号	关于落实白河综合治理工程项目建设资金有关问题的决定	2009-12-18	30 年
赤政 [2009]111 号	关于 2009 年安全生产目标管理运行情况的报告	2009-12-23	30 年
赤政知 [2009]1 号	关于要求县工商局为山东招金矿业股份有限公司办理营业执照及有关手续的通知	2009-1-7	30 年
赤政知 [2009]12 号	关于印发《赤城县各级人民政府及县安委会成员单位安全生产工作主要职责暂行规定》的通知	2009-3-3	30 年
赤政知 [2009]13 号	关于做好 2009 年民兵整组工作的通知	2009-2-23	30 年
赤政知 [2009]16 号	关于加强非煤矿山企业复产安全生产条件检查验收工作的通知	2009-3-3	30 年
赤政知 [2009]23 号	关于做好 2007 年冬季退役士兵接收安置工作的通知	2009-3-3	30 年
赤政知 [2009]26 号	关于印发《赤城县应用指纹验证系统实施意见》的通知	2009-3-22	30 年
赤政知 [2009]31 号	关于批转审计局 2009 年审计项目计划的通知	2009-4-8	30 年
赤政知 [2009]35 号	关于印发《赤城县 2009 年蔬菜质量检测方案》的通知	2009-4-23	30 年
赤政知 [2009]36 号	关于印发《赤城县农业生态污染突发事件应急预案》的通知	2009-4-23	30 年

续表十

文件编号	题　名	成文日期	保管期限
赤政知 [2009]37 号	关于印发《温泉度假村管理办法》的通知	2009-4-23	30 年
赤政知 [2009]39 号	关于印发《2009 年赤城县农产品质量安全整治暨农产品质量安全执法活动实施方案》的通知	2009-4-28	30 年
赤政知 [2009]46 号	关于制定 2009 年节能工作实施方案的通知	2009-5-18	30 年
赤政知 [2009]50 号	关于印发《赤城县创建双拥模范县实施方案》的通知	2009-5-12	30 年
赤政知 [2009]52 号	关于印发《赤城县 2009 年度美国白蛾防控实施方案》的通知	2009-5-27	30 年
赤政知 [2009]53 号	关于舞毒蛾、黄褐天幕毛虫监测防治工作的紧急通知	2009-5-27	30 年
赤政知 [2009]56 号	关于进一步加强对我县省级文物保护单位保护管理的通知	2009-6-2	30 年
赤政知 [2009]58 号	关于加快推进新增中央投资项目建设的通知	2009-5-20	30 年
赤政知 [2009]59 号	关于转发《张家口市人民政府关于贯彻河北省农民工权益保障办法的实施意见》的通知	2009-6-5	30 年
赤政知 [2009]61 号	关于做好二 00 九年农业资源区划调查的通知	2009-6-17	30 年
赤政知 [2009]62 号	关于做好二 00 九年矿山企业防汛工作的通知	2009-6-17	30 年
赤政知 [2009]63 号	关于下达二 00 九年重点建设项目安排计划的通知	2009-6-17	30 年
赤政知 [2009]65 号	关于印发《赤城县农产品市场准入实施方案》的通知	2009-6-22	30 年
赤政知 [2009]68 号	关于调整城镇职工基本医疗保险待遇的通知	2009-6-22	30 年
赤政知 [2009]69 号	关于印发《赤城县 2009 年玉米良种补贴实施方案》的通知	2009-7-3	30 年
赤政知 [2009]70 号	关于开展全县税收专项清理工作的通知	2009-7-10	30 年
赤政知 [2009]71 号	关于下达“十二五”规划前期课题研究计划的通知	2009-7-10	30 年
赤政知 [2009]73 号	关于解决我县离休干部部分一次性生活补贴的通知	2009-7-10	30 年
赤政知 [2009]74 号	关于由县财政出资开展地质调查工作的通知	2009-6-1	30 年
赤政知 [2009]75 号	关于转发《河北省人民政府关于加强和规范全省行政服务中心建设的指导意见》的通知	2009-7-17	30 年
赤政知 [2009]76 号	关于下达 2009 年民营经济工作目标任务的通知	2009-7-17	30 年
赤政知 [2009]77 号	关于加强工业企业生产情况调度的通知	2009-7-17	30 年
赤政知 [2009]78 号	关于拆除县城内各单位自备采暖锅炉的通知	2009-7-17	30 年
赤政知 [2009]79 号	关于将乡镇基层兽医站职工纳入动物防疫体系的通知	2009-7-17	30 年
赤政知 [2009]81 号	关于做好国庆期间全县矿山企业安全生产工作的通知	2009-8-3	30 年
赤政知 [2009]85 号	关于解决 1990 年义务兵参加义务养老保险遗留问题的通知	2009-9-26	30 年
赤政知 [2009]86 号	关于做好秸杆禁烧工作的通知	2009-9-26	30 年

续表十一

文件编号	题 名	成文日期	保管期限
赤政知［2009］87号	关于进一步加强国庆期间民用爆炸物品管理的通知	2009-9-26	30年
赤政知［2009］88号	关于认真做好第六次全国人口普查的通知	2009-9-26	30年
赤政知［2009］88号	关于印发《赤城县2009年度救灾工作方案》的通知	2009-9-26	30年
赤政知［2009］90号	关于切实做好国庆期间矿山安全生产工作的通知	2009-9-26	30年
赤政知［2009］92号	关于对全县耕地进行土壤普查土样采集工作的通知	2009-10-9	30年
赤政知［2009］93号	关于进一步加强基层基础统计工作的通知	2009-10-9	30年
赤政知［2009］97号	关于印发《赤城县森林、林木、林地资源资产流转评估管理试行办法》的通知	2009-10-9	30年
赤政知［2009］101号	关于印发赤城县草畜平衡管理办法的通知	2009-10-9	30年
赤政知［2009］104号	关于印发《赤城县2009年主要污染物总量减排计划》的通知	2009-8-4	30年
赤政知［2009］105号	关于印发《赤城县2009年环境保护工作目标考核实施方案》的通知	2009-11-5	30年
赤政知［2009］107号	关于征缴2010年新型农村合作医疗参合资金的通知	2009-12-1	30年
赤政知［2009］108号	关于在全县开展安全生产大检查的通知	2009-12-1	30年
赤政字［2009］1号	关于委托编制河北省赤城县万泉寺银金矿扩大采深采矿权设置方案的函	2009-1-5	30年
赤政字［2009］2号	关于做好重大火灾隐患整改行动方案	2009-1-24	30年
赤政字［2009］3号	关于2009年农村公路追加项目（村村通）配套资金承诺函	2009-2-10	30年
赤政字［2009］4号	关于2010年农村公路改建项目（村村通）配套资金承诺函	2009-2-10	30年
赤政字［2009］5号	关于派遣王崇辉同志商务到德国考察肉牛产业的函	2009-2-10	30年
赤政字［2009］6号	关于进一步加强和改进统计工作的意见	2009-2-10	30年
赤政字［2009］7号	关于修建赤延高速公路征求意见函	2009-2-10	30年
赤政字［2009］8号	关于对张家口至曹妃甸铁路南线项目建设的支持函	2009-2-10	30年
赤政字［2009］9号	关于对原张家口铅锌集团有限公司名下五个探矿权归属问题予以说明的函	2009-3-4	30年
赤政字［2009］10号	关于张唐铁路建设有关问题意见的函	2009-3-4	30年
赤政字［2009］11号	关于申全民等同志赴香港考察有关事宜的函	2009-3-14	30年
赤政字［2009］12号	关于委托编制赤城县广源矿业有限责任公司黄草梁铁矿扩界采矿设置方案的函	2009-3-14	30年
赤政［2009］13号	关于做好森林草原防火工作的通告	2009-3-14	30年
赤政字［2009］14号	关于对原张家口后沟黄金有限责任公司名下探矿权归属问题予以说明的函	2009-3-14	30年
赤政字［2009］16号	关于禁毒铲毒工作的通告	2009-4-1	30年
赤政字［2009］15号	关于对改善县电大办学条件的承诺书	2009-3-27	30年

续表十二

文件编号	题　名	成文日期	保管期限
赤政字［2009］17号	关于对出租、出售矿口税收进行综合治理的意见	2009-3-5	30年
赤政字［2009］18号	关于对房屋出租业税收进行综合治理的意见	2009-3-5	30年
赤政字［2009］19号	关于加强房地产开发和建筑业税收征管的意见	2009-3-5	30年
赤政字［2009］20号	关于将我县新建廉租住房项目列入年度投资计划的批复	2009-2-27	30年
赤政字［2009］21号	关于云州水库提闸放水的通告	2009-4-17	30年
赤政字［2009］23号	就张曹铁路建设相关事宜赴铁道部进行接洽的函	2009-4-17	30年
赤政字［2009］24号	关于委托编制赤城县银达矿业有限责任公司蛭石矿扩界采矿权设置方案的函	2009-4-29	30年
赤政字［2009］27号	关于用好省国土资源厅预留重点建设项目用地计划指标的承诺函	2009-5-5	30年
赤政字［2009］28号	关于县道白四线东卯至北京界段三级公路改造工程项目配套资金承诺函	2009-5-5	30年
赤政字［2009］29号	关于温泉渡假村拆迁公告	2009-5-5	30年
赤政字［2009］31号	关于进一步加强殡葬管理工作的通告	2009-5-18	30年
赤政字［2009］32号	关于县国家档案馆建设用地和资金投入的承诺函	2009-5-21	30年
赤政字［2009］30号	关于京西北运动康体休闲区旅游路工程项目配套资金承诺函	2009-5-21	30年
赤政字［2009］33号	关于赤城县霞城开发投资有限公司以资产抵押贷款的承诺	2009-5-21	30年
赤政字［2009］34号	关于退稻还旱情况的呈请函	2009-5-21	30年
赤政字［2009］35号	关于铁路建设中尽量多地使用我县筑路材料及人工等问题的函	2009-6-21	30年
赤政字［2009］40号	关于张唐铁路赤城站点优化调整线路征求意见的函	2009-6-17	30年
赤政字［2009］41号	关于申报《田家窑砂石场建筑砂石采矿权设置方案》的函	2009-6-17	30年
赤政字［2009］43号	关于石灰窑银矿地质普查项目处置意见的函	2009-6-17	30年
赤政字［2009］44号	关于申报《河北省赤城县镇宁堡乡正阳墩萤石矿采权设置方案》的函	2009-6-17	30年
赤政字［2009］45号	关于赤城县样田乡砖厂相关情况说明的函	2009-6-17	30年
赤政字［2009］46号	关于张唐铁路赤城站点优化调整方案征求意见的函	2009-6-17	30年
赤政字［2009］47号	关于赤城县银达矿业有限公司扩大矿区范围设置方案说明的函	2009-6-17	30年
赤政字［2009］48号	关于申报2009年度采矿权设置方案的函	2009-6-17	30年
赤政字［2009］49号	关于《县财政局食盐储备申请财政贴息资金情况报告》的批复	2009-6-17	30年
赤政字［2009］53号	关于开展全县税收专项清理工作的通告	2009-7-14	30年
赤政字［2009］54号	关于委托编制赤城县广源矿业有限责任公司黄草梁铁矿扩界采矿权设置方案的函	2009-7-14	30年

续表十三

文件编号	题　名	成文日期	保管期限
赤政字 [2009]55 号	关于开展蔬菜运销“绿色通道”工作通告	2009-8-1	30 年
赤政字 [2009]56 号	关于严格控制张唐铁路用地范围内新增附着物的公告	2009-7-20	30 年
赤政字 [2009]57 号	关于支持张唐铁路建设的函	2009-8-4	30 年
赤政字 [2009]60 号	关于恳请国家图书馆对我县图书馆予以扶持的函	2009-7-11	30 年
赤政字 [2009]61 号	关于张承高速公路二期路线走向经赤城县建议的函	2009-8-19	30 年
赤政字 [2009]62 号	赤城县人民政府拆迁公告	2009-8-26	30 年
赤政字 [2009]63 号	关于《张家口中心台对赤城地震台地震观测环境影响函》的复函	2009-9-3	30 年
赤政字 [2009]64 号	关于 2010 年农村公路村村通改建项目配套资金承诺函	2009-9-3	30 年
赤政字 [2009]65 号	关于乡道青朱线 112 线至武家窑段三级公路改建项目配套资金承诺函	2009-9-3	30 年
赤政字 [2009]67 号	关于规划建设用地范围内控制性建设的通告	2009-9-25	30 年
赤政字 [2009]68 号	关于赤城县汇佳土地投资公司以资产抵押贷款的承诺	2009-9-25	30 年
赤政字 [2009]69 号	关于京尚高速公路线走向经赤城县建议的函	2009-9-25	30 年
赤政字 [2009]70 号	关于云州水库提闸放水的通告	2009-10-22	30 年
赤政字 [2009]72 号	关于肺结核控制项目的通告	2009-7-14	30 年
赤政字 [2009]71 号	关于拨付退稻还旱项目第二批资金的函	2009-10-27	30 年
赤政知 [2009]110 号	关于开展集中治理整顿矿产资源开发秩序工作的通知	2009-12-7	30 年
赤政字 [2009]72 号	关于对实施汤泉河河道治理工程建设项目所需地方配套资金的承诺	2009-11-9	30 年
赤政字 [2009]73 号	关于在全县实行禁牧的通告	2009-11-13	30 年
赤政字 [2009]74 号	关于赤城地震台部分观测设施急需搬迁的函	2009-11-15	30 年
赤政字 [2009]76 号	关于对《未通行政村“村村通”工程建设征求意见的函》的复函	2009-11-15	30 年
赤政 [2009]77 号	关于申报《赤城县云州小水沟玻璃硅质原料矿赤城县云州玉顶沟玻璃硅质原料矿采矿权设置方案》的函	2009-11-15	30 年
赤政字 [2009]78 号	关于邀请国务院有关部门领导专家和学者来我县考察的函	2009-12-15	30 年
赤政字 [2009]80 号	关于申请拨付退稻还田工程工作经费的函	2009-12-15	30 年
赤政字 [2009]	对县财政局关于涉农资金各单位在信用联社开设专户的请示的批复	2009-4-15	30 年
赤政办 [2009]3 号	关于印发《春节前环境卫生集中整治活动方案》的通知	2009-1-14	30 年
赤政办 [2009]4 号	关于印发《赴涿鹿县考察项目建设情况的报告》的通知	2009-2-17	30 年
赤政办 [2009]5 号	关于报送项目建设有关情况的通知	2009-2-18	30 年

续表十四

文件编号	题　名	成文日期	保管期限
赤政办［2009］6号	关于承办人大代表建议和政协提案工作的通知	2009-2-18	30年
赤政办［2009］12号	关于深入开展作风建设年活动的实施方案	2009-2-18	30年
赤政办［2009］13号	"作风建设年"活动"强力启动、形成声势"阶段指导意见	2009-2-18	30年
赤政办［2009］14号	关于深入学习实践科学发展观活动实施方案	2009-3-6	30年
赤政办［2009］15号	深入学习实践科学发展观活动第一阶段的实施办法	2009-3-6	30年
赤政办［2009］16号	关于切实做好全国"两会"期间安全生产工作的通知	2009-3-6	30年
赤政办［2009］17号	关于印发依法实施的行政审批项目的通知	2009-3-6	30年
赤政办［2009］20号	关于印发《赤城县清理规范收费行为工作方案》的通知	2009-3-19	30年
赤政办［2009］21号	关于做好2009年就业再就业工作的通知	2009-3-19	30年
赤政办［2009］22号	转发赤城县人事劳动局和社会保障局第三部门《关于采取积极措施减轻企业负担稳定就业局势的实施意见》的通知	2009-3-19	30年
赤政办［2009］23号	关于印发《赤城县环境卫生集中整治活动实施方案》的通知	2009-3-19	30年
赤政办［2009］25号	关于李春坡同志赴港参加经贸洽谈会的请示	2009-3-24	30年
赤政办［2009］26号	关于印发《开展市容市貌环境整治实施方案》的通知	2009-3-18	30年
赤政办［2009］27号	关于印发《赤城县高危企业用电安全隐患和违规发电转供电专项治理行动实施方案》的通知	2009-3-18	30年
赤政办［2009］28号	关于印发《2009年赤城县粮食清仓查库工作实施方案》的通知	2009-3-27	30年
赤政办［2009］29号	关于严格执行国家法定节假日有关规定的通知	2009-3-30	30年
赤政办［2009］30号	关于印发《赤城县森林防火工作目标责任制实施意见》的通知	2009-4-1	30年
赤政办［2009］31号	关于做好大海陀35KV输变电工程架空线路及电缆敷设工作的通知	2009-4-7	30年
赤政办［2009］32号	关于印发《赤城县生鲜乳收购管理试行办法》的通知	2009-4-1	30年
赤政办［2009］36号	关于印发《赤城县卷烟打假及市场整顿专项行动实施方案》的通知	2009-4-14	30年
赤政办［2009］37号	关于做好第三次文物普查工作的通知	2009-4-15	30年
赤政办［2009］38号	关于转发《张家口市食品药品安全监管协调领导小组关于印发"张家口市食品安全法宣传月活动方案"》的通知	2009-4-15	30年
赤政办［2009］40号	关于在全县开展2009年"博爱一日捐"募捐活动的通知	2009-4-15	30年
赤政办［2009］41号	关于印发《赤城县打击发票违法犯罪活动工作方案》的通知	2009-4-15	30年
赤政办［2009］42号	关于印发《赤城县开展食品质量安全年行动工作方案》的通知	2009-4-21	30年
赤政办［2009］43号	关于做好无公害农产品基地复审工作的通知	2009-4-21	30年

续表十五

文件编号	题 名	成文日期	保管期限
赤政办 [2009]44 号	关于印发《赤城县畜牧高效示范村建设实施方案》的通知	2009-4-24	30 年
赤政办 [2009]45 号	关于印发《赤城县粮食高产和蔬菜优质示范村行动实施方案》的通知	2009-4-24	30 年
赤政办 [2009]46 号	关于印发《赤城县 2009 环境保护工作实施方案》的通知	2009-4-27	30 年
赤政办 [2009]47 号	关于印发《赤城县 2009 整治违法排污企业保障群众健康环保专项行动实施方案》的通知	2009-4-28	30 年
赤政办 [2009]48 号	关于印发《赤城县林果特色“百村示范行动”实施方案》的通知	2009-4-30	30 年
赤政办 [2009]49 号	关于认真开展统计执法大检查的通知	2009-5-6	30 年
赤政办 [2009]50 号	关于转发县人事劳动局和社会保障局等八部门《关于开展全县社会保险基金专项治理工作的方案》的通知	2009-4-28	30 年
赤政办 [2009]52 号	关于印发《赤城县县级食盐储备管理办法（试行）》的通知	2009-3-28	30 年
赤政办 [2009]53 号	关于印发《赤城县二 00 九年汛期地质灾害防灾预案》的通知	2009-5-10	30 年
赤政办 [2009]54 号	关于印发《赤城县校园及周边治安环境专项整治活动的实施方案》的通知	2009-5-12	30 年
赤政办 [2009]55 号	关于印发《赤城县甲型 H1N1 流感预防控制工作方案》的通知	2009-5-3	30 年
赤政办 [2009]56 号	关于印发《赤城县甲型 H1N1 流感应急预案（试行）》的通知	2009-5-3	30 年
赤政办 [2009]57 号	关于印发赤城县安全生产“三项行动”实施方案的通知	2009-5-31	30 年
赤政办 [2009]60 号	关于开展赤城县公共机构 2009 年节能宣传周活动安排意见的通知	2009-6-12	30 年
赤政办 [2009]64 号	关于在县城进行第七次防空警报试鸣的通知	2009-6-30	30 年
赤政办 [2009]65 号	关于启用收回有关部门行政审批专用章的通知	2009-7-15	30 年
赤政办 [2009]66 号	关于 2009 年上半年安全生产目标管理运行情况的报告	2009-7-10	30 年
赤政办 [2009]67 号	关于深入学习实践科学发展观活动整改落实阶段的工作安排	2009-7-16	30 年
赤政办 [2009]68 号	关于组织全县 2009 年财政补贴高效照明产品申购工作的通知	2009-7-12	30 年
赤政办 [2009]70 号	关于切实加强国庆期间值班和维护稳定工作的通知	2009-7-28	30 年
赤政办 [2009]71 号	关于印发《“奋战六十天　安全迎国庆”安全生产执法检查特别行动实施方案》的通知	2009-7-31	30 年
赤政办 [2009]72 号	关于转发赤城县文化教育局关于教育系统人员调配的决定的通知	2009-7-31	30 年
赤政办 [2009]73 号	关于转发省政府办公厅《关于做好雷电等灾害性天气防范工作的通知》的通知	2009-8-6	30 年
赤政办 [2009]74 号	转发县计生局等部门《关于开展 2009 年综合治理出生人口性别比偏高问题集中行动的实施方案》的通知	2009-7-31	30 年

续表十六

文件编号	题　名	成文日期	保管期限
赤政办 [2009]75 号	关于印发《赤城县畜禽规模养殖场（区）管理办法》的通知	2009-8-31	30 年
赤政办 [2009]76 号	关于做好停产半停产企业复产工作的通知	2009-9-7	30 年
赤政办 [2009]77 号	关于开展全县安全生产大检查的通知	2009-9-7	30 年
赤政办 [2009]79 号	关于切实加强国庆期间值班工作的通知	2009-9-18	30 年
赤政办 [2009]80 号	关于做好国庆期间机关保密工作的通知	2009-9-18	30 年
赤政办 [2009]81 号	关于做好内部保密工作的通知	2009-9-18	30 年
赤政办 [2009]82 号	关于加强国庆期间国旗升挂工作的通知	2009-9-22	30 年
赤政办 [2009]83 号	关于建立能源消耗统计台账的通知	2009-8-19	30 年
赤政办 [2009]84 号	关于印发《赤城县金属非金属矿山整顿关闭工作实施方案》的通知	2009-9-24	30 年
赤政办 [2009]85 号	关于转发《河北省人民政府办公厅转发国务院办公厅关于做好国庆期间有关工作意见的通知》的通知	2009-9-30	30 年
赤政办 [2009]86 号	转发赤城县安全生产监督管理局等四部门《关于赤城县尾矿库隐患综合治理工作方案》的通知	2009-10-15	30 年
赤政办 [2009]88 号	关于印发《赤城县药品医疗器械安全专项整治工作方案》的通知	2009-10-28	30 年
赤政办 [2009]89 号	关于印发县广播电视局等三部门《关于做好全县农村电影工作的意见》的通知	2009-10-26	30 年
赤政办 [2009]90 号	关于印发县人事劳动和社会保障局、财政局、文化教育局《关于落实义务教育学校绩效工资的实施办法》的通知	2009-11-5	30 年
赤政办 [2009]91 号	关于印发关于制定加快重点产业发展意见及相关文件起草的安排方案的通知	2009-10-29	30 年
赤政办 [2009]92 号	关于转发《张家口市政府信息主动公开工作制度（试行）》等四项制度的通知	2009-11-3	30 年
赤政办 [2009]94 号	关于公布县辖区城市低收入家庭认定标准的通知	2009-10-16	30 年
赤政办 [2009]94 号	关于转发《河北省人民政府办公厅关于做好暴雪等灾害性天气应对工作的紧急通知》的通知	2009-11-11	30 年
赤政办 [2009]96 号	关于开展畜牧基础数据普查工作的通知	2009-12-7	30 年
赤政办 [2009]97 号	关于转发《河北省公共机构节能办法》的通知	2009-12-15	30 年
赤政办 [2009]98 号	关于做好冬季消防工作的通知	2009-12-15	30 年
赤政办 [2009]99 号	关于核销固定资产的申请	2009-10-27	30 年

编后记

《赤城年鉴（2010）》今天与广大读者见面了，这是赤城第二部综合性年鉴。

《赤城年鉴（2010）》基本延续《赤城年鉴（2009）》框架，同时，增加对2009年度内出现的新事物或逐步形成具有特色事物的记述，并调整有关栏目和分目，努力全面、准确反映赤城2009年各个方面的地方特色、年度特点。在栏目设置上由《赤城年鉴（2009）》的31个栏目调整为23个栏目，避免了杂而乱的弊病，同时增加了“社会生活”栏目，将城乡居民的生活现状、收入水平凸现出来；内容上又增加了公安交警大队、武警中队、审批、便民服务中心、商业银行等11个单位，使内容更加全面。

《赤城年鉴（2010）》编纂工作启动以来，县委、县政府领导给予了亲切的关怀和具体指导，县委书记赵占华、县长申全民亲自为本书题词；县直各部门、各乡镇党委政府在组稿过程中做了大量细致的工作；县政府办刘进春、县委宣传部申贵飞、组织部师建庭、原博物馆长李树涛等提供了大量的照片，艺林数码广告李文清提供行政区划图等。《赤城年鉴（2010）》是集体智慧的结晶，借此机会向所有为年鉴纂修工作作出贡献的单位和个人表示衷心的感谢。

编写过程中，东卯镇、雕鹗镇、后城镇、县政府办公室、林业局、第二中学等单位领导重视，采编人员报送资料全面、翔实、及时，为本书的及时出版奠定了基础，为采编队伍树立了榜样。一些单位领导重视程度低、把关不严、采编人员责任心差、搜集资料敷衍应付、内容缺项、报送不及时等，严重影响了成书进度，使《赤城年鉴》失去它的时效性和资政作用。希望广大采编人员在今后年鉴供稿工作中要一丝不苟，精益求精，进一步提高采编水平，为出版高标准、高质量的年鉴做出贡献。

盛世修志、自古皆然。《赤城年鉴（2010）》付梓面世之际，我们真诚希望为热爱赤城的人们提供一点有益的信息。由于时间仓促，编纂水平有限，书中疏漏之处在所难免，敬请领导、专家和各界朋友们批评指正。

《赤城年鉴》编辑部

2010年10月